미중패권전쟁시대

글로벌 협상전략

안세영 지음

Global Negotiation Strategy

전면개정 제8판

박영사

미·중 패권전쟁시대

전면개정 제8판을 내며

갈수록 치열해지는 미·중패권전쟁은 글로벌협상의 패러다임을 바꾸고 있다. 과거에는 기업이 해외투자나 M&A 협상을 할 때 이익을 극대화시키는 협상을 하면 되었다. 그러나 미·중패권전쟁으로 반도체 전쟁이 일어나고 '미·중 디커플링(US-China Decoupling)', 즉 무역, 기술, 산업 분야에서 미국경제와 중국 경제가 갈라섬에 따라 글로벌경영환경에 커다란 지각변동이 일어나고 있다.

이 같은 배경에서 이번 개정판에서는 다음과 같은 부분을 추가·보완하였다.

Part 1의 제목을 미·중패권전쟁 시대 글로벌협상의 새로운 패러다임으로 하고 제1장 헤게모니협상을 신설하였다.

새로 만들어진 1장에서는 미·중패권전쟁의 배경, 글로벌 비즈니스 환경의 5대 변화, 헤게모니 협상의 특징, 헤게모니협상가가 갖추어야 할 5대 전략적 자산 등을 심도 있게 분석하였다.

Part 4 포스트차이나시대 지역별 협상전략을 신설하여 탈중국한 글로벌기업들이 투자하는 두 나라인 베트남과의 협상전략(제9장)과 인도와의 협상전략(제10장)을 소개하였다.

제11장 M&A 협상에 애플, 삼성전자 등의 최근 M&A사례 등을 추가하고, 국내 스타트업 기업의 M&A협상도 분석하였다.

Part 6 국제통상협상의 내용도 대폭보완하여 미·중패권전쟁시대 미국과 중국의 협상전략을 분석하고 우리나라의 대미(對美), 대중(對中) 통상협상전략도 다루었다. 따라서 한·미통상협상(제13장)을 미국의 통상협상전략(제16장)으로 바꾸고, 중국과의 통상협상(제14장)도 중국의 통상협상전략(제17장)으로 바꾸었다.

그간 이 책을 준비하며 삼았던 좌우명은 "협상에 관한 좋은 책이란 독자가 쉽게 내용을 이해하고 이를 실제 비즈니스에 활용할 수 있어야 한다"는 것이었다. 이 책은 협상을 공부하는 학생뿐만 아니라 일반 직장인도 쉽게 이해할 수 있도록 실제 협상사례를 중심으로 만들었다.

첫째, 서강대학교에서 저자의 강의 경험을 바탕으로 저술되었기에 통상·경제학부와 경영학부, 행정학부, 그리고 MBA의 교재로 사용하는 데 무리가 없을 것이다. 대학 교재로 사용될 경우, 강의자를 위한 Teaching Manual을 제공하였다.

둘째, 비즈니스맨이 실제 협상할 때의 전략, 가격제시방법 등을 실제 사례중심으로 저술하였기에 일반인들이 협상을 이해하는 책으로 부담 없이 읽을 수 있다.

셋째, 기업의 M&A 협상, 합작투자협상뿐만 아니라 정부의 각종 통상협상사례와 전략을 중심으로 만들어졌기에 기업연수교육이나 공무원 교육용으로 활용해도 좋다.

이 책은 대학에서 강의하기 편하게 분야별로 구성되어 있다. 따라서 대학이나 기업에서 강의할 때는 이 책의 특성에 따라 필요한 부분을 선택적으로 강의하면 될 것이다.

마지막으로 이 책을 전면개정하는 데 도움을 주신 여러분들께 진심으로 감사드린다.

2022년 2월

저 자

차 례

PART 1 미 · 중패권전쟁 시대 글로벌협상의 새로운 패러다임

제 2 장 협상의 5대 요소 _ 35

제 3 장 주요 협상이론 _ 75

PART 4 포스트차이나시대 지역별 협상전략

PART 6 국제통상협상

제 15 장 국제통상협상 개론 _ 463

제17장 중국의 통상협상전략 _ 514

부 록 주요협상사례 _ 542

이 책의 퀴즈풀이와 협상모의연습(Role Play, 제5장)에 대한 Teaching Manual은 박영사 홈페이지 도서자료실에 업로드되어 있습니다.

PART 1

미 · 중패권전쟁 시대 글로벌협상의 새로운 패러다임

GLOBAL NEGOTIATION STRATEGY

GLOBAL NEGOTIATION STRATEGY

제 01 장

헤게모니협상: 미·중패권전쟁 시대 글로벌 비즈니스의 게임 체인저(Game Changer)

2017년부터 시작된 미국과 중국의 무역전쟁은 시간이 흐를수록 두 나라 사이의 패권전쟁, 즉 헤게모니 게임(Hegemony Game)으로 변질되어 단순한 무역불균형, 불공정무역행위 등을 다루는 단계를 넘어 산업스파이, 반도체전쟁, 이념갈등 등으로 확산되고 있다.

이 같은 미·중패권전쟁은 글로벌 비즈니스 환경에 많은 변화를 가져오고, 이는 다시 우리 기업의 글로벌 비즈니스 환경커다란 영향을 미치고 있다.

이 장에서는 다음과 같은 네 가지를 분석해보자.

- 미·중패권전쟁의 배경
- 글로벌 비즈니스 환경의 다섯 가지 변화
- 헤게모니 협상의 특징
- 헤게모니협상가가 갖추어야 할 5대 전략적 자산

미 · 중패권전쟁의 배경과 글로벌 비즈니스환경의 5대 변화

1. 미 · 중 패권전쟁의 배경: 중국몽과 미국의 깨어진 '차이나 드림'

2000년 대 초 미국이 중국의 세계무역기구(WTO) 가입을 지지하자 서방 선진국들이 반대하였다. 중국은 사회주의 경제체제여서 WTO 가입조건인 '시장경제국'이 아니라는 이유이다. 그런데 이 같은 반대를 무릅쓰고 중국의 WTO 가입을 밀어붙인 이유는 미국이 그 당시 '차이나 드림(China Dream)'을 가졌기 때문이다.

공산국가인 차이나가 WTO체제에 편입되어 자유무역을 하면 경제가 발전하고 자연스레 개혁·개방의 길을 걸어 궁극적으로 팍스-아메리카 체제에서 미국과 사이 좋게 번영할 것이라는 기대가 있었다. 그런데 시진핑체제가 들어서고 난 후 위대한 중화제국의 부활을 외치며 '중국몽'의 기치를 올렸다. 2050년 까지 경제적으로나 군사적으로 미국을 추월하여 세계의 패권국가가 되겠다는 것이다.

이 같이 미국의 패권에 도전하는 중국몽이 미국이 '차이나 드림'을 깨고 이것이 미·중 패권전쟁으로 비화된 것이다.

2. 미 · 중패권전쟁 시대 글로벌 비즈니스환경의 5대 변화

우리기업의 글로벌비즈니스환경이 변하면 협상전략도 변해야 한다.

앞으로 글로벌기업의 협상전략에 큰 영향을 미칠 글로벌 비즈니스환경의 지각변동은 다음과 같은 여섯 가지로 요약할 수 있다.

변화1. 美中 디커플링: US-China Decoupling – 흔들리는 세계자유무역체제–

그간 세계 각국이 자유무역체제로 번영을 누릴 수 있었던 것은 미국경제와 중국경제라는 쌍두마차가 이끄는 선순환 덕분이었다. 중국이 개혁·개방을 하고 세계무역기구(WTO)에 가입하여 명실상부한 '세계의 생산공장' 역할을 한 것이다. 애플,

토요타, 삼성전자, 폭스바겐 같은 글로벌 기업들이 다투어 중국에 투자하여 값싼 노동력을 이용하여 물건을 만들어 세계시장에 수출하였다.

이 같은 세계공급망 사슬(Global Supply Chain)은 중국 경제의 놀라운 성장을 뒷받침하였고, 값싼 중국산 수입품을 쓰는 미국도 소비자 잉여로 자유무역의 혜택을 마음껏 누린다고 만족하였다. 말하자면 두 나라가 윈-윈 게임(win-win game)을 한다고 생각한 것이다.

그런데 미·중패권전쟁으로 이 같은 환상이 깨졌다. 미국이 기대했던 '차이나 드림'이 미국과 중국, 모두가 혜택을 보는 자유무역이 아니라, 중국만 덕을 보고 미국은 손해를 보는 제로-섬 게임이 되어 버린 것이다. 이를 깨달은 워싱턴이 강력히 추진하는 것이 '미국과 중국 갈라서기(US-China Decoupling)'이다.

앞으로 미국의 대외정책을 주도할 이 같은 미·중 디커플링은 크게 다음과 같은 네 가지로 분류할 수 있다.

미 · 중 무역 디커플링

미·중패권전쟁의 화약고가 된 미·중 무역 디커플링은 2018년 3월 트럼프 대통령의 중국산 철강, 알미늄에 대한 관세 부과에서 시작되었다. 처음 이 같은 관세갈등이 있었을 때 세계의 무역전문가들은 두 나라가 몇 번씩 서로 관세를 부과하며 다투다가 잠잠해질 것이라고 기대했다.

왜냐하면 오바마대통령 때 중국산 타이어에 대해 미국이 관세부과를 하자 중국이 농축산물에 보복관세를 부과한 데서 보듯이, 미국의 아킬레스건인 쇠고기, 닭고기, 대두 같은 품목에 보복을 하면 미국이 물러섰다. 우리나라와 같이 미국도 농축산업계의 정치적 영향력이 아주 크기 때문이다.

그런데 미국이 변했다.

중국의 대응보복에 굴하지 않고 트럼프 대통령은 2108년 가을까지 6차례에 걸쳐 중국산 제품 수천 가지에 대해 무려 25%의 관세를 부과하였다. 문제의 심각성을 알아차린 중국은 미국과 무역협상을 시작하여 2020년 초 두 나라 대표가 백악관에서 제1단계 무역협정을 서명하였다. 물론 그 주요내용이 무역불균형을 해소하기 위해 '중국이 향후 2년간 2천억 달러어치의 미국물건을 더 수입하겠다' 등이었지만 이것이 잘 지켜지지 않아 미·중 무역 디커플링은 계속되고 있다.

미·중 산업 디커플링: 미·중 반도체 전쟁

미·중 무역갈등은 한 단계 격화된 산업 디커플링으로 발전하였다.

위대한 중화제국의 부활을 내세우는 중국의 도전을 저지하겠다는 미국이 단호한 의지가 미·중 산업디커플링으로 나타나고, 그 핵심에 반도체가 있다. 오늘날 중국은 5G 정보통신, 빅 데이터(Big data), 인공지능(AI) 등에서 무섭게 미국을 추격하고 있다.

산업화 시대 국력의 상징은 철강이었다. 그런데 정보화 시대 모든 산업의 쌀은 반도체이다. 그런데 중국의 반도체산업은 아주 취약하다. 2014년부터 중국정부가 천문학적 돈을 집어 넣어 반도체산업을 육성하려 했지만, 2021년 반도체 자급률은 20%를 넘지 못한다. 그것도 삼성전자, SK하이닉스 같은 외국인투자기업이 생산한 것을 제외하고 순수한 중국기업이 생산한 것이 10%가 안 된다. 범용반도체는 그런대로 중국이 따라가고 있지만, 고기능 시스템 반도체 분야에서는 특히 취약하다. 예를 들어 2021년 삼성전자는 5나노급 반도체를 양산하는데, 중국 파운드리 반도체의 선두주자인 SMIC는 겨우 14나노급 생산에 머물러 있다. 적어도 5년 이상 기술격차가 나는 것이다. 이 같은 취약점을 안 미국이 중국의 아킬레스 건, 반도체를 정확히 찌르려는 것이다.

그래서 미국은 자국기업뿐만 아니라 한국, 대만, 유럽기업이 중국에 반도체 장비나 기술을 제공하는 것을 엄격히 규제하고 있다. 외국 반도체기업이 미국정부의 이 같은 요청을 따르지 않을 수 없는 것은 모두 미국이 제공한 반도체 원천기술을 사용하기 때문이다.

미·중 기술 디커플링

과거에 미국은 중국에 기술이 흘러 들어가는 것에 대해 너그러웠다. 중국 대학교 교수나 중국기업의 연구인력이 미국의 대학이나 첨단기술연구소에서 일하는 것을 허용하였다. 설사, 중국이 지적재산권을 위반하여 기술을 훔치더라도 개별 미국기업의 법률적 대응문제로 다루었지 정부가 발 벗고 나설 일은 아니라고 생각했다. 그런데 미·중패권전쟁이 벌이면서 미국의 이 같은 태도가 180도 변했다. 그 이유는 두 가지이다.

첫째, 불법적 기술유출로 인한 미국기업의 손해이다.

미국 하원의장을 지낸 깅그리치[1]는 중국의 불법적 해킹으로 인한 산업스파이 활동으로 미국기업이 연간 약 3,600억 달러 정도 손해를 본다고 주장한다. 미무역대표부(USTR)도 2018년 보고서에서 중국의 불법산업스파이 활동으로 연간 약 1,800~5,400억 달러 정도의 기술이 유출된다고 분석했다.

둘째, 중국으로 흘러들어 간 많은 기술이 군산복합기업을 통해 인민해방군의 손에 들어가 신무기 개발에 사용되어 미국의 안보를 위협한다는 것이다.

따라서 미국은 국가안보 차원에서 중국으로의 불법 기술 유출을 단속하고 있는데 그 첫 번째 타깃이 된 중국기업이 화웨이이다. 미국은 인민해방군 장교 출신인 런정페이가 창업한 화웨이는 중국군을 위해 일하는 스파이기업이라고 보고 있다. 화웨이는 전 세계에 수출하는 5G정보통신장비에 교묘한 스파이 칩을 심어 다양한 정보를 중국으로 빼돌린다는 것이다.

화웨이에 대한 반도체 수출금지 등의 제재를 한 미국은 한 걸음 더 나아가 더욱 단호한 조치를 한다. 2020년 12월 미국 연방통신위원회(FCC)는 중국산 화웨이장비를 쓴 미국의 군소 통신회사에 장비를 철거하라는 명령을 내린다. 물론 교체비용 19억 달러 정도는 정부가 지원해 주었지만, 동서냉전 이후 특정국의 장비를 철거하라고 미연방정부가 명령한 것은 처음이다.

미·중 기술 디커플링은 여기에 그치지 않고 이공계 미국대학에 중국인 유학생을 제한하고 있다. 또한, 중국의 '천인계획'[2] 등에 휘말려 중국에 직접 또는 간접으로 기술을 제공한 미국 기업인, 연구자들에 대한 법적 제재까지 하고 있다.

노벨상 후보까지 올랐던 하버드대 교수는 천인계획에 참여한 사실을 미국정부의 조사에서 숨기고 미국 국립보건원(NIH)으로부터 연구비를 받고 민감한 기술을 중국에 넘긴 혐의로 기소되어 2021년 12월 법원으로부터 유죄평결을 받았다.

미 · 중 이념 디커플링: 신냉전시대의 도래

과거에 미국은 물론 우리도 중국을 단순히 '차이나'라고 여겼지, 공산당이 지배하

---

1 N. Gingrich, "Trump vs China", Large Print, 2019.

2 중국정부가 해외의 우수한 과학자를 유치해 자국의 과학기술 수준을 높이기 위한 계획이다.

는 나라라고 심각하게 생각하지는 않았다. 이는 1978년 등샤오핑이 대외적으로 중국의 문을 연 후에 장쩌민 주석, 후진타오 주석으로 이어지며 꾸준히 개방의 강도를 높이고, 국내적으로도 개혁하고 민주적 요소를 많이 도입했기 때문이다.

사실 많은 사람들은 '이렇게 가면 차이나는 언젠가는 민주국가가 될 것이다'라고 기대했다. 그런데 미·중패권전쟁으로 이러한 기대가 무너진 후 미국은 중국을 공식적으로 지칭할 때 '차이나'가 아닌 '중화인민 공화국(People's Republic of China)'으로 지칭하고 있다. 중국 공산당이 지배한 '차이나'란 뜻이다.

이 같은 변화의 배경에는 남중국해와 대만에서 갈수록 높아지는 군사적 갈등이 있다. 중국은 베트남, 필리핀 등이 영유권을 주장하는 파라셀 군도, 스프래틀리 군도 등에 불법 해양군사기지를 건설하였다. 이를 인정하지 않고 항해의 자유를 주장하며 남중국해를 오가는 미국 해군 함정과 중국 함정 사이 긴장이 고조되고 있다.

미국이 이렇게 중국과 이념 디커플링을 하면 당연히 두 나라 관계는 과거 구소련과의 동서냉전과 같은 신냉전체제로 경직된다. 이런 관점에서 본다면 세계는 미국을 중심으로 한 자본주의 체제와 중국을 중심으로 한 공산주의 체제가 힘을 겨루는 양극체제로 이분된다.

지금까지 살펴본 이 같은 이유 때문에 미·중패권전쟁은 일부에서 낙관하듯이 쉽게 끝나지 않을 것이다.

변화2. 탈중국화 물결 - 중국 세계공장시대의 동요-

미·중 디커플링은 외국기업의 '차이나 리스크'를 높였고, 이는 '탈(脫)중국화' 물결로 이어지고 있다. 중국에 투자한 많은 미국, 유럽 등 서구기업과 일본, 한국기업들이 짐을 싸서 빠져 나오고 있다. 삼성전자는 일찌감치 스마트 폰 생산을 베트남으로 옮겼으며, 일본의 도시바는 다롄 등 중국 24개 도시에 진출한 33개 공장을 모두 철수하려고 하는데, 중국에 진출한지 30년 만이다. 미국의 나이키, 독일의 아디다스 등도 중국사업을 접거나 축소하였다. 이 같은 탈중국화는 다음과 같은 두 가지 이유 때문이다.

첫째, 미·중패권전쟁 으로 글로벌 기업이 느끼는 '차이나 리스크'이다.

전통적으로 미국기업이나 독일, 프랑스 등 유럽기업은 본국정부와 관계가 좋지 않은 나라에 대한 투자를 꺼린다. 해외에서 사업을 하다가 현지국 정부와 갈등이 생겼을 때, 본국정부가 보호해 줄 수 없기 때문이다. 사실 미국과 관계가 안 좋은 아프리카, 중동 국가에 투자했다가 큰 손해를 본 미국 기업이 많다.

둘째, 인건비상승, 부동산 가격 폭등 등으로 투자대상국으로 중국의 매력 상실이다.

중국에서 흘러넘치는 농민공으로 값싼 노동력을 공급하던 시대는 끝났다. 삼성전자 후이저우 스마트폰공장의 평균 인건비가 월 32만원이었는데 2018년에는 97만원으로 세 배나 뛰었다. 15여 년 전만 해도 산동성의 칭따오에 우리 기업이 약 9천 개 진출해 있었다. 그런데 지금은 상당수가 떠났다. 인건비가 오른 것도 문제지만, 노동자 자체를 구하기가 힘들기 때문이다.

중국을 빠져 나온 외국기업들은 주로 베트남과 인도로 가고 있다. 삼성전자는 중국에서 나온 스마트폰 생산의 약 50%는 베트남에서, 30%는 인도에서 하고 있다. 탈(脫)중국한 도시바는 정밀공정기능은 일본으로 옮기고, 가전은 베트남으로 이전한다.

변화3. WTO 체제 동요와 반(反)세계화(Deglobalization) 역풍

세계자본주의 역사를 되돌아 볼 때 자유무역이 지배하던 시기보다 보호무역이 팽배하던 때가 더 많았다. 1930년대 대공황 이후 미국, 영국, 프랑스 등 선진국이 다투어 보호주의 장벽을 쳤고 결과적으로 이는 제2차 세계대전으로 이어졌다. 전후 브레튼 우즈 체제, 즉 세계은행, 국제통화기금(IMF), 그리고 GATT 등 삼두마차가 이끄는 자유무역주의가 꽃을 피웠다. 그러나 1970년대 두 차례에 걸친 석유파동으로 다시 신보호주의가 대두하였다. 1980년대 심각한 미일 무역전쟁, 그리고 1990년대 후반 미국의 한국자동차 시장에 대한 슈퍼 301조 발동 등이 그 대표적인 예이다.

그러나 세계무역기구(WTO)의 출범으로 세계는 다시 자유무역체제로 회귀하여 놀라운 번영을 이루었다. 물론 WTO체제와 함께 한미FTA 같은 자유무역협정(FTA), 그리고 환태평양 파트너십(TPP) 같은 지역주의가 꽃을 피웠다.

그런데 세계무역기구(WTO)를 중심으로 한 세계자유무역체제가 미·중패권전쟁으로 무너지기 시작하였다.

"WTO는 중국에게만 이익을 주었다"

트럼프 대통령과 워싱턴의 지도자들이 뱉어낸 불만이다.

이 같은 불만의 근거 중에 하나는 WTO 분쟁해결기구(DSB: Dispute Settlement Body)의 판정에서 미국이 승소한 것보다 패소한 것이 더 많기 때문이다. 미국은 이 분쟁해결기구(DSB)의 판정이 공정하지 않다고 믿고 있다. 이런 미국이 2심 제도인 분쟁해결기구의 상소심 위원을 추천하지 않아 분쟁해결기구 자체가 개점휴업 상태이다. 이렇게 WTO창설을 주도하고 세계자유무역의 선봉장이었던 미국이 등을 돌리니 WTO는 제 기능을 발휘하지 못하고 있다.

이뿐만이 아니라 다른 한편에서 세계자유무역을 이끌어 왔던 각종 지역주의가 수난을 당하고 있다. 오바마 대통령이 '아시아 중심(Pivot Asia)'정책으로 만든 '환태평양 파트너십(TPP:Trans Pacific Partnership)'을 트럼프 대통령이 백악관에 들어간지 며칠 만에 파기시켜 버렸다. 물론 이유는 이 같은 지역주의가 결과적으로 미국의 중국에 대한 무역적자를 늘리고 미국인의 일자리를 파괴한다는 것이다.

미·중 무역전쟁으로 평균관세율이 높아졌으며, 팬데믹 초기 마스크 대란 등 을 겪으며 각국이 국민의 기초생활과 안보에 관련된 많은 무역을 관리무역체제로 전환하였다.

그간 세계화(Globlazation)을 주도 해왔던 WTO체제가 이렇게 붕괴위기에 몰리자 반세계화(Degloblazation)의 역풍이 몰아치고 있다. 지난 20년간 글로벌기업이 누려왔던 글로벌 경영의 패러다임이 바뀌고 있다.

"그 나라의 정치체제가 어떻건 물건을 가장 값싸게 만들 수 있는 최적의 생산조건을 가진 나라에 투자하여 세계시장에 내다 팔면 된다"

이것이 세계화시대의 이윤극대화 경영전략이었다. 그런데 당분간 세계는 반세계화로 역주행할 것이다. 미국은 '블랙리스트'를 작성하여 중국의 군산복합기업에 대한 투자를 규제하고, 중국도 이에 대응하는 외국기업제재 정책을 발표하였다. 화웨이 같은 특정기업에겐 반도체장비 수출도 금하고 있다. 미국뿐만 아니라, 일본, 호주, 영국 같은 국가들도 이 같은 행보를 같이 하고 있다.

변화4. 포스트-팬데믹 시대 '언택트 비즈니스(Untact Business)' - 글로벌 협상 패턴의 변화 -

팬데믹이 세계에 미친 가장 큰 영향 중의 하나가 '비대면 사회(untact-society)'이다.

기업에선 재택근무가 일상화되고 있으며, 대학은 줌(zoom) 등을 이용한 비대면 강의를 한다. 많은 가정이 물건은 슈퍼마켓이 아니라 아마존이나 쿠팡 같은 인터넷 쇼핑을 한다. 일본, 캐나다 같은 나라는 아예 특정기간 외국인의 입국을 자체를 제한하니 기업인들이 해외출장을 못 가 자의반 타의반으로 많은 국제거래를 인터넷으로 하고 있다.

이러한 언택트 사회는 사회, 경제, 기업활동 전반에 엄청난 영향을 미치고 있다. 아마존, 구글 같은 IT기업, 인터넷유통기업의 주가가 상승하고, 소비자가 음식을 주문해 먹으려 하니 택배산업이 활성화되고 있다. 비대면 경영으로 인건비 절감을 경험한 기업은 포스트-팬데믹 시대에도 비대면 경영을 고착화시킬 것이며 이로 인해 노동시장에도 큰 변화가 일어날 것이다. 미국에서는 대도시 근교의 주택가격이 팬데믹 이후 상승했다고 한다. 출퇴근에 시달리지 않고 재택근무를 하니 구태여 집값 비싼 도심지에 살 필요가 없어졌기 때문이다. 이 같은 변화는 기업, 소비자, 근로자 등의 다양한 협상 패턴에 커다란 영향을 미칠 것이다.

변화5. 빅 데이터(Big Data) 정보 전쟁 - 기업정보의 위기 -

4차 산업혁명의 가장 큰 특징 중의 하나가 인공지능과 빅데이터(Big Data)이다.

"빅 데이터를 지배하면 인공지능을 지배하고, 인공지능을 지배하면 미래를 지배한다"

어느 나라건 많은 자료를 수집하여 이를 인공지능으로 분석하면 상당히 유리한 위치에 설 수가 있다는 말이다. 이 명언의 진가를 먼저 알아차린 국가는 미국이 아닌 중국이었다.

중국은 14억 중국인의 DNA, 의료정보를 모두 빅데이터로 만들고, 한 걸음 더 나아가 전 세계의 유전자 정보를 모집하고 있다. 이같이 얻어진 의료·DNA 빅데이터를 인공지능으로 분석하면, 백신 개발 같은 바이오와 의료산업에서 많은 성과를 낼 수 있다. 예를 들어 베이징 게놈기구(BGI)는 세계 최대의 바이오관련 정보를 축적하여 이 분야에선 미국을 앞섰다.

또한 카카오톡, 페이스북, 웨이보 같은 각종 소셜미디어(social media)를 통해 오가는 정보를 빅데이터로 만들어 인공지능으로 분석하면 기업의 마케팅 활동은 물론 국민을 감시하는 정치적 목적에서도 사용할 수 있다. 중국 정부가 알리바바, 텐센트와 같이 자국의 IT공룡을 장악하려고 각종 압력을 넣는 이유도 정보전쟁 때문이다. 만약 알리바바 같은 거대한 IT기업의 정보력이 국가 정보력을 능가하면 지배체제에 위협이 될 수가 있기 때문이다.

중국정부는 중국에 진출한 외국기업의 고객정보까지 수집하려 한다. 중국은 2017년 국가정보법과 사이버 보안법, 2021년에 개인정보보호법, 즉 정보 3법을 만들었는데 그 주요 내용은 다음과 같다.

- 모든 기업은 중국 당국이 요구하는 정보제공 요구에 협조해야 한다. 여기서 말하는 '모든 기업'에는 중국기업뿐만 아니라 중국에 진출한 외투기업도 포함된다.
- 알리바바, 텐센트,애플 같은 인터넷 운영자는 중국정부 당국에 협조해야 한다. 암호해독이나 기술지원 등을 말한다.
- 중국에서 얻은 기업의 개인정보는 중국에 저장해야 한다.
- 인터넷 사업자는 고객에게 필요 이상의 과도한 정보를 요구 할 수 없다.

이같은 정보 전쟁은 앞으로 우리 기업의 국제협상에 커다란 영향을 미칠 것이다.

제 2 절 새로운 헤게모니협상 게임: 과거의 '시장중심형 협상'에서 '헤게모니협상'으로

1995년 세계무역기구(WTO)출범 이후 미·중패권전쟁이 시작되기 전까지 20년 간 글로벌기업은 근대 자본주의 역사 이래 최고의 세계자유무역체제와 세계화(globalization)의 이익을 누렸다. 자유무역으로 국가간의 국경장벽이 무너지고 세계화로 정부가 기업의 글로벌활동에 최소한의 간섭만 하였다. 따라서 모든 기업은 국제M&A협상을 하건 해외투자 협상을 하건 시장경제의 원리에 의해 이윤극대화를 위한 소위

'시장중심형 협상'을 하면 되었다.

그러나, 앞에서 살펴본 미·중패권전쟁 패권전쟁이 가져온 다섯 가지 글로벌 비즈니스환경의 변화 때문에 글로벌협상의 패러다임도 크게 바뀌고 있다. 즉, 미·중패권전쟁이전의 '시장중심형 협상'에서 헤게모니협상으로 게임 체인지가 되는 것이다.

1. 시장중심형 협상과 헤게모니협상의 4가지 차이점

[협상목적] 시장에서 이윤극대화 vs 시장 밖의 외생적 협상변수 (정치적 리스크) 최소화

시장중심형협상 시대에서는 기업은 세계에서 가장 값싸게 자사 제품을 생산할 수 있는 곳에 투자하여 세계시장에 내다 파는 과정에서 기업의 이윤극대화를 위한 협상을 잘하면 되었다. 그러나 헤게모니협상 시대에는 시장이라 순수한 협상변수 이외의 각종 외생적협상변수를 잘 통제하여 정치적 리스크를 최소화시키는 협상을 하여야 한다. 특히 미·중패권전쟁은 단순히 무역전쟁이 아니라 인권문제까지 비화되고 있는데 가장 민감한 정치적 리스크는 신장위구르 인권 이슈이다.

미국은 2021년 12월 신장위구르 지역에서 강제노동으로 생산된 면화 등 제품의 미국내 수입을 금지시키는 신장위구르족 강제노동금지법을 만들었다. 한국기업이 이 같은 외생적 정치리스크를 고려하지 않고 신장위구르 지역의 면화가 값싸다고 대량구매 계약 협상을 했다면 커다란 차이나 리스크에 노출된다. 신장위구르 산 면화로 생산한 제품을 미국에 수출할 수 없기 때문이다. 이 같은 정치적 리스크는 중국정부로 부터도 나온다. 미국의 신장위구르 규제에 호응한 나이키, 자라(Zara), H&M 등 서방기업이 제품압수 등 중국정부의 보복을 받았다. 뿐만 아니라, 중국인들 사이에 이들 회사 제품에 대한 불매운동이 일어나 상당한 경제적 손실을 보았다.

[국가의 역할] 자유방임 vs 다양한 정부개입

시장중심형협상 시대에 국가는 기업의 글로벌협상에 대해 거의 자유방임적이었다. 설사 개입을 하더라도 투자인센티브 제공, 이중과세 방지 협정, 환경보호, 조세

등과 같이 최소한의 개입만 하였다.

그러나 헤게모니협상 시대에는 정부는 다양한 형태로 글로벌협상에 개입하는데 대표적인 것이 특정 장비의 특정국에 대한 판매 금지이다. 과거 글로벌기업이 외국에 기계설비를 파는 것은 전적으로 기업의 고유한 영업행위였다. 국가가 간섭할 문제가 아니었다. 그런데 미국과 중국의 반도체전쟁에서 보듯이 미국은 반도체 제조장비를 중국에 제공하지 못하게 규제하고 있다. 문제는 이 같은 미국의 규제가 마이크론(Micron) 같은 미국 기업뿐만 아니라, 미국 반도체 원천기술을 사용하는 한국, 일본, 대만 등의 반도체기업에게까지 적용된다는 사실이다.

글로벌협상에 대한 국가개입은 미국뿐만 아니라, 반중(反中)전선에 일본, 대만, 호주, 싱가포르 같은 경우에도 마찬가지이다. 대만정부는 2021년 자국 반도체기업인 TSMC의 인력이 중국으로 유출되는 것을 규제하겠다고 발표하였다. 물론 TSMC의 기술과 반도체 장비 유출도 금지했다.

사실 중국의 반도체 굴기를 이끄는 최고의 파운드리 반도체업체인 SMIC사도 사실 대만 TSMC출신의 고급인력들이 대거 대륙으로 넘어가 만든 회사이다. 물론 이같이 과거에는 기술인력 자체가 국제적으로 자유로웠는데 미·중패권전쟁시대에는 정부의 규제대상이 될 수도 있는 것이다. 그러므로 글로벌경영에서 외국기업과 M&A, 전략적 제휴 협상을 할 때 이 같은 정부 개입을 고려해야 한다.

[협상파트너] 자유롭게 선택 vs 선별적 선택

과거 글로벌기업은 세계 어느 나라의 어느 기업과도 자유롭게 협상협상을 할 수 있었다. 그런데 미·중패권전쟁시대에는 협상파트너 한 번 잘못 선택하면 기업이 큰 리스크를 감당해야 한다. 가장 대표적인 것이 중국의 군·산복합기업에 대한 미국을 중심으로 한 서방국가들의 제재이다.

일반적으로 민주국가에서는 민수산업과 방위산업이 구분되어 있다. 삼성전자가 상업용 노트북은 만들지만, 군사용 노트북은 안 만든다. 그런데 미국이 규제하려는 중국의 군·산 복합기업은 간판은 민간기업으로 상업용 제품도 만들지만 동시에 군사용 무기생산에도 관여한다. 대표적인 군·산 복합기업은 세계적 드론 생산업체인 DJI, 슈퍼 컴퓨터제조업체인 중커수광 등이다.

미국과 서방국가는 이 같은 중국의 군·산 복합기업에 대한 투자와 기술거래를 엄격히 통제하고 있다. 이 같은 통제는 미국기업에만 적용되는 것이 아니기에, 한국기업도 섣불리 중국의 군·산 복합기업과 협상을 잘못하면 경제적 손실을 볼 수 있다.

[기술과 정보] 기업소유 vs 기술 · 정보전쟁

2021년 미국[3]은 미·중패권전쟁승패를 가르는 5대 미래 핵심기술로 반도체, 인공지능, 바이오, 자동화시스템, 그리고 퀀텀(quantum)을 지적하고 이의 경쟁상대국 유출, 특히 중국 유출을 철저히 규제하고 있다. 이런 미국의 기술통제는 단순히 해킹이나 산업스파이 행위에 의한 불법유출뿐만 아니라, M&A, 국제공동연구 같은 미국기업의 정상적인 국제거래도 해당된다.

그런데, 미·중패권전쟁 이전에는 아무리 바이오나 반도체 같은 핵심분야라도 민간기업이 기술을 해외에 팔거나, 아예 기업 자체를 외국에 매각하는 데 대하여 정부는 개입을 안 하였다.

예를 들어 오늘날 '베이징 게놈연구소(BGI)'가 세계적 유전자분석 기업으로 부상한 것은 2012년 세계최고의 유전자 분석기술을 가진 미국의 'Complete Genomics사'를 1억 2천만 달러에 매입했기에 가능했다.

그러나 오늘날 미국은 핵심기술 자체의 해외유출을 행정적으로 규제할 뿐만아니라, 강한 법적 제재까지 하고 있다. 2021년 미국 상무부 J. 펠터(Pelter) 산업보안국장의 의회증언에 따르면 2020년 불법기술유출을 한 미국기업에 부과한 벌과금이 6만 달러 밖에 안 되었는데 2021년에는 무려 590만 달러로 늘어났다. 따라서 아무리 기업이 시장에서 정상적으로 기술이전이나 M&A협상을 하더라도 헤게모니 협상시대에는 정부로부터 제재를 받을 수 있다.

이같은 기술전쟁과 함께하는 것이 정보전쟁이다. 과거에는 기업이 지닌 고객정보 등은 마케팅전략 등에서 사용할 정도이지, 정부는 관심이 없었다. 하지만 앞에서 살펴본 빅 데이터의 정보전쟁시대 기업이 지닌 방대한 정보는 단순히 기업자산을 뛰어 넘어 국가안보가 관계된 국가의 전략자산으로 변했다. 중국정부는 국가정보법

3 미국 국가정보국 산하 National Counterintelligence & Security Center, 2021.

등 정보 3법[4]을 만들어 중국 땅에서 활동하는 모든 기업의 다양한 정보를 국가가 소유하고 통제하려고 한다.

제 3 절 글로벌기업의 헤게모니협상 딜레마: 변화를 읽지 않으면 헤게모니 덫에 걸린다

1. 차이나 수렁에 빠진 애플의 딜레마[5]

오늘날 애플은 아이폰, 아이패드 등 자사의 거의 모든 제품을 중국에서 생산하고 있다. 중국은 애플의 두 번째로 큰 시장이며, 애플전체 수입의 약 20%가 중국시장에서 생긴다. 그간 값싸고 상대적으로 질 좋은 중국의 노동력을 이용해 애플은 급성장하였다. 이같이 애플이 중국에 제품 생산을 올인한 데는 다음과 같은 이유가 있다.

첫째, 스티브 잡스의 뒤를 이은 팀 쿡의 '차이나 베팅'이다. 전설적 인물이 된 스티브 잡스의 후계자로서 뭔가 화끈한 실적을 내려 했던 팀 쿡은 '차이나'를 찍은 것이다. 그때까지 애플과 경쟁관계에 있던 구글, 마이크로소프트, 트위터 등이 중국 시장에 들어갔다가 손들고 나왔다. 다른 미국의 IT들이 나오는 중국시장에 '시장중심형 협상가'로서 팀 쿡이 과감하게 올인한 것이다.

둘째, "애플과 차이나가 결혼했다'라고 미국의 전문가들이 말할 정도로 애플의 중국공장건설에 중국정부가 파격적인 지원을 해주었다. 중국에 진출한 미국기업 중에서 애플이 최고의 지원을 중국정부로부터 받았다고 한다. 덕분에 애플은 중국시장에서 번영을 누리고 있다. 여기까지는 정치적 리스크를 무시하고 이윤극대화를 추구하는 '시장중심형 협상가'로서 팀 쿡의 행보가 성공적이었다.

---

4 국가정보법(2017), 사이버보안법(2017),개인정보 보호법(2021)

5 'He warned Apple Risks in China, They become Reality', New York Times, 2021.6.17.

밀월에서 갈등관계로

그런데 이 같은 애플과 중국 사이의 밀월 관계가 금이 가기 시작한다.

미·중패권전쟁패권전쟁으로 인한 글로벌 비즈니스 환경 변화를 무시하고 시장중심형 협상을 한 애플의 딜레마는 다음과 세 가지로 요약된다.

▌애플의 헤게모니협상 딜레마 1 – 덫에 걸린 차이나 탈출

변화를 읽지 않고 차이나 수렁에 빠져 탈중국을 위한 협상카드를 마련하지 못했다.

외국에 진출한 글로벌기업이 현지국의 무리한 압박을 받을 때 가장 유효하게 쓸 수 있는 협상카드가 철수 위협이다. 예를 들면 '정보 3법으로 무리한 압력을 계속 넣으면 중국에서 철수하겠다'라고 애플이 중국정부를 위협하는 것이다.

480만명을 직·간접적으로 고용한다는 아이폰생산의 엄청난 고용효과를 고려할 때 중국정부의 양보도 기대할 수도 있다.

그러나, 중국정부는 이러한 애플의 위협에 물러서지 않을 것이다. 중국에서의 엄청난 생산규모, 중국기업에 대한 부품의존 등 때문에 쉽게 공장을 해외로 이전하지 못한다는 것을 알고 있기 때문이다.

더그 구스리(Doug Guthrie)라는 중국전문가는[6] 애플이 글로벌 비즈니스의 두 가지 교훈을 무시하고 차이나 수렁에 빠져 중국정부와 효율적으로 협상하도 있지 못하다는 것이다.

첫째, 미국기업은 미국가 갈등관계에 있는 나라에는 절대 '대규모 투자'를 해서는 안 된다.

2014년 애플이 중국시장 진출을 검토할 때, 더그 구스리는 다음과 같이 경고했다.

"베이징에 새로운 지도자가 들어선 후에 차이나가 장쩌민이나 후진타오 주석 때와는 달리 이상하게 움직이는 것 같다. 앞으로 차이나 리스크가 커질 것 같으니 중국에 올인하지 마라"

둘째, 미국정부와 현지국 정부와 관계가 틀어지면 미국기업은 이유 불문하고 서둘러 현지에서 철수해야 한다.

---

6 'He warned Apple Risks in China. They become Reality', New York Times, 2021.6.17.

삼성전자는 미·중패권전쟁이 시작되는 2014년부터 재빨리 '차이나 리스크'를 미리 감지하고 베트남과 인도로 생산기지를 옮겼다. 2021년 약 3억대의 스마트폰을 판매하는 삼성전자는 베트남에서 50%, 인도에서 30%, 그리고 터키, 브라질, 인도네시아에서 나머지 20% 정도를 생산한다. 물론 삼성전자도 1992년부터 중국에 여러개의 생산공장을 가지고 2017년 약 6,300만대의 스마트폰을 생산했다. 그런데, 2018년 중국 톈진과 2019년 후이저우 공장 폐쇄로 완전히 탈중국하였다.

그런데, 닛케이 아시안[7]에 의하면 애플은 중국에 안주하고 있다가 뒤늦게 2021년 초부터 탈중국을 본격적으로 추진한다는 것이다. 우선 아이폰은 인도로, 아이패드는 베트남으로 점차적으로 옮기겠다는 것이다.

삼성전자는 미·중관계가 꼬이기 시작한 2014년부터 중국시장 철수를 시작해 2019년 스마트폰의 탈중국을 완료했는데, 애플은 7년이나 늦은 2021년에 중국에서 나오겠다는 것인데 그 타이밍을 놓쳤다.

▌애플의 헤게모니협상 딜레마 2 – 고객정보 공개 압력

중국정부의 고객정보 공개 압력을 예측 못하고 이에 대한 제도적 안전장치를 초기 협상에서 마련 하지 않았다.

"애플이 중국정부에 백기항복하였다!"

뉴욕 타임스 같은 미국의 주류언론에서 쏟아지는 비난이다. 미국에선 개인정보보호법을 빌미로 테러방지용으로 아이폰 암호해독 기술을 요구한 FBI의 요청을 거부한 용기(!)있는 애플이 중국에선 베이징과 교묘하게 타협해 고객정보를 흘린다는 것이다.

2017년 제정된 사이버보안법으로 중국정부가 애플이 중국에서 얻은 고객정보를 해외로, 즉 미국으로 유출하지 못하게 제재했다. 그래서, 그해 7월 애플은 중국 밖에 있던 자사의 데이터 센터를 중국으로 옮겼다. 애플은 중국법에 따랐으니 문제가 해결된 줄 알았다. 그러나 중국정부는 아무리 애플의 데이터 센터가 중국 땅에 있더라도, 관리권이 애플에 있는 이상 미국으로 새어나갈 가능성이 있다고 보았다.

---

7 리뷰 2021. 1. 27.

그래서 다시 애플에 압력을 넣어 고객 데이터 센터의 고객정보를 국유기업인 GCBD사가 관리하도록 하였다.[8] 그런데 문제는 2017년 국가정보법에 의해 '중국기업은 중국당국의 정보요구에 협조하도록 되어 있다.' 당연히 국유기업인 GCBD사 관리하는 애플 고객의 이메일, 문서, 사진 등이 중국정부의 손에 넘어갈 것이다.

중국정부는 애플에 압력을 넣을 때마다 위협협상전략을 썼다.

예를 들면 '사이버 보안법을 안 지키면 애플의 아이 클라우드 서비스를 폐쇄하겠다'라는 등이다.

이 같은 위협에 대비할 협상카드를 미리 준비 못한 애플은 번번히 굴복하였다. 만약, 중국의 변화를 미리 인지한 헤게모니협상가라면 사전에 중국정부의 위협에 맞대응할 애플의 보복협상 수단을 마련했을 것이다.

▌애플의 헤게모니협상 딜레마 3 – 지켜야 할 미국기업의 가치

너무 시장중심형 협상을 하며 미국의 아이콘 기업으로서 꼭 지켜야 '민주적 기업가치'의 훼손이 가져올 후폭풍을 심각하게 생각하지 않았다.

미국 같은 나라에서 정부가 언론이나 인터넷을 검열한다는 것은 상상도 할 수 없다. 그래서, 구글, 트위터가 일찌감치 중국에서 나왔고, 2021년에는 마이크로 소프트가 중국에서 운영하던 소셜미디어인 '링크드인(LinkedIn)' 서비스를 중단하였다. 중국 규제당국이 '링크드인' 콘텐츠에 대한 검열기능의 강화를 요구한 것에 반발한 마이크로 소프트의 대응이라는 것이다.[9]

그런데 애플은 중국에서 다르게 행동하였다. 애플 스스로 선제적으로 사전검열을 하여 외국뉴스 Apps 약 600개를 삭제하고 홍콩, 신장위구르 등 민주화관련 Apps, 그리고 정치적으로 민감한 Apps도 상당수 제거했다는 것이다.

이는 중국정부의 언론검열을 애플이 자사 차원에서 미리 해준 것이라고 비난을 받았다. 미국기업으로서 꼭 지켜야 하는 '기업가치', 즉 민주적 가치를 훼손하였다는 것이다. 문제는 이 같은 비난이 뉴욕 타임스 같은 미국의 주요언론이나 인권단체 등에서 주로 나오는 것이지만, 그 후폭풍은 워싱턴까지 미칠 것이다.

---

8 애플, 고객 데이터 관리권한 중국기업에 넘겨, IT Chosun, 2021.5.18.

9 ChosunBiz, 2021.10.15.

과거와 달리 미·중패권전쟁시대 미국 정부와 의회는 이념과 체제 갈등을 나라와 적당히 타협해 미국적 가치를 손상하는 기업에 대해 방관적 자세를 취하지 않는다. 이 같은 애플의 헤게모니딜레마는 앞으로 미국정부로부터 상당한 정책적 불이익을 받을 수도 있다.

2. 중국과 정보전쟁하는 테슬라의 딜레마[10]

베이징과 테슬라의 엘론 머스크(Elon Musk)는 전기차를 놓고 환상적인 결합을 하였다. 'Made in China 2025'로 산업강국을 꿈꾸는 중국은 자동차산업발전을 위한 획기적 전략을 세웠다. 선진국이 장악하고 있는 가솔린엔진차를 건너뛰어 막바로 전기차를 만들겠다는 것이다. 엘론 머스크 또한 GM, 포드, 클라이슬러 등이 뿌리를 내린 미국의 자동차시장에서 미래의 전기차에 승부수를 던졌다. 테슬라가 전기차 개발에 앞서기는 했지만 이를 판매할 시장이 필요했는데 마침 세계 2대 전기차 시장인 차이나가 손을 내민 것이다.

2019년 테슬라가 상하이공장을 지을 때 23억 달러를 중국은행들이 중국의 최고 국유은행이나 누릴 수 있는 특혜금융 수준으로 대출해 주었다. 중국정부로서는 전기차산업 육성을 위해 테슬라의 선진기술이 필요했던 것이다.

테슬라 전기차는 중국시장에서 날개를 단 듯이 팔리고 주가는 뛰었다. 그런데 이런 밀월관계가 중국의 잇단 정보통제법으로 깨지기 시작했다.

이 같은 일련의 법들은 '데이터 괴물'인 테슬라의 방대하고 다양한 정보 때문이다. 중국에서 생산되는 테슬라전기차에는 8개의 카메라와 12개의 초음파센서가 달려있다. 물론 테슬라전기차의 자율주행을 위한 것이지만 중국정부 입장에서는 중국땅에서 미국회사의 전기차가 돌아다니면 온갖 정보를 다 수입하는 것이다. 예를 들어 민감한 군사시설의 위치, 핵심 기관의 경비초소 같은 방호상황, 군산복합 무기생산시설 등을 촬영하는 것이다. 테슬라는 2017년 구매조건으로 고객이 탄 테슬라전기차가 촬영한 모든 정보를 테슬라가 수집할 수 있게 만들었다.

---

10 Tesla and CCP Battling for Control of Users' Data, The Epoch Times, 2021, 11 29.

물론 명분은 자율주행을 위해선 중국의 도로사정, 각 지방별 운전문화 등의 방대한 자료를 테슬라가 빅 데이터로 가질 필요가 있기 때문이다. 미국과 패권전쟁을 하는 중국정부 입장에서 보면 미국 기업인 테슬라가 중국 대륙을 마음껏 휘젓고 다니며 '움직이는 스마트 스파이 터미널 시스템(mobile smart spying terminal system)' 역할을 하는 것이다. 더욱이 테슬라는 중국에서 수집한 실시간 정보를 미국의 데이터 센터로 보내는 것이다.

물론 테슬라는 고객정보를 외부로 절대 유출되는 안도록 철저히 대외비로 관리하고 있다고 주장하였다. 하지만 이를 믿을 수 없는 중국정부는 테슬라에 계속 압력을 넣었고 결국 2021년 테슬라는 중국에 데이터 센터를 만들었다. 하지만 중국정부는 '테슬라의 데이터 센터가 중국에 있더라도 중국정부가 통제하지 못하면 얼마든지 미국으로 유출 될 수 있다'고 보고 있다. 전문가들은 중국정부가 테슬라에 대해서도 전기차제조와 데이터 관리를 분리해서 데이터 관리는 중국정부가 지정하는 국유기업과 공동으로 관리하도록 할 것이라고 예상한다.

테슬라의 수난은 여기에 그치지 않는다. 다음으로 테슬라전기차에 부착된 위치추적장치가 인권침해 논란에 휩싸이고 있다. 중국 정보당국이 위치추적정보를 실시간으로 활용해 중국의 엄청난 빅 데이터에 연결해 인공지능으로 분석하면 인권탄압용도로 악용될 수 있다는 비판이다. 예를 들어 홍콩, 신강위그르 등 민주화 관련 반체제인사들이 전기차를 타고 움직다면 이들의 이동경로, 모임등을 실시간으로 감시할 수 있는 것이다.

"만약 테슬라전기차가 스파이 행위를 한다면 당장 공장 문 닫겠다."

중국과 국제적으로 스파이 논란에 휩싸인 엘론 머스크 회장이 국제컨퍼런스에서 내뱉은 말이다.

"중국경제는 앞으로 10년간 아주 잘 해서 결국 세계최대의 경제대국(biggest economy in the world)이 될 것이다."

엘론 머스크가 2021년 봄 중국 국영CCTV와의 인터뷰에서 한 말이다.

미국의 CNN[11]은 이를 보도하면서 '엘론 머스크가 입에 침이 마르도록 차이나를 칭찬했다'고 비꼬았다.

11 'Elon is trying to win China back', CNN, 3. 24. 2021.

▌테슬라의 헤게모니협상 딜레마 1 – 협력하면 경쟁력 상실

만약 고객정보를 중국정부에 주면 테슬라는 향후 중국시장에서 경쟁력을 상실한다. 외국비용(Cost of Foreignness)이라는 불리함을 극복하고 테슬라가 중국의 토종 전기차 업체인 비야디(BYD) 등과 경쟁하기 힘들다. 테슬라가 가지고 있는 방대한 자료 자체가 핵심적 전략자원, 즉 토종 중국 전기차 업체들과 경쟁해 이길 수 있는 독점적 비교우위이기 때문이다. 애플처럼 테슬라의 고객정보를 중국 국유기업하고 공동관리하면 테슬라의 모든 정보가 고스란히 중국정부에 넘어가고 이는 다시 중국 토종전기차 업체로 간다고 봐야 한다.

▌테슬라의 헤게모니협상 딜레마 2 – 돌아서는 워싱턴

과거와 달리 미국은 중국을 단순한 '차이나'가 아닌 중국공산장이 지배한 붉은 중국이라고 보고 있다. 이런 민감한 미·중패권전쟁에서 '중국의 세계 최대 경제대국이 될 것이다'라는 엘론 머스크의 발언은 결국 중국몽이 실현되고 미·중패권전쟁에서 미국이 패배한다는 것을 의미한다. 아무리 기업 자유주의와 표현이 자유가 보장되는 미국이라도 이는 워싱턴을 자극할 것이다. 테슬라가 미국 정부와 협상을 할 일이 있을 때 이는 분명 마이너스 요인으로 작용할 것이다.

▌테슬라의 헤게모니협상 딜레마 3 – 깨지는 동상이몽

중국이 테슬라 같은 외국기업에 파격적 지원을 한 이유는 기술 때문이다. 중국 전기차산업을 발전시키기 위해 테슬라의 선진기술이 필요했던 것이다. 그런데 테슬라로부터 필요한 기술과 정보를 빼내면 중국정부로선 테슬라가 더 이상 필요없다. 자국기업 우선주의를 내세우는 베이징으로선 테슬라가 자국 전기차기업을 육성시키는 데 거추장스러울 뿐이다. 더욱이 중국이 테슬라를 경계해야 할 특별한 이유가 있다. 테슬라의 자율주행방식이 미국이나 일본의 그것과 다르기 때문이다. 다른 회사들은 주로 전기차가 레이져 빔을 쏘아서 주변환경을 파악해 자율주행하는 시스템이다. 그런데 테슬라는 장착된 카메라로 주변환경을 360도 촬영하여, 이를 자율주행차에 딥러닝(deep learning)시키는 시스템이다. 앞으로 테슬라차가 중국 대륙을 마음대로 휘젓고 다니면 중국의 군사시설 등 모든 정보를 촬영하고 미국회사인 테슬라가 가질 것이다. 미·중패권전쟁시대 중국은 절대 이를 용납할 수 없다. 2021년부터 중국 정부는 테슬라 자동차의 군사시설 출입을 금지하고 있다. 그래서 앞의 두 가지 이유 때문에 테슬라는 결국 중국에서 토사구팽당할 가능성이 크다.

3. 미 · 중패권전쟁의 핵심에 선 삼성전자의 헤게모니 협상

미·중패권전쟁의 핵심에 반도체전쟁이 있고, 이 반도체 전쟁의 핵심에 우리나라의 삼성전자가 있다. 반도체 산업은 크게 메모리 반도체와 비메모리, 즉 시스템반도체로 나뉜다. 삼성전자는 메모리 반도체에서 세계시장 점유율 1위이다. 비메모리 부분에선 대만의 TSMC가 세계 정상이지만, 삼성전자는 이 부분에서도 세계 2위이다.

반도체의 세계 공급망사슬 재편을 놓고 힘겨루기를 하는 미국과 중국에게 삼성전자는 반도체전쟁의 승패를 좌우하는 결정적 카드를 쥐고 있다.

첫째, 대만의 TSMC 같은 파운드리 위탁 생산업체가 최첨단 나노급 반도체를 생산하지만, 메모리 반도체는 전혀 생산하지 않고 있다. 그런데, 삼성전자는 메모리와 비메모리 모두를 가지고 있다.

둘째, 삼성전자는 팬데믹으로 인한 세계반도체 수요증가에 따라 해외 투자를 계속 늘리고 있다. 중국 산시성의 시안과 미국 텍사스 오스틴에 기존 공장을 가지고 있는 삼성전자가 '미국과 중국 중 어느 나라에 집중투자하느냐'에 따라 세계반도체 공급사슬이 바뀐다. 즉 현재 중국이 세계반도체 조립의 약 25%을 차지해 미국을 앞서고 있는데,

- 만약 삼성전자가 중국에 집중투자하면 반도체 조립에서 미국은 회복하기 힘든 열세에 빠진다.
- 반대로 삼성전자가 미국을 선택하면 미국이 기존 세계반도체 공급사슬을 뒤집어 중국보다 우위에 설 수가 있다.

셋째, 최첨단 미사일 개발, 인공지능 같은 군사적 경쟁으로까지 번진 미·중패권전쟁에서 반도체는 단순히 PC나 스마트 폰에 들어가는 상업용이 아니다. 신무기 개발과 직결된 중요한 '안보제품'이다.

중국의 입장은 미국과 정확히 반대이다. 삼성전자가 계획하고 있는 대규모 반도

체 해외투자를 미국이 아닌 중국으로 끌어들인다면 사실상 미국 반도체 전쟁을 '중국 승리!'로 이끌 수 있다. 이는 단순한 반도체 생산 증가뿐만 아니라 삼성전자가 가지고 있는 반도체 선진기술이 중국으로 흘러들어 간다는 것을 의미한다.

▌삼성전자 헤게모니협상의 과제

이같이 미·중패권전쟁으로 삼성전자는 과거의 '시장중심형 협상'이 아닌 '헤게모니형 협상'을 할 미묘한 상황에 놓였다. 삼성전자가 직면한 헤게모니협상의 과제는 다음과 같다.

첫째, 삼성전자는 '단순한 해외투자의 이익을 극대화하는 협상'뿐만 아니라 '협상의 외생적 변수인 정치적 리스크를 최소화하는 협상'을 해야 한다.

미·중패권전쟁으로 으르렁거리는 두 개의 초강대국에 잘못 미움을 사면 삼성전자가 얻을 해외투자이 경제적 이익보다 더 큰 정치적 리스크 비용을 치러야 할지도 모른다. 예를 들면 롯데에 대한 사드 보복이나 삼성제품 불매 운동 같은 것이다.

둘째, 삼성전자의 해외투자에 초미의 관심을 가지고 있는 협상의 제3당사자, 즉 미국정부, 중국정부, 그리고 한국 정부와 직접 또는 간접적인 협상을 해야 한다.

엄청난 투자인센트브를 내거는 미국과 중국 정부뿐만 아니라, 한국정부와도 암묵적 협상을 해야 한다. 미·중패권전쟁에서 줄타기 외교를 하고 있는 한국정부 입장에서 삼성전자의 선택은 단순히 코리아의 개인기업의 결정이 아니다. 한국정부의 대미외교와 대중외교에 무시 못할 영향을 미치기 때문이다.

이같이 협상의 '플레이어(players)'가 아주 많고 복잡한 헤게모니 협상을 삼성전자가 어떻게 해야 할까?

▌미국과의 헤게모니 협상전략

2021년 베이징과 워싱턴은 삼성전자의 행보에 촉각을 세우고 있었다. 삼성전자는 중국 산시성 시안에 반도체공장을 가지고 있고, 미국 텍사스 오스틴에서도 나노급 반도체를 생산하고 있다. 팬데믹으로 인한 세계반도체 수요급증으로 대규모 해외투자계획을 가진 삼성전자가 차세대 해외공장을 어느 나라에 건설할지를 발표 안하는 것이다. 이런 와중에, 삼성전자의 최고경영자인 이재용 부회장이 2021년 5월 팬데믹으로 해외출장이 어려운데 불쑥 중국 시안 반도체공장을 방문한 것이다. 이를 본 워싱턴에 비상이 걸렸다. 중국에 간 이부회장이 중국정부와 먼저 투자조건 등에 대해 협상하고 타결해 버리면 반도체전쟁에서 미국이 판정패하는 꼴이 된다. 당연히 '중국 후려치기(China -bashing)'전략이 커다란 타격을 받는다.

협상전략 1) 블러핑(bluffing) 협상전략

미국과 중국이 삼성전자의 투자유치를 위해 물 밑 경쟁을 하고 있는데, 해외투자의 최종결정권자가 '어느 나라를 먼저 방문하는가?'는 향후 두 나라 정부와 투자인센티브 협상을 하는 데 큰 영향을 미친다.

'삼성전자가 차세대 반도체는 중국에 투자 못할 것이다.'

'당연히 기술 인프라가 앞선 미국을 선택할 것이다.'

미국이 이렇게 자만하고 있는데, 이부회장이 미국을 먼저 방문하면 미국은 '당연하다'고 생각하고, 삼성전자는 강한 협상력을 가질 수 없다. 그런데 중국을 먼저 방문하는 블러핑 협상전략을 씀으로써 미국이 계속 긴장하고 삼성전자와 진지하게 협상하였다.

협상전략 2) 지연(delay) 협상전략

2021년 5월 한미정상회담으로 미국을 방문해 백악관에 초대 받은 우리나라 기업인들은 한미관계 70년에서 파격적인 대우를 받는다. 미국에 투자하겠다는 우리나라 기업인에게 미국 대통령이 '생큐! 생큐!'를 연발한 것이다.

이 자리에 참석한 삼성전자의 최고경영자도 '미국에 170억 달러를 투자해 차세대 파운드리 공장을 짓겠다.'라고 화답하였다. 엄청난 규모의 외국인 투자이니 연방정부의 수반인 대통령으로선 '생큐!'라고 할 만하다. 그런데, 삼성전자가 이 자리에서 '미국의 어느 주에 투자할 지를 아직 안 정했다'라고 발뺌을 하였다. 미국 투자 발표를 한 지 반년이 지난 2021년 11월이 되도록 삼성전자가 '아직 투자지역을 검토 중이다'라는 아리송한 말만 반복하는 것이다. 미국 주정부로부터 투자 인센티브를 가능한 한 많이 따내기 위한 지연 협상 전략이다.

협상전략 3) 미국 주정부의 경쟁유도 협상전략

이렇게 되면 공이 미국 주정부에 넘어간다. 당연히 기존 오스틴에 반도체 공장이 있는 텍사스가 투자 유치를 위해 발벗고 나섰다. 또한 대만의 TSMC 반도체 투자유치에 성공한 애리조나 주가 관심을 보였고, 뉴욕까지 뛰어들었다. 물론 각 주들이 토지제공, 세제 혜택 등에서 파격적인 지원을 하겠다고 제안하였다.

'삼성 반도체공장이 일자리 창출 등으로 오스틴시에 약 86억 달러 정도의 경제적 효과를 가져왔다. 그러니 앞으로 20년 간 세금을 감면해달라'

2020년 초 삼성전자가 기존 공장이 있는 텍사스 오스틴시에 던진 미끼이다. 그런데 이 미끼를 덥석 문 것은 오스틴 시가 아닌, 오스틴 공장에서 40km 떨어진 테일러시였다. 2021년 9월 테일러시가 '20년이 아닌 30년간 재산세 대부분을 환급해주겠다'는 등 파격적인 세제지원 계획을 발표하였다.

협상전략 4) Two-track 협상전략

삼성전자는 보다 많은 투자 인세티브를 따내기 위해 '투-트랙(two-track)협상전략'을 썼다. 토지 매입, 인프라 지원 같은 실무적인 사항은 삼성전자의 중간관리자가 해당 주정부와 Bottom-up로비 협상을 하였다.

그러나, 170억 달러가 들어가는 반도체 공장의 정부지원은 주정부의 정책으로만 결정되는 것이 아니다. 연방정부가 결정할 일이 많고, 많은 투자지원은 연방의회가 입법해야 할 일이 많다. 그래서, 삼성전자는 Bottom-up로비협상과 함께 Top-down로비 협상전략을 같이 썼다. 2021년 11월 미국을 방문한 이재용 부회장이 백악관, 상무성 등 연방정부의 고위 관계자를 만났다. 또한, 반도체 투자지원 법안을 다루는 의회의 핵심의원들과도 이야기를 나누었다. 물론 이 핵심의원 중에는 반도체공장 유치경쟁에 나선 텍사스, 애리조나, 뉴욕주 의원들이 포함되었을 것이다. 미·중패권전쟁의 핵심인 차세대반도체의 대규모 투자라는 유리한 협상카드를 쥔 삼성전자는 이 같은 다양하고 절묘한 헤게모니협상전략으로 미국과의 협상에서 최대한 많은 투자인센티브를 따냈다.

▌중국과의 헤게모니 협상전략

삼성전자 입장에서 차세대 반도체 투자에선 미국을 선택했지만, 거대한 중국시장을 무시할 수 없다. 미·중패권전쟁으로 가뜩이나 민감해져 미국편을 드는 외국기업에 대한 보복을 서슴치 않는 중국정부와 뭔가 절묘한 헤게모니 협상을 하지 않으면 안 된다.

협상전략 1) 이원적 협상전략

삼성전자는 5나노급 이상의 차세대 반도체에 대해서만 규제하는 미국의 대중제재를 교묘히 이용하였다. 5나노급은 미국에 투자하지만, 범용반도체는 중국에서 계속 생산하고 중국이 필요로 하는 기술을 주는 것이다. 2021년 SMIC의 주생산라인은 10나노급 이하지만 반도체굴기를 내세우며 야심하게 7나노급에 도전하고 있다. 삼성전자전자 입장에서는 국내에선 성숙기술인 7나노급만 주어도 중국입장에서는 선진기술인 셈이다.

협상전략 2) 윈-윈 협상전략

삼성전자는 중국 시안에 있는 기존 범용반도체 공장을 증설하였다.

2017년 150억 달러를 투자해 낸드 플래시 반도체를 생산하기 위한 시안 제2공장 신설을 발표하였다. 2021년 상반기에만 4조원을 투자하여 시안 제2공장의 완공을 서두르고 있다.

중국 정부로서는 삼성전자에 대해 커다란 불만이 있을 수 없다. 설사 불만이 있더라도 애플의 경우처럼 일방적으로 위협을 하며 압력을 넣을 수 없다. 중국정부가 선불리 위협하면 삼성전자전자는 이에 대응할 다양하고 강력한 보복위협 카드를 가지고 있다. 예를 들어 공장증설을 연기하거나 축소한다든지, 기술 이전을 거부하는 것이다.

협상전략 3) 미끼 철수 협상전략

중국에서 사업하기도 쉽지 않지만, 철수 협상하기는 더 힘들다. 철수하려는 외국기업에 대해 노동자보호 등을 이유로 한 각종 규제가 심하다는 것을 의미한다. 많은 서구기업이나 일본 기업들이 철수협상 과정에서 많은 갈등을 빚고 커다란 손해를 보았다. 그런데 삼성전자는 특별한 갈등 없이 스마트 폰 사업을 중국에서 슬며시 철수하였다. 중국에 반도체, 가전, 스마트폰의 3각 생산체제를 가진 삼성전자는 '절묘한 미끼를 던지며 철수 협상하기'전략을 썼다. 기술집약적이어서 많은 현지노동력을 사용 안하는 반도체는 문제가 없다.

하지만, 노동집약적인 가전과 스마트폰은 최적생산지로서 중국이 매력을 상실하는데 어떻게 중국 정부를 덜 자극하면 철수하느냐가 핵심 협상과제였다. 스마트폰 철수 일정과 시안 반도체공장 증설 일정을 비교해 보면 답이 나온다. 교묘하게 '시안 반도체 공장증설이라는 미끼'를 던지고, 살며시 스마트 폰 생산을 철수하였다. 2013년 처음으로 중국 스마트폰 생산의 일부를 베트남으로 옮겼다. 그런데 그때는 2012년 기공식을 한 시안 반도체 공장이 건설 중이었다. 2018년 톈진공장과 2019년 후이저우 공장의 스마트폰사업 완전히 접었는데, 바로 직전인 2017년 엄청난 투자를 하여 시안에 제2반도체 공장을 건설하겠다고 발표하였다.

중국의 입장에서는 가전이나 스마트폰보다 반도체가 훨씬 전략적 가치가 있다.

삼성전자가 던진 반도체라는 미끼를 물고 스마트폰과 가전 철수에 별다른 압박을 가하지 않았다.

협상전략 4) Top-down 로비 협상전략

산시성 시안(西安)은 시진핑주석의 고향이다. 시안이 중국 내륙의 교육 중심지라는 매력도 있지만 삼성전자의 계산된 전략이다. 당연히 중국 중앙정부 차원에서는 최대한의 지원을 약속하였다. 그런데 막상 35만평의 부지에 거대한 공장을 짓는데 시설허가, 환경평가, 토지보상, 수도와 전기 연결 등 담당하는 산시성의 관련 기관들이 문제였다. 삼성전자의 담당자들이 관련기관의 담당자들을 일일이 만나며 Bottom-down 로비 협상을 했는데 잘 움직여 주지를 않았다.

삼성전자는 산시성에도 Top-down 로비로 180도 협상전략을 바꾸었다.

"이런 식으로 인허가가 지연되면, 베이징과 약속한 기간 내에 공장건설이 어렵다"

산시성 성장과 직접 협상을 한 것이다. 성장의 반응은 명쾌했다. 성장이 직접 나서서 민원을 직접 해결해 주고 공장건설을 지원해 주었다.

이런 식으로 하니 허허벌판 농경지에 건설을 시작한 연건평 7만평 규모의 반도체 공장을 불과 착공 20개월 만인 2014년 5월에 완공하였다.

전문가들은 만약 이런 Top-down 로비 협상전략을 쓰지 않았으면 공장건설에 약 3~4년쯤 걸렸을 것이라고 말한다.

제 4 절 헤게모니협상 게임 체인저(Game Changer)가 갖추어야 할 4대 전략적 자산

과거에는 경영과 기술에 대한 뛰어난 전문지식과 리더십을 가지면 성공한 CEO가 될 수 있었고, 훌륭한 글로벌협상가가 라는 평판을 얻을 수 있었다. 그러나, 헤게모니시대에는 다르다. 세상이 바뀌었는데 변화를 무시하고 과거 방법의 시장중심형 협상을 하면 앞에서 살펴본 애플의 팀 쿡이나 테슬라의 엘론 머스크처럼 헤게모니 협상의 덫에 빠진다.

그러므로, 글로벌 협상환경을 바꾸는 미·중패권전쟁, 미·중국 디커플링, 빅 데이터 정보전쟁 같은 새로운 변화를 잘 분석하고 이를 협상에 잘 활용하는 자만이 헤게모니협상 게임 체인저(Game Changer)가 될 수 있다.

이 같은 헤게모니협상가가 갖추어야 할 네 가지 전략적 자산은 다음과 같다.

1. 협상의 외생변수 통제 및 활용 능력: 정치적 리스크 최소화

헤게모니 협상가는 기업경영뿐만 아니라 바깥세상 돌아가는 국제정세 등도 잘 알아야 한다. 외생변수인 정치적 리스크를 회대한 회피하며 협상을 하고 필요하다면 이를 역으로 활용하는 협상기법도 갖추어야 한다.

트럼프 대통령이 취임하여 '중국 후려치기(China bashing)'를 할 때 시장중심형 협상가인 대부분의 경영자들은 과거 미·중국 사이에 있었던 단순한 통상갈등 정도라고 가볍게 생각했다. 그러나 미·중관계 악화의 심각성을 미리 알아차린 기업들은 이에 대응하는 헤게모니협상을 잘하여 정치적 리스크를 최소화하였다.

예를 들면 신장위구르의 인권문제가 거론되고 미국에 민주당 정부가 들어서면 글로벌협상에서 무슨 정치적 리스크가 발생할까?

뛰어난 헤게모니협상가라면 다음과 같은 협상전략을 세울 것이다.

- 민주당은 인권을 가장 중요한 당의 강령으로 삼고 있다
- 따라서 신장위구르의 인권문제가 공화당인 트럼프행정부 때보다 더 강하게 거

론될 것이다.

• 그러면 신장위구르 산 면화에 대한 무슨 경제적 제재가 따를 것이다. 이에 대한 대비책을 미리 마련하여야겠다.

변화를 읽지 않고 시장중심형 협상을 하다 차이나 수렁에 빠진 애플CEO 팀 쿡의 교훈을 되새길 필요가 있다. 팀 쿡은 뛰어난 IT경영인으로 애플의 도약을 위한 중국 시장의 중요성을 알고 중국정부와 협상을 잘 해서 특혜라고 불릴 정도의 투자인센트브 지원을 받았다. 그런데 미·중패권전쟁으로 갈수록 커지는 '차이나 리스크'를 무시하였다. 만약 팀 쿡이 차이나 리스크를 인지하고 헤게모니협상을 했다면 다르게 협상했어야 한다. 삼성전자처럼 중국에 올인하지 말고 애플의 투자패턴을 다양화하여 중국정부의 잠재적 압력에 맞설 미끼(decoy)와 지렛대(leverage)라는 협상카드를 가지고 있었어야 했다.

미리부터 아이폰을 중국과 인도 두 곳으로 분산하여 생산했다면 중국정부가 각종 압력을 가할 때 이에 대항하여 효율적으로 협상할 수 있었을 것이다. 예를 들면 '중국에서 철수해 인도로 가버리겠다'고 하는 은근한 철수위협전략이다. 이럴 경우 애플의 인도공장이 중국 정부를 위협하는 지렛대가 되는 것이다.

경쟁기업의 정치적 리스크는 우리기업이 협상만 잘 하면 좋은 기회가 될 수 있다. 미국의 폼페이 국무장관이 발표한 화웨이의 5G통신장비를 규제하겠다는 '클린-네트워크'정책이다. 미국의 정보통신시스템에서 중국의 화웨이장비를 축출하겠다는 것인데, 믿을 수 있는 대체장비로서 스웨덴의 에릭슨, 코리아의 삼성전자 등을 언급하였다. 미국의 국무장관이 삼성전자 통신장비 마케팅을 해준 셈이다.

2. 미 · 중패권전쟁 새로운 협상참여자(정부)와의 협상

과거에는 정부가 자유무역의 후견자였다. 그런데 미·중패권전쟁으로 정부의 역할이 변했다. 기술보호, 사이버 보안, 안보 등을 이유가 정부가 다양한 방법으로 기업의 글로벌협상에 개입하고 규제한다. 따라서, 유능한 헤게모니가가 되려면 비즈니스 협상파트너뿐만 아니라, 본국정부와 외국정부와도 협상을 잘 해야 한다.

앞에서 살펴본 애플, 테슬러, 그리고 삼성전자의 중국정부와의 다양한 줄다리기 협상이 그 좋은 예이다. 정부와 잘 협상하기 위해서는 각 국 정부의 정책, 정부 관련 부처의 역할 등에 대한 정확한 정보를 가지고 있어야 한다.

- 미국에서 민주당 정부와 공화당 정부의 차이점
  민주당은 인권, 환경 등에 관심이 많고, 공화당은 강한 미국을 위한 국방력 증강과 경제활성화 등에 큰 비중을 두고 있다.
- 같은 정부부처 속에서도 중국은 물론 일본, 한국에 대한 통상압력의 최전선에 선 부처가 미국 무역대표부(USTR)이었다. 그런데 미·중패권전쟁으로 미국 상무부의 역할이 커 지고 있다. 특정국 기업에 대한 블랙 리스트 작성, 기술수출 금지 등의 칼자루를 상무부가 쥐고 있다.
- 중국에서도 장쩌민이나 후진타오 주석 시절에는 외교부가 외국과의 원만한 관계를 구축하기 위해 노력하였다. 그런데 중국 왕이 외교부장의 늑대외교에서 보듯이 무역보복 위협 같은 거친 협상카드를 중국 외교관들이 사용하고 있다. 오히려, 미국과의 1단계 무역협상을 타결한 류허 국무원 부총리가 온건한 통상정책을 대변하고 있다.

3. 협상파트너 선별

2021년 일본 요코하마에 있는 중소기업은 중국기업에 '스프레이 드라이어(spray dryer)'를 수출하였다. 인스턴트 커피를 만드는 데 주로 쓰는 장비이기에 별다른 주의를 기울이지 않고 팔았다. 그런데 그 회사 간부 3명이 구속당했다. 그 장비의 수입업자가 인민해방군과 연관이 있는 기업으로, 바이오 무기로 쓰일 수 있다는 일본 사법당국의 주장이다. 물론 요코하마의 회사는 '중국 수입업자가 단순한 무역업체인 줄 알았다'라고 주장하며 소송을 했지만 일본정부의 입장은 단호했다.

미·중패권전쟁시대에는 이 같이 협상 파트너 한 번 잘못 선택하면 큰 곤혹을 치른다. 많은 미국기업'이 중국군의 무기로 전용될 수 있는 민감한 장비를 불법 수출하였다'고 사법당국으로부터 법적 제재를 받고 있다. 억울함을 호소하는 미국기업들의 한결 같은 하소연은 '중국파트너가 중국의 군산복합그룹과 관계있는 기업인 줄 몰랐다'는 것이다.

따라서 헤게모니 협상가는 외국의 파트너에 대한 정보를 철저히 수집해서 선별적으로 협상야 한다. 물론 외국 파트너가 내세우는 자기 회사에 대한 정보를 그대로 믿어선 안 된다. 믿을 만한 제3자 또는 전문정보기관을 통해 협상파트너의 숨은 신분까지 철저히 알고 보고 리스크가 없는 상대를 선정해야 한다. 가장 중요한 것이 미국정부가 발표한 블랙리스트, 즉 제재기업명단(Entity list)이다. 중국정부 또한 비슷한 블랙리스트 기업명단을 발표하였다.

4. 비대면 협상전략

팬데믹으로 많은 국가가 외국인의 출입을 금지 또한 제한하였다. 미국이나 우리나라는 비교적 자유로웠지만, 캐나다, 일본 같은 나라는 아예 특정기간 외국인의 입국 자체를 막았다. 또한 '언택트 시대'의 도래로 많은 기업에서 재택근무가 일반화됨에 따라 비대면 협상의 중요성이 커졌다.

예를 들어 일본의 중요한 고객사와 급한 협상을 하려면 이메일이나 화상통화를 통한 비대면 협상을 하는 수밖에 없다. 맥킨지 분석[12]에 의하면 전체에서 화상회의 같은 비대면협상의 비중이 과거에는 10~15%정도 였는데, 팬데믹 시대에는 25%까지 커졌다.

많은 연구에 의하면 비대면협상은 얼굴 맞대고 하는 대면협상보다 두 배 이상 실패가능성이 크다. 이 같은 차이는 비대면협상의 다음과 같은 특징에 기인한다.

▌비대면협상의 특징

첫째, '휴먼 모멘트(human moment)'의 부족이다.

하버드 의대의 할로웬 교수에 의하면 '휴먼 모멘트'은 협상자들이 서로 신뢰할 수 있는 심리적 만남이다. 이 같은 휴먼 모멘트는 만나서 같이 식사도 하고, 필요하면 골프를 같이 치면서 형성된다. 그런데 사이버 공간에서는 이 같은 휴먼 모멘트가 잘

12 Milan Prilepok, "9 Tactics for better remote negotiations", Harvard Business Review, 7 July, 2021.

형성이 안 되어 파트너에 대한 열의나 관심이 낮아 협상에서 오해나 인간적 불신이 형성되기 쉽다는 것이다.

둘째, 비대면협상에서는 대면협상보다 일반적으로 양보율이 낮다.

사이버 공간에서는 협상자가 양보를 잘 안하는 것이다. 협상에 관한 많은 연구 결과에 의하면 일반적인 생각과는 달리 협상자는 손짓, 발짓, 몸놀림 같은 비언어적 행위(non-verbal behavior)를 통해 커뮤니케이션(communication)한다. 그러므로 사이버 공간에서는 이 같은 비언어적 행위가 잘 소통되지 않기 때문에 협상이슈에 대한 상호 공감도 떨어지고 따라서 자연히 양보를 덜 하게 되는 것이다.

셋째, 비대면협상에서는 일반적으로 협상자의 윤리의식이 낮다.

얼굴을 서로 쳐다보는 대면협상과 달리 자신을 완전히 노출시키지 않기 때문에 뭔가 숨겨도 상대가 잘 모를 것이라고 기대한다. 그래서 거짓말을 해도 양심의 가책을 덜 받으며, 자극적인 말을 심하게 해도 된다고 생각한다.[13]

▌비대면 협상의 6대 전략

2021년 7월 하버드 비즈니스 리뷰에 실린 맥킨지의 밀란 프리일폭(Milan Prilepok) 등이 말하는 언택트 시대 협상전략은 다음과 같다.[14]

전략 1 비대면협상을 시작할 때 파트너와 구체적 아젠다를 정해라

M&A나 전략적 제휴 같은 협상은 상당한 기간 동안 여러 번 비대면협상을 해야 되므로 세부적인 아젠다를 미리 잘 정하는 것이 중요하다. 물론 이때 협상기간은 생각보다 좀 여유있게 잡아야 한다. 예를 들어 '한 2개월 정도 협상하면 되겠다는 생각이 들더라도, 3~4개월로 여유있게 잡는 것이다.

전략 2 살라미 전략을 써라

한 번에 타결하는 빅 딜(single mega-deal-making event)보다는 욕심대지 말고 한 번에 두 시간씩 여러 번 하는 살라미 협상전략이 훨씬 효율적이라는 것이다. 바쁜 파트너와 반나절이나 화상협상에 매달릴 시간약속을 하기도 힘들 뿐만 아니라, 사이

13 Milan Prilepok, "9 Tactics for better remote negotiations", Harvard Business Review, 7 July, 2021.

14 Milan Prilepok, "9 Tactics for better remote negotiations", Harvard Business Review, 7 July, 2021.

버 공간에서의 장시간 협상은 대면협상보다 훨씬 더 피곤하기 때문이다.

전략 3 협상 이해관계자(stakeholders)를 모두 참여시켜라

실리콘밸리의 IT기업으로부터 인공지능형 고객서비스에 관한 기술을 도입하는 비대면협상을 한다고 하자. 이때 기술도입부서뿐만 아니라, 이 기술을 실제 사용할 고객서비스 부서, 기술적 업무를 볼 정보통신부서의 관계자들이 다 같이 협상에 참여하는 것이다. 이렇게 하면 두 가지 이점이 있다.

우선, 빠른 의사결정과 이견 수렴을 할 수 있어서 협상의 효율성이 높아진다. 다음으로, 파트너가 양보할 가능성이 커진다는 것이다. 이 같이 관련 부서의 전문가들이 모두 참여하면 협상이 타결될 가능성이 커진다고 파트너가 기대하기에 양보하는 경향이 높다는 것이다.

전략 4 본격적 비대면협상 전에 마음의 문을 여는 가벼운 채팅시간을 가져라

공장폐쇄와 같은 힘든 협상을 하면 서로 감정이 격해지고 갈등이 증폭될 수 있다.

이럴 경우 처음에 개인적인 이야기, 스포츠나 영화 등 상호 관심사에 대해서 가벼운 이야기를 나누며 인간적 신뢰를 형성하는 전략이다. 세계적으로 K문화에 대한 관심이 높아져 한국 음악, 드라마, 음식 등 좋은 소재 거리이다.

전략 5 비대면협상의 관련 기술과 장비 조작을 잘 터득해라

세계적으로 Zoom, Googel Meet, CISCO Webex 같은 프로그램을 많이 쓰는데 각각 프로그램의 특성은 물론 사용법을 마스터해야 한다. 쉽게 말하면 '어떻게 카메라와 마이크를 잠시 끄는지', '어떻게 화상으로 문서나 차트를 상대에게 보여주는지' 등이다. 마이크를 껐다고 생각하고 옆의 동료와 이야기를 했는데, 마이크 작동을 잘못해 이를 파트너가 들으면 엄청난 낭패일 것이다.

전략 6 '발코니 전략'을 써라

대면협상과 마찬가지로 협상이 꼬여서 갈등이 증폭되고 감정이 격해지면 잠시 쉬는 '발코니 전략'을 써야 한다. 커피 타임을 갖자고 하며 휴식시간을 가지고 동료들과의 다음 협상전략을 논하는 것이다.

제 02 장 협상의 5대 요소

제 1 절 협상이란 무엇인가

"협상이란 자신이 협상상대로부터 무엇을 얻고자 하거나 상대가 자신으로부터 무엇을 얻고자 할 때 발생하는 상호작용적인 의사소통과정이다."

"A negotiation is an interactive communication process that may take place whenever we want something from someone else or another person wants something from us."

- 리차드 쉘(Richard Shell, Wharton School 교수)[1]

"협상이란 상호이익이 되는 합의에 도달하기 위해 둘 또는 그 이상의 당사자가 서로 상호작용을 하여 갈등과 의견의 차이를 축소 또는 해소시키는 과정이다."

- 모란과 해리스(Moran, R. & Harris, P.)[2]

---

1 Shell, G. R., *Bargaining For Advantage: Negotiation Strategies for Reasonable People*, Viking, 1999. p. 6.

2 Moran, R. & Harris, P., *Managing Cultural Differences: Leadership Strategies for A New World of Business*, Gulf Professional Publishing, Houston, 1999, p. 54.

협상이란 무엇일까? 흔히들 협상하면 다음과 같이 생각한다.

- 우선 말을 아주 잘해야 하고
- 말이나 문자(서신, 이메일 등)를 통해 협상상대와 의사소통(communication)을 하고
- 협상테이블 맞은편에 앉은 상대하고만 협상을 잘하면 되고
- 자신이 협상상황을 일방적으로 통제하며 상대의 마음을 움직여
- 상대가 자발적으로 협상자가 원하는 것을 주게 함으로써
- 협상자 본인이나 상대, 모두에게 상호이익이 되는 원만한 합의에 도달하는 과정

이것이 협상에 대한 일반적 인식이다. 물론 이 같은 조건을 모두 만족하는 협상도 있을 수 있다.

하지만 외환은행의 론-스타매각 등에서 보듯이 수백억 달러가 걸린 경제적 이익을 놓고 법정공방까지 가는 국제적 M&A 협상이나, 한미 FTA, 쇠고기 개방협상같이 온 나라가 떠들썩할 정도로 농민단체, 노조, 시민단체들이 반대를 하는 통상 협상이 그렇게 단순히 진행될 리가 없다.

이 같은 면에서 볼 때, 하버드대학의 휘셔-유리(O. Fisher & R. Ury) 교수,[3] 워튼 비즈니스 스쿨의 리차드 쉘(R. Shell) 교수[4] 등이 강조하듯이 협상의 참 모습은 다음과 같다

- 일방적으로 말만 잘하는 것(speaking skill) 보다는 상대방의 말을 잘 들어주는 기술(listening skill)이 더 중요하며
- 학자들의 연구에 의하면 인간은 협상할 때 언어보다도 몸짓, 표정, 눈 맞춤 같은 '비언어적 행동(body language)'으로 더 많은 의사소통을 하고
- 많은 경우 협상테이블 건너편의 상대보다도 협상자의 등 뒤에 있는 조직 내부의 이해관계자와 협상이 더 힘들고 중요하며
- 협상자가 상대의 마음을 움직이려 들면 당연히 상대도 협상자의 마음을 움직이려 드는 상호작용(interactive)을 하는 게임이며
- 상대가 '자발적'으로 주는 것만을 챙겨서는 협상이익의 일부밖에 챙길 수 없으므

---

3 Fisher, R. & Iru W., *Getting to Yes : Negotiating Agreement Without Giving In*, Penguin Book, 1991.
4 Shell, G. Richard, *Bargaining for Advantage*, Viking Penguin, 1999.

로, 보다 나은 협상성과를 얻기 위해서는 상대가 '비자발적'으로라도 양보하게 만들어야 하며

• 설사 상대와 상호이익이 되는 합의에 도달하지 못하더라도, 협상자가 '보다 나은 성과'를 얻기 위한 갈등관리, 즉 갈등을 줄이거나 해소하는 과정

이것이 협상의 참 모습이며 휘셔-유리 교수 등은 이를 '고차원의 협상'이라고 부른다.

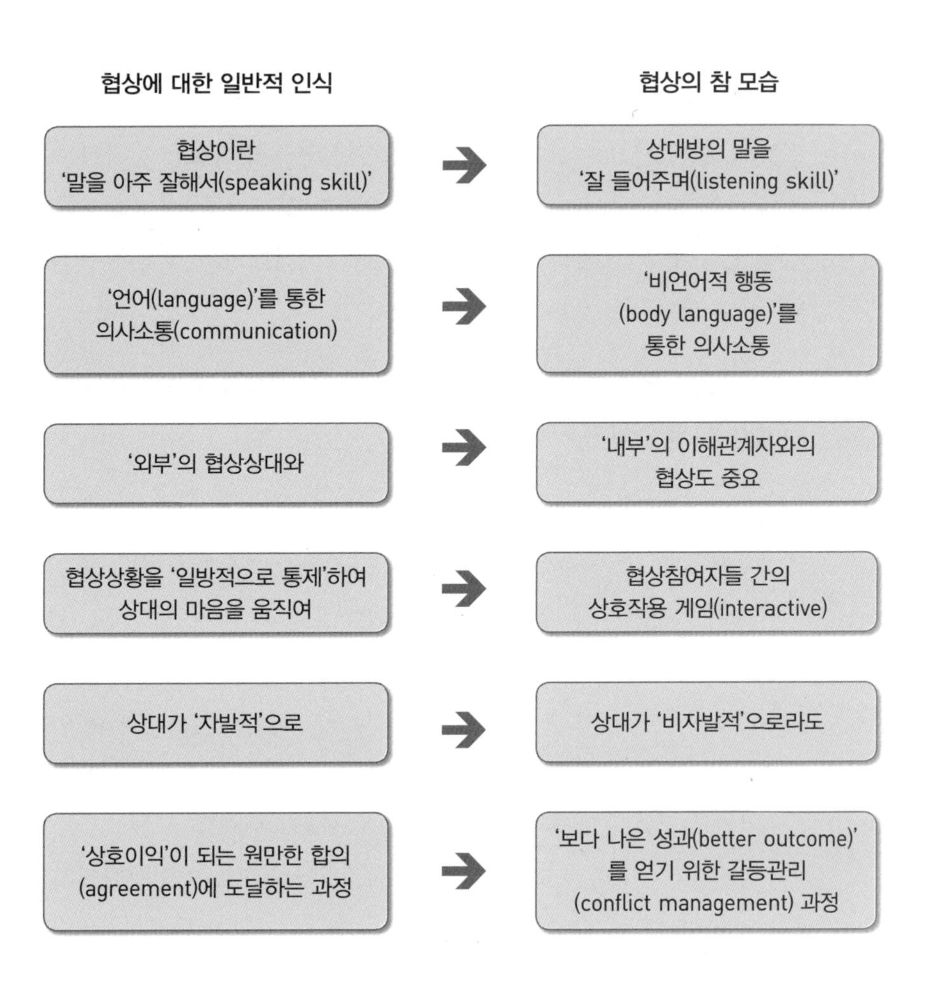

1. 협상의 참모습 I

협상이란 말을 아주 잘해서

흔히들 협상하면 무엇보다도 말을 잘해야 한다고 생각한다. 우리 주위에는 협상에 대해 다음과 같은 두 가지 생각을 가진 사람들이 있다.

"나는 평소 말을 아주 잘해. 그래서 협상에는 자신이 있어!"
"나는 정말 말재주가 없어. 그래서 협상에는 영 자신이 없어!"

이들은 모두 협상이란 아주 말을 잘해서 상대방으로부터 무엇인가를 얻어내는 것으로 오해하고 있다. 쉽게 말하면 협상에서 청중의 마음을 움직이는 웅변과 같이 말을 잘하는 것(speaking skill)이 아주 중요하다고 생각한다. 그래서인지 시중에 잘 팔리는 협상에 관한 베스트셀러들은 한결같이 '상대방의 마음을 움직이는 15가지 방법' 등 말 잘하는 솜씨나 재주를 강조하고 있다.

말 잘하는 재주(speaking skill)보다 남의 말을 잘 들어주는 능력(listening skill)이 훨씬 더 중요하다.

리차드 쉘(R. Shell), 휘셔(Fisher) 등 학자들의 연구에 의하면 말 잘하는 것과 협상으로부터 얻는 성과(outcome) 사이에는 거의 상관관계가 없다. 오히려 미국에서 교수나 협상전문가들이 강의할 때는 "제발, 말 많이 하며 떠벌리는 협상가가 되지 마라(Never Blabber Mouth Negotiator)"라는 말을 가장 많이 한다.

학자들이 연구해보면 일반적으로 협상자가 일방적으로 떠들어대며 너무 말을 잘하면

- 자기도 모르게 귀중한 정보를 상대에게 노출시키고
- 상대가 자신으로부터 '뭘 원하는지'를 정확히 모르고 엉뚱한 방향으로 협상을 끌고 가며
- 상대로 하여금 경계심을 가지고 마음의 문을 닫게 하는 경향이 있다.

애플의 스티브 잡스(S. Jobs)가 자신을 최고 경청자(Chief Listening Executive)라고

말했듯이 상대의 말을 진지한 태도로 잘 들어주면

- 상대에 관한 유용한 정보를 얻을 수 있고
- 상대가 자신으로부터 '뭘 원하는지'를 정확히 알아 협상을 유리하게 진행시키고
- 상대를 잘 관찰하고 협상전략에 대해 차분히 생각할 시간적 여유를 더 많이 가질 수 있다.

"나는 최고 경청자 (Chief Listening Executive)에요"

협상테이블에서 말을 하는 사람은 1초에 2개의 단어밖에 말할 수 없는데 반해 상대의 말을 들을 때는 1초에 8개까지 단어를 들을 수 있다고 한다. 이는 말하는 자 보다 듣는 자가 훨씬 유리한 입장에서 협상을 주도할 수 있다는 것을 의미한다.

삼성전자의 경력사원 채용협상

M전자의 구매부서에서 일하던 오달변 과장은 삼성전자에서 경력직 사원을 뽑는다는 소식을 듣고 이직하고 싶어 삼성전자의 인사부장과 협상테이블에 앉았다.

인사부장: "갤럭시 S10이 세계시장에서 예상밖의 호조를 보여 생산량을 대폭 늘리려고 합니다. 그런데 이를 위해 구매파트를 보강하려 하는데, 지금까지는 주로 수도권 부품업체와 대구 · 구미지역의 일부업체들에 의존하고 있었는데..."

'휴대폰 부품 구매 업무라면, 내가 L전자에서 10여 년간 해오던 바로 그 일이 아닌가! 절호의 기회다.' 흥분한 오달변 과장은 상대가 말을 끝내기도 전에 끼어들며 입을 열었다.

오달변: "휴대폰 부품 구매라면 자신 있습니다. 제가 L전자에서 있으며 그간 국내 부품업체는 훤하게 알고 있습니다. 말씀하신 수도권뿐만 아니라 대구와 구미에서도 한 3년 근무하며 그 지역업체 사장들과도 돈독한 인간관계를 맺어놓았습니다. 휴대폰 부품에 관한한 국내업체들이 세계 최고입니다. 구태여 해외에 눈을 돌릴 필요가 없습니다."

신나게 떠들어대는 오달변 과장을 물끄러미 쳐다보던 인사부장이 입을 연다.

인사부장: "제가 아까 하던 말을 이어하면 저희 회사에선 지금까지 주로 국내업체에서 부품을 구매해왔는데 글로벌 아웃소싱(global outsourcing)을 하자는 회장님의 지시에 따라 '해외구매'를 담당할 경력사원을 찾고 있습니다. 사실, 국내구매 담당인력은 충분합니다."

자기능력을 과시하기 위해 말을 아주 잘한 오달변 과정이 삼성전자에 채용되었을까? 당연히 탈락이다.

'삼성전자는 해외구매를 담당할 직원을 찾고 있다'는 말을 인사부장이 하려하는데, 자기도취에 빠진 오달변 과장이 자신의 국내구매 경력에 대해 자랑을 늘어놓은 셈이다. 당연히 삼성전자가 찾는 경력사원 스펙과 다르니 탈락할 수밖에.

만약, 오달변 과장이 좀 더 침착하게 협상의 참모습을 알고 인사부장의 말을 끝까지 들었으면 협상테이블에서 상대가 '뭘 원하는지'를 알고 거기에 맞추어 자신의 능력을 잘 과시하여 채용될 수 있었을 것이다.

2. 협상의 참모습 Ⅱ

협상이란 언어(language)를 통한 의사소통(communication)으로

흔히 의사소통하면 모두 언어, 즉 말이나 문자로 하는 것으로 이해한다. 그래서 우리나라 사람들은 협상을 할 때는 말하는 데만 열중하느라 상대방의 몸짓, 태도, 표정의 변화에는 관심이 없다. 심한 경우 아예 협상에서 할 말을 완전서술식으로 써와가지고 테이블에 놓고 거의 읽는 사람들도 있다. 물론 상대방의 얼굴은 거의 쳐다보지도 않고서.

협상에서 몸짓, 표정 등 비언어적 행위(non-verbal behaviour)가 더 중요하다.

협상에서 말이나 문자 등 언어로 전달되는 메시지는 30% 정도에 불과하다. 나머지 70%는 몸짓, 얼굴 표정, 눈 맞춤 등 비언어적 행위에 의해 이루어진다.

캘리포니아 대학의 폴 애크만(P. Ekman) 교수에 의하면 인간은 내면적 심리변화가 있을 땐 어떠한 형태로든지 얼굴 표정 변화, 발 떨기 등 '비언어적 행동'으로 나타난다. 따라서 유능한 협상자가 되기 위해서는 상대의 태도나 표정 변화 등을 끊임없이 관찰하며 협상해야 한다.

미국의 올 브라이트 국무장관은 브로치를 상의에 달기를 즐겼는데 재미있는 습관이 있다. 중동 PLO의 아라파트 등과 같이 거칠고 험한 상대와 협상을 하는 날에는 위의 그림에서 보듯이 뱀이나 벌 모양의 브로치를 달고 협상장에 나갔다. 반대로 우방국과의 화기애애한 협상을 할 때는 나비나 장미꽃 모양의 브로치를 달고 나갔다고 한다.

'뱀과 벌 모양'의 미국 올 브라이트 국무장관의 브로치

마지막으로 오바마 대통령이 프랑스 사르코지 대통령 부인인 브루니 여사의 볼에 키스를 하는 모습을 보는 미쉘 여사의 표정을 보라. 완전히 열 받은 표정이다. 미국의 대통령 부인쯤 되면 카메라 앞에서 표정관리 정도는 할 수 있을 텐데 치미는 감정을 억누르지 못한 얼굴 표정이다.

미쉘 여사의 열 받은 얼굴 표정

3. 협상의 참모습 Ⅲ

'외부'의 상대방과 협상하여

산업통상자원부의 K국장은 한국정부를 대표하여 워싱턴에 가 미국정부와 협상하여 기대 이상의 성과를 얻었다. 지난 2년간 우리나라 휴대폰 수출의 발목을 잡던 반덤핑 규제를 푼 것이다. 대신 미국정부가 요구하는 닭고기 시장에 대한 일부 개방(1년에 2만 톤)을 본국 정부와 협의 없이 정부대표의 전권으로 받아주었다. 1년에 미국산 닭고기 2만 톤을 수입한다 해보았자 수백만 달러 정도에 불과하다. 하지만 이번에 휴대폰 반덤핑 문제를 해결함으로서 연간 50억 달러 이상 휴대폰을 미국에 수출할 수 있다. 따라서 국익차원에서 이번 협상의 경제적 이익은 엄청나다.

글로벌 비즈니스에서도 마찬가지다. 코리아 가스사의 J본부장은 인도네시아에 가서 천연가스(LNG) 도입협상을 정말 잘해 당초 예상했던 20달러보다 단위당 2달러를 깎아 18달러에 계약했다. 일본의 미쯔비시상사가 지난 달 말레이시아로부터 단위당 22달러에 계약한 것보다 훨씬 싼 가격이다. 본사는 물론 우리나라 에너지 도입에 엄청난 이익을 가져다주어 귀국하면 대단한 칭찬을 받을 것이다.

K국장과 J본부장이 귀국한 후에 과연 무슨 일이 벌어질까?

우선 K국장이 워싱턴에서 합의한 내용이 온 나라를 시끄럽게 한다. 대한양계조합 회원들이 시청 앞에 모여들어 항의 데모를 하고, 여기에 전국농민연합, 우리농산물지키기연합 등이 가세해 여의도로 몰려가 국회 앞에서 시위를 한다. 마침 총선을 앞둔 시기라 농민 표를 의식한 국회의원들이 대통령과 산업통상자원부 장관을 강하게 비판하고 정부에서도 농림식품부 장관이 닭고기 시장 개방에 반대한다. 지난 2008년 미국산 쇠고기 시장을 개방했다가 이명박 대통령이 두 번이나 국민에게 사과한 예를 보면 이 같은 사태를 충분히 예상할 수 있다.

휴대폰 반덤핑 규제 해소로 이익을 보게 될 수혜자는 삼성전자, LG전자 등 불과 몇 개의 대기업이다. 하지만 닭고기 시장 개방의 피해는 단순히 국내 양계농가 뿐만 아니라 농민단체 전체의 우려로 확대되어 대통령에게까지 엄청난 정치적 부담을 준 것이다.

다음으로 J본부장은 어떨까?

우선 회사 내에서 천연가스 도입을 두고 경쟁하는 동료 본부장들이 협상에 대해 흠집내기를 시작할 것이다. '톤당 18달러로 국제시세보다 싸게 샀다고 하지만 불과 1년 전 국제시세가 10달러인 점을 고려할 때 비싸게 계약했다', '외국전문가들이 천연가스 가격이 내년이면 다시 10달러 수준으로 떨어질 것이라 하는데 왜 지금 비싼 가격에 계약하나? 내년까지 기다리지', 심한 경우 'J본부장이 사적 이익(?)을 취하기 위해 무리한 계약을 했다'는 근거 없는 소문까지 퍼트릴지도 모른다. 이 같은 일이 실제로 국내 모자원개발회사에서 있었다. 결국 J본부장 같이 유능하게 대외협상을 잘한 그 회사의 임원은 승진하지 못하고 자회사로 쫓겨 가야만 했다.

K국장과 J본부장, 두 사람 모두 협상의 참 모습을 이해하지 못하고 상대와 협상을 잘해 커다란 경제적 이익만 가져오면 된다고 잘못 생각했기에 벌어진 해프닝이다.

내부의 이해관계자와의 협상도 중요하다.

제2장에서 자세히 다루겠지만 모든 협상이란 퍼트남(Putnam)이 말하듯이 2단계 게임(Two-level Game)이다. 외부의 상대와 협상(제1단계 게임, 또는 외부협상)을 잘하는 것도 중요하지만, 내부의 이해관계자와의 협상(제2단계 게임, 또는 내부협상)도 중요하다.

K국장이나 J본부장의 경우에서 보듯이 협상자가 미국정부나 인도네시아 회사와 '정말 국익이나 본사에 도움을 주는 협상을 했다'고 스스로 자찬하더라도 이를 받아들이는 국내의 이해관계자의 반응이 다를 수 있다.

우리나라 통상협상의 역사에서 협상의 제2단계 게임, 즉 내부이해관계자와의 협상의 중요성을 말해주는 사례가 많다. 전국의 포도재배농가에서부터 시작해 전국농민연합까지 들고 일어난 한·칠레 FTA 협상, 단순히 농민단체나 노조뿐만 아니라 200여 개가 넘는 시민단체들까지 모여 '한·미 FTA 반대 국민 전선'을 만든 미국과의 한·미 FTA 협상 등이다.

비즈니스 협상에서도 이 같은 사례를 찾아 볼 수 있다. 2002년 하이닉스 반도체를 미국의 마이크론 사에 매각하기로 두 회사의 협상대표들 간에 합의했는데 하이닉스 이사회에서 이를 부결시킨 것이다.

4. 협상의 참모습 Ⅳ

협상상황을 일방적으로 통제하여 상대의 마음을 움직여

마치 무대 위의 연극배우가 좋은 연기로 관중의 마음을 움직이듯이, 협상테이블에서 협상자가 상대방의 마음을 움직인다는 말 속에는 다음과 같이 잘못된 협상에 대한 인식이 있다.

- 협상자 자신의 마음이나 입장(position)은 상대가 거의 바꾸지 못하며
- 협상자가 협상상황을 일방적으로(unilateral) 통제하여 상대의 마음을 움직여 협상을 자신에게 얼마든지 유리한 방향으로 끌고 갈 수 있다고 과신(over-confidence)하는 것이다.

이를 '자기중심적 환상(Need-based illusions)'이라 하는데, 이는 다음과 같은 세 가지 요인에 기인한다.

- 우월감에서 오는 환상(Illusion of Superiority): 협상자는 일반적으로 자신이 상대방보다 더 지적이고, 능력이 있어 상대방을 잘 설득하고 필요하다면 위협도 잘 할 수 있다고 과신한다.
- 낙관에서 오는 환상(Illusion of Optimism): 협상자는 일반적으로 미래나 협상진행을 낙관하는 경향이 있다.
- 통제의 환상(Illusion of Control): 협상자는 일반적으로 자신이 협상상황에 영향을 미쳐 이를 통제할 수 있다고 생각한다. 예를 들어 주사위를 던질 때 확률적으로 아무런 영향을 미칠 수 없음에도 불구하고 자신이 좋은 점수가 나오도록 던질 수 있다고 생각하는 것이다.

여러 협상참여자들 간에 서로 상호작용(interactive)을 하는 게임이다.

여러 협상참여자들 간의 상호작용은 다음과 같은 두 가지로 나눌 수 있다.

- 제1단계 게임에서 협상자와 상대방과의 상호작용
- 제2단계 게임에서 협상자와 내부이해관계자 사이의 상호작용

제1단계 게임에서 협상자와 상대방과의 상호작용

협상이란 링 위의 권투선수 같이 상대방과 주고받으며 상호작용을 하는 게임이므로 절대 협상자가 일방적으로 협상상황을 통제할 수 없다. 권투선수가 상대방을 다운시키기 위해 아무리 좋은 KO펀치를 날리더라도, 상대방이 이를 잘 피하고 카운터 펀치를 정확히 날리면 패배한다.

협상자가 설득하려 들면 상대방이 오히려 협상자를 설득하려 들고, 상대의 설득능력이 뛰어나면 오히려 설득을 당할 수도 있다. 뭔가 양보를 얻어내려고 위협하였는데 상대방이 위협에 굴하지 않고 더욱 강한 보복위협을 한다면 오히려 협상자가 굴복할 수도 있다.

이의 좋은 예가 지식재산권 보호를 둘러싼 미국정부와 중국정부 사이의 협상이다. 그 당시 한창 중국에서 성행하던 윈도우 프로그램, 할리우드 영화 등의 불법복제를 바로 잡기 위해 미국정부는 스페셜 301조를 발동해 중국의 대외무역에 대해 제재를 가하겠다고 위협을 하였다. 그런데 중국정부가 이 같은 위협에 굴복하기는 커녕 더욱 강한 보복위협을 하였다. '만약 미국이 무역제재를 가하면 보잉, AT&T 등으로부터 구입하기로 했던 수십억 달러의 항공기와 통신기기 도입계약을 취소하겠다'고 한 것이다. 단순한 엄포에 그친 게 아니고 실제로 중국정부가 유럽의 에어버스 등과 협상을 시작하였다. 이에 깜작 놀란 미국은 슬며시 스페셜 301조 발동을 철회하였다. 쉽게 말하면 스페셜 301조 발동 위협전략을 통해 중국의 마음을 바꾸어 보려다가 오히려 중국의 위협에 굴복하여 미국이 마음을 바꾼 것이다.

제2단계 게임에서 협상자와 내부이해관계자 사이의 상호작용

앞에서 살펴보았듯이 협상이란 외부상대와의 협상도 중요하지만 내부이해관계자와의 협상도 중요하므로 항상 제1단계 게임과 제2단계 게임을 동시에 상호작용을 하며 진행시켜야 한다. 외국정부나 외국기업과 어떤 사실을 합의하면 이것이 국내의 이해관계자에게 어떤 영향을 미칠지를 염두에 두고 제1단계 협상게임을 해야 한

다. 한걸음 나가 수시로 협상진행상황을 내부이해관계자에게 물어 이들의 반응을 보고 필요하다면 이를 제1단계 게임에 반영(feedback)시켜야 한다.

제1단계 게임과 제2단계 게임의 상호작용이란 협상의 참모습을 이해하지 못하고, 비공개리에 외국정부와 제1단계 협상만 한 예가 한일군사정보 교환협정이다. 2012년 6월 이명박 정부는 사전에 국민이나 정치권의 의견을 수렴하지 않고 청와대와 외교통상부의 일부 실무자 사이에 은밀하게 일본정부와 협상을 추진하였다. 2012년 6월 29일 도쿄에서 주일대사와 일본 장관 사이의 정식 서명을 불과 1시간 앞두고 청와대는 돌연 서명식을 취소하였다.

일본과의 군사정보 교환협정에 대해 정치권과 국민들이 예상외로 크게 반발하자 당황한 대통령이 뒤로 물러선 것이다. 우리 국민들의 일본에 대한 미묘한 정서를 고려할 때 처음부터 협상과정을 공개해가며 여론과 정치권의 반응을 보고, 이를 협상에 반영시켜가며 상호작용(interactive) 게임으로 진행시켰어야만 했었다.

5. 협상의 참모습 V

협상이란 상대가 '자발적'으로 협상자가 얻고자 하는 것을 주게 하는

H이사는 H그룹의 중국 프로젝트 담당으로서 POSCO의 중국 사업 본부장인 P이사와 일주일째 협상을 하고 있다. H그룹과 POSCO가 중국에 합작투자로 철강공장을 지어 H그룹이 투자한 산동성의 H조선소와 베이징의 월드오토공장에 제품을 납품하라는 프로젝트이다. H이사와 P이사는 선박용 후판공장 건설에 대해서는 쉽게 합의했다. 지금까지 한국에서 생산된 후판을 산동성 H조선소에 팔아오다가 값싼 중국산 철강때문에 수출길이 막힌 POSCO로선 중국에 후판공장을 세워 산동성 조선소에 납품하면 원가를 낮추어 중국 제품과 경쟁할 수 있기 때문이다. 쉽게 말하면 후판공장 건설에 대해선 서로가 윈-윈 게임이기 때문에 POSCO의 P이사가 '자발적'으로 합의해 주었다.

문제는 자동차용 특수강공장의 건설이다. P이사는 이번 합작에서는 선박용 후판공장만 짓고, 자동차용 특수강공장은 다음에 논의하자고 발뺌을 한다. 아마 다음과 같은 두 가지 이유 때문인 것 같다.

- 전 세계에 100여 개의 제철소가 있지만 고도의 기술을 요하는 자동차용 특수강을 만들 수 있는 제철소는 신일본제철, 포스코 등 다섯 개 뿐이다. 물론 중국은 아직 이 같은 특수강을 못 만든다. 따라서 POSCO로선 한국에서 생산해 중국의 월드오토 베이징 공장에 수출하면 된다.
- POSCO는 특수강공장 관련기술을 H그룹에 주면 같은 그룹 계열사인 H제철로 특수강 기술이 이전되는 것을 꺼리는 눈치이다.

H이사는 H그룹 회장으로부터 반드시 후판공장과 특수강공장을 중국에 같이 지으라는 협상지침(position)을 받았다. POSCO가 후판공장만 고집하면 협상을 깨도 좋다는 허락도 받았다.

여러분이 H이사처럼 이러한 난감한 상황에 처했다면 어떻게 협상할 것인가?

협상이란 상대가 자신도 모르게 '비자발적·무의식적'으로

POSCO의 P이사가 '자발적'으로 합의해주는 것(후판공장 건설) 이상을 얻으려면 상대가 '비자발적'으로라도 여러분이 원하는 것에 동의하도록 만들어야 한다. 여기에는 여러 가지 협상전략이 있는데 가장 대표적인 것이 위협(threat)이다.

"P이사님, 솔직히 말씀드리면 저도 지금 H그룹 내에서 입장이 곤란합니다. 그룹 내 일본 프로젝트 담당 J이사가 POSCO가 아닌 신일본제철과 합작하여 중국에 진출하자고 난리입니다. 지금 일주일째 하는 우리 협상이 진전이 없어 회장님도 신일본제철 쪽으로 기울고 있습니다. 오늘 아침 회장님께 오늘 하루만 시간을 달라고 했습니다. 오늘 POSCO와 특수강공장을 합의 못하면 저도 이번 협상을 포기하겠다고요. 이번 협상이 깨지면 회사에서 제 체면이 말이 아니고 P이사님도 별로 좋을 것 같지 않습니다. POSCO의 최대 경쟁상대인 신일본제철에 중국 프로젝트 건을 놓쳤다고요."

지금 H이사는 상대에게 '암시적 위협(Implicit Threat)'을 하고 있는 것이다. 암시적 위협이란 얼굴 표정을 험하게 하고 상대를 직접적으로 압박하는 것이 아니라 웃으면서 이야기 하지만 실은 심리적 압박을 주는 시그널을 보내 상대가 비자발적 또는 무의식적으로 양보하게 만드는 것이다. P이사를 암시적으로 위협하기 위해 H이사가 보낸 시그날은 다음과 같다.

- 우리에겐 신일본제철이란 '대안(alternative)'이 있다. P이사가 특수강공장 건설을 거부하면 신일본제철과 손잡겠다.
- 엄청난 협상결렬비용(cost of no-agreement)이다. 이번 협상이 결렬되면 POSCO는 당장 H그룹의 중국 조선소, 베이징 월드오토사에 대한 철강판매 기회를 잃을 뿐만 아니라, H그룹과 신일본제철이 손을 잡으면 장기적으로 치뤄야 할 비용은 엄청날 것이다. 협상테이블에 앉은 H이사와 P이사는 실은 같은 협상이익을 공유하고 있을지도 모른다. 이번 협상이 결렬되면 회사에서 H이사도 불리한 입장에 처하지만 P이사도 좋을 건 없다.

이런 난감한 협상상황에서 POSCO의 P이사는 '비자발적'이지만 상당 부분을 양보하지 않을 수 없을 것이다. 아마 일정조건 하에 특수강 건설에 합의할지도 모른다.

이 사례에서 보듯이 우리가 어떠한 종류의 협상에서건 상대의 '자발적' 양보만 기대해서는 얻고자하는 것의 일부밖에 얻을 수 없다. 상대가 원하지 않는데도 이를 설득해서든 위협해서든 고차원의 협상전략을 써서 '비자발적'으로라도 양보하게 만들어야만 보다 나은 협상성과를 기대할 수 있다.

따라서 상대가 비협조적으로 나올때

- 상대가 합의할 때 얻을 수 있는 '성과(outcome)'을 강조해주는 것 못지않게
- 상대가 합의해주지 않을 때 치러야 할 커다란 '협상결렬비용'을 강조하는 것도 중요하다.

6. 협상의 참모습 VI

상호이익이 되는 합의(agreement)에 도달하는 과정

협상을 위와 같이 이해하면 협상자와 상대방 모두가 협상을 통해 윈-윈 게임을 할 수 있다고 믿는다. 이렇게 협상행위를 좋게 보면 제2장에서 자세히 알아볼 하버드 협상이론에서 연성입장(soft positional) 협상을 하게 될 우려가 크다. 소프트 포지셔날 협상이란 상대를 무조건 우호적인 친구(friend)로 보고 마냥 부드럽게 대하는

것이다. 이 경우 협상자는 협상행위가 서로에게 이익을 준다고 생각하기에 협상의 목적이 원만한 합의에 이르는 것이라 생각한다. 일반적으로 협상자가 협상을 이렇게 잘못 인식하면 당연히 원만한 합의를 위해 쉽게 양보하는 경향이 있다.

보다 나은 성과(better outcome)을 얻기 위한 갈등해소(conflict management)과정

제2장에서 보듯이 현실적으로 두 가지 협상상황이 있다.

- 피자 나누어 먹기(Pizza-Cutting): 정해진 협상이익을 협상당사자들이 서로 많이 가지기 위해 다투는 제로섬 게임(zero-sum game)이다.
- 피자 굽기(Pizza-Cooking): 피자를 잘 반죽하여 구우면 피자 자체의 크기가 커진다. 이는 협상당사자들이 서로 협력하면 나누어 가질 협상이익 자체를 크게 하는 윈-윈(win-win) 게임을 할 수 있다.

현실적으로 '피자 만들기'에서는 협상당사자 모두에게 '상호이익이 되는 합의'에 도달할 수 있다.

그런데 문제는 '피자 나누어 먹기'와 같은 협상상황이다. 가격협상이나 합작투자의 파기협상, 또는 임금인상을 위한 노사협상과 같이 협상당사자들 사이에 서로 협상이익을 더 많이 가지기 위해 다투는 경우이다. 이때는 당연히 지저분한 협상전략(dirty tricks)를 쓰고 상대를 적대자(adversary)로 불신하는 경성입장 협상을 하게 된다. 따라서 협상자는 상대에게 돌아갈 성과를 빼앗아서라도 '보다 나은 성과(better outcome)'를 얻기 위해 노력한다.

이때의 협상행위는 당사자들이 서로 만족하는 원만한 합의에 도달하는 과정이 아니라, 서로간의 갈등의 폭을 줄이거나 해소하는 과정으로 이해된다.

7. 다니엘의 협상전략

미국 Daza 대통령후보의 선거포스터 협상[5]

다니엘은 다자 대통령후보의 선거대책본부장이다. 대선을 3일 앞두고 미국 전역을 돌며 대규모 유세를 하고 선거포스터 수백만 장을 인쇄하였다. 포스터에는 다자 후보가 다정하게 웃고 있는 사진이 실려 있다. 중요한 포스터이므로 수백 장의 사진 중에서 다니엘이 직접 고른 사진이다. 그런데, 다니엘이 마지막으로 포스터를 천천히 보던 중 아래쪽 구석에 작은 글씨로 "Copyright © by Johnstone"이란 글씨를 발견하였다. 급히 사진을 고르느라 보지 못했는데 이 사진의 초상권(지적재산권)이 존스톤이란 사진작가에게 있는 것이다.

당황한 다니엘에게 대선캠프의 참모진은 다음과 같은 의견을 제시했다.

- 이 문제는 대선 자체를 그르칠 수 있다. 미국 같이 준법정신이 중요시되는 사회에서 만약 상대편 진영이 이 사실을 알고 다자 후보를 공격하면 당락에까지 영향을 미칠 수 있다는 것이다.
- 수백만 부의 포스터를 다시 인쇄할 시간적 여유가 없다.
- 더욱이 불리한 상황은 존스톤은 무명 사진작가로 샌프란시스코에 살고 있는데 경제적으로 무척 어렵다는 것이다.

copyright by Johnstone

이는 그가 돈을 목적으로 대선캠프를 상대로 초상권 침해소송을 제기할 가능성이 크다는 것을 의미한다.

참모진은 가능한 해결책으로 다음 두 가지를 다니엘에게 제시했다.

- 인간적 호소방법: 다니엘이 직접 존스톤에게 전화하여 실수를 솔직히 인정하고 사정하여 사진사용에 대한 승인을 얻어내는 것이다.
- 금전적 해결방법: 상황이 다급하니 전화를 해서 충분한 경제적 보상을 약속하고 사진사용승인을 얻어낸다.

우선 인간적 호소방법은 앞의 협상의 참모습에서 살펴보았듯이 '말을 잘해' 상대가 마음을 움직이게 만들어야 한다. 금전적 해결은 간단한 방법이 될 수는 있으나 상대가 천문학적인 돈을 요구하면 다니엘이 더 난처해 질 수도 있다.

다니엘이 협상의 참모습을 이해한다면 사진작가가 자신도 모르게 무의식적으로

---

5 본 사례는 Bacow, Lary & Mike Wheeler, *Environment Dispute Resolution*, 1984, pp. 73-74에 실린 것을 발췌·수정 인용한 것임.

다니엘이 원하는 방향으로 움직이게 만드는 고차원의 협상전략을 써야 한다.

"존스톤 씨 정말 축하합니다. 저희 다자 대선후보의 포스터용 사진으로 수백 명 사진작가의 사진 중에서 최종적으로 존스톤 씨 사진이 선정되었습니다. 대선후보용 사진으로 선정된다는 것은 대단한 영예이며 이제 당신은 미국에서 유명한 사진작가가 될 것입니다."

여기에 그치지 말고 한술 더 떠서 축하 말에 이어 다음과 같은 말을 해야 한다.

"저희 대선캠프에서 존스톤 씨에게 이렇게 좋은 기회를 주었는데 정치헌금을 얼마나 하시겠습니까? 선거 막판에 자금이 필요한데 만 달러쯤 기부해 주실 수 있습니까?"

존스톤이 거부할 경우: 대안 존재

그럴듯해 보이는 협상전략이지만 만약 존스톤이 쉽게 넘어가지 않으면 어떻게 하냐는 반론이 나올 수 있다. 그러나 이 같은 반론에도 불구하고 다음과 같은 관점에서 이 전략은 가장 좋은 협상전략이다.

- 존스톤이 순순히 다니엘의 협상전략에 넘어가면 문제가 간단히 해결된다. 한술 더 떠서 다니엘이 먼저 정치헌금을 요구함으로써 존스톤의 경제적 보상요구 가능성을 심리적으로 먼저 제압했다. 어쩌면 적은 금액이지만 존스톤으로부터 정치헌금을 받아낼지도 모른다.
- 만약, 존스톤이 이 전략에 넘어가지 않아도 협상대안(alternatives)이 있다. 즉, 이 전략이 실패하면 대안으로 인간적 호소전략을 쓰고, 이것마저 통하지 않으면 마지막 대안으로 금전적 보상전략을 쓸 수 있다.

제일 나쁜 협상전략

앞의 세 가지 협상전략 중 제일 나쁜 전략은 처음부터 금전적 보상을 제시하는 것이다. 이 경우 협상성과는 어느 정도 돈을 지불하느냐에 귀착된다.

제 2 절 협상의 5대 요소

모든 사람들은 협상을 잘하길 원한다. 협상을 잘한다는 것은 협상을 통해 상대로부터 가능한 한 많은 성과를 얻어낸다는 것을 말한다. 현실적으로 이 같은 협상성과는 실로 다양한 요인에 의해 영향을 받는다.

이 장에서는 협상성과에 가장 중요한 영향을 미치는 5대 요소에 대해 알아보자.

- 협상목표
- 협상력
- 관계
- BATNA
- 정보

1. 협상의 5대 요소와 협상성과

협상을 한다는 것은 협상자가

• 무엇인가를 얻기 위해	협상목적
• 협상과정에서 상대에게 무엇인가를 주장하고	협상의 포지션
• 다양한 전략기법, 술책 등을 통해	협상전략
• 결과적으로 무엇인가를 얻어내는 것을 말한다.	협상성과

첫째, 협상목적(goal)이란 협상자가 얻고자 하는 것(what I want to have)이다. 따라서 협상목적은 협상자가 기대하는 협상성과(desired outcome)라고 말할 수 있으며, 이는 협상이익(negotiation interest)과 밀접한 관계가 있다.

둘째, 협상포지션(position)이란 협상자가 초기에 상대에게 주장하거나 내세우는 것(statement of what the negotiator will demand)이다.

셋째, 협상성과(outcome)는 협상을 통해 실제로 얻어낸 것(acquired outcome)을 말한다.

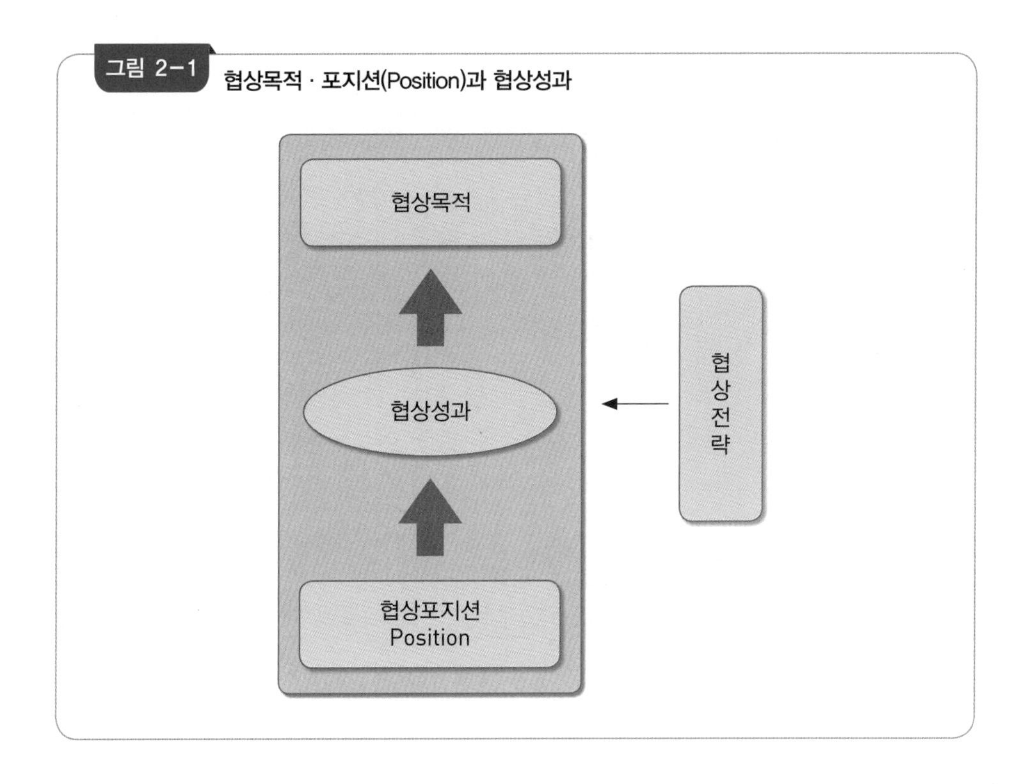

그림 2-1 협상목적 · 포지션(Position)과 협상성과

따라서 협상자는 다양한 협상전략을 통해 초기의 협상포지션에서 시작해 가능한 협상목표에 가까운 최대한의 협상성과를 얻기를 원한다. Lewicki, Shell 등의 분석에 의하면 협상성과와 협상의 5대 요소 간에는 다음과 같은 관계가 있다.

- 협상목표 설정(Goal Setting): 협상목표를 높게 설정할수록 높은 협상성과를 얻을 수 있다.
- 협상력(Bargaining Power): 협상력이 강하면 높은 협상성과를 얻을 수 있다.
- 관계(Relationship): 협상상대와의 관계가 좋으면 보다 나은 성과를 얻을 수 있다.
- BATNA(대안): 협상에 실패하더라도 의존할 수 있는 대안(BATNA)이 있으면 보다 나은 성과를 얻을 수 있다.
- 정보: 상대보다 많고 유리한 정보를 가지면 보다 나은 협상성과를 얻을 수 있다.

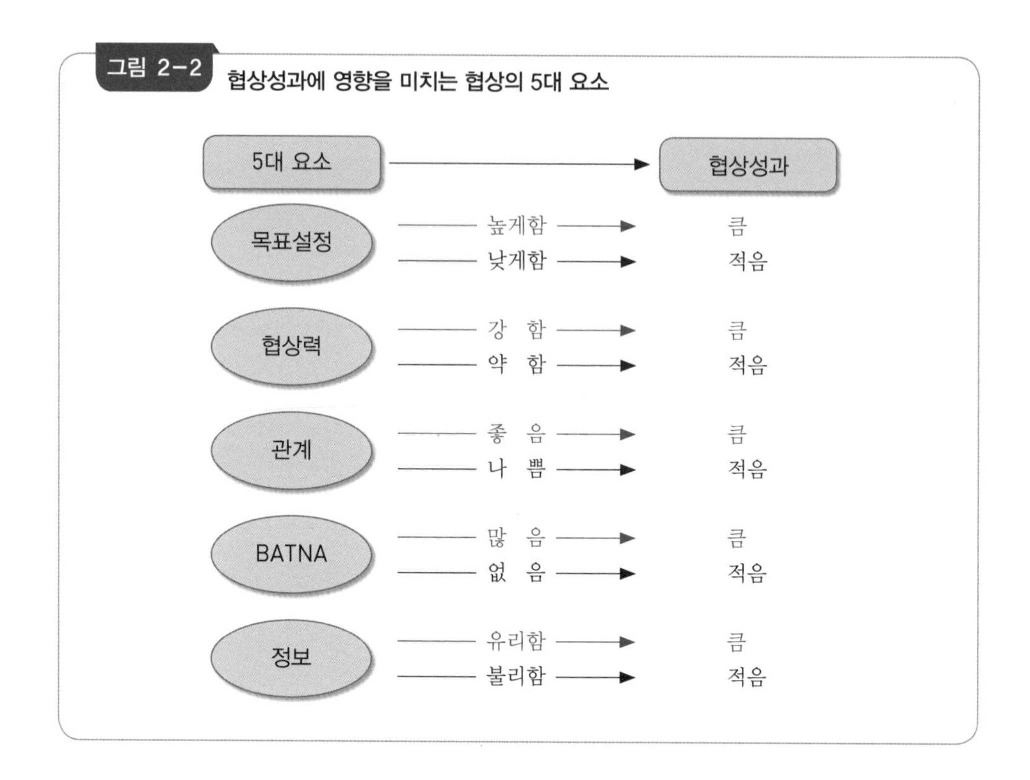

2. 협상의 제 1 요소: 협상목표 설정(Goal Setting)

많은 협상학자들의 실증분석에 의하면 협상성과에 가장 큰 영향을 미치는 것은 목표설정이다. 쉘(Shell, 1999)[6]은 "협상에서 얻고자 하는 목표를 분명히 하지 않으면 협상자는 협상테이블에서 언제 상대에게 '예' 또는 '아니오'라고 할지를 모른다"라고 강조한다.

▌낙관적(optimistic) 목표설정: "Aim higher, and you will obtain better"

쉘(Shell)[7]에 의하면 "협상목표를 높게 설정하고 이를 얻기 위해 노력할수록 보다 많은 협상성과를 얻을 수 있다.

〈그림 2-3〉에서 보듯이 높은 협상목표를 설정하면 협상자의 기대수준(expecta-

6 Shell, G. R., *Bargaining For Advantage: Negotiation strategies for Reasonable People*, Viking, 1999, p. 24.
7 *Ibid.*, p. 24.

그림 2-3 협상목표 설정과 협상성과

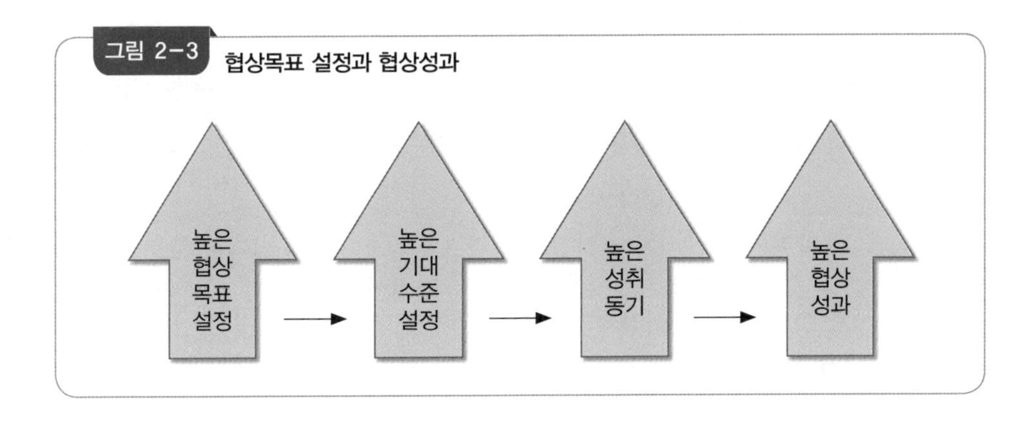

tion)이 높아지고 이를 달성하기 위한 성취동기(commitment)도 높아지면서 결과적으로 높은 협상성과를 얻을 수 있다. 마치 B학점을 목표로 하는 학생보다 A+학점 취득을 목표로 하는 학생이 높은 학점을 얻기 위해 더욱 노력하고 좋은 성적을 얻을 수 있는 것과 비슷하다. 따라서 협상목표는 가능한 한 아주 낙관적으로 높게 설정할 필요가 있다.

이때 한 가지 주의해야 할 점은 "막연한 희망은 협상목표가 될 수 없다(Wishes are not goals)"라는 점이다. 아무리 협상목표를 높게 잡더라도 이것이 과거의 협상전례나 경험 등에 비추어 볼 때 현실적으로 실현가능(feasible & justifiable)해야 한다.

낮은 협상목표(Modest Goal) 설정 문제: 상사와 부하 사이에도 협상한다

분명 회사나 조직으로 봐서는 협상목표를 높게 설정하는 것이 절대적으로 유리하다. 그러나 회사를 대표하여 막상 협상을 하는 직장인의 입장에서는 그렇지 않다. 때로는 적당한 수준에서 협상목표를 설정하는 것이 유리할 수도 있다. 따라서 협상목표 설정을 두고 CEO와 부하 직원 사이에 보이지 않는 협상을 하는 수도 있다.

일본의 소니가 디지털 카메라 사업을 10억 달러에 팔겠다고 국제시장에 내어 놓았다.[8] 삼성전자 이사회는 이를 인수하기로 결정하고 M&A팀을 구성하였다. 다음날 소니와 협상하기 위해 도쿄로 떠나는 두 명의 M&A팀장과 CEO 사이의 대화이다.

8 이 내용은 실제 사례가 아닌 가정임.

CEO: "그간 M&A 준비하느라 수고 많았어요. 얼마면 인수할 수 있을 것 같아요? 소니가 부르는 10억 달러를 다 주고 살수는 없잖아요."

이소심 팀장: "사장님, 최선을 다해 보겠습니다만 많이 깎아야 9억 달러일 것 같습니다."

박력 팀장: "사장님 화끈하게 반으로 후려쳐 5억 달러에 사오겠습니다."

CEO의 반응이 어떨까? 당연히 박력 팀장이 엄청나게 칭찬받고, 이소심 팀장은 '이름같이 소심하다'고 싫은 소리를 들을 것이다.

그로부터 1주일간 도쿄의 호텔에서 소니의 타카시 팀장과 협상을 한다. '무슨 수를 써서라도 디지털 카메라 사업을 10억 달러에 팔라'는 지시를 받은 타카시 팀장이 쉽게 물러설 리가 없다. 밀고 당긴 끝에 7억 달러에 합의하고 귀국하여 사장실에 들어가 결과를 보고한다. 이때 CEO의 반응이 어떨까?

"박력 팀장, 당신 애초에 나한테 5억 달러면 살 수 있다고 했는데 2억 달러나 더 주었잖아요. 도대체 어떻게 협상을 한 거예요."

"이소심 팀장, 9억 달러라 이야기 했는데 2억 달러를 더 깎았네요. 정말 수고 많았어요."

출장 후에 사장실에서 두 명의 팀장에게 벌어지는 일은 출장 전과 정반대이다.

- 출장 전에는 협상목표 설정을 높게 한 박팀장이 칭찬을 받고, 낮게 한 이팀장이 핀잔을 받았다.
- 그런데 출장을 갔다 온 후에는 높게 설정된 목표를 달성하지 못한 박팀장이 꾸중을 듣고, 협상목표를 낮게 한 이팀장이 칭찬을 받는다.

가능한 한 높은 협상목표 설정이 회사에는 좋음에도 불구하고 앞의 사례에서 보듯이 현실적으로 협상자는 다음과 같은 이유 때문에 협상목표를 적당히 낮게 설정하려는 경향이 강하다.

협상자의 자기보호수단(Self-protection Device)

조직을 대표하여 협상하는 협상자는 두 가지 욕구에 직면한다.

• 협상목표를 높게 설정하여 회사에 조금이라도 더 이익을 가져오려는 '애사심'
• 협상목표를 적당히 낮게 설정하여 자기 '자신을 보호하겠다는 욕구'

앞의 사례에서 보듯이 애사심에 앞서 협상목표를 높게 잡은 박력 팀장이 궁지에 몰리지 않는가. 차라리 이소심 팀장처럼 의도적으로 목표를 낮게 설정하는 것이 조직 내에서 처신하는 데 유리할지도 모른다.

CEO와 직장인에게 주는 충고

CEO의 입장에서는 부하들이 자기보호수단으로 적당히 낮게 목표(modest goal)설정을 하는지를 잘 감독해야 한다. 하지만 직장인의 입장에서 현실을 무시할 수 없다. 앞의 협상의 참 모습에서 살펴보았듯이 협상이란 상대가 있는 상호작용(interactive)게임이기 때문에 자기마음대로 안 된다. 애사심만 앞서 괜히 너무 높게 목표설정을 했다가는 이를 달성 못하고 상사로부터 꾸중만 들을 수도 있다. 그래서 중간관리자과정에서 특강할 때는 애사심 때문에 너무 높게 목표설정을 하지 말고 최고경영자과정에서는 무난하게 목표설정을 하는 부하 직원을 잘 감독하라고 이중적으로 강의한다.

3. 협상의 제 2 요소: 협상력(Bargaining Power)

협상성과에 영향을 미치는 두 번째 요인은 협상력이다. 협상력은 힘(power) 또는 지렛대(leverage)라고 표현되기도 하는데 이는 다음과 같이 정의할 수 있다.

"협상테이블에서 자신이 원하는 것을 얻어낼 수 있는 능력(Ability to bring about outcomes which negotiators desire)"

쉘(Shell)은 협상력을 "협상에서 자신이 원하는 조건으로 합의를 얻어낼 수 있는 힘(Power to obtain an agreement on your own terms)"[9]이라고 말한다.

쉽게 말하면 협상력이란 협상목표를 달성할 가능성을 높이는 다음과 같은 여러 가지 수단(tools)을 말한다.

---

9 *Ibid.*, p. 90.

• 상대에게 압력을 가하거나 위협을 할 수 있는 힘
• 상대가 협상상황이나 협상목표를 자신과 같게 보도록 하는 힘
• 협상테이블에서 상대를 통제하는 힘
• 협상상대의 마음을 바꾸도록 하는 힘

협상력의 4대 결정요인

일반적으로 이 같은 협상력은 협상자의 지위, 시간제약, 상호의존성, 내부 이해관계자의 반발 등의 네 가지 요인에 의해 결정된다(〈그림 2-4〉).

[요인 1] 협상자의 지위(Position Power)

협상자가 자신이 속한 조직 내에서의 지위(position)가 높을수록 협상상대에 대해 강한 협상력을 가진다. 여러분이 삼성전자의 부사장으로서 소니와 디지털 카메라 사업 인수협상을 하러 도쿄에 갔다고 가정하자. 그런데 놀랍게도 협상장에 소니의 야마모토 차장이 나왔다. 당연히 당황할 것이다. 당황하는 이유가 여러 가지 있겠지만 그 중의 하나가 야마모토 차장의 '포지션 파워'가 약하기 때문이다. 상대와 밀고 당기는 협상을 하여 어렵게 잠정적합의안을 만들더라도, 각자가 본사의 승인을 받아야 한다.

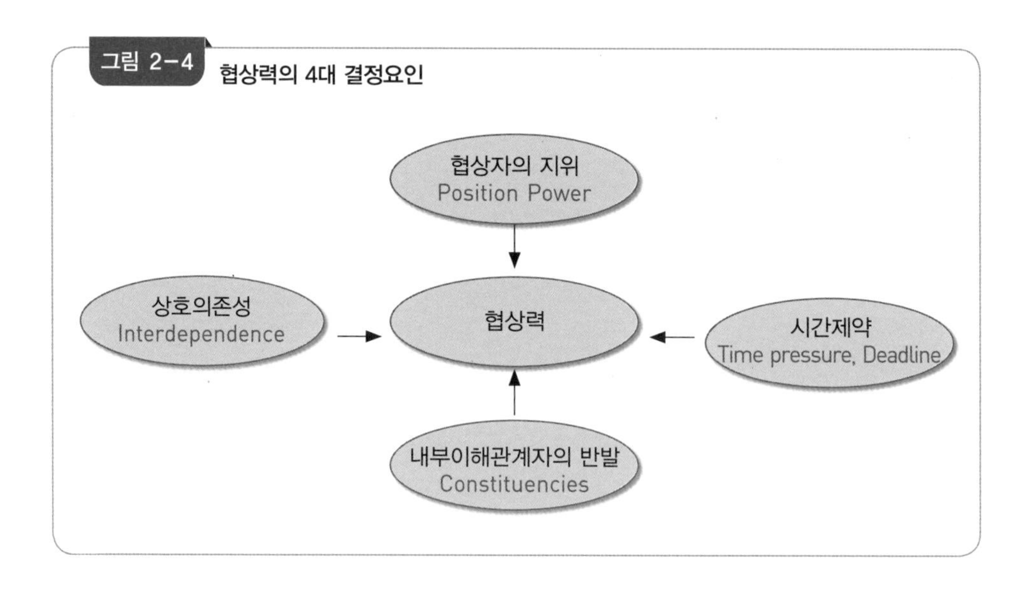

그림 2-4 협상력의 4대 결정요인

삼성전자의 부사장은 바로 위의 사장 한 명만 설득하면 된다. 그런데 야마모토 차장은 소니의 부장－임원－부사장－사장을 무려 4명을 설득해야 한다. 당연히 여러분은 상대를 신뢰하지 않고 야마모토 차장은 삼성전자에 대해 강한 협상력을 행사할 수 없을 것이다.

앞의 사례에서 보듯이 모든 협상은 2단계 게임(Two level Game)이다. 테이블에서 외국기업이나 외국정부와 합의에 도달하는 제1단계 대외협상게임(level I)과 이 합의된 사항을 내부적으로 승인 받는 제2단계 내부협상게임(level II)으로 이루어진다.

따라서 협상자는 외국의 협상상대가 자신과 어렵게 도달한 합의를 가능하면 무난하게 본국 정부나 본사의 승인을 받아내기를 원한다. 그런데 이는 협상상대의 지위가 높으면 높을수록 손쉬워진다. 〈그림 2－5〉에서 보듯이 협상자의 지위가 높아 강한 지위의 힘(position power)을 가질수록 협상상대는

- 국제적으로 합의된 사항을 대내적으로 승인받을, 즉 내부협상의 성공 가능성이 높다고 보고
- 그럴수록 협상자를 더 신뢰하게 된다.
- 상대가 협상자를 이 같이 강하게 신뢰한다는 것은 그만큼 상대에 대해 강한 협상력을 발휘할 수 있다는 것을 의미한다.

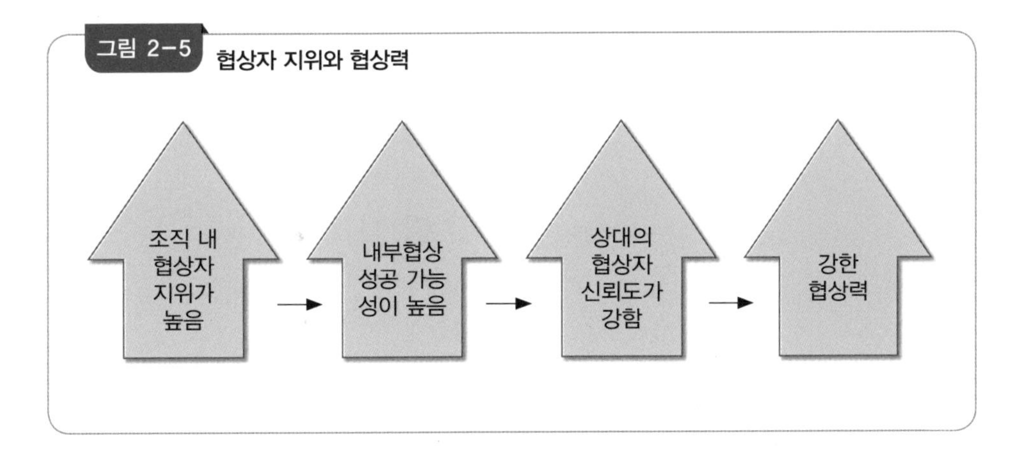

그림 2－5 협상자 지위와 협상력

[요인 2] 시간제약(Deadline, Time Pressure)

협상자가 시간제약(time pressure)에 쫓길수록 협상력은 약해진다. 반대로 상대가 시간제약에 쫓기고 있다는 것을 알고 지연(delay)전술을 쓰면 협상자의 협상력을 향상시킬 수 있다.

Murphy의 법칙

시간제한과 협상성과의 관계를 잘 설명해 주는 것이 '머피의 법칙'이다. 〈그림 2-6〉에서 보듯이 마감시간(deadline)이 가까울수록 협상자의 양보율(concession rate)이 갑자기 커진다. 즉, 협상자는 시간의 경과에 따라 점진적으로 조금씩 양보해 나가지 않는다. 협상 초기에는 전혀 양보하려 들지 않다가 마감시간이 가까워져서야 큰 폭으로 양보하기 시작하는 것인데 이는 다음과 같은 이유 때문이다.

- 마감시간(dead line) 전까지는 상대가 '먼저 양보'하리라고 기대해 자기 입장을 강하게 고수하려는 경향이 있다.
- 마감시간 전에 먼저 양보하면 상대에게 자신이 '약하게 보일 것(appealing weak)'이라고 두려워한다.
- 마감시간에 양보를 해야 본사나 본국 정부에 대해 변명하기가 편하다. 강하게 협상을 했는데 마지막에 가서 할 수 없이 양보를 했다고 말하는 것이 처음부터

그림 2-6 머피의 법칙: 시간제약과 양보율(concession rate)

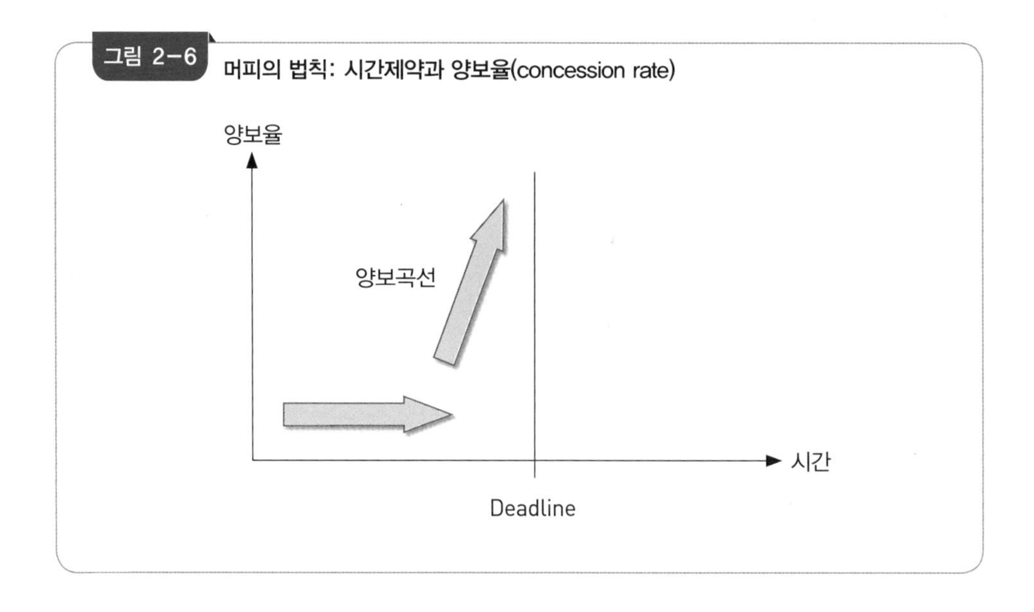

양보를 해버린 것보다 더 명분이 있어 보인다는 것이다.

주은래와 키신저의 통 큰 양보전략(Only One Big Concession)

머피의 법칙에도 불구하고 현실적으로 협상에서 다른 양보전략을 쓰는 수도 있다.

중국의 주은래와 미국의 키신저는 '딱 한번만 통 크게 양보'했다고 한다. 즉, 협상의 초기 단계에 상대가 깜짝 놀랄 정도로 통 크게 양보(big concession)하고 절대로 더 이상은 양보를 안 한 것이다. 사실 세계협상의 최고 고수라 할 수 있는 주은래와 키신저가 머피의 법칙과 다른 이런 협상전략을 쓴 이유는 두 가지 때문이다.

- 초기에 먼저 선뜻 통 큰 양보를 함으로써 상대에게 자신들이 이번 협상에 상당한 성의를 가지고 있다는 것을 보인다.
- 그러나 '한번 이상은 절대 양보를 안 한다'는 원칙을 고수함으로써 상대가 첫 번째 양보를 진지하게 받아들여 협상이 순조롭게 빨리 종결되도록 유도하는 효과가 있다.

시간제약과 동서양협상문화: "동양과 서양의 협상자 중 누가 더 시간제약에 쫓길까?"

한국이나 중국협상자보다는 미국이나 유럽의 협상자가 시간제약에 더욱 민감하게 반응한다. 이는 협상테이블에 앉은 서양협상자가 내부적으로 자신의 마감시한(deadline)을 정해 놓으면 가능한 한 이를 지키려 한다는 것을 의미한다. 동양협상자는 서양협상자의 이러한 특성을 거꾸로 이용하면 자신의 협상력을 상당히 강화시킬 수 있다.

이는 시간관리(time commitment)에 대한 동서양 간의 문화적 차이에 기인한다. 서양문화는 단일시간(mono-chronic)문화로서 어느 일을 주어진 기한 내에 끝내려 한다. 반면 동양문화는 복수시간(poly-chronic)문화로서 여러 가지 일을 함께 하기에 마감시간이 큰 의미를 가지지 못한다.[10]

[요인 3] 상호의존성(Interdependence)

협상력은 협상자 간의 상호의존성에 의해 서로 영향을 받는다. '누가 더 상대를 필요로 하느냐'에 따라 상대에 대한 의존성이 큰 쪽의 협상력이 약하다.

---

10 이 부분은 Cross-culture 협상 참조.

US Airline과 Airbus 간의 높은 상호의존성

US Airline의 신형점보기 구매협상

1980년에 US Airline이 신형점보기를 구매하고자 할 때 난관에 봉착했다. 그 당시 미국 민항기시장은 보잉과 맥도널 더글러스(MD)가 독점하고 있었는데, 이들은 재정난에 빠진 US Airline에 점보기를 팔 의사가 없었다. 이에 US Airline은 유럽의 Airbus와 협상을 벌여 10억 달러 상당의 최신 점보기 50대를 구매하기로 계약했다.

더욱이 놀랍게도 US Airline는 돈 한푼 안들이고 프랑스계 은행, 에어버스 엔진을 생산하는 GE, 프랑스정부의 수출신용제공 등으로 점보기 구입자금을 충당한 것이다.

- 미국 항공기 제작사로부터는 푸대접을 받던 US Airline이 어떻게 유럽의 Airbus와 유리한 구매협상을 성사시킬 수 있었을까?[11]

〈그림 2-7〉에서 보듯이 그 당시 세계민항기시장을 거의 독점하고 있던 보잉이나 MD로서는 US Airline에 대한 점보기 판매의사가 없어 양자 간에는 상호의존관계가 형성되지 않았다. 이에 반해 US Airline과 에어버스 간에는 서로를 필요로 하는 강한 상호의존성이 있었다.

자금여력이 없는 US Airline으로서는 외상구매가 필요했고, 신형점보기를 개발한 뒤 1년이 지나도록 한 대도 판매하지 못했던 에어버스로서는 판매실적을 한 건이라

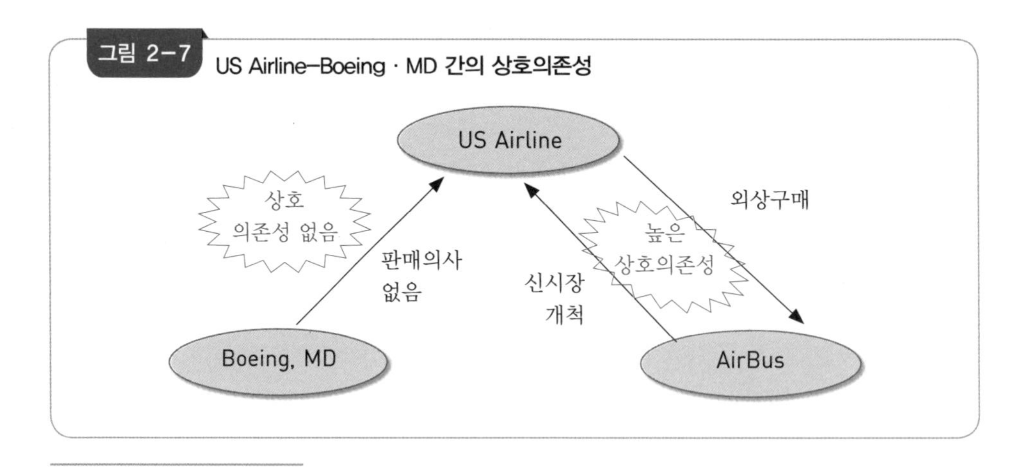

그림 2-7 US Airline–Boeing · MD 간의 상호의존성

11 Shell, 1999, pp. 90-91.

도 올리는 것이 시급했기 때문이다. 더욱이 US Airline 같이 미국의 대형항공사에 대한 대규모발주는 당시 보잉과 MD의 아성에 도전하던 에어버스에게 상당히 매력적인 협상이었다. US Airline의 자금난과 에어버스의 '신형점보기 신규판매'는 상호관계가 절묘하게 맞아떨어진 것이다.

Bi-Sourcing 구매협상전략

오늘날 삼성전자, IBM 같은 글로벌기업의 global sourcing의 특징은 바이-소싱(Bi-Sourcing) 구매협상전략이다.

과거에 이들 글로벌기업은 계열부품회사, 해외자회사 같은 내부공급자(internal suppliers)로부터 부품조달을 선호했다. 적절한 내부공급자가 없으면 시장에서 제3자인 외부공급자(external suppliers)로부터 부품을 조달했다. 그러나 최근 들어 기업은 내부공급자와 외부공급자에게서 부품을 동시에 조달한다.

이는 부품 구매협상에서 보다 유리한 고지에 서기 위해서다. 즉, 내부공급자와 외부공급자로부터 동시에 조달받음으로써 특정 공급자에 대한 의존성을 낮추어 협상에서 교차위협효과(cross-threat effect)를 얻기 위해서다.

내부공급자에게만 의존하면 부품을 안정적으로 공급받을 수 있는 대신 도덕적 해이라는 부산물이 생긴다. 반면 외부공급자에게만 의존하면 치열한 경쟁을 통해 원가를 낮출 수 있는 대신 납기불이행(hold-up)의 문제가 발생한다. 따라서 바이-소싱전략을 쓰면

- 내부공급자가 도덕적 해이에 빠지면 내부공급자로부터의 부품조달 비중을 낮추는(또는 낮추겠다는)
- 외부공급자가 납기불이행을 하면 외부공급자로부터의 부품조달 비중을 낮추는(또는 낮추겠다는)

교차위협을 통해 유리한 협상력을 확보할 수 있다.

[요인 4] 내부이해관계자의 반발(Tied-in hand)

협상의 참모습에서 살펴보았듯이 협상은 2단계 게임이기 때문에 까다로운 내부협상은 경우에 따라 대외협상력을 강화시킬 수 있다. 쉘링(Schelling, 1960)[12]이 지적했

12 Schelling, Thomas C., *The Strategy of Conflict*, Cambridge, Mass: Havard University Press, 1960.

듯이 내부이해관계자의 반발 때문에 까다로운 내부협상절차를 대외협상에 역이용하는 것이다. 쉘링전략, 또는 '자기손 뒤로 묶기 Tied-in hand' 전략이라고도 하는데 미국 정부관리가 즐겨 쓰는 협상전략이다. 즉, 외국정부와의 통상협상에서 "미국정부는 상대의 요구를 받아들이고 싶은데 의회의 반대 때문에 도저히 안 되겠다"고 말하는 것이다.

처칠수상과 루즈벨트 대통령의 칵테일 협상

독일이 폴란드를 침공하고 유럽에서 침략의 야욕을 드러낼 때 미국의 분위기는 냉담했다. 독일의 침략에 맞서 싸워야 하는 영국으로서는 미국의 참전이 절실히 필요했다. 미국을 설득하고자 백악관을 찾은 처칠 수상은 루즈벨트 대통령의 환대를 받는다.

루즈벨트는 외빈을 가장 환대하는 방식이 손수 만든 칵테일을 상대방에게 권하는 것이다. 처칠은 잘 알려진 애주가이다. 천하의 주당인 처칠에게도 묘한 약점이 있다. 위스키에서 와인까지 다 잘 마시는데 이상하게 칵테일을 못 마신다. 체질적으로 몸이 칵테일을 받지 않는 것이다.

이런 상황에서 처칠은 루즈벨트가 직접 만든 칵테일을 권할 때 어떻게 반응했을까?

"대통령 각하! 제가 칵테일을 못 마시니 다른 술을 주십시오"라고 말했을까?

처칠이 강한 협상력을 가진 갑이면 이렇게 말해도 된다. 그런데 그때 처칠은 절대적 을이었다. 덥석 받아 칵테일 잔을 받아 호쾌하게 쭈욱 들이켰다. 그리고 감탄하는 표정으로 '대통령이 만드신 칵테일이 아주 맛있네요!'라고 한마디 하였다. 물론 아첨이다.

그런데 이 말을 진짜로 알아들은 루즈벨트는 연거푸 칵테일을 만들어주고 처칠은 마시고 또 마시고 결국 견디지 못해 화장실을 들락날락해야 했다.

열 잔 가까이 마셨다니 대영제국의 수상이 백악관에서 엄청난 고역을 치른셈이다. 그런데 고생한 성과는 있었다.

미국의 참전!

강직한 천하의 처칠수상도 협상력에 따라 이렇게 유연하게 협상하였다.

▌협상력 측정

'No Deal' 측정법

협상력이 지금까지 살펴본 다양한 요인에 의해 결정된다고 할 때 현실적으로 협상테이블에서 '누가 더 강한 협상력을 가졌냐'를 측정하는 것이 아주 중요하다. 일반적 상식과 달리 협상력은 객관적 사실(fact)에 의해 결정되지 않는다. 즉, 큰 기업이나 강대국이 중소기업이나 약소국에 대해 당연히 큰 협상력을 가지는 것은 아니다. 따라서 협상력을 측정하는 방법에는 여러 가지가 있지만 가장 대표적인 것이 Shell의 'No Deal' 측정법이다. Shell[13]에 의하면 협상력을 측정하는 가장 손쉬운 방법은 협상이 이루어지지 않는 경우(no deal), 누가 더 큰 손실을 입느냐를 분석하는 것이다.

- No Deal 때 가장 손실을 많이 입는 협상자의 협상력이 가장 약하며
- 반대로 No Deal 때 가장 손실을 적게 입는 협상자의 협상력이 가장 강하다.

협상력의 가변성: 협상력은 계속 변한다

A와 B가 협상을 한다고 할 때 양자 간의 협상력은 고정되어 있지 않다. 협상력은 시간의 흐름에 따라 수시로 변한다. 예를 들어 유통업자와 제작자가 크리스마스 트리 구매협상을 한다고 하자. 수요가 절정에 오를 12월 중순까지는 크리스마스 트리 제작자가 상당한 협상력을 발휘할 수 있다. 그러나, 크리스마스가 지나서는 제작자의 협상력은 거의 제로에 가까울 정도로 약해질 것이다.

4. 협상의 제 3 요소: 관계(Relationship)

협상의 성공은 협상자들 사이의 활발한 정보교환에 크게 의존하며, 정보교환은 협상자 간의 우호적 관계에 의해 좌우된다. 여기서 말하는 '관계(relationship)'란 신뢰나 친밀감을 바탕으로 생기는 개인적 관계(interpersonal relationship)를 말한다. 협상자가 오랜 기간 동안 같이 일을 하면서 업무관계(working relationship)가 형성되더라도 전혀 개인적 친밀감이나 신뢰를 쌓지 못한 경우가 많으므로 이런 관계는 별 의미가 없다.

13 Shell, 1999, p. 105.

중국정부와의 이중관세방지협상

A국장은 민관협상팀을 이끌고 북경을 방문하여 중국정부 대표와 이중관세방지협상을 하였다. 월요일부터 금요일까지 5일 예정으로 시작된 협상인데 수요일까지 전혀 진전되지 않았다. 중국대표는 매일 저녁 한국대표를 만찬에 초대하여 주연을 베풀며 환대하기만 하였다. 공식협상에는 별 관심을 보이지 않았다. 그간 양국대표가 저녁을 같이 하며 한 일이라고는 한중 간의 일반적 경제정치관계와 개인적 취미나 생각을 교환하는 개인적인 친교일 뿐이었다. 이렇게 제자리를 맴돌던 협상이 목요일부터 급진전하여 예정된 금요일에는 원만한 합의에 도달하였다.

미국 통상대표부(USTR)와의 협상

한미 통상회담을 위해 일주일 예정으로 워싱턴 DC를 방문한 한국 정부대표팀은 대면 첫날인 월요일 오전부터 간단한 인사말을 마치고 곧바로 본 협상의제에 들어갔다. 월요일은 한미 간 첨예한 통상이슈인 미국의 철강관세 반덤핑 부과에 대해 협상을 하고, 다음날에는 한미 간 비자문제에 대해, 수요일과 금요일까지 지적재산권, 통신시장 개방 등에 대해 쉴틈 없이 협상을 하였다. 물론 공식만찬은 없었고 일주일간의 점심은 샌드위치로 때웠다. 협상이 밤늦게 진행될 경우 각자가 따로 저녁을 먹고 난 후 다시 시작하였다.

▌관계와 동서양협상문화의 차이

관계지향 협상문화(동양)와 정보지향 협상문화(서양)

A국장이 중국과 미국을 방문하여 협상을 하는데 왜 이 같이 큰 차이가 있을까? 중국에서는 연일 만찬이 지속된 반면 미국에서는 만찬은 커녕 샌드위치로 때우며 협상을 했다. 중국에서는 처음 며칠간은 주연만 하다가 마지막 이틀간에 협상이 급진전되었다. 반면 미국에서는 회담 첫날부터 주어진 의제를 심각하게 협상하였다.

이는 관계(relationship)에 대한 동양협상문화와 서양협상문화의 차이에 의존한다. 동양협상자는 관계지향협상(relationship-oriented negotiation)을 하는 경향이 강한 반면 서양협상자는 그렇지 않다. 따라서 북경에서의 연이은 만찬은 두 나라 협상자간 일종의 관계형성과정이다. 만찬과 개인적 대화를 통해 관계가 형성되고 난 후 마지막 이틀간 협상이 급진전하였다. 따라서 동양협상문화권에서는 관계(relationship)형성이 협상과정에서 큰 비중을 차지하며 협상성과에 큰 영향을 미친다.

이에 반해 미국은 관계보다는 정보나 사실을 중시하는(fact & information-based)협상문화이다. 따라서 워싱턴 DC에서의 협상에서는 관계형성을 위한 만찬보다는 정보교환과 사실확인을 위한 구체적 협상이 중요하다. 이 같은 관점에서 볼 때 서양협상문화에서는 관계가 협상성과에 미치는 영향이 제한적이다.

친밀한 관계와 개별 협상은 별개의 문제다. Separate the Deal from the Relationship!

미국에서 교수가 협상을 강의할 때 가장 많이 강조하는 말이다. 앞의 사례 사진에서 가운데 있는 미국의 여성 통상장관 바쉐프스키 바로 오른쪽에 앉은 사람이 USTR의 아태 담당 필립스 차관보이다. 한미 두 나라 사이 자동차시장 개방문제로 긴장이 고조되고 있을 때 필립스 차관보가 한국에 왔다. 한국 정부관리가 그를 융숭히 대접해 만찬을 하고 '카라오케'에 가겠냐고 했더니 순순히 따라나섰다. 노래도 같이 부르

그림 2-8 관계와 동서양협상문화

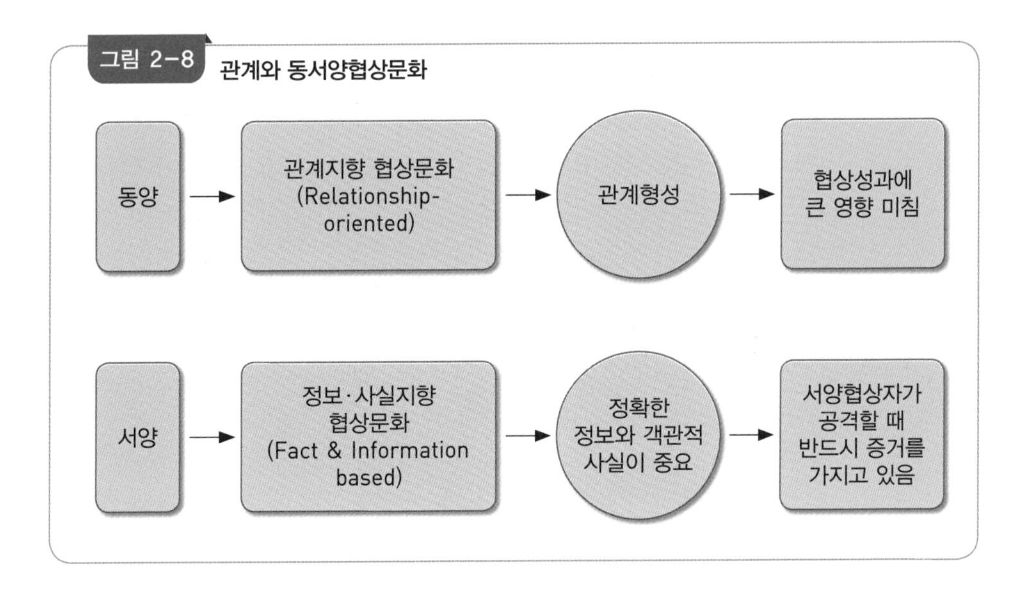

고 'We are friends'하면서 폭탄주도 몇 잔 마셨다. 한국협상문화에서는 아주 성공적으로 관계형성을 한 것이다.

다음날 한국 정부관리는 '협상분위기가 훨씬 부드러워졌겠지'라고 기대하며 회의실에 들어섰다. 그런데 웬걸! 필립스 차관보의 태도는 전혀 변화가 없었다. 언제 술 같이 마시고 노래했냐는 듯이.

미국협상문화에서는 한국에 가서 상대가 융숭히 대접하면 서로 즐기고 친구가 되어도 좋다. 그렇지만 어제 맺은 인간관계(relationship)가 오늘의 협상(deal)에 영향을 미쳐선 절대 안 된다는 것이다. 저녁 먹으며 맺어진 인간관계를 바탕으로 다음날 협상을 하는 일본, 중국 등 동양협상문화와는 정반대인 셈이다.

5. 협상의 제4요소: BATNA(Best Alternative to a Negotiated Agreement)

하버드대학의 휘셔(Fisher, R.)와 유리(Ury, W.)[14] 교수는 "좋은 BATNA를 가지면 가질수록 강한 협상력을 가지고 좋은 협상성과를 얻을 수 있다"고 말한다. BATNA는 "협상자가 합의에 도달하지 못할 경우 택할 수 있는 다른 좋은 대안"을 말한다.

텍사스-휴스턴 전력회사(TH)의 BATNA[15]

텍사스-휴스턴에 소재한 TH 전력회사는 석탄운송을 위해 매년 2억 달러를 Burlington 철도회사(BR)에 지불하였다. TH사의 구매 담당 미첨 이사는 BR 철도회사의 터무니없이 높은 철도요율에 불만이 컸다. BR사와 협상을 하여 철도요율을 인하해보려 했으나 상대는 협상 자체에 응하려 들지를 않았다. BR사 전용철도만이 TH 전력회사에 연결된 유일한 철도망이기 때문이다. 자사 발전에 필요한 석탄수송을 BR 철도회사에 의존할 수밖에 없는 TH사로서는 절대적으로 약한 협상력을 가질 수밖에 없었다.

이에 미첨 이사는 새로운 아이디어를 개발했다. 10마일만 철도를 건설하면 BR 철도회사와 경쟁관계에 있는 Union Pacific 철도회사의 철도망과 연결할 수 있다는 것이다. 미첨은 이 아이디어를 가지고 BR 철도사에 요율인하를 요구했지

14 Fisher, R. & Ury W., *Getting to Yes: Negotiating Agreement Without Giving In*, Penguin Book, 1991, pp. 97-98.
15 Shell, 1999, pp. 91-92.

만 상대는 코웃음만 쳤다. 2천 4백만 달러란 막대한 투자가 필요하고 중간에 관광유적지 등을 매입해야 하는 어려운 철도 건설을 TH 전력회사가 할 수 없으리라고 생각한 것이다.

하지만 미첨은 회사 이사진을 설득하여 이 어려운 10마일 철도 건설에 착수하여 상당한 진전을 보였다. TH 전력회사의 철도 건설에 당황한 BR 철도회사는 철도요율 협상에 성급히 응해 왔지만 경쟁사인 Union Pacific 철도회사가 더 파격적인 조건을 제시하였다. BR사의 철도요율보다 25%를 깎아주겠다는 것이었다. 이 10마일 철도 건설로 인한 운송비 절감으로 TH 전력회사는 건설비를 빼고도 연간 몇 천만 달러의 이익을 볼 수 있었다.

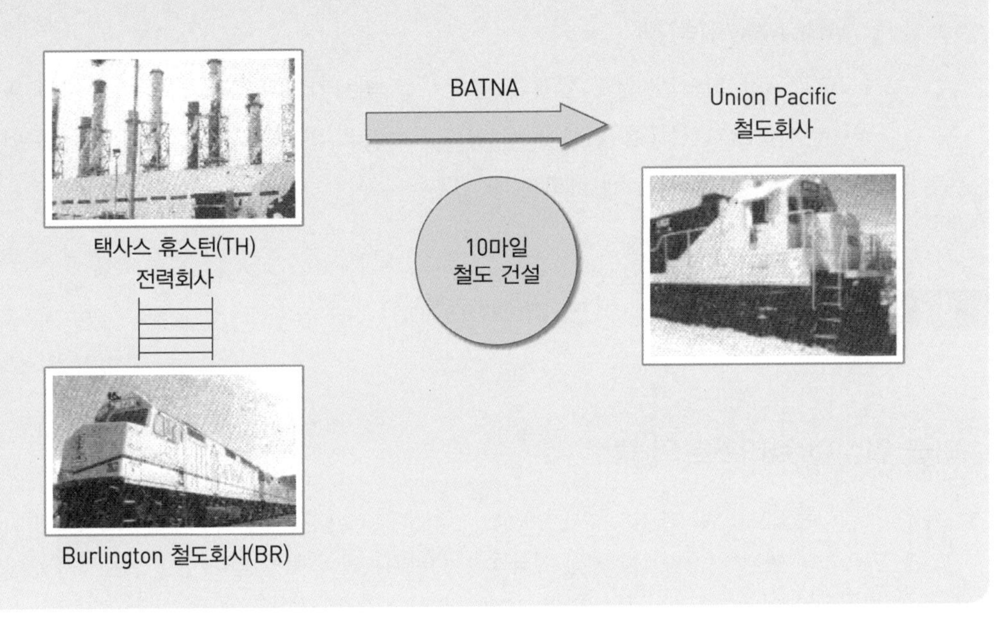

BATNA의 역할

협상력 강화

TH 전력회사는 10마일 철도건설이라는 BATNA를 개발함으로써 BR 철도회사를 협상테이블에 끌어내고 상당히 유리한 협상력을 확보할 수 있었다.

Poor Deal의 회피

협상성과에 가장 나쁜 영향을 미치는 것은 '이번에 꼭 협상을 성사시켜야 한다'는 강박관념이다. 이렇게 되면 협상자는 합의에 도달하기 위에 많은 양보를 하는 Poor Deal을 하게 된다. 이 같은 Poor Deal은 차라리 협상 자체를 결렬시키는 No Deal만

못하다.

만약 BATNA가 있으면 이 같은 Poor Deal을 피할 수 있다. 협상자는 BATNA가 가져다주는 협상성과와 진행 중인 협상에서 얻을 것으로 기대되는 성과를 비교하여

- 협상의 기대성과가 BATNA보다 크면 협상을 타결하고
- 기대성과가 BATNA보다 작으면 협상을 결렬(No Deal)하고 BATNA를 선택하는 것이 낫다.

Walk Away 위협전략

BATNA가 있으면 실제 협상을 결렬시킬 의사가 없더라도 협상과정에서 Walk-Away 전략으로 상대를 위협할 수 있다. 이 같은 위협전략은 상대의 양보를 얻어내 높은 협상성과를 얻는 데 기여할 수 있다.

6. 협상의 제 5 요소: 정보(Information)

미국 워싱턴 로비스트의 정보

미국 워싱턴 DC의 워터게이트 호텔 204호실은 한미 통상장관 회담을 위해 미국을 방문한 한국정부 협상대표 K장관의 방이다. 회담을 하루 앞두고 도착한 K장관에게 도날드 변호사가 뭔가를 열심히 설명하고 있다. 이번 협상의 최대현안인 C-TV 수출에 대한 반덤핑 관세 철폐에 대한 정보를 제공하고 있는 것이다. 도날드 변호사는 C-TV 이슈에 대한 미국 상무성과 통상대표부(USTR), 그리고 미국 전자업계의 내부 입장에 대한 정보를 제공한다.

지난주에 있었던 관계부처 실무회의에서 미국 전자업계의 압력을 받은 상무성은 C-TV 반덤핑을 계속 유지하고 싶어 하지만, USTR는 시대착오적 C-TV 반덤핑 관세를 철회하길 바란다는 것이다. 또한 이번 협상대표를 맡게 된 상무성의 애셔만 차관보에 대한 개인적 이야기까지 한다. 두 달 후 애셔만 차관보의 연임 여부가 결정되며, 최근 부인과 별거설이 있다는 소문을 들었다는 것이다. 이 도날드 변호사는 한국 전자업계가 고용한 워싱턴 A&K 법률사무소의 변호사이다.

정보와 협상성과

막대한 돈을 지불한 A&K 법률사무소의 도날드 변호사가 한국 정부협상팀에게 제공하는 것은 정보이다. 우선 C-TV 반덤핑 관세 철폐에 대해 미국정부 내에서는 상무성과 USTR 사이에 의견차이가 있다는 정보는 한국 정부대표가 협상전략을 수립하는 데 유용한 정보이다.

그렇다면 애셔만 차관보의 연임과 사생활에 대한 정보도 한국 정부대표단에 유용한 정보일까? 언뜻보면 상무성과의 협상과는 전혀 관계없는 정보처럼 보인다. 하지만 이 두 가지 정보도 한국 정부대표단에게 아주 유용한 정보이다. 일반적으로 연임을 앞둔 고위관리는 눈앞의 협상성과(immediate outcome)에 집착하게 된다. 이 같은 눈에 보이는 성과가 자신의 연임에 유리하게 작용하리라 믿기 때문이다. 이는 협상전략 관점에서 볼 때 애셔만 차관보가 한미 통상협상을 이번에 좋게 매듭지으려는 시간제약에 쫓기고 있다는 것을 의미한다. 따라서 한국협상팀이 지연전략을 쓰면 애셔만 차관보와의 협상에서 상당한 성과를 얻어낼 수 있을 것이다.

애셔만 차관보가 부인과 별거 중이란 점도 때에 따라서는 지저분한 술책(dirty trick)의 대상이 될 수 있다. 예를 들면 애셔만 차관보에게 부인용 선물이라고 이쁜 자개보석함을 주고, 그 다음날 부인이 그 선물을 좋아하더냐고 물어보는 것이다. 그것도 한 번이 아니고 의도적으로 여러 번을. 당연히 애셔만 차관보의 마음의 편치 않을 것이고 이 같은 심리적 동요는 그의 협상에 영향을 미칠 것이다.

어떤 의미에서 협상과정은 일종의 정보수집과 정보교환의 연속이라고 해도 과언이 아니다. 정확한 정보를 바탕으로 협상테이블에서 상대에게 효율적인 요구를 할 수 있다. 일반적으로 전 협상과정을 통하여 수집해야 할 기본적 정보는 다음과 같다.

- 상대의 협상목적(What they want)
- 상대의 약점과 강점
- 상대의 협상전략과 BATNA
- 상대의 내부이해관계자 간의 갈등(내부협상전략)
- 상대의 시간제약(time pressure)
- 상대 협상대표의 개인적 정보(조직 내 위치, 사생활 등)

정보의 3원칙

1. 정보의 양: 가능한 한 많은 정보수집

다양한 방법과 수단을 통해 가능한 한 많은 정보를 수집하는 것이 필요하다. 이때 과거의 유사한 협상전례 그리고 협상상대의 과거 협상사례를 수집하는 것도 중요하다.

워렌 버핏의 정보 수집

2013년 워렌 버핏은 세계적 식품 회사엔 하이즈를 230억 달러에 인수했다. 세계식품업계의 판도를 뒤흔들 버핏의 성공적 인수 합병에서 '철저한 정보' 수집이 큰 역할을 하였다.

버핏은 하인즈를 잠재적 인수 대상기업으로 보고 수년전부터 하인즈에 대한 가능한한 많은 정보를 다양한 경로를 통해 수집하였다. 즉, 하인즈의 전직 임직원들을 만나 기업내부정보를 모으고, 하인즈의 거래처, 하인즈의 계열사 등을 통해서까지 정보를 수집하였다.

2. 정보의 질: Reliable한 정보

잘못되거나 정확하지 않은 정보는 오히려 협상에 방해가 될 수 있다. 한미 통상협상에서 미국정부가 "한국정부가 발주하는 대규모 국책사업에 GE가 외국기업이라는 이유로 입찰에서 배제되었다"고 항의했다고 하자. 이때 사실을 확인해보니 GE가 배제된 것은 외국기업이기 때문이 아니라 입찰요건을 충족하지 못했기 때문이었다. 입찰자격을 충족한 다른 유럽기업은 입찰에 이미 참여하고 있다는 사실이 드러났다. 이렇게 되면 미국 정보는 잘못된 정보 때문에 오히려 체면을 손상하는 꼴이 된다. 따라서 수집된 정보의 진위를 판단해 신뢰할 수 있는(reliable) 정보만을 협상에 활용해야 한다.

3. 정보의 교환: 정보의 흐름은 two ways

많은 협상자가 가장 흔히 범하는 실수는 상대의 정보는 수집하며 자신의 정보는 주지 않으려 하는 점이다. 정보의 흐름은 양방향이다. 즉, 자신의 정보를 주어야 상대도 정보를 제공한다. 이 같은 의미에서 협상에서의 정보수집은 정보교환이라고 말하는 것이 정확할 것이다.

▌정보분석: 협상전략으로 활용

아무리 좋은 정보를 많이 가져도 이를 협상전략으로 활용하지 못하면 아무 소용이 없다. 예를 들어 앞의 사례에서 도날드 변호사가 제공한 애셔만 차관보의 연임관련 정보이다. 한국협상팀에게 이 정보가 대미협상에 아무 소용없게 보일 수도 있다. 그러나 이 정보는 분석하기에 따라 협상전략 수립에 크게 기여할 수 있다.

서희 장군의 거란과의 협상

고려 성종 말년인 993년 거란의 침입이 있었다. 거란은 소손녕 휘하에 대군을 몰고 고려땅에 쳐들어 왔다. 이에 고려는 항전파와 화친파로 나누어졌다.

화친파인 유교관료집단은 서경(지금의 평양) 이북땅을 떼어주고 거란에 항복하자고 했다. 반면 고려 내 강경파는 결사항전을 주장했지만 군사적으로 거란의 대군을 당해낼 수 없는 현실이었다.

이러한 국가위기 속에서 서희 장군은 수행원 몇 명만을 데리고 거란의 장군 소손녕을 찾아가 협상을 하였다. 서희 장군의 뛰어난 협상 덕분에 거란군은 자진 철군하였다. 더욱이 고구려의 옛 땅이었던 압록강 하구의 강동 6주까지 되돌려 받았다.

토론 포인트

Q1. 서희 장군이 소손녕과 어떻게 협상을 하여 거란이 자진해서 철군하게 만들었을까?

Q2. 역사적 관례가 침입한 적을 철군시키기 위해서는 자국의 영토를 떼어 주는 것이 보통인데, 어떻게 서희는 거꾸로 강동 6주를 되찾을 수 있었을까?

도움 되는 정보

- 당시 거란이 세운 요나라는 베이징을 점령해 송나라는 도읍을 양자강 이남으로 옮겨 남송을 세웠다. 따라서, 거란의 궁극적 목표는 남송 정벌이었다.
- 당시 송나라와 고려와는 전통적으로 굳은 군사동맹관계였다.
- 서희 장군과 협상을 끝내고 소손녕이 말머리를 돌려 철군하려 하자 그의 말고삐를 잡고 다음과 같이 말했다.

"지금 이 자리에서 당신(소손녕)에게 송나라와 동맹을 단절하겠다고 약속은 했지만, 고려 조정에 돌아가면 친송파의 반대 때문에 고려왕을 설득시키기가 힘들다."

"지금 고려 내에는 친송 강경파의 영향력을 무시할 수 없어 그들이 거세게 반대하면 고려왕이 송과의 동맹단절을 꺼릴 것이다."

퀴즈풀이에 대한 Teaching Manual은 박영사 홈페이지 도서자료실에 업로드되어 있습니다.

제03장 주요 협상이론

협상에 대한 이론적 연구의 역사는 짧지만 나름대로 다양한 협상이론이 있다. 특히 국제관계, 동서냉전, 남북관계 등에 관한 국제협상에 대해서는 많은 이론이 소개되고 있다.

이 장에서는 다양한 협상이론 중 국제통상협상과 국제경영협상에 도움이 되는 네 가지 협상이론만을 분석해보자.

- 하버드 대학의 휘셔－유리 협상이론
- 오하이오 대학의 레위키 협상이론
- 퍼트남의 2단계 게임이론
- 게임이론

제 1 절 하버드 휘셔-유리 협상이론

하버드 대학의 휘셔－유리(Fisher － Ury) 교수는 협상을

- 강성입장 협상(Hard Positional Negotiation)
- 연성입장 협상(Soft Positional Negotiation)
- 원칙협상(Principled Negotiation)

으로 나눈다.[1]

앞의 강성입장 협상과 연성입장 협상은 포지션(position) 협상인 반면 원칙협상은 비포지션 협상이다. 즉, 앞의 두 종류 협상에서 협상자는 협상목적, 상대방에 대한 인식 등에서 자신의 고유한 포지션을 가지고 이에 근거하여 협상을 진행시킨다.

이 세 가지 종류의 협상의 특징은 상대에 대한 인식, 협상목적 등 7가지 측면에서 다음과 같이 요약할 수 있다(〈표 3－1〉).

▌상대에 대한 인식

세 협상 사이의 가장 큰 차이는 '상대를 어떻게 보느냐?'이다. 강성입장 협상에서 협상자는 상대를 적대자(adversary)로 보고 무조건 불신한다. 반면 연성입장 협상에서는 상대를 친구와 같이 우호적으로 보고 무조건 신뢰한다. 원칙협상에서는 냉정하게 친구도 적대자도 아닌 문제해결자(problem-solver)로 본다.

▌협상의 목적과 합의에 대한 인식

강성입장 협상에서 목적은 승리이기 때문에 "합의해 줄테니 양보하라"는 식으로 상대의 일방적 양보를 요구한다. 연성입장 협상에서 목적은 합의에 도달하는 것이기 때문에 합의를 위해서라면 일방적 양보를 서슴지 않는다.

한국의 협상가들이 이 같은 협상태도를 많이 보인다. 즉, 외국기업이건 외국정부

1 Fisher, R. & Ury W., *Getting to Yes: Negotiating Agreement Without Giving In*, Penguin Book, 1991.

표 3-1 Fisher-Ury 이론 모델에서의 3가지 협상유형

구분	강성입장 협상	연성입장 협상	원칙협상
상대에 대한 인식	적대자(adversary) 상대를 불신	친구 상대를 신뢰	문제해결자 (problem solver) 신뢰여부와 관계없이 협상진행
협상목적	승리	합의	현명한 합의
합의에 대한 인식	합의 대가로 일방적 양보 요구	합의를 위해 일방적 양보	상호이익을 얻는 방법 모색
관계	관계를 담보로 양보를 요구	관계를 돈독히 하기 위해 양보	관계로부터 협상을 분리 Separate Deal from Relationship
포지션의 변화	초기 입장을 고수	입장을 자주 바꿈	입장보다는 협상이익에 초점을 둠
협상자의 태도	상대와 협상이슈에 대해 강경한 태도 Be hard on the issues & people	상대와 협상이슈에 대해 부드러운 태도 Be soft on the issues & people	협상이슈에는 강경하나 상대에는 부드러움 Be hard on the issues, but soft on the people
협상전략	위협과 압력	위협에 굴복	이성에 따를 뿐 압력에 굴복하지 않음

이건 일단 협상을 시작하면 뭔가 합의에 도달하는 것이 잘한 협상이라고 생각한다. 또한 상대와의 합의를 이끌어 내야 한다는 강박관념을 가진 협상자도 양보를 쉽게 하는 연성입장 협상을 하는 경향이 강하다.

관 계

강성협상자는 관계를 담보로 양보를 요구한다. 즉, "거래관계를 계속 유지할테니 이번 협상에서는 양보하라"는 식이다. 연성협상자는 상대를 친구로 보기에 우호적 관계를 위해서라면 양보를 서슴지 않는다. 관계를 중시하는 중국, 한국 등 동양권 협상자에게서 흔히 볼 수 있는 협상유형이다.

원칙협상자는 관계와 협상을 별개의 문제로 취급한다. 되도록 상대와 좋은 관계

를 유지하려고 하지만 일단 협상테이블에 앉으면 관계에 구속되지 않고 자신의 협상이익을 최대한 얻어 내기 위해 협상한다. 숙련된 미국의 협상가가 이러한 협상태도를 많이 보인다.

▌협상 포지션 변화와 협상자의 태도

강성협상자는 초기 포지션을 끝까지 고수한다. 즉, 처음의 자기주장을 끝까지 하는 것이다. 이 같이 협상이슈에 대해 강경할 뿐만 아니라 상대에 대해서도 강경한(때로는 거친) 태도를 보인다.

연성협상자는 합의를 위해 포지션을 쉽게 그리고 자주 바꾼다. 이 같이 협상이슈에 대해 부드러울 뿐만 아니라 상대에 대해서도 지나칠 정도로 접대를 잘 해주는 등 부드러운 태도를 취한다.

원칙협상자는 포지션에 얽매이지 않고 현실적인 협상이익에 초점을 둔다. 따라서 협상이슈에 대해서는 강경하나 상대에 대해선 부드럽다(Be hard on the issues, but soft on people). 협상테이블에서 최대한의 협상이익을 얻기 위해 강경한 태도를 취하나, 상대에 대해서는 개인적으로 아주 우호적이고 부드럽게 대한다.

일반적인 국제협상을 할 때 한국의 협상가는 상대를 아주 잘 대접해 우호적인 관계를 유지하고 이를 협상테이블로까지 연장시키는 경향이 있다. 연성협상을 하려는 경향이 강한 셈이다. 그러나 미국 협상가는 개인적으로는 아주 친절하지만 일단 협상테이블에 앉으면 태도가 돌변하여 동양협상가를 당황하게 하는 경우가 많다.

▌협상전략

강성협상가는 협상목적을 달성하기 위해 상대를 위협하고 압력을 가하는 것을 마다하지 않는다. 뒤에서 살펴볼 투쟁적 협상전략, 경쟁(competitive)협상전략 같이 win-lose 협상전략을 즐겨 사용한다. 반면 합의 도달에 집착하는 연성협상가는 이 같은 위협에 쉽게 굴복하는 경향이 있다. 또한 연성협상가는 수용(accommodating) 협상전략을 자주 사용한다.

제 2 절 레위키(Lewicki) 협상이론

레위키(Lewicki)는 협상을 다음과 같이 나눈다.

• 투쟁적 협상 또는 분배적 협상(Distributive Negotiation)
• 호혜적 협상 또는 결합적 협상(Integrative Negotiation)

쉽게 설명하면 투쟁적 협상은 win-lose 게임 또는 제로섬 게임이며 휘셔－유리 모델에서 강성입장 협상에 해당한다. 또한 경쟁협상과 유사하다. 호혜적 협상은 win-win 게임 또는 positive-sum 게임이며 원칙협상, 공조(collaborative)협상과 비슷하다. 이 두 가지 유형의 협상은 협상형태, 협상이익의 배분, 정보의 흐름 등에서 〈표 3－2〉와 같은 차이가 있다.

표 3-2 투쟁적 협상과 호혜적 협상의 차이

구분	투쟁적 협상 · 분배적 협상	호혜적 협상 · 결합적 협상
협상형태	• win–lose game • zero–sum game	• win–win game • positive–sum game
협상이익의 배분	• 피자 나누기(fixed pizza–cutting) • 정해진 협상이익의 분배	• 피자 만들기(larger pizza–cooking) • 서로 협조하여 협상이익 자체를 크게 함
정보의 흐름	• 정보를 공개 안 함	• 정보를 공개함
상대의 이익	• 자기주장만 함	• 상대의 요구사항과 입장을 이해하려 함
협상전략	• 비도덕적 · 기만적 술책	• 도덕적 · 협조적 전략

〈자료〉 Lewicki Roy J., Saunders David M., & Minton John W., Essential of Negotiation, Irwin, 1977, pp. 30-88.

▌협상형태 및 협상이익의 배분

투쟁적 협상에서는 협상이익이 정해져 있다고 본다. 따라서 협상은 양 당사자가

정해진 이익에서 '누가 많이 뺏느냐'하는 피자 나누어 먹기(pizza-cutting)라고 생각한다. 협상이란 상대방이 많이 얻으면 자신이 그만큼 손해를 보는 win-lose 또는 제로섬 게임인 셈이다.

반면 호혜적 협상은 협상이익은 정해져 있지 않고 양 상대자가 서로 협력하면 얼마든지 크게 만들 수 있다고 생각한다. 따라서 서로 협조해서 더 큰 피자를 만들면(larger pizza-cooking) 양 당사자에게 돌아가는 몫이 커지는 win-win 게임 또는 포지티브섬 게임을 할 수 있다고 생각한다.

예를 들어 임금협상에서 노사 양측이 투쟁적 협상을 하고 있다고 가정하자. 이때 노조와 회사대표는 주어진 회사수익을 임금과 이윤의 형태로 서로 많이 차지하려고 다툰다. 노조의 입장에서는 거친 투쟁을 해야만 회사측에 돌아갈 이윤을 좀 더 임금의 형태로 가져올 수 있다. 그러나 양측이 호혜적 협상을 하면 임금협상을 보는 시각이 달라진다. 눈앞의 임금인상이나 이윤확보에 매달리기보다는 노사가 협조하여 내년에 더 많은 수익을 내면 그만큼 노사에 돌아오는 몫이 커진다고 본다. 따라서 노사는 가능한 한 win-win 게임을 하고자 협력한다.

▌정보의 흐름

다음으로 두 가지 협상을 갈라놓는 차이는 정보에 대한 양 당사자의 인식이다. 호혜적 입장에서는 원활한 정보의 교환이 서로에게 좋은 win-win 게임을 도출하는 밑거름이 된다고 생각한다. 따라서 양 당사자는 서로 최대한 자신들의 정보를 공개한다.

이의 좋은 예는 미국 통상대표부(USTR)의 정보에 대한 인식의 변화이다. 과거 USTR은 미국의 통상정책방향, 내부동향, 직원신상 등에 대한 정보를 공개하기를 꺼렸다. 그러나 오늘날은 누구나 USTR 홈페이지(www.ustr.gov)에 들어가면 주요 직원의 개인경력에서부터 USTR에 관한 거의 모든 정보를 쉽게 검토할 수 있다. 이 같은 정보의 공개는 협상상대국으로 하여금 통상협상에서 미국의 통상정책기조, 통상이익, 협상상대 등에 대해 보다 잘 이해하도록 한다. 당연히 이는 양국 간 협상이 순조롭게 진행되도록 도울 것이다.

하지만 투쟁적 입장에서 정보는 협상에서 우위를 점할 수 있는 좋은 전략적 수단이라고 생각한다. 따라서

- 가능한 한 자신의 정보는 적게 노출시키고
- 상대방의 정보는 수단과 방법을 가리지 않고 많이 수집하려고 한다.

여기서 수단과 방법을 가리지 않는다는 말은 필요하다면 상대방 협상팀에 대한 도청도 서슴지 않는다는 것을 의미한다.

언뜻 보면 자신은 숨기고 상대를 알려고 하는 이 같은 협상을 하는 것이 유리한 것처럼 보인다. 하지만 양 당사자 간 정보의 흐름이 차단되어 서로가 무엇을 원하는지에 대한 생산적인 접근이 어렵다. 따라서 상대의 협상목적, 이해 등을 발견하는 데 과도하게 많은 시간을 낭비한다.

상대의 이익에 대한 배려

투쟁적 입장에서는 자기이익과 주장에만 집착하고 이를 상대에게 관철시키려 한다. 휘셔-유리 모델에서 강성입장 협상과 유사하다. 그러나 호혜적 입장에서는 상대가 무엇을 요구하는지, 상대의 입장은 어떠한지에 대한 배려를 많이 한다. 이러한 배려를 통해 양 당사자 사이의 공동이익을 찾아내고자 노력한다.

협상전략

투쟁적 입장에서 협상자는 많은 협상이익을 얻기 위해 거짓말, 허위정보 제공 등 비도덕적 협상전략이나 위협, 의도적 지연 등의 다양한 기만적 술책(dirty tricks)을 불사한다. 일반적으로 바자르에서의 가격협상이 전형적인 투쟁적 협상이다. 반면 호혜적 입장에서는 서로가 협조해 나누어 가질 협상이익을 크게 할 수 있다고 믿기에 도덕적이고 협조적인 협상전략을 펼치고자 한다. 전략적 제휴, 합작투자 등은 서로의 강점을 찾아내 시너지 효과를 얻고자 하는 것이다. 따라서 협상상대자의 정보를 모두 공개해 서로의 강점과 약점을 모두 찾아내 협상을 통해 새로운 가치를 창조하는 것이 중요하다.

제 3 절 퍼트남의 2단계 게임이론

한미 FTA 반대시위 사진

2019년 1월 영국의 EU탈퇴 브렉시트(Brexit) 조건에 대해 메이 영국 수상이 EU와 어렵게 협상해 만든 타협안이 영국의회에서 압도적 표차로 부결되었다.

우리나라도 비슷한 사례가 있다. 한미 FTA는 우리 정부와 미국정부가 1년 정도 협상하여 2007년 4월 합의에 도달하였다. 그런데 농민단체, 노조, 시민단체들의 반대가 심해 4년간 국회에 비준할 엄두도 못 내다가 2011년에 겨우 우리 국회에서 비준되었다. 그것도 국회에서 반대하는 의원이 던진 최루탄이 터지는 해프닝(?)이 벌어지고 나서.

외국정부와의 통상협상뿐만 아니라 외국기업과의 글로벌 비즈니스 협상도 마찬가지이다. 반도체 경기불황으로 골칫거리이던 하이닉스 반도체를 미국의 마이크론사에 매각하기로 두 기업 사이에 합의하였다. 그런데 하이닉스 이사회에서 이를 부결 시켜 버렸다.

왜 이런 일이 벌어질까?

흔히 우리가 생각하기에 협상은 상대방하고만 합의에 도달하면 성사되는 줄 알고 있는데, 제1장의 협상의 참모습에서 살펴보았듯이 퍼트남(Putnam)에 의하면 협상은 2단계 게임(Two-level game)이다.

- 즉, 상대방하고 협상을 하여 잠정적 합의안(Tentative Agreement)을 만드는 '제1단계 게임(Level 1 Game)'과
- 이 잠정적 합의안을 내부적 이해당사자로부터 승인을 받는 '제2단계 게임(Level 2 Game)'이다.

일반적으로 통상협상의 경우 농민단체, 노조 등을 설득하고 국회비준을 받아야 하며, 글로벌 비즈니스 협상의 경우 CEO와 이사회의 승인을 받아야 한다.

1. 퍼트남의 4원칙

퍼트남에 의하면 제1단계 게임과 제2단계 게임 간에는 다음과 같은 4가지 원칙이 적용한다.

[원칙 1] 제1단계 게임과 제2단계 게임은 상호작용(interactive) 한다.

흔히들 외국정부나 기업과의 제1단계 게임을 완전히 끝내고 나서 이해관계자를 설득하는 제2단계 게임을 한다고 생각하는데 이는 잘못된 생각이다. 제1단계 게임과 제2단계 게임은 동시에 서로 영향을 주면서 진행한다.

[원칙 2] 국내이해관계자(이익집단들)는 제1단계 게임과정에 다양한 방법(시위, 로비 등)을 통해 개입하고 영향력을 행사하려 한다.

이는 잠정적 합의안에 자신들의 이익을 최대한 반영하기 위해서이다.

[원칙 3] 유능한 협상자는 제1단계 게임과정에서도 수시로 제2단계 게임의 이해관계자들의 반응을 의식하면서 협상한다.

[원칙 4] 흔히 생각하는 것과 달리 많은 협상에서 제1단계 게임보다 제2단계 게임이 더 힘들다.

"내가 미국의 통상장관으로서 외국정부와 협상하는데 쏟은 시간보다, 개방을 반대하는 노조, 산업계, 의회를 설득하는데 들인 시간과 노력이 더 크다." 도쿄라운드 다자간 통상협상을 담당했던 미국의 로버트 스트라우스(R. Strauss) 통상장관의 말이다.

2. 제 2 단계 내부협상게임의 5가지 결정요소

협상이 원활히 진행되기 위해서는 제2단계 게임에서 내부참여자 또는 내부이해관계자의 반발이 적어야 한다. 퍼트남에 의하면 내부이해관계자의 반발은 다음과 같은 5가지 결정요소에 의해 영향을 받는다.

- 협상사안의 성격: 이질적 vs 동질적

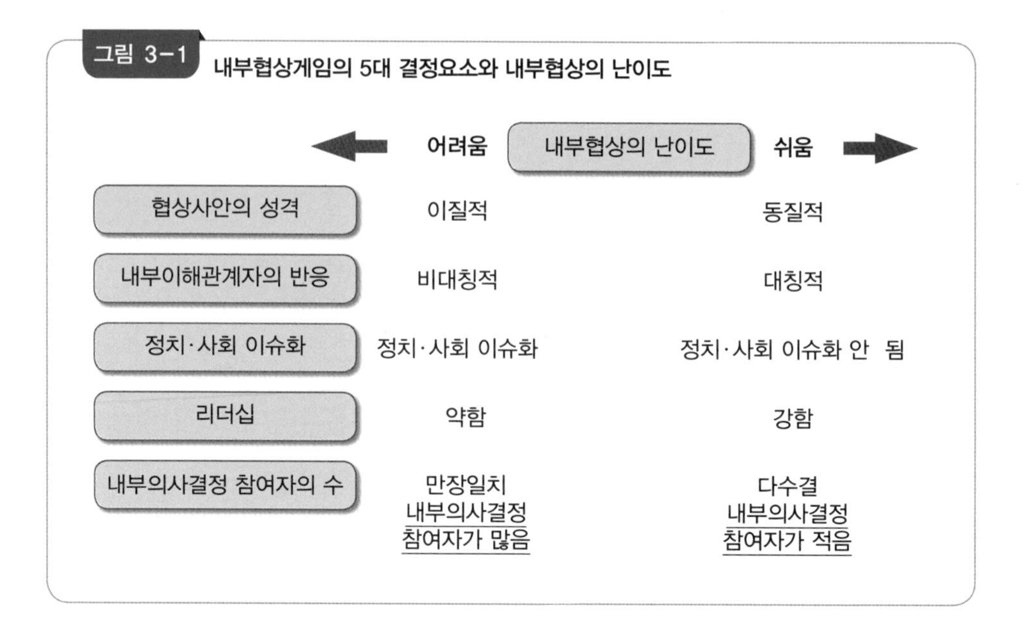

외부협상으로 승자(winner)와 패자(loser)가 확연히 구별되면 내부협상이 어려워진다.

- 내부이해관계자의 반응: 비대칭적 vs 대칭적

  개방으로 손해를 보는 패자집단은 정치적으로 반발하는데 승자집단이 침묵하면 내부협상이 어려워진다.

- 정치·사회 이슈화

  협상사안이 정치·사회 이슈화면 내부협상이 어려워진다.

- 리더십

  CEO나 대통령 등이 강력한 리더십을 발휘하지 않으면 내부협상이 어려워진다.

- 내부의사결정 참여자의 수

  내부의사결정에 다양한 이해관계자의 동의를 얻어야 한다면 내부협상이 어려워진다.

제 1 요소: 협상사안의 성격

협상사안이 동질적이라는 것은 대외협상안이 다양한 내부참여자에 미치는 영향이 같다는 것을 의미한다. 이의 좋은 예가 남북평화 협정이다. 이 협정으로 전쟁의 위험성이 작아진다고 생각하는 국민 모두가 이 협정을 환영할 것이다. 따라서 이의 내부비준에는 아무런 문제가 없다.

이와 반대로 협상사안이 이질적이라는 것은 대외협상안이 다양한 내부집단에 미치는 영향이 다르다는 것을 말한다. 예를 들어 개방으로 이익을 보는 승자산업(winner)과 손해를 보는 패자산업(loser)이 확연히 나누어진다. 이 경우 이익을 보는 전자와 손해를 보는 후자 간의 갈등과 마찰이 증폭될 수 있다.

협상사안의 이질적이고 전형적인 예는 한·미 FTA 협상이다. 미국과의 FTA로 전자산업, 자동차산업 등은 승자가 되는데, 농민, 중소기업 등은 패자가 된다고 생각하는 것이다.

▌제 2 요소: 내부이해관계자의 반응

일반적으로 내부협상에 영향을 미치는 중요한 행위자는 노조, 이사회, 의회(특히 다수당), 농민단체, 경제인단체 등 이익단체, 비정부기구(NGO), 그리고 여론(언론)이다. 내부집단 반응의 '대칭성 여부'가 내부협상에 중요한 영향을 미친다. 즉, 대외협상을 지지하는 승자산업과 반대하는 패자산업의 반응이 대칭적이냐 비대칭적이냐 하는 것이다. 승자산업과 패자산업이 똑같이 반응하면 (즉, 내부집단 반응이 대칭적이면) 정부 입장에서는 대외협상안의 국내비준이 상대적으로 용이하다. 밀너[2]가 지적했듯이 패자산업이 아무리 정치적으로 반발하더라도 승자산업이 지지그룹(endorse group)으로서 역할을 제대로 해주면 정부는 수월하게 대외협상안을 내부적으로 비준 받을 수 있다. NAFTA 협상에 대해 미국노조가 강하게 반발했지만 이에 못지않게 미국정부가 협상을 체결할 수 있도록 정치적으로 도와주는 승자산업, 즉 미국재계 같은 지지그룹이 큰 역할을 했기에 NAFTA가 비준될 수 있었다.

미국재계는 무임승차(free-riding)하려는 한국의 재계와 달리 적극적으로 나서서 NAFTA를 지지하였다. 가장 NAFTA를 지지하고 이의 출범을 위해 결정적인 정치적 영향력을 발휘한 세력은 미 재계이다. 미 재계는 Business Roundtable을 만들어

2 Milner, H., "*The Political Economy of U.S. Trade Policy : A Study of the Super 301 Provision*", in *Aggressive Unilateralism: America's 301 Trade Policy and the World Trade System,* Bhagwati, J. & Patrick, H. ed., The University of Michigan Press, Ann Arbor, 1990, pp. 163-180.

Pro−NAFTA 여론을 형성하고 활동자금을 모금하는 등 백악관과 NAFTA 비준을 위한 공동전선을 펼쳤다. IIE(Institute for International Economics), The Heritage Foundation, The Brookings Institution 등 민간연구기관에 의한 NAFTA의 긍정적인 경제효과에 관한 보고서 등도 NAFTA에 대한 미국 내 우호적인 여론형성을 위하여 효과적으로 이용되었다.

미 재계는 정치헌금(Political Action Committees: PAC)을 통해 의회 내 친 NAFTA 의원에게 결정적인 영향을 발휘하였다. 미 재계는 NAFTA를 반대하는 의원에게는 정치헌금을 적게 하고 NAFTA를 지지하는 의원에게 더 많은 정치헌금을 하였다.

비즈니스 협상에서도 마찬가지이다. LG그룹이 채산성이 낮은 LG전자의 백색가전 사업을 중국기업에 매각하고 그 자금을 스마트폰 사업에 투자하겠다고 발표했다고 가정하자.[3] 이 경우 백색가전 사업부분에서 일하던 임직원과 근로자들은 일자리가

그림 3−2 미국재계와 노조의 정치헌금 순위

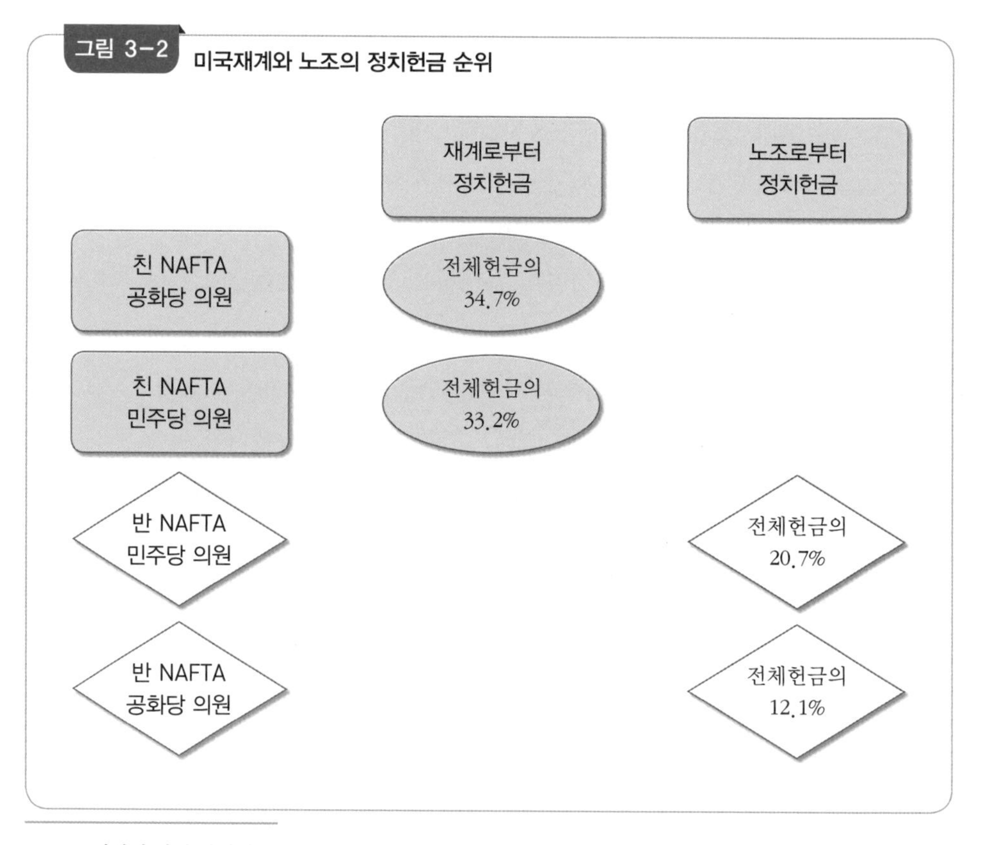

3 현실이 아닌 가정임.

위협받는 패자(loser)집단이 되고 스마트폰 사업의 임직원과 근로자들은 승자(winer) 집단이 된다. 일자리를 위협받는 백색가전 사업의 임원들은 중국기업과 맺은 제1단계 잠정합의안이 이사회에서 부결되도록 로비를 할 것이다. 물론 근로자들도 붉은 띠를 머리에 두르고 격렬한 시위를 하면서. 하지만 승자집단의 임원들과 근로자들의 반응은 어떨까? 적극적으로 백색가전 사업 매각지지 시위를 할까? 그렇진 않을 것이다. 위협받는 동료들의 일자리로 자신들이 반사적 이익을 받는 미묘한 입장에서 팔짱을 낄 것이다. 패자집단과 승리집단의 반응이 비대칭적인 셈이다.

제 3 요소: 협상사안의 정치 · 사회 이슈화

2012년 8월 한국정부와 주한 미군 개편, 미사일 사거리 연장 등을 협상해 오던 미국정부가 돌연 협상을 중단하였다. 이는 한국의 대통령 선거를 불과 4개월 앞둔 시점에 이들 협상의제가 정치 이슈化 하여 대선주자들 간의 찬반논쟁으로 비화될 경우 미국으로서는 상당히 부담스럽기 때문이다. 국가 간의 협상이건 기업 사이의 협상이건 협상의제가 정치적·사회적 이슈가 되는 것을 원하지 않는다.

윌슨(1975)[4]에 의하면 내부집단의 반발은 협상사안의 정치 이슈화에 의해 영향을 받는다. 정치 이슈화한다는 것은 예를 들면 한미 FTA와 같은 통상협상을 순수한 경제문제가 아닌 정치적·사회적 이슈로 다루어지는 것이다.

정부가 외국과 맺은 제1단계 대외협상 내용이 국내적으로 경제적 약자인 노동자, 중소기업, 농민들에게 피해를 주고 이들의 생존권을 위협하는 경우가 많다. 경제적 약자에 대한 보호심리가 강한 민주국가에서는 이 같은 정치적 이슈가 일반 국민이나 여론에 상당히 설득력이 있다. 따라서 대외협상의 내용이 궁극적으로 국민경제에 도움이 되는 내용임에도 불구하고 여론이나 정치적 압력에 밀려 내부협상이 상당한 난항을 겪는다.

앞의 LG전자 백색가전 사업 매각에 따른 노사분규가 장기화되어 연일 TV와 신문에 나오고 지방자치단체와 지역구 국회의원들이 이 문제를 들고 나온다고 가정하자. 이렇게 되면 순수한 비즈니스 협상이 뜻하지 않게 대량실업, 지역경제의 침체 등으로

4 Wilson, James Q., *Political Organization*, New Work: Basic Books, 1975.

정치·사회 이슈화 한다. 이 경우 LG전자의 내부협상은 아주 부담스러울 것이다.

▌제 4 요소: 리더십

내부협상은 "정부가 얼마나 내부집단의 반발을 정치적으로 의식하는가"에 따라 큰 영향을 받는다. 만약 약체 정부여서 내부집단의 반발에 취약하다거나 선거를 앞두고 있어 지나치게 여론을 의식할 경우 내부협상이 어려워진다. 특히 FTA 협상과 같이 경제전반의 개방을 가져와 내부집단의 반발이 거센 경우 대통령의 정치적 리더십이 아주 중요하다.

앞의 LG전자의 경우도 내부협상게임의 성패는 오너나 CEO의 확고한 리더십에 의해 영향을 받을 것이다.

NAFTA의 국내비준에서 클린턴 대통령은 강력한 리더십을 발휘하였다. 클린턴 대통령은 1993년 말까지는 의회비준을 받겠다는 목표를 정하고 이를 달성하기 위해 강력한 정치적 리더십을 발휘하였다. 즉, TV 및 각종 뉴스미디어 등에 대통령이 직접 나서 "NAFTA가 미국경제에 도움을 줄 것이다"라고 국민들을 설득하였다. 정치적 위험을 무릅쓰고 앨 고어 부통령으로 하여금 로스 페로 대통령후보와 NAFTA에 대한 공개논쟁을 하도록 하였다. 이는 CNN으로 방영되어 기록적으로 1,680만 명이 시청하였다. 대민홍보는 상무성, 재무성, 노동성 그리고 대통령 경제보좌관실 등이 담당하였고, Task Force로 백악관 내에 USA NAFTA 팀이 결성되었다.

▌제 5 요소: 내부의사결정 참여자의 수

외국정부와의 협상안에 대해 정부가 국회비준을 안 받아도 되면 내부협상이 아주 간단하다. 국무회의의 의결을 거쳐 대통령의 재가만 받으면 된다. 하지만 내부협상에서 의사결정에 참여하는 이해관계자의 수가 많으면 제2단계 게임이 아주 어려워진다. 예를 들어 LG전자가 과거에 '국내공장의 해외이전에 대해서는 노조와 사전 협의한다'라는 합의를 하였고 공장 해외이전에 대해 정부의 승인을 받아야 한다고 가정해보자. 이 경우 내부의사결정에 노조와 정부까지 참여하게 되어 당연히 제2단계 게임이 아주 어려워 질 것이다.

제 4 절 게임이론

Rudolf Avenhaus[5]에 의하면 협상자가 얻을 수 있는 성과(outcome)가 상대의 행동(의사결정)에 의존하는 협상상황이면 게임이론이 적용될 수 있다. 게임이론에 의하면 협상참여자들은 상대가 어떻게 행동할 것인가를 '합리적으로(rationally)' 기대하며 행동한다. 이 같은 의미에서 제1장의 협상의 참모습에서 살펴보았듯이 협상은 상호의존적 게임이다. 게임이론은 협상참여자들이 서로 협조하느냐의 여부에 따라 치킨게임과 죄수의 딜레마로 나누어진다.

1. 치킨게임(Chicken Game)

마주보고 달려오는 두 대의 자전거

위의 그림에서 보듯이 자전거 두 대가 서로 마주보며 달려온다. 자전거에 탄 남자는 상대방 여자가 비켜 주리라 기대하고 계속 질주를 한다. 여자도 남자가 결국은 양보하리라 기대하고 질주한다. 남자도 여자도 처음에는 서로 먼저 양보하기를 거부하는 것이다. 하지만 서로 충돌하기 일보직전에 남자와 여자는 양보하며 비켜선다. 이유는 간단하다. 양보를 안했을 때 가져올 상호파괴적 결과가 엄청나기 때문이다.

---

5 Kremenyuk, Victor A., *International Negotiation*, 2nd ed., Jossey-Bass, 2001.

표 3-3 쿠바미사일 위기의 치킨게임

미국 \ 소련	미사일 철수	미사일 계속 배치
해상봉쇄	타협	소련의 승리 미국의 패배
공중폭격	미국의 승리 소련의 패배	핵전쟁

역사적으로 이 같은 치킨게임의 가장 대표사례는 쿠바미사일 협상이다. 1962년 소련이 쿠바에 미국본토를 겨냥하는 핵미사일을 배치하자 미국의 케네디 대통령은 강력히 반발하였다. 미 해군으로 하여금 해안봉쇄(blockade)를 하여 소련 선박이 쿠바에 접근 못하도록 하며 쿠바에 설치한 모든 핵미사일을 철수할 것을 요구하였다. 소련의 후르시초프 수상도 미국의 해안봉쇄를 무시하며 추가로 핵미사일을 실은 소련 선박을 쿠바로 접근시키고 있었다. 만약 미군 함정과 소련 선박 사이에 무력충돌이 벌어지면 걷잡을 수 없이 사태가 악화될 수도 있다. 워싱턴의 강경파들은 소련이 미사일 철수를 거부하면 쿠바의 미사일 기지를 공중폭격하자고 주장한다. 케네디 대통령과 후르시초프 수상이 겉으론 초강경조치를 취하지만 뒤로는 서로간에 전문을 교환하고 대리인을 통해 은밀히 협상을 하고 있었다.

이 같은 쿠바미사일을 치킨게임 모델에서 분석하면 〈표 3−3〉과 같다.

〈표 3−3〉에서 보듯이 다음과 같은 4가지 시나리오를 생각할 수 있다.

- 만약 미국의 해상봉쇄에도 불구하고 소련이 미사일을 철수하지 않으면 '소련의 승리'이다.
- 미국의 공중폭격에 굴복해 소련이 미사일을 철수하면 '미국의 승리'이다.
- 미국이 해상봉쇄를 풀고 대신 소련이 미사일을 철수하면 '타협'으로 어느 누구의 승리도 아니다.
- 하지만 미국이 공중폭격의 초강수를 두고 소련이 미사일을 철수하지 않으면 '핵전쟁'으로 이어질 수 있다.

이 같은 상황에서 미국과 소련이 얻을 수 있는 성과의 크기는 다음과 같다.

- 미국의 성과: 미국의 승리>타협>소련의 승리>핵전쟁
- 소련의 성과: 소련의 승리>타협>미국의 승리>핵전쟁

미국과 소련의 입장에서는 자국이 승리하는 시나리오가 최선이지만 상대국이 마지막까지 양보하지 않고 초강수를 두면 '핵전쟁'까지 갈 수 있다. 두 나라 다 전쟁만은 피하고 싶다. 그렇다면 해결책은 미국은 해상봉쇄를 풀고 소련은 미사일을 철수하는 '타협'밖에 없다.

글로벌 비즈니스 협상에서 치킨게임 사례[6]

'피자 나누어 먹기(pizza cutting)'나 제로섬 게임 같은 협상상황에서는 종종 협상참여자들이 치킨게임을 한다.

POSCO에 새로 개발된 PMEX형 용광로 건설을 맡은 독일의 슈나이더사가 건설이 상당히 진전된 상태에서 원자재가격 상승 등을 이유로 갑자기 가격을 2배로 올려달라고 한다고 가정하자.[6] 슈나이더사가 이렇게 강하게 나오는 이유는 PMEX형 용광로 건설기술을 자사가 세계 최초로 개발했기 때문이다.

POSCO는 20%만 올려주겠다고 한다. 이에 맞서 슈나이더사는 가격을 올려주지 않으면 공사를 더 이상 계속하지 못하겠다고 버틴다. POSCO는 그렇다면 그간의 공사대금 5억 달러를 못주겠다고 한다. 슈나이더사로서는 POSCO로부터 5억 달러를 못 받으면 영락없이 회사가 부도난다. 슈나이더사가 부도나면 POSCO도 엄청난 재정손실로 신형용광로를 완공하기 힘들다.

POSCO와 슈나이더사 사이에 전형적인 치킨게임이 벌어지고 있다. 마치 마주보며 달려가는 두 대의 자전거처럼 서로 상대가 양호하라며 치닫고 있는 것이다. 〈표 3-4〉에서 보듯이 슈나이더사가 POSCO의 그간의 공사대금 지불거절위협에 굴복하여 공사를 계속하면 'POSCO의 승리-슈나이더사의 패배'이다. 반대로 POSCO가 공사대금 20% 올려주었는데도 슈나이더사가 공사를 중단하면 일단은 슈나이더사의 승리이다.

두 회사가 서로 상대를 굴복시키고 '승리'하려고 치킨게임의 끝으로 치닫으면 서로가 망한다. 공사대금을 받지 못해 슈나이더사는 부도가 나고 POSCO는 용광로 건설

6 현실이 아닌 가정임.

표 3-4 POSCO와 슈나이더사의 치킨게임

POSCO \ 슈나이더사	공사 계속	공사 중단
공사대금 20% 인상	타협	슈나이더사의 승리 POSCO의 패배
공사대금 지불거부	POSCO의 승리 슈나이더사의 패배	슈나이더사 부도 POSCO의 신형용광로 건설난관 (재정손실)

지연에 따른 재정손실은 물론 어쩌면 신형용광로 건설을 포기해야 할지도 모른다.

두 회사가 서로 보다 많은 성과(better outcome)을 얻기 위해 치킨게임을 하고 있지만 파국으로 치닫을 생각은 없다. 따라서 POSCO가 원자재가격 상승을 반영하여 공사대금을 20% 정도 올려주고 슈나이더사는 공사를 계속하는 것으로 '타협(compromise)' 할 것이다.

유리한 치킨게임을 하기 위한 협상전략

협상력을 강화하기 위한 위협과 벼랑끝전략(Brinkmanship)

치킨게임의 궁극적 목적은 서로 격돌(clash)하는 것이 아니라, 상대에게 위협이나 벼랑끝전략을 써서 심리적 압박을 가해 양보하도록 만드는 것이다.[7]

'확실한' 위협(Credible Threat)

상대의 눈에 협상자가 정말 파국으로 치닫을 것이라고 믿게 만들어야 한다. 예를 들어 POSCO가 슈나이더사에 쓸 수 있는 전략은 확실한 위협이다. '만약, 슈나이더사가 공사를 중단하면 그간의 공사대금 5억 달러를 안주고 슈나이더사를 부도로 몰고 가겠다'는 것이다. POSCO의 회사규모로 볼 때 그 정도 손해는 아무것도 아니라고 강하게 몰아부치는 것이다.

7 명시적 위협과 벼랑끝전략에 대해서는 이 책 5장 참조.

'대안'개발로 상대의 엄청난 '협상결렬비용'을 강조

POSCO가 PMEX 독자개발팀을 구성한다든지, 일본기업으로부터 대안기술도입을 추진한다던지 등의 '대안(alternatives)'이 있음을 보여주는 것이다. 이 경우 협상이 결렬되면 슈나이더만 엄청난 비용을 치러야 한다.

2. 죄수의 딜레마(Prisoner's Dilemma)

앞의 치킨게임과 달리 죄수의 딜레마 협상게임의 전제는 다음과 같은 세 가지이다.

- NO Communication: 협상참여자들 사이 서로 의사전달을 할 수 없다. 즉, 서로 타협하거나 원만한 합의를 찾기 위한 노력을 할 수 없는 것이다.
- NO Trust: 협상참여자들이 서로를 신뢰하지 못한다. 따라서 상대가 자신에게 협력하기 보다는 불리한 행동을 하리라 생각한다.
- No Cooperation: 마지막에는 서로 협력하는 치킨게임과 달리 협상참여자들이 끝까지 서로 협력하지 않는다.

피의자 A나 B가 검찰에서 조사를 받는다고 하자. 물론 검찰이 이들을 각기 다른 방에서 조사하기에 서로 의사소통을 할 수 없다. 검찰은 A나 B에게 각각 다음과 같이 말하며 사실을 모두 고백할 것을 요구한다.

- 만약 A가 모든 걸 고백하여 B가 죄가 있다는 증거만 내놓으면 A를 무혐의로 풀어주겠다(물론 다른 방에서는 B에게도 똑같은 말을 한다).

하지만 법률 전문가들의 견해에 의하면

- A나 B가 동시에 모두 고백하면 각각 3년을 구형 받고
- A와 B 모두가 끝까지 사실을 고백하지 않으면 검찰로서는 증거부족으로 각각 1년 밖에 구형할 수 없다.

이 경우 A와 B 모두에게 좋은 선택은 서로 고백하지 않아 가볍게 1년씩을 구형받는 것이다. 하지만 A와 B가 서로를 불신하고 상대의 마음속을 알 수 없는 죄수의 딜레마 게임에서는 상대가 자신의 죄를 가볍게 하기 위해 모든 걸 고백할 것이라고 불

표 3-5 검찰조사를 받는 피의자 A와 B의 죄수의 딜레마 게임

A의 선택 \ B의 선택 (피의자 A \ 피의자 B)	고백	고백 안함
고백	B 3년 A 3년	B 5년 A 무죄
고백 안함	B 무죄 A 5년	B 1년 A 1년

신한다. 그런데 자기만 고백을 안하면 상대는 무혐의로 풀려나고 자신은 5년을 구형 받는다. 따라서 이 같은 비협력게임 모델에서는 A나 B가 할 수 있는 선택은 고백이다. 결국 A와 B가 모두 고백해버려 각각 3년씩을 구형 받게 된다.

이를 요약하면 다음과 같다 .

- A와 B가 서로를 신뢰하며 (상대가 고백 안할 것이라고) 협조했다면 (서로 고백안하면) 각각 1년을 구형 받았을 것이다.
- 그런데 A와 B가 서로를 불신하며 (상대가 고백할 것이라고) 협조를 안했기에 (서로 고백했기에) 각각 3년씩이나 구형 받는다.

죄수의 딜레마가 강조하는 협상의 세 가지 요소: 신뢰, 의사소통, 협력

두 사람 사이에 가격흥정을 하던 두 기업이 서로 합작투자나 전략적 제휴협상을 하건 간에 서로 신뢰하고 긴밀하게 의사소통을 하며 협력하면 그렇지 않은 경우 보다 훨씬 나은 성과를 얻을 수 있다.

하지만 현실적으로 협상자들은 상대를 불신해가며 협상하기에 죄수의 딜레마에서 보듯이 서로에게 불리한 결과를 얻는다. 이 죄수의 딜레마가 협상에 주는 시사점은 협상에서 신뢰나 의사소통(communication)을 통한 협력의 중요성이다.

퍼트남 2단계 게임 함정에 빠진 포스코의 인도 투자

[협상상황] 순조로운 퍼트남의 1단계 협상

포스코는 2005년부터 인도 북동부 오리사 주에 120억 달러(약 14조 원)를 투자하여 연산 1,200만 톤 규모의 일관제철소를 건설하는 투자프로젝트를 진행하였다.

철광석이 제일 중요한 제철산업의 특성상 오리사주 투자는 장밋빛이었다. 가까운 곳에 있는 광산의 철광석을 원료를 사용할 수 있으니, 물류비용이 파격적으로 절감되어 철강제품이 충분한 가격경쟁력을 확보할 수 있었다.

과거의 폐쇄정책으로 적극적 외국인투자 유치 정책으로 전환한 인도 중앙정부는 포스코의 투자를 환영하고 중앙정부 차원에서의 적극적 지원을 다짐하였다. 또한 오리사 주 정부와도 2005년 양해각서를 체결하였다.

인도 파트너와 모든 것일 잘 나가던 투자협상이 퍼트남의 제2단계 협상에서 수렁에 빠졌다.

포스코가 입지조건이 좋은 부지를 물색하여 투자를 성사시키고자 12여 년 동안 엄청난 노력을 기울이고 한국정부도 지원을 하였으나, 결국 2017년 투자예정 부지를 포스코가 오리사 주 정부에 반납함으로써 포스코의 인도 투자 프로젝트가 무산되었다.

[협상사례에서 배우는 교훈] 수렁에 빠진 퍼트남의 2단계 협상

지역주민의 반발

지역주민들이 생활터전을 지키겠다며 공장건설의 진입로를 막았고, 경찰의 진압과정에서 주민이 다치기도 했다. 2008년 6월에는 의견이 대립되는 주민들 간에 사제폭탄을 던지는 등 유혈사태가 벌어졌다.

엎친 데 덮친 격으로 사태가 악화되자 각종 시민단체들이 나섰다. 2011년 국제 앰네스티 인도지역조사관은 오리사 주의 일관제철소 건설은 지역사회에 악영향을 끼쳐 지역경제가 나빠질 것이라는 성명을 발표했다. 2010년 이명박 대통령까지 인도총리에게 지원을 요청했지만, 주민들의 반발을 꺾을 수 없었다.

중앙정부와 주 정부 갈등

포스코가 인도의 독특한 정치시스템에 대한 준비를 철저히 하지 않았다.

영국이 오랜기간 인도를 식민 통치 했지만, 지방에는 거의 독립국가 수준의 자치권을 가진 지방세력이 존재하였다. 영국은 단지 이들 지방세력과 여러 가지 방법으로 손을 잡고 식민 통치하며 인도를 통치했을 뿐이다. 따라서 인도는 우리나라나 일본처럼 중앙집권적인 정치체제가 아니기 때문에 아무리 중앙정부와 좋은 조건의 투자 협상을 하여도, 지방정부가 협조를 잘 안다거나, 반발할 수 있다.

인도 중앙정부와 주 정부 사이에 외국인투자 유치에 대한 정책철학의 차이, 외국자본 유치에 따른 과실의 배분, 과세정책 등에서 입장이 다를 수 있기 때문이다. 사실, 포스코의 투자가 무산된 후 차우다리 비렌다 싱 인도 철강부장관은 기자회견에서 오리사 주 정부가 노력을 기울이지 않았다고 비난했다.

중앙정부에서도 철강부서와 환경부서의 갈등

인도의 철강산업을 담당하는 철강부와 외국인 투자 유치를 담당하는 부서에서는 포스코 투자를 유치하기 위한 노력을 하였다. 그러나 환경보호를 중시하는 환경부가 포스코 투자에 소극적이었다. 더욱이 2011년 환경부 장관은 60개의 환경보호조건을 내걸고 조건부 승인하였다. 그러나 환경부 산하의 국립 그린재판소가 환경보호를 이유로 포스코 투자 사업허가를 보류하였다.

오리사 주의 포스코 건설 예정부지가 대부분은 산림지역이기 때문에 대규모 산림이 파괴된다는 것이다. 물론 이 같은 환경부서의 소극적 배경에는 환경단체의 거센 반발이 있다. 영국식 민주주의를 답습한 인도에서는 중앙정부가 환경단체, 지역주민등 국내 이해관계자의 반대를 무릅쓰고 강행 하지 못한다. 이 점이 공산당 주도로 국내정치적 반발을 묵살하며 일사불란하게 외국인 투자를 유치하는 중국과 다른 점이다.

인도 지역사회의 설득

포스코가 인도 프로젝트 협상을 시작할 때부터, 퍼트남의 1단계 협상과 2단계 협상을 동시에 시작했으면 좋았을 것이다. 즉, 인도 지역사회와 환경단체, 그리고 NGO 등과 처음부터 긴밀하게 소통하며 포스코 공장건설이 주는 경제적 이익, 그리고 강제이주 당하는 주민에 대한 일자리 마련, 지역 학교, 문화시설, 그리고 의료기관 건설 등을 설득력 있게 설명했어야 한다.

제04장 글로벌 협상가의 7대 오류

국제협상을 자주 하는 기업인이나 정부 공무원의 가장 큰 관심은 "어떻게 하면 협상을 잘 하는가?"이다. 이는 바로 좋은 협상전략이 무엇인가에 대한 질문이다. 그러나 좋은 협상가가 되려면 다양한 협상전략을 배우는 것도 중요하지만 이에 못지않게 잘못된 편견이나 오류에 빠지지 않는 것도 중요하다.

많은 협상사례를 보면 "좋은 협상전략을 잘못 펼쳐서"가 아니라 협상가가 잘못된 오류나 편견에 빠져 협상을 그르친 경우가 많다. 이 같은 관점에서 이 장에서는 하버드 대학의 바저만(Bazerman)과 스탠포드 대학의 닐(Neale)[1] 이론을 중심으로 유능한 글로벌 협상가가 되기 위해 명심해야 할 협상에서 미국인들이 가장 많이 저지르는 7가지 실수에 대해 분석해 보자.

- 문화적 무지
- 협상탈출 실패

---

1 Bazerman, Max H. & Neale, Magaret A., *Negotiating Rationally*, The Free Press, 1992.

- 제로섬 편견
- 준거점 구속 효과
- 과신
- 승자의 불안
- 주관적 공정성 인식

제 1 절 협상에서 가장 많이 저지르는 7가지 실수

1. 협상자 오류 I: 문화적 무지

상대가 협상자와 다른 문화적 배경을 가졌다는 사실을 무시하고 자신의 협상문화 속에서 협상을 하는 것이다. 글로벌 경제시대의 국제협상에서 미국인 협상자가 가장 흔하게 범하는 실수이다.

소니-유니버셜 협상[2]

1970년대 미국 유니버셜사는 소니와 비디오 디스크(video disk)를 공동개발하고 있었다. 비디오 디스크는 녹화된 영화나 TV프로그램을 재생하여 볼 수는 있지만 시청자가 TV를 녹화하여 볼 수는 없는 기계였다.

유니버셜사의 쉐인버그 사장은 1976년 9월 소니가 VCR을 개발하고 있다는 사실을 알고 놀랐다. 만약 VCR 개발이 성공한다면 이는 유니버셜사에 커다란 충격을 줄 것이 분명했다. 소비자들도 녹화가 안 되는 비디오 디스크보다는 VCR을 선호할 것이 당연했기 때문이다.

고문 변호사에 의하면 TV프로그램을 마음대로 녹화하는 VCR은 미국 저작권법에 위배될 수도 있다는 것이다. 이에 자신을 얻은 쉐인버그는 다가오는 뉴욕회의에서 소니의 모리타 회장에게 VCR의 불법성을 이야기하면 VCR 개발을 막을 수 있으리라 기대했다. 며칠 후 뉴욕에서 있은 회의에서 쉐인버그는 모리타 회장과 진행 중인 비디오 디스크 사업에 대해서만 협의를 하였다. 회의가 끝난 후 만찬자리에서 쉐인버그는 회

2 Shell, G. Richard, *Bargaining for Advantage*, Viking Penguin, 1999, pp. 140-143.

의 아젠다에 들어 있지 않는 VCR 개발문제를 불쑥 꺼냈다. '소니가 개발 중인 VCR은 미국법에 의하면 불법장치이고 또한 VCR이 성공하면 공동개발 중인 비디오 디스크가 심각한 타격을 받기에 개발을 중단하지 않으면 이를 법원에 고소할 수밖에 없다'고 위협한 것이다.

뉴욕회의에는 비디오 디스크 사업만 협의하는 줄 알고 온 모리타 회장은 어리둥절해졌다. 지금까지 화기애애하게 두 회사 간의 협력사업을 이야기했는데, 갑자기 무슨 고소란 말인가? 모리타 회장은 쉐인버그 사장에게 "우리 일본 기업인은 오른손으로 당신과 악수를 하며 왼손으로 당신의 얼굴을 때리지는 않습니다. 이것이 일본협상문화의 기본원칙입니다"라고 말했다.

모리타 회장의 귀국 후 소니측으로부터 VCR 사업에 대한 아무런 회신이 없었다. 쉐인버그 사장의 원래 의도는 고소위협을 통해 소니 VCR 사업을 협상테이블에 올려 놓는 것이었는데 뭔가 잘못된 것이다. 결국 1976년 11월 소니 VCR 사업을 미 법정에 고소했고, 11년을 끈 이 소송은 비용만 수백만 달러에 달했고, 유니버셜사의 패소로 끝났다.

VCR 문제에 대해 소니와 유니버셜가 진지하게 협상을 했다면 11년이라는 엄청난 소송비용 부담을 피할 수 있었을 것인데 왜 쉐인버그와 모리타는 lose-lose 협상게임을 하였을까? 여기에 대한 대답은 다음과 같은 두 가지로 요약될 수 있다.

▌쉐인버그 사장의 일본협상문화에 대한 무지

"우리 일본 기업인은 오른손으로 당신과 악수를 하며 왼손으로 당신의 얼굴을 때리지는 않습니다."

왜 모리타 회장이 쉐인버그 사장의 고소위협에도 불구하고 이 같이 전혀 엉뚱한 이야기를 했을까?

일본협상문화는 관계를 중시하는 협상문화인 반면 미국은 당장의 협상성과를 중시하는 협상문화이다. 미국협상문화의 가장 큰 특징 중의 하나는 "관계와 개별 협상을 분리하라! Separate the Deal from Relationship"이다. 따라서 쉐인버그 사장으로서는 아무리 소니와 좋은 관계(비디오 디스크 공동개발)를 맺고 있어도 VCR 개발문제로 소니를 고발하겠다는 협상을 하는 게 전혀 이상하지 않다.

하지만 모리타 회장이 헤어지며 말했듯이 동양협상문화에서 악수하는 오른손은 쉐인버그 사장과의 비디오 디스크 공동개발이고, 얼굴을 때리는 왼손은 VCR 고소이다. 일본에서는 이 같이 몰상식한 행동은 도저히 이해할 수 없다. 좋은 관계를 유지

표 4-1 일본협상문화와 미국협상문화의 차이

구분	일본협상문화	미국협상문화
협상문화	High context 협상문화 P-time 협상문화	Low context 협상문화 M-time 협상문화
가치사슬	관계중시	직접적 협상성과 중시
의사전달방식	암시적 · 간접적	명시적 · 직접적
관계의 중요성	관계와 개별 협상을 함께 고려	관계와 개별 협상을 분리
계약개념	신의성실에 의한 계약의무 명시	분쟁의 법적 해결방법을 명시
소송	관계의 종말	분쟁의 효율적 해결수단에 불과함

하며 개별 협상을 하려 하는 일본 협상자에게 소송은 거래관계의 끝을 의미한다. 가능하면 일본 협상자는 신의와 성실에 바탕을 둔 사전 조정이나 협상을 통해 분쟁이나 알력을 해결하려 한다.

▌기습적 위협(Surprise Threat)전략의 실패

삼성전자와 애플의 치열한 법률분쟁에서 보듯이 일단 거대한 글로벌 기업들이 특허, 지재권 등을 놓고 싸우기 시작하면 천문학적 소송비용이 들어간다. 이 같은 소송은 기간도 오래 걸리고 법원의 법률적 판단도 쉽지 않기 때문에 소송한 기업들은 엄청난 손해만 보고 결국 중간에 선 변호사들만 배불린다는 이야기가 있다. 따라서 소니의 회장쯤 되면 쉐인버그 사장의 고소위협의 심각성을 알고 뉴욕에서 즉각 협상을 하였어야 했는데 왜 무반응이었을까?

이는 쉐인버그 사장의 기습적 위협전략 때문이다.

그는 협상의제에 없는 VCR 개발문제를 기습적으로 꺼내 위협하면 사전에 준비가 안 된 모리타 회장이 깜짝 놀라 양보하리라 기대했다. 그런데 모리타 회장의 반응은 정반대였다. 문제의 심각성을 몰랐던 그는 이 위협을 심각하게(credible) 받아들이지 않은 것이다.

협상전략으로서 위협이 효력을 발휘하기 위해서는 상대방을 겁먹게 하는 '확실한 위협(credible threat)'이 되어야 한다. 만약 쉐인버그가 VCR 이슈를 뉴욕에서 논의하겠다고 소니측에 미리 알려주었으면 모리타 회장은 자문 변호사를 통해 문제의 심각성, 즉 미국기업에게 소송은 다반사이며 엄청난 법률적 비용을 초래할 수 있다는 점을 알았을 것이다. 이 경우 당연히 모리타 회장은 쉐인버그의 고소위협을 심각하게 받아들여 뉴욕에서 협상에 적극 응했을 것이다.

2. 협상자 오류 II: 협상탈출 실패(Irrational Escalation of Commitment)

일단 협상을 시작하면 협상을 종료하는 것은 더 나은 상황이 발생해도 최초의 의사결정(즉, 협상을 시작한다는 의사결정)에 발목이 묶여 무리한 협상을 지속하는 것을 말한다.

S전자-노키아 협상[3]

애플 아이폰의 세계시장 제패에 위협을 느낀 S전자의 스마트폰 사업담당 홍길동 부사장은 노키아의 스마트폰 사업을 인수해야만 S전자가 세계경쟁에서 살아남을 수 있다고 확신한다. 마침 애플 충격으로 싸구려 아프리카폰(?)으로 전락하는 노키아가 스마트폰 사업부문을 매각할 의사가 있다는 귀중한 정보를 입수한다.

홍길동 부사장은 일부 경영진의 반대에도 불구하고 이사회를 설득하여 노키아와 스마트폰 사업 인수협상을 시작한다. 그러나 협상은 순조롭게 진행되지 않아 1년이 경과하고 2백만 달러라는 막대한 비용이 들었다. 1년 기간의 협상을 통해 홍길동 부사장은 노키아의 스마트폰 사업이 당초 예상한 만큼 매력적이지 않다는 사실을 발견한다.

- 노키아의 스마트폰 기술에 관심이 컸는데, 알고 보니 생각만큼 앞선 기술이 아니다.
- 1년간 협상과정 중 신분보장에 불안을 느낀 노키아 스마트폰 사업본부의 유능한 기술자들이 타사로 이직해 버렸다.
- S전자는 인수가격으로 7억 달러를 제시했는데, 노키아는 처음 제시한 10억 달러에서 전혀 움직이려 하지 않는다.

이 같은 사실은 협상에 직접 참여한 홍길동 부사장만이 알고 있고 S전자의 다른 경영진은 모른다.

보편적인 글로벌 경영자들이 홍길동 부사장 같은 입장에 처해 있을 때 어떻게 협상을 진행시킬까? 모든 사실을 S전자 경영진에게 이야기하고 노키아와 협상을 중단시킬까?

3 이 사례는 Ericsson-Sony의 휴대폰 부문의 전략적 제휴에 바탕을 두고 가상적으로 만든 사례임, Business Week, 2002.11.4일자.

S전자-노키아 사례로 본 협상탈출 실패

합리적 협상가라면 자신의 실수를 인정하고 노키아와의 협상을 중단시켜야 한다. 하지만 바저만(Bazerman)에 의하면 미국의 협상자는 자신의 최초행동을 합리화시키기 위해 무리하게 협상을 지속하는 경향이 있다. 7억 달러에서 점차 올라가 노키아가 원하는 대로 10억 달러에 협상을 타결시킨다. 그리고는 서울로 돌아와 '성공적인 협상이다'라고 보고하면 되는 것이다. 만약 앞의 사실들을 솔직히 S전자에 털어놓고 협상을 중단시키면 모든 책임이 당장 자신에게 돌아오고 어쩌면 부사장 자리 보전도 힘들지 모른다. 노키아와의 합작의 성패는 적어도 2~5년이 지나야 나타날 것이다. 그때 가서는 자신은 S전자를 떠나있을지도 모른다. 바저만 교수에 의하면 이것이 미국의 비즈니스맨들이 가장 많이 저지르는 두 번째 오류이다. 협상가가 이 같이 '무리한 협상의 지속'이라는 오류에 빠지는 이유에는 다음과 같은 두 가지가 있다.

정보의 덫(Information Trap)

노키아의 스마트폰 사업 인수를 검토할 때 홍길동 부사장은 노키아에 대한 여러 가지 정보를 수집할 것이다. 이 같은 정보는 노키아 스마트폰 사업에 대한 긍정적 정보(confirming information)와 부정적 정보(disconfirming information)로 이분할 수 있다. 전자는 노키아의 앞선 기술, 세계적 브랜드 이미지 등이다. 이 같은 정보는 S전자로 하여금 노키아 스마트폰 사업 인수협상을 시작하는 쪽으로 의사결정을 하게 만든다.

그림 4-1 협상자에게 주어지는 두 가지 유형의 정보

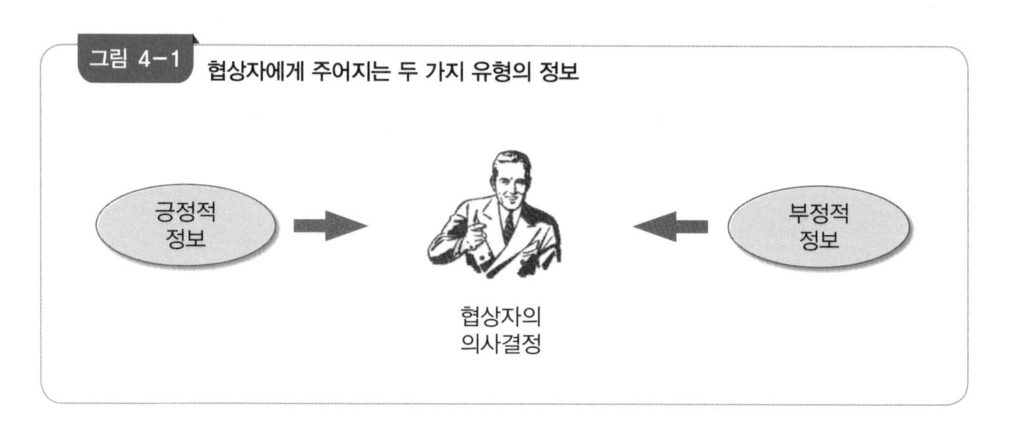

반면 후자는 노키아 스마트폰의 낮은 소비자만족도, 노키아의 보수적 협상문화, 두 회사 간 문화적 차이 등이다. 이 같은 정보는 노키아와의 협상을 시작하지 않는 쪽으로 의사결정을 하게 만든다.

여기서 나타나는 홍길동 부사장의 오류는 자신도 모르게 부정적 정보를 무시 내지는 소홀히 다루고, 노키아 스마트폰 사업을 인수하겠다는 자신의 의지를 뒷받침하는 긍정적 정보에만 매달리는 것이다. 협상가가 이 같은 정보의 덫에 빠지면 최초의 의사결정을 합리적으로 하지 못하고 협상진행 중에 부정적 사실이 발견되어도 협상을 진행하는 방향으로 스스로의 판단을 왜곡시킨다.

평판(Reputation)의 훼손

일반적인 경영자들은 자신이 주장해서 시작한 협상을 스스로 중단시키는 것은 '실패'로 여기고 이는 유능한 경영자나 협상가로서 자신의 평판을 훼손시킨다고 생각한다. 일반적으로 사람들도 일관성(consistent) 있는 정치지도자나 경영자를 선호한다. 그런데 협상의 중단은 조직 내에서 자신을 일관성이 없는(inconsistent) 경영자로 보이게 만든다고 생각한다. 예를 들면 홍길동 부사장을 따라 노키아와의 협상을 위해 수차례 일본출장을 가며 고생한 S전자의 협상팀이 느끼는 홍길동 부사장에 대한 실망감은 특히 클 것이다.

▌협상탈출 실패 방지를 위한 바람직한 기업협상문화

이 같은 이유로 오류에 빠진 협상가는 무리한 협상을 지속하는 경향이 있다. 바저만과 닐(Bazerman & Neal)에 의하면 이를 방지하는 방법에는 다음 두 가지가 있다.

완벽한 실패(Perfect Failure)를 인정하는 기업협상문화

국제협상이란 불확실한 여건 속에서 불확실한 정보를 가지고 상대방과 하는 행위이기에 의사결정에는 위험부담이 따른다는 것을 인정해야 한다. 이 같은 의사결정의 리스크를 조직이나 협상자 본인이 인정하면 협상의 중단을 하인츠(Heinz)가 이야기하듯 완벽한 실패(perfect failure)로 간주해 버리면 된다. 즉, 협상자가 때로는 의사결정에서 실수를 할 수 있다는 것을 인정해 주는 조직문화에서는 협상자가 '무리한 협상의 지속'이라는 오류에 빠질 가능성이 그만큼 적어진다.

출장가는 협상팀에 대한 당부

미국 애플사와 전략적 제휴협상을 하러 뉴욕으로 출장가는 협상팀에 대한 전무의 당부사항이다.

· A전무의 당부사항

"애플사와의 전략적 제휴는 우리 회사에 굉장히 중요한 협상이니 꼭 성사시키고 돌아와야 합니다. 여러분이 이 협상을 성사시키고 오면 큰 상을 내리겠습니다."

· B전무의 당부사항

"애플사와의 전략적 제휴는 중요한 협상이긴 하지만 반드시 이번에 꼭 성사시키겠다고 부담은 갖지말고 차분하게 협상하세요."

어느 협상팀이 협상탈출에 실패할 가능성이 클까?

당연히 A전무의 경우이다. A전무은 완벽한 실패를 인정하지 않고 무조건 이번 출장에서의 협상성과를 기대하고, 이를 협상단의 업적과 연결시키려 했다. 반면 B전무은 완벽한 실패 가능성을 인정하고 이번 출장의 성과에 어떠한 논공행상도 하지 않을 뜻을 비쳤다. 대부분의 우리나라 경영자는 완벽한 실패를 인정하지 않는 A전무 스타일이어서 결과적으로 자사 협상단을 협상탈출의 실패에 몰아넣는 경향이 강하다.

매몰비용(Sunk Cost)을 인정하는 기업협상문화

협상을 진행하다가 불리한 상황이 발생하여 협상을 중단하겠다는 판단이 내려지면 그간 투입된 시간과 돈을 매몰비용으로 과감히 인정해 버려야 한다. 앞으로의 협상방향을 정할 때 이미 투입된 매몰비용에 너무 집착해서는 안 된다. S전자의 소니와의 협상 중에 모토로라가 휴대폰사업 매각의사를 내비쳤다고 하자. 그런데 모토로라 휴대폰사업 인수가 훨씬 낫다고 생각하면 그의 소니와의 협상에 사용한 2백만 달러는 과감히 매몰비용으로 인정하고 모토로라라는 대안(alternative)을 활용해야 한다.

3. 협상자 오류 III: 제로섬 편견(Zero-sum Mindset)

많은 협상자들은 협상이란 상대방과의 제로섬 게임 또는 '피자 나누어 먹기(pizza-cutting)'라고 생각한다. 즉, 실제로는 그렇지 않은 상황임에도 불구하고 협상으로 얻을 수 있는 성과는 정해져 있어 상대방이 많이 차지하면 그만큼 자신에게 돌아오는 몫이 적어진다고 생각하는 것이다.

무누킨[4]은 이를 "제로섬 사고방식", 바저만은 "고정파이 편견"이라고 하는데, 일단 협상자가 이 같은 오류에 빠지면 정보의 공개를 통해 상대방과 협조적이고 호혜적인 협상을 하기보다는 파괴적인 협상을 하게 된다.

팬데믹 시대 애플-KSB 인수협상

한국의 KSB사(Korea Semiconductor & Bio Co.)는 미국 애플(Apple)에 지능형 반도체를 납품하는 회사이다.

KSB사의 주력사업은 반도체이지만, 20여 년 전 한국의 바이오산업 투자붐에 편승해 바이오사업에도 상당한 투자를 하며 팬데믹 시대 백신 개발에도 좋은 실적을 쌓고 있다.

그런데 재무관리를 잘못하여 과도한 부채를 지닌 KSB사는 주채권 은행인 외환은행으로부터 해외매각을 통한 구조조정을 강요당했다. 미 · 중반도체 전쟁시대, 모든 기업들이 반도체의 안정적 확보에 촉각을 곤두세우고 있는데 KSB 사가 M&A시장에 나왔다는 것은 애플로서는 희소식이었다. 그래서, 애플은 서둘러 KSB사와 인수협상을 시작하였다.

두 기업이 매각의 필요성에는 동의했지만, 인수가격에서 차이가 커 협상이 교착상태에 빠졌다.

KSB사는 1천 6백만 달러를 한사코 고집하는 반면, 애플사는 1천 4백만 달러를 제시할 수 있는 상한선이라고 버티고 있었다.

일반적으로 이런 경우 '반반씩 양보(split difference)'하는 타협 을 하여 1천 5백만 달러에서 인수가격이 결정된다. 그러나 양사는 고정파이 편견에 빠져 서로 양보을 안 한다.

애플은 1천 4백만 달러가 자신이 지불할 수 있는 최대가격이라고 생각해 1천 5백만 달러로 타협하면 백 만 달러를 손해 본다고 생각한다.

똑같은 이유로 KSB사도 1천 6백만 달러에서의 후퇴는 자사에 백만 달러 손해를 가져다준다고 생각한다.

• 여러분이 주채권은행인 외환은행의 KSB사 담당자라면 이 협상을 어떻게 성사시키겠는가?

– 외환은행은 KSB로부터 가능한 한 빨리 채권을 회수하고 싶어한다.

---

4 Mnookin, Robert H., Peppet, Scott R., & Tulumello, Andrew S., *Beyond Winnig: Negotiating to Create Value in Deals and Disputes*, The Belknep Press of Harvard University Press, 2000, p. 168.

그림 4-2 바이오사업 제외에 따른 인수협상 타결

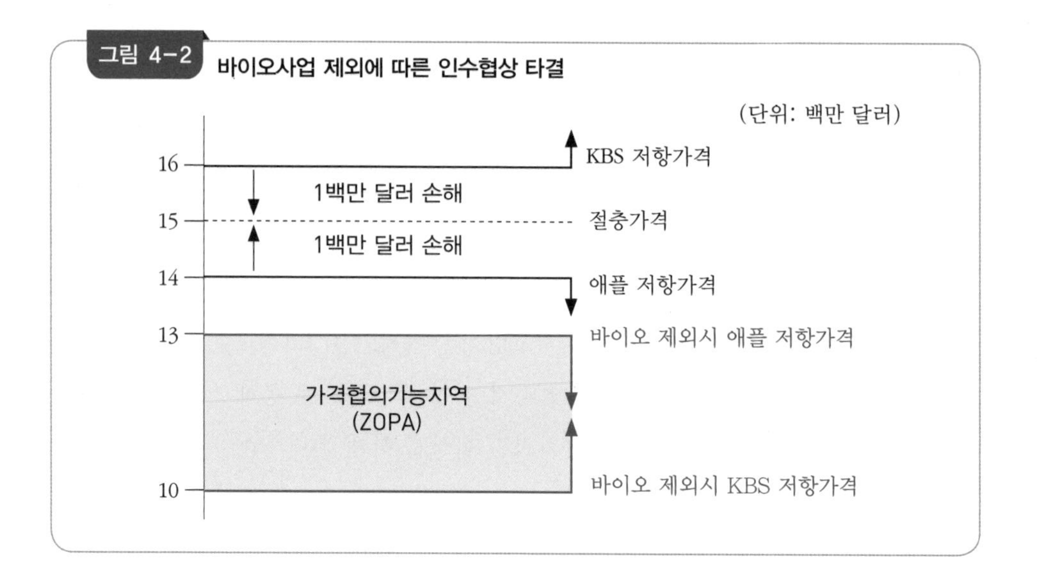

애플사례로 본 고정파이(Fixed Pie) 편견

그런데 두 회사가 이 같은 고정파이 편견에서 빠져 나오면 호혜적 협상을 할 수 있다. 서로 정보를 공개하고 협조적으로 협상을 한 후 다음과 같은 새로운 사실을 발견했다.

- 애플은 KBS의 바이오사업의 가치를 1백만 달러밖에 안 된다고 평가한 반면, KBS는 6백만 달러라고 평가했다.
- 애플은 KBS의 반도체사업 인수만 원하지 바이오사업에는 관심이 없다.

이 경우 〈그림 4-2〉에서 보듯이 바이오사업을 제외한 KBS의 저항가격은 1천만 달러이며, 애플의 저항가격은 1천 3백만 달러가 된다. 따라서 두 회사 간 인수가격은 합의가능지역(ZOPA)인 1천만 달러와 1천 3백만 달러 사이에서 결정될 것이다.

제로섬 편견의 문제점

바저만 & 닐(Bazerman & Neal)과 무누킨(Mnookin)에 의하면 협상자가 제로섬 편견에 빠지면 협상에서 다음과 같은 문제가 발생한다.

협상이익 비양립성의 편견(Incompatibility Bias)

이는 실제로 양 당사자가 공통된 협상이익을 가지고 있어 합의가능지역(ZOPA)이 존재함에도 불구하고, 서로가 전혀 다른 협상이익을 가지고 있어 호혜적 합의를 할 수 없다고 생각하는 것이다. 즉, 협상자가 제로섬 편견에 빠지면 양 당사자 간의 협상이익이 서로 병립할 수 없다고 보는 것이다.

실제로는 경영인과 근로자 간에 협상이익이 병존(compatible)함에도 불구하고 제로섬 편견에 빠진 양 당사자는 서로가 교육훈련을 거부할 것이라고 지레 짐작하여 협상을 효율적으로 하지 못하는 것이다.

팬데믹시대 재택근무에 대한 경영자와 근로자의 협상

플래트폼(platform)개발업체에서 팬데믹시대에 대응해 일부 근로자들에게 재택근무를 시키고자 한다. 이때 재택근무대상인 근 로자와 경영자가 마음속으로 생각하는 협상이익과 겉으로 내세우는 협상태도 간에는 다음과 같은 차이가 있다.

- **근로자와 경영자의 실제 협상이익**
  - 근로자는 속으로는 재택근무를 선호한다.
  - 경영자는 근로자의 재택근무가 기업의 전반적 생산성 향상에 도움이 된다고 생각한다.
- **제로섬 편견에 빠질 경우 근로자와 경영자의 협상태도**
  - 근로자는 자신이 먼저 재택근무를 신청하면 업무공백 때문에 회사가 받아들이지 않을 것이라고 생각한다.
  - 경영자는 회사가 먼저 재택근무를 제시하면 '자신들이 우선 감원대상자라고 오인'하고 근로자들이 반발할 것이라고 생각한다.

반발적 의견묵살(Reactive Devaluation)

제로섬 편견에 빠진 협상자는 '상대방에게 좋은 것은 나에게 나쁘다'라고 생각하기에 협상상대를 적대자(adversary)로 보고 이 적대자가 제안하는 것은 반발적으로 묵살하는 경향이 강하다. 물론 동일한 제안을 제3자가 제안하면 받아들인다.

미국과 소련(구 러시아)의 군축 협상

스틸링거(Stillinger etal.)[5]는 1980년대 레이건 행정부시절 미국인 137명을 A, B 두 그룹으로 나누어 "군비감축이 미국과 소련 중 어느 나라에 유리한가?"라는 질문을 하였다.

- A 그룹에게는 이 군비감축안이 고르바초프에 의해 제안되었다고 말했더니 56%가 소련에게 유리(16%만이 미국에 유리)하다고 대답했다.
- B 그룹에게는 레이건 대통령에 의해 제안되었다고 했더니 27%만이 소련에 유리(73%는 미국에 유리)하다고 응답했다.

이 연구는 1980년대 미국인들이 적대자라고 생각하는 소련지도자의 제안을 평가절하하는 것을 잘 보여준다.

바저만(Bazerman)의 고정파이 편견

펜을 떼지 않고 〈그림 4-3〉에서 9개의 점을 연결하여 4개의 직선을 만들어 보세요(선이 중복되면 안 됨).

그림 4-3 바저만(Bazerman)의 고정파이 편견

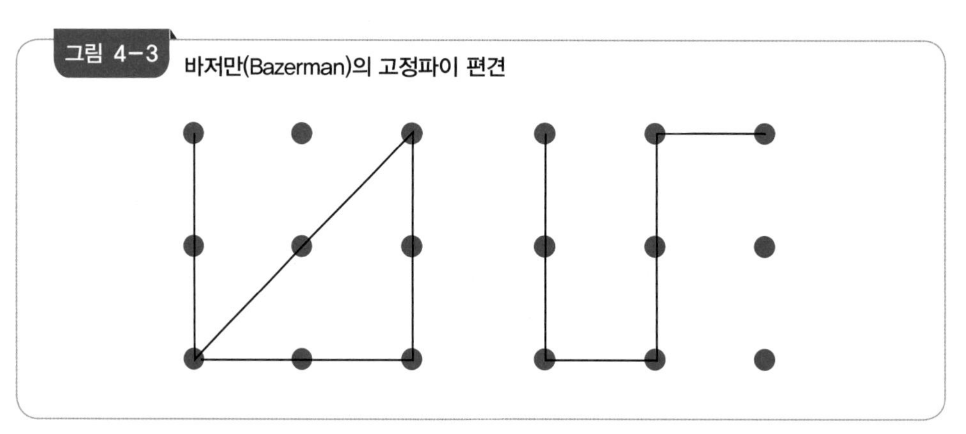

※ 정답은 뒷면에 있음.

5 곽노성, 「국제협상론」, 경문사, 1999, p. 65 참조.

4. 협상자 오류 IV: 준거점 구속 효과(Framing Effect)

일반적으로 사람은 고유한 준거점(reference point)을 가지고 사실을 인식하려고 한다. 목이 마른 남편과 부인이 〈그림 4-4〉에서 보듯이 물이 반 정도 차있는 컵을 발견했다고 하자.

- 남편은 "물이 반 밖에 없네!"라고 실망한다.
  이때 남편의 준거점은 물이 가득 있는 것이었는데 거기서부터 'to be negatively framed' 되어 물이 반 밖에 없다 라고 인지한다.
- 부인은 "물이 반이나 있네!"라고 말한다.
  이때 부인의 준거점은 물이 없을 것이었는데, 거기서부터 'to be positively framed' 되어 물이 반이나 있다고 인지하는 것이다.

이 같이 모든 협상자는 자신의 고유한 준거점을 가지고 협상을 한다. 말하자면 협상의 목표를 정하거나 성과를 측정하는 것을 이 준거점에 의하여 판정하는데, 이 같은 준거점은 협상자의 협상행위를 구속(framing)하여 협상성과에 중요한 영향을 미친다.

그림 4-4 준거점 구속효과

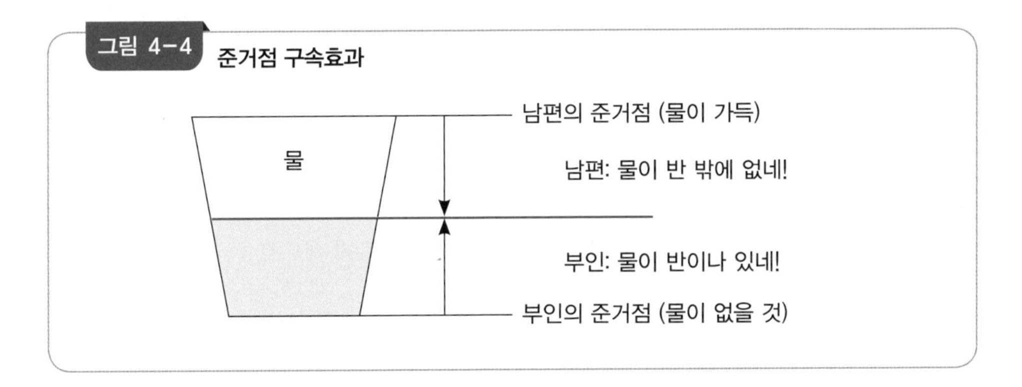

바저만의 고정파이 편견의 정답

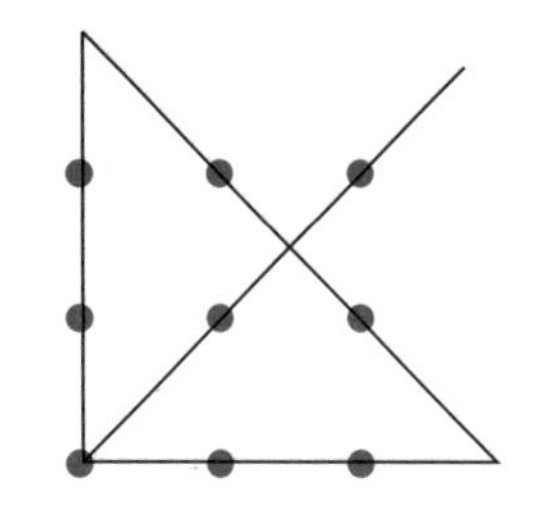

일반적으로 9개의 점을 연결할 때 '펜이 정사각형 밖으로 나가면 안 된다'는 편견에 얽매이게 된다. 그러나 사실 여기에 대한 제한은 없었기에 그림에서 보듯이 펜이 선 밖으로 나가면 쉽게 네 개의 직선을 만들 수 있다.

시계와 스마트폰 구입의 준거점 구속

시계 상점

다니엘이 상점에서 100달러짜리 시계를 사려하는데 친구가 두 블록만 걸어가면 같은 시계를 60달러에 판다고 한다. 이때 시계의 품질과 브랜드 인지도는 동일하고 수요차별 현상도 없다고 가정한다. 다니엘은 40달러를 아끼려 두 블록을 걸어가야 할까?

스마트폰 상점

다니엘이 상점에서 1,000달러짜리 스마트폰을 사려하는데 친구가 두 블록만 가면 같은 스마트폰을 960달러에 판다고 한다. 다른 조건은 시계의 경우와 같다. 다니엘은 40달러를 아끼려 두 블록을 걸어가야 할까?

바저만에 의하면 설문조사에 답한 경영자의 90%가 싼 시계를 사러 두 블록을 걸어가겠다고 한 반면 스마트폰의 경우는 이 응답자가 50%에 불과하다.

▌사례로 본 잘못된 준거점 선정

다음 사례의 경우 응답자들은 '할인율'을 준거점으로 하여 협상을 하고자 했다. 시계의 경우 할인율이 40%나 되는데 스마트폰의 경우 할인율이 4%밖에 안 된다. 바저만에 의하면 이 경우 협상자는 잘못 선정된 준거점인 할인율에 의해 부정적으로 구속(negatively framed)되었다. 보다 합리적인 협상자라면 절약할 수 있는 경제가치(40달러)와 두 블록을 걷는데 소요되는 시간의 가치를 비교해 의사결정을 해야 한다.

- 절약되는 경제가치(40달러)가 걷는 데 소요되는 시간의 가치(1시간)보다 크면 협상자는 두 블록을 걸어가야 한다.

• 반대로 시간의 가치가 절약되는 경제적 가치보다 크면 협상자는 상점에서 물건을 사야 한다.

예를 들어 시간이 많은 대학생의 경우 40달러를 절약하기 위해 당연히 한 시간을 걸을 것이다. 그러나 시간의 가치가 중요한 변호사나 사장 같은 사람은 상점에서 그냥 물건을 사야 할 것이다.

▌준거점 설정과 구속 효과(Framing): 임금인상 협상사례

노사 간 임금협상에서 경영자가 내년도 월평균임금을 올해의 1,000달러에서 20% 인상한 1,200달러를 제시했다고 하자. 〈그림 4–5〉에서 보듯이 준거점(reference point)을 현재 임금(1,000달러)으로 설정한 온건노조는 경영자와의 협상에 긍정적으로 구속(positively framed)되어 회사측 임금인상안을 수용하더라도 200달러의 협상성과를 얻었다고 생각한다.

그러나 반대로 내년도 임금인상 목표를 1,800달러로 삼고 이를 준거점으로 설정한 강성노조는 이에 부정적으로 구속(negatively framed)되어 협상진행이 상당히 어려워진다. 왜냐하면 회사측 인상안을 받아들이면 600달러(준거점–사측 인상안)를 손해 본다고 생각하기 때문이다.

그림 4–5 임금인상 협상에서 준거점 구속효과

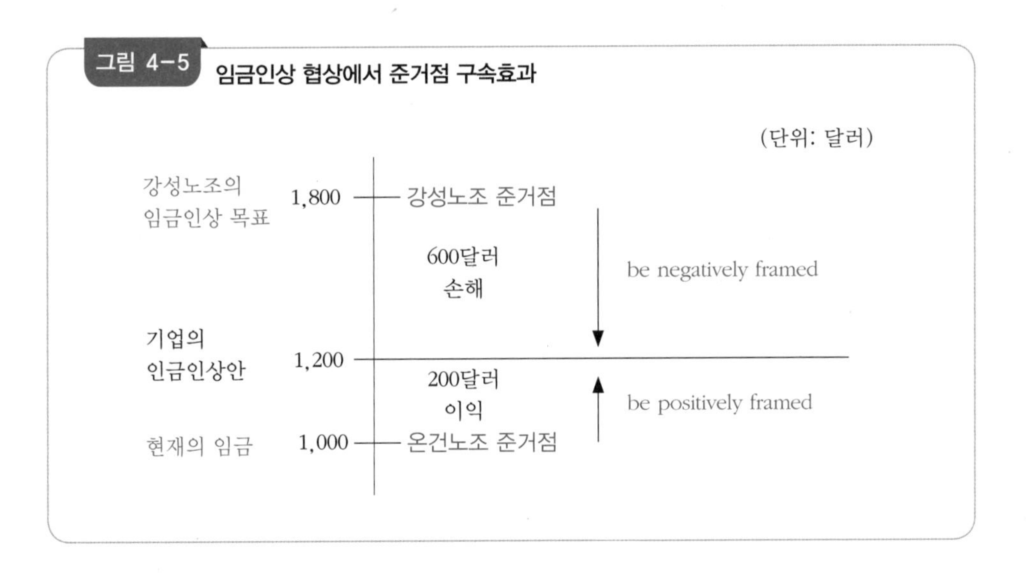

협상자는 가능하면 상대방이 준거점 구속 효과에 빠지지 않도록 합리적 준거점을 설정하도록 유도해야 한다. 예를 들어 앞의 임금인상 협상에서 회사의 어려운 경영 상태를 알리고 내년도 경제에 대한 비관적 전망들에 관한 정보를 주면 노조가 준거점을 현재 임금으로 낮게 잡을 가능성이 크다.

5. 협상자 오류 V: 과신(Over-Confidence)

앞에서 살펴본 문화적 무지, 협상탈출 실패, 준거점 구속 효과와 같은 협상자 오류는 협상자로 하여금 자신의 선택이나 판단에 대해 과신(over-confident)하게 만든다. 협상자가 일단 이 같은 과신에 빠지게 되면 타협이나 양보하려 들지 않기 때문에 협상타결이 그만큼 힘들어진다.

미국-멕시코 천연가스 협상[6]

1977년 8월 멕시코 국영 천연가스사(PEMEX) 사장 세라노는 미국 내 6개 파이프라인 건설회사와 멕시코-미국 간 천연가스 파이프라인 건설계약을 맺었다. 파이프라인은 텍사스를 거쳐 일리노이, 미시간 등 미 북동부지역까지 연결되어 이 지역의 겨울철 난방용 에너지로 공급할 계획이었다. 건설비용은 총 10억 달러로 예상하고 미국 내 가스공급가격은 큐빅당 2.60달러로 하기로 양자 간에 계약했다. 그 당시 미국은 캐나다로부터 파이프라인으로 천연가스를 큐빅당 2.16달러에 공급받고 있었고, 1980년대 중반까지 알래스카에서 미국까지 파이프라인을 건설해 천연가스를 추가 공급받을 계획이었다.

특정 국가에 대한 에너지 의존 심화를 꺼리는 미국으로서는 멕시코로부터 천연가스를 공급받는 것은 에너지 수입원 다변화 측면에서도 상당한 일리가 있었다. 그러나 이 같은 이유 때문에 잘 진행되는 것 같았던 멕시코와 미국 간의 협상이 시비에 말려들었다.

1977년 10월 일리노이 상원의원 스티븐슨이 1.75달러보다 높은 멕시코산 천연가스 수입을 받아들일 수 없다고 나온 것이다. 그 당시 미국-멕시코 간 파이프라인 건설은 연방정부 승인사항이며 미 의회의 예산배정을 받아야 하는데 미 정치권에서 제동을 걸고 나온 것이다.

스티븐슨 의원이 1.75달러를 최대상한가로 들고 나온 배경은 그 당시 미국 국내가스 정부규제가격이 1.75달러였기 때문이다. 한 가지 재미있는

6 Odell, John S., *Negotiating The World Economy*, Cornell University Press: Ithaca and London, 2000, pp. 88-108.

사실은 텍사스 상원의원은 이 건설사업을 적극 지지하고 나섰다는 점이었다.

1977년 11월에 있었던 미국과 멕시코 실무협상에서 미국 에너지성의 대표는 다음과 같은 제안을 했다.

- 앞으로 2년간 멕시코가 2.16달러로 천연가스를 수출하는 안을 받아들이면
- 미국은 2년 후 2.60달러로 가격인상하는 것을 적극 검토하겠다는 것이었다.

1977년 12월 PEMEX 사장인 세라노는 이 같은 미국측 제안을 거부하고 신문지상에 "멕시코는 2.60달러 이하로 천연가스를 미국에 수출할 수 없다"고 공언해 버렸다. 그 후 난항을 거듭하던 이 협상은 1978년 멕시코 대통령이 협상실패를 공식선언함으로써 종결되었다.

1. 세라노 사장의 잘못된 과신(Over-Confidence)

이 협상이 결렬된 가장 큰 이유는 멕시코측의 과신에 있다. 세라노 사장은 미국측이 공급가격 2.60달러를 받아들일 것이라고 과신하고 이를 대외적으로 공언하면서 강성협상전략을 펼쳤다. 그러나 과신에 바탕을 둔 이 같은 멕시코의 협상전략은 다음과 같은 문제가 있다.

허술한 BATNA 분석: 멕시코의 잘못된 저항가격 설정

미국과 멕시코의 BATNA를 분석해 보면 세라노 사장이 저항가격을 잘못 선정했다. 우선, 멕시코의 BATNA는 LNG로 해서 유럽에 팔던지 그냥 태워버리는 방법이다. 멕시코가 이 천연가스를 수출할 국가는 미국 이외에 유럽이 있는데 LNG 운반비만 2.34달러가 들어 현실적으로 채산을 맞출 수 없다.

한편 미국의 BATNA는 캐나다로부터의 천연가스 수입이다. 1980년대 중반 알라스카 파이프라인이 완성되기 전까지 미국이 원한다면 캐나다로부터 2.16달러에 천연가스를 공급받을 수 있었다. 또한 미국으로서는 멕시코로부터 구입가격을 2.60달러로 올리면 캐나다로부터 천연가스 가격인상 압력을 받아야 하는 부담이 있었다. 따라서 미국이 멕시코에 최대한 지불하고자 하는 저항가격(resistant price)은 2.16달러였다.

세라노가 BATNA 분석을 정확히 했더라면 미국의 저항가격은 캐나다 수입가격 수준인 2.16달러란 것을 알았을 것이다. 따라서 1977년 11월 양국 간 실무협상에서

그림 4-6 미국과 멕시코의 저항가격과 합의가능영역(ZOPA) 형성

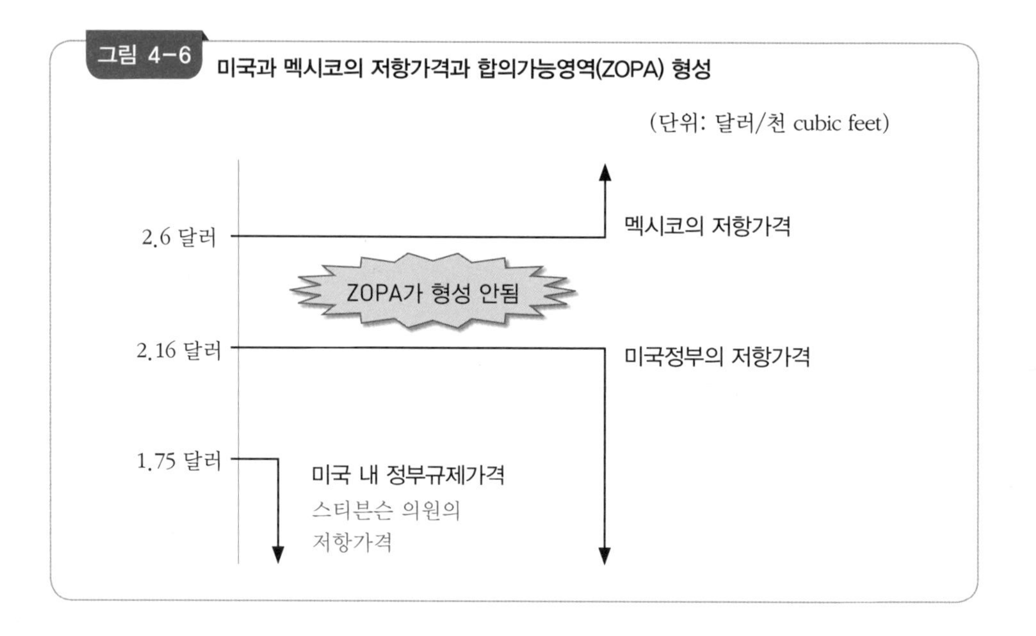

미국측이 요구한 제안을 당연히 받아들였어야 했다. 그럼에도 불구하고 멕시코의 저항가격을 2.60달러로 과신하고 더욱이 이를 공표까지 해버렸다.

미국 내 협상참여자 간의 이해갈등에 대한 무지

세라노가 이 같이 저항가격을 높게 잡은 결정적 이유는 파이프라인 건설을 둘러싼 미국 내 다양한 협상참여자 간의 이해갈등을 이해하지 못한 데 있다. 멕시코가 2.60달러를 주장한 결정적 이유는 PEMEX와 계약한 미국의 6개 파이프라인 건설회사 때문이다. 하지만 이들의 협상이익은 파이프라인 건설사업 그 자체이지 천연가스 공급가격에는 관심이 없다.

따라서 건설공사를 따내기 위해 6개 미국 건설회사가 PEMEX에 제시한 가격(2.60달러)은 가격협상전략의 준거가격으로서 아무런 의미가 없다. 오히려 천연가스의 최대소비지인 일리노이주 스티븐슨 상원의원이 제시한 가격과 미·멕시코 실무회담 시 미국정부 대표가 제안한 가격을 가지고 멕시코의 저항가격을 결정했어야 했다.

상대방의 협상상황과 전략에 대한 분석소홀

협상자가 자기 입장에서만 상황을 분석하여 전략을 세울 뿐 상대방의 BATNA, 협상전략, 내부집단 간 이해갈등 등을 효율적으로 분석하지 않는 경우이다. 앞의

그림 4-7 미국-멕시코 간 파이프라인 건설계획

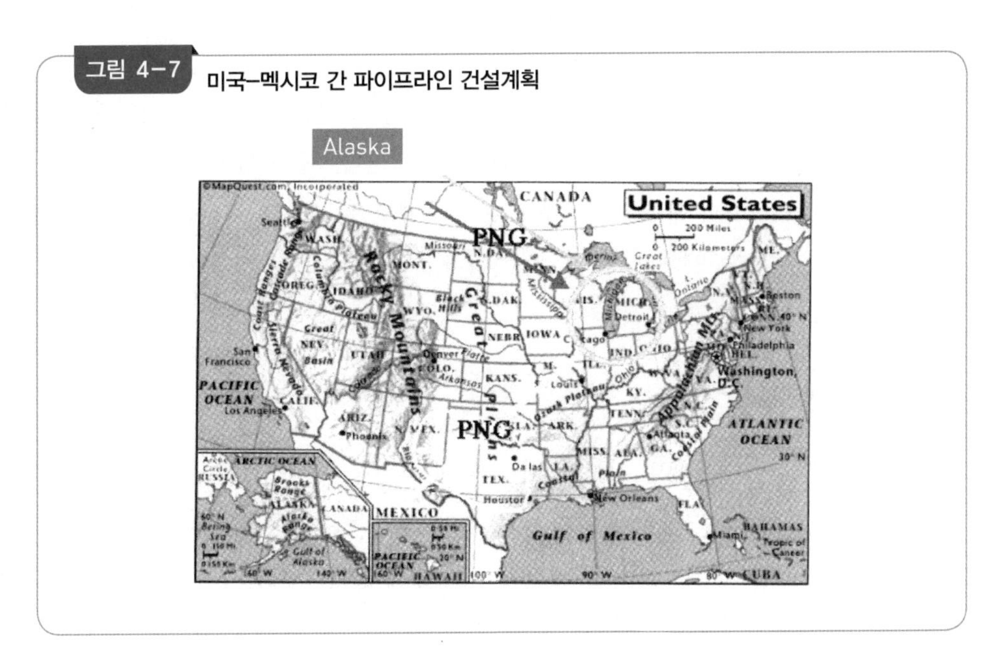

미·멕시코 천연가스 협상에서 PEMEX 사장인 세라노가 범한 실수가 이의 좋은 예이다. 협상자가 과신에 빠지지 않기 위해서는 항상 자신의 협상전략뿐만 아니라 상대방의 협상상황과 협상전략 변화를 계속적으로 분석해야 한다.

정보의 덫: 불리한 정보의 무시(Information Trap)

자신이 일단 설정한 협상포지션에 불리한 새로운 상황이 발생하고 이에 대한 정보(disconfirming information)가 협상자에게 오는데도 이를 무시해버리는 것이다. 세라노의 경우 일리노이 스티븐슨 상원의원이 2.60달러에 반대하고 나섰을 때 6개 미국 건설업체와 한 계약이 뭔가 잘못되었음을 알고 새로운 협상전략을 세웠어야 했다.

2. 과신(Over-Confidence)의 3대 원인

협상자는 다음과 같은 세 가지 자기중심적 환상에 의해 협상상황을 자신에게 유리하게 과신을 하는 경향이 있다.

- 우월감에서 오는 환상(Illusion of Superiority): 협상자는 일반적으로 자신이 상대방보다 지적이고, 정직하고, 능력이 있고, 융통성이 있고, 협조적이라고 생각한다.
- 낙관에서 오는 환상(Illusion of Optimism): 협상자는 일반적으로 미래의 협상진

행을 낙관하는 경향이 있다.

- 통제의 환상(Illusion of Control): 협상자는 일반적으로 자신이 협상상황에 영향을 미쳐 이를 통제할 수 있다고 생각한다. 예를 들어 주사위를 던질 때 확률적으로 아무런 영향을 미칠 수 없음에도 불구하고 자신이 좋은 점수가 나오도록 던질 수 있다고 생각하는 것이다.

6. 협상자 오류 VI: 승자의 불안(Winner's Curse)

협상이 예상했던 것보다 너무 쉽게 타결될 때 협상자는 의아심과 불안감을 가진다. 이는 보통 상대방이 자신의 제의를 즉각 수용할 때 발생하는데 이때 협상자는 승자이면서도 자신이 뭔가 오류를 범하지 않았나 하는 불안감에 휩싸인다. 이를 승자의 불안이라고 부른다.

바자르에서의 협상

제일물산의 K부장은 모로코에 출장을 갔다가 우연히 들른 관광객 상대의 바자르(bazaar)에서 흥미 있는 낙타기념품을 발견했다. 이를 한국에 대량수입해서 판매하면 좋겠다고 생각하고 즉석에서 가격협상을 시작했다. 모로코 바자르에서는 가격을 많이 깎아야 한다기에 가격표에 100달러가 붙은 낙타기념품의 가격을 60달러에 제안하였더니 의외로 모로코 상인이 흔쾌히 수락한다. 당연히 상대방이 60달러에는 못 팔겠다 하여 열띤 협상 끝에 70달러 정도에 최종가격이 결정될 줄 알았던 K부장으로서는 굉장히 당혹스러운 협상결과이다.

▌바자르 협상사례로 본 승자의 불안

협상자로서 K부장은 승자의 불안에 걸려든 것이다. 사실 뜨내기 관광객을 상대하는 바자르에서의 가격할인폭은 아주 크다. 즉, 현지통념상 100달러 가격표가 붙은 기념품은 30달러까지 할인되고 K부장처럼 대량구매 하고자 하는 경우 그 이상의 가격할인이 가능하다. 모로코 상인의 입장에서는 자신의 저항가격보다 훨씬 높은 가격으로 가격제안이 들어오니 선뜻 응한 것이다.

▌승자불안의 원인: 정보 부족과 관계 부재

일반적으로 협상자가 승자의 불안에 빠지는 이유는 '정보의 부족'과 '관계의 부재' 때문이다. 협상자가 상대방보다 적은 정보를 가지고 있고, 좋은 관계가 형성이 안 된 거래적 상황(transactional situation)에서 협상자는 자신도 모르게 승자의 불안에 빠지기 쉽다. 앞의 사례에서 K부장이 처한 협상상황이 바로 이 경우다. 즉, 모로코에 출장을 가 우연히 들른 바자르의 거래관습에 대해 K부장은 잘 모르고 있었다. 즉, 기념품을 판매하는 상인보다 정보면에서 절대적으로 불리했다. 또한 중동의 바자르에서 지나치는 관광객과 현지 상인 간에서 어떤 신뢰할 만한 관계가 형성되어 있지 않다.

7. 협상자 오류 VII: 주관적 공정성 인식(Subjective Fairness Perception)

일반적으로 협상자들은 자신이 공정하게 협상을 하고 있고 상대방도 공정하게 협상을 해야 한다고 생각한다. 그런데 문제는 각자가 인지(perceive)하는 공정성의 기준이 달라 이것이 협상자 오류로 연결되고, 종종 효율적 협상의 걸림돌이 되곤 한다.

인플레이션 하의 임금협상[7]: 어느회사가 더 공정한가?

Company A

A사는 심각한 경기침체로 대량실업에 직면하고 있는 지역에 있다. 물론 경기침체 때문에 이 지역에는 인플레이션이 없다. 일자리가 없는 많은 사람들이 A사에서 일하길 원하고 있다. A사는 내년 임금을 7% 삭감하기로 결정했다.

Company B

B사도 심각한 경기침체로 대량실업에 직면한 지역에 위치하고 있다. 많은 사람들이 B사에서 일하길 원하고 있다. 그런데 B사의 지역은 경기침체에도 불구하고 인플레이션율이 15%나 된다. B사는 내년도 임금을 5% 인상하기로 했다.

Kahneman(1987) 등이 A사와 B사의 임금인상에 대한 공정성을 질문하였더니

- A사 사례의 경우 62%가 불공정(unfair)하다고 대답하였고
- B사 사례의 경우 22%만이 불공정하다고 대답하였다.

---

7 이 사례는 Kahneman 등의 연구(1987)에 의한 것임, Bazerman etc., 1992, p. 185.

A사 사례에서 근로자의 임금을 인상하지는 못할망정 7%나 삭감하는 회사의 일방적 조치는 협상력이 약한 근로자에게 공정하지 못하다고 응답자가 생각한 것이다.

이 사례는 공정성에 대한 협상자의 인식이 얼마나 주관적인가를 잘 보여준다. 응답자가 공정성을 저울질하는 준거점으로 명목임금을 생각했다. 하지만 보다 공정한 준거점은 근로자의 물가상승률을 고려한 실질임금이 되어야 할 것이다.

명목임금 기준에 의하면 임금을 5% 인상한 B사보다 7%나 삭감한 A사가 더 불공정하다. 그러나 명목임금상승률에서 물가상승률을 뺀 실질임금 기준으로는 7% 삭감시킨 A사보다 10%나 삭감시킨 B사가 더 불공정하다.

국제협상에서의 주관적 공정성 인식

문화적 차이가 있는 국제협상에서는 "무엇이 공정한가?"에 대해 협상자마다 다른 잣대를 가지는데 이것은 국제협상에 심각한 영향을 미친다. 동양협상문화권 사람들은 공정하다고 받아들이는 협상상황을 서양협상문화권 사람들은 불공정하다고 받아들인다. 다음의 사례는 한국인과 유럽인 간의 공정성 인식 차이를 잘 보여준다.

대기업 사장과 중소기업 사장 사이의 구매협상

당신은 신형 연료펌프를 개발한 중소부품업체의 사장이다. 이를 세계적 자동차업체인 A사에 납품하기 위해 A사 사장과의 면담을 여러 차례 요청하였으나 거부당했다. 그러던 어느 날 A사로부터 사장이 호주에 출장가는데 공항에서 잠시 시간이 나니 17일 10시까지 공항으로 나오라는 연락을 받았다.

약속된 시간에 공항에 나가니 A사 사장은 바쁘니 탑승구 쪽으로 걸어가면서 "당신 회사가 개발한 것과 같은 신형 연료펌프에 대해 A사가 관심이 있으니 단가를 얼마를 받겠냐?"라고 묻는다.

- 이러한 상황에서 당신은 아래의 3가지 방법 중 어떤 것을 선택하겠는가?

a. 대기업에 납품할 수 있는 좋은 기회이니 낮은 가격을 제시한다.
b. 높은 가격을 제시해 조금씩 깎아준다.
c. "좋은 여행 하십시오"하고 그냥 돌아선다.

대부분의 한국 응답자들은 "대기업에 납품하는 좋은 기회이니 낮은 가격을 제시하겠다"라는 응답을 하였다. 반면 유럽의 응답자들은 "Have a nice trip"하고 돌아서겠다고 응답하였다. 유럽의 응답자들이 이 같이 대답한 이유는 이 같은 협상상황이 공정(fair)하지 않다고 생각했기 때문이다. 즉, 아무리 대기업 사장이라도 중소기업 사장을 자신이 출장가는 공항으로 끌어내고 탑승구 쪽으로 걸어가며 협상을 하라고 하는 것은 용인할 수 없는 불공정협상행위라고 보는 것이다. 이 같이 공정성 인식의 차이는 협상자 개인의 특성뿐만 아니라 협상문화의 차이에도 기인한다.

여러분은 얼마나 유능한 협상자일까요?

다음 10개 설문은 협상가의 자질을 자가진단하는 설문지입니다.

각 질문별로 여러분이 동의하는 숫자를 선택하세요. 예를 들어 "아무리 외부압력이 있더라도 나는 냉정히 생각한다"라는 질문에 대해 다음과 같이 10점 척도로 대답하세요.

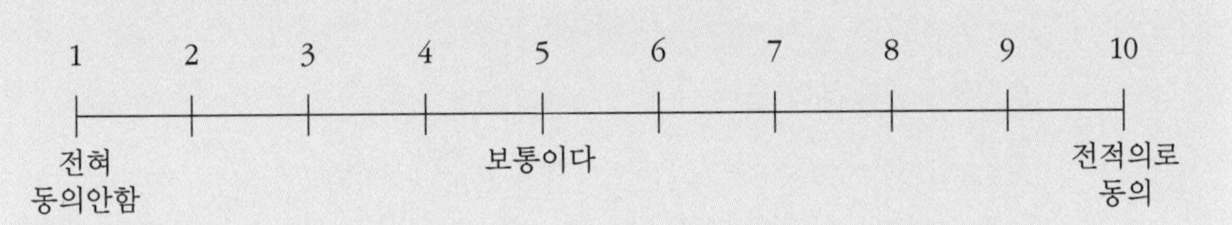

10개 항목에 대해 응답을 마친 후 점수를 합산하세요(100점 만점으로). 결과분석방법은 다음 면에 있습니다.

· Peter Stark의 협상자질평가

1. 다른 사람과 같이 일을 하거나 상담을 하는 것을 즐긴다. 그리고 win-win의 결과를 얻기 위해 노력한다.
   1 2 3 4 5 6 7 8 9 10
2. 문제해결을 즐기며 창조적인 해결방안을 이끌어 낸다.
   1 2 3 4 5 6 7 8 9 10
3. 최선의 의사결정을 위한 충분한 정보를 얻기 위해서 상대에게 질문을 많이 한다.
   1 2 3 4 5 6 7 8 9 10
4. 상대방이 나를 계획적으로 당황하게 하거나 흥분하게 해도 동요하지 않는다.
   1 2 3 4 5 6 7 8 9 10
5. 협상상대방이 목표를 달성하는데 도움이 되도록 상대방이 필요로 하는 것, 협상동기 등을 알아내는 것을 좋아한다.
   1 2 3 4 5 6 7 8 9 10

6. 압력에 방해받지 않고 명료하게 사고할 수 있다.

1 2 3 4 5 6 7 8 9 10

7. 냉정히 자기성찰을 하고, 높은 수준의 목표와 기대치를 가지고 있다.

1 2 3 4 5 6 7 8 9 10

8. 협상에서 갖가지 전략과 책략의 힘을 잘 인식하고 있으며 그것을 자주 활용한다.

1 2 3 4 5 6 7 8 9 10

9. 필요한 경우 주어진 문제를 해결하기 위해서 기꺼이 타협할 수 있다.

1 2 3 4 5 6 7 8 9 10

10. 상대방의 말을 잘 들어주는 편이다.

1 2 3 4 5 6 7 8 9 10

· **설문조사결과 분석**

- 90점 이상: 협상가로서 높은 자질이 있음
- 80점 이상: 상당한 자질이 있음
- 70점 이상: 보통수준의 자질이 있음

70점 이하라도 실망할 필요는 없다. 협상교육을 통해 얼마든지 협상가로서의 자질을 향상시킬 수 있기 때문이다.

제 2 절 유능한 협상자가 갖추어야 할 자질

〈표 4-2〉는 햄몬드(Hammond)가 미국 대형은행에서 대출담당 간부를 상대로 유능한 협상자가 되기 위한 34개 자질을 제시하고 이에 대해 응답을 분석한 것이다. 제일 중요한 자질로 지적된 것은 협상을 준비하고 계획을 수립하는 능력이다. 둘째로, 협상사안에 대한 지식, 불확실성과 외부압력 하에서도 명쾌히 생각할 수 있는 능력, 듣는 기술(listening) 등이 열거되었다.

바저만, 쉘, 레위키 등에 의하면 유능한 협상가가 갖추어야 할 자질은 다음과 같

표 4-2 유능한 협상자가 갖춰야 할 자질

순위	자질	평균응답
1	협상계획 수립과 준비능력	4.8
2	협상현안에 대한 지식	4.5
3	불확실성과 압력 하에서도 명쾌히 협상할 수 있는 능력	4.5
4	**듣는 기술(listening)**	**4.4**
5	판단력과 지적 노력	4.3
6	설득능력	4.1
7	인내심	4.0
8	단호한 의사결정능력	3.9
9	상대의 존경과 신뢰를 얻을 수 있는 노력	3.8
10	**감정통제능력**	**3.8**
11	상대의 감정을 꿰뚫어 보는 능력	3.8
12	협상팀 통솔능력	3.6
13	개방적 성격	3.5
14	승부근성	3.5

주: 34개 응답 중 중요한 것만 14개 선정하였으며, 평균응답은 5점 척도기준임.

〈자료〉 Raiffa, Howard, *The Art and Science of Negotiation*, The Belknap Press of Harvard University Press, 2000, p. 121.

이 크게 네 가지로 요약할 수 있다.

- 학습기술
- 글로벌 리더십
- 듣는 기술
- 감정통제기술

1. 학습기술(Learning Skill)

오랫동안 협상을 한 경험 많은 사람이 유능한 협상가일까? 이는 협상의 경험(experience)과 전문성(expertise) 간의 관계에 관한 질문으로 경험 많은 협상가가 꼭 유

능한 협상전문가가 되는 것은 아니다.[8]

협상경험의 한계

이는 경험이 가지는 다음과 같은 두 가지 한계 때문이다.

첫째, 협상자는 실패와 성공의 경험 두 가지를 모두 하게 되는데 문제는 후자이다. 단지 운이 좋았다거나 해서 성공한 경험이 많은 협상가는 자만에 빠지고 너무 낙관적인 태도로 협상에 임하게 된다.

둘째, 경험은 협상자가 당한 과거의 상황으로부터 배운 것이므로 과거와 다른 새로운 상황에 처하게 되면 소용이 없는 경우가 많다. 예를 들어 중국인과의 오랜 협상경험을 가진 협상자가 미국인과의 협상에서 잘한다는 보장이 없다. 미국인은 전혀 협상문화가 다르기 때문에 오히려 중국에서의 경험에 바탕을 둔 협상방식이 걸림돌이 될지도 모른다.

경험으로부터의 학습: 전문지식으로 전환

따라서 유능한 협상자가 되기 위해서는 경험으로부터의 학습(learning from experience)을 통해 자신의 경험을 전문지식(expertise)으로 전환시켜야 한다.

학습형 협상가와 비학습형 협상가의 차이

〈그림 4-8〉에서 보듯이 '학습형 협상자'는 경험으로부터의 학습을 통해 경험을 전문지식으로 전환시키는 사람이고, '비학습형 협상자'는 경험으로부터 아무것도 학습하지 못해 경험을 자신의 지식으로 전환시키지 못하는 사람이다.

학습을 통해 경험을 전문지식으로 바꾸기 위해서는 다음과 같은 세 가지의 절차가 필요하다.

- 협상자가 자신이 무엇을 경험했는지 명확히 알아야 한다. 과거의 협상과정에서 귀중한 경험을 했음에도 불구하고 이를 인지조차 못하는 협상자가 많다.
- 협상자가 실패의 경험과 성공의 경험을 구별할 줄 알아야 한다. 많은 협상가는 사실상 실패한 협상을 자인하지 않고 성공한 협상이라고 자찬한다.

---

8 Bazerman etc., 1992, pp. 105-115.

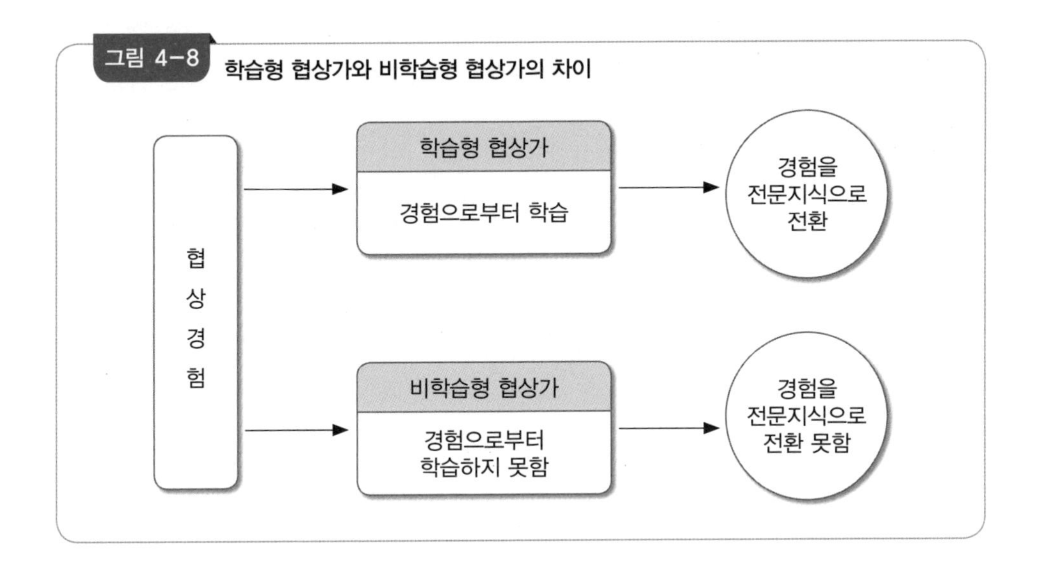

그림 4-8 학습형 협상가와 비학습형 협상가의 차이

- 마지막으로 앞의 두 과정을 개념화시킬 수 있어야 한다. 협상경험이 주는 의미를 개념적으로 분석할 수 있어야 한다. 즉, 왜 성공했고 실패했는지 원인을 정확히 분석해내는 능력이 필요하다.

협상교육의 효율성 논쟁

이러한 학습과정을 통해 협상자의 경험을 전문지식으로 전환시키면 새로운 상황이나 새로운 상대방을 만나더라도 잘 대처해 나갈 수 있다. 이러한 학습과정을 돕는 것이 협상교육이다.

그런데 재미있는 사실은 바저만이 협상교육의 종류를 투쟁적 협상(distributive negotiation)과 호혜적 협상(integrative negotiation)으로 2분하여 A와 B그룹의 피교육생에게 교육을 시켜보았더니 그 결과가 다르게 나왔다는 점이다. 일반적으로 생각하기에는 투쟁적 협상교육을 받은 자들이 협상을 더 잘할 것이라 생각한다. 그러나 바저만의 연구결과는 오히려 호혜적 협상교육을 받는 교육자들이 새로운 협상상황에 더 잘 적응하는 것으로 나타났다.

경험과 전문지식의 한계

그런데 여기서 던져지는 질문은 "경험이 많은 한계를 가진다면 유능한 협상자를

그림 4-9 경험과 전문지식의 한계

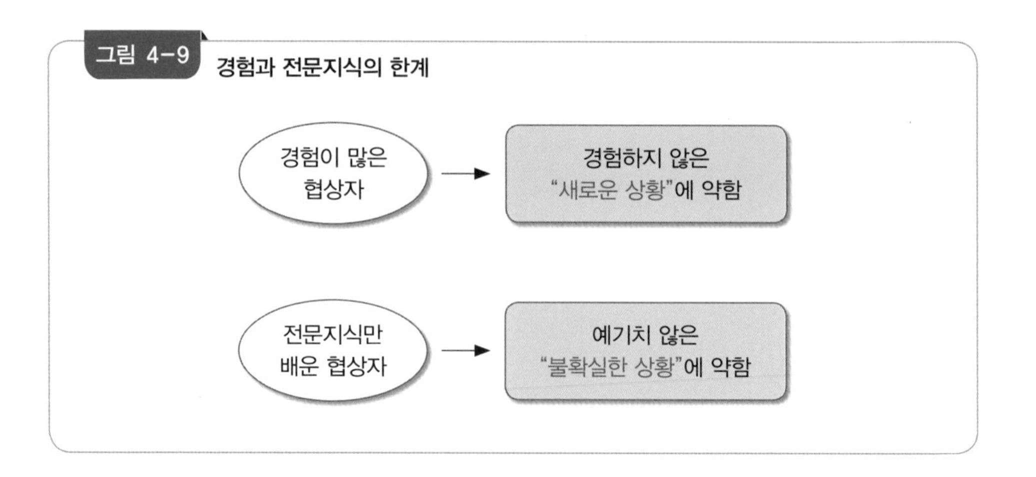

양성하기 위해서는 대학에서 협상교육과정을 집중적으로 이수하도록 하는 것이 더 낫지 않은가?"이다. 대학교육은 협상자가 전문지식을 많이 갖추도록 할 수 있다. 그런데 바저만에 의하면 경험에 바탕을 두지 않은 대학에서 배운 전문지식의 한계는 불확실성(uncertainty)이다. 〈그림 4-9〉에서 보듯이 경험에 의존하는 협상자가 자신이 경험하지 않은 '새로운 상황'에 처했을 때 당황하듯이 대학에서 전문지식만 배운 협상자는 예기치 않은 '불확실한 상황'에 처해지면 당황한다.

협상교육이란 인간의 협상행동을 정형화(generalize) 시킬 수 있다고 가정하고 교육을 시킨다. 따라서 협상교육에서 예측하지 않은 불확실한 상황이 발생하면 피교육자는 자신이 배우지 않은 이 같은 불확실성에 효율적으로 대처하지 못하는 것이다.

결론적으로 바람직한 협상가는 학습기술을 바탕으로 자신의 경험과 전문기술을 접목시킬 수 있는 능력을 가진 자라고 말할 수 있다.

2. 글로벌 리더십(Global Leadership)

지구촌 경제시대 글로벌 협상가로서 성공하려면 글로벌 리더십을 갖춰야 한다. 문화적 이해도와 의사소통능력(cross-cultural communication skill) 그리고 글로벌 에티켓의 2대 요건을 갖출 때 협상가로서 글로벌 리더십을 발휘할 수 있다.

카카오톡에 근무하는 K부장은 앱(App) 시스템 수출을 상담하기 위해 사우디 아라비아로 출장을 가서 라만 국장의 사무실을 방문하였다. 라만 국장이 예멘산 커피를 자랑하며 손수 컵에 따라 권하는데 K부장은 커피를 전혀 안 마신다. 이때 어떻게 대응해야 하는가?
뉴욕에 가서 만난 IBM의 캐서린 부사장 역시 똑같이 커피를 손수 권한다.

〈라만 국장〉

〈캐서린 부사장〉

a. 명확히 마시지 않겠다고 거절한다(NO, thank you).
b. 고맙다고 받아놓고 전혀 안 마신다.
c. 받아놓고 슬쩍 마시는 흉내만 내고 테이블 위에 올려 놓는다.

문화적 이해도와 의사소통능력

캐서린 부사장에게는 "No, thank you"라고 말해도 된다. 미국 협상자는 이를 '상대방이 커피를 안 마시던지' 또는 '지금 마시고 싶지 않는가 보다'라고 아무런 거부 반응 없이 받아들인다.

하지만 라만 국장은 커피를 같이 마시는 것을 일종의 인간관계 형성(personal relationship building)과정으로 이해하고 있다. 그런데 손수 권하는 커피를 단호하게 거절한다는 것은 인간관계 형성을 거부하는 협상행위로 받아들여질 수 있다. 가장 좋은 방법은 커피만 받아들고 마시는 흉내만 내다가 테이블 위에 올려놓는 것이다. 글로벌 리더십을 지닌 유능한 협상가는 반드시 상대의 문화적 차이를 알고 이에 적절히 대응할 줄 알아야 한다.

현지문화 적응에 취약한 미국 협상가의 모습

다문화협상에 대한 세계적 권위자인 미국의 어커프(Acuff, 1997)는 미국 협상가들이 다른 문화를 이해하고 문화적 갈등을 줄이는 능력에 있어 취약함을 강하게 지적하였다.

미국 협상가는 개인적 자질·청렴성 등에서는 A-를 받았다. 또한 협상에 대한 성취동기, 협상준비 등에서는 각각 B+와 B-를 받았다. 그러나 현지문화를 이해하는 문화적 I.Q.와 현지국의 상황에 순응한 협상진행능력에서는 모두 D학점을 받았다. 특히, 영어 이외의 다른 언어를 배운다거나 이해하는 언어적 자질에서는 낙제점인 F학점이다.

표 4-3 미국 협상가의 글로벌 평가

평가항목	평가학점
개인적 자질·청렴성	A-
성취동기	B+
협상준비	B-
영어사용능력(외국인에게 쉬운 어휘 사용)	C
문화 I.Q.(cultural I.Q.)	D
현지국의 상황에 순응한 협상진행능력	D
외국어(영어 이외) **습득능력**	F

주: Harris & Moran(1999)을 참조.

▌글로벌 에티켓

여러분이 구글의 협상대표단과 공식만찬을 하고 있는데 코도 풀고 싶고 재채기도 나온다. 만약 이때 한 가지만 선택하라고 하면 어느 것을 선택하겠는가? 당연히 한국이라면 재채기를 선택해야 할 것이다. 식사 중에 코를 푸는 것은 결례이기 때문이다. 그러나 미국인이나 유럽인과 식사를 할 때 손수건을 꺼내 코를 푸는 것은 문제가 안 된다. 반대로 재채기나 트림을 하는 것은 굉장한 결례다.

의전상 선물을 주고받을 때 동양문화에서는 그 앞에서 뜯어보는 것이 결례이지만 서양문화권에서는 반대로 뜯어보지 않는 것이 결례이다. 미국이나 유럽에서는 뜯어보고 선물에 대해 즐거움을 표시해야 한다. 이 같은 글로벌 에티켓은 국제협상에서 처음 대면하는 상대국 협상자에 대한 좋은 이미지를 형성하는 데 중요한 역할을 한다.

3. 듣는 기술(Listening Skill)

유능한 협상가라도 가장 많이 범하는 실수는 자신의 유창한 지식과 경험을 과시하는 것이다. 그러나 진정 유능한 협상가는 상대의 말을 들어줄 줄(patient to listening) 알아야 한다.

듣는 기술은 협상자의 성격과 밀접한 관계가 있다. 활달한 성격일수록 말하기를 좋아하는데 실증연구에 의하면 국제협상에서 말을 많이 하면 할수록 자신의 정보를 상대에게 많이 노출시키게 된다. 또한 협상진행 중 협상자가 불리한 상황에 빠지면 당황하거나 이를 만회하기 위해 말을 많이 하는 경향이 있다. 이러한 관점에서 볼 때 상대방이 떠들어대도록(talkative) 유도하고 정보를 수집하는 듣는 기술을 가진 협상자가 더 유능한 글로벌 협상가인 것이다.

4. 감정통제기술(Emotion-Control Skill)

유능한 중국 협상가와 협상을 할 때 도저히 상대의 감정을 읽을 수 없다. 어지간해서는 자신의 감정을 드러내지 않는 것이다. 반대로 러시아 협상가는 자신의 감정을 그대로 표현한다. 심한 경우 고함을 치고 테이블을 세차게 두들긴다. 이러한 차이는 감정표출에 대한 중국과 러시아의 협상문화의 차이에 기인한다.

그렇다면 글로벌 협상자 자질 측면에서 볼 때 개인적 감정을 표출하는 것이 좋을까 아니면 중국인처럼 숨기는 것이 좋을까?

▌하버드대 Fisher교수의 6대 감정통제방법

휘셔 교수는 협상이 잘 안 풀려 감정이 솟구칠 때 다음과 같은 6가지 감정통제 방법을 소개한다.

- 협상 중 감정이 생긴다는 것 자체를 백안시하지 마라. 협상이란 것이 어차피 서로 많은 것을 가지려고 줄다리기를 하는 것이기 때문에 모든 것이 순조로울 수

만은 없다. 따라서, 협상자도 인간인 이상 감정이 생기는 것은 당연하다.

- 이때 자신의 감정뿐만 아니라 상대의 감정도 같이 관찰해라. 협상이 꼬이면 당연히 상대도 열 받는다.
- 적절한 범위 내에서 적절한 방법으로 감정을 표현해라. 때론 이것이 협상자의 솔직함과 진지함을 알리는 계기가 될 수 있다. 상대가 열 받는 상황인 줄 뻔히 알고 있는데, 너무 태연한 척하면 오히려 위선적인 협상가라는 부정적 이미지를 상대에게 줄 수 있다.
- 상대방이 감정을 격하게 노출하면 실컷 다 표출하도록 내버려둬라.
  협상테이블에서 이유여하를 막론하고 먼저 감정을 격하게 노출시키는 자가 불리하다. 하지만 때로는 감정을 표출시키는 것이 협상의 돌파구를 마련할 수도 있다.
- 양자 간에 너무 감정이 격화되면 이를 냉각시키기 위한 공백기를 가져라.
  짧게는 잠시 커피 한 잔 하는 휴식 시간을 가지든지, 길게는 이번 협상을 종결하고 다음 협상으로 미루는 것도 좋은 방법이다. 중국, 일본 같은 동양협상 파트너라면 저녁을 같이하며 술을 같이 하는 것이 좋은 방법일 수도 있다.
- 협상 중 아무리 감정이 격해지더라도 상대방을 부드럽게 대해야 한다(Be hard on the issues!).
  Be soft on the people!라는 말이 있듯이 협상이슈에 대해선 다투지만, 절대 파트너와 인간적 관계를 훼손하면 안 된다.

제 3 절 까다로운 상대와 협상하는 방법

하버드 대학의 유리(Uri) 교수, 해클리(S. Hackley) 교수 등은 '까다로운 사람(difficult people)과 어떻게 협상하는가'에 대한 다양한 연구를 하였는데 이를 요약하면 다음과 같다.[9]

---

9 Harvard Business School Publishing and the program on Negotiation at Harvard Law school

여기서 말하는 까다로운 사람이란 완고하고, 거만하며, 적대적이고, 탐욕이며, 정직하지 않은 사람들이다.

1. 발코니로 나가라

즉각적으로 반응해선 절대 안 된다. 즉 상대방의 까다로운 행동에 화를 내거나 주눅든 듯한 반응을 보이지 말라는 것이다. 발코니에 나가서 하늘을 쳐다보며 차분한 마음으로 냉정히 협상 상황을 분석하고, 대응 계획을 세워라.

2. 상대방의 입장을 이해하라

내 입장만 고집하지 말고 상대방이 '저렇게 까다롭게 나오는 이유가 무엇일까'를 한 번 생각해보는 것이다. 이때 상대방의 입장을 알아내는 효과적인 방법은 순진한 듯한 호기심을 보이며 질문을 던지는 것이다.

3. 절대 일방적 양보를 하지 마라

섣불리 양보하면 여러분을 우습게 보고 점점 더 까다롭게 행동할 것이다.

4. '골든-브리지(golden-bridge)'를 만들어라

상대방의 체면을 적당히 세워주어서 일단 '예스(yes)'라는 대답을 얻을 수 있는 골든-브리지를 만들어라.

예를 들어 여러분 회사의 CEO와 실리콘밸리 벤처기업 CEO가 협상일정을 정하려 한다. 상대는 8월에 실리콘밸리에서 하자고 하고, 여러분 회사는 8월에 서울에서 하자고 한다. 서로 자존심 싸움을 하며 양보 안 하려는 것이다. 마침 여러분 회사 CEO가 7월에 미국 출장 가는 일이 있다고 하자. 이때 상대에게 미국에서 협상하자는 '골든 브리지'를 제시하고, 대신 날짜를 7월로 당기라고 하는 것이다.

이때 상대방은 미국에서 하자는 자기 주장이 관철되었음으로 '예스' 라고 할 것이다. 그리고 난 후 구체적으로 미국 어디서, 언제 만날 것인가를 협상하면 된다.

"When Life Gives You Lemons: How to Deal with Difficult People" - By SUSAN HACKLEY
Harvard Business School Publishing and the program on Negotiation at Harvard Law school
"Stubborn or Irrational? How to Cope with a Difficult Negotiation Partner" - By LAWRENCE SUSSKIND

5. 협상장에서 걸어 나오는 것(walk-away)을 두려워하지 마라

골든 브리지도 제시하고 여러 가지 좋은 방법을 써보았는데도 상대방이 계속 까다롭게 군다면 협상결렬 카드를 던져라. 과감히 협상테이블을 박차고 나오면 상대방이 두 가지 중에 한 가지 반응을 보일 것이다. 여러분을 불러 세우며 협상을 계속하자고 할 때, 순순히 협상장으로 되돌아 가서는 안 된다. 상대방의 나쁜 협상태도를 바꾸겠다는 다짐을 받아야 한다. 여러분을 불러 세우지 않을 때, 미련없이 협상장을 떠나라. 인간성 나쁜 까다로운 상대방과 협상해서 얻을 것 없다.

협상퀴즈 2

월드 모터 Co.의 노사분규 협상

강성노조가 집행부에 들어서더니 고질적인 노사분규가 또 터졌다. 이번에는 1,000명의 비정규직을 정규직으로 전환해 달라고 하며 협상을 해보기도 전에 생산라인부터 가동을 중단했다. 월 5만대를 생산하는 3개 생산라인 모두가 한 달 전부터 멈춘 것이다.

물론 본사의 판매부서에서는 난리가 났고 경영진들도 난리이다. 이 같은 상황에서 여러분은 노사협상을 담당한 월드 모터 Co.의 공장장이다.

이번 노사분규에 대해 오너인 정태평 회장은 다음과 같은 협상지침 (guide line)을 주었다.

- 강성노조에 이번에도 밀리면 끝장이다. 소신껏 맞서라. 모든 협상권한은 공장장에게 일임하겠다.
- 따라서 그때그때의 협상상황을 회장에게 보고할 필요도 없다.
- 끝까지 버티다가 마지막에 노조가 요구하는 인원 1,000명의 반인 500명만 정규직으로 전환해 주어라.

어제 저녁 맹강성 노조위원장과 시원한 바닷바람이 불어오는 해변 횟집에서 소주 한잔 하였다.

"맹 위원장, 공장이 선지 한 달째야. 회사는 하루에만 수십억의 손실을 보고 있어. 한 달이면 수백억을 날린 거야."

"공장장님, 우리 노동자 입장도 생각해 주셔야지요. 일 년에 수십조의 매출을 올리는 회사가 겨우 천 명을 정규직으로 바꾸어 달라는데 그걸 거부합니까?"

"하여튼, 우리가 이런 식으로 맞서면 모두가 같이 망해. 한 달째 약속한 자동차를 보내지 못해 이미 해외의 바이어들이 경쟁사인 토요타나 폭스바겐으로 돌아서고 있대. 그렇게 잘 나가던 GM도 이런 식으로 나가다가 하루아침에 망하는 것 봐."

"솔직히 말해 공장장님과 여기서 20년 한솥밥 먹었는데 제가 왜 그 사정 모르겠습니까. 제가 비록 노조위원장이지만 이 협상은 제 마음대로 못해요. 저도 눈치 볼 사람이 많아요."

오늘 아침엔 시장과 지역상인연합회 회장이 '월드 모터 Co.와 노조에 드리는 호소문'을 들고 왔다. 내용은 간단하다. 한 달간 공장이 문을 닫아 식당, 미용실 등의 영업이 큰 타격을 받고 지역경제가 말이 아니라는 것이다.

어제 저녁 아내가 하소연을 한다. 같은 아파트에 사는 남편이 월드 모터 Co.에 다니는 부인들을 만났는데 '걱정이 태산 같다'고 들 한다. 공장에서 일하는 남편의 월급은 고작 300만 원 수준인데, 다행히 그간 야간특근수당으로 한 달에 150만 원 정도 집에 더 들고 와 아이들 학원에도 보냈단다. 그런데 파업으로 야간특근수당을 안 가져오니 학원비도 못내고 당장 집안살림이 궁핍해 진다는 것이다.

토론 포인트

Q1. 여러분이 이 같은 상황에서 공장장으로 노조와의 협상에 전권(100% 권한)을 가지고 있다면 어떻게 협상하겠는가?

Q2. 왜 강성파 노조위원장이 "저도 눈치 볼 사람이 많아요"라고 말했을까?

Q3. 협상테이블에 앉은 강성파 노조위원장이 "1,000명을 정규직으로 전환해 달라"를 요구할 때 어떻게 맞받아치는 게 유리할까? (예, 800명만 전환해주겠다 등)

도움 되는 정보

- 월드 모터 Co.의 해외공장의 현지부품 사용비율은 80%를 넘는다. 하지만 세계에 자랑하는 퓨마엔진만은 국내공장에서 직접 만들어 공급하고 있다.
- 여러분의 협상테이블 건너편에 있는 협상상대의 다양한 이해당사자(즉 협상참여자)들 간에 이해가 일치하지 않는다는 점을 착안하라.
- 퍼트남의 2단계 게임이론에 착안하라
- ZOPA 이론과 선역·악역
- 월드 모터 Co.가 '왜 다른 부품을 해외에서 현지생산하면서 유독 엔진만은 국내생산을 고집하고 있을까?' 혹시 이 질문에 대한 답과 노조와의 협상전략 간에 관계가 있는 것은 아닐까?

월드 모터 Co. 회사의 모습

연간 생산능력: 400만 대

- 국내 150만 대, 미국 50만 대, 중국 100만 대, 인도 30만 대, 체코 20만 대, 터키 7만 대 등

월드 모터 Co.가 위치한 W시의 인구 100만 명, 이 중에 월드 모터 Co. 관련 종사자 30만 명

- W시 경제의 40%가 직간접적으로 월드 모터 Co.에 의존

퀴즈풀이에 대한 Teaching Manual은 박영사 홈페이지 도서자료실에 업로드되어 있습니다.

PART 2

협상전략

GLOBAL
NEGOTIATION
STRATEGY

GLOBAL NEGOTIATION STRATEGY

제05장 리차드 쉘의 가격협상 모델

어떻게 협상을 진행시켜야 하는가에 대해서는 하버드 대학의 Fisher-Ury 교수, 오하이오 대학의 Lewicki 교수 등이 다양한 단계별 협상전략을 제시하고 있는데 워튼(Wharton) 스쿨의 리차드 쉘(Shell, R., 2006)이 제시하는 협상의 4단계 전략을 가격협상을 중심으로 살펴보자.[1]

- 1단계: 협상상황 분석과 협상전략 수립
- 2단계: 정보교환
- 3단계: 본 협상(가격협상)
- 4단계: 마무리 협상전략

제2절에서는 리차드 쉘 이론을 바탕으로 가격협상 모의연습(role play)를 해보자.

1 이 장 전체는 Shell, G. R., Bargaining For Advantage: Negotiation Strategies for Reasonable People, Viking, New Version: 2006를 참조하였음.

제 1 절 리차드 셸의 4단계 협상전략

현대중공업-Putra 지게차 판매협상

Kim은 선박, 해양구조물과 함께 지게차 등 건설중장비도 생산하는 현대중공업의 건설중장비 해외판매 담당이사이다.

어느날 인도네시아 Putra란 건설회사의 하디라는 이사로부터 현대중공업 지게차 100대를 구입하고 싶다는 연락을 받았다. 하디 이사는 지게차 가격을 협상하고 싶다고 하며 가능한 한 많은 외상수출을 해줄 수 없느냐고 물어왔다. 현대중공업 홈페이지에 올린 지게차의 공식 판매가격은 대당 1만 2천 달러이다. 하지만 지난주에 일본업체에 비공식적으로 은밀히 대당 8천 달러에 판 적이 있다.

Kim으로서는 인도네시아의 Putra라는 회사와 거래를 해본 적도 없을 뿐더러 회사이름 자체도 처음 들었다. 하지만 Kim은 하디의 제안에 관심을 가질 만하다고 생각했다.

- 이러한 상황에서 Kim은 어떻게 Putra의 하디와 협상을 전개해 나가야 할까?

Shell에 의하면 이 같은 상황에서 Kim의 협상전략은 다음과 같이 4단계로 구분한다.

첫째, 협상상황을 분석하고 이에 맞는 협상전략을 수립하는 단계

둘째, 상대와 대면하여 정보를 교환하는 단계

이때 Kim과 하디 사이에 관계가 형성되고 신뢰를 구축한다.

셋째, 본 협상단계

협상의 주된 의제에 대해 협상을 시작하는 것이다. 여기서 Kim과 하디 간의 가격조건, 인도조건, 금융조건 등에 관한 협상을 할 것이다.

넷째, 협상 마무리 단계

1. 1단계 전략: 협상상황 분석과 협상전략 수립

Kim이 제일 먼저 결정해야 할 일은 Purta의 하디와 지게차 판매협상을 하느냐 마느냐이다. 만약 협상을 하기로 했다면 협상전략 수립의 첫 단계는 '상대방으로부터

무엇을 얻어낼 것인가?'라는 협상목표의 설정이다.

현실적으로 이를 위해서는 협상상황을 분석하는 것이 필요하다. 학자에 따라 다양한 방법에 의해 협상상황을 분석하지만 가장 효율적인 것은 Lewicki와 Hiam의 RO(Relationship-Outcome)분석 모델이다.

▌Lewicki-Hiam의 R-O(Relationship-Outcome) 모델

R-O 모델에 의하면 협상상황은

- 협상상대와의 기대되는 관계의 중요성(Perceived importance of Relationship)과
- 협상으로부터 얻어 낼 것으로 기대되는 성과(Perceived importance of Outcome) 라는 두 가지 요인에 의해 결정된다.

이 같은 R-O 모델에 의할 때 현대중공업의 협상상황은 다음과 같이 5가지로 분류될 수 있다(〈그림 5-1〉).

▶ 5가지 협상상황

1. 관계상황(Relationship Situation)

상대와의 관계형성이 상당히 중요하다고 예상되는 반면 협상으로부터 얻어 낼 성과는 그리 크지 않다고 생각하는 경우이다. 앞의 사례에서 현대중공업은 인도네시아 건설중장비시장에 관심이 크고 Putra도 현지의 유력한 건설업체로 판명되어 Putra와의 관계형성에 관심이 많다. 하지만 지게차 수주물량이 흘러 넘치는 현대중공업으로서는 100대 정도의 협상성과에는 큰 관심이 없다. 이러한 관계상황에 현대중공업은 지게차 100대라는 눈앞의 협상이익은 다소 양보하더라도 Putra와의 좋은 관계를 형성하는 것이 장기적으로 유리하다고 생각할 것이다.

2. 거래적 상황(Transactional Situation)

당장 협상으로부터 얻을 것으로 기대되는 성과는 큰 반면 상대와의 관계형성은 그리 중요하지 않다고 판단되는 상황이다. 현대중공업은 인도네시아시장 진출에 관심도 없고 Putra도 현지의 조그만 중소건설업체로 판명되어 관계형성에서 별 관심이 없다. 그러나 불황에 시달리는 현대중공업으로서는 지게차 100대 거래는 상당히 중요한 협상이다.

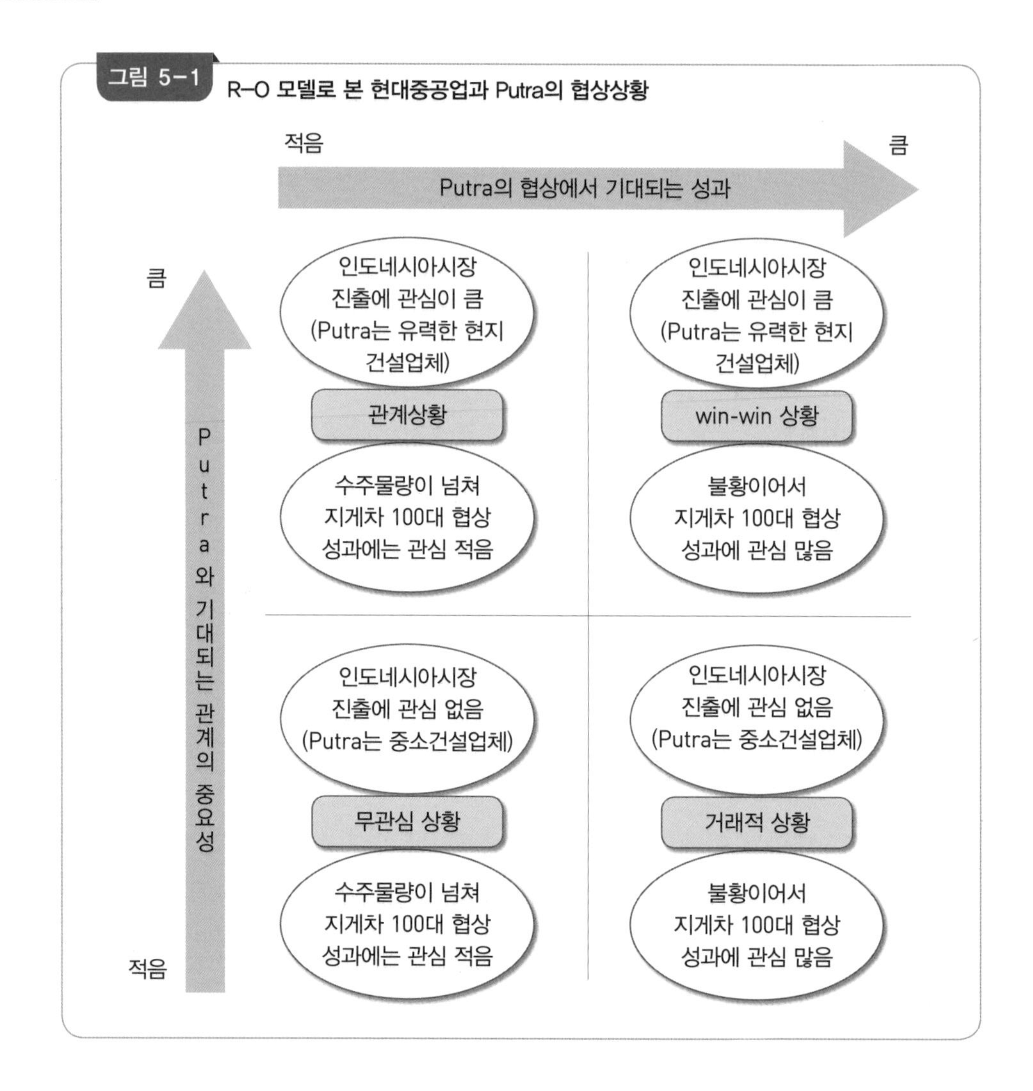

그림 5-1 R-O 모델로 본 현대중공업과 Putra의 협상상황

3. 무관심 상황(Indifferent Situation)

상대와의 관계도 기대되는 협상성과도 별로 크지 않을 경우이다. 이때 협상자는 상대와의 협상개시 자체에 관심이 없거나 아주 적을 것이다. 현대중공업은 인도네시아시장 진출에 관심도 없고 수주물량이 넘쳐 지게차 100대 규모의 거래에는 관심이 없을 경우이다.

4. Win-Win 상황(Pizza-cooking)

상대와의 관계도 중요하고 기대되는 협상성과도 클 경우이다. 인도네시아시장 진출에 관심이 크고 Putra도 현지의 유력한 건설업체로 알려져 장기적 거래관계를 형성하고자 한다. 더욱이 불황에 시달리는 현대중공업으로서는 지게차 100대 거래를 성사시킨다면 상당한 협상성과가 될 것이다.

5. 절충상황(Compromise Situation)

앞의 4가지 협상상황의 중간에 위치한 경우이다.

▶ 5가지 협상전략

Lewicki－Hiam의 R－O(Relation-Outcome) 모델에 의하면 일반적으로 앞의 5가지 협상상황에 따라 협상자는 다음과 같은 5가지 협상전략을 채택한다.

1. 수용협상전략(Accommodating Strategy): lose to win 게임

관계상황에서의 협상전략이다. 설사 협상자에게 다소 불리하거나 다른 생각을 가지고 있더라도 상대의 주장을 받아들여 주는 전략이다. 이번에 양보를 하더라도 상대와의 관계형성을 통해 앞으로의 협상에서 더 큰 것을 얻어 내겠다는 'lose to win'

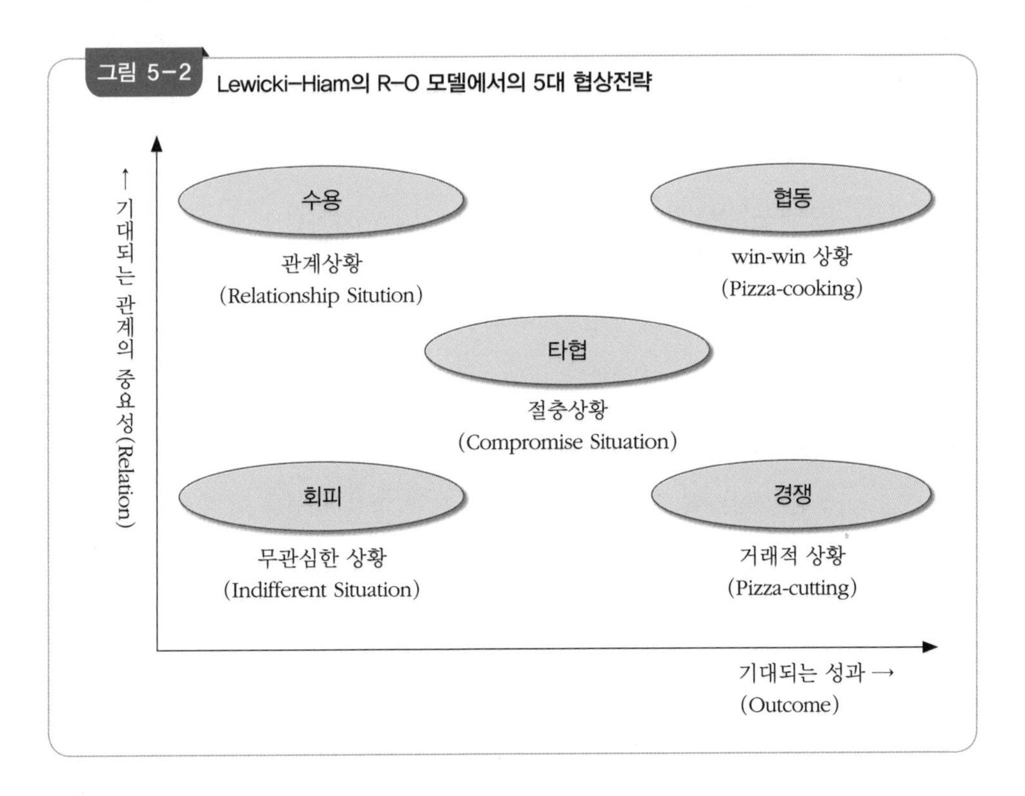

그림 5-2 Lewicki-Hiam의 R-O 모델에서의 5대 협상전략

협상전략이다.

이 같은 수용협상전략이 성공하기 위해서는 협상상대와 '교환의 법칙(rule of exchange)'이 형성되어야 한다. 즉, "이번에 내가 양보하면 다음번에는 상대가 양보한다"는 암묵적 교환관계이다. 이 같은 교환의 법칙은 미국이나 유럽 같은 서양협상문화보다는 동양협상문화에서 일반적으로 통용된다. 달리 말하면 수용협상전략은 관계지향적(Relationship oriented) 협상을 하는 한국, 중국 등 동양협상가가 선호하는 전략이다.

2. 경쟁협상전략(Competitive Strategy): win to lose 게임

거래적 상황에서의 협상전략이다. 이는 휘셔-유리 모델에서의 강성입장(hard positional) 협상, 레위키의 투쟁적 협상과 유사한데 가능한 한 큰 협상성과를 얻기 위해 수단방법을 가리지 않는다. 물론 상대방을 위협, bluffing, 거짓 정보 흘리기 등 비윤리적 협상행위도 서슴지 않는다.

물론 자신의 정보는 감추고 상대의 정보를 많이 얻어 내고자 수단과 방법을 가리지 않는다. 또한 서로 상대의 의중(bottom line)을 파악하려고 많은 노력과 시간을 투자한다. 때로는 이 같은 경쟁협상전략이 협상자에게 많은 협상성과를 가져다 줄 수도 있다.

3. 윈-윈협상전략(Collaborative Strategy): win-win 게임

win-win 상황에서의 협상전략으로 서로 정보와 의중(bottom line)을 공개하고 상호신뢰의 바탕 하에 협상을 하는 전략이다. 이는 휘셔-유리의 원칙협상과 레위키의 호혜적 협상과 유사하다.

4. 회피협상전략(Avoiding Strategy): lose-lose 게임

무관심 상황에서의 협상전략이다. 이는 협상 자체를 하지 않으려는 전략이다.

5. 타협협상전략(Compromise Strategy): split the difference

이것이 현실적으로 가장 많이 채택되는 협상전략이다. 예를 들어 판매자는 240만 원을 구매자는 200만 원을 고집할 때, 반반씩 양보해 220만 원에 타협하는 것이다. 이 같은 타협협상전략이 선호되는 이유는 다음과 같다.

- 서로 공평하다고 느끼기 때문이다(Sense of Reciprocity).
- 이해하기 쉽다. 본사에 들어와 타인에게 쉽게 협상결과를 설명할 수 있다.
- 가장 간편하고 빠른 의사결정이다(Quick Settlement).

R-O 모델에서의 중고차 구매협상전략

중고차를 다음과 같은 데서 구입하고자 할 경우 앞의 다섯가지 협상전략 중 어느 것을 채택하겠는가?

- 중고차 판매회사(딜러)
- 길거리의 수상한 사람

우선 중고차 판매회사의 경우 협상상황은 거래적 상황이다. 거래규모가 큰 반면 많은 판매회사가 있어 관계는 거의 중요하지 않다. 이 경우 당연히 협상목표는 가격인하이고 이를 위해 협상자는 강한 가격협상(haggling)을 할 것이다.

반면, 길거리의 수상한 사람이 '좋은 차 있으니 사라'고 제의할 때 무관심 상황으로 당연히 구매협상 자체를 하려고 하지 않을 것이다.

협상문화에 따른 협상전략의 차이: 한국, 멕시코, 독일 사례

같은 협상상황이라도 협상자가 앞의 5가지 협상전략 중 어떤 것을 채택하느냐는 협상문화에 따라 차이가 난다. 다음의 협상퀴즈는 한국, 독일, 멕시코 협상자가 같은 협상상황을 달리 이해하고 전혀 다른 협상전략을 채택한다는 것을 잘 보여주고 있다.[2]

> 여러분은 삼성전자에 근무하고 있다. 오랫동안 모시던 전무가 해외지사장으로 발령이 났다며 자기가 타던 제네시스를 사지 않겠냐고 물었다. 이때 어떠한 협상전략을 쓰겠는가?

한국 응답자의 협상전략

앞의 질문에 대해 한국 응답자의 가장 많은 수가 수용협상전략을 실시하겠다고

---

2 서강대학교 국제대학원에 재학한 독일, 멕시코, 한국 학생에 대한 실증조사분석에 의한 것이다.

대답했다. 그러나 적지 않은 수가 타협과 윈-윈협상전략을 채택하겠다고 응답했으며, 회피협상전략을 쓰겠다는 응답자도 약간 있었다.

멕시코 응답자의 협상전략

멕시코 응답자는 놀랍게도 모두 수용협상전략을 채택하겠다고 말했다. 아래는 멕시코 응답자의 전형적인 대답이다.

"멕시코에서 직장의 상사는 나에 관한 모든 것을 결정한다. 부하의 승급, 승진, 심한 경우 해고까지 가능하다. 이 같이 막강한 권한을 지닌 상사와 좋은 관계를 유지하는 것이 가장 중요하다. 따라서 상사가 자신이 타던 차를 사라고 물었을 때 당연히 이에 응해서 좋은 관계를 유지해야 하고 가격 등 모든 것은 상사가 말하는 것을 따라야 한다. 따라서 나는 전적으로 수용협상전략을 실시하는 수밖에 없다."

독일 응답자의 협상전략

한국과 멕시코 응답자가 단순히 무슨 협상전략을 실시하겠다고 대답한 반면 독일인은 아주 분석적이었다. 일어날 수 있는 여러 가지 협상상황을 가정하고 이에 따른 협상전략을 제시한 것이다.

- 자신에게 중고차가 필요한가를 물었다.
  - 이때 차가 필요하지 않으면 회피협상전략을 쓴다. 차가 필요하지 않은데 상사의 부탁이라 해서 억지로 살 필요는 없다는 것이다.
  - 차가 필요하다면 다음과 같은 두 상황을 가정했다.
- 상사가 어느 해외지사로 발령을 받는가?
  - 뉴욕 지사 같이 좋은 곳으로 발령받으면 앞으로 직장 내 중요한 요직을 맡을 것이다. 따라서 그와의 관계형성이 필요하므로 윈-윈, 수용 또는 타협협상전략을 실시하겠다.
  - 그러나 아프리카 지사와 같은 3급지에 발령받으면 문제가 달라진다. 이는 상사가 회사 내에서 밀리고 좌천하고 있다는 증거이다. 따라서 회사 내에서 그와의 관계형성이 큰 의미가 없을 것이다. 그러므로 철저한 경쟁협상전략을 실시하겠다.

2. 2단계 전략: 정보교환

협상상황을 분석하고 협상전략을 마련하였으면 다음은 직접 협상자들이 만나 협상에 필요한 정보를 교환(information exchange)하는 단계이다.

협상이 원활히 이루어지려면 서로가 만났을 때 정보가 원활히 교환되어야 한다. 쉘에 의하면 이 같은 정보교환이 협상자 간의 개인적 관계형성과 신뢰구축에 의해 크게 영향을 받는다. 현대중공업의 Kim이 Putra의 하디를 처음 만났을 때 좀 이상하고 믿기 힘든 상대라는 인상을 받았다 하자. 하디가 눈동자를 초조하게 굴리며 앞뒤 말에 논리가 서지 않고 어딘가 정서불안의 징조를 보일 경우이다.

이때 Kim은 상대와 협상하려는 의사가 생기지 않고 따라서 정보교환 자체에 소극적이 될 것이다. 성공적인 글로벌 협상자가 되려면 대면 3분 안에 상대방을 매료시킬 수 있어야 한다. 정보교환을 원활히 하기 위한 인간관계 형성과 신뢰구축 방법에는 다음과 같은 것들이 있다.

▌인간관계 형성방법(Relationship Building)

접대(Entertainment)

접대는 중국, 일본 등 동양문화권과의 협상에서 인간관계를 형성하는 가장 유용한 수단이다. 접대의 방법에는 만찬, 골프에서 시작해 음악회나 오페라 관람 등 다양한 방법이 있다. 그러나 서양문화권에는 이 같은 접대가 인간관계 형성에 그리 유효한 방법이 되지 못한다.

의도적 관계형성행위(Intentional Relationship Moves)

한미 간 통상분쟁이 고조되었을 때 워싱턴 DC에 협상을 하러 가는 H통상부 장관은 비행기 안에서 실무자가 준비해 준 자료를 건성으로 들춰보고 엉뚱하게 미국 미술사에 관한 책만 보고 있었다. 실무자들은 H장관의 엉뚱한 행동에 안달을 하였다. 그런데 막상 미국 통상대표부의 칼라 힐스 장관을 만났을 때 미국 현대 미술에 관한 이야

칼라힐스 통상장관과 할아버지

기로 대화를 시작했다. 힐스 장관의 할아버지가 화가였던 것이다. 자신의 할아버지의 작품세계를 이해해주는 H장관을 만난 힐스 장관은 기뻐했고, 그 이후 당연히 협상은 순조롭게 진행되었다. 이 같이 협상상대의 선호, 취미, 성품, 철학 등을 사전에 파악하여 의도적 행위를 통해 이를 좋은 관계형성의 발판으로 만들 수 있다.

공통점 발굴(Common Background)

협상상대와의 공통점을 찾아내고 의견을 교환하는 방법이다. 이 공통점에는 같은 하버드 MBA 출신이라는 점에서 시작하여 수영이나 사진에 대한 같은 취미에 이르기까지 다양하다.

신뢰구축 기법(Credibility Building)

지위와 권위의 강조

협상자가 조직 내에서 높은 지위에 있다는 것을 의도적으로 강조한다. 이는 바로 협상자의 힘이 강하고 권위가 있어 합의된 내용을 자신의 조직 내에 관철시킬 수 있다는 신뢰감을 상대에게 심어준다. 외교부나 종합상사 직원이 해외근무를 할 때 명함에 한두 계급 높은 직함을 인쇄하는 것이 이 같은 이유 때문이다.

전문가와 연계

상대가 해당 분야의 최고전문가라고 생각하는 사람과 협상자를 연결시켜라. 예를 들면 IT 분야에서 협상을 하던 중 상대가 카네기 멜론 대학의 라이파 교수를 존경하고 있다는 사실을 발견했다고 하자. 만약 라이파 교수와 알고 있으면 이를 상대에게 반복적으로 강조함으로써 상대의 신뢰를 받을 수 있다.

선의(Good Will)

평소 협상자의 좋은 평판을 강조하고 상대와 이 같은 좋은 인간관계에 바탕을 두고 협상할 의사가 있다는 것을 강조하는 방법이다.

개인적 이미지 관리

협상자의 옷차림, 매너, 교양 등에서 상대방이 인간적인 호감을 갖도록 하는 방법이다.

히스토리텔링(History-telling)전략

국제협상에서 외국의 협상파트너와 마음의 문을 여는 좋은 방법 중의 하나가 히스토리테링 전략이다. 즉, 역사적으로 상대국과 우리나라 사이에 있었던 좋은 일이나 인연을 이야기하면 당연히 두 나라 협상자는 서로 친밀함을 느끼고, 신뢰하게 된다.

필자가 터키에 출장을 가서 국책연구기관 사람들을 만날 일이 있었다. 터키는 처음 출장 가서 모든 것이 서먹서먹했는데, 터키 파트너의 첫 인사가 '블러드 브라더(Blood Brother)!, 피를 나눈 형제'였다. 당연히 어려웠던 협상이 의외로 잘 풀렸다. 알고 보니 우리나라는 안 배우지만, 터키 교과서에는 '터키 조상이 동아시아에서 한국인과 같이 생활하다가 서쪽으로 이동하여 지금의 소아시아반도에 정착하였다'라고 기술되어 있다는 것이다.

역사적으로 터키인의 뿌리인 돌궐족과 우리 고구려가 같은 시기에 동아시아에서 서로 동맹을 맺어 수나라와 당나라에 맞섰다. 중국에 밀린 서돌궐족이 서쪽으로 이동하며 카자흐스탄, 우즈베키스탄 같은 소위 '스탄'국가들을 만들었고, 그 종주국 역할을 지금의 터키가 하고 있다.

또한 한국전쟁 때 터키는 여단규모의 병력을 파견하여 우리나라를 도왔다는 고마움을 표시하면 당연히 협상이 부드러워질 것이다.

베트남과의 히스토리텔링 사례

880년 전 맺어진 인연, 고려에 귀화한 베트남의 왕족, '화산 이씨'

12세기 리(Ly)왕조의 왕자 이용상이 정변을 피해 1224년 말에 일족과 부하들을 이끌고 바다로 도망쳐 오랜 표류 끝에 1226년 초에 옹진군 화산포에 도착하였다. 항몽전쟁에서 큰 공을 세운 이용상에게 고려 조정은 '화산 이씨' 성을 하사하고 이들이 고려에서 살도록 하였다.

화산 이씨는 지금 베트남과 우리나라 사이 친선의 가교 역할을 하고 있다.

화산 이씨 종친회에서 베트남을 방문하였을 때 도무오이 당서기장이 환대하고 베트남인과 동등한 법적 대우를 해 주는 호의를 베풀었다.

베트남과 우리나라는 이미 800년 전에 좋은 인연으로 맺어진 것이다.

효과적 정보교환 5 단계 전략: 듣는 기술이 더 중요하다

앞의 사례에서 현대중공업의 Kim이 인도네시아 Putra의 하디와 호텔에서 처음 만났다고 하자. 물론 Kim 입장에서는 거래여부를 결정하는 데 필요한 정보교환을 위해서이다.

- 이때 Kim이 첫 말문을 열고 말을 많이 하는 게 좋을까?
- 아니면 상대방 하디가 먼저 말문을 열도록 하는 것이 좋을까?

1. 떠벌이는 금물! Never Blabber Mouth Negotiator

대부분의 협상자들은 이 경우 현대중공업의 자랑을 늘어놓고 Kim의 과거 화려한 협상경력을 이야기하는 것이 좋다고 생각한다. 우리 회사가 Purtra의 새로운 거래 상대로서 얼마나 좋은 협상상대 인가를 알리고 자신이 얼마나 숙련된 협상자인가를 은연 중에 과시함으로써 기선을 제압하고자 하는 것이다.

이것이 일반적으로 비즈니스맨들이 가장 많이 범하는 '떠벌이 협상의 함정'이다. 그래서 미국의 협상전문가들이 한결 같이 강조하는 것은 '절대 떠벌이(blabber mouth)협상자가 되지 말라!'는 것이다.

협상학자들은 '떠들어대는 것'보다는 '들어주는 것'이 정보교환에서 훨씬 유리하다고 말한다.

2. 듣는 기술(Listening Skill)

유능한 협상자는 상대가 떠들게(talkative) 만들어 자연스레 자신의 정보를 누출하게 한다. 처음 만난 하디에게 노련한 Kim이 다음과 같이 말문을 열었다고 하자.

"처음에는 Putra란 회사를 잘 몰랐는데 알고 보니 인도네시아에서 아주 급성장하는 유력한 건설업체라는 사실을 알았습니다. 우리 현대중공업으로선 Putra와 거래하게 된 것을 자랑스럽게 생각합니다. 그런데 그 같은 성공의 비결은 무엇입니까?"

Kim을 만날 때 세계적 제조업체인 현대중공업의 파트너와 만난다고 하여 하디는 좀 주룩이 들었을 것이다. 그런데 의외로 상대가 자기회사를 칭찬해 주어 신이 난 하디는 Putra에 관한 자랑을 늘어놓게 된다.

인도네시아정부 내의 어느 권력자와 선이 닿아 있고, 주로 어디서 공사발주를 받고 매년 두 배씩 매출이 급성장한다는 자랑이다. 이는 Kim의 입장에서는 협상에 중요한 정보이다.

3. 적극적 경청(Active Listening)

훌륭한 협상가는 말을 잘하는 사람이 아니라 상대의 말을 잘 들어주는 자(good listener)이다. 이는 국제협상에서 말하는 사람보다 듣는 사람이 더 유리하다는 것을 의미한다. 상대를 말하게 함으로써 정보를 수집하고 더 많은 생각을 할 수 있기 때문이다.

〈그림 5−3〉에서 보듯이 듣기에는 소극적 듣기, 예의상 듣기, 그리고 적극적 경청의 세 가지가 있다.

- 소극적 듣기는 말 그대로 상대의 말을 아무런 반응 없이 듣기만 하는 것이다.
- 이에서 한 단계 나아간 것이 예의상 듣기이다. 발언자에게 결례가 되지 않을 정도로 듣는 흉내는 내나 속으로는 자신의 발언을 준비하는 등 다른 생각을 하는 것이다.
- 물론 가장 바람직한 것은 적극적 경청인데 이는 쉽게 말하면 잘 알아듣고 있다는 것을 상대에 알리는(feedback) 것이다. 이의 언어적 방법으로는 'I see', 'Really', 'Go ahead' 등이 있다.

  비언어적 행위로는 고개를 끄덕이던가 적당한 눈맞춤(natural eye contact)을 하는 것이다. 이때 주의해야 할 점은 이 같은 행위가 상대의 의견에 동의했다는 인상을 주지 않도록 하는 것이다.

그림 5−3 듣기(Listening)의 3단계

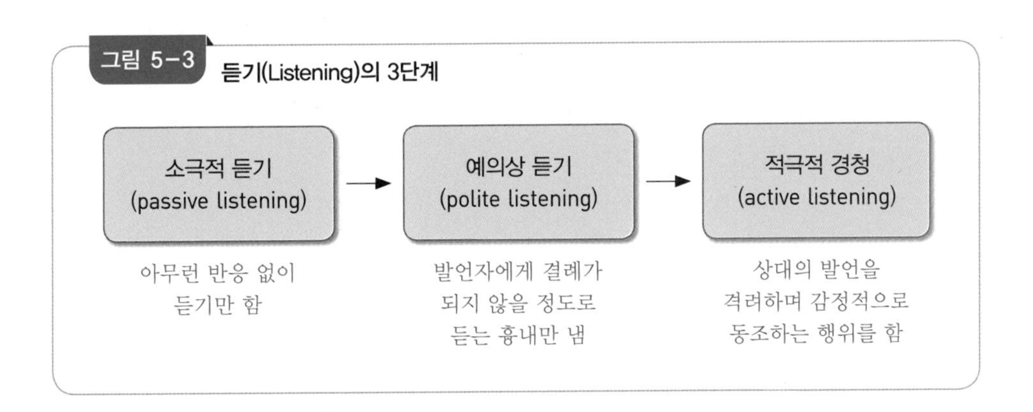

4. 상대에 대한 질문기술(Ask Questions)

하디의 이야기 속에서 궁금한 사항이 있으면 자연스레 물어본다. "인도네시아 권력자와 선이 닿아 있다면 그가 누구입니까?" 등이다. Rackham과 Carlsle에 의하면 협상에서 이 같은 질문기술은 상당히 중요하다.

첫째, 영국의 예에서 보듯 숙련된 협상가는 전체 협상에서 정보수집에 비숙련 협상가보다 훨씬 많은 노력과 시간을 투입한다. 비숙련 협상가가 총노력의 17.9%만을 정보수집에 투입한 데 반해 숙련 협상가는 무려 38.5%나 투입했다.

둘째, 같은 정보수집행위 중에서도 숙련된 협상가는 상대에게 질문하는 데 21.3%나 노력을 투입하였다. 이는 협상에서 상대로 하여금 떠들게 만들고 중간 중간에 협상자에게 필요한 질문을 하여 정보를 수집하는 것이 얼마나 중요한가를 말해 준다.

그림 5-4 숙련 협상자와 비숙련 협상자 간의 정보수집행위 차이: 영국 노사협상

	숙련 협상자	비숙련 협상자
asking questions	21.3%	9.6%
testing for understanding	9.7%	4.1%
summarizing	7.5%	4.2%
정보수집행위 비중	38.5%	17.9%

5. 자신의 정보 공개

상대의 이야기를 다 듣고 필요한 질문을 하고 난 후에 마지막으로 자신의 회사 등에 관한 정보 등을 상대에게 알려준다.

▌정보교환 중의 시그널 보내기(Sending Signals)

정보교환 단계에서는 상대에게 자신의 시그널을 보내게 된다. 어떠한 종류의 시그널을 보내느냐에 따라 앞으로의 협상진전에 상당한 영향을 미친다. 쉘(Shell)에 의

그림 5-5 시그널 전달의 4가지 유형

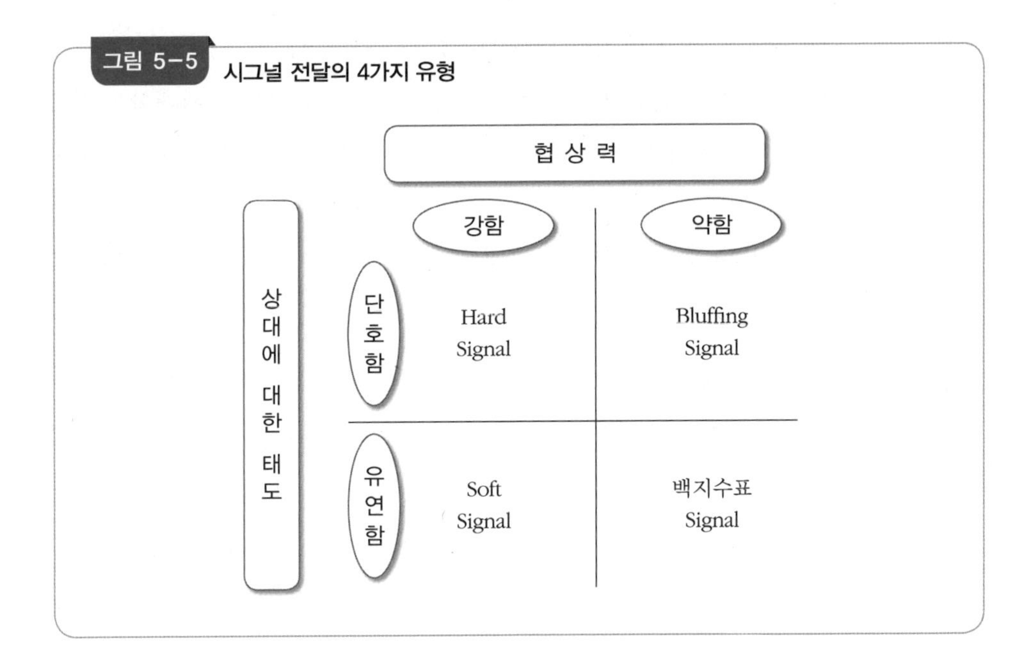

하면 이 같은 '시그널 보내기'는 상대에 대한 협상자의 협상력과 협상자의 상대에 대한 태도에 의해 결정되는데, 〈그림 5-5〉에서 보듯이 네 가지 종류의 시그널을 상대에게 보낼 수 있다.

Hard Signal: 협상력이 강하니 단호하게 행동하고자 할 때

강한 협상력을 과시하며 자신의 주장을 끝까지 한다. 가능한 많은 요구를 하고 필요하면 위협까지도 서슴지 않는다.

Bluffing Signal: 협상력이 약하나 단호하게 행동하고자 할 때

협상력이 약한 것을 상대에게 숨기고 자신이 강한 것처럼 보이게 하는 것이다. 예를 들어 유럽에서 온 바이어와 상담을 할 때 실제로 오지도 않은 빈 전화통을 들며 일본, 미국 등의 바이어로부터 많은 문의가 온다고 하며 자신의 협상력을 높이는 것이다.

이 같은 허풍떨기(bluffing)는 때에 따라서는 의외의 좋은 성과를 가져오기도 한다. 이는 상대가 숙련되지 못한 협상가일 때이다. 그러나 상대가 능숙한 협상가라면 이 같은 bluffing은 상당한 리스크를 동반할 수 있다.

Soft Signal: 협상력이 강하나 유연하게 행동하고자 할 때

자신이 우월한 협상력이 있으나 이를 행사하지 않겠다는 관대함을 상대에게 보여주는 것이다. 이는 미래의 관계형성에 투자를 하는 것이다. 이때 한 가지 명심할 것은 자신이 힘이 있음을 상대에게 보여줘야 한다. 즉, 상대에게 관대한 것이 힘이 없어서가 아니라 힘이 있음에도 불구하고 이를 사용하지 않기 때문이란 걸 알리는 것이다.

백지수표 Signal: 협상력이 약해 유연하게 행동하고자 할 때

아래 사례에서와 같이 상대에 비해 협상력이 약할 땐 이를 자인하고 상대의 동정에 호소하는 것은 좋은 방법이 될 수 있다. "당신이 나처럼 난처한 입장에 있으면 어떻게 하겠냐?"고 백지수표(blank check) 시그널을 보내는 것이다. 이 경우 처음에 기대했던 것보다 의외로 너그러운 상대의 대답을 듣는 수가 있다.

미국 문방구에서의 백지수표 시그널

미국 문구점에서 한국인이 만년필을 샀다. 물론 성능을 비교하기 위해 만년필 촉에 잉크를 묻혀 보았다. 그런데 사무실로 와서 보니 만년필이 마음에 들지 않았다. 그런데 이미 촉에 잉크를 묻혔기 때문에 한국인은 그 문구점으로 가서 점원에게 store credit을 달라고 했다. 20달러 store credit을 받으면 다음에 그 문구점에 가서 그만큼 다른 물건을 살 수 있는 것이다. 그런데 의외로 미국인 점원은 단호히 "No"라고 대답하는 것이다.

이때 한국인은 단호하게 "미국에서는 소비자가 원할 때 refund를 해주어야 한다"고 항의하려 했다. 그러나 태도를 바꿔 "What can I do?"라고 백지수표 질문을 하였다. 이때 미국인 점원은 store credit 대신 현금 20달러를 돌려주었다. 미국 점원으로서는 귀찮은 store credit보다 현금반환이 더 간편했기 때문이다. 한국인으로서는 백지수표 시그널을 통해 당초 기대했던 store credit보다 더 좋은 성과를 얻은 것이다.

3. 3단계 본협상 전략: 가격협상

제2단계에서 정보교환이 이루어지고 난 후 협상당사자들은 제3단계의 본 협상에 들어간다. Shell은 서로가 강한 주장을 하다가 조금씩 양보해 가며 합의에 도달해 간다는 뜻으로 이 3단계를 Concession Making 단계라고 한다. 물론 이 단계에서는 가격, 전략적 제휴, 지불조건, 관세인하, 시장 개방 등 다양한 이슈를 협상할 수 있다.

하지만 이 책에서는 제3단계의 Concession Making에서 가격에 관한 협상만 이루어진다고 가정한다. 이런 의미에서 3단계는 가격협상전략이라 말할 수 있다.

가격협상에서 생각해야 할 점은 다음과 같은 네 가지이다.

- 언제나 가격협상이 가능한가?

  그렇지 않다. 판매자와 구매자가 제시하는 가격 사이에 합의가능지역(ZOPA: Zone of Possible Agreement)이 형성될 때에 한해 가격협상이 가능하다.

- 누가 먼저 가격제안을 하는 게 유리할까?
- 가격제안은 높게 하는 게 유리할까?
- 구매자의 입장에서 가격협상은 어떻게 하는 게 좋은가?

ZOPA(합의가능지대)가 형성되어야만 가격협상이 가능

여러분이 작년에 50만 원에 산 갤럭시 스마트폰을 친구에게 팔려고 한다. 20만 원 이상 받으면 팔겠다. 두 명의 친구들에게 물어봤더니 다음과 같이 대답한다.

- 남자친구: "30만 원이면 사겠어"
- 여자친구: "10만 원이면 살게"

이 경우 〈그림 5-6〉에서 보듯이 남자친구의 저항가격(walk-away price)은 30만 원이다.

여자친구의 저항가격은 10만 원이다. 물론 여러분의 저항가격은 20만 원이고, 이럴 때 여러분과 남자친구와는 20~30만 원 사이에 ZOPA가 형성된다. 따라서 여러분과 남자친구가 협상하면 가격은 협상력 등 여러 가지 요인들에 의해 20만 원과 30만 원 사이에서 결정될 것이다.

그림 5-6 판매자와 구매자의 저항가격과 ZOPA 형성

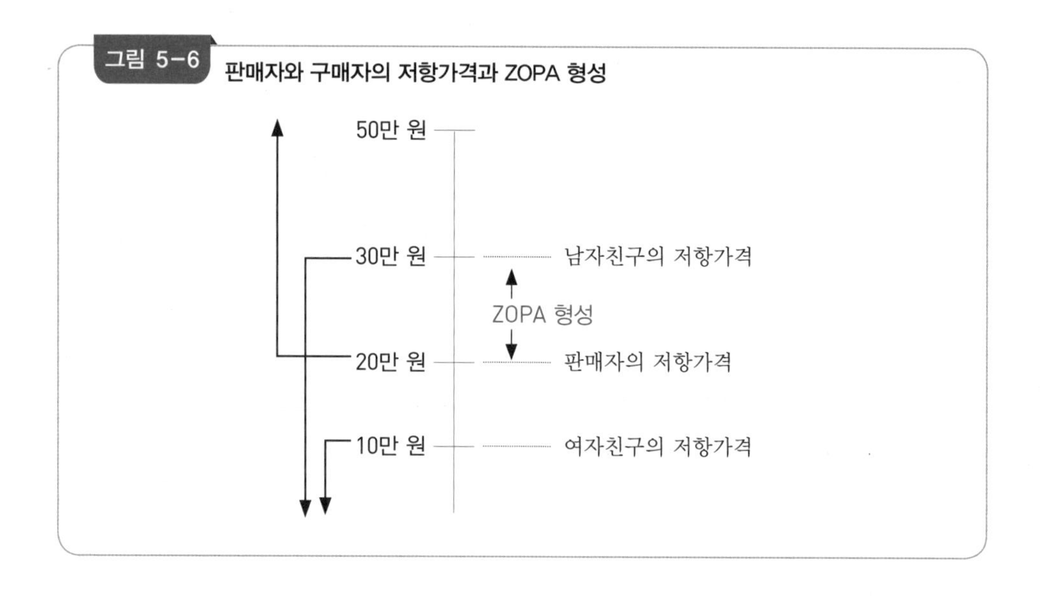

하지만 여러분과 여자친구와는 ZOPA 자체가 형성이 안 돼 협상을 할 수 없다. 따라서 어떤 상황에서 어떤 협상을 하던 ZOPA가 형성이 안 되면 아무리 노력을 해도 협상이 안 된다.

가격제안순서: 누가 먼저 가격제안을 하는가?

가격협상에서 제일 먼저 제기되는 의문은 "누가 먼저 가격제안을 하는 것이 유리한가?"이다. 여기에 대해서는 학자들 간에 의견이 둘로 갈라지고 있다.

Never First Open 법칙

상대가 먼저 가격제안을 하도록 하고 후에 자신이 여기에 맞춰 적당한 가격제안으로 맞받아치는 것이다. 일반적인 상식과 일치한다.

Anchoring 효과

Anchoring 효과를 주장하는 학자들은 먼저 가격제안을 하는 게 유리하다고 주장한다. 인간은 상대가 먼저 제안한 가격에 구속되는 경향이 있다. 즉, 자신도 모르게 상대가 제안한 가격수준에서부터 협상하려 한다는 것이다. 따라서 먼저 가격제안을 하면 Anchoring 효과 때문에 자신에게 유리한 수준에서 가격을 결정할 수 있다.

Anchoring 효과에 말려든 하대리의 스마트폰 협상

하대리는 스마트폰 매니아이다. 갤럭시, 아이폰에서 시작해 새로 나온 스마트 제품이라면 제일 먼저 달려가서 산다. 어느 날 친구가 삼성 갤럭시노트의 성공에 자극 받은 애플이 애플노트를 개발하여 다음 달에 출시하려고 한다고 말한다. 그런데 애플이 테스트 마케팅을 위해 용산전자상가에 아주 소수의 애플노트를 비공식적으로 풀어놓았다 한다. 이 말을 들은 하대리는 퇴근 하자마자 현금 200만 원을 들고 용산으로 달려갔다. 얼마를 주던 오늘 꼭 애플노트를 사겠다고.

• **A가게에서의 가격협상**

A가게 주인에게 다음과 같이 물었다.

"아저씨, 애플노트라고 끝내주게 쿨(!)한 물건이 나왔다고 하는데 그것 얼마면 살 수 있나요?"

"애플노트 정말 좋아요. 갤럭시노트하고 모든 면에서 비교가 안 되요. 겨우 몇 개 구했는데 특별히 200만 원에 드릴게요."

가게 주인이 첫 가격제안을 하였다.

여러분이 하대리라면 얼마에 달라고 맞대응을 하겠는가? 참고로 갤럭시노트는 100만 원이다.

• **B가게에서의 가격협상**

옆에 있는 B가게에 들어가 주인에게도 A가게에서도 똑같은 질문을 하였다. 그랬더니 주인이 다음과 같이 대답한다.

"마침 애플노트가 몇 개 있어요. 150만 원에 드릴게요."

〈그림 5-7〉에서 보듯이 하대리가 A가게에서 한 20% 깎아 내려 "160만 원에 주세요" 라고 맞대응을 하면 ZOPA는 160만 원과 200만 원 사이에서 형성된다. B가게에서도 똑같이 20% 정도 깎아 "120만 원에 주세요"라고 하면 ZOPA는 120만 원과 150만 원 사이에서 형성된다.

당연히 A가게 주인이 절대적으로 유리한 입장에서 협상할 수 있다. 그 이유는 간단하다. 하대리가 Anchoring 효과에 말려들었기 때문이다. 앞의 협상자의 7대 오류 중 Framing Effect에서 분석했듯이 인간은 상대가 제시한 가격을 준거가격으로 하여 협상하는 오류를 범한다. 즉, A가게에서 200만 원을 준거가격으로 하여 40만 원을 깎아 160만 원에 맞제시를 한 것이다. B가게에서도 똑같은 현상이다.

만약 인간이 합리적(rational)으로 가격협상을 한다면 A가게 주인이 200만 원을 제시했을 때 '애플노트가 무슨 200만 원이나 해요? 삼성전자 제품과 애플 제품은 많아야 20% 정도 가격 차이가 나는데. 갤럭시노트가 100만 원이니까 애플노트가 아무리

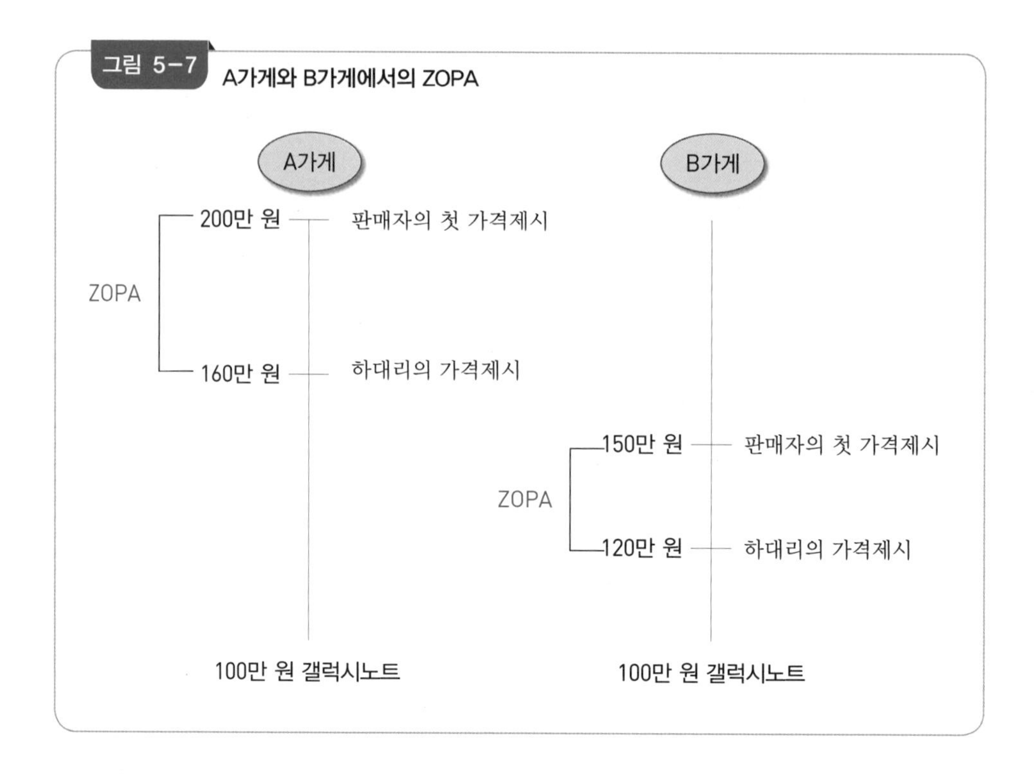

그림 5-7 A가게와 B가게에서의 ZOPA

좋아도 20% 정도 비싼 120만 원이겠지'라고 반박을 하고 "아저씨 120만 원에 주세요"라고 맞대응 했어야 한다.

첫 가격제안을 잘 하는 것이 협상성과에 큰 영향을 미친다

가격 협상에서 다음으로 고심하는 것은 '누가 먼저 가격을 제시해야 하느냐'이다. 이 질문에 대해 알아보기 전에 먼저 재미있는 퀴즈부터 하나 풀어보자.

간단한 퀴즈

여러분이 근무하는 회사에서 세계 최초로 생산성을 획기적으로 높일 수 있는 '알파-블루'라는 인공지능 소프트웨어를 개발했다고 하자. 물론 세계 각국에 지식재산권 등록도 했다. 그런데 어느 날 중국 샤오미사의 왕용 부사장이 찾아와 '알파 블루'에 관해 알아보고 싶다고 한다. 한나절 친절히 설명하고 나니 깊은 관심을 보이며 말문을 연다.

"아주 마음에 듭니다. 사겠습니다!.

우리 회사 사장님께서 이런 소프트웨어를 구하라고 해서 미국 캘리포니아의 애플, 독일의 지멘스, 일본 소니 등을 모두 돌아다녀봤는데, 모두 마음에 들지 않고 가격만 터무니없이 비싸게 불러서 구매를 못했습니다. 제가 스트레스 좀 받았지요"

그러고 나서 잠시 뜸을 들이더니 왕용 부사장이 묻는다.

"얼마에 파시겠습니까?"

사실, 알파-블루 소프트웨어를 개발하는 데 50억 원이 들었다.

물론 상대는 이 사실을 모른다. 샤오미는 세계적 기업이이니 통 크게 100억 원을 불러 본다.

질문: 과연 이 가격 제안은 잘한 것일까?

여기에 대한 답은 아주 재미있다.

잘한 가격제시일 수도 있고, 반대로 아주 잘못한 가격제시일 수도 있다.

1). 개발비 50억 원의 두 배나 되는 100억 원을 제시한 게 잘한 것일 수도 있다.

2) 하지만 샤오미 왕부사장의 저항가격에 따라서는 잘못 가격제시를 한 것일 수도 있다.

왕용 부사장의 저항가격을 알아보자.

왕용 부사장이 애플과 소니 등을 찾아 갔을 때 소프트웨어도 별로 마음에 들지 않는데 터무니없이 애플은 700억 원을, 그리고 소니는 500억원 에 팔겠다고 해서 발길을 돌렸다.

그런데 서울에와서 '알파블루' 소프트웨어를 보니 마음에 쏙 들어 적어도 소니가 가격 제시한 500억원 이하면 사겠다고 마음속으로 저항가격을 정하고, 중국 본사의 승인을 얻었다.

왕용부사장의 저항가격이 500억원이었다면 당연히 여러분은 500억원보다 높은 가격인 700억원을 첫 가격제시했어도 됐다. 물론 이 경우 왕부사장은 강하게 반발하며 아마 자신의 숨은 저항가격의 절반이 250억원 정도를 제시하였을지도 모른다.

이럴 경우 250억원과 700억원 사이에 가격협상가능대(ZOPA)가 형성되고 최선의 경우 왕부사장의 저항가격인 500억원에 알파-블루를 팔 수도 있었다.

2016년 구글의 알파고와 이세돌 9단 사이 세기의 바둑대결이 있었다. 세계 최고의 바둑고수와 인간이 만든 인공지능 로봇이 바둑판에서 한 판 붙은 것이다. 결과는 알파고의 승리였고 전 세계 미디어가 이를 특종으로 다루었다. 이 대결에서 이세돌은 1~2억 원쯤 받은 것으로 알려졌다. 그런데 구글은 당초에 100억 원까지도 지불할 용의가 있었다고 한다. 알파고의 홍보효과는 수조원에 달했기에 100억 원은 아무것도 아니었던 셈이다.

'왜 이세돌은 어처구니없이 협상해 겨우 1~2억 원만 받았을까?'

대답은 간단하다. 구글이 처음에 '대국료 얼마를 받겠냐?'고 물었을 때 어처구니

없이 가격 제안을 한 것이다. 과거 국내에서 바둑대결을 할 때 우승하면 수천만 원 정도 받았다. 그런데 2억 원을 받으면 거의 열배!

엄청나게 가격 제안을 잘했다고 오산했다. 거꾸로 구글이 대국료를 물었을 때 이세돌이 가격 제안을 안 하고 '구글이 얼마를 지불할 생각이 있습니까?'라고 물었으면 무슨 결과가 있었을까?

100억 원은 아니어도 적어도 50~60억 원은 받았을 것이다.

저자가 2000년에 공직을 떠난 후 국제대학원장이 되었을 때의 일이다. 학교 발전기금을 모으려고 주위에 잘 아는 기업인이 없나 하고 찾는데 누가 귀띔을 해준다. 공직에 있을 때 모시고 있던 상사가 사업을 해 큰돈을 벌었다고. 그 말을 흘려듣고 어느 날 종로거리에서 우연히 그 상사분의 회사 건물 앞을 지나게 되었다. 사전 약속도 안하고 무엇을 하는 회사이고 매출규모가 얼마인지도 모르면서 사장실에 갔더니 마침 있어서 반갑게 맞아주었다. 한동안 반갑게 이야기 한 후에 어렵게 돈 이야기를 꺼냈다.

"사장님, 실은 대학 발전기금을 모으고 있는데 좀 도와주실 수 있으신지요?"

보통 돈 달라는 이야기를 꺼내면 거절하던지 한참 주저하다가 대답을 하는데 상대의 대답이 시원스럽다.

"안원장, 줄게. 얼마주면 되지?"

의외의 대답에 약간 당황한 저자가 슬쩍 사무실 분위기를 보았다. 직원 수도 그리 많지 않고 사무실도 그렇게 고급스러워 보이지 않았다. 그래서 속으로 '공무원 하다가 사업해봤자 얼마를 벌겠어. 1년에 200억 원 정도 매출 올리는 조그만 회사겠지'라고 생각하며 입을 열었다.

"한 3천만 원만 도와주십시오."

그 말을 듣는 순간 상대가 눈을 동그랗게 뜨며 말한다.

"뭐 3천만 원이라고?"

'아차. 뭔가 잘못되었구나' 할 때는 늦었다. 첫 가격제안을 잘못한 것이다. 세계시장에서 승승장구하며 1년에 3조 원의 매출을 올리며 영업이익만 5천억 원을 내는 회사였다. 인품이 좋은 그 옛 상사는 대학, 빈곤층을 위한 의료시설 등에 수십억 원씩

기부하고 있었다. 몇 달이 지나 식사를 같이 할 때 웃으며 다음과 같이 말했다.

"안원장, 교수는 왜 그리 배짱이 없지. 자네가 처음 찾아와 돈 이야기 꺼냈을 때 3억 원을 줄려고 했었어."

만약 저자가 먼저 3천만 원을 달라고 첫 가격제시를 안하고 "사장님이 성의껏 주시는 대로 감사하게 받겠습니다"라고 말했으면 어떠하였을까?, 즉 Never First Rule에 따라 상대가 먼저 가격제안을 하게 하였다면 10배가 되는 발전기금 3억 원을 받았을 것이다.

Anchoring 효과의 성공조건: 정보

'왜 저자가 옛 직장상사에게 어처구니없는 가격제안을 하였을까?' 여기에 대한 답은 '정보'이다. 만약 저자가 옛 직장상사의 회사가 '연매출 3조 원에 영업이익 5천억 원'이라는 정보만 사전에 있었다면 그렇게 어처구니없는 가격제안을 하지 않았을 것이다. 따라서 Shell에 의하면 첫 가격제시 여부를 결정하는 것은 상대와의 정보력 차이이다.

- 협상자가 상대보다 월등한 정보를 가졌다고 확신하면 첫 가격제시를 하여 Anchoring 효과를 활용하는게 유리하다.
- 하지만 정보에 대해 자신이 없으면 'Never First Open Rule'에 따라 상대가 먼저 가격제시를 하도록 하는 것이 낫다. 이때 조심해야 할 점은 상대의 Anchoring 효과에 말려들지 않도록 주의해야 한다.

▌높은 가격제시(High Ball)와 낮은 가격제시(Low Ball)

협상자가 상대보다 정보 면에서 유리하다고 확신하면 먼저 가격제시를 하는 게 유리하다. 이 경우 아주 공격적으로 높게 가격제시(high Ball)를 하는 게 유리할까 아니면 합리적으로 낮게 가격제시(low Ball) 하는 게 유리할까?

관계상황(Relationship Situation): Low Ball

관계상황에서는 Low Ball로 가격제시를 해야 한다. 상대와의 오랜 거래로 신뢰가 형성되었다던가 앞으로 많은 거래가 예상되는 경우이다. 이 같은 관계상황에서 섣불리 High Ball 가격제시를 하면 다음과 같은 문제가 있다.

그림 5-8 판매자 구매자의 High Ball과 Low Ball

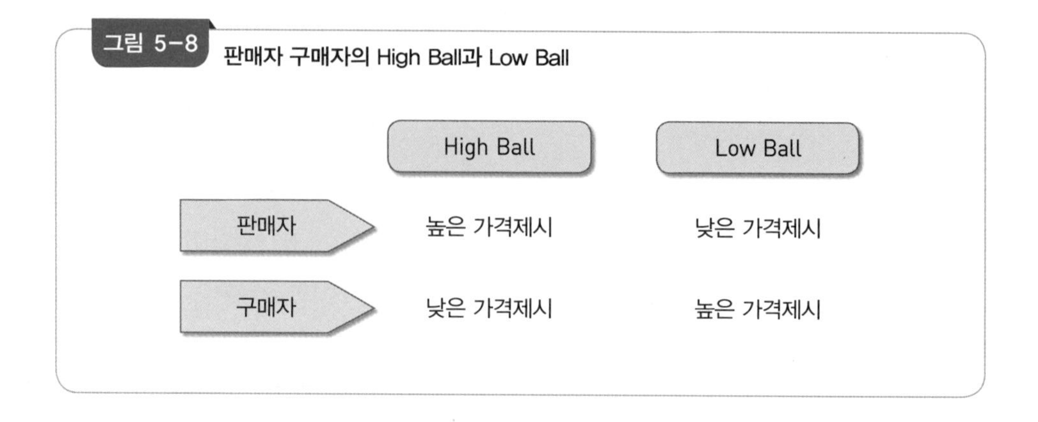

- 협상상황을 관계상황에서 거래적 상황으로 전환시킬 우려가 크다.
- 상대가 지금까지 좋은 관계에 바탕을 두고 윈-윈 협상전략을 펼쳤다면 이를 경쟁협상전략으로 변질시킬 가능성이 크다.

거래적 상황(Pizza-cutting): High Ball

상대와의 관계가 중요하지 않은 거래적 상황에서는 공격적 가격제시가 단연 유리하다. Shell에 의하면 34건의 중요한 가격협상 사례를 분석해 보았더니 바자르(Bazaar) 상황에서는 High Ball 전략이 단연 유리한 것으로 나타났다. 특히, 중간거래상(브로커)을 통해 가격협상을 할 때는 High Ball 전략이 유리하다. 예를 들어 중고 고급 카페트를 카페트상을 통해 판매할 경우 가능한 한 높은 가격에 내놓는 것이 유리하다는 것이다. 그러나 이는 카페트에 대해 수요자가 있다는 일정한 시장조건 하에서 가능하다는 점을 상기할 필요가 있다.

왜 공격적 가격제시(High Ball)가 유리한가?

이에 대한 대답으로 Shell은 다음과 같은 두 가지 원칙을 내세운다.

대조의 법칙(Contrast Principle)

〈그림 5-9〉에서 보듯이 구매자의 저항가격은 60달러이지만 50달러 정도면 사겠다고 목표가격(target price)을 설정하였다 하자. 이때 구매자가 High Ball로 30달러를 불렀다가 결국 50달러에 물건을 샀다면 이때 판매자는 구매자와 협상을 잘해 20

그림 5-9 Contrast 원칙

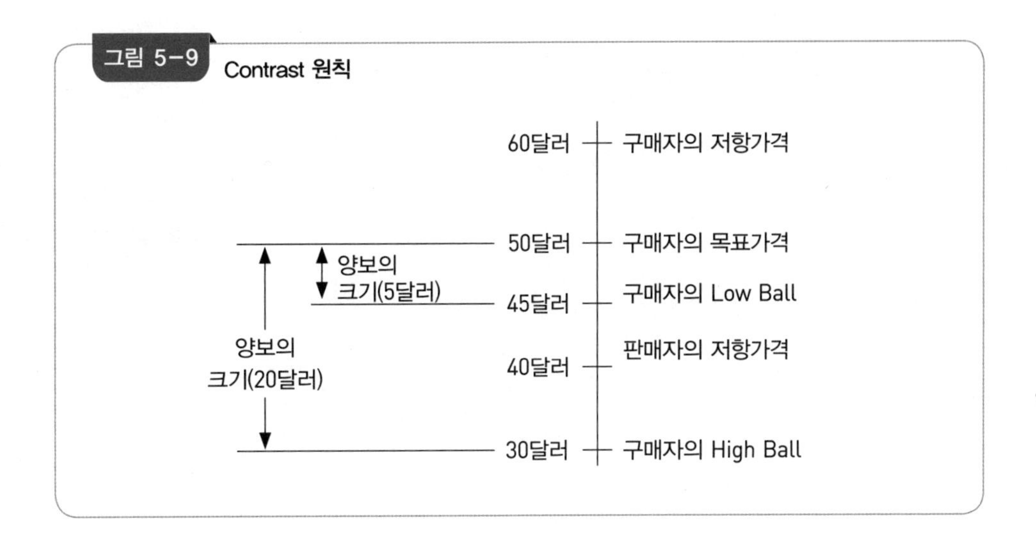

달러나 양보를 얻어냈다고 생각한다.

반면 구매자가 Low Ball로 45달러를 불렀다가 50달러에 합의해 주면 판매자는 겨우 5달러만 양보받았다고 생각한다. 이 같이 상대가 High Ball로 가격제시를 하였다가 큰 폭의 양보를 해줄 때가 'Low Ball 제시-소폭 양보'때 보다 더 큰 만족을 느껴 합의에 도달할 가능성이 크다.

상호주의 원칙(Reciprocity Principle)

판매자의 저항가격이 80달러인 물건이 있다. 구매자가 High Ball로 50달러에 첫 가격제안을 했다고 하자. 이때 당연히 판매자는 "안 된다"고 대답할 것이다. 구매자가 52달러(B2), 54달러(B3), 56달러(B4), 62달러(B7)로 가격제안을 하면 판매자는 7번이나 'No'라는 대답을 한다. 쉘에 의하면 이때 판매자는 구매자가 점차 자신의 저항가격에 접근하는 데 안도를 느끼는 한편 7번이나 No라고 대답한 데 대한 심리적 압박을 느낀다.

바로 이때 지금까지 2달러씩만 가격을 올려 제시하던 구매자가 8번째 가격제시 때 18달러나 대폭 양보를 하여 80달러를 제시했다고 하자. 심리적 압박을 느끼던 대부분의 판매자는 8번째의 높은 가격제시에 만족하여 이 제안을 받아들인다는 것이다. 결과적으로 판매자의 저항가격인 80달러로 물건을 샀으니 구매자가 가격협상을 잘한 셈이 된다.

그림 5-10 상호주의 원칙

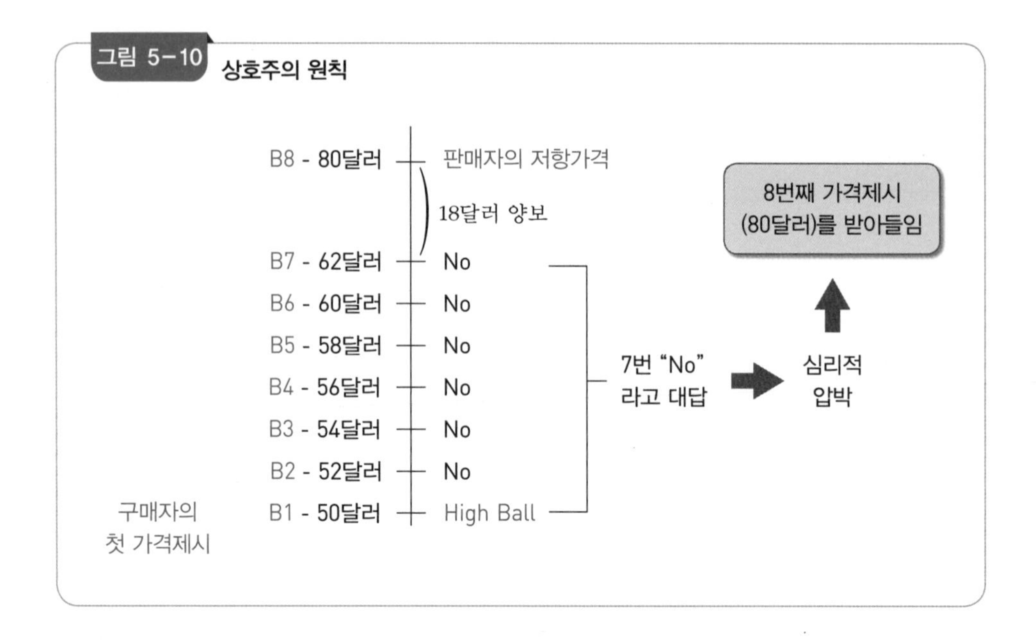

High Ball의 제한요건

아무리 거래적 상황이라도 무조건 High Ball 가격제시를 하는 게 유리할까? 그렇다면 가격협상은 아주 간단할 것이다. 무조건 가격을 내려치면 된다. 그러나 쉘은 High Ball을 하면 안 되는 경우로 다음과 같은 두 가지 예외를 지적한다.

예외 1: 협상자에게 약점이 있고 상대가 이를 알고 있을 경우

> 동네에 생선좌판을 하는 상인이 있다. 아침 10시에 시작해 저녁 9시까지 장사를 한다. 이때 동네 아주머니가
> - 아침 10시 30분에 와서 생선값을 물었을 때와
> - 저녁 8시 50분에 와서 생선값을 물었을 때가 있다고 하자.
>
> 앞의 두 가지 경우 어떠한 가격협상전략을 써야 할까?

아침 10시 30분에는 High Ball 가격제시를 해도 된다. 생선을 팔 시간 여유가 많기 때문이다. 그러나 가게문을 닫기 10분 전에는 Low Ball 가격제시를 해야 한다. 생선좌판이란 냉장고가 없기에 그날 저녁에 팔지 못하면 버려야 한다. 저녁 8시 50분에 가격을 묻는 동네 아주머니는 상인의 이 같은 약점을 아는데 High Ball 가격제

시를 하면 받아들이려 하지 않을 것이다.

예외 2: 상대가 가격흥정(Haggling)을 싫어할 경우

이태원의 넥타이 노점상을 하는 상인에게 젊은 미국 대학생과 빌 게이츠처럼 보이는 노신사가 접근해 가격을 물었다. 이때 상인은 어떠한 가격전략을 써야 할까?

흔히들 대학생에게는 Low Ball 가격제시를 하고 노신사에게는 High Ball로 가격제시를 해도 된다고 생각한다. 리차드 쉘에 의하면 노신사에게 High Ball로 가격제시를 하면 안 된다. 길거리에서 가격흥정(haggling)을 하는 것을 싫어하는 노신사는 그냥 지나칠 것이기 때문이다.

쉘에 의하면 미국인의 약 15%는 가격흥정 자체를 싫어한다. 이 같은 상대에게 가격흥정을 전제로 한 High Ball 가격제시를 하면 협상 자체가 이루어지지 않을 것이다. 일반적으로 이 같이 가격흥정을 혐오하는 사람들은 변호사, 의사, CEO 등과 같이 경제적 여유는 있으면서 '시간이 금'인 직업에 종사하는 사람들이다.

구매자의 가격협상 4단계 전략

바자르 같은 거래적 상황에서 구매자가 어떠한 가격협상전략을 쓰는 것이 가장 유리할까? 쉘은 다음과 같은 네 가지 단계의 전략을 제시한다.

[1단계] 첫 가격제시를 High Ball로 하고 난 후 두 번째 가격제시를 하지 말고 계속 첫 가격을 주장하면서 '깍아달라'고 강하게 주장해라.

이때 구매의사가 있다는 것을 판매자에게 전달해야 한다. 현금이나 수표가 있다는 것을 슬며시 보여주는 방법 등이 있다. 그래야만 판매자가 계속 협상하려 할 것이다.

[2단계] 상대의 '양보 폭(Haggling Size)'을 면밀히 분석해라.

〈그림 5-10〉에서 보듯이 노트북을 판매하는 상인의 첫 제시가격이 2,000달러였다. 그런데 두 번째 가격제시(S2)가 1,800달러, 세 번째(S3)가 1,700달러, 네 번째(S4)가 1,650달러, 다섯 번째(S5)가 1,630달러로 내려갔다.

이때 매번 가격제시 때마다 판매자의 양보 폭(haggling size)이 200달러에서 100달러, 50달러, 20달러로 줄어들고 있다.

이는 무엇을 의미할까? 판매자의 저항가격에 가까워지고 있다는 것을 의미한다. 줄어드는 가격양보 폭에 비추어 볼 때 저항가격이 1,600달러 근처에 있다는 것을 짐작을 할 수 있다.

[3단계] 판매자가 '그 가격에는 도저히 못 팔겠다'고 말할 때까지 가격을 계속 깎아라.

판매자의 저항가격까지 최대한 접근하기 위한 전략이다.

[4단계] 판매자로부터 'No'라는 이야기를 듣고 나면 단호하게 상점문을 나서라.

그러면 판매자는 두 가지 반응을 할 것이다.

- 구매자를 불러 세울 경우이다.
  이때는 그 이상 가격인하를 해줄 의사가 있다는 표시이다. 그러나 여기서 한 가지 주의해야 할 것은 이미 저항가격에 접근했기 때문에 그 가격인하 폭은 그리 크지 않을 것이라는 점이다.
- 구매자를 불러 세우지 않을 경우이다.
  이는 상인이 마지막에 부른 가격이 진짜 저항가격이었다는 것을 의미한다.

▌MBA 학생과 이태원 상인의 협상게임

저자가 서강대 MBA에서 협상에 대한 강의를 할 때 학기 말쯤 해서 '협상 클리닉(Negotiation Clinic)'을 한다. 40명 쯤 되는 학생들을 4인 1팀으로 나누어 이태원에 가서 실제로 가상협상을 해보도록 한다. 그런데 재밌는 것은 MBA 10팀을 내보내면 대부분 상인들과의 협상게임에서 이기고 돌아온다. 평생을 가격협상을 해온 이태원 상인들이 왜 우리 MBA 협상팀에게 지는가를 분석해보니 여러 가지 이유가 있는데 그 중 이들이 가장 많이 저지르는 실수는 자신의 '저항가격'을 노출시키는 것이다. 〈그림 5-11〉에서 보듯이 깎아주는 폭을 20만 원, 15만 원, 8만 원 식으로 줄여 결국 MBA 학생들에게 자신도 모르게 저항가격을 알려주는 것이다.

그림 5-11 노트북 구매협상에서의 가격인하 폭의 변화

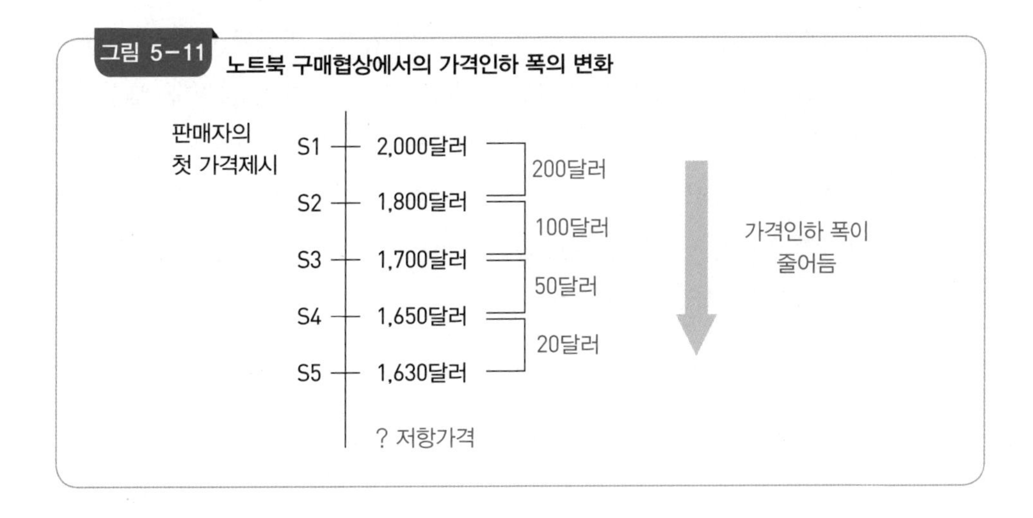

4. 4단계 전략: 마무리 협상전략

앞의 3단계 본 협상에서 가격협상이 이루어지면 핵심의제에는 거의 합의에 도달한 것이다. 그러나 협상을 마무리하는 마지막 단계에서도 여러 가지 전략이 필요하다. 이에 쉘은 다음과 같은 5가지 주요 협상전략을 소개한다.

- 니블링
- 마감시간
- 반반씩 양보하자는 제의
- 최후담판
- 합의에 대한 이행 약속

▌니블링(Nibbling): Last minutes demand

이태원 고가구상에 들른 이소심 부장이 170만 원 정가가 붙은 자개가구를 130만 원에 깎아줄 것을 요구하였다. 한 시간 동안의 어려운 가격흥정 끝에 주인이 40만 원을 할인해 이소심 부장의 요구대로 130만 원을 수락했다. 자개가구를 포장하고 배달지를 물으며 신용카드로 대금을 결재하려 하는데 갑자기 "10만 원만 더 깎아 달라"고 이소심 부장이 요구했다.

- 이때 주인은 어떻게 대응해야 할까?

이소심 부장은 상습적 니블러(nibbler)이다. 즉, 협상의 마무리 단계에 조그만 양보(small favor)를 받아내려는 협상전략인 니블링을 하는 것이다. 협상학자들에 의하면 대부분의 협상자들은 그간의 협상성과를 망치거나 관계훼손을 두려워해 상대의 니블링을 무조건 받아들이는 경향이 크다. 따라서 상습적 니블러 입장에서는 협상 마지막 단계에 니블링을 잘하면 협상성과의 3% 내지 5%는 더 얻어낼 수 있다는 것이 학자들의 연구결과이다.

상습적 니블러에 대한 대응전략: 상호양보원칙

쉘에 의하면 이 같은 니블링에 대한 한 가지 확고한 대응전략은 "절대 이를 무조건 받아들이면 안 된다"는 것이다. 니블링을 그냥 받아주면 상대는 니블링에 더욱 재미를 붙여 상습적으로 니블링을 하려 들 것이다.

따라서 가장 효율적인 대응전략은 상호양보(reciprocal concession)원칙이다. 니블링을 받아들여 주는 대신 이에 상응하는 양보를 상대로부터 받아내는 것이다. 앞의 사례에서 마지막 10만 원의 니블링을 받아들이는 대신 "자개가구를 배달해 주지 않겠다"고 하는 것이다. 때에 따라 배달료가 10만 원보다 크면 이소심 부장은 니블링으로 오히려 손해를 보는 셈이 된다. 또한 Putra와의 협상사례에서 지게차 가격이 거의 합의에 도달한 시점에 하디가 대당 500달러만 깎아달라고 니블링을 했다고 하자. 이때의 대응은 500달러 가격인하를 받아들여 주는 대신 외상수출 비중을 30%에서 25%로 줄여 상응하는 양보를 하디로부터 받아내야 한다.

▌마감시한(Deadline)

협상의 마무리 단계에서 중요한 것은 시간제한(time pressure)이나 마감시간에 쫓기지 말아야 한다. 앞의 머피의 법칙에서 살펴보았듯이 "마감시간이 가까울수록 협상자가 서둘러 양보하는 경향"이 강하다. 아래 Kim의 사례에서 보듯이 협상상대가 이를 역이용하면 협상자는 다른 대안 없이 말려들어가기 마련이다. 따라서 처음부터 협상계획을 여유 있게 잡아 협상의 마지막 단계에서 마감시간에 쫓기지 말아야 한다.

Kim의 Lan카드 구매협상

Kim은 노트북에 쓸 Lan카드를 사러 용산전자상가에 가기에 앞서 인터넷 검색을 했다. 제일 마음에 드는 것이 LG제품으로 8만 원이면 살 수 있을 것 같았다. 오후 6시에 용산전자상가의 첫 번째 가게에 들른 Kim은 굉장히 시간에 쫓기고 있었다. 이 Lan카드를 가지고 6시 30분까지 남산의 하얏트호텔까지 가야 한다. 더욱이 급해서 차를 길거리에 불법정차시켰다. 게다가 Kim이 실수한 것은 급한 나머지 이 사실을 상점 점원에게 말해버렸다. Kim의 말을 들은 점원은 10만 원을 요구했다. Kim이 시간에 쫓기고 있다는 것을 알고 High Ball로 나온 것이다. Kim의 저항가격은 8만 원이었지만 시간에 쫓기고 불법정차가 걸리면 몇 만원의 벌금을 내야 하는 입장이라 결국 10만 원을 지불했다.

▌반반씩 양보하자는 제의(Split the difference)

"서로 반반씩 양보하여 가격협상을 타결합시다."

이것이 바로 협상의 마무리 단계에서 협상자들이 가장 선호하는 해결책이다. 협상자의 입장에서 이 같은 상대의 제의를 받아들어야 할까?

쉘에 의하면 일반적으로 이 같은 타협협상전략은 바람직하지만 한 가지 예외가 있다. 협상자가 Low Ball 가격제시를 했는데 상대가 High Ball 가격제시를 한 상태에서는 이를 받아들이면 안 된다. 〈그림 5-12〉에서 보듯이 판매자는 자신의 저항가격(200만 원)보다 훨씬 높은 380만 원으로 High Ball 가격제안을 하고, 구매자는

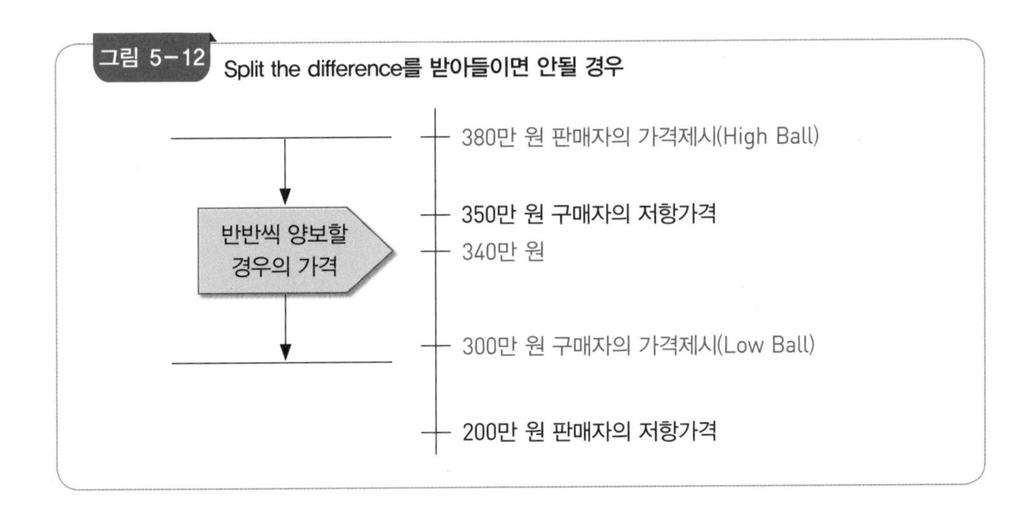

그림 5-12 Split the difference를 받아들이면 안될 경우

Low Ball로 300만 원에 가격제안을 했다고 하자.

이때 판매자의 '반반씩 양보하자'는 제의를 받아들이면 가격은 340만 원에서 결정된다. 이는 구매자의 저항가격에 거의 근접한 불리한 가격결정이다.

▌최후담판(Walkaway, Take it or leave)

협상의 마지막 단계까지 원만한 합의에 도달하지 못해 결렬위기(dead lock)에 처했다고 하자. 이때 협상자가 선택할 수 있는 마지막 방법은 최후담판이다. "이것이 협상의 마지막 양보선이니 이를 받아들이던지 아니면 협상장을 떠나라(take it or leave)"는 강경한 전략이다. 협상자가 이 같은 최후담판전략을 쓸 때 상대의 반응은 협상력에 따라 다음과 같은 두 가지 중의 하나일 것이다.

- 협상자의 협상력이 상대보다 클 때 상대방은 양보를 하여 협상자의 마지막 카드를 받아들일 것이다.
- 협상자의 협상력이 상대보다 약할 때 상대가 협상자의 마지막 카드를 거부해 실질적으로 협상이 결렬될 것이다.

이러한 관점에서 볼 때 최후담판전략은 상대와의 협상력을 면밀히 분석한 후 실시하는 것이 효율적이다.

▶ 상대의 최후담판전략에 대한 반응

이번에는 상대가 최후담판전략을 쓸 때 이에 어떻게 대응하느냐는 문제이다. 쉘에 의하면 상대협상자의 '사람됨을' 면밀히 분석하여 대응해야 한다.

상대가 평소 협조적인 협상가일 경우

이때 상대의 최후담판제의는 진짜이다. 따라서 협상을 지속하고 싶으면 협상자의 태도를 바꿔서라도 상대를 협상테이블에 되돌아오게 해야 한다.

상대가 평소 술책이 많은 협상가일 경우

이때 상대의 최후담판제의는 일종의 술책(tactics)이다. 따라서 동요하지 말고 상대와의 협상력을 냉정히 분석해 다음과 같이 대응해야 한다.

- 협상자의 협상력이 클 경우 기다리면 된다. 자신의 최후담판전략이 통하지 않는 줄 알고 상대가 협상테이블로 되돌아올 것이다.
- 상대의 협상력이 클 경우 도리 없이 상대를 협상테이블에 되돌아오도록 회유 내지는 설득을 해야 한다.

▌합의에 대한 이행약속(Gaining a Commitment)

쉘은 "협상의 목적은 단순히 합의에 도달하는 것이 아니라 이행약속을 받아내는 것"이라고 강조한다. 한미 통상협상이나 WTO 다자협상에 참석한 한국 장관들은 공식회담에서 구두합의에 도달하면 협상이 끝났다고 생각한다. 따라서 장관은 다른 일정에 매달리고, 상대와의 합의문 작성은 실무자에게 맡긴다. 이는 잘못된 것이다. 합의된 사항의 이행약속을 받아내기 위한 것도 협상의 중요한 마무리 과정이다. 일반적으로 이 같은 과정은 다음과 같은 방법에 의한다.

- 명문의 서류작성(계약서, MOU 등): 서양협상자와의 협상에서 꼭 필요하다.
- 합의내용 공개(Public Announcement): 한미 양국 간 정상회담을 하고난 후 이를 두 나라 국민들에게 공개하는 방법이다.
- 상호교환: 합의에 의한 이행약속 표시로 협상자 간에 물건, 증표 등을 상호교환하는 방법이다.

제 2 절 가격협상 모의연습(Role Play)

제1절에서 쉘의 가격협상에 대한 4단계 이론을 살펴보았다. 협상교육의 목적은 단순히 이 같은 이론을 공부하는데 그쳐서는 안 된다. 이 같은 가격협상이론을 가지고 실제 협상을 해보아야 한다. 이 같은 가격협상 교육의 가장 좋은 방법에는 모의연습이 있다. 이는 강의실에서 협상상황을 제시하고 role을 분담한 후 각 role에 주어진 비밀지침에 따라 실제 협상을 해보도록 하는 교육방법이다. 일반적으로 이 같은 role play는 다음과 같은 9가지 단계를 거친다. 이 같은 교육사례로 러시아 성 피터스버그의 호박(보석의 일종)구매협상과 다니엘과 프랭크 간의 토지가격협상 사례 두 가지를 살펴보자.

1. 모의연습 I: Amber Shop 딜레마

1단계: 협상상황의 제시(모든 참석자에게 설명)

이소심 부장은 한국인 관광객들과 함께 러시아의 생 피터스버그로 가고 있다.

- 8월 2일 오후 5시에 기차로 도착하여
- 8월 4일 오후 6시에 기차로 출발한다.

러시아로 가는 길에 이소심 부장은 다음과 같은 정보를 들었다.

- 생 피터스버그는 값이 싼 고품질 호박으로 유명하다.
- 관광객들을 대상으로 한 호박상점이 아주 많이 있다.
- 상점이 부르는 값은 가차 없이 (무자비하게) 깎아야 한다.

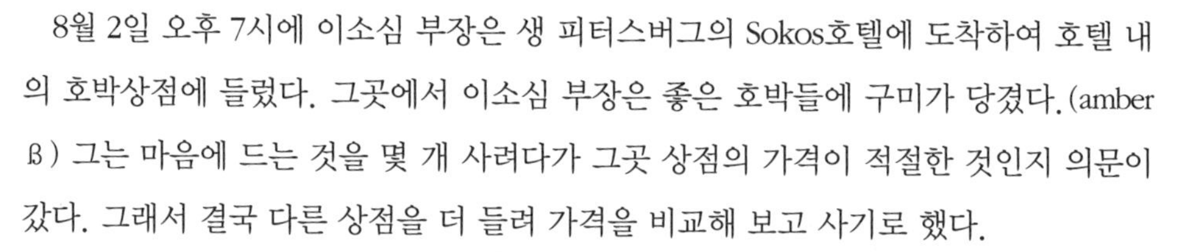

8월 2일 오후 7시에 이소심 부장은 생 피터스버그의 Sokos호텔에 도착하여 호텔 내의 호박상점에 들렀다. 그곳에서 이소심 부장은 좋은 호박들에 구미가 당겼다.(amber ß) 그는 마음에 드는 것을 몇 개 사려다가 그곳 상점의 가격이 적절한 것인지 의문이 갔다. 그래서 결국 다른 상점을 더 들려 가격을 비교해 보고 사기로 했다.

그러나 다음날(8월 3일), 이소심 부장은 다른 관광객들과 그룹으로 다니느라 호박상점에 들를 시간이 없었다.

출발시간 몇 시간 전인 8월 4일 정오에 여행가이드인 Sergei Kim(한국계 러시아인)은 여행객들을 인솔하여 지역 호박상점 '오로라'에 들른다. 그 상점에는 좋은 호박들이 많이 있어서 이소심 부장과 일행들은 많은 호박을 고른다. 하지만 이소심 부장은 그 상점에서는 현지의 다른 가게와 달리 '정찰가격제'를 고수한다는 사실을 발견했다.

세르게이 킴은 오로라 상점의 물건은 품질이 믿을 만하기에 정찰제를 고수한다고 이야기한다. 다른 관광객들은 가격에 대해서 아무런 생각없이 정찰가격대로 지불하려고 한다.

그러나 이소심 부장은 오로라 상점에서 20달러란 정가표가 달린 호박 ß' 정찰가격이 소코스호텔 로비에 있는 상점의 비슷한 모양의 호박 ß와 비교해 비싸다는 것을 알게 되었다. 이소심 부장을 오로라 상점의 가격이 의심스러웠지만 일행에게 오로라 상점 가격이 비싸다고 분명하게 말할 자신은 없었다.(말하자면 막연히 의심은 가지만 확신이 안 서는 것이다.)

관광객들은 오후에 박물관을 방문한 후 오후 6시 기차를 탈 예정이다. 박물관 관람은 "옵션"선택사항이다.(만약 이소심 부장이 원한다면 박물관을 안가고 호박상점에 들를 수 있다.)

▌2단계: Role 분담

이 Amber shop 사례에서는 세 가지 role이 있다.

- 한국인 관광객 이소심 부장
- 오로라 상점의 고용지배인 푸틴
- 러시아 교포인 세르게이 킴

한 role당 2명 정도의 참가자를 선정한다. 따라서 총 6명을 세 개의 role에 분담하는 것이 적절하다. 그 이상의 인원을 배정하면 너무 산만하게 role play가 진행된다. 나머지 청중은 평가단으로 한다.

▌3단계: 협상비밀지침 전달

이소심 부장, 푸틴, 세르게이 킴에게 각 역할 만이 알 수 있는 협상비밀지침(confidential information)을 준다. 이소심 부장 역할을 맡은 팀에게는 '이소심 부장의 비밀지침'을, 푸틴 팀에게는 '푸틴 지침' 등을 주는 것이다. 이때 절대로 role을 맡은 팀은 상대의 비밀지침을 알아선 안 된다.

나머지 참가자들, 즉 평가단에게는 세 role에 관한 모든 비밀지침을 주어 읽어보게 한다. 말하자면 role을 맡은 각 팀은 자신의 role에 해당하는 비밀지침만 알고, 나머지 참가자들은 세 role에 관한 모든 비밀지침을 다 아는 것이다.

▌4단계: Role Play 준비

이소심 부장, 푸틴, 세르게이 킴 역할을 맡은 팀에게 20분 정도의 여유를 주며 강의실을 나가 각자 협상준비를 하라고 한다. 이때 'Shell의 4단계 협상전략'에 따라 role play를 하도록 지시해야 한다. 즉, 주어진 Amber shop 딜레마에서 협상상황 분석과 협상전략 수립, 정보교환, 가격협상, 마무리 협상의 네 단계를 거치며 협상연습을 하도록 하는 것이다.

이때 절대로 가격협상만 하도록 한다. 즉, '현금내면 얼마 깎아 주겠다'는 등의 조건부 협상은 못하게 해야 한다.

▌5단계: 나머지 참가자들과의 평가준비

세 role을 맡은 사람들이 강의실 밖으로 나가면 강의실에 남은 나머지 참가자들과 함께 앞으로 벌어질 role play 평가준비를 한다.

▌6단계: Role Play 실시

평가팀이 잘 보도록 서서해야 하고 자연스런 제스처를 써도 좋다. 즉, 무슨 행동과 말이든 자유롭게 하도록 해야 한다. 이때 role play 참가자들에게는 '실제 상황과 같이 협상'하도록 해야 한다. 절대 장난처럼 웃는 것을 허용해서는 안 된다. 한 학생에게 role play에서 이소심 부장과 푸틴이 제시하는 가격제안으로 ZOPA를 그리도록 한다.

▌7단계: 평가 및 토론

role play가 끝난 후 각 평가팀(5인 1조로 구성)이 모두 간단히 평가를 하게 한다. 평가팀이 점수를 합산하면 역할별로 승자와 패자가 나올 것이다. 마지막으로 이소심 부장－푸틴－세르게이 킴의 역할을 맡은 팀이 평가에 대해 의견을 말할 기회를 주어야 한다.

Role Play 평가표

	이소심 부장	푸틴	세르게이 킴
점수(5점 만점)			
잘한 점			
잘못한 점			
개선방안			

2. 모의연습 Ⅱ: 이태원 자투리땅 매각협상

다니엘과 프랭크 역할을 부여한 후 앞의 Amber shop 딜레마와 같은 순서로 하지만 이 모의연습에는 모든 학생을 다 참여시킨다.

1단계: 협상상황 설명

- 스미스는 이태원 8번지에서 야채가게를 운영하고 있다. 1979년 1,500만 원을 주고 가게 옆의 자투리땅(7번지)을 샀다.
- 이 땅은 이태원 6번지에 있는 다니엘이 운영하는 장난감가게와 붙어 있다. 이 땅은 너무 작아서 빌딩이나 가게를 지을 수 없다(한국 법에 의하여 불허되고 있다).

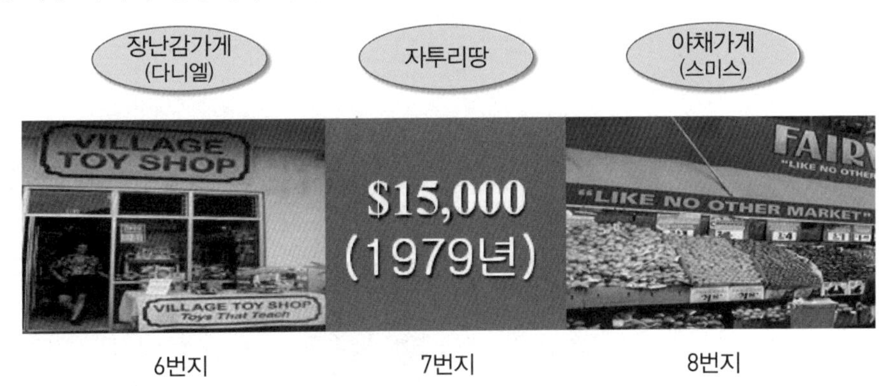

- 스미스는 이 자투리땅을 이용하여 언젠가는 가게를 확장하려고 했으나, 야채가게를 그만 두기로 마음먹고 가게와 함께 자투리땅도 팔기로 하였다.

• 다니엘은 이태원가 6번지에서 장난감가게를 운영하고 있다. 그는 이태원가 8번지에서 야채가게를 운영하는 스미스로부터 이태원가 6번지와 8번지 사이에 있는 자투리땅을 사지 않겠냐는 제의를 받았다.

2단계: 그룹별 역할분담 및 비밀지침 전달

학생 5명을 한 그룹으로 나눈다. 각 그룹에서 스미스 2명, 다니엘 2명, ZOPA 분석자 1명을 임명한다. 그리고 스미스와 다니엘에게 각자의 비밀지침을 전달한다.

3단계 : 각 그룹별로 Role Play

20분 정도 시간을 주어 각 그룹별로 흩어져 모의연습를 하도록 한다. 이때의 가격제안과정을 ZOPA 분석을 맡은 학생이 백지에 그리게 한다.

한 가지 주의할 점은 스미스와 다니엘이 성실하게 협상하여 각각 가격제안을 적어도 5번 이상하도록 해야 한다. (일부 학생들은 성의 없이 2~3번 가격제안을 하고는 휴대폰을 하고 잡담을 한다.)

4단계

그룹별 ZOPA 분석자가 칠판에 나와 role play 과정을 ZOPA에 그리게 한다.(아래 그림 참조) 그리고 교수가 결과를 평가한다.

Role Play에 대한 Teaching Manual은 박영사 홈페이지 도서자료실에 업로드되어 있습니다.

협상퀴즈 3

일본 토시바의 대 공산권 수출금지(COCOM) 위반협상

Wako Keoki라는 동경의 조그만 무역회사는 1979년 소련 수입상으로부터 '컴퓨터를 이용한 잠수함 프로펠러용 선반기계를 팔 수 없냐'는 제의를 받았다. 이 기계는 핵잠수함 프로펠러의 소음을 획기적으로 줄일 수 있는 첨단장비로 대 공산권 수출금지(COCOM)품목인 동시에 일본 국내법에 의해서도 해외수출이 금지된 장비였다. 1천 7백만 달러라는 큰 거래금액에 구미가 당긴 Keoki사는 토시바기계, 이토츠 종합무역상사와 접촉하여 이 첨단기계를 단순선반기계인 것처럼 위장해서 소련에 수출하기로 했다. 또한 기계운영에 필요한 소프트웨어는 노르웨이의 콩스베리사가 소련에 직접 제공하기로 했다. 중간거래를 알선하는 이토츠상사가 6%, Keoki사가 4.5%의 커미션을 받기로 한 것이다.

1981년 4월 이토츠상사의 모스크바 지점에서 KGB 요원이 두 명이나 참석한 가운데 소련 수입상과 이토츠 지사 간에 수출계약이 체결되었다. 이에 1981년 봄 토시바기계와 이토츠상사의 직원은 이 첨단장비가 단순선반기계인 것처럼 위장한 서류를 일본 통산성에 제출하여 수출허가를 받아냈다. 통산성 관리가 물건을 직접 확인해야 하는 의무를 게을리하여 수출허가를 내준 것이다.

1989년 12월 Keoki사의 모스크바 지사에 근무하던 쿠마가이가 이 사실을 프랑스 파리에 있는 COCOM 사무실에 찾아가 폭로하였다. COCOM의 통지를 받고 1986년 초 통산성은 토시바사에 대해 1차 조사를 실시하였다. 그러나 조사결과는 토시바측에 아무런 잘못이 없다는 것이었다. 그런데 문제는 1986년 미국 해군정보국에서 발생했다. 미 해군정보국은 지금까지 프로펠러 소음탐지에 의해 소련 핵잠수함을 발칸반도에서 찾아냈었다. 그런데 언젠가부터 소련 핵잠수함이 미국 대서양 연안까지 접근한 다음에야 미국 해군당국이 발견해내는 것이다. 이는 소련이 프로펠러의 소음을 줄이는 획기적 기술을 개발했던지 서방으로부터 이전받은 것을 의미한다.

그림 5-12 미 해군의 잠수함 소음탐지

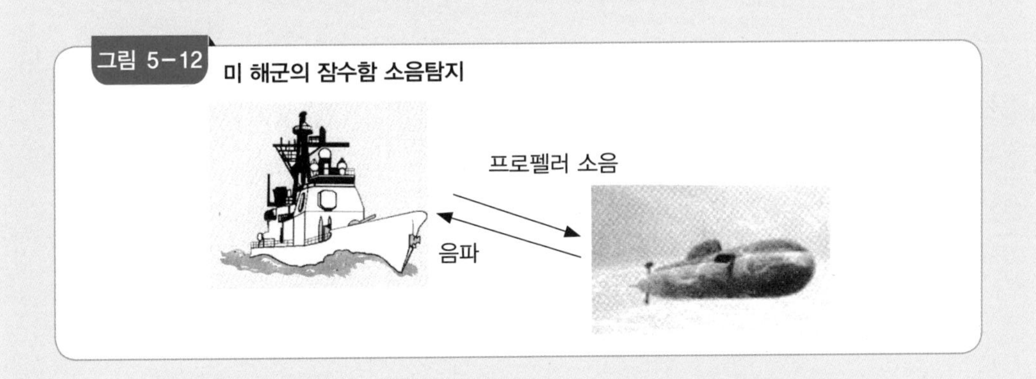

이를 이상하게 여기던 차에 1986년 쿠마가이가 이번에는 미국 정부 당국자에게 토시바기계의 불법수출 사실을 알렸다. 이어 있은 1986년 통산성 2차 조사에서도 토시바에 아무 잘못이 없다는 판정이 났다. 일본정부는 토시바 사건이 미국정부의 내정간섭이라고 불쾌히 여기고 토시바 수출의 위법 여부를 심각하게 조사하지 않았다.

1987년 1월 미국은 토시바 사건을 COCOM 15개 회원국에게 공식통보하여 정식으로 문제시하였다. 이 사실을 안 노르웨이정부는 곧바로 콩스베리에 대한 조사를 시작하여 1987년 2월 동사에 대한 즉각적인 법률제재를 하였다. 이때 일본 통산성도 토시바에 대한 3차 조사를 하였지만 결과는 마찬가지였다. 일본정부가 미국의 항의에 대해 소극적으로 대응하며 이 문제를 적당히 얼버무리려고 한 것이다.

그러나 이번엔 사태가 달랐다. 토시바 사건을 미국과 일본의 주요 신문의 톱기사로 다루고 미국 내에서 여론이 들끓은 것이다. "경제적 이익만 추구하는 일본기업이 미국의 안보를 위협하는 불법행위를 했고, 일본정부 또한 사태파악에 소극적이다"는 비판이다.

이에 1988년 8월 레이건 대통령은 모든 토시바그룹 제품의 미국정부 납품을 3년간 금지하였다. 또한 사건에 직접 연루된 토시바기계 제품의 미국에 대한 수출이 전면 금지되었다. 이에 미국 상원도 토시바 제품의 대미수출에 대한 제재법안을 의결하였다. 이에 당황한 토시바는 미국 내 동맹세력을 총동원해 미 의회에 대해 로비활동을 전개하였다. 토시바를 지원한 기업은 토시바의 부품을 사용하는 Compaq, Apple, 휴렛-패커드 같은 미국 내 컴퓨터업계, 토시바의 미국 내 6개 공장에 납품하는 미국업체 등이었다.

이 같은 노력에도 수그러들지 않는 미국 내 여론에 당황한 일본정부는 결국 토시바에 대한 강력한 법률제재를 하고 그것도 모자라 획기적인 대미 화해정책을 내놓았다. 그것은 미국업체와 유럽업체가 팽팽히 경쟁 중이던 일본의 차세대전투기 사업인 FSX의 사업권을 US General Dynamics사에 준 것이다. 이 FSX 사업의 계약규모는 무려 70억 달러였다.

토론 포인트

Q1. 미국의 항의에 직면해 일본정부는 초기에는 어떠한 협상전략을 썼는가?

Q2. 노르웨이정부의 협상전략은 어떤 것이었나?

Q3. 1987년 일본정부의 태도가 바뀐 이유는 무엇인가?

Q4. 일본정부의 최종협상전략은 무엇이었나?

Q5. 이 사례가 국제협상 측면에서 우리에게 주는 교훈은 무엇인가?

도움 되는 정보

- 안보 측면에서는 일본과 미국은 오랜 동맹관계이다. 즉, 일본은 안보를 미국에 의존하고 있다.
- 통상관계에서는 전통적으로 미국이 일본을 불신한다. 예를 들면 겉으로는 일본시장을 개방한다고 약속을 하고는 뒤에서 보이지 않는 장벽을 친다고 일본정부를 신뢰하지 않는 것이다.

퀴즈풀이에 대한 Teaching Manual은 박영사 홈페이지 도서자료실에 업로드되어 있습니다.

제 06 장 협상전략 분석

협상자는 보다 좋은 성과를 얻기 위해 여러 가지 전략을 쓰고자 한다. 이 장에서는 다음과 같은 관점에서 다양한 협상전략을 분석해 본다.

- 협상에서의 도덕성
- 다양한 협상전략
- 기만적 술책의 한계 및 대응전략
- 로비협상전략

제 1 절 협상에서의 도덕성

"뉴욕 비즈니스맨의 25%는 상습적 거짓말쟁이(persistent liars)이다."

"외교관이란 자국 정부에 이익이 된다면 거짓말을 서슴지 않고 해야 하는 해외에 파견된 정직한 사람이다."

1. 비도덕적 협상행위를 해야 할 경우

"협상테이블에서 필요하다면 비도덕적 행위를 해야 하나?"라는 질문을 받으면 많은 협상자들이 어떻게 대답할까. 물론 이상적으로는 도덕적 행위만 하는 것이 좋다.

쉘(Shell, 1999)에 의하면 현실적으로 본국이나 회사를 대표하여 협상을 하는 자는 다음과 같은 두 가지 경우에 비도덕적 행위를 해야 한다.

- 비도덕적 협상행위가 본국이나 회사에 이익이 될 경우이다(good for your firm, your country).

  물론 무엇이 본국이나 자사에 좋은 것이냐에 대해서는 논란의 소지가 있다.
- 비도덕적 행위를 하도록 본부로부터 지시를 받았을 경우이다.

  협상자란 조직의 이익을 위하여 협상권을 위임받아 상대방과 협상을 하는 것이기에 본국 정부의 훈령이나 본사의 협상지침에 따라야 한다. 이 경우 협상자의 의사에 관계없이 비도덕적 행위를 하게 된다.

레위키(Lewicki)[1]는 1996년 하버드 대학에서 전 세계로부터 온 2,000명의 MBA 학생들에게 협상의 도덕성에 대해 설문조사를 해보았다. 응답자의 대부분이 협상에서 허풍, 거짓 정보 유출, 거짓말 같은 비도덕적 협상행위를 하는 데 대해 별 부담감을 느끼지 않는다고 대답했다.

---

1 Lewicki, Roy J., & Robinson, R., "*A Factor Analytie Study of Negotiator Ethics*", Journal of Business Ethics, in press, 1966. Quoted in Lewicki etc., 1997, p. 231.

표 6-1 "비도덕적 협상행위를 하겠느냐?"라는 질문에 대한 대답

비도덕적 행위유형	평균응답률
제3자를 통한 협상상대의 정보획득	6.0
상대에게 본심(bottom line)을 숨김	5.8
사실은 급한 처지인데도 전혀 급하지 않다는 거짓 인상의 전략	4.4
제3자에게 돈을 지불하고 상대의 정보를 획득	3.2
상대를 거짓으로 위협함	2.6
의도적으로 상대에게 거짓 정보를 흘림	2.1

※ 6점 척도 기준으로 6은 '비도덕적 행위를 당연히 하겠다'는 대답이며, 1은 '안 하겠다'는 대답임.
〈자료〉 Lewicki etc., 1999, pp. 224-227.

2. 협상의 도덕성에 대한 3대 학파

쉘에 의하면 협상에서의 도덕성에 대해서는 다음과 같은 세 가지 학문적 주장이 있다.[2]

포커학파(Poker School)

포커학파의 창시자는 트루먼 대통령시절 특별 보좌관을 지닌 알버트 카(Albert Carr)이다. 마치 포커게임에서 적당한 거짓이 필수적이듯이 협상을 잘하기 위해서는 비도덕적 행위를 하지 않을 수 없는 것이다. 이 학파는 협상자의 명성이나 관계에는 큰 비중을 두지 않고 눈앞의 협상에서 많은 것을 얻어 내려는 데만 최대의 관심을 둔다.

그러나 포커학파의 비도덕적 협상행위에는 분명한 한계가 있다. 즉, 필요하다면 비도덕적 행위를 하지만 이는 어디까지나 법률이 허용하는 범위 내이고 불법이면 하지 말아야 한다는 것이다. 허풍(bluffing) 같이 비도덕적이긴 하나 합법적인 행위는 되지만, 허위공문서 같이 불법적인 행위는 하면 안 된다.

---

2 Shell, G. Richard, *Bargaining for Advantage: Negotiation Strategies for Reasonable People*, Viking, 1999, pp. 201-234.

이상주의 학파(Idealist School)

협상이란 인간사회생활의 일환이다. 사회생활에서 비도덕적 행위를 하면 안 되듯이 협상에서도 그런 행위를 하면 안 된다. 한걸음 더 나아가 이상주의 학파는 설사 협상테이블에서 손해를 보더라도 비도덕적 행위는 하면 안 된다고 주장한다.

실용주의 학파(Pragmatist School)

도덕성에 관한 불변의 원칙은 없다. 그때그때 처해진 상황에 따라 비도덕적 협상 행위 여부를 결정해야 한다. 실용주의 학파가 비도덕적 행위를 허용하는 경우는 다음의 두 가지이다.

- 비도덕적 행위로 인해 얻는 협상이익이 장기적 비용보다 더 클 때
- 상대가 비도덕적 행위를 할 때

3. 라이파(Raiffa) 딜레마: 도덕적 협상의 사회적 게임

현실적으로 앞의 3대 학파 중 어느 것을 따르느냐 하는 것은 협상자 개인의 성격, 상황, 협상이익 등 다양한 요인에 의해 영향을 받는다. 그러나 하버드 대학의 라이파(Raiffa)[3]에 의하면 협상자의 비윤리적 행위여부는 상대방의 협상태도에 의존한다.

여러분과 100명의 협상자가 있다고 가정하자. 〈그림 6-1〉은 여러분과 상대(100명)가 어떻게 협상하느냐에 따른 협상성과의 배분을 보여주고 있다. y축과 x축은 각각 협상성과와 도덕적으로 행동하는 상대(100명)의 비중을 나타낸다.

- 100명 모두가 도덕적으로 행동할 때: 여러분도 도덕적으로 행동하면 100달러를, 비도덕적으로 행동하면 200달러를 얻을 수 있다.
- 반대로 100명 모두가 비도덕적으로 행동할 때: 여러분만 도덕적으로 행동하면 100달러를 잃고, 비도덕적으로 행동하면 최소한 손해 보지는 않는다.

---

3 Raiffa, Howard, *The Art and Science of Negotiation*, The Belknap Press of Harvard University Press, 2000, pp. 346-348.

이 사회적 딜레마 게임은 협상의 도덕성에 대해 다음과 같은 시사점을 던져준다.

- 대부분의 사람이 도덕적으로 행동할 때 협상자가 비도덕적으로 행동하면 도덕적으로 행동할 때보다 더 큰 협상성과를 거둘 수 있다.

  즉, 이때는 협상자의 판단에 따라 이상학파나 포커학파를 마음대로 선택할 수 있다. 〈그림 6-1〉에서 70명이 도덕적으로 행동할 때 포커학파에 따라 협상자가 비도덕적으로 행동하면 140달러를 얻을 수 있다. 그러나 이상학파에 따라 도덕적으로 협상하면 40달러 밖에 얻지 못하는 대신 좋은 평판 같은 무형의 자산을 얻을 수 있다.
- 대부분의 사람이 비도덕적으로 행동할 때 협상자는 선택의 여지가 없이 비도덕적으로 행동해야 한다.

〈그림 6-1〉에서 20명만 도덕적으로 행동할 때 자신이 도덕적으로 행동하면 60달러를 잃어버린다. 이때 비도덕적으로 행동해야만 40달러를 건질 수 있다.

그림 6-1 도덕적 협상의 사회적 딜레마게임 곡선

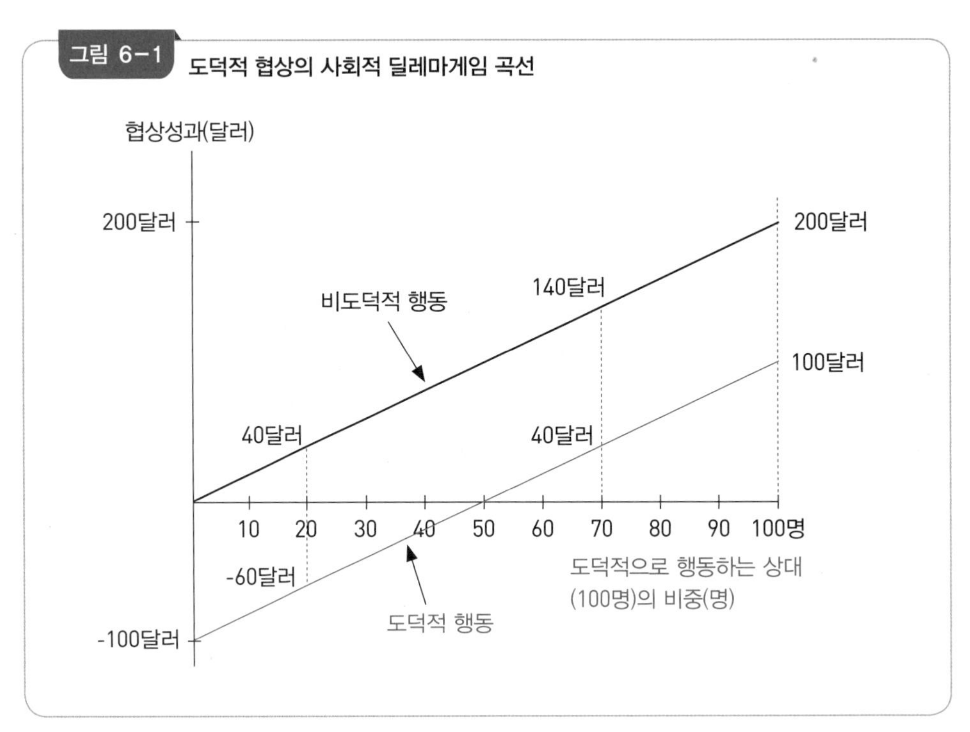

〈자료〉 Raiffa, 2000, p. 347의 내용을 수정 보완.

4. 상대에게 거짓말을 하는 9가지 협상상황

리 L. 톰슨(2005)에 의하면 〈그림 6－2〉에서 보듯이 일반적으로 협상자가 거짓말을 하는 경우는 다음의 9가지 협상상황에 처했을 때이다.

① 맞대응 거짓말상황(lie-for-a-lie): 협상테이블에서 상대방이 협상자 자신을 속이고 있다고 의심할 경우이다. 이때 당연히 협상자는 같이 거짓말을 하며 맞대응하려 한다.

② 거래적 협상상황: 협상과정에서 상대협상자를 한 번 만나고 다시 만날 일이 없다고 판단되는 경우이다. 이때 협상자는 심리적 부담감이 없이 거짓말을 한다.

③ 개인적 이득상황: 협상에서 거짓말을 통해 개인적인 이득을 얻을 수 있다고 판단되는 경우이다.

④ 곤경탈출상황: 협상테이블에서 협상자가 곤경에 처하는 경우가 있다. 이때 협상자는 곤경상황에서 벗어나기 위해 거짓말을 협상카드로 선택한다.

⑤ 생사의 협상상황: 협상이 기업의 존폐 혹은 개인에게 매우 중요한 영향을 미치는 생사의 협상상황이다. 이때 협상자는 거짓말을 해서라도 우선 다급한 상황에서 빠져 나오려 한다.

⑥ 평판무시상황: 협상자가 협상테이블에서 자신에 대한 평판에 별 신경을 안 쓸 경우이다.

⑦ 약한 협상력상황: 협상자가 상대협상자에 비해 압도적으로 약한 협상력상황에 놓여있는 경우 협상자는 거짓말을 통해 협상을 유리하게 이끌고자 한다.

⑧ 혐오상황: 협상테이블에서 상대협상자가 싫을 때에도 거짓말을 한다.

⑨ 고정파이상황: 협상으로 얻을 수 있는 이익이 파이처럼 정해져 있다고 생각해 상대방을 몰아 붙여야만 자기에게 돌아오는 이익이 크다고 생각하는 경우에 협상자는 거짓말을 한다.

〈그림 6－2〉에서 보듯이 9가지의 각각 다른 거짓말 협상상황 중에 거짓말을 할 확률은 맞대응 거짓말상황이 43%로 가장 높고 거래적 협상상황이 38%로 그 다음에 위치한다. 그 뒤를 이어 개인적 이득상황이 21%, 곤경탈출상황이 19%, 생사의 협상

그림 6-2 상대에게 거짓말을 하는 9가지 협상상황

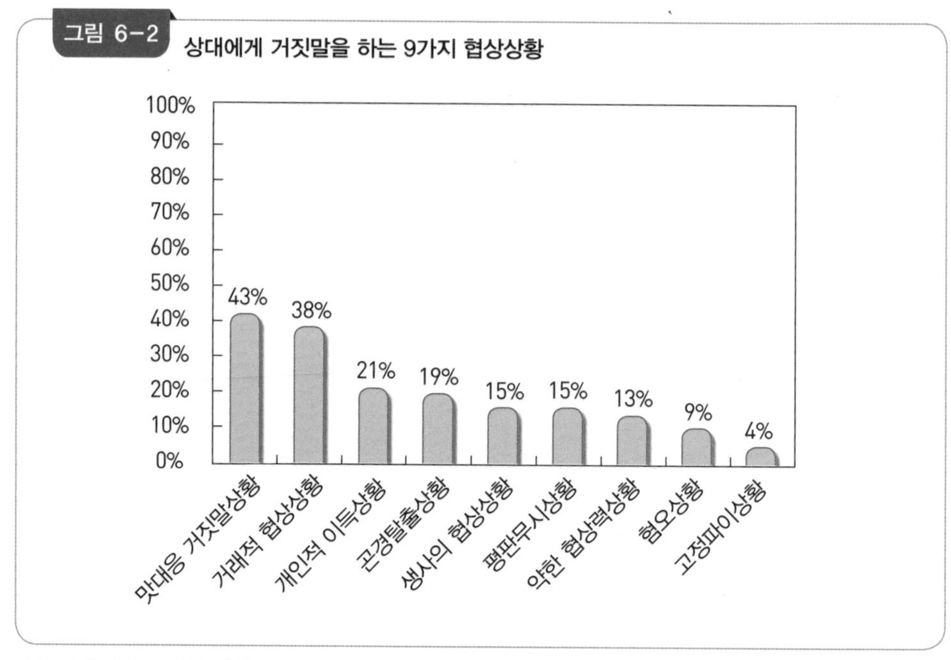

주: Y축은 거짓말을 할 확률.

〈자료〉「The Mind and Heart of the Negotiator」, Leigh L. Thompson, 2005.

상황이 15%, 평판무시상황이 15%, 약한 협상력상황이 13%, 혐오상황이 9%, 마지막으로 고정파이상황이 4%이다.

제 2 절 다양한 협상전략

1. 위협전략(Threat)

위협은 "상대가 협력하지 않으면 내가 대가를 치르게 하겠다(If you don't cooperate, I will do something)"란 식으로 행동하는 것이다. 이 같은 위협은 상대를 방어적으로 만들어 협상자가 상당히 유리한 여건에서 협상을 진행할 수 있도록 한다. 이 같은 위협전술과 관련해 고려해야 할 세 가지는 '확실한 위협'과 '암시적 위협', '보복위협 효과'이다.

확실한 위협(Credible Threat)

이런 재미있는 우스개 이야기가 있다. 아프리카의 어느 가난한 나라 대통령이 장관들을 불러 심각한 회의를 하였다.

"어떻게 하면 우리나라가 빈곤에서 벗어날 수 있을까?"

이것이 장관회의의 주제였다. 여러 의견이 나왔는데, 국방장관이 기발한 아이디어를 냈다.

"미국에 선전포고를 하고 전쟁을 합시다. 역사적으로 미국과 전쟁을 해 진 나라들, 즉 독일, 일본 모두 잘 살고 있지 않습니까?"

그래서 그 나라가 미국에 선전포고를 하며 위협하였다고 한다. 이럴 때 미국의 반응은 어떨까? 미국이 위협받았다고 생각하고 그 나라를 경제원조 같은 수단으로 달래려 할까.

전혀 그렇지 않을 것이다. 아프리카 나라의 전쟁 위협을 무시해 버릴 것이다. 이같이 국제협상에서 아무리 위협을 하더라도 상대가 이에 굴복하지 않으면 아무런 소용이 없다. 따라서 위협전략의 성공요건은 "상대가 질려서 양보(to be scared to concede)"하도록 만들 수 있는 '확실한 위협(credible threat)'이 되도록 하는 것이다.

국제협상에서 이러한 확실한 위협효과를 잘 이용하는 나라가 미국과 중국이다.

중국의 '확실한 위협'에 굴복한 미국

미국 USTR은 중국에 대해 스페셜 301조를 발동했다. 중국에 범람하는 가짜 상표,

그림 6-3 미국과 중국의 지적재산권 통상분쟁

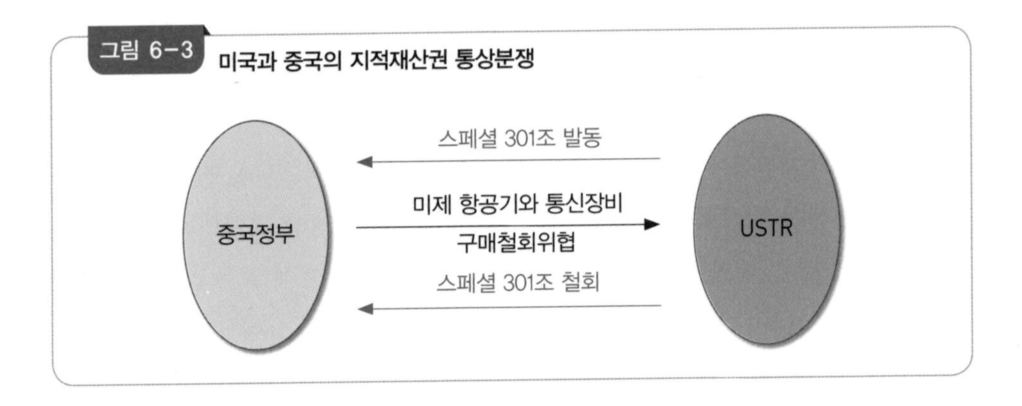

소프트웨어 불법복제 등 지적재산권 위반에 대한 보복위협조치인 것이다. 이 같은 미국의 조치에 중국정부는 강력한 대응보복(counter-retaliation)위협을 하였다. 미국으로부터 구입 예정인 통신장비와 민간항공기를 유럽에서 사들이겠다는 것이다. 이에 당황한 미국 USTR은 결국 슬며시 스페셜 301조를 철회하였다.

▌암시적 위협(Implicit Threat)

네이버의 강부장은 정보시스템 개발업체의 홍사장과 협상하고 있다. 그런데 협상 중 홍사장이 네이버의 이회장을 잘 안다고 하며 다음과 같이 말한다.

"이회장은 대학동기이자 군대생활까지 같이 한 아주 절친한 친구관계이다. 지금도 자주 골프를 치고 저녁도 같이 합니다. 다음에 이회장을 만나면 '당신이 아주 유능한 협상가'라고 말해주겠다."

이 말을 한 번도 아니고 여러 번 한다. 그런데 묘한 것은 납품가격 인하 같이 민감한 협상을 할 때 이런 이야기를 반복적으로 하는 것이다.

지금 네이버에 자기 회사의 정보시스템을 팔고 싶어하는 홍사장은 네이버의 강부장에게 무엇을 하는 것일까? 아무런 생각없이 자신과 네이버의 이회장이 친하는다는 것을 자랑하고 있는 것일까? 아니다!

홍사장은 강부장에게 '암시적 위협'을 하고 있다. 내가 당신 상관인 이회장과 절친한 사이이다. 그러니 이번 협상에서 나에게 잘 협조해라. 그러면 이회장에게 당신에 대해 좋은 이야기를 해주겠다.

이는 거꾸로 해석하면 만약 순순히 협조하지 않으면 네이버의 이회장에게 강부장에 대한 불리한 이야기를 하겠다는 암시적 위협인 셈이다.

▌보복위협 효과(Retaliation Threat Effect): 실제 '보복'보다는 '보복위협'

국제협상에서 위협전략의 진정한 목적은 "보복 그 자체보다도 보복위협 효과를 통하여 협상력을 강화시켜 상대에게서 많은 양보를 받아내기 위한 것"이라는 것을 말한다. 국제협상에서의 많은 위협사례를 보면 실제 보복으로 이어진 경우는 드물다. 거의 모두가 보복위협 효과를 통해 협상에서의 유리한 고지를 점령하기 위한 의도적 전략들이었다.

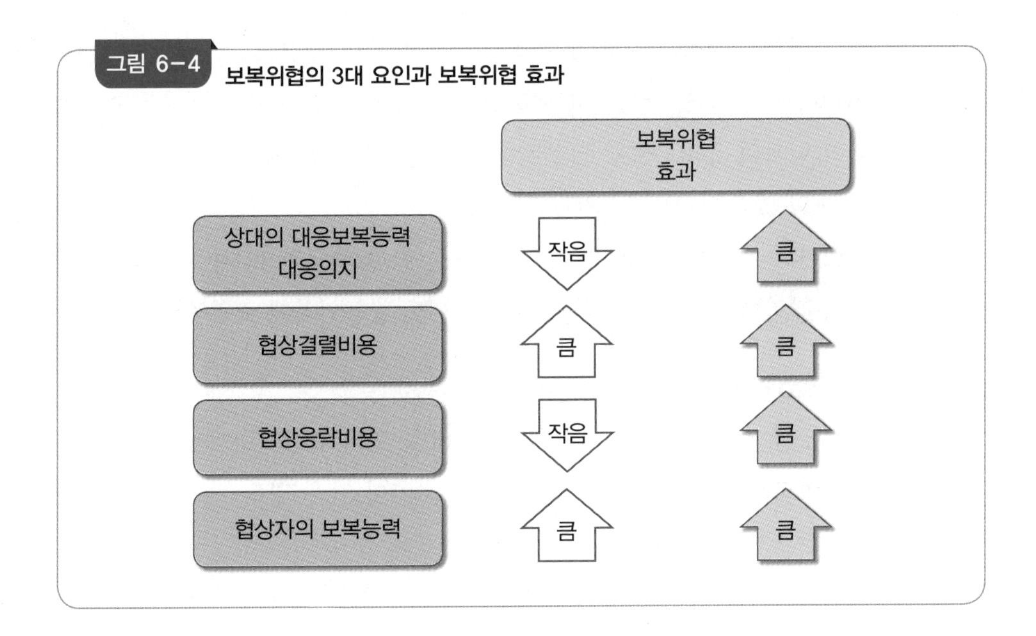

그림 6-4 보복위협의 3대 요인과 보복위협 효과

▶ 보복위협 효과의 3대 결정요인

보복위협이 항상 효과가 있는 것은 아니다. 맥밀란은 보복위협을 하여 우월한 협상력을 확보함으로써 협상목적을 달성시킬 수 있는 경우는 다음 세 가지라고 말한다.

- 상대의 대응보복능력과 대응의지가 없거나 약할 때
- 상대의 협상결렬비용이 크고 응락비용이 적을 때
- 협상자의 보복능력이 클 때

1. 상대의 대응보복능력과 대응의지(Willingness)

보복위협의 궁극적 목적은 상대국을 굴복시켜 협상테이블에서 유리한 고지를 점령하는 것이다. 만약 상대가 위협에 굴복하지 않고 대응보복할 의지가 강하던지, 실제로 능력이 있으면 소기의 목적을 달성할 수 없다. 그러므로 보복위협 효과로 우월한 협상력을 확보하기 위해서는 상대의 대응보복능력이 작아야 한다.

예를 들어 범용기자재를 납품하는 제일기계라는 중소기업에게 POSCO가 '단가를 인하하지 않으면 거래를 단절하겠다'고 위협을 하면 그 효과는 상당히 클 것이다. 왜냐하면 제일기계의 대응보복능력은 거의 제로에 가깝기 때문이다.

이 같은 대응보복능력 못지않게 중요한 것이 대응보복을 하겠다는 상대의 '의지(willingness)'이다. 맥밀란에 의하면 일본은 경제대국임에도 불구하고 일반의 예상과 달리 미국의 슈퍼 301조 위협에 대해 대응보복하겠다는 적극적인 위협조차 해본 적이 거의 없다.

일본의 대응보복의지가 이 같이 낮은 반면 중국과 EU는 미국의 무역보복위협에 대해 강력히 대응보복을 하겠다는 '의지'를 공공연하게 표명하였다.

2. 협상결렬비용과 응락비용(Compliance Cost)

요구를 거부하면 상대가 '중대한 손해'를 입어 협상결렬비용이 큰 반면, 요구를 받아들여도 상대의 응락비용(compliance cost)이 작을 경우 위협전략을 통해 협상에서 유리한 고지에 설 수 있다.

협상테이블에서 POSCO가 '납품단가를 5% 인하 안하면 거래를 끊겠다'고 위협할 때 제일기계의 입장에서 POSCO와 거래가 단절되면 매출의 80%가 타격을 받는다면 협상결렬비용이 상당히 크다. 이 같은 경우 POSCO의 위협전략 효과는 아주 클 것이다.

반대로 제일기계의 매출에서 POSCO 납품이 차지하는 비율이 10% 밖에 안 되고, 5% 단가를 인하하면 손해를 본다고 하자. 이때 제일기계의 협상결렬비용은 아주 작고, 협상응락비용은 아주 크다. 이런 상황에서는 POSCO가 아무리 위협을 해도 별 효과가 없을 것이다.

3. 협상자의 보복능력

범용기자재를 납품하는 제일기계에 대한 POSCO의 보복능력은 아주 크다. 범용기자재라는 제품의 특성상 이를 생산하는 업체가 아주 많기 때문이다. 하지만 세계특허를 가진 특수기자재를 납품하는 독일의 티센사에 대한 POSCO의 보복능력은 아주 약할 것이다. 왜냐하면 POSCO의 입장에서 다른 공급자를 찾을 수 없기 때문이다.

2. 벼랑끝 협상전략(Brinkmanship)

벼랑끝 협상전략이란 "상대의 양보를 받아내기 위해 서로에게 나쁜 위기상황(risk)을 의도적으로 만드는 것"이다. 쉽게 설명하면 협상자가 수류탄의 안전핀을 빼

들어 손에 쥐고 상대와 협상을 하는 것과 같다. 협상자가 손을 놓아 수류탄이 폭발하면 모두가 피해를 입는다. 따라서 상대는 벼랑끝에서는 협상자를 달래기 위해 상당한 양보를 하지 않으면 안 된다.

▌벼랑끝 협상전략의 3대 요소

이 같은 벼랑끝 협상전략이 성공하기 위해서는 3가지 요소를 만족해야 한다.

1. lose-lose 게임의 위기상황 발생경고

지금 협상테이블에서 양보하여 협상자의 조건을 받아들이지 않으면 심각한 위기상황(risk)이 발생할 수 있음을 경고한다. 물론 이 위기상황이 발생하면 협상참여자 모두가 손해를 보는 lose-lose 게임이 된다.

2. 위기상황 조성능력: 확실한 벼랑끝전략(Credible Brinkmanship)

협상자가 위기상황을 진짜 조성할 능력과 의지가 있다는 것을 보여줘야 한다. 수류탄을 든 협상자의 경우 수류탄이 폭발하도록 안전핀을 잡은 손을 놓을 수 있다는 것이다.

이 협상전략은 위협의 특수한 한 종류이다. 따라서 위협과 같이 벼랑끝전략도 일단 시작하면 상대가 겁을 먹도록 '확실해야(credible)' 한다. 상대에게 '확실한 협상전술(credible brinkmanship)'이 되어야 한다는 것이다. 상대가 협상자가 수류탄 안전핀을 뽑은 손을 놓을 배짱이 없다고 생각하면 기대한 위기상황이 조성되지 않는다.

3. 통제할 수 없는 위기상황

벼랑끝전술의 마지막 구성요소는 위기상황의 통제성이다. 일단 심각한 위기상황이 조성되면 협상자가 통제할 수 없으니(out of control) 지금 양보하라는 요구이다. 즉, 벼랑끝까지 몰고 가 밀고 당기다가 서로가 합의에 도달하지 못하면 벼랑으로 추락한다. 일단 추락이라는 위기상황이 발생하면 어느 누구도 이 추락을 멈출 수 없다.

수류탄의 안전핀을 뽑고 일단 손을 놓으면 수류탄은 몇 초 후에 자동적으로 폭발한다. 다시 말하면 안전핀을 뽑고 손을 놓으면 수류탄이 안 터지게 하는 방법이 없다. 이 경우 협상자 모두는 통제할 수 없는 위기상황에 빠지고 lose-lose게임을 하게 된다.

벼랑끝 협상전략으로 타결시킨 한·미 쇠고기 재협상

2008년 6월 15일 워싱턴 DC에서 이틀째 협상을 성과 없이 끝낸 김종훈 통상교섭본부장이 다음 날 예정된 3일째 협상을 내팽개치고 뉴욕으로 가버린다. 30개월 이상의 쇠고기수입을 금지하는 미국과의 재협상을 깨고 한국으로 조기귀국 해버리겠다는 것이다.

아니 대통령이 쇠고기 때문에 두 번이나 대국민사과를 한 중요한 협상이라 미국정부 관료의 바짓가랑이를 잡고 호소해도 부족한 판에 무슨 정신 나간 행동인가? 김장관의 돌출행동을 보고 국내여론이 들끓었다. 김장관은 우리나라 통상관료 중 뛰어난 협상전략가이다.

바로 '벼랑끝 협상전략'을 쓴 것이다.

대통령이 초미의 관심을 가지고 있는 일인데, 협상을 중도에 깨고 귀국하면 김장관의 앞날은 뻔하다. 좋다! 그렇다면 김장관의 상대인 웬디 커틀러는 무사할까? 한국으로 수출되는 쇠고기의 95% 이상이 30개월 미만이다. 전체 수출물량의 5%도 안 되는 30개월 이상 쇠고기 때문에 한국정부와의 협상이 깨져 한국시장 전체를 잃게 된다면, 미국 축산업계가 가만히 있을까? 미국의 USTR도 엄청난 궁지에 몰릴 것이다. 결국 벼랑끝전술에 말려든 USTR이 뉴욕으로 간 김장관을 다시 불러 어려운 쇠고기 재협상을 무사히 마무리 지을 수 있었다.

그간의 한·미 통상협상이 미국의 비위를 안 건드리고 뭔가 '원만한 합의-원만한 한미관계' 만을 강조해 온 걸 돌이켜 볼 때 쇠고기 재협상에서의 벼랑끝전략은 획기적인 발전이라고 볼 수 있다.

3. 미끼협상전략(Decoy)

독일 선주의 선박 수주협상

한국의 현대중공업과 케미컬 탱커 수주협상을 하는 독일 선주가 다음과 같은 5가지 조건을 요구했다.

[조건 1] 1년 6개월 만에 선박인도

통상 2년이 걸리는 케미컬 탱커선의 건조기간을 고려할 때 공기 6개월 단축은 조선소에 상당히 부담스런 조건이다.

[조건 2] 독일제 선박엔진 사용

일반적으로 국산엔진을 사용하는 현대중공업에게는 추가원가 부담이 되는 조건이다.

[조건 3] 엄격한 해상 오염방지설비 부착

현대중공업에서 건조되는 선박은 일반적으로 국제기준을 충족하는데 그보다 한 단계 위의 엄격한 오염방지설비를 요구하는 것이다.

[조건 4] 무리한 선가지급 조건

보통 수주계약시 선가의 30%를 지불하는데 10% 선급금만 지불하겠다는 것이다.

[조건 5] 저렴한 선가

통상 유럽 선주가 요구하는 가격보다 20%나 저렴한 선가를 요구한다.

당연히 이 같이 무리한 독일 선주의 5가지 요구를 현대중공업으로서는 받아들일 수 없다. "왜 독일 선주는 이 같은 무리한 요구를 할까?" 독일 선주는 전형적인 미끼 전술을 쓰고 있다. 그의 진짜 협상목표는 낮은 가격에 현대중공업에서 케미컬 탱커선을 수주하려는 조건 5이다. 그런데 이 진짜 협상목표를 쉽게 달성하기 위해 나머지 네 가지 조건을 미끼로 들고 나온 것이다.

이 같은 미끼전략은 일반적으로 다음과 같은 단계를 거친다.

- 여러 가지 무리한 미끼조건을 상대에게 제시한다.
- 당연히 협상상대는 이를 받아들이지 않아 협상이 심각한 난관에 봉착할 것이다.
- 협상결렬 일보 직전에 다른 미끼조건들을 양보하고 이에 대한 대가로 핵심의제에 대한 양보를 상대에게서 받아낸다.

앞의 사례의 경우 마지막 순간에 미끼인 선박인도기간, 엔진, 선급금 등에 대해 모두 양보하고 핵심의제인 선가의 대폭적인 양보를 현대중공업으로부터 받아내는 것이다. 상대가 이 같은 미끼전략을 쓸 때 대응방안은 간단하다. 상대가 내건 많은 협상조건 중에 "무엇이 미끼조건이고 무엇이 핵심의제인가"를 정확히 파악하는 것이다.

의도적으로 미끼를 만들어 유리한 협상고지를 점령한 한국수석대표

김종훈 수석대표는 2006년 12월 미국 몬타나에서 있었던 한미FTA 5차 협상에서 웬디 커틀러 미국 수석대표와 두 나라 간에 가장 관심이 많았던 신약 최저가 보장문제로 신경을 곤두세우고 있었다. 미국이 새로 나온 신약의 최저가격을 보장해 달라는 것인데, 이는 우리 제약업계에 너무 부담이 커 도저히 들어 줄 수 없는 사안이었다. 두 나라 대표가 잠시 커피를 마시며 쉬는 시간에 김대표가 별 생각 없이 무역구제비합산조치[4] 이야기를 꺼냈다. 사실 쌀, 자동차, 오

4 반덤핑조치 발동을 위한 산업피해판정 때 한국산은 분리해서 평가해 달라는 비합산조치.

렌지, 지재권 등 다른 협상현안에 비하면 무역구제비합산조치는 한국측으로서는 별로 큰 관심은 없었던 의제였다. 말하자면 되면 좋고, 안 되면 그만인 카드였다. 그런데 김대표의 이야기를 듣자마자 웬디 커틀러가 정색을 하며 표정이 굳어졌다. 한국정부가 무역구제비합산조치를 들고 나오면 FTA'협상이 깨진다는 것이다. 미국의회가 이 문제를 들어 줄 리가 없으니 협상을 계속하고 싶으면 절대 무역구제비합산조치는 말도 꺼내지 말라는 것이었다.

여러분이 김 수석대표라면 이때 어떻게 하겠습니까?

미국과의 협상을 계속하기 위해 커틀러의 경고대로 무역구제비합산조치 카드를 슬며시 도로 주머니에 집어넣을까요.

협상의 초보자라면 아마 그렇게 할 것이다. 하지만 한국정부를 대표하는 김 수석대표는 그렇게 어리숙하지 않았다. 순간 김대표의 머리에 떠오른 것은 '바로 이게 미끼(decoy)이구나!'하는 생각이었다.

"나도 한국정부의 대표로서 무역구제비합산조치를 성사시키지 못하면 협상을 집어치우겠다. 한국 수출업체들이 이 문제 정도 해결 못하면 무엇하러 미국과 FTA를 하냐고 난리이다."

김 수석대표도 완강하게 맞받아쳤다. 말하자면 미끼의 값을 키우는 것이다. 계속 무역구제비합산조치에 대해 완강한 입장을 취하며 커틀러 대표와 팽팽히 맞서다가 미끼값이 최고점에 이르렀을 때 골치 아픈 신약 최저가보장과 맞바꿔 버렸다. 골치 아픈 신약 최저가보장과 되어도 그만, 안 되어도 그만인 무역구제비합산조치와 맞바꿔버렸으니 협상 한번 잘 한 셈이다.

이 같은 미끼협상전략은 두 가지 관점에서 이해해야 한다.

첫째, 협상테이블에서 상대가 미끼를 여러분에게 휙 던질 때이다. 상대가 말도 안 되는, 즉 도저히 받아들일 수 없는 여러 가지 요구를 해올 때 조심해야 한다. 일반적으로 상대가 미끼전략을 쓸 때 대응은 다음과 같다. 협상테이블에서 상대가 말도 안 되는 요구들을 여러 가지 해왔을 때 '아! 미끼를 던지는구나 하고 알아차려야 한다. 이때의 대응전략은 의외로 간단하다. 어떤 것이 미끼이고, 어떤 것이 진짜인지를 구별해 맞받아치면 된다.

두 번째로 무역구제비합산조치의 경우처럼 여러분이 미끼협상전략을 쓸 때이다. 여러 가지 어려운 난제들이 뒤섞인 협상에서 별로 중요하지 않은 카드를 던졌는데, 상대가 절대 들어 줄 수 없다고 펄펄 뛰면 바로 그것이 미끼이다. 여러분도 김종훈 수석대표처럼 초강수로 맞받아쳐라. 그러면서 미끼의 값을 최대한 키운 다음에 어려운 협상의제와 맞바꾸는 것이다.

4. 지연전략(Delay)

레위키는 협상력과 지연전술 간의 관계를 다음과 같이 정리한다.

- 협상자가 상대에 비해 우월한 협상력을 가지고 있을 경우,
  서슴지 말고 이 우월한 협상력을 기반으로 협상을 빨리 진행시켜야 한다.
- 협상자가 불리한 협상력을 가지고 있을 경우,
  의도적 지연전술을 쓰는 것이 유리하다. 상대에 비해 불리한 협상력을 가졌다는 것은 정보가 부족하다거나 시장여건 등 협상상황이 좋지 않게 전개되기 때문이다.

일반적으로 지연전략을 통해 다음과 같은 세 가지를 기대할 수 있다.

정보획득

협상을 서두르지 않고 지연시키면 필요한 정보를 얻을 수 있다.

예를 들어 카카오톡의 협상팀이 미국의 구글(Google)과 전략적 제휴를 하기 위해 미국으로 출장을 갔다고 한자.

첫 만남은 단순한 사업소개, 정보교환 정도인 줄 알고 부담없이 갔는데, 의외로 구글팀은 전략적 제휴에 대한 많은 정보를 분석해 본격적인 협상을 하자고 한다.

하지만 섣불리 본 협상을 시작하면 정보가 준비 안 된 카카오 협상팀이 절대적으로 불리하다. 이 경우 첫 협상을 일단 종결시키는 지연전술을 쓰고 한국에 돌아와 필요한 정보를 수집한 다음 재협상하는 것이 낫다.

유리한 협상상황 기대

예를 들어 삼성전자가 중국의 샤오미에 반도체를 대량판매하는 협상을 하고 있다고 하자. 팬데믹 이후 세계경기 회복으로 세계가 반도체 부족으로 난리이고 반도체 가격이 상승세이다. 이럴 때 샤오미는 당연히 가격협상을 앞당기려 할 것이다. 하지만 삼성전자는 지연전략을 쓰면 쓸수록 반도체 가격이 올라 유리한 협상고지를 점령할 수 있다.

강박관념의 역이용

지연전략을 써서 상대를 지치게 만들어 더 많은 양보를 받아낼 수 있다. 시간을 잘 준수하는 서양협상가는 "자신이 맡은 협상을 예상한 시한 내에 신속히 끝내어야 한다"는 강박관념이 있다. 지연 전술은 이를 역이용하는 것이다.

이의 좋은 예가 그 유명한 얄타회담에서 스탈린의 지연전술이다. 병약한 루즈벨트 대통령의 신체적 약점을 잘 알고 있는 스탈린은 의도적으로 회담을 밤늦게까지 질질 끌고 단순한 의제도 며칠을 잡고 늘어져 결국 지친 루즈벨트 대통령으로부터 상당한 양보를 얻어냈다.

5. 협상시한(Deadline) 설정전략

한·미 FTA 협상의 또 다른 특징은 두 나라 정부가 처음부터 2007년 3월 말까지 협상을 종결짓겠다는 시한을 설정하고 나선 점이다. 이는 국제통상협상에서 흔치 않은 사례이다. 미국의 무역촉진권한(Trade Promotion Authority)이 2007년 3월 31일에 종료되기에 거기에 맞추기 위한 것이었다. 이를 놓고 우리나라에서도 찬반논쟁이 많았다. 협상시한을 정하는 게 좋다는 정부의 주장과 달리 미국측에 휘말려 시한을 설정했기에 우리나라에 일방적으로 불리한 협상이 될 우려가 크다는 주장이 한때 상당한 힘을 받았었다.

한·미 FTA 협상은 물론 M&A, 전략적 제휴 같이 잘 못하면 마냥 늘어질 수 있는 협상에서 시한을 설정하는 게 좋을까?

흔히 최고경영자나 정부 관료들이 많이 하게 되는 고민이다. 여기에는 두 가지 학설이 있다.

시한설정이 유리하다는 입장

우선 협상시한을 설정하는 게 유리하다는 주장이다. 이 같은 주장의 가장 좋은 예가 바로 한·미 FTA협상이다. 2006년 6월부터 2007년 4월 2일까지 10여 차례에 걸친 협상을 하였지만 쌀시장 개방, 자동차, 오렌지, 지재권 같은 소위 '뜨거운 감자(hot issues)'는 하나도 합의를 보지 못했다. 2007년 3월 12일 마지막 공식협상이 별 성과 없이 끝난 후 모두들 한·미 FTA 협상이 아무 성과 없이 깨진다고 우려했다.

그런데 막판에 두 나라 대통령이 통화를 하고 4월 1일 오전 8시까지 48시간을 연장하기로 합의하고 난 후 극적으로 타결이 이루어졌다. 말하자면 두 나라 정부대표단이 정치적 부담이 큰 '뜨거운 감자' 의제들은 서로 합의해 주기를 꺼리다가 막판 데드라인에 맞추기 위해 '주고받기식(give and take)' 일괄타결(package deal)을 해버린 것이다.

시한설정을 하지 않은 일본과의 FTA 협상이 8차례나 진행되다가 2004년 겨울에 결렬되고, EU와의 FTA 협상이 3년을 끈 것을 고려하면, 만약 처음부터 시한설정을 안 했다면 한·미 FTA 협상은 훨씬 장기간이 소요되었을 것이다. 심한 경우 한·일 FTA 협상처럼 흐지부지 무산되었을지도 모른다.

따라서 협상의제가 아주 까다롭고 잘못하면 질질 끌 우려가 큰 M&A, 합작투자, 전략적 제휴 등은 CEO가 처음부터 데드라인을 걸어 주는 것도 좋은 방법이 될 수

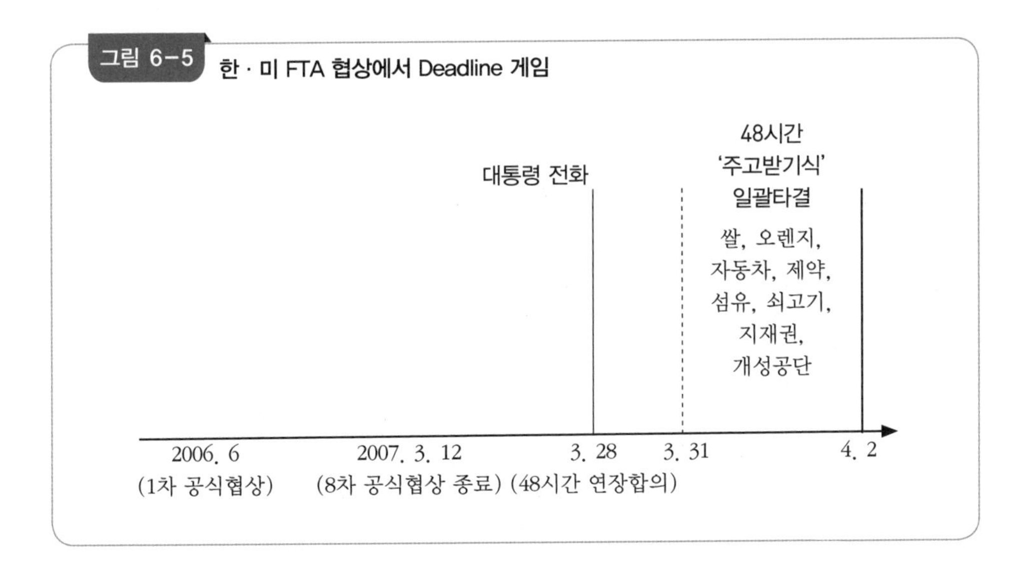

그림 6-5 한·미 FTA 협상에서 Deadline 게임

있다. 시한을 설정해 주면 아래와 같은 협상과정을 거쳐 극적으로 타결될 가능성이 크다.

- 1단계: 설정된 시한의 전반부인 1단계에는 핫 이슈가 아닌 실무적이고 기술적인 의제부터 합의해 나갈 것이다.
- 2단계: 시한의 후반부인 2단계에 들어가 양 당사자들이 소위 '뜨거운 감자'에 대해 이야기하기 시작하면, 협상은 교착상태에 빠진다. 너무 부담이 커 서로 양보 안 하려 하기 때문이다.
- 3단계: 막판 데드라인이 가까워지면 양 당사자들이 한·미 FTA의 경우처럼 시한에 맞추기 위해 '주고받기' 식으로 일괄타결을 할 것이다. 2007년 3월 28일 두 나라 대통령이 48시간을 연장하기로 합의한 후에 쌀시장 개방, 오렌지, 자동차, 신약 최저가보장 등 '뜨거운 감자'들이 극적으로 타결된 것이 이의 좋은 예이다.

흔히들 협상이 결렬상태에 빠지는 것을 두려워하는데, 시한설정이 유리하다는 전략에서 살펴보았듯이 절대 그럴 필요가 없다. 거꾸로 많은 경우의 협상이 결렬상태에 빠져야만 막판에 주고받기 식으로 극적타결이 될 수 있다.

시한설정이 불리하다는 입장

다음으로 시한을 설정하면 불리하다는 주장이다. 이 학설은 머피의 법칙에 근거를 두고 있다. 제2장에서 살펴보았듯이 머피의 법칙이란 협상당사자들이 초기 단계에는 서로 양보 안 하다가 시한이 가까워지면, 이를 맞추기 위해 양보해버린다는 것이다.

"무슨 일이 있더라도 금년 말까지 합작투자 건을 꼭 타결시켜라!"

윗사람이 이렇게 강하게 시한을 설정하면 실무자들이 바로 이 데드라인을 지키기 위해 막판에 적당히 합의해버린다. 물론 데드라인에 안 쫓기면 좀 더 시간을 가지고 차분히 협상을 해 좀 더 큰 이익을 챙길 수 있는 데도 말이다.

시한설정의 효과는 살펴본 바와 같이 전혀 다른 두 가지 상반된 결과를 가져오기에 아주 결정하기가 힘들다. 따라서 최고경영자나 조직의 장 입장에서는 협상상황과 협상의 특성을 종합적으로 잘 고려하여 판단하는 수밖에 없다.

한 가지 강조하고 싶은 점은 CEO가 노사협상에서는 절대 시한을 설정해선 안 된다. 강성노조에 질질 끌려 다니는 거의 대부분의 국내기업의 경우 CEO가 노사협상 책임자에게 가장 많이 하는 말은 '무슨 수를 쓰던 빨리 타결해'이다. 이렇게 시한을 설정할 때 협상테이블에 앉는 사측대표가 선택할 수 있는 건 단 하나뿐이다. 적당히 양보를 해서라도 노동조합을 구슬려 원만한 합의에 도달하는 것이다.

마지막으로 만약 시한을 설정하는 게 유리하다고 판단하면, 한·미 FTA와 같이 상대회사의 CEO와 합의 하에 같이 데드라인을 걸어 주는 게 효과적이다.

6. 허위권한전략(Fake Authority)

인도네시아 장관의 엉뚱한 반응

K통신의 K부사장은 인도네시아 국가전산망 사업에 참여하는 프로젝트를 관장하고 있다. 수 조원 규모의 돈이 들어가는 국가적 사업이기에, 사업자 선정 절차도 복잡하고 자연히 계약을 따내기까지 시간도 많이 걸린다. 그래서 K부사장은 동양식 인간관계 방식으로 협상을 하기로 하고 인도네시아의 산업부의 스카르노 장관에게 엄청난 공을 들였다. 틈나는 대로 출장을 가 화려한 만찬을 하고 골프도 같이 치며 인간관계를 형성하였다. 드디어 정부입찰이 가까워진 시기에 본론을 꺼내 스카르노 장관에게 K통신의 국가전산망 사업 입찰 계획을 설명하려 했다. 그런데, 스카르노 장관이 엉뚱한 말을 한다.

"국가전산망 사업은 산업부 장관 소관이 아니고, 정보통신부 장관 소관입니다"

결과적으로 K부사장은 권한이 없는 산업부 장관과 협상 아닌 협상을 하며 시간과 돈을 낭비한 것이다.

일반적으로 허위권한 전략에는 두 가지 종류가 있다.

권한이 없는데 있는 것처럼 행동하는 경우

이는 위의 사례처럼 동남아, 아프리카, 중남미 등 제3세계 정부 관료나 국영기업체 간부가 흔히 하는 행동이다. 대개의 경우 정부 내에서도 관련부처 사이에 또는 같은 부처 내부에도 실제 업무분담이 명확하지 않은 경우가 많아서 K부사장 같은 해프닝이 벌어지기도 한다. 그러나 종종 협상 과정에서 향응, 경제적 이익 같은 반사적 이유를 기대해 허위권한전략을 쓰는 수가 있다. 그러므로 허위권한전략에 대한 대응방안으로 협상 전에 반드시 "상대가 어느 정도의 의사결정 권한을 가지고 있는지"를 확인해야 한다.

권한이 있는데 없는 것처럼 행동하는 경우

협상테이블에서 난처한 입장에 몰렸을 때 시간을 벌기 위해 쓰는 전략이다. 예를 들어 협상자가 권한이 있음에도 불구하고, 이 협상사안에 대해 결정할 권한이 없기 때문에

- 본국이나 본사 허락을 받아야 한다.
- 관계부처의 협의를 거쳐야 한다.
- 변호사의 법률적 자문을 받아야 한다.

는 식의 발뺌을 하는 것이다.

7. 악역과 선역 협상전략(Bad Boy & Good Boy)

악역-선역 협상전략의 대표적인 예는 경찰의 피의자 심문이다. 악역과 선역을 맡은 두 명의 경찰관이 교대로 피의자를 심문한다. 악역 경찰관은 "당신의 악질적 잘못에 대해 다 알고 있다. 당신은 엄한 벌을 받게 될 것이다"라고 말하며 거친 행동을 서슴지 않는다. 물론 심문 중 마실 것이나 먹을 것을 주지 않는다.

악역 경찰관에 뒤이어 심문실에 들어온 선역 경찰관은 먼저 따뜻한 커피와 담배를 권한다. "당신은 큰 잘못이 없다는 것을 잘 알고 있다. 대개 당신과 같은 경우 결백이 밝혀지며 큰 문제가 없이 끝난다. 나는 당신의 처지를 충분히 이해하고 있다. 모든 걸 나한테 이야기하면 도와주겠다." 이 경우 피의자는 누구에게 입을 열까? 선한 역을 맡은 경찰관에게 정보를 제공할 가능성이 크다. 악역 경찰관에 질리고 그만큼 선한 역할을 맡은 경찰관에게 정서적으로 끌리기 때문이다.

미국에서는 상대회사와의 거래를 끝내려면 유태인 변호사를 쓰라는 말이 있다. 미국 같이 기업 간 거래에 법률분쟁이 일반화되어 있는 사회에서는 분쟁이 있고 난 후에도 정상관계를 회복하여 거래를 유지할 수 있다. 그러나 이번 법률적 분쟁에서 상대기업을 철저히 응징하고 관계를 단절하려면 그만큼 철저한 악역 협상가가 필요하다. 이때 악역을 잘하는 유태인 변호사를 고용하는 것이다.

8. 전략적 침묵(Strategic Silence)

상대에게 질문을 했는데 아무런 대답도 안하고 긴 침묵을 하면 대개의 협상자는 당황한다. 실증연구에 의하면 침묵과 협상자의 행위 간에는 다음과 같은 상관관계가 있다.

- 일반적인 협상가는 상대의 침묵에 당황하는 경향이 강하다. 특히 숙련되지 못한 협상가가 불리한 협상상황에 몰려 있을 때 더욱 그러하다.
- 협상가에게 이 같은 심리적 동요가 있으면 본의 아니게 말이 많아진다.
- 말이 많아지면 많아질수록 자신의 정보를 많이 노출하고
- 결과적으로 많은 양보를 하는 경향이 있다.

이 같은 전략적 침묵은 중국, 인도네시아 협상가들이 서양협상가에 대해 즐겨 사용하는 전략이다. 앞에서 살펴보았듯이 차단적(interruptive) 의사소통문화권에 속하는 서양협상가는 대화가 이어지지 않는 상황, 즉 전략적 침묵에 당황하는 경향이 강하다.

9. 벨리업 전략(Belly-up)

협상장에 나타난 탤런트 설경구의 두 모습

여러분 회사에서 인기 탤랜트 설경구를 광고모델로 쓰기 위해 협상을 하고 있다고 가정하자.

설경구를 호텔에서 만나기로 했는데 사진에서의 왼쪽 같이 초췌한 모습으로 나타날 때와 오른쪽 같이 세련된 모습으로 나타날 때 여러분의 마음 속이 무슨 생각이 들겠는가?

우선 세련된 모습으로 나타나면 "영화 속에서의 어리숙한 역과 달리 현실에서는 만만히 않은 상대인 것 같구나. 정신 바싹 차리고 협상해야지"라는 생각이 들 것이다.

반대로 왼쪽의 초췌한 모습으로 나타나면 "역시 영화에서와 같이 현실에서도 어리숙한 사람이구나. 협상하기 쉽겠다"하며 안도의 한 숨을 쉴 것이다.

설경구가 초췌한 모습으로 나타나면 이는 일종의 Belly-up 전략이다. 이는 흔히 '양의 탈을 쓴 늑대전략'이라고도 말하는데 고도의 숙련된 협상가가 뭔가 허점이 있고 잘못된 협상가처럼 의도적으로 행동하는 것이다. 이 같은 Belly-up 전략을 쓰면

- 상대의 동정심(sympathy)을 얻어내고
- 상대로 하여금 방심(sense of security)하도록 만들 수 있다.

즉, 협상자가 Belly-up 전략에 말려들면 상대에 대해 동정심을 가지는 한편 안도감에 휩싸이게 된다. 상대를 대수롭지 않게 보기 때문이다. 이렇게 되면 협상테이블에서 방심을 하여 상대로부터 허를 찔리기 쉽다.

일반적으로 협상에서 옷은 단정하게 입는 것이 좋다. 상대에게 좋은 개인적 이미지를 부각시키기 위해서이다. 그러나 숙련된 협상가는 종종 Belly-up 전략으로 의도적으로 허술한 복장을 하는 수가 있다. 와이셔츠 단추를 풀거나 넥타이를 느슨하게 맨다. 그리고 실수로 테이블의 물 컵을 쓰러뜨려 물을 엎지르는 등의 행동이다. 그러면 상대는 협상자를 우습게 보고 방심할 것이다.

▌블러핑(Bluffing) 협상전략

블러핑전략이란 상대가 협상자의 마음 속 숨은 의중(bottom-line)을 파악 못하고 헷갈리게 만드는 것이다. 예를 들면 운영하던 공장을 팔고자 시장에 내놓았는데, 전혀 사려는 사람이 없었다. 그때 공장을 사겠다고 한 사람이 왔을 때 '이미 많은 사람들이 공장을 둘러보고 구매의사를 표현했다'고 호들갑을 떠는 것이다. 협상력이 약한 을(乙)이 이 같은 블러핑 전략을 쓰면 유리한 고지를 점령할 수 있다.

한국의 블러핑협상에 말려든 미국

역사적으로 볼 때 미국이 한국정부와 통상문제로 협상을 할 때 항상 유리한 고지에 설 수 있었던 점은 간단하다. 협상 초기부터 한국정부의 의중을 정확히 읽을 수 있었기 때문이다. 미국은 우리나라의 가장 중요한 군사동맹국이며 경제파트너이 다. 따라서 과거 미국과의 협상에 임하는 한국정부 대표단의 한결 같은 입장은 "꼭 협상을 성사시켜야 한다"는 것이었다. 미국정부와의 협상을 교착상태에 빠트린다거나 의도적으로 결렬시키는 것은 상상할 수도 없

었다.

그런데 한 · 미 FTA 협상에서는 상황이 좀 달랐다. 미국이 한국정부의 의중을 정확히 읽지 못해 애를 많이 먹었다. 두 나라 정상 간의 극적합의에 의해 시작된 FTA 협 상인데, 한국 대통령이 헷갈리는 시그널을 계속 미국에 보낸 것이다.

"만약 미국정부가 우리가 감내할 수준을 넘어 시장 개방을 지나치게 요구해 오면 저는 협상을 깨라고 하겠습니다."

2006년 2월에 있었던 국민경제자문회의에서 우리나라 대통령이 한 말이다. 이는 당연히 국내 언론에 보도되고 미국에 알려졌다.

"한국경제에 도움이 안 되면 미국과의 FTA를 안 하겠다."

협상이 막판 줄다리기를 하고 있는 2007년 3월 다시 우리나라의 대통령이 미국에 알쏭달쏭한 메시지를 보낸다. 한국이 미국과 FTA 협상을 시작할 당시 사실 일본, 이탈리아 등 26개국이 미국과 FTA 협상을 하기 위해 기다리고 있었다.

그런데 경제적으로 더 중요한 이들 국가들을 제치고 왜 미국이 유독 한국과 FTA를 하고자 했을까?

여기에 대한 답은 놀랄 정도로 빠르게 부상하는 중국경제에서 찾아야 한다. 미국이 한국과 FTA를 하고자 한 이유에는 한국이 7대 교역대상국이라는 경제적 관심도 있지만, 사실 더 큰 이유는 중국을 견제하기 위해서이다. 중국이 동아시아의 패권국가로서 부상하는 건 결코 좌시하지 못하겠다는 것이 미국 대외정책의 기본원칙이다.

오늘날 인도네시아, 싱가포르 등 동남아에 약 4천만 명의 화교들이 살고 있다. 현지 인구의 10% 남짓한 화교들이 현지 경제력의 2/3 이상을 장악하고 있다. 그래서 중국은 남방정책(Looking South)을 추진하고 있다. 즉, 빠른 시일 내 아세안(ASEAN) 국가들과 FTA를 체결해 거대한 '중화경제권(Great Chinese Economic Zone)'을 형성하겠다는 것이다.

만약 중국의 야망대로 중화경제권이 형성되면 동아시아 전체가 베이징의 영향력 아래 들어가고 미국은 경제적으로 엄청난 타격을 받고 궁극적으로는 미국의 안보 자체가 위협을 받는다는 것이다.[5] 그런데 동남아는 그렇다 치더라도 동아시아에서 미국과 손을 잡고 이 같은 중국의 야망을 견제할 수 있는 나라는 딱 둘이다.

바로 일본과 한국!

일본이야 한결같이 미국과 밀접한 관계를 유지하는데 워싱턴의 시각에서 볼 때

5 Bergsten, C. Fred *et al.*, "The United States and the World Economy: Foreign Economic Policy For the Next Decade", IIE, Washington D.C., pp. 121-137.

문제는 한국이다. 2003년에 미국이 한국의 최대교역상대국 자리를 중국에게 내준 후 한·미 교역은 제자리걸음을 하는 데 반해, 한·중 교역은 3~4년 만에 거의 두 배로 늘어났다. 미국의 눈으로 볼 때 이를 방치하면 한국경제마저 중화경제권의 우산 아래 들어가고, 이는 동아시아에서 중국의 실질적 헤게모니장악으로 연결된다. 이같이 단순히 경제적 이익뿐만 아니라 동아시아에서 중국을 견제한다는 군사안보면에서 미국의 첨예한 이해가 걸린 한국과의 FTA 협상이기에 미국 대통령으로서는 가능한 한 성사시켜야 할 입장이었다.

그런데 마지막 순간까지 상대국 지도자가 정확한 의중을 보이지 않아 "언제든지 협상을 깰 수 있다"라고 블러핑을 하였으니 미국이 상당히 헷갈리고 막판 일괄타결 협상에서 우리가 비교적 유리한 입장에 설 수 있었다. 미국과의 FTA 협상에서 한국의 블러핑전략으로부터 배울 점은 다음과 같다.

상대와 협상을 할 때 서로 윈-윈(win-win)의 해결책을 찾기 위해서 열심히 노력

하는 것은 좋지만, "이번 협상은 꼭 성사시켜야 한다"는 강박관념에 매달려서는 안 된다. 상대가 알아차리면 이를 역이용하려 들 것이고, 결국 상대에게 질질 끌려다니다 불리한 결과를 초래할 것이다. 속으로는 꼭 성사시키고 싶은 협상이라도 상대에 대해서는 '해도 그만, 안 해도 그만'이라는 블러핑전략을 쓰면 의외로 좋은 성과를 거둘 수 있다.

10. 도 청

에셜론 첩보위성 분쟁

브라질정부는 아마존지역 환경감시를 위한 위성장비 발주를 국제공개입찰에 붙였다. 이는 규모면에서 엄청나게 큰 사업규모로 많은 외국기업들이 관심을 보였다. 그러나 최종적으로 미국기업과 유럽기업이 막판 경쟁을 벌였다. 이때 브라질정부 관리를 접촉한 유럽기업이 은밀한 협상을 하였다. 유럽기업에 낙찰시켜 주면 사례하겠다는 비밀거래인 것이다. 브라질 관리의 호의적 태도에 고무된 유럽 기업인은 브라질리아에서 유럽 본사로 이 사실을 알렸다.

그런데 이 통신을 미국 CIA의 첩보위성인 Echelon이 포착한 것이다. CIA는 이 정보를 유럽

기업과 경쟁 중인 미국기업에 주었다.

미국기업은 이 귀중한 정보를 어떻게 활용했을까?

브라질정부 관료를 접촉해 유럽기업보다 더 큰 금액을 제시했을까? 미국기업은 그 브라질 관리를 만나 은근한 협박을 하였다. 비밀거래 사실을 발표해버리겠다는 것이다. 이에 발목이 잡힌 브라질 관리는 이 큰 프로젝트를 결국 미국기업에 주어버렸다. 그런데 문제는 몇 년 후 발생하였다. 이 사건이 CIA 비밀문서에서 해제되어 유럽이 알게 된 것이다. EU는 에셜론 위원회까지 만들어 이 사건을 특별조사까지 하였다.

위의 사례에서 보듯이 오늘날 국제협상에서 정보는 결정적 역할을 한다. 따라서 협상참여시 다양한 방법을 통해 상대의 정보를 얻고자 한다. 이의 대표적 방법이 로비스트 활용이다. 그러나 필요에 따라서는 도청도 서슴지 않는다는 것을 명심할 필요가 있다.

간단한 퀴즈

여러분의 회사가 중국 반도체시장에 진출하기 위해 '베이징 반도체Co.'를 인수하기로 했다. 서울을 떠날 때 CEO로부터 받은 저항가격은 5억 달러였다. 즉, 5억 달러 이하면 베이징 반도체를 매수해도 된다는 것이다. 그런데 베이징의 켐팬스키 호텔에서 며칠간 협상을 해보고 베이징반도체가 예상 외로 매력적인 매수대상 기업인 것을 발견하였다. 따라서 중국측이 강하게 주장하는 8억 달러를 지불하더라도 매수하는 것이 좋다고 판단을 하였다. 당초 8억 달러는 저항가격 보다 3억 달러나 많기 때문에 본사로부터 허락을 받아야만 한다.

Q1. 지금 켐팬스키호텔 808호실에 머물고 있다. 어떻게 서울과 이야기하겠는가?
- 호텔 방에 있는 유선 전화를 이용하는가?
- 아니면 가지고 있는 스마트 폰으로 본사와 전화하는가?

우선, 808호실에 있는 호텔 전화를 이용하면 100% 도청 당한다고 봐야 한다. 아니면 가지고 있는 스마트 폰으로 통화하면 안전할까? 일반적으로 스마트 폰은 도청 안 당한다고 믿고 있지만 도청 당할 수도 있다고 봐야 한다. 반드시 상대가 예측하지 못한 제3의 스마트 폰을 미리 준비해 가야 한다.

앞의 에셜론 사건에서 보듯이 도청은 정부 사이의 협상에서만 하는 것이 아니다. 우리 기업이 외국기업과 중요한 협상을 할 때는 당연히 도청 당한다고 생각하고 사전준비를 단단히 해야 한다. 미 · 중 반도체 전쟁시대 우리나라의 반도체 기술에 큰 관심을 가지고 있는 중국 정부가 '베이징 반도체'협상에 대한 촉각을 곤두세우고 있다고 봐야 한다.

미국 FBI의 2021년 도청방지 지침

FBI FEDERAL BUREAU OF INVESTIGATION

The China Threat

Chinese Talent Plans Encourage Trade Secret Theft, Economic Espionage

The China Threat | Home

What are Talent Plans?

Foreign governments sponsor talent recruitment programs, or talent plans, to bring outside knowledge and innovation back to their countries —and sometimes that means stealing trade secrets, breaking export control laws, or violating conflict-of-interest policies to do so.

While various countries use talent plans, the Chinese government is the most prolific sponsor of these programs—and the United States is one of China's main targets.

The U.S. welcomes international collaboration in academic and scientific research and business development. But American businesses, universities, and laboratories should understand the potential risks and illegal conduct incentivized by Chinese talent plans and take steps to safeguard their trade secrets and intellectual property.

How Chinese Talent Plans Work

China oversees hundreds of talent plans. All incentivize its members to steal foreign technologies needed to advance China's national, military, and economic goals.

China recruits science and technology professors, researchers, students, and others—regardless of citizenship or national origin—to apply for talent plans. Individuals with expertise in or access to a technology that China doesn't have are preferred.

미국과 중국의 기술 전쟁 시대 미국FBI는 '중국의 위협(China Threat)'이라는 보고서를 통해 모든 미국 기업인이 해외, 특히 중국이나 러시아 등에 출장가셔 지켜야 할 6대 수칙을 발표하였다.

1. 절대 호텔 WiFi 쓰지 마라.
2. 절대 호텔에 스마트 폰이나 노트 북을 잠시라도 놓아두고 방을 비우지 마라. "호텔 방의 안전금고(safety box)는 절대 안전하지 않다(never safe)."
3. 해외 여행에는 꼭 임시 휴대폰을 가지고 가라.
4. 전자기기의 비밀번호를 수시로 바꾸고, 반드시 잠가라(lock-down)
5. 하지만, 모든 전자기기(노트북, 스마트 폰)는 도청당한다고 생각하라.

11. 원칙합의전략(Agreement in Principle)

트럼프 대통령과 시진핑 주석의 원칙합의

2017년 4월 미국 플로리다에서 미국과 중국의 국가지도자가 처음 만났다. 대선 기간 중 트럼프는 강하게 중국을 비난하였다.

'미국에 대해 막대한 무역흑자를 내어 미국인의 일자리를 훔쳐가는 차이나',

'대통령이 되면 미국과 중국의 무역불균형의 획기적으로 바로 잡겠다'

이런 트럼프 대통령과의 첫 만남이 시진핑 주석에게는 부담스러운데, 의외로 화기애애하게 끝나, 사진에서 보듯이 활짝 미소를 짓고 있다.

원칙합의 후 활짝 웃는 트럼프 대통령과 시진핑 주석

시주석이 '중국의 미국에 대한 무역적자를 획기적으로 해소할 수 있는 100일 계획을 세우겠다'고 통 큰 카드를 던졌다. 물론 이에 만족한 트럼프 대통령은 이 100일 계획에 대단히 만족하고 큰 기대를 걸었다. 말하자면 민감한 미 · 중 무역협상에서 중국이 노력해서 무역불균형을 줄이기로 두 지도자가 원칙합의를 한 것이다.

그런데 반 년이 지나도 베이징의 100일 계획은 꼬리를 감추고 다음해 미국의 대중 적자는 줄어들기는커녕 더 늘어났다. 이에 실망한 트럼프 대통령이 다음해인 2018년부터 중국에 대해 본격적인 관세전쟁의 포문을 열었다.

왜 이러한 어처구니 없는 일이 벌어졌을까?

원칙합의(agreement in principle)에 대한 두 나라의 인식차이 때문이다. 미국과 같은 서양 협상문화에서 원칙합의에 도달 하면 협상이 80~90%는 진전된 것이다. 나머지는 원칙합의를 이행하기 위한 세부적 절차만 협상하면 된다. 더욱이 두 나라 정상이 합의하고 발표한 것이기에 더욱 그렇다. 그러나 중국이나 북한, 러시아 같은 공산권 협상 문화에서 원칙합의는 두 당사자가 '공통된 견해(common point of view)'에 도달했다는 의미밖에 없다. 말하자면 아무리 원칙합의를 했어도 큰 의미가 없다.

특히 협상을 일종의 '총을 안 든 전쟁'이라고 생각하는 공산권 협상문화에서 원칙협상은 '적이 강하면 일단 후퇴한다'는 마오전술과 같다. 베이징의 지도자로서는 원체 거세게 나오는 트럼프 대통령과의 첫 만남부터 으르렁 거리며 나쁜 인상을 줄 필요가 없다. 그래서 일단 100일 계획이라는 원칙합의의 카드를 던져 분위기를 좋게 하고 다음 협상전략을 모색한 것이다.

원칙합의에 대한 미국과 중국의 생각이 이렇게 다르니 당연히 중국정부가 100일 계획 실천계획을 세우는 데 소흘할 수밖에 없고 결과적으로 두 나라 지도자 사이의 신뢰에 금이 간 것이다.

하지만 비즈니스 협상에서 대규모 M&A, 합작투자 같이 이슈가 복잡하고 장기간이 소요될 때 원칙합의는 유효한 협상전략이 될 수 있다. 즉, 두 협상 당사자 사이에 복잡한 이슈의 핵심분야에 대해 '원칙합의'를 해 놓고 나머지 세부사항은 실무진이 협상을 진행시키는 것이다. 예를 들면 다음과 같은 원칙합의이다.

- 이 협상은 2년 안에 끝냅시다.
- 두 기업의 협상 기간 중에 다른 제3의 경쟁기업과는 일방적으로 협상하지 맙시다.

그러나, 이 같은 원칙합의는 서로 신뢰할 수 있는 협상문화권 사이에만 바람직 하다. 앞의 사례에서와 같이 상대가 이 같은 원칙합의를 전략적으로 역이용할 수 있다는 점에 유의해야 한다.

12. 제 손 뒤로 묶기(Tie-in-hand) 전략

협상테이블에서 불리한 상황에 놓였을 때 내부이해관계자의 핑계를 들어 협상력을 높이는 것이다. 이 같은 전략은 노사협상에서 노조위원장이 즐겨쓰는 협상 전략이다. "사장님, 저야 개인적으로 회사사정 충분히 이해합니다. 그러나 이 합의안을 가지고는 조합 원 찬반투표에서 찬성을 도저히 얻어낼 수 없습니다. 회사가 좀 더 양보해 주세요." 2단계 게임인 조합원 찬반투표를 핑계로 1단계 게임에서 보다 유리한 고지를 점령 하는 것이다.

구글과의 연봉협상 전략

카카오톡에 근무하던 여러분이 캘리포니아에 있는 구글 본사로 직장을 옮기려 한다. 구글 인사담당자와 면접이 끝나고 채용이 거의 결정되었다. 미국회사와 협상에서 당연히 다음 단계는 연봉협상이다. 구글에서 '아시아 권에서 오는 사람들에겐 대개 연봉 20만 달러를 준다'라고 말하며 20만 달러를 제시했다고 하자. 서울에서 받는 연봉의 거의 3배이다. 마음 속으론 만족스럽다. 하지만 철저히 경쟁사회인 미국에서 한번쯤 '제 손 뒤로 묶기 전략'을 써볼 필요가 있다.

"사실 개인적인 말씀이지만, 캘리포니아로 직장을 옮기는 것에 대해 아내가 반대를 하고 있습니다. 해외생활이 부담스럽다는 것입니다."

"특히 실리콘밸리는 집세에서부터 모든 물가가 비싸다는 것을 알고 있는 아내가 20만 달러를 받고 미국가는 것을 반대할 것입니다"

이럴 때 구글의 반응은 두 가지이다.

- 20만 달러 이상 줄 수 없다고 단호하게 거절하는 것이다. 이 때 정말 구글에 근무하고 싶으면 20만 달러를 수락하면 된다.
  밑져 보았다 본전인 셈이다.
- 여러분이 꼭 필요한 인재라고 생각하면 구글은 연봉을 올려 줄 것이다.

2008년 6월 김종훈 본부장이 쇠고기 재협상을 위해 워싱톤 DC에서 USTR 협상팀과 마주앉으니 미국 측이 바늘 들어갈 틈도 안 주었다. 국제수역사무국(OIE) 규정을 들먹이며 과학적으로 미국산 쇠고기가 광우병으로부터 절대 안전하다는 것이었다. 사실 과학적으로 보면 미국 측 이야기가 맞다. 이 같은 어려운 상황을 미리 짐작해 서울에서 미리 준비해간 커다란 사진 한 장을 협상테이블에 놓고 김본부장이 비장하게 말했다. 촛불시위가 가장 격렬했던 2008년 4월 10일 시청 앞 광장사진을 크게 확대한 것이다.

"이렇게 많은 사람들이 모인 서울의 시위현장을 보라. 내가 여기서 30개월 쇠고기 문제를 해결하지 못하면, 한국정부가 이 한국인들의 분노를 어떻게 누그러뜨릴 수 있겠는가?"

이것이 바로 '제 손 뒤로 묶기' 또는 '오리발 내밀기' 전략이다. 당시 미국정부로서도 오랜만에 우호적인 정부가 들어섰는데, 쇠고기 수입문제로 한국의 국내정치 자체가 뒤흔들리는 것은 원하지 않았다.

2008년 3월 한·미 FTA 협상이 마지막 급물살을 타고 있을 때 여의도 국회에서 여당지도부의 의원들이 돗자리를 깔고 단식투쟁을 벌인 적이 있었다. 정치적으로 당시 대통령의 오른팔, 왼팔 역할을 하던 거물정치인의 한·미 FTA 반대 단식투쟁은 국민의 큰 관심을 모았고 찬반의 시비도 많았다. 하지만 순수한 협상전략 측면에서 보면 이를 우리 대표단이 제 손 뒤로 묶기 전략으로 활용할 수도 있었다.

13. 포커-페이스(Poker Face) 전략

일반적으로 협상자가 부드러운 표정을 짓는 것이 좋다. 하지만 때로는 자신의 표정을 드러내지 않는 포커-페이스 전략을 쓸 필요가 있다. 예를 들어서 정부 차원이든 비즈니스 차원이든 미국인과 협상할 때 비실비실 웃는 것은 상대에게 부정적 이미지를 줄 수 있다. 이유 없는 얼굴의 미소가 한국협상문화에서는 상대에게 호의를 전달하는 것이지만, 미국인은 이를 '재패니스 스마일(Japanese Smile)'로 오해할 우려가 있다.

미국관리는 재패니스 스마일(Japanese smile)을 싫어한다. 미국과 일본 사이에 통상갈등이 심했을 때 일본 관리들이 워싱턴에 가서 얼굴에 만면의 웃음을 띠며 온갖 것을 약속해 놓고 귀국해서는 미국 상품에 대한 온갖 비관세장벽을 쌓은 것에 대한 나쁜 이미지이다.

"아니 얼굴이 전형적인 몽골리안으로서 너무 표정이 딱딱하고 눈매가 날카롭잖아. 왜 좀 더 부드럽고 얼굴에 미소를 머금은 전형적인 외교관을 뽑지 않았을까?"

미국과의 FTA 협상을 시작할 때 TV와 신문에서 김종훈 한국측 수석대표를 보았을 때 일반국민들이 느낀 첫인상이다. 사실 김 수석대표는 별명이 '사무라이', '포커페이스'라고 할 정도로 얼굴표정이 딱딱하고 잘 웃지 않으며, 속마음을 드러내지 않는다. 확실히 우리가 보아온 종래의 외교부 관리와는 다른 이미지이다. 하지만 바로 이 점이 한국측 수석대표를 잘 선임한 이유이다. 이 같은 배경에서 볼 때 좀 딱딱하지만 진지해 보이고, 눈매가 좀 날카롭지만 상대와 눈으로 대화(natural eye-contact)를 하는 김수석대표의 개인적 특성이 한·미 FTA 협상에 기여했다고 볼 수 있다.

사실 국내신문에 났듯이 미국측 수석대표인 웬디 커틀러와는 상호신뢰에 바탕을 두고 협상과정에서 얽힌 수많은 문제를 해결해 나갔다.

제 3 절 기만적 술책(dirty tricks)의 한계 및 대응전략

지금까지 살펴보았듯이 서로 협력하면 win-win 게임을 할 수 있는 협상상황도 있지만, 많은 경우가 치킨게임을 하며 상대를 몰아 붙여야만 자신에게 성과가 돌아오는 제로섬 게임 협상상황이다. 이 같은 경우에는 라이파의 딜레마가 말해주듯이 다소 비도덕적인 다양한 기만적 협상전략을 쓰지 않을 수 없다.

1. 기만적 술책의 한계

▌높은 리스크

이 같은 기만적 술책으로 때에 따라서는 아주 큰 협상성과를 얻을 수 있다. 특히 상대가 숙련되지 못한 협상가일 경우 그렇다. 그러나 때에 따라서는 엄청난 리스크를 수반할 수도 있다. 쉽게 말하면 이 전략은 제한된 경우에 성공할 수 있는 'high risk-high return' 전략이므로 아주 선별적으로 사용해야 한다.

▌협상자 평판의 훼손

기만적 술책은 당장의 협상테이블에서는 효과적일 수도 있다. 그러나 대부분의 경우 기만적 술책은 시간이 지나 상대에게 드러나고, 국제적으로 알려질 수가 있다. 이 경우 협상자의 평판에 훼손을 주어 장기적으로 더 큰 것을 잃을 수 있다.

▌상대의 보복

당연히 상대는 보복할 수 있다. 또한 협상테이블에서는 상대가 눈치채지 못했지만, 뒤늦게라도 이 같은 기만적 술책에 넘어갔음을 알면 다음 협상에서 보복하려 들 것이다. 국제협상에 이런 명언이 있다.

'아무리 갑의 입장에 있더라도 동양협상가가 파트너일 경우 80% 정도만 가져라! 나머지는 모른 척하고 양보하여 상대도 체면을 유지하게 해주어라'

기만적 술책으로 중국, 인도 같은 동양협상가를 철저히 궁지로 몰아넣어서는 안 된다는 것이다. 동양협상가는 협상을 긴 안목으로 보아 서로 도와주는 교환의 법칙과 상대의 체면(save face)을 세워주는 것을 중요시한다. 따라서 너무 매몰차게 기만적 술책으로 몰아붙이면, 이를 대단한 타격으로 여기고 반드시 보복하려 든다는 것이다.

▌협상결렬

보다 큰 협상성과를 얻겠다고 기만적 술책을 쓰다가는 협상 자체를 결렬시킬 수 있다. 일본 기업의 협상문화는 심한 가격흥정을 싫어 한다. 가격보다도 품질, 장기적 신뢰, 적기 납품 등을 중요시 한다. 이런 일본 기업에게 가격 좀 깎겠다고 기만적 술책을 쓰면 일본 기업은 아예 협상 자체를 안 하려 한다.

2. 기만적 술책에 대한 대응협상전략

상대가 지연(delay), 미끼(decoy) 등 각종 기만적 술책을 쓸 때 어떻게 대응하는 것이 바람직할까? 여기에 대해 하버드 대학의 Fisher－Ury 교수는 다음과 같은 협상전략을 제시한다.

양자택일전략

휘셔-유리 교수에 의하면 상대가 기만적 술책을 쓸 때의 대응은 아주 간단하다. 다음 두 가지 중의 하나인 것이다.

인내 후 결별전략

참는 것이다. 그리고 나서 다시는 상대와 협상하지 않는다. 상대가 각종 기만적 술책을 쓴다는 것은 협상상대로서 신뢰나 관계를 형성하기 쉽지 않다는 것을 의미한다. 이 같은 상대와는 거래나 협상을 지속하지 않는 것이 좋다. 어차피 결별하겠다고 결심했는데 협상테이블에서 피곤하게 상대에게 일일이 맞대응할 필요가 없다. 상대 면전에서 부정적 이야기를 하기 싫어하는 일본 협상가가 이 전략을 선호한다.

맞대응전략

똑같은 기만적 술책으로 맞받아치는 전략이다. 상대가 위협하면 같이 위협하고 속이면 같이 속이는 것이다. 이 경우 당연히 협상은 바람직하지 못한 투쟁적 강성입장 경쟁전략이 된다.

휘셔-유리의 3단계 대응전략

상대가 지연전술을 쓰고 있다고 하자. 휘셔-유리 교수에 의하면 이에 대한 대응은 다음과 같은 3단계로 나뉘어진다.

1. 기만적 술책의 인식(Recognize their dirty tricks)

협상자가 상대가 기만적 술책을 알아차리지 못하고 있다는 것을 알면 우습게 보고 더욱 다양한 술책을 쓸 것이다. 상대의 지연전술에 대해 "you are stealing my time!"이라고 말한다. 이는 상대의 지연전술을 알고 있다는 메시지 전달이다. 이렇게 되면 상대는 기만적 술책을 자제하려 들 것이다.

2. 기만적 술책의 이슈화(Raise issue)

"Time is very important to me"라고 말해 상대의 지연술책을 명확히 문제 이슈화한다. 즉, "아주 바쁜 협상자이기 때문에 당신의 지연술책이 나에게 짜증스런 문제가 된다"라고 일종의 경고를 하는 것이다.

3. 적합성 질문(Question the dirty tricks legitimacy)

설사 상대가 지나친 기만적 술책을 쓰더라도 즉석에서 이를 문책하는 것은 바람직하지 못하다. 쓸데없는 감정충돌만 야기할 수 있기 때문이다. 이 경우 단지 이 같은 술책이 "이 협상에서 적합하고(legitimate) 바람직한가"를 상대에게 묻는다. 상대의 지연전술에 대해 "Unless we find the solution by tomorrow, I'll leave earlier than scheduled"라고 말한다. 이는 숙련된 방법으로 상대의 기만적 술책의 의도를 약화시키는 협상전략이 될 것이다.

기만적 술책과 협상자의 분리(Separate the people from the Problem)

기만적 술책의 목적은 협상자의 감정을 동요시켜 판단력을 훼손하기 위한 것이다. 따라서 협상자는 기만적 술책으로부터 감정적으로 아무리 짜증스럽더라도 이성적으로 대응해야지 상대를 인간적으로 공격해서는 안 된다. 반대로 상대가 협상자에 대해 개인적 공격(personal attack)을 할 경우이다. "오늘 몸이 아픈 것 같은데 어디가 잘못된 것 아닙니까?" 또는 "굉장히 촌스럽게 옷을 입었는데요"라는 식으로 개인적 공격을 해올 때이다.

미국 협상가가 즐겨 사용하는 것은 자신이 불리한 입장에 있을 때 "What? What? I can't understand your poor English!"라고 개인적 면박을 주는 것이다. 지금까지 영어로 잘 협상을 해왔는데 갑자기 상대가 그러면 대부분의 한국 협상가는 주눅이 들어버린다. 이 같은 개인적 공격은 협상자의 판단력을 손상시킨다. 이 같은 개인적 공격에 대해서는 절대 즉석에서 반발해서는 안 된다.

스트레스 상황 거부

호치민에서의 한여름 찜통 협상

한국정부 대표단으로 호치민시 청사를 방문해 협상을 하던 저자는 굉장히 곤혹스러운 경험을 했다. 한창 더운 7월 말에 창문을 닫은 회의실에서 에어컨도 없이 협상을 한 것이다. 엄청난 스트레스로 한국 대표단은 협상이고 뭐고 우선 찜통 같은 방을 빠져 나오고 싶었다.

현지 주재원과 그날 저녁을 하는 자리에서 그 이야기를 하였더니 의아해 한다. 그 청사 건물에는 분명 에어컨 시설이 잘된 회의실이 있다는 것이다. 왜 이런 당황스런 협상상황이 전개되었을까? 어쩌면 상대가 기만적 술책의 일환으로 에어컨이 없는 회의실을 선택했을지도 모른다.

국제협상에서는 의도적으로 스트레스 상황을 조성하는 경우가 있다. 1970년대 미국과 중국 간에 핑퐁외교가 한창일 때 북경을 방문한 미국대표 헨리 키신저 앞에서 주은래 수상이 의도적으로 타구에 더러운 가래침을 거세게 뱉었다. 평소에 가래침이라는 것을 본 적이 없는 키신저 대표는 그 불결함 때문에 협상이 지속되는 동안 상당한 심리적 스트레스를 받았다고 회상한다. 하지만 재미있는 사실은 중국쪽 기록을 보면 주은래 수상은 미국이나 유럽 파트너와 협상할 때는 우선 가래침을 의도적으로 타구에 뱉었다 한다. 상대에게 심리적 부담을 주는 스트레스전략을 구사한 것이다.

특히 동양인 협상가가 상대의 이 같은 기만적 술책에 잘 말려든다. 동양식 사고는 주인이 대접하는 대로 따르는 것이 미덕이라고 생각하기 때문이다. 그러나 휘셔-유리 교수가 지적했듯이 이 경우 단호하게 스트레스 상황을 제거해 줄 것을 상대에게 요구해야 한다. 앞의 호치민 사례에서는 더워서 협상을 못하겠으니 에어컨이 있는 회의실로 옮겨 달라고 요구한다. 만약 의자가 불편하면 바꿔달라고 하는 것이다.

제 4 절 로비협상전략(Lobby)

한국인이 로비에 대해 가지고 있는 인상은 아주 부정적이다. 과거 한미관계에서 부정한 행위를 한 로비스트 스캔들이 신문에 종종 보도되었기 때문이다. 그러나 로비는 국제협상의 중요한 전략수단 중의 하나이다. 물론 미국을 비롯하여 많은 나라에서 로비활동은 합법적이다.

1. 로비란

▌로비의 개념

로비는 "국제협상에서 상대가 어떤 일을 하거나 아니면 하지 않도록 설득하는 행위(to persuade someone to do something or not to do something)"이다. 예를 들어 미국의회가 한국에 대해 통상제재를 가하려 할 때 그렇게 하지 않도록 재미 로비스트들이 활동한다. 반대로 미 의회에서 한·미 FTA가 비준되도록 로비할 수도 있다.

▌미국의 로비스트

현재 미국에는 등록된 로비스트만 3만 5천여 명에 달한다. 일년에 100만 달러 이상의 수입을 올리는 대형 로비회사도 120여 개나 된다. 미국에서의 로비활동은 1995년 로비활동법(The Lobby Disclosure Act of 1995)에 근거를 두고 합법적으로 행해진다. 물론 외국인도 미국 내에서 합법적으로 로비활동을 할 수 있다. 우리나라 철강협회, 자동차공업협회, 섬유업계 모두 미국 로비스트를 고용하고 있다. 정부도 2005년부터 워싱턴의 로비회사인 '스트라이브 스트래티지스 & 어드바이저'와 계약을 맺고 로비를 시작했다.

워싱턴의 Tanaka, Ritzer & Middleton이라는 로비회사는 일본정부 및 일본협회·단체 등 무려 15개 일본고객을 위해 미국에서 로비활동을 하고 있다. 일본에 못지않게 중국, 대만과 함께 유태인 인맥을 활용한 이스라엘 로비도 활발하기로 유명하다. 그런데 이 같은 워싱턴 로비스트의 70%는 전직 미국 연방, 주정부 고위관리이거나 상하원의원이다. 또한 이들 로비스트의 1/3이 변호사 자격증을 가지고 있다. 따라서 처음 만났을 때 이들을 알아보기가 쉽지 않다. 대개 대면 초기에는 컨설팅회사나 법률회사 또는 PR 회사 명함을 내밀며 신분을 드러내지 않기 때문이다.

워싱턴 로비업계 누가 잡고 있나

'회전문(revolving door).'

정부 관료가 싱크탱크나 대학에서 머물다가 다시 정부로 돌아가는 관행을 지칭하는 말이다. 워싱턴에서는 이 말이 상식 중의 상식으로 통한다. 로비업계-정부-의회의 삼각구도를 보면 '회전문 현상'이 더욱 실감난다.

낙선한 상원의 민주당 1인자 톰 대슐 의원은 올 초 로비회사 알스톤 & 버드로 옮겼다. 워싱턴 포스트는 "대슐, K스트리트로 간다"는 기사까지 썼다. 다만 '낙선 후 1년간 로비활동을 할 수 없다'는 규정에 따라 내년 1월이 돼야 공개적 로비활동이 가능하다.

1996년 대선에서 공화당 후보로 나섰다 낙선한 밥 돌 전 상원의원도 이 회사 소속이다. 그는 현역 의원시절 "로비스트에게는 국익 개념이 없나. 외국정부 로비에 전직 고위관료가 동원되는 것은 부당하다"고 일갈했지만, 이 법무부 자료는 그가 인도네시아정부를 위해 로비활동을 했다고 기록하고 있다.

미 의회는 전직 의원에게 많은 특권을 부여한다. 의회 내 의원 전용 식당, 의원 전용 체력단련실 출입이 가능하고, 심지어는 회기 중에 본회의장 출입도 허용할 정도다.

로비활동 제한기간이 없는 행정 관료의 K스트리트 직행은 더 흔하게 볼 수 있다.

조지 W 부시 대통령의 교육정책 참모였던 샌드 크레스 씨는 로비회사 애킨 검프에 합류해 학습지 기업인 구몬의 로비스트로 변신했다. 백악관 근무 경력자가 현직 로비스트로 등록한 것으로 확인된 사람만 273명으로 집계됐다는 보도도 있다. 앤드루 카드 백악관 비서실장 역시 자동차공업협회의 로비스트 출신이다.

고위정치인의 가족이 로비스트로 뛰는 경우도 허다하다. 돌 전 상원의원의 아들, 톰 딜레이 공화당 하원 전 원내대표의 딸, 로이 블런트 현 하원 원내대표의 아들, 팁오닐 전 하원의장의 아들, 헤일 보그스 전 민주당 하원 원내대표의 아들, 대슐 전 상원의원의 며느리 등이다.

2. 로비전략의 3대 성공요소

흔히 생각하듯 로비는 접대하거나 금품을 제공하는 것이 아니다. 로비도 하나의 훌륭한 전략적 협상이다. 따라서 다음과 같은 3단계의 전략적 로비가 필요하다.

- 정확한 로비대상자 선정
- 로비대상자에 대한 효율적인 접근
- 로비의 5대 에티켓

▌성공요소 1: 정확한 로비대상자 선정(Identifying the lobby target)

미국 상무성이 한국의 철강제품 수출에 대해 반덤핑관세를 부과하려 한다는 사전 정보를 포착했다. 이 경우 한국 철강업계는 미국이 이 같은 반덤핑관세를 부과하지 못하도록 대미 로비활동을 해야 한다.

- 어떠한 로비를 하는 것이 가장 효율적일까? 미국 상무성 실무자에 대한 로비가 효율적일까 아니면 상무장관에 대한 로비가 더 시급할까?

▶ Top-down 로비와 Bottom-up 로비

Top-down 로비는 상대국 대통령, 정치가, 장관 같이 고위층을 상대로 집중로비를 하는 것이다. 그렇기 때문에 미국 상무장관과 가까운 미국 로비스트를 고용해 반도체에 대해 반덤핑관세를 부과하지 못하도록 하는 것이다. 이에 반해 Bottom-up 로비는 담당실무자에게 접근하는 방법이다. 실제 반덤핑조사를 하는 상무성 관리에게 로비활동을 펼치는 전략이다.

Top-down 로비의 장점

- 로비가 제대로 되면 그 효과가 결정적(decisive)이다.
  만약 한국이 고용한 로비스트가 미 상무장관을 설득하면 반덤핑 부과문제는 쉽게 종결된다.

Top-down 로비의 단점

- 비용이 많이 든다.
  정치인이나 장관급에 대해 로비를 하려면 당연히 많은 비용이 든다. 더욱이 상대정치인이 정치헌금이나 현지 복지기관에 대한 거액의 기부금을 요구할 경우 그 규모는 상당할 것이다.
- 중간실무자를 무시하는 데 따른 부작용이 있다.
  정부의 정책결정에는 실무자와 중간관리자가 참여한다. 장관에 대한 로비는 이들 계층의 반발을 사 오히려 일을 그르칠 우려도 있다.
- 잘못되면 법적 스캔들이 발생해 기업 이미지나 국가 이미지를 훼손할 수 있다.

표 6-2 Top-down 로비와 Bottom-up 로비의 장단점

구분	Top-down 로비	Bottom-up 로비
장점	• 결정적(decisive) 효과 • 어려운 난제 해결	• 효율적(effective) 성과 • 적은 비용 소요
단점	• 고비용 • 실무자 무시에 따른 부작용 • 법적 스캔들	• 시간과 금전 낭비 우려 • 실무적 문제만 해결 가능

Bottom-up 로비의 장점

• 아주 효과적인 성과를 얻음
  일을 크게 벌이지 않고 실무적 차원에서 조용히 해결하는 것이다.
• 따라서 큰 로비비용이 소요되지 않는다.

Bottom-up 로비의 단점

• 잘못하면 시간과 비용만 낭비하기 쉽다.
  특히 관련 정책의 의사결정권이 장관에게 있을 경우 아무리 실무자에게 로비를 해도 장관이 모든 것을 뒤바꿀 수 있다.
• 따라서 고위직이 의사결정권을 가진 큰 이슈(big issue)에는 별 효과가 없다.

▶ 바람직한 로비전략

로비 이슈의 중요성에 따른 차별적 전략

큰 이슈(big issue)에 대해서는 Top-down 전략을 쓰고, 실무적 이슈(technical issue)에 대해서는 Bottom-up 전략을 쓰는 것이 효율적이다. 미국이 철강제품에 대해 반덤핑관세를 부과하려 한다면 우선 미 상무장관에 대한 Top-down 로비전략을 통해 big-issue 해결을 시도한다. 이 로비전략이 성공하면 간단히 반덤핑관세 부과 움직임 자체를 막을 수 있다.

그러나 이 같은 Top-down 로비가 실패하면 Bottom-up 로비전략으로 전환하여 상무성 실무자에 대한 설득을 시도한다. 이는 실제 철강제품 최소마진율 계산에 가능한 한 마진율을 낮게 나오도록 하는 실무적(technical) 이슈에 대한 로비이다. 통상 최소마진율이 3~6% 수준에서 결정된다고 할 때 효율적 로비로 2~3% 포인트만 낮추어도 상당한 로비성과라고 말할 수 있다.

대상국가의 특성을 고려한 전략

인도네시아, 중국 같이 권력거리(power distance)가 긴 권위형 국가에서는 의사결정권이 대통령이나 장관 같은 상부에 집중되어 있다. 따라서 Top-down 로비전략이 좋다. 반면 민주국가에서는 섣부른 Top-down 로비전략은 시간만 낭비하고 실무자의 반발이라는 역효과를 초래하기 쉽다. 의사결정권이 상부－중간관리자－실무자 간 업무에 따라 분담되어 있기 때문이다.

그림 6-6 권위형 국가와 민주국가에 대한 로비전략

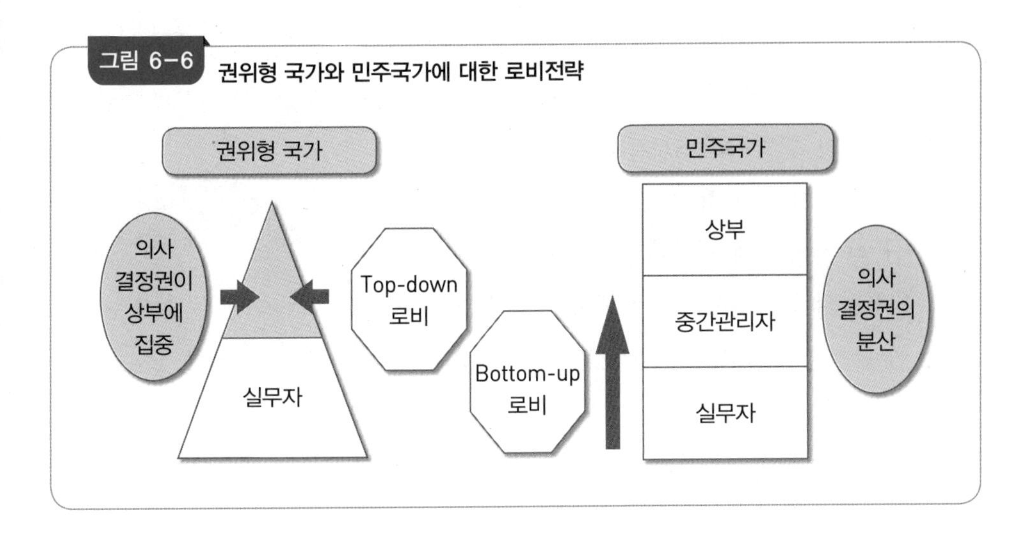

예를 들어 상대국 정부가 발주하는 대형 프로젝트 참여를 위한 로비를 한다고 하자. 상대국이 미국이나 독일일 경우 아무리 장관이나 정치가에게 로비활동을 해보았자 소용이 없다. 주어진 발주규정과 절차에 따라 실무자와 중간관리자가 일을 기계적으로 처리하기 때문이다. 그러나 권위형 국가의 경우 장관이나 정치인에 대한 로비가 효율적일 수 있다.

병행 로비전략

가장 바람직한 방법은 Top-down과 Bottom-up 로비전략을 동시에 추진하는 것이다. 앞에서 살펴본 로비 이슈의 성격과 상대국의 특성을 고려해 상부에 대한 로비를 전개하면서 동시에 실무자에 대한 로비도 함께 추진하면 이상적이다.

▌성공요소 2: 로비대상자에 대한 효율적 접근

"If someone is powerful enough to be able to help you, they will not have time to see you"

이 말은 로비대상자에 대한 접근에 주는 시사점이 크다. 로비를 하기 위해 접근해야 할 대상자일수록 그만큼 바빠서 쉽게 만나주려 하지 않는다는 것이다. 이 같은 상대에 대한 접근에는 다음과 같은 세 가지 방법이 있다.

공식 로비스트를 통한 접근

한국의 통상장관이 미국출장을 가면 꼭 USTR이나 상무장관 그리고 영향력 있는 상원재무위원장 등과 오찬을 하길 원한다. 보통 2~3개월 전에 스케줄이 잡히는 이들과 3주 전에 연락하여 약속을 하기가 쉽지 않다. 워싱턴의 한국대사관을 통해 연락하면 거의 모두가 시간을 낼 수 없다는 대답이다. 이때 미국 내 로비스트의 진가가 발휘된다. 무슨 수를 쓰던지 상대를 오찬테이블에 끌어내는 것이다.

상대국 내 지한파(知韓派) 활용

예를 들어 미국 내 지한파의 개인적 친분을 활용하는 방법이다. 대표적인 예가 한국인 아내를 가진 래리 호건(Larry Hogan) 메릴랜드 주지사이다. 호건 주지사는 우리말로 '나는 한국사위'라고 말할 정도로 친한파이다. W. 부시 행정부의 파월 국무장관은 주한 미군 근무경험이 있고 존 워너 상원의원 등 6명은 한국전 참전의원이다. 하원에서 한인거주지역구 출신의 '하원한국협의회' 소속 40여 명이 있다. 이 같은 개인적 친분을 활용하는 방법은 미국뿐만 아니라 중국, 한국, 일본과 같이 관계중심 협상문화권에서도 아주 효과적이다.

이들 사이에 교환의 법칙(rule of exchange)이 작용한다. 한국 기업인이 평소 가까운 일본 기업인에게 대장성 장관을 면담하게 해달라는 부탁을 한다. 장관과 개인적 친분이 두터운 이 일본 기업인은 부탁을 들어준다. 왜냐하면 언제고 자신이 한국의 장관을 만날 일이 있을 때 이에 대한 보답으로 이 한국 기업인이 도와주리라는 것을 알고 있기 때문이다.

정보교환의 법칙(Rule of Information Trade)

"바쁜 사람일수록 상대와 만나 무언가를 얻을 수 있다고 생각할 때 바쁜 시간을 내어준다."

이는 거꾸로 말하면 상대를 만나보았자 얻을 것이 없고 일반적 로비만 받는다고 생각하면 시간내기를 꺼릴 것이라는 말이다. 이 같은 로비대상자가 시간을 내주는 대가로 제공할 수 있는 것은

- 정치적 헌금이나 금품 제공
- 장기적 친분관계 형성(two-way relationship)
- 정보

등이 있다.

가장 효과적인 것이 정보교환(information trade)이다. 삼성전자 회장이 반도체 반덤핑관계로 미 상무장관에게 면담신청을 한다. 세계 반도체·IT 시장에서 차지하는 삼성전자의 위치를 고려할 때 미 상무장관으로서는 삼성전자 회장으로부터 얻고 싶은 정보가 있다. 삼성전자의 미래 사업계획, 미국 투자계획, 앞으로 세계 반도체 및 휴대폰시장 동향에 관한 정보이다. 이는 상무장관으로서 업무를 수행하는 데 도움이 되는 귀중한 정보들이다.

성공요소 3: 로비의 5대 에티켓

1. 상호주의 접근

절대 일방적으로 부탁해서는 안 된다. 우선 로비 이슈에 대해 합리적으로 상대를 설득해야 한다. 그리고 난 후 "당신이 이번에 도와주면 우리 사이에 좋은 관계가 형성되고 언젠가 당신을 도와주겠다"라는 상호주의 접근을 해야 한다.

삼성전자의 회장이 미 상 무장관을 만날 때를 예로 들어보자. "이번 반덤핑 부과는 적절치 못하다. 오히려 한국산 반도체를 사용하는 Compaq 등 미국업체가 더 큰 손해를 본다. 장관께서 현명한 판단을 내리길 부탁한다"라는 말로 시작된 대화에서 "이 반도체건에 대해서 장관이 도와주면, 삼성전자는 백악관이 깊은 관심을 가지고 있는 나도급 반도체의 추가적 투자로 고려해 보겠다"라는 말로 끝을 맺는다. 미·중 반도체 전쟁 시대, 삼성전자 회장의 이 정도 로비이면 미국 상무장관이 깊은 관심을 가지지 않을 수 없을 것이다.

2. 예의 바르고 적극적인 태도

절대 상대의 업무를 방해해 짜증나게 해서는 안 된다. 사무실에 약속 없이 방문한다든지 집으로 밤늦게 전화하는 것은 금물이다. 상대에게 호감을 줄 수 있는 에티켓을 지녀야 한다.

3. 상대의 문화와 가치사슬 이해

간단한 퀴즈

근무하는 회사 회장이 여러분을 불러 다음과 같이 말한다.

"다음주에 구글의 선다 피차이 회장과 저녁을 하기로 했는데, 서울에서 가장 좋은 레스토랑을 예약하세요. 우리 회사와 구글 사이에 아주 중요한 합작투자건이 있어 그러니 돈 아끼지 말고 멋진 만찬을 준비해 피차이 회장이 아주 만족하게 만드세요."

이때 여러분은 서울 시내에서 어떤 식당을 예약하겠습니까?

① 역시 한국의 전통음식을 소개하는 고급 한정식 집
② 요즘 서울에 파리 뺨치는 프렌치 레스토랑이 많으니, 그 중 제일 분위기 좋은 곳
③ 미국 CEO들 사이에 일식매니아가 많으니 최고급 일식 집
④ 일류 호텔의 '차이니스' 레스토랑

정답은 구글 회장 비서실에 '피차이 회장이 무슨 음식을 좋아하느냐?'고 물어보는 것이다.

필자가 워싱턴에 근무할 때 서울에서 장관이 와서 '미국 VIP를 융숭하게 모실 수 있는 멋진 식당을 예약하라'는 지시를 받은 적이 있다. 워싱턴에 미국인들이 좋아하는 유명한 갈비 집으로 모셨다. 그런데 초대받은 미국 VIP가 '원더풀'이란 말만 되풀이하고 갈비엔 손도 안 댄다. 나중에 알고 보니 그는 '채식주의자'였다.

또 한 번은 이와 비슷한 경우로 고급 일식 집으로 모신 적이 있다. 전과 같이 '원더풀'이라 말하며 사시미는 건들지도 않고 곁들려 나온 샐러드, 새우튀김 같은 것만 먹는다. 아직도 미국인 중에는 날 생선을 안 먹는 사람들이 꽤 있는 것이다. 따라서 무슨 음식을 대접하겠다는 우리의 입장이 아니라, '무슨 음식을 먹고 싶어하는지' 라는 상대의 입장을 알고 존중해주는 것이 중요하다.

4. 간단한 요약 메모

어렵게 만난 로비대상자에게 아무리 길고 장황하게 설명해도 그가 사무실에 돌아가 핵심내용을 잊어버리면 아무 소용이 없다. 바쁜 장관이나 회장일수록 더욱 그럴 것이다. 따라서 로비의 요지를 1장이나 2장 정도의 종이에 간단히 요약해 전달할 필요가 있다.

5. 과감한 포기

상대를 설득하려고 여러 가지로 노력했는데도 불구하고 효과가 없다. 더욱이 로비에 대해 상대가 짜증을 내는 기색이 보인다. 이때는 과감히 자리를 떠야 한다. 상대가 짜증을 내는데 로비를 계속하면 이는 역로비에 해당한다. 따라서 과감한 포기를 하고 다음 로비 기회를 기다려야 한다.

협상퀴즈 4

재미있는 영화로 배우는 협상: 콰이강의 다리

- 상영시간 25분
  (2시간짜리 영화에서 협상에 관련된 부분만 모음)
  박영사 홈페이지(www.pybook.co.kr) 자료실에서 다운로드

[주요 등장인물]

- 사또 대령: 포로수용소장
- 니콜슨 대령: 영국군 포로의 지휘관
- 미우라 중위: 콰이강 다리 건설을 책임진 일본군 공병장교(엔지니어)
- 미군 군의관: 포로수용소의 의무장교

사또 대령과 니콜슨 대령

겁먹은 표정의 미우라 중위
(왼쪽의 일본군)

미군 군의관

[영화 스토리]

2차 세계대전 당시 인도를 침공하기 위해 일본군은 인도차이나 반도에서 태국을 거쳐 미얀마로 이어지는 군용철도를 건설하고자 했다. 이 영화에 나오는 콰이강은 태국에 있었는데 일본군은 영국군 포로들을 콰이강의 다리 건설에 동원하고자 했다.

다리 건설에 동원될 영국군 장교의 노동을 둘러싸고 포로수용소장인 사또 대령과 영국군 포로 지휘관인 니콜슨 대령의 사이에 심한 갈등이 생긴다.

초기에는 절대적인 갑(甲)의 위치에선 사또 대령이 우월한 협상력을 바탕으로 다양한 협상전략을 쓰며 니콜슨 대령을 굴복시키려 한다. 하지만 결국에는 철저한 군인정신을 가지고 자신의 소신을 굽히지 않는 니콜슨 대령에게 굴복한다.

토론 포인트

Q1. 사또 대령과 니콜슨 대령 사이의 갈등의 원인은 협상에서 서로의 입장(position) 차이이다. 영국군 포로장교의 노동을 둘러싼 두 사람의 입장은 각각 무엇인가?

Q2. 절대적 갑의 위치에서는 사또 대령이 니콜슨 대령을 굴복시키기 위해 쓴 다양한 협상전략은 무엇인가?

Q3. 사또 대령이 영국군 장교들을 기관총으로 사살하겠다고 위협 했을 때 어떤 일이 벌어졌나?

Q4. 하버드 협상 모델에서 니콜슨 대령이 쓴 협상전략은 무엇인가?

Q5. 왜 중간에 사또 대령이 태도가 변해 니콜슨 대령을 불러 귀한 위스키와 스테이크를 권했는가?

Q6. 사또 대령이 권하는 위스키나 스테이크를 사양한 이유는?

Q7. 사또 대령이 무슨 타협안을 내놓았는데 니콜슨 대령이 거절하였는가?

Q8. 사또 대령이 원하는 것(콰이강의 다리 건설)을 영국군은 할 수 있다고 니콜슨 대령이 어떻게 상대방을 설득하였는가?

Q9. 영화의 처음부터 끝가지 사또 대령과 니콜슨 대령 사이의 협상력의 변화를 분석해보세요. 그리고 협상력의 변화 이유를 찾아보세요.

도움 되는 정보

- 하버드 휘셔-유리의 협상 모델, 강성협상, 연성협상, 원칙협상
- 확실한 위협(credible threat)
- 머피의 법칙, 시한(deadline)
- 니콜슨 대령의 연대는 런던의 명령에 따라 부대 전체가 항복하였기 때문에 포로수용소에서도 지휘 체계를 유지하고 있었음
- 군대의 계급 체계
  - 장교(그림에서 니콜슨 대령 바로 뒤에 선 군인들)
  - 사병(그림에서 장교들 뒤쪽에 선 군인들)

니콜슨 대령, 장교들 그리고 사병들

퀴즈풀이에 대한 Teaching Manual은 박영사 홈페이지 도서자료실에 업로드되어 있습니다.

협상사례연구 2

글로벌 기업 L전자, 해외담당 K부사장의 베트남 협상

[협상상황]

L전자는 국내에 있는 스마트폰 공장 전체를 해외로 이전하기로 이사회에서 결정하였다. 컨설팅 업체의 자문을 받아 투자대상국으로 아시아 3개국을 꼽았다. 베트남, 인도네시아 그리고 인도이다.

'이 3개국 중에 어디에 투자하는가'는 100% K부사장의 결정에 따르기로 했다. 이사회가 자신에게 준 막중한 책임과 권한을 가지고 K부사장은 우선 투자환경을 알아보기 위해 베트남-인도네시아-인도 순서로 출장을 가기로 했다. 현지국 정부 관료를 만나 외국인투자에 대한 세제 혜택, 금융지원, 공장부지 제공 조건 등을 협상하기 위한 것이다.

참고로 L전자는 스마트폰 세계 5위 생산업체로 만약 3개국 중 한 나라에 공장을 세우면 엄청난 금액의 투자를 하고, 고용효과가 적어도 10만 명을 넘을 것이다. 생산량의 거의 대부분을 해외시장에 팔 것이므로 수출효과 또한 대단하다. 참고로 베트남에 투자한 삼성전자의 스마트폰 등 전자제품의 수출이 베트남 전체 수출에서 차지하는 비중은 25%를 넘으며 약 16만 명을 고용하고 있다.

L전자의 해외투자 정보가 이미 이들 3개국에 알려져 서울에 주재한 베트남, 인도네시아, 인도 대사들이 치열한 유치 경쟁을 하고 있다.

K부사장은 첫 번째 출장지로 하노이를 방문하여 외국인투자 유치 담당인 키엔 장관을 만났다. 장관실에는 훙엔 차관, 탕 국장, 그리고 티엔 과장이 배석했다. 키엔 장관은 "만약 베트남에 투자하면 엄청난 특혜적 지원을 해 주겠다"고 약속하며, 구체적 사항은 실무 담당인 티엔 과장과 협상하라고 말한다.

K부사장은 티엔 과장과 몇 차례 협상을 하곤 짜증이 났다.

- 약속시간에 늦게 나타나고 자주 미팅 시간을 일방적으로 바꾼다.
- 키엔 장관이 약속한 파격적 투자조건에 대해 구체적 이야기는 하지 않으면서 "요즘 베트남에 투자하려는 미국, 일본 업체들이 너무 많다"고 허풍만 떤다.
- 회의실에는 낡은 에어컨이 거의 작동을 못해 찜통 수준이다. 더위에 약한 K부사장은 심리적 안정을 찾을 수가 없다.
- 더욱이 어디서 배웠는지 점심식사 시간에 한국식 폭탄주를 마시자고 강권한다.

원래 계획은 베트남에 3일간 머물면서 협상을 하고 인도네시아로 가는 것이다. 인도네시아 자카르타와 인도 뉴델리에 있는 L전자 지사장들은 "현지국 고위관리가 공항으로 영접을 나가겠다고 한다"며 빨리 오라고 난리이다. "두 나라 정부가 아주 좋은 투자조건을 암시한다"고 말한다. 이러한 민감한 협상상황에서 K부사장은 어떻게 협상을 해야 할까?

[베트남의 협상전략 분석]

사실 베트남 정부는 아주 절실하게 L전자의 투자를 자국에 유치하고 싶어 한다. 하지만 가능한 한 가장 적은 투자 인센티브를 주고 L전자 공장을 유치하는 것을 목표로 삼고 있다. 이에 따라 다음과 같은 협상전략을 구사하고 있다.

선역(Good guy)과 악역(Bad guy)

키엔 장관은 전형적인 선역을 하고 있다. 엄청난 투자지원을 해 주겠다고 선심을 쓰는 척한다. 일단 K부사장의 관심을 베트남에 묶어두려는 것이다. 티엔 과장은 자기가 맡은 악역에 충실하게 협상하고 있다. 즉 가능한 한 적은 투자 인센티브를 주고 L전자를 유치하는 것이다.

지저분한 술책(Dirty tricks)

티엔 과장은 비도덕적인 더티-트릭(dirty tricks) 협상전략을 쓰고 있다. 모두 의도적인 협상전략이다.

지연(Delay)전략

약속시간에 늦고 일부러 협상을 질질 끌어 K부사장을 지치게 하는 것이다. 3일간 베트남에 머무를 예정이므로 마지막 3일째는 조급한 마음에서 부사장이 양보하기를 기대하는 것이다.

블러핑(Bluffing)전략

블러핑전략은 사실이 아닌 것을 사실인 것처럼 허위로 과장하거나, 조그만 사실을 큰 사실로 확대하여 떠벌리고 허풍을 떨어 상대가 헷갈리도록 만드는 것이다. 베트남 측은 "미국, 일본 등 많은 외국기업이 베트남에 투자하고 싶어서 안달이다"라고 블러핑해서 K부사장과의 협상에서 유리한 고지를 점령하려고 한다.

일방적인 현지문화 강요

한국인은 비즈니스 협상에서 술 마시는 것을 꺼리진 않는다. 하지만 음주는 대개 저녁에 한다. 점심 술에 익숙하지 않다. 그런데 대낮부터 "폭탄주를 마시자"고 하는 것은 문화적 강요이다.

[협상사례에서 배우는 교훈]

잘못된 협상상대 선택

K부사장의 가장 큰 잘못은 글로벌 기업의 투자담당 전권특사(!)로서 베트남의 실무과장과 협상을 한 것이다.

키엔 장관이 "구체적 투자조건을 티엔 과장과 실무협상을 하라"고 했을 때 단호히 "노(No)"라고 거부했어야 한다. 베트남은 물론 동남아 국가에서 10만 명의 일자리를 만드는 외국인투자 프로젝트라면 그 나라 대통령이나 수상을 상대할 정도의 강한 협상력(bargaining power)을 가진다. 당연히 구체적 투자조건을 키엔 장관과 직접 협상했어야 한다.

만약 키엔 장관이 '스케줄이 빡빡해 시간을 낼 수 없다'라고 발뺌을 한다면 이건 사실이 아니다. L전자 정도의 투자유치라면 키엔 장관은 기존 스케줄을 취소하고서라도 K부사장과 협상하여야 한다.

협상력과 협상문화 강요

우월한 협상력을 가진 K부사장은 폭탄주를 마시자는 상대 문화를 거부해도 된다. 국제협상에서 어느 나라 문화를 강요하는가는 전적으로 협상력에 의해 결정된다. 쉽게 말하면 을이 갑의 협상문화를 따라야 한다.

펩시콜라의 구소련 진출에 위기를 느낀 코카콜라는 중국시장에 진출하기 위해 베이징 관료들과 협상을 준비하였다. 이때 미국인 직원 중에서 중국어를 잘하는 사람을 골라 영어가 아닌 중국어로 협상을 하였다. 당연히 코카콜라가 을이고 중국 관리들이 갑이었기 때문이다.

암시적 위협(Implicit threat)과 명시적 위협(Credible threat)

K부사장은 '은근한 위협'전략을 쓸 필요가 있다. "방금 L전자의 자카르타 지사와 뉴델리 지사에서 연락이 왔는데, 인도네시아와 인도의 투자담당 장관들이 파격적인 투자지원을 해 줄 테니 빨리 와서 장관과 직접 협상하자고 한다"라고 은근히 위협하는 암시적 위협전략을 구사하는 것이다.

일반적으로 상대가 지저분한 술책(dirty trick)을 쓸 때 K부사장처럼 참으면 안 된다. 맞받아쳐 위협을 해야 한다. 물론 화를 낸다거나 회의실을 박차고 나가는 '명시적 위협'을 해선 안 된다.

암시적 위협은 웃으면서 이야기하면서도 상대방에게 심리적 압박을 가해 지저분한 술책을 멈추게 하거나 양보를 얻어내는 것이다. 예를 들면 감정을 드러내지 않고 이렇게 티엔 과장에게 말하는 것이다.

"원래는 모레 출국하려 했는데 지금까지 베트남에서 이야기해 보니 별 성과가 없는 것 같다."

"본사에서는 짧은 시간에 세 나라를 돌아보고 빨리 투자국을 결정하라고 한다."

"그래서 오늘 협상해 보고 별 소득이 없으면 예정을 앞당겨 내일 일찍 출국하겠다" 등이다.

이렇게 K부사장이 맞대응을 하여 베트남 측이 태도를 바꾸어 협조적으로 나온다면 협상을 재개하면 된다. 만약 그래도 태도를 바꾸지 않으면 미련 없이 베트남을 떠나 인도네시아로 향해야 한다. 투자조건을 협상하는 초기단계부터 신뢰할 수 없는 나라에 투자해선 안 된다.

PART 3

국제협상과 문화

GLOBAL NEGOTIATION STRATEGY

제 7 장 Cross-Cultural 협상전략

제 8 장 국제협상과 커뮤니케이션

GLOBAL NEGOTIATION STRATEGY

제07장 Cross-Cultural 협상전략

국제협상은 정치·외교적 다원성, 법률적 다원성, 외국정부의 존재, 불확실성 등의 측면에서 국내협상과 구별된다. 그러나 국제협상의 가장 큰 특징은 다른 협상문화권에 속하는 상대와의 협상이라는 다문화협상(cross-cultural negotiation)에서 찾아야 할 것이다.

문화란 "한 인간집단이 함께 공유하는 가치와 믿음(shared values and beliefs of a group of people)"[1]이라고 정의할 수 있다. 이와 같은 문화라면 가장 먼저 떠오르는 것이 동양문화와 서양문화이다. 국제협상을 문화적 측면에서 보면 다음과 같이 두 가지 유형으로 나눌 수 있다.

- 동일문화권 내 협상, 즉 동일문화협상(Intra-Cultural Negotiation)
- 문화권 간 협상(Inter-Cultural Negotiation), 즉 다문화협상(Cross-Cultural Negotiation)

---

1 Lewicki, Roy J., Saunders David M., & Minton, John W., Essentials of Negotiation, Irwin, 1997, p. 233.

이 장에서는 국제협상과 문화 간의 관계에서 다음과 같은 다섯 가지를 살펴보자.

- 다문화협상이 동일문화협상보다 어려운 이유
- 高상황 동양문화와 低상황 서양문화
- 동양협상문화와 서양협상문화
- Cross-Cultural 협상전략
- 글로벌 기업의 다문화협상전략

제 1 절 다문화협상이 동일문화협상보다 어려운 이유

협상학자들의 연구에 의하면 다문화협상이 동일문화권 내 협상보다 훨씬 어려운 것으로 나타났다. 즉, 뉴욕의 사업가가 같은 앵글로색슨문화권에 속하는 영국 기업인과 협상하는 것보다 일본 기업인과 협상하는 것이 더 어려운 것이다. 물론 여기서 협상이 어렵다는 것은 협상과정도 힘들고 좋은 협상성과도 얻어내기 쉽지 않다는 것을 말한다. 에반스(Evans, 1963),[2] 루빈과 브라운(Rubin & Brown, 1975)[3] 등에 의하면 이는 다음과 같은 네 가지 요인에 기인한다.

- 협상자 간의 유사성
- 협상자의 IO 성향
- 협상자의 가치사슬

1. 협상자 간의 유사성(Similarity)

에반스(1963)에 의해 주장된 가설로서 협상자가 상대에 대해 느끼는 유사성과 협상성과 간에 긴밀한 관계가 있다는 것이다. 협상자는 상대가 자신과 유사하다고 느

2 Evans, F. B., "*Selling as a Dynamic Relationship - A New Approach*", American Behavioral Scientist 6, 1963, pp. 76-79; 곽노성, 「국제협상론」, 경문사, 2000, p. 117에서 재인용.

3 Rubin, J. Z., & Brown, B. R., *The Social Psychology fo Bargaining and Negotiation*, New York: Academic Press, 1975; 곽노성, 2000, p. 117에서 재인용.

그림 7-1 협상자 간의 유사성이 협상성과에 미치는 영향

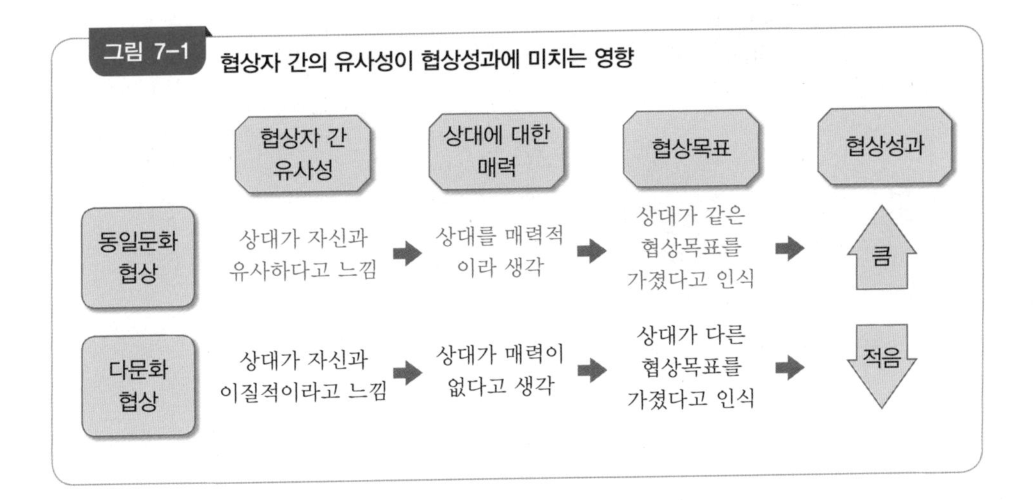

끼면 상대에 대해 매력을 느끼고 상대방이 자신과 같은 목표를 가지고 있다고 인식한다. 따라서 상대방의 주장이 자신에게도 좋은 것으로 받아들여 협조적인 태도를 보인다.

그라함(1985)[4]도 실증연구를 통해 다문화협상에서보다 동일문화협상에서 협상자들이 더 협력적이라는 사실을 발견하였다. 따라서 〈그림 7-1〉에서 보듯이 협상자들은 다른 문화권 상대와 협상을 할 때 이질감을 느끼면 상대에 대해 덜 매력을 느끼고 상대가 자신과 다른 목적을 가지고 있다고 인식한다. 따라서 상대방의 주장은 자신에게 별로 좋지 않은 것으로 받아들여 비협조적인 태도를 보이게 되어 결과적으로 좋은 협상성과를 얻지 못한다.

〈그림 7-2〉에서 보듯이 미국과 일본 협상자들은 서로를 이질적으로 보고 있다. 일본 협상자는 미국인이

- 사회적 조화를 중시하는 자신들과 달리 사생활을 중시하고
- 전통과 사회적 신분을 중시하는 자신들과는 달리 물질만능주의적이며
- 정직함 대신 공정함을 강조한다고 생각한다.

상대방을 이 같이 서로 이질적으로 본다는 것은 상대에 대한 매력을 적게 느끼고 일본과 미국이 서로 다른 협상목표를 가졌다고 인식하는 것을 말한다.

4 Graham, J. L., & Andrews, D., "*A Holistic Analysis of Cross-cultural Business Negotiations*", Journal of Business Communications 24(4), Fall 1987, pp. 161-79; 곽노성, 2000, p. 118에서 재인용.

그림 7-2 일본 협상자와 미국 협상자가 서로를 보는 시각

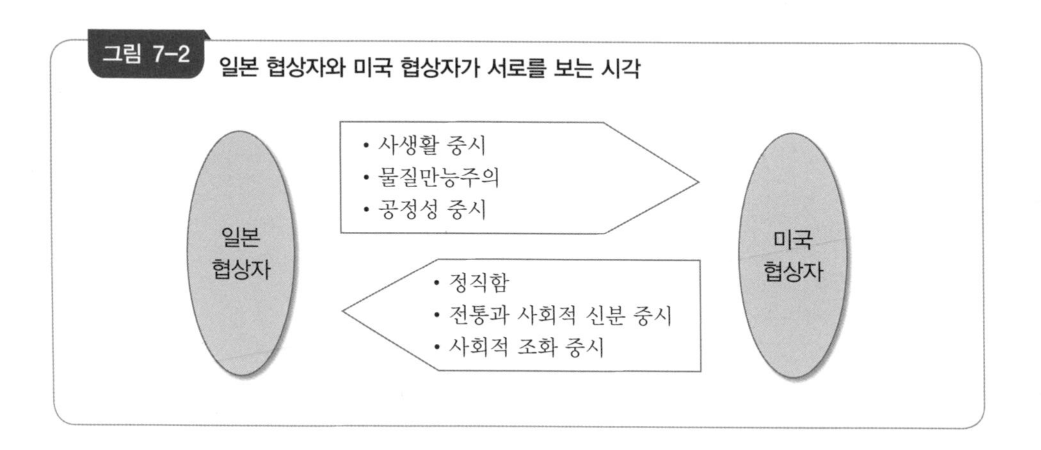

2. 협상자의 IO(Inter-personal Orientation) 성향

IO가 높은 협상자란 상대방과의 개인적 관계에 민감하게 반응하는 사람을 말한다. 상대방과 개인적 관계가 형성되면 협조적인 태도를 보이나 그렇지 못한 상대방에 대해서는 비협조적인 태도를 보이는 협상자이다. 반대로 IO가 낮은 협상자란 상대방과의 개인적 관계에 별 영향을 받지 않는 사람을 말한다. 상대방과의 개인적 관계 유무에 관계없이 동일한 태도를 보이는 협상자이다. 루빈 등(Rubin & Brown, 1975)에 의하면 IO가 낮은 사람은 다문화협상에서도 동일문화협상과 별 차이 없는 협상을 보인다. 반면 IO가 높은 협상자는 다문화협상에서는 동일문화협상과 아주 다른 태도를 보인다.

일반적으로 미국, 영국 등 서양협상가의 IO가 낮으며 일본, 중국 등 동양협상가의 IO가 높다. 쉽게 말하면 미국의 협상자는 상대의 문화에 구속받지 않고 동일한 행동을 보인다. 미국 협상자의 이 같은 낮은 IO는 국제협상에서 상반된 효과를 가져온다. 미국인 협상가는 상대적으로 적은 문화적 충돌(cross-cultural noise)로 상대방과 협상을 할 수 있다는 장점을 가진다. 반면 미국 협상가의 낮은 IO는 상대방 협상문화에 대한 무감각으로 연결될 수도 있다. 즉, 미국의 협상문화가 보편적 가치(global standard)라고 인식하여 미국식 가치를 상대에게 강요하려는 오류를 범하는 것이다.

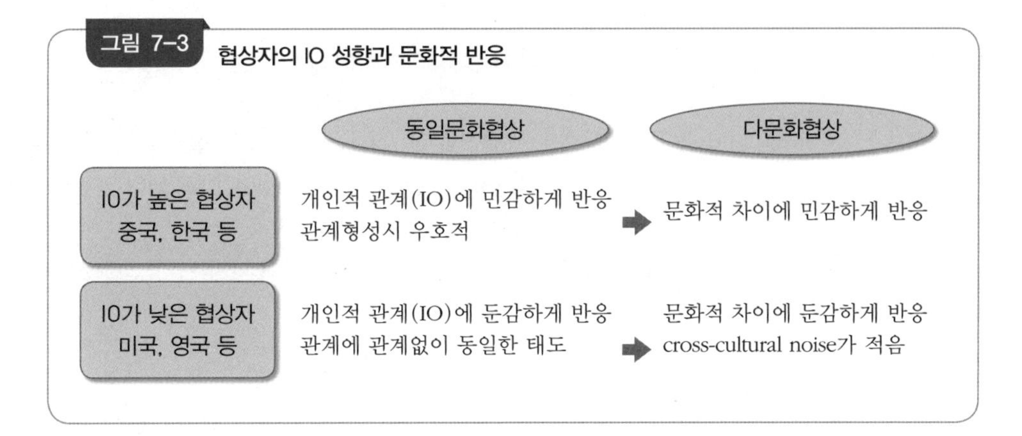

그림 7-3 협상자의 IO 성향과 문화적 반응

3. 협상자의 가치사슬(Value-chain)

가치사슬이란 협상자가 협상에서 중요하다고 생각하는 것을 말한다. 협상 자체가 서로 다른 이해관계를 가진 사람들 간의 의견조정이기 때문에 동일문화협상에서도 협상자들은 각기 다른 가치사슬을 가진다. 그러나 이 같은 협상자 간 가치사슬의 차이가 다문화협상에서는 때로 효율적 협상진행이나 협상성과에 심각한 영향을 미친다.

엘라시와마위와 해리스(Elashwamawi & Harris, 1998)에 의하면 미국 협상자와 일본 협상자는 〈표 7-1〉에서 보듯이 큰 차이가 나는 가치사슬을 가진다. 미국 협상자는 자유, 독립성, 자기신뢰(self-reliance), 평등, 개인주의에 큰 가치기준을 두고 경쟁과

표 7-1 미국 협상자와 일본 협상자의 가치사슬 비교

우선순위	미국 협상자	일본 협상자
1	자유	소속감(belonging)
2	독립성(independence)	조직의 조화(group harmony)
3	자기신뢰(self-reliance)	집단주의(collectiveness)
4	평등(equality)	연장자 존중(seniority)
5	개인주의	조직의 공동의사(group consensus)
6	경쟁	협조
7	시간의 중요성	인내

협상자로서의 가치사슬 테스트

- 미국적 가치사슬을 지녔는지 아니면 일본적 가치사슬을 지녔는지를 스스로 평가해본다.
- 아래 20개의 가치사슬에서 각 항목별로 자신과 아주 일치하면 10을, 전혀 일치하지 않으면 1을 선택한다.
- 결과를 합산하여 〈표 7-1〉 미국 협상자와 일본 협상자 간의 가치사슬을 비교해본다.

응답(10점 척도)

가치사슬	1	2	3	4	5	6	7	8	9	10
• 조직의 조화										
• 경쟁										
• 연장자 존중										
• 협력										
• 개방성										
• 평등										
• 예의										
• 위험감수										
• 평판										
• 사생활										
• 자유										
• 가족의 안녕										
• 인간관계										
• 자기신뢰										
• 시간의 중요성										
• 조직의 공동의사										
• 권위										
• 재산										
• 인간성										
• 팀 공동의 성취										

시간의 중요성을 강조한다. 반면 일본 협상자는 사회나 조직에 대한 소속감을 중시하며 조직 내에서의 조화(group harmony), 집단주의, 연장자 존중(seniority), 조직의 공동의사에 높은 가치를 둔다. 또한 협조와 인내를 강조하는 경향이 크다.

제 2 절 高상황 동양문화(High-Context)와 低상황 서양문화(Low-Context)

다문화협상을 연구하는 데는 알더(Alder, 1984),[5] 클러크혼 (Kluckhohn, 1961)[6] 등

표 7-2 고상황문화와 저상황문화

구분	高상황문화(High-context culture)	低상황문화(Low-context culture)
유사표현	• 동양문화	• 서양문화
지　역	• 아시아, 중동, 중남미 등	• 미국, 유럽 등
상황의존도	• 높은 상황의존도(high-context) • 주어진 상황을 대략 판단하여 행동	• 낮은 상황의존도(low-context) • 구체적 정보에 의해 행동
의사전달	• 암시적(implicit), 간접적	• 명시적(explicit), 직접적
가치중심	• 인간관계(relationship) 중심 • 신분(status) 중요	• 업무 중심 • 성과(performance) 중요
대인관계	• 갈등회피형 • 화목(harmony) 중시	• 갈등감수형 • 갈등은 경쟁사회의 당연한 현상
시간관념	• 복수초점(multi-focus, polychronic) 한번에 여러 가지 일을 함 • 과거의 미래에 대한 긴 시간수평 (time-horizon) 과거를 참고하여 행동 • 느슨한 시간관리	• 단일초점(single-focus, monochronic) 한번에 한 가지 일에만 집중 • 과거의 미래에 대한 짧은 시간수평 (time-horizon) 가까운 미래가 중요 • 시간엄수(punctuality)
자아의식	• 집단주의(collectivism) • 충성심(loyalty)	• 개인주의 • 독립성(independence)

5 Adler, N. J,. *Woman's Androgynous Managers: A Conceptualizatoin of the Potential for American Women in international Management*, Pergamon Press, 1984; 조동성, 「국제경영」, 1997, 경문사, p. 178에서 재인용.

6 Kluckhorn F., & Strodbeck, F., *Variation in Value orientation*, Evanston Ill., Row, Peterson & Co., 1961; 조동성, 1997, p. 173에서 재인용.

의 다양한 문화적 환경분석 모델이 있다. 하지만 문화가 국제협상에 미치는 영향을 가장 명확히 설명해 주는 분석 모델로는 홀(Hall, 1976)의 高상황문화와 低상황문화 이론이 있다.

일반적으로 高상황문화란 인간관계를 중시하고 암시적 의사전달방식에 의존하는 동양문화이고, 低상황문화란 업무를 중시하고 명시적으로 의사를 전달하는 서양문화이다. 동양식 고상황(high context)문화와 서양식 저상황(low context)문화 간의 차이를 상황의존도, 의사전달방식, 가치중심, 대인관계, 시간관념, 자아의식 등의 요인에 의해 분석해보자.

1. 높은 상황의존도 vs 낮은 상황의존도

홀은 '사람들이 자신이 처해 있는 상황(context)에 얼마나 많은 의미를 부여하느냐'에 따라 문화를 高상황문화와 低상황문화로 이분하였다. 高상황문화권의 사람들이 행동하고 의사소통하는데 그들에게 주어진 상황이 중요한 역할을 한다. 그들은

서양인과 동양인의 호랑이 사진 보는 방법의 차이

고상황문화와 저상황문화의 차이를 쉽게 설명해 주는 것은 미국인과 중국인이 호랑이 사진을 보는 차이이다.

미국 학생, 중국 학생 각각 27명에게 호랑이 사진을 보여주며 컴퓨터로 눈동자가 사진의 어디로 가는가를 조사하였다. 10초의 시간 중 미국 학생은 호랑이 머리, 눈, 꼬리, 다리 등을 찬찬히 살펴보는 데 7초를 소비하고 나머지 3초 동안 주변의 산과 숲들을 흘끗 훑어보았다. 주변상황보다는 주된 관심대상인 호랑이에 대한 정보를 얻는 데 관심이 더 큰 것이다.

반면, 중국 학생은 7초 동안 눈덮힌 산, 구름, 숲과 나무들을 두리번 거리며 살펴보고 난 다음에

호랑이를 대강 3초 정도 훑어보았다. 호랑이보다 그를 둘러싼 상황에 더 큰 관심을 보인 것이다.

상황을 대략적으로 판단하여 행동하고 상대방의 의사를 이해하려는 경향이 강하다. 한국인과 일본인은 상대방이 어떤 사실을 분명하지 않게 말해도 그 말뜻을 이해한다. 이는 이들이 오랜 세월 동안 같이 살며 공통된 경험을 하고 비슷한 사고방식과 관습을 가지고 있기 때문이다.

반면 低상황문화권에서는 상황보다는 정보와 사실(fact)이 더 중시된다. 즉, 미국인이나 유럽인은 과거의 역사나 주어진 상황보다는 객관적 정보와 구체적인 사실에 더 의존한다. 따라서 이들과의 대화나 행동에서는 많은 정보를 교환하며 명확하게 말하고 행동해야 한다.

2. 암시적 의사전달 vs 명시적 의사전달

간단한 퀴즈

여러분이 테헤란로에 있는 회사에서 일하다 오후 5시 쯤 급히 사장께 보고할 일이 생겨 일산에 있는 사장 집으로 달려간다고 하자. 퇴근시간이라 차가 밀려 7시 반 쯤 도착하여 아파트 문을 두드리니 마침 사장님 내외가 저녁을 막 들려고 하고 있었다.

"사장님, 죄송합니다. 너무 급해 전화도 못 드리고 왔습니다."

"무슨 일인지는 모르겠지만 같이 저녁이나 먹고, 보고 받읍시다. 저녁하셨어요?"

물론 여러분은 저녁을 안 먹었다. 보통 한국문화에서 이럴 때 뭐라고 대답할까?

대개 체면 때문에 "저녁 먹었습니다"라고 대답할 것이다. 자기마음과 하는 말이 다르게 '암시적'으로 표현한 것이다.

이때 사장의 반응이 어떨까? '아, 그래요. 저녁 먹었으면 응접실에서 기다리세요.' 이렇게 말하진 않을 것이다. 같은 암시적 의사소통문화권에 속하기에 부하가 저녁을 안 먹었으면서도 먹었다고 그러는 줄 아는 것이다.

"자네 진짜 저녁 먹었나?" 이렇게 다시 물을 것이다.

물론 여러분도 체면 때문에 "정말 먹었습니다"라고 말하고.

이 광경을 보던 사모님이 "이 시간에 여기까지 오시는데 저녁을 했을 리가 없어요. 이리 와서 같이 하세요"라고 말하며 소매를 끌면 마지못한 척 하며 맛있게 저녁을 잘 먹을 것이다.

이 같이 같은 동양문화권에서는 협상자들이 '암시적'으로 의사소통을 해도 문제가 없다. 하지만 동양인이 서양인과 이런식으로 의사소통을 하다가는 문제가 발생한다.

저자가 파리에서 공부할 때 필립 엘레팡이란 친구집에 가니 마침 가족과 저녁을 먹으려 하고 있었다.

"므슈 안, 저녁 먹었어요?"

그가 이렇게 물을 때 저녁은 안 먹었지만 저자는 한국식으로 "먹었다"라고 대답했다. 이에 대한 프랑스 친구의 반응은 아주 간단했다.

"그럼 저녁 끝날 때까지 응접실에서 좀 기다리세요."

명시적 의사소통문화에 속하는 프랑스 친구는 저자가 한 말을 그대로 받아들인 것이다. 저자는 그들이 맛있게 먹는 모습을 옆에서 보며 졸지에 저녁을 굶었다.

같은 경험과 관습을 공유하고 상황을 중시하는 高상황문화권에서 대부분의 정보가 상황이나 사람들에게 내재(internalize)되어 있다. 즉, 한국인이나 일본인은 '이러한 상황에 저 사람이 무슨 말을 할지'를 알아서 짐작하는 것이다. 이러한 사회에서는 의사전달이 암시적(implicit)이고 간접적(돌려서 말하기)이라도 별 문제가 없다. 하지만 정보나 사실을 중시하는 低상황문화권에서는 의사전달이 명시적(explicit)이고 직접적이어야 한다. 앞의 대화에서 보듯이 미국인에게 동양식으로 돌려서 우회적으로 말하면 그들은 이를 그대로 받아들인다.

3. 인간관계 중심 vs 업무 중심

오카베(1983)[7]는 서양을 행동(doing)문화, 동양을 관계(being)문화로 구분한다. 동양에서 "한 개인이 누구인가"가 중요한 반면 서양에서는 "그가 하고 있는 일"이 더 중요하다. 중국, 한국 같은 高상황문화에서는 사람들 간의 관계를 아주 중시하고 인간관계 형성에 대해 많은 시간과 노력을 투자한다. 따라서 많은 사람과 좋은 인간

7 Okabe, R., "*Cultural Assumption of East and West*", Gudykunst W. B.(ed.), Intercultural Communication Theory, Beverly Hills: Sage, 1983, pp. 21-44; 최윤희, 「문화간 커뮤니케이션과 국제협상」, 커뮤니케이션 모노그라프 19, 커뮤니케이션북스, 대한민국, 서울, 1998, p. 33에서 재인용.

관계를 형성한 것을 개인의 커다란 자산이라고 생각한다.

이에 반해 미국, 유럽 같은 행동문화권에서는 '관계와 일'을 분리한다. 예를 들어 高상황문화권에서는 직원을 채용하고 승진시킬 때 친인척, 후배를 선호한다. 하지만 低상황문화권에서는 공개채용 등으로 사람을 선출하며 승진도 '얼마나 회사에 기여했느냐'에 의거해서 결정한다.

4. 귀속주의 vs 성과주의

高상황문화권에서는 관계 중심 때문에 귀속주의적 특성이 강하고, 업무를 중시하는 低상황문화권에서는 성과주의적 특성이 강하다. 중국, 한국과 같은 나라에서는 학력, 가문, 직장, 직위 등 소위 신분(status)이 중요하다. 따라서 신분이 높은 사람이 높게 평가받고, 존경받는 경향이 있다. 그러나, 미국, 유럽과 같은 사회에서는 철저히 한 개인이 달성한 성과(performance)에 의존해 상대를 평가하고 존중한다.

5. 갈등회피형 vs 갈등감수형

관계를 중시하고 집단주의적 성향이 강한 高상황문화권에서는 가능한 한 대인관계에서 갈등과 마찰을 일으키지 않으려 한다. 사회 전체나 조직 또는 개인 간의 화합(harmony)을 최고의 가치로 여긴다. '상대방이 무엇을 생각하느냐'에 대해 생각하고 민감하게 반응한다. 너무 자기주장만 하면 상대와 갈등을 유발하고 이는 좋은 대인관계를 형성하는 데 방해가 된다고 여긴다. 高상황문화권은 이 같이 상대를 배려하기 때문에 경쟁보다는 협력이 좋다고 생각한다.

업무 중심적이고 성과주의 성향이 강한 低상황문화권에서는 상대와의 갈등을 그다지 부정적이라 여기지 않는다. 철저한 경쟁사회에서 때론 갈등이 발생하고 이는 사회발전을 위한 밑거름이 된다고 본다. 문제가 있으면 갈등이 발생하고 이를 해결해야지 갈등 자체를 회피해서는 안 된다고 생각된다. 또한 자기주장을 하는 것을 자기자신에 대한 확신(conviction)에서 나오는 것이기에 상대에 대한 결례가 아니라고 본다.

화이자(Pfizer)하멜 부장과의 만남

SK 바이오 사이언스에 근무하는 황부장은 화이자(Pfizer)사의 백신연구팀과 업무협의가 있어서 미국에 출장갔다. 화이자사에 간 김에 작년에 백신 관계로 자주 만났던 화이자사 해외협력부의 하멜 부장 방에 얼굴이나 보려고 잠깐 들렸다. 물론 사전 약속은 없었다. 그래도 작년 팬데믹으로 어려울 때 머리를 맞대고 여러 가지를 같이 일한 사이기에 하멜 부장이 아주 생색을 내며 반가워 할 줄 알았다. 그런데 황부장이 느낀 당황함은 다음과 같다. 방에 들어갔을 때 전화 중이던 하멜 부장은 황부장을 보자 손을 살짝 들어 인사하고는 통화를 계속했다. 하멜 부장은 황부장이 자기 방에 있다는 것을 무시하듯 무려 5분간이나 전화를 하고 난 후 간단한 인사 말("Happy to see you!")로 반겼다. 황부장은 정말 하멜 부장의 행동에 실망했다."

6. 복수시간문화 vs 단일시간문화

왜 한국인 직원과 하멜 부장 사이에 이러한 일이 벌어졌을까? 단일시간문화권(Mono-chronic-Time People)과 복수시간문화권(Poly-chronic-Time People) 간에 시간관념의 차이로 벌어진 일이다. 복수시간문화권에 속하는 한국인이라면 통화 중이라도 아는 사람이 들어오면 상대에게 잠깐 기다리라고 하고 상대를 반갑게 맞는다. 또는 상대에게 다시 통화하자고 하며 전화를 끊고 방문객을 맞을 것이다. 지금 하고 있는 통화와 방문객을 맞는다는 두 가지 일을 뒤섞어서 동시에 하는 셈이다. 그러나 단일문화권의 하멜 부장은 아무리 방문객이 있더라도 지금 자기가 하던 일을 완전히 끝내야 한다. 그리고 나서 다음 일인 방문객을 맞는 것이다. 더욱이 방문객은 사전 약속 없이 불쑥 찾아오지 않았는가?

전형적인 M−time people인 미국인들은 일을 순서대로 한다. 한 번에 한 가지 일에 집중하고 난 후 다음 일을 한다. 그러나 중국인, 한국인 같은 P−time people은 한꺼번에 여러 가지 일을 한다. 미국인은 직장에서는 일만하고 친구와 전화를 하거나 개인적인 용무는 일과가 끝난 후에 한다. 그러나 한국인이나 아르헨티나인은 직장에서 일하면서 친구와 통화도 하고 필요하면 개인적인 용무로 잠깐 밖에 나갔다오기도 한다.

M－time people인 미국인의 눈으로 보면 P－time people인 중국인이나 한국인의 업무처리방식은 뭔가 어수선하고 앞뒤가 없어 보인다. 이 같은 차이를 가장 잘 보여주는 것이 음식문화이다. 미국에서는 음식이 순서대로 나온다. 처음에 수프가 나오고 다음에 샐러드→스테이크→디저트 식으로 이어진다. 그러나 한국인은 한꺼번에 음식을 상에 올려놓고 동시에 즐긴다.

7. 긴 시간지평 vs 짧은 시간지평

高상황문화권과 低상황문화권 사람들은 각기 다른 시간지평(time horizon)을 가지고 과거와 미래를 인식한다. 〈그림 7－4〉는 코틀(Cottle, 1967)[8]이 여러 나라 사람들의 과거와 미래에 대한 시간지평을 설문조사한 결과이다. 과거 시간지평에 대한 설문은 "내 과거는 얼마 전에 시작해서 얼마 전에 끝났다"이다. 미래 시간지평은 "내 미래는 지금으로부터 얼마 후에 시작해서 얼마 후에 끝난다"이다.

〈그림 7－4〉에서 보듯이 과거에 대한 시간지평이 가장 긴 사람은 한국인(5.84)이고 그 다음이 중국인(5.62), 프랑스인(5.58), 미국인(4.69) 순이다. 즉, 한국인은 과거를 '몇 달 단위'로 생각하는 반면 미국인은 '며칠 단위'로 인식한다. 미래를 가장 장기적으로 보는 것은 중국인이며 다음에 한국인, 프랑스인, 미국인 순이다.

과거와 미래에 대한 이 같은 시간지평의 차이는 일상생활 및 비즈니스에서 미국인과 한국인의 사고방식에 큰 차이를 가져온다. 미국인은 미래를 분기(quarter)단위로 보기에 현재 자신의 노력이나 의지에 의해 통제할 수 있다고 본다(Future is something controllable from the present). 미국인 CEO에게 '미래'는 다음 분기의 영업실적이다. 따라서 현재의 자신이 꾸준히 판매를 늘리고 경영을 열심히 하면 충분히 좋은 미래를 가질 수 있다고 생각한다. 그러므로 미래에 대한 시간지평이 짧은 미국인에게 자신이 통제할 수 없는 먼 미래(distant future)는 별 의미가 없다.

---

8 Cottle, T. J., "*The Circles Test; An Investigation of Perception of Temporal Relatedness and Dominance*", Journal of Projective Tecbnique and Personality Assessments, No.31, 1967, pp. 58-71; Trompenaars, F., & Hampden-Turner C., *Riding The Waves of Culture: Understanding Cultural Diversity in Global Business*, 2nd ed., McGraw-Hill, 1998, p. 144에서 재인용.

9 Trompenaars etc, 1998, pp. 132-133.

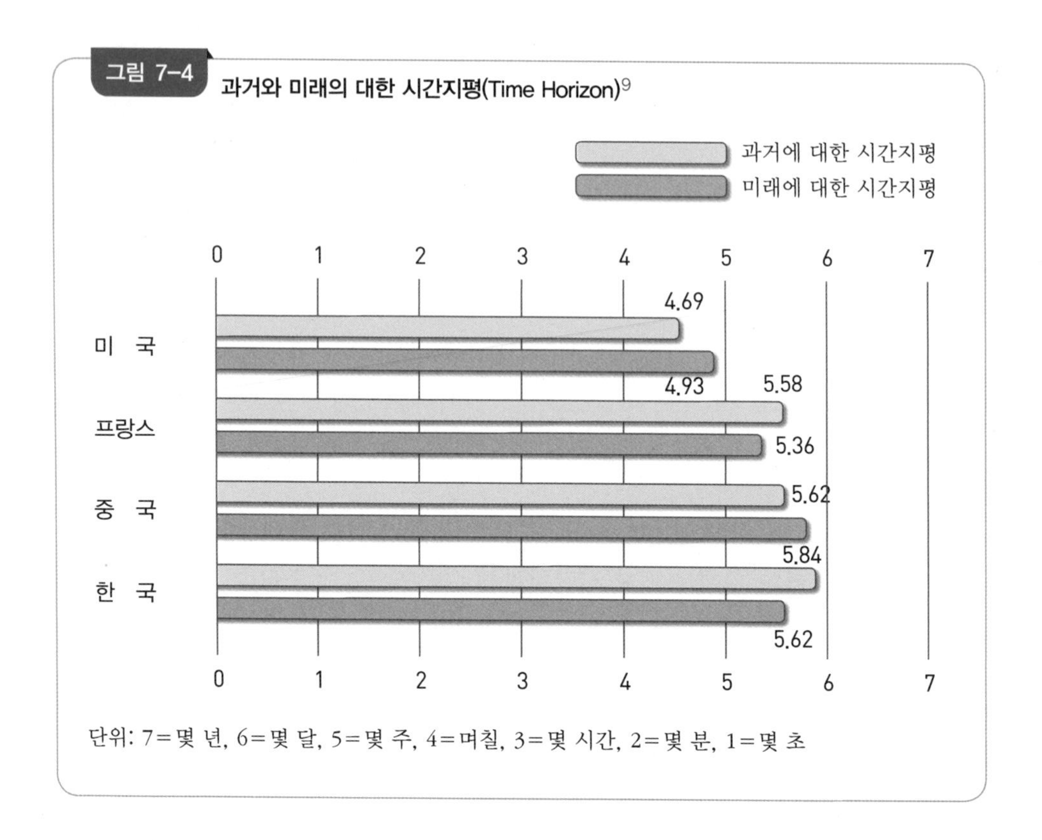

그림 7-4 과거와 미래의 대한 시간지평(Time Horizon)[9]

이에 반해 한국인이나 중국인에게 '과거는 미래의 창'이다. 즉, 과거와 역사를 잘 이해하면 현재 무엇을 할 것인가를 알 수 있고 미래를 예측할 수 있다. 과거-현재-미래는 역사의 큰 굴레 속에서 반복된다고 믿는다. 과거를 참고하여 현재의 의사결정을 하기에 전통이나 역사적 감각이 중요하다. 또한 10년 후 20년 후 같이 미래를 길게 본다. 한 가지 재미있는 것은 같은 서양인이면서 역사의식이 강한 프랑스인의 시간지평이 긴 것이다. 따라서 동양에서는 과거에 대한 풍부한 경험을 가진 연장자가 존경을 받고 현재와 미래에 대한 의사결정에서 큰 영향을 발휘한다.

8. 시간엄수 vs 느슨한 시간관리

〈그림 7-5〉에서 보듯이 한 가지 일을 끝내야만 다음 일을 하는 M-time people에서 모든 일은 순서대로 꽉 짜여진 계획과 스케줄 속에 묶여 있다. 따라서 분 단위

그림 7-5 M-time people과 P-time people의 시간관리

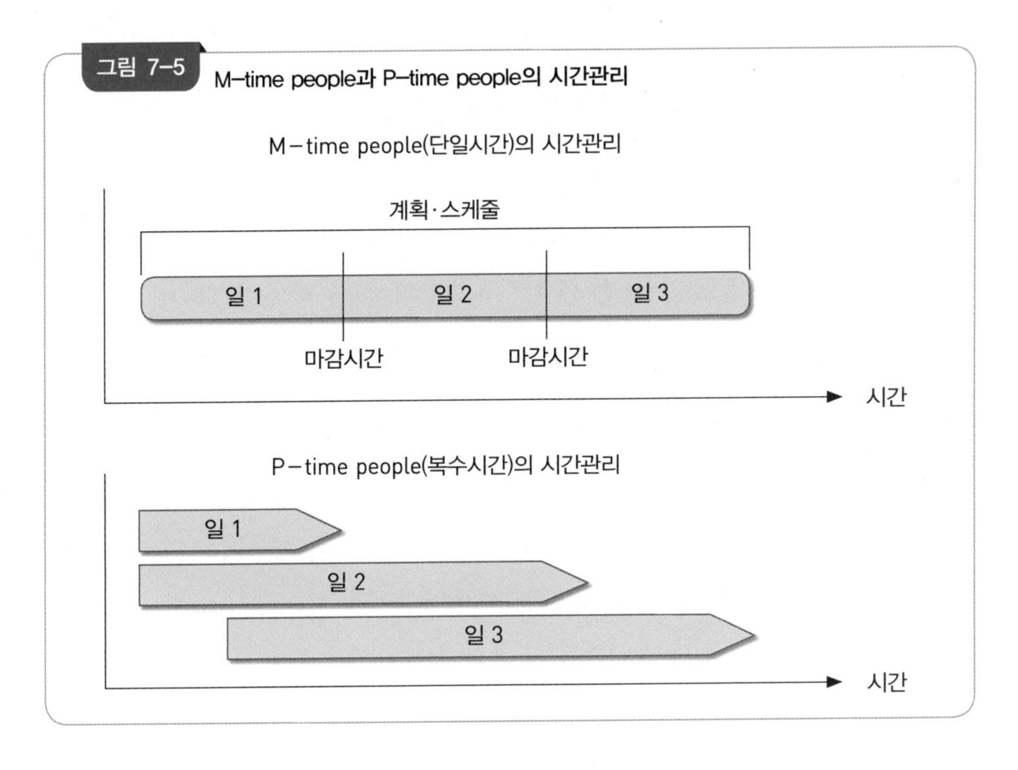

와 시간을 쪼개서 사용하고 시간을 엄수(punctuality)한다. 따라서 한 가지 일을 끝내고 다음 일로 넘어가는 마감시간(deadline)은 큰 의미를 가지며 가능하면 이를 지키려고 한다. 그러므로 동양인의 눈에 서양인은 시간과 스케줄에 쫓기는 사람처럼 보일 수 있다.

P-time people은 시간을 세분하여 사용하지 않는다. 중국이나 한국에서 '곧'이란 말은 짧게는 1~2분에서 길게는 몇 년이 될 수도 있다. 여러 가지 일을 동시에 하기에(polychronic) 일을 할 때 면밀히 시간계획을 세워 이 시간의 틀 속에서 처리하지 않는다. 따라서 일의 마감시간이 큰 의미가 없다. 또한 시간약속을 정확히 안 지키고 계획과 스케줄을 쉽게 자주 바꾼다.

高상황문화권 사람에게 시간약속과 스케줄은 이를 행할 '당시의 상황'에 근거를 둔 것이다. 그러므로 '새로운 상황'이 생기면 얼마든지 스케줄과 계획을 바꾸고 시간을 다소 어길 수 있다. 오늘 오전 10시에 친구와 점심약속을 했더라도 더 급한 일이 생기면, 즉 사장이 같이 점심을 하자고 하면 얼마든지 선약을 바꿀 수 있다. 그러나 서양인은 상사가 점심을 먹자고 하더라도 선약이 있다고 거절할 것이다.

제 3 절 동양협상문화와 서양협상문화

지금까지 살펴본 고상황(high context)문화와 저상황(low context)문화의 차이가 실제 국제협상에서 어떠한 문화적 차이를 가져오는지를 살펴보자.

1. 관계지향 협상 vs 정보 · 사실 중심 협상

동양협상문화에서 상대방과의 관계(relationship)가 아주 중요한 반면 서양협상문화에서는 협상의 단기성과(immediate outcome)가 중요하다. 한국, 일본, 중국에서는 국제협상을 할 때 상대와의 관계형성과정을 아주 중요시 여긴다. 따라서 본 협상에 들어가기 전에 식사나 골프 등을 통해 상대와 좋은 관계를 형성하고 난 후 본 협

표 7-3 동양협상문화와 서양협상문화

구분	동양협상문화	서양협상문화
	고상황협상문화 ◀	▶ 저상황협상문화
협상전략	• 관계지향 협상 (relationship oriented negotiation) • 신뢰(credibiltiy)를 통한 협상, 막후 설득	• 정보 · 사실 중심 협상(information & fact oriented negotiation) • 단기성과 • 협상사안별 직접적 설득
협상시계(視界)	• 교환의 법칙(rule of exchange) • 체면중시(save face) • 상대가 생각할 시간을 줌	• 단기적 이해관계 • 자기주장, 경쟁중시 • 많은 질문
의사결정	• 집단적 의사결정까지 긴 시간소요	• 개인적 신속한 의사결정, 결정 후 구체적 추진 방안 모색
협상권한	• 비위임형 협상문화 • 지위 · 계급 중요	• 위임형 협상문화 • 맡은 일이 중요
협상자수	• 많은 수행원	• 적은 수행원

상에 들어간다. 상대와 좋은 관계를 형성했다는 것은 상대방 개인이나 상대기업 등에 대한 신뢰(credibility)를 구축했다는 것을 의미한다. 따라서 개개의 구체적 협상이슈에 매달리기보다는 상대기업이 믿을 만하고 협상상대와 좋은 관계가 형성되면 이 틀 속에서 협상을 진행시킨다.

여기에 반해 미국, 유럽에서는 '상대가 누구냐?'하는 문제보다는 '무엇을 협상해서 얻어 내느냐?'가 더 중요하다. 이에 만나자마자 바로 본 협상에 들어가 구체적 사안을 하나하나 협상하려 한다. 물론 상대에 대한 신뢰를 통한 협상을 하려는 동양인과 달리 서양협상문화는 상대를 직접적으로 설득하려 한다.

2. 교환의 법칙 vs 단기적 성과

관계를 중시하는 동양협상문화에서는 협상시계가 넓다. 상대방과의 장기적 이해관계를 중시하는 것이다. 이에 반해 단기성과(immediate outcome)를 중시하는 서양협상문화에서는 협상시계가 짧다. 동양협상문화의 이 같은 특성 때문에 한국인과 일본인 간에 협상을 할 때 교환의 법칙(rule of exchange)과 체면유지(save face)가 아주 중요하다. 또한 자기주장이 강하고 정보를 중시하는 서양협상가는 상대에게 많은 질문을 하는 반면 동양인 협상가는 상대에게 생각할 여유를 주는 것이 미덕이라고 생각한다.

국제협상에서의 체면(Save Face)

S전자에서 근무하는 최부장은 도쿄의 뉴오따니호텔에서 소니의 타카시 부장과 전략적 제휴에 관한 협상을 하고 있다. 타카시와는 대리시절부터 업무상 알고 지내며 많은 협상을 해 온 사이이다. 여러 가지 협상사안 중에 디지털카메라의 신형렌즈 기술이전 건은 이번에 꼭 성사시키라는 사장의 특명을 받은 최부장이 말한다.

"타카시 상, 디카 신형렌즈 건은 내 체면을 봐서 좀 양보해주세요. 이거 해결 못하고 서울 돌아가면 제가 난처한 입장에 빠져요."

이럴 경우 소니의 타카시 부장이 어떻게 나올까?

일반적으로 타카시 부장이 최부장의 부탁을 들어줄 것이다.

그 이유는 간단하다.

동양협상문화에는 교환의 법칙이 있기 때문이다. 즉, 이번에 타카시 부장이 한번 상대의 체면을 세워주면(save face) 언젠가 상대도 자신의 부탁을 들어주리라 기대하는 것이다.

아마 몇 달이 지난 후 서울에 온 타카시 부장이 "최부장, 스마트폰 모니터기술 건 양보해서 제 체면 좀 세워주세요"라고 부탁하면 최부장은 그의 요구를 들어줄 것이다.

그런데 만약 S전자의 최부장이 타카시 부장과 같이 오래전부터 알고 지내는 애플의 피터슨 부장에게 A를 봐달라고 부탁하면 어떻게 반응할까?

물론 피터슨 부장의 인간성에 따라 다르겠지만 '이번 협상에서 얻을 수 있는 것을 최대로 얻어내겠다'는 협상의 단기성과에 집착하는 미국문화의 피터슨 부장은 A를 더욱 집요하게 물고 늘어질지 모른다.

최부장이 'A를 좀 봐달라'고 한 것은 피터슨의 입장에서 보면 상대의 취약점(weak point)이고, 이번에 얻을 협상이익을 극대화시키려면 당연히 상대의 약점을 거세게 공격해야 한다.

3. 집단적 의사결정 vs 개인적 의사결정

개인주의적 성향이 강한 미국기업에서는 담당자가 판단하여 제품 구매여부를 그 자리에서 결정한다. 이에 반해 일본, 한국 등 동양협상문화에서는 공감대 형성(consensus building)에 의존하는 집단적 의사결정방식을 존중한다. 제품의 구매에 관계되는 생산부, 총무부 등 모든 부서의 관계자들에게 일일이 의견을 물어보고 난 후 최종의사를 결정하는 것이다.

정부 간 통상협상의 경우에는 농림성, 후생성 등 관계부처의 협의를 거쳐 정부의 최종입장을 정한다. 서양협상문화에서는 필요시 표결(voting)을 통해 의사를 결정하는 반면 공감대 형성을 중요시하는 동양협상문화에서는 표결이 일반화되어 있지 않다. 당연히 많은 사람의 동의를 얻어야 하는 동양식 의사결정에는 상당한 시간이 소요된다. 이는 신속한 의사결정을 중시하는 서양인의 눈에 시간을 비효율적으로 사용하는 것처럼 보일 수 있다.

그렇다면 이 같은 일본식 의사결정방식이 미국식에 비해 부정적인 면만 있을까? 이 역시 나름대로의 장점이 있다. 미국 협상대표의 결정은 일반적으로 원칙적 합의(agreement in principle)이다. 즉, 구매하기로 원칙적으로 합의하고 난 후 조직 내 내부협의절차를 거치고 구체적인 내용에 대해 협상을 한다. 따라서 원칙합의에서 최종계약까지 오랜 시간이 걸린다.

반면 일본은 상대에게 의사결정을 통보하기까지는 긴 시간이 소요되지만, 그 이후 집행은 아주 빠르다. 그간 조직 내 관계자의 모든 동의와 검토를 거쳤기 때문이다.

4. 비위임형 협상문화 vs 위임형 협상문화

계층적 성격이 강한 동양협상문화에서는 권한이

- 협상단원－협상대표 간에는 협상대표에
- 협상단－본사 간에는 본사에 집중되어 있다.

따라서 같은 협상단 내에서는 협상대표가 모든 것을 결정하고 지휘감독한다. 또한 해외에 나가 협상을 할 때도 본사·본국 정부가 협상단에 많은 권한을 위임해 주지 않기 때문에 일일이 훈령이나 지침을 받아 협상을 진행한다. 따라서 이러한 협상문화에서는 협상자의 사회적 지위나 조직 내 계급이 중요하다. 상대협상자가 높은 지위에 있다는 것은 국제협상테이블에서 합의된 내용을 내부적으로 승인·비준받는 Position Power가 그만큼 크다는 것을 의미한다. 예를 들어 소니와의 협상에 소니의 부사장이 대표로 나오는 것이 부장급이 대표로 나오는 것보다 일본에 돌아가 본사를 설득하는 데 유리할 것이다.

반면, 평등문화인 서양협상문화에서는 권한이 협상단에 많이 위임되어 있다. 서울에서 한미 통상협상을 할 때 워싱턴으로부터 권한을 위임받은 미국 협상단은 큰 재량권을 가지고 협상을 한다. 또한 미국 협상팀 내부에서 협상대표는 조정역할만 한다. 시장 개방, 산업협력 등의 개별 이슈는 USTR, 상무성, 국무성 등에서 나온 관리들이 각자 발언하고 협상을 진행시킨다.

이러한 이유 때문에 협상 시작 전 자기소개를 할 때 동양협상문화에서는 자신과 상대방의 직위와 계급을 중시한다. 반면 서양협상문화에서는 자신과 상대가 '무엇을 하는지'를 더 중시한다. 중동이나 중국, 한국의 협상자들은 가끔 두세 종류의 명함을 가지고 다닌다. 박사학위나 높은 지위를 강조하기 위해서이다.

5. 협상자의 수

동양협상문화에는 협상자의 수가 많은 반면 서양협상문화에는 그렇지 않다. 예를 들어 다자통상장관회담을 할 때 한국의 협상팀이 4~5명이라면 일본은 7~8명, 미국은 2~3명 수준이다. 한국과 일본 협상팀의 수가 많은 이유는 전문성 부족, 일본의 기록문화 등 여러 가지 이유가 있을 수 있다.

또 다른 이유는 권위주의적 성격이 강한 동양의 장관이나 CEO의 잘못된 인식 때문이다. 일본과 한국의 장관은 많은 수행원이 자신의 강한 권력을 나타내는 것이라고 생각한다. 사실 이들 많은 수행원은 직접 협상에 참여하기보다는 장관을 모시는 의전(protocol)에 투입되는 수가 많다. 이에 반해 미국이나 영국의 장관들은 수행원 수가 자신의 권위와 관계없다고 생각한다. 또한 까다로운 의전을 요구하지 않기에 많은 수행원이 필요하지 않다.

6. 집단적 보상문화 vs 개인적 보상문화

소니사 협상팀과 IT 분야의 전략적 제휴에 대해 며칠간 협상을 하고 있다고 하자. 소니 협상팀에는 노리오 단장, 다카시 부단장 그리고 5명의 협상단원이 있다. 지난 며칠간의 협상에서 노리오 단장 이하 모든 협상단원이 협조적인데 유독 다카시 부단장만이 비협조적이다.

- 어떻게 하면 이 다카시 부단장과 나머지 소니 협상팀 간의 사이가 벌어지게 할 수 있을까?

이에는 여러 가지 기법이 있을 수 있지만 가장 유효한 것은 다카시 부단장을 '의도적으로 계속 칭찬하는 것'이다. 조직 내 화합(group harmony)을 중시하는 일본인은 집단적으로 보상받는 데 익숙해져 있다. 따라서 다카시 부단장만 칭찬하는 것은 일본팀의 이 같은 집단적 보상심리에 위배된다. 결과적으로 다카시 부단장은 다른 단원들로부터 질시의 대상이 되기 쉽다.

반면 개인주의와 성과중심의 미국협상문화에서 협상자는 당연히 성과에 따라 개인적으로 보상받는다. 일반적으로 협상대표가 많은 권한을 행사하고 협상실패에 대해서도 자신이 직접 책임을 진다.

7. 계약 및 분쟁해결

미국에서 비디오 테이프 대여는 하루에 3달러이고, 같은 비디오를 사려면 20달러를 내야 하는 비디오가게가 있다. 동양인 고객이 비디오 테이프를 빌리며 '대여료 하루 3달러'라는 종이에 서명을 하고 난 후 깜빡 잊고 열흘 후에 반납을 했다. 미국인 점원은 10일분 대여료 30달러를 내야 한다고 말한다. 이에 동양인 고객은 같은 비디오를 사는데 20달러인데 연체료로 30달러를 내는 것은 부당하다고 항변한다.

- 누구의 주장이 맞을까?

서양협상문화에서는 협상에서 합의된 사항을 아주 구체적으로 계약서에 명시해야 한다. 또한 가능한 이 계약은 준수되어야 한다. 상황을 중시하는 高상황문화의 협상가들에게 계약은 새로운 상황이 발생하면 재협의할 수 있다고 생각한다.

위 사례에서 미국인 점원에게 계약은 계약이다. 하루에 3달러씩 내라고 했으면 이유를 막론하고 위약금을 내야한다. 만약 점원이 동양인이었다면 반반씩 양보해서 25달러만 내라고 했을지도 모른다. 반납하는 것을 잊었다는 새로운 상황을 고려해 당초 계약을 수정해 주는 것이다.

분쟁해결방법도 동·서양협상문화 간에 다르다. 미국은 계약서에 계약내용의 해석이나 이행에 관해 분쟁이 발생하면 이를 어떻게 법률적으로 해결할지를 명시한다. 미국기업에게 상대기업과의 분쟁이 있을 때 변호사를 고용하거나 법원에 분쟁을 가져가는 것은 별 문제가 되지 않는다. 그러나 동양협상문화에서는 계약내용의 다툼에 대해 우선 신의·성실의 원칙에 의해 해결하고자 노력한다. 이 같은 이유 때문에 동양협상문화에서는 협상에서 합의에 도달하고 난 후에도 명문의 계약서를 작성하지 않는 경우가 많다. 설사 계약서를 작성하더라도 그 내용이 아주 포괄적이고 간결한 경우가 대부분이다. 중국이나 한국의 협상자에게 너무 자세한 계약서를 요구하면 자신을 불신하는 것으로 오해할 수 있다.

제 4 절 Cross-Cultural 협상전략

빌 게이츠의 악수

세계 최고의 기업인 빌게이츠와 이명박 대통령이 악수하는 모습이다. 여러분은 대한민국 국민으로서 이 사진을 보면 어떤 느낌이 듭니까? 이 사진 한 장을 놓고 네티즌 사이에서도 말이 많았다. 사실 아무리 빌게이츠가 세계에서 명성을 날리는 기업인이고 미국이 자유로운 나라이지만, 다른 나라의 대통령과 악수하며 한 손을 주머니에 넣는다는 것은 결코 바람직한 행동은 아니다.

그렇다면 빌게이츠는 항상 남들과 악수를 할 때 왼쪽 손을 주머니에 넣을까?

그런 것 같지는 않다. 현대의 정몽구 회장과 악수하는 사진을 보라. 두 손을 꽉 잡고 고개까지 숙이면서 정중한 예를 갖추었다. 그런데 두 사진의 뒤쪽에 대통령 비서실장이 서 있는 것을 보면 빌게이츠가 같은 장소에서 정몽구 회장에게는 두 손을 꼭 잡고 허리까지 숙이면서 악수를 하고, 우리 대통령과는 허리를 뻣뻣이 세우고 손까지 주머니에 넣었다. 이런 빌 게이츠의 악수에서 볼 수 있는 바와 같이 국제협상에서는 말뿐만 아니라 행동 하나하나의 문화적 차이가 협상에 결정적인 영향을 미칠 수 있다.

문화적 배경이 다른 국가와의 협상전략인 다문화(cross-cultural)협상전략은 다음과 같은 3단계로 요약될 수 있다.

- 상대와의 문화적 차이를 인지
- 상대방의 협상문화를 존중
- 문화적 차이를 고려한 협상전략-다문화 협상전략

1. 1단계 전략: 상대와의 문화적 차이를 인지 (Recognize Cultural Differences)

국제협상이나 국제경영에서 문화적 마찰이나 충돌(cross-cultural crash)은 당사자들 간의 '문화적 차이(cultural differences)'보다 문화적 차이 자체를 인지하지 못하는 것(unawareness of cultural differences)에서 발생하는 수가 더 많다.

▌대화상대와 편안한 간격(Distance Perception)의 차이

옆의 사진은 2004년 여름 저자가 멕시코 몬트레이 대학에서 국제협상을 강의할 때의 학생들과 함께 찍은 사진이다. 어느 날 강의가 끝난 후 사진 맨 뒷줄 가운데 있는 크리스티나란 여학생이 질문을 하려고 교단 위에 서 있는 저자에게 다가왔다. 그런데 그녀가 코 앞 가까이 너무 바짝 다가와 이야기하는 데 뭔가 불편함을 느껴 뒤로 뒷걸음을 쳤다. 그런데 그녀는 계속 뒷걸음을 치는 저자를 교단 위까지 따라오며 이야기에 열중하는 것이다. 저자로서는 불편한 상황인데 그녀를 보니 전혀 상대가 불편해하고 있다는 것을 의식 못하는 것 같았다.

며칠 후 모니카란 학생이 질문을 하는데 똑같이 너무 가까이 다가와 비슷한 일이 벌어졌다. 하여튼 뭔가 이상하다고 생각하고 귀국하여 우연히 책을 읽다가 각 문화권별로 대화상대와 편안함을 느끼는 간격이 다르다는 사실을 알았다.

국제협상장에서 칵테일을 마시며 서서 상대와 이야기할 때

- 미국인이나 유럽인은 '한 팔 거리' 정도 떨어져 이야기할 때 편안함을 느끼고
- 한국, 중국 같은 동양인은 '한 팔 반' 정도인 데 반해
- 멕시코인 같은 중남미에서는 '반 팔' 정도로 가깝게 서서 이야기를 한다는 것이다.

필자는 뮌헨 근처에 있는 잉골슈타트 대학교 썸머스쿨에서 협상을 가르쳤던 적이 있다. 독일의 대학 앞에는 '비어 가르텐'이라고 맥주집이 많다.

사진은 강의를 마치고서 독일 제자들과 함께 비어 가르텐에 한 잔하러 가서 찍은 것이다. 사진을 한 번 유심히 보자. 슈나이더라는 독일 남학생은 1,000cc 큰 맥주잔을, 옆의 엘레나와 클라인펠트라는 여학생은 작은 맥주잔을 들고 있다. 한국에서 교수가 학생들을 데리고 호프집에 가면 '맥주 1,000cc 10잔' 하는 식으로 똑같은 크기로 시킨다. 그리고 물론 돈은 교수가 낸다.

독일 뮌헨 비어 가르텐에서 제자들과 함께

안식년에 일본 와세다대학에서 협상특강을 할 때 학생들과 저녁식사를 하러 갔다. 20만 원 정도 나와 돈을 내려 했더니 한 일본 학생이 이렇게 말한다. "센세이상(선생님), 사주시는 것은 고마운데 금액의 반은 저희가 내겠습니다." 아마 학생들끼리 돈을 모은 모양이다. 그러고는 고맙다고 인사를 하고 사라졌다.

그런데 독일에서는 교수가 학생들과 맥주를 마실 때 첫 잔은 교수가 내고 두 번째 잔 부터는 학생들 각자가 낸다고 한다. 교수가 내는 첫 잔은 제일 큰 맥주잔으로 시키고 자신들이 내는 두 번째 잔부터는 작은 것을 시킨 것이다.

즉, 사진에서 슈나이더가 들고 있는 1,000cc짜리 큰 맥주잔은 교수가 내는 것이고, 엘레나와 클라인 펠트가 마시고 있는 작은 맥주잔은 자신들이 돈을 내는 잔들이다.

▌엘리자베스 여왕의 '로얄 허그(Royal Hug)'

런던 G20 정상회담에서 엘리자베스 여왕을 만난 오바마 대통령 부인 미셸 여사가 여왕의 등 쪽에 손을 살짝 가져다 대었다. 미국문화에서는 상대방에게 친근감을 표시하는 전혀 문제가 안 되는 행동이다. 그런데 영국왕실 예법에서는 절대 여왕의 몸에 손을 대서는 안 된다는 것이다.

이를 두고 CNN에서 'Royal Hug'라는 주제로

열띤 찬반논쟁까지 벌였다. 미쉘 여사로서는 미국과 영국왕실 사이의 문화적 차이를 몰라 국제적 구설수까지 오른 것이다.

지구촌 시대, 어느 나라 사람일까요?

서강대학교 국제대학원은 전 세계 30여 개국에서 온 100여 명의 학생이 모여 있는 다문화 국제대학원입니다. 아래 사진을 보고 어느 나라 학생인지 알아맞춰 보세요.

- 1번: 카자흐스탄 학생
- 2번: 전형적인 베트남 사람 얼굴
- 3번: 두 여학생

비슷하게 생긴 여학생이 두 명 있는데, 한 명은 한국인이고, 한 명은 중국인이다. 정말 구별하기 힘들다. 오른쪽이 한국 여학생, 왼쪽이 중국 여학생이다.

- 4번: 전형적인 징기스칸의 후예 몽골 학생
- 5번: 프랑스 여학생
- 6번: 러시아 여학생

▌미국과 일본 CEO 간의 명함교환

미국 CEO 루빈은 일본의 다께다 회장과 명함을 교환하고 협상을 시작하였다. 일본측의 우회적이고 암시적인 협상태도에 당혹감을 느끼고 짜증이 난 루빈은 자신도 모르게 테이블 위에 놓은 다케다 회장의 명함을 동그랗게 접었다 펼쳤다 하였다. 순간 다케다 회장의 표정이 변하며 회담장을 나가 버렸다. 이때 통역이 "일본측이 잠시 정

회하겠다"는 말을 전했다. 루빈은 자신도 모르는 사이에 무엇인가가 잘못되었다는 것을 깨달았다.

앞의 문화적 마찰은 루빈이 명함에 대한 미국과 일본 간의 문화적 차이를 인지하지 못한 데 기인한다. 협상에서 조직 내 지위를 중시하는 일본 CEO에게 명함은 자신의 권위를 대변하는 귀중한 분신과도 같은 것이다. 이 같이 귀중한 의미를 지니는 명함을 루빈이 구겼으니 이는 자신의 체면과 자존심을 모욕하는 암시적 행위로 다케다 회장이 받아들인 것이다.

▌문화적 차이의 다른 예

전 세계 인구의 1/3은 젓가락으로 식사를 한다. 나머지 1/3은 포크와 나이프를 쓰고, 마지막 1/3은 손으로 직접 먹는다. 주로 한국, 중국, 일본 같은 나라가 젓가락 문화이고, 미국과 유럽이 포크와 나이프 문화이며, 동남아, 인도, 중동이 '손 음식' 문화이다. 옆에 그림은 인도네시아 자카르타의 시민공원에 나들이 나온 가족이 밥 먹는 모습을 찍은 것이다. 꼭 손가락 끝으로 밥을 만지작 만지작 거리면서 먹는데, 그것이 소위 말하는 손끝 맛이 있다는 것이다.

그런데 한 가지 유의할 것은 절대 이들은 왼손으로 밥을 먹지 않는다. 여러분이 협상을 하러 중동이나 동남아시아 호텔에서 식사를 하고 있다고 하자. 그때 맛있는 빵이 있어 무심결에 이것을 왼손으로 집어 상대방에게 먹으라고 하면, 엄청난 결례이다. 왜냐하면 손 음식문화에서 오른손은 식사용, 왼손은 화장실용이기 때문이다. 말하자면 오른손은 '클린 핸드(clean hand)', 왼손은 '더티 핸드(dirty hand)'인 셈이다. 다음 사진은 자카르카 공중화장실을 찍은 것이다. 유심히 보면 변기 옆 두루마리 화장지가 있을 자리에 물탱크가 있다. 왜 그럴까? 그에 대한 답은 여러분의 상상에 맡기겠다.

이 같이 국제협상에서 문화적 갈등은 상대방이 다른 문화적 배경을 가지고 있다는 사실 자체에서 기인한다. 그러므로 다문화협상전략의 첫걸음은 상대가 자신과 다른 협상문화를 가지고 있다는 것을 인지하는 것이다.

중국인이나 중동인과의 협상시 칼을 선물하는 것은 큰 결례이다. 관계단절을 의미하기 때문이다. 브라질인과의 협상시 손수건 선물도 관계단절을 의미한다. 인도인이 초청한 파티장소에서 협상안건에 대해 이야기하는 것도 피해야 한다. 이는 손님으로서 잘 마시고 즐기라는 주인의 환대에 대한 결례라고 생각하기 때문이다.

특히 한국인이 조심할 점은 해외에 나가 협상을 할 때 이유여하를 막론하고 상대의 몸에 손대면 안 된다. 앞의 엘리자베스 여왕의 '로얄 허그' 논쟁 사례에서 보았듯이 아무리 호의적으로 상대를 만져도 현지문화에선 상당한 반발을 살 수도 있다.

2. 2단계 전략: 상대의 협상문화를 존중 (Respect Other People's Culture)

유럽 정유회사의 한국 납품업체와의 협상

모리송 이사는 유럽 정유회사의 구매담당 임원으로 한국 납품업체와 자재구매협상을 하고 있다. 협상 첫날 한국측에서 고급 은제 만년필을 선물로 내놓았다. 고급 물건을 선물로 받은 것이 뇌물로 오해받을 것을 두려워한 모리송은 이를 거절하였다. 그런데 모리송을 놀라게 한 것은 다음 날 회담에 한국측이 스테레오 음향기기를 선물로 내놓은 것이다. 물론 모리송은 이 또한 거절하였다.

나중에 알고보니 첫 째날 모리송의 만년필 선물 거절에 대해 모리송과 한국팀은 각기 다른 문화색안경을 끼고 이를 인지(perceive)한 것이다. 모리송은 그의 행동을 "선물을 주고받는 것 없이 바로 협상을 시작합시다"로 인지하였다. 그러나 한국측은 모리송이 만년필 선물을 거부한 이유를 "나와 협상을 하려면 만년필보다 더 큰 선물을 가져와라"로 잘못 이해한 것이다.[10]

위의 사례에서 모리송의 실수는 한국의 협상문화를 이해하고 존중해주지 못한 데 기인한다. 한국측이 처음에 만년필을 선물로 내밀었을 때 그는 자신의 문화색안경

10 Trompenaars, Fons & Hampden-Turner, Charles, Riding The Waves Of Culture: Understanding Cultural Diversity In Global Business, McGraw-Hill, 1998(2nd ed.), p. 202.

만 끼고 이를 받아들였다. 즉, 협상에서 고급 만년필은 유럽에서 뇌물로 오해될 수 있다는 것이다. 그러나 모리송이 한국의 협상문화는 협상 시작 전에 선물을 교환하고 때론 이것이 고가품일 수 있다는 것을 이해하고, 이를 어느 정도 존중해 주었어야 했다.

모리송의 입장에서는 은제 만년필이 뇌물로 오해받을 우려가 큰 과도한 선물이지만, 인간관계 형성을 중시하는 한국 협상자에게는 '앞으로 잘 지내자'는 인간적 호의의 표시일 수도 있다. 모리송이 이 같은 협상문화를 이해하고 존중했더라면 문화적 갈등을 피하며 협상을 진행시키는 여러 가지 방법을 쓸 수 있었을 것이다. 그 자리에서 고맙다고 받고 나서 회사에 보고한다거나 서로 비싸지 않은 선물을 교환하자고 미리 제의를 하는 것 등이다.

저자가 공직에 있을 때 미국과 일본정부의 공무원들과 많은 협상을 해보았다. 그런데 이들이 한국에 왔을 때 '장관, 차관급의 고급 공무원과 실무자급 공무원 중 누가 더 한국문화를 존중할까?'

저자의 경험에 의하면 단연코 고급 공무원이다. 한정식집으로 이들을 초대했을 때 김치 같이 설사 자신의 입맛에 익숙하지 않은 음식이라도 '맛있다'고 하며 먹어준다. 흥이 나서 한국식 폭탄주를 하자고 하면 한 두잔 정도는 마셔주며 분위기를 맞춰준다. 이들은 세계를 돌아다니며 협상을 하려면 무엇보다 현지문화에 자신들의 눈높이를 맞추어야 한다는 '문화적 글로벌 리더십'을 가지고 있는 것이다.

3. 3단계 전략: 문화적 차이를 고려한 협상전략 – 다문화협상전략 (Cross Cultural Negotiation Strategies)

우리가 서양인과 협상할 때와 거꾸로 서양인이 동양인과 협상할 때로 나누어 다문화협상전략을 살펴보자.

〈그림 7−6〉은 동양인이 서양협상문화권과 협상할 때 인지해야 할 문화적 차이와 이를 극복하기 위한 다문화협상전략을 제시하고 있다. 반대의 경우는 〈그림 7−7〉에 요약되어 있다.

그림 7-6 동양인의 서양인과 협상시 전략

문화적 차이 (서양협상자가 한국인과 다른점)	다문화협상전략
협상대표의 직권으로 현장에서 의사결정	서양협상대표의 빠른 의사결정에 대비
개인의 성과와 책임 중시	단독으로 협상을 진행함은 조직 내에서 신망을 받는다는 표시임
냉정한 행동이 평가받음	협상사안에 대해 열정을 표시하지 않는 것은 무관심하다는 뜻이 아님
지위보다는 능력에 바탕을 두고 협상대표를 존경	협상팀이 충분한 정보를 가지고 전문가로 구성되었음을 과시
대부분의 협상대표는 연령, 성별에서 다양함	상대가 젊거나 여성이라 해서 과소평가해선 안됨

동양인이 서양인과 협상할 때의 전략

서양협상대표의 빠른 의사결정에 대비

협상대표에게 권한과 책임이 대폭 주어진 '위임형 협상문화'를 가진 미국이나 유럽의 상대는 본사와 협의하지 않고 현장에서 직권으로 의사결정을 한다. 따라서 동양협상문화권의 협상자는 상대의 빠른 의사결정에 대비해야 한다. 삼성전자의 홍부장이 애플사와 어려운 합작투자협상을 하러 실리콘 벨리로 출장간다고 하자. 이때 홍부장은 첫 번째 만나서는 정식협상을 안하고 서로 인사나 하고 기초적인 의견교환 정도나 하겠지 하며 본 협상에 대한 준비를 안 한다. 그런데 협상테이블에 앉은 상대가 몇 마디 하곤 'OK! 두 회사가 합작을 합시다. 그럼 지금부터 구체적인 조건에 대해 협상할까요?'하고 나온다면 무척 당황할 것이다.

서양협상대표의 단독진행에 대한 오해 방지

서양협상자는 개인의 성과를 중시하고 모든 책임도 개인이 진다는 점을 이해해야 한다. 따라서 많은 수행원을 거느려야 권위 있다고 생각하는 동양협상대표와 달리 서양협상대표가 수행원 없이 단독으로 협상을 진행하는 것을 우습게 봐서는 안 된다. 서양협상문화에서 단독으로 협상을 진행시킨다는 것은 조직 내에서 신망을 받는다는 증거이다.

애플과 합작협상을 하려 삼성전자에서는 각 분야 전문가들이 5명이나 갔는데 애플사에서는 한명만 협상장에 나타난다면 이때 한국인들은 속으로 '야! 5대 1의 게임으로 우리가 유리하네'라고 쾌재를 부를 것이다. 하지만 미국인인 상대는 거꾸로 '나 혼자서 충분히 5명을 상대할 자신이 있어'라고 생각할 것이다.

서양협상대표의 냉정한 행동에 대한 오해 방지

서양협상문화권에서는 냉정하게 행동하는 것이 유능한 협상가로서 평가받는다는 문화적 차이를 이해해야 한다. 따라서 진행 중인 협상사안에 대하여 상대가 별 다른 열정을 표시하지 않는 것이 이에 대한 무관심으로 오해해서는 안 된다.

미국의 협상상대에게 손님접대로 맛있는 인삼차를 권했는데 'No, thanks'하며 냉정하게 반응한다고 하자. 동양협상문화에서는 상대가 호의로 권하는 음식이나 커피를 냉정히 거절하면 뭔가 '감정의 응어리'가 있는 것이다. 하지만 서양인은 다르다. 상대가 아무리 호의로 권하더라도 자기가 마시기 싫으면 'No'라고 말한다.

협상팀의 전문성을 강조

서양의 협상대표는 개인적 능력에 바탕을 두고 존중을 받는다. 따라서 이들은 동양협상대표가 과시하고 싶어하는 권위와 높은 지위에 별 관심이 없다. 따라서 이 같은 서양협상팀에게는 자신의 협상팀이 충분한 정보와 전문지식을 가지고 그리고 상당한 전문가들로 구성되어 있음을 과시할 필요가 있다.

여성협상대표 존중

저자가 아태지역 공무원들이 모여 연수를 하는 APEC 프로그램에 참여한 적이 있다. 각 국에서 3명씩 참가했는데 거의 대부분의 나라에서 남녀가 같이 왔다. 그런데 딱 두 나라 일본과 한국에서 모두 남자 공무원만 왔다. 일본과 우리나라가 여성의 사회적 진출이 특히 늦은 것이다. 그래서인지 국제협상에서 젊은 여성이 나타나면

문화적 색안경을 쓰고 보는 경향이 있다. 학자들의 연구에 의하면 남자보다 여자가 더 뛰어난 협상능력을 지녔다고 한다. 역대 미국의 통상장관들 칼라 힐스, 샤린 바쉐프스키, 웬디 스워브 모두 여성장관들이다.

특히 우리나라의 중년층일수록 여성과의 협상에 익숙지 않은데 반드시 여성대표를 존중하고 이들과 어떻게 협상하는지를 터득해야 한다.

▌서양인이 동양인과 협상할 때의 전략

동양협상팀의 느린 의사결정에 대한 인내

서양과 달리 권한 위임을 많이 받지 않은 동양협상팀은 본사와 일일이 협의하여 의사결정을 한다는 문화적 차이를 이해해야 한다. 따라서 서양협상자는 협상테이블에서 상대의 느린 의사결정에 대해 인내심을 가져야 한다. 또한 상대의 느린 의사결정을 협상에 대한 불성실로 속단해서는 안 된다.

그림 7-7 서양인의 동양인과 협상시 전략

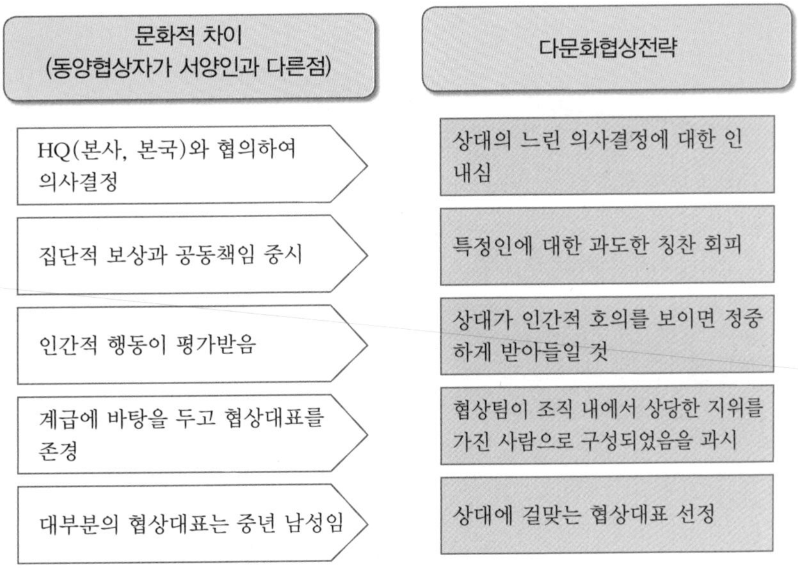

문화적 차이 (동양협상자가 서양인과 다른점)	다문화협상전략
HQ(본사, 본국)와 협의하여 의사결정	상대의 느린 의사결정에 대한 인내심
집단적 보상과 공동책임 중시	특정인에 대한 과도한 칭찬 회피
인간적 행동이 평가받음	상대가 인간적 호의를 보이면 정중하게 받아들일 것
계급에 바탕을 두고 협상대표를 존경	협상팀이 조직 내에서 상당한 지위를 가진 사람으로 구성되었음을 과시
대부분의 협상대표는 중년 남성임	상대에 걸맞는 협상대표 선정

특정 협상단원에 대한 과도한 칭찬 회피

동양협상팀은 성과를 집단적으로 평가받고 그 책임 또한 공동으로 진다는 점을 이해해야 한다. 따라서 일본인이나 한국인과 협상을 하면서 능력이 우수한 특정인을 공개석상에서 칭찬하는 것을 피해야 한다. 이는 집단보상을 원하는 동양협상팀에서 그를 질시의 대상으로 만들 수 있기 때문이다.

동양협상문화권에서는 인간적 행동이 평가받는다는 점을 이해

동양협상문화권에서는 인간적 행동이 평가받는다는 점을 이해해야 한다. 따라서 상대가 인간적 호의를 보이면 설사 마음에 들지 않더라도 이를 정중하게 받아들여야 한다. 예를 들어 저녁을 같이 하자고 하면 가능한 한 응해 주는 것이 좋다. 동양인에게 만찬도 협상에서 중요한 관계형성 과정이기 때문이다. 코스트코사(Costco)의 시네갈(Sinegal) 사장은 동양인 협상자를 맞을 때 항상 1층의 로비로 내려가 맞는 문화적 배려를 한다.

협상팀의 Position Power 과시

동양협상문화권에서는 계급과 직위에 바탕을 두고 협상대표를 존중한다는 점을 알아야 한다. 동양협상자들은 이 같은 시각에서 상대협상팀의 신뢰성을 평가한다. 즉, 협상대표의 직위가 높으면 신뢰할 만한 상대라고 생각하는 것이다. 따라서 항상 협상을 시작할 때 자신의 협상팀이 조직 내에서 상당한 지위와 영향력을 가진 사람으로 구성되었다는 Position Power를 의도적이라도 과시해야 할 필요가 있다.

연장자를 협상대표로 임명

일본이나 중국 협상대표는 거의 중년 남자이다. 그러므로 가능하면 비슷한 연배에 해당하는 나이의 남성을 협상대표로 보내는 것이 상대를 편하게 한다.

제 5 절 글로벌 기업의 다문화협상전략

문화적 환경이 다른 여러 나라에서 활동을 하는 글로벌 기업은 비즈니스 파트너뿐만 아니라 현지 노동자, 현지노조, 현지정부, 현지부품업체 등과 다양한 협상을 해야 한다.

이를 위해서는 현지국 상대와 테이블에 앉아 얼굴을 맞대고 잘 협상하는 것뿐만 아니라 평소부터 자사에 유리한 협상환경을 조성해 가는 것도 필요하다. 이는 다음과 같은 글로벌 기업의 협상전략으로 요약될 수 있다.

1. 유연한 문화반응 4대 협상전략

다른 문화권의 상대방과 협상을 할 때는 상대와 자신의 문화적 친밀성을 고려한 유연한 협상전략이 필요하다. 다니엘에 의하면 이에는 다음과 같은 4가지 협상전략이 있다.

그림 7-8 협상자와 상대방의 문화적 친밀도에 따른 협상전략

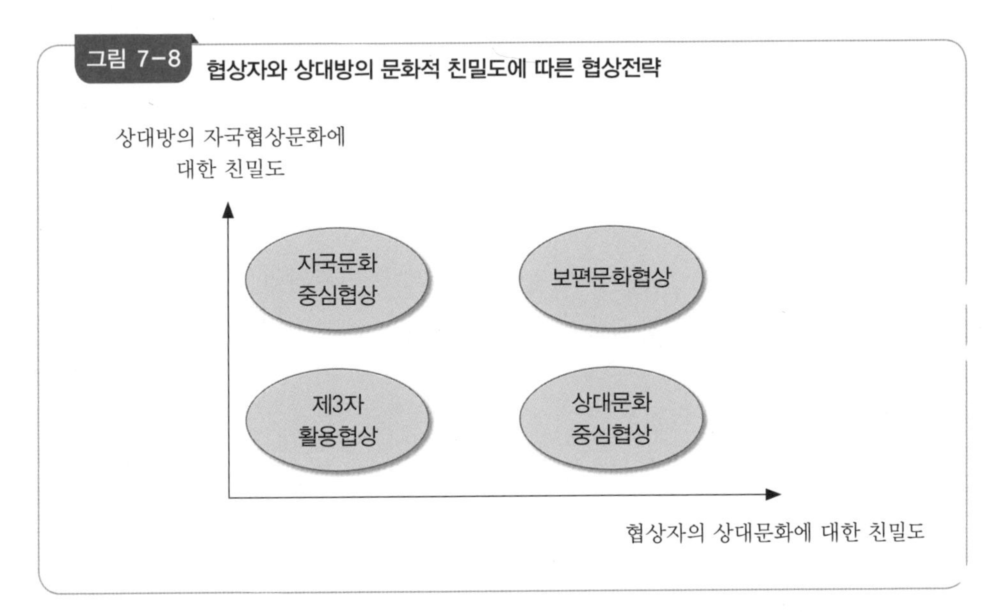

〈자료〉 다니엘 etc., 2000, pp. 418-419.

▌자국문화중심 협상전략

〈그림 7-8〉에서 보듯이 협상자는 상대의 문화를 잘 모르는데 상대방이 자국협상문화에 대한 친밀도가 높을 경우이다. 이때는 상대방이 협상자의 문화에 따르도록 하는 것이다. 이때 주의해야 할 점은 상대의 문화를 무시하기 때문이 아니라 협상진행의 효율성을 위해 자국문화중심의 협상을 한다고 상대를 이해시키는 것이다. 미국의 ITT가 문화적 자존심이 강한 프랑스의 CGE와 합병협상을 할 때 이 전략을 채택해 영어로 협상을 했다. 두 회사가 협상하는 새로운 사업의 성공여부가 미국법과 미국인 투자가의 반응 등에 더 큰 영향을 받고 있음을 양자가 인정했기 때문이다.

▌상대문화중심 협상전략

상대는 협상자의 문화를 잘 모르는 반면 협상자는 상대문화를 잘 알고 있을 때의 협상전략이다. 미국기업과 협상하는 대부분의 외국 협상가는 미국문화를 따르는 전략을 따른다. 그런데 한 가지 재미있는 것은 서로가 상대문화를 모르고 있을 경우 한 협상가가 전략적으로 상대중심 협상방법을 쓸 수 있다는 점이다. 이의 좋은 예가 코카콜라의 중국진출 협상전략이다. 펩시콜라에 소련 진출의 선두자리를 빼앗긴 코카콜라는 중국 진출을 위한 협상을 사전부터 치밀히 준비해 왔다. 즉, 직원을 캠브리지 대학에 보내 중국어와 중국문화를 배우게 한 후 중국정부와 10년 협상을 시작한 것이다.

▌제3자 활용협상전략

서로가 상대의 문화를 모를 때는 제3자가 중개역할을 하도록 해야 한다. 예를 들어 한국기업과 프랑스식민지였던 마다카스카르기업 간의 협상에서 프랑스기업을 중개로 하여 협상하는 것이다.

▌보편문화 협상전략

서로가 상대의 문화를 잘 이해할 경우는 문화적 차이에 따른 부담 없이 보편문화협상을 할 수 있다. 이때 두 협상당사자가 앵글로색슨권의 국가이면 미국협상문화가, 불어권 국가이면 프랑스협상문화가, 중화권이면 중국협상문화가 보편문화가 된다.

2. 현지문화적응(Acculturation)의 5단계 전략

글로벌 기업 갈등관리협상의 두 번째 전략은 아예 현지에 파견된 관리자가 현지문화를 잘 이해하도록 하는 것이다. 현지 관리자(country manager)가 현지문화를 잘 이해하면 불필요한 갈등 자체가 발생하지 않으니 최선의 갈등관리 협상전략인 셈이다. 모란(Harris & Moran, 1999)은 다음과 같은 5단계의 현지문화 적응(acculturation) 전략을 소개한다.

▌1단계 전략: 현지국 문화에 대해 미리부터 공부할 것

인도네시아나 칠레 지사로 발령을 받았으면 부임하기 전부터 해당 국가의 문화에 대해 공부하고 이해하려 노력해야 한다. 이때 좋은 방법은 '문화선도자(cultural mentor)'를 활용하는 것이다. 이는 그 나라에서 근무했던 사람을 찾아 현지문화에 대한 이해를 높이는 방법이다.

▌2단계 전략: 현지어를 배울 것

같은 언어를 사용한다는 것은 현지인과 동류의식을 느껴 갈등요인을 사전에 제거하는 가장 좋은 방법이다. 부임자가 영어나 중국어 사용권이면 당연히 현지어를 배우겠지만 동남아나 중동일 경우도 있다. 이때에도 간단한 인사말에서 기초생활 현지어 정도는 배우는 노력이 필요하다.

▌3단계 전략: 이(異)문화와의 접촉을 즐겁게 받아들일 것

이를 위해서는 첫째, 자국 중심의 문화적 환상에 빠지지 말고 현지문화에 대한 '호기심'을 가져야 한다. 이 호기심은 현지문화에 대한 이해를 높일 것이다. 둘째, 문화적 차이에 따른 불편함을 참아야 한다. 이것이 싫으면 자신의 습관, 기호, 식성을 아예 현지문화에 맞추는 방법도 있다. 예를 들어 한국음식을 구하기 힘든 지역에 파견되었을 경우 자신의 식성을 현지음식에 맞게 바꾸어 버리는 것이다. 셋째, 현지국에서 본국에서와 같은 생활을 기대해서는 안 된다. 동경에 파견된 미국인이 미국식의 넓은 집을 기대해서는 안 되고 중동에 부임한 외국인이 파리에서와 같은 미식을 기대해서는 안 될 것이다.

▌4단계 전략: 현지문화의 다양성(Sub-culture)을 이해할 것

종교, 지역, 인종별로 현지문화의 다양성에 대한 세심한 이해를 해야 한다. 이는 현지문화 속에 각기 다른 특성을 지닌 하부문화(sub-culture)가 존재한다는 것을 말한다. 같은 스위스라도 언어를 기준으로 하면 독어권, 불어권, 이탈리아어권, 로만쉬어권이라는 네 개의 하부문화가 있다. 예를 들어 인도네시아에서도 발리는 힌두문화권이지만 자바섬은 이슬람문화권이다. 이를 혼동하여 발리에서 소고기를 찾거나 자바섬에서 근로자에게 돼지고기를 제공하면 심각한 갈등을 초래할 것이다.

▌5단계 전략: 현지인과 적극 사귈 것

미국에 파견된 한국 외교관은 자기들끼리 골프를 치는 경향이 있다. 특히, 동남아나 중남미 같이 생활 여건이 열악한 지역에 파견된 한국인은 자기들끼리 모여 사귀는 경향이 아주 강하다. 그러나 현지국에서 국제경영상의 갈등을 사전에 예방하고 이를 최소화하려면 현지 관료, 거래 기업인, 변호사에서 시작해 다양한 사람들을 사귈 필요가 있다. 특히 관계지향적 협상문화를 가진 중국, 한국, 동남아에 파견된 외국인에게는 이 같은 현지인과의 교류가 더욱 중요할 것이다.

협상사례연구 3

SM바이오텍크사 M사장의 베트남에서의 협상

팬데믹을 극복하기 위한 집요한 R&D로 신형 Bio-테스트 키트를 개발한 'SM바이오텍크사'의 M사장은 자사가 개발한 신형키트를 팔기 위해 베트남을 방문하였다. 만약 이번 출장에서 '국영Bio-Vietnam사'와의 협상이 성사되면 거래규모는 엄청나게 크다.

연매출이 천만 달러에 이르며 적어도 5년간의 장기 공급계약을 체결할 수 있다.

M사장은 하노이에 도착해 다음 날 오전 11시로 잡힌 약속을 확인하기 위해 '국영BioVietnam사'의 응우옌 사장실에 전화를 했다. 응우옌 사장은 M사장의 군대 동기로서 베트남에서 제법 잘나가는 소규모 공장을 운영하고 있는 친구가 소개시켜 주었다.

그런데 비서가 "사장님에게 내일 바쁜 일정이 생겨 지압 부장으로 면담자가 바뀌었으며 시간도 오후 5시로 늦추어졌다"라고 말한다.

M사장은 아주 실망하였다. 신형 Bio-테스트 키트 협상은 거래 규모가 크기에 '국영BioVietnam사'의 부장 정도를 만나서는 성사시키기가 쉽지 않다.

M사장은 이날 저녁에 하노이 중심가에 있는 롯데 호텔에서 혼자 저녁을 먹다가 우연히 고교 동창 B를 만났다. B는 지금 S전자 베트남 법인 현지 사장으로 근무하고 있다고 한다. 반가운 마음에 식사를 같이하며 이야기를 나누면서 "국영BioVietnam사와의 협상 때문에 왔는데 잘 풀리지 않는다"라고 사정을 말하였다.

고교동창 B사장은 '국영BioVietnam사'의 응우옌 사장을 잘 알고 있다며, S전자에 자기 회사제품을 납품하고 싶어 응우옌 사장이 몇 번 자기 사무실을 찾아왔다고 말한다.

다음 날 아침에 B사장으로부터 전화가 왔다. "처음 약속한 대로 오전 11시에 응우옌 사장하고 면담하기로 했으니, 잘해 보게나."

우연히 만난 친구 덕분에 원래 미팅 예정시간이었던 시간에 응우옌 사장을 만나 M사장은 자사가 개발한 신형 Bio-테스트 키트의 우수한 성능에 대해 열심히 설명했다.

그런데 응우옌 사장은 듣는 둥 마는 둥 하며 물건에는 별 관심을 보이지 않고 엉뚱한 질문만 한다.

"SM바이오텍크사가 설립된 지 몇 년이 되었고, 연간 매출, 영업이익은 얼마인가요?"

"한국 정부가 투자를 했나요?"

그리고 개인적인 질문까지 한다.

"S전자의 B사장 하고는 어떤 관계인가요?"

같은 학교를 나온 동창이라고 대답하니 M사장과 B사장 사이의 관계에 대해 꼬치꼬치 묻는다.

질문들에 모두 대답을 하고 본론인 가격협상을 하려는데, 응우옌 사장의 입에서 나온 말은 뜻밖이었다.

"가지고 온 샘플과 자료를 놓아두고 가면 회사 내부에서 검토해 보고 다시 연락드리도록 할게요."

그리고 "다음번에 만나면 저녁이나 같이 하자"고 말한다.

"물론 당신의 친구인 B사장이 합석해도 좋고요."

M사장이 준비한 신형 Bio-테스트 키트에 대한 제품 설명서, 정부의 기술인증서 등에 대해서는 한마디도 설명하지 못하고 이렇게 협상이 끝났다.

주로 미국기업과 거래하고 동남아시장을 잘 모르고 온 M사장은 응우옌 사장과의 첫 만남이 성공적이었는지 아니면 허사인지가 판단이 잘 되질 않았다.

토론 포인트

Q1. 왜 M사장이 제품을 설명하는데 응우옌 사장이 관심을 안보이고 엉뚱한 질문만 하였을까?

Q2. 응우옌 사장이 다음날 약속을 부하직원으로 일방적으로 바꾸었다가, 다시 원래 약속대로 만나준 이유는?

Q3. 이 응우옌 사장은 S전자의 B사장에게 대해서 M사장에게 여러 가지를 물었을까?

[베트남 협상사례 분석]

정보/데이터 중심의 협상문화와 관계 지향적 협상문화

Bio-테스트 키트 같은 물건을 판매하기 위한 협상을 할 때 미국인 구매자와 베트남인 구매자 사이에 커다란 차이가 있다. 미국인 구매자는 M사장이 생각했듯이 제품의 우수성, 성능, 가격 등에 대해 세밀하게 질문을 한다. 그리곤 가격에 대해 협상을 하려고 한다.

물론 마음에 든다고 판단하면 첫 번째 협상에서 계약을 체결할 수도 있다. 정보/데이터/과업 중심의 협상문화를 가진 미국인은 구매하고자 하는 Bio-테스트 키트에 집중적인 관심이 있다.

하지만 관계 지향적인 협상문화를 가진 베트남인은 다르다.

"누가 파느냐?"

"파는 사람이 믿을 만한가?"

이같이 구매자와 판매자 사이의 관계와 신뢰도가 제품의 성능, 가격보다 더 중요하다. 아무리 제품이 좋더라도 판매자의 인간성, 판매회사의 공신력이 미덥지 못하면 구매 계약을 꺼린다. 그래서 응우옌 사장은 M사장의 회사에 대해 꼬치꼬치 물어본 것이다.

관계 지향적 협상을 하는 베트남인으로서는 사실 상대방(여기서는 M사장)을 한두 번 만나서는 '신뢰할 수 있는 사람'인지 확인하기가 쉽지 않다.

그래서 중간에 소개시켜 주는 미들맨(middle man)이 아주 중요하다. 베트남 협상문화에서 미들맨은 단순히 비즈니스 상대를 소개시켜 주는 것에 그치지 않고, '내가 소개하는 상대가 믿고 협상해 볼 만한 사람이다'라는 의미까지 부여한다.

응우옌 사장의 입장에서는 당연히 미들맨이 누구인지에 따라 협상상대방의 신인도를 판단하게 된다.

S전자에 납품하고 싶어 하는 '국영BioVietnam사' 응우옌 사장으로서는 S전자 B사장이 '갑'이 부탁하니 일정을 바꾸어 예정대로 11시에 M사장을 만나준 것이다.

우리나라에서는 부탁하는 것이 청탁이고 잘못하면 불법이 될 수 있다. 하지만 베트남에서는 '부탁하는 것'도 일종의 훌륭한 거래이다.

응우옌 사장 입장에서는 S전자 B사장의 부탁(M사장을 예정대로 만나게 해 달라)을 하나 들어주었기 때문에 언제든 B사장에게 부탁을 하나 할 수 있다고 생각할지도 모른다.

응우옌 사장은 S전자의 B사장이 소개한 M사장과의 거래가 자기 회사가 S전자와 거래를 트는 데 영향을 미친다고 생각하면, 응우옌 사장은 국영BioVietnam사와 SM바이오텍크사와의 거래를 긍정적으로 검토할 것이다.

준비된 인간관계 형성전략

M사장의 응우옌 사장과의 협상은 단순히 물건 몇 개 파는 소규모협상이 아니라, 성사되면 거액의 거래를 수년간 하게 되는 아주 중요한 협상이다. 따라서 이같이 중요한 협상을 공산당이 지배하는 나라의 국영기업 사장과 추진하기 위해 출장을 가려면 사전에 철저한 준비를 해야 한다.

출장 가기 전에 국영BioVietnam사뿐만 아니라, 응우옌 사장의 개인 정보까지 철저히 수집해 분석하고 대응전략을 짜야 한다. 응우옌 사장의 학력, 종교, 지인관계, 취미 그리고 술을 마시는지도 알아보아야 한다. 전혀 술을 안 마시는데 고급 위스키 30년산 밸런타인을 들고 가더라도 별 효과가 없다.

미들맨(middle man)의 중요성

M사장은 베트남 협상문화가 '단순히 물건만 좋다고 거래가 성사되는 나라'가 아니라 '뭔가 영향력 있는 미들맨이 중간에 소개를 해 주어야 하고, 이를 바탕으로 개인적 관계, 인간적 신뢰부터 먼저 형성하는 게 중요하다'는 사실을 이해했어야 했다.

응우옌 사장 입장에서 코로나 위기를 겪은 국민들의 건강을 테스트하는 중요한 바이오 키트를 구매하는 데 M사장을 단 한 번 만나 결정하기 힘들다.

따라서 M사장은 출장가기 전부터 베트남에서 영향력이 있는 인물, 예를 들면 베트남 정부나 공산당 간부 또는 응우옌 사장이 무시할 수 없는 한국인 또는 우리 기관을 찾아 미들맨 역할을 하도록 사전 준비 작업을 철저히 했어야 했다.

만찬과 선물

응우옌 사장이 만찬 제의를 하면 당연히 응해야 한다. 이 정도의 중요한 협상을 하려면 아마 여러 번 만찬을 하여야 할 것이다. 만약 친구인 S전자 B사장이 응우옌 사장과의 만찬에 합석해준다면 그보다 더 좋은 방법은 없다.

물론 좋은 선물을 준비하는 것도 잊지 말아야 한다. 선물의 종류와 가격은 우리 기준이 아니라, 베트남의 기준에 의해 정해야 한다. 베트남 사람들이 인삼을 좋아한다고 해서 인천공항 면세점에서 십여 만 원짜리 정관장을 사들고 가는 건 성의가 부족해 보인다.

응우옌 사장의 기호를 파악하여 감동을 받을 정도의 큰 선물(!)을 준비해야 한다.

여기서 한가지 주의해야 할 것은 베트남에선 '공식적 선물'과 '개인적 선물' 두 가지를 함께 준비해 가면 좋다.

부하 직원들 앞의 공식회의에선 공식적 선물을 전달한다.

이때 응우옌사장에게 직원들에게 준 선물과 같은 선물을 주면 안 된다. 서열을 중시하는 공산국가이기 때문에 이런 실수는 최상급자인 응우옌사장에 대한 결례가 될 수도 있다.

응우옌사장에게는 상대가 흡족해 할 정도의 개인적 선물을 전달하면 된다.

제 08 장

국제협상과 커뮤니케이션

레위키 등(Lewicki etc., 1996)이 지적하듯이 "협상 그 자체가 의사소통(communication)이다"라고 해도 과언이 아니다.[1] 특히 다른 문화권 사이의 국제협상에서 발생하는 거의 대부분의 문제가 다른 문화권과의 Cross-Cultural Communication 상의 문제라 해도 과언이 아니다.

모란 등(Moran etc., 1999)[2]이 지적하듯이 언어란 단순한 메시지 전달의 수단이 아니라 '생각의 형성틀'이기 때문이다. 즉, 언어문화권이 다른 협상자들은 동일한 상황을 다르게 표현하고 인지(perceive)한다.

이 장에서는 국제협상에서 다른 문화권과의 의사소통에 대해 다음과 같은 점들을 살펴보자.

- 고상황 커뮤니케이션과 저상황 커뮤니케이션
- 언어
- 비언어적 행위
- 효율적 Cross-Cultural 커뮤니케이션전략

1 Lewicki, Roy J., Hiam, Alexander, & Olander, karen Wise, *Think Before You Speak: The Complete Guide to Strategic Negotiation*, John Willy & Sons, 1996, p. 198.

2 Harris, Philip R., & Moran Robert T., *Managing Cultural Differences: Leadership Strategies for A New World of Business*(5th ed.), Gulf Professional Publishing, 1999, p. 25.

제 1 절 高상황 커뮤니케이션과 低상황 커뮤니케이션

앞장에서 살펴본 高상황문화와 低상황문화는 Cross-Cultural 의사소통에서 각각 高상황 의사소통(high context communication), 低상황 의사소통(low context communication)으로 연결된다. 일반적으로 고상황 의사소통은 일본식 의사소통, 저상황 의사소통은 미국식 의사소통이라고 할 수 있다.

그러면 高상황 커뮤니케이션과 低상황 커뮤니케이션의 차이점은 무엇일까?

표 8-1 고상황 의사소통과 저상황 의사소통:미국과 일본의 예

미국식의 의사소통	일본식의 의사소통
차단적(interruptive) 의사소통	침묵적(silent) 의사소통
주장하는 문화(lecturing culture)	들어주는 문화(listening culture)
변화가 많은 어조(tone of voice)	단일 어조
Say "I" think	Say "We" think

1. 차단적 커뮤니케이션 vs 침묵적 커뮤니케이션[3]

국제협상 수업시간에 독일 학생과 한국 학생을 두 협상팀으로 나누어 실제 이슈를 주고 모의협상을 해보도록 했다.

실제 상황과 같이 진행된 협상연습이 한참 열기를 더해갔다. 그런데 한국 협상팀이 "도저히 독일 협상팀과는 협상을 더 이상 못하겠다"고 반발하고 나섰다.

한국 협상팀이 무슨 말만 하면 이야기가 끝나기 전에 독일팀이 말을 끊는다는 것이다. 독일팀의 대화차단(interruptive)에 대해 한국 협상팀이 강하게 거부반응을 일으킨 것이다.

• 왜 이런 일이 일어났을까?

3 Trompenaars, Fons, & Hampden-Turner, Charles, *Riding The Waves of Culture: Understanding Cultural Diversity in Global Business*(2nd ed.), McGraw-Hill, 1998, pp. 75-76.

그림 8-1 서양인과 동양인의 커뮤니케이션 방법의 차이

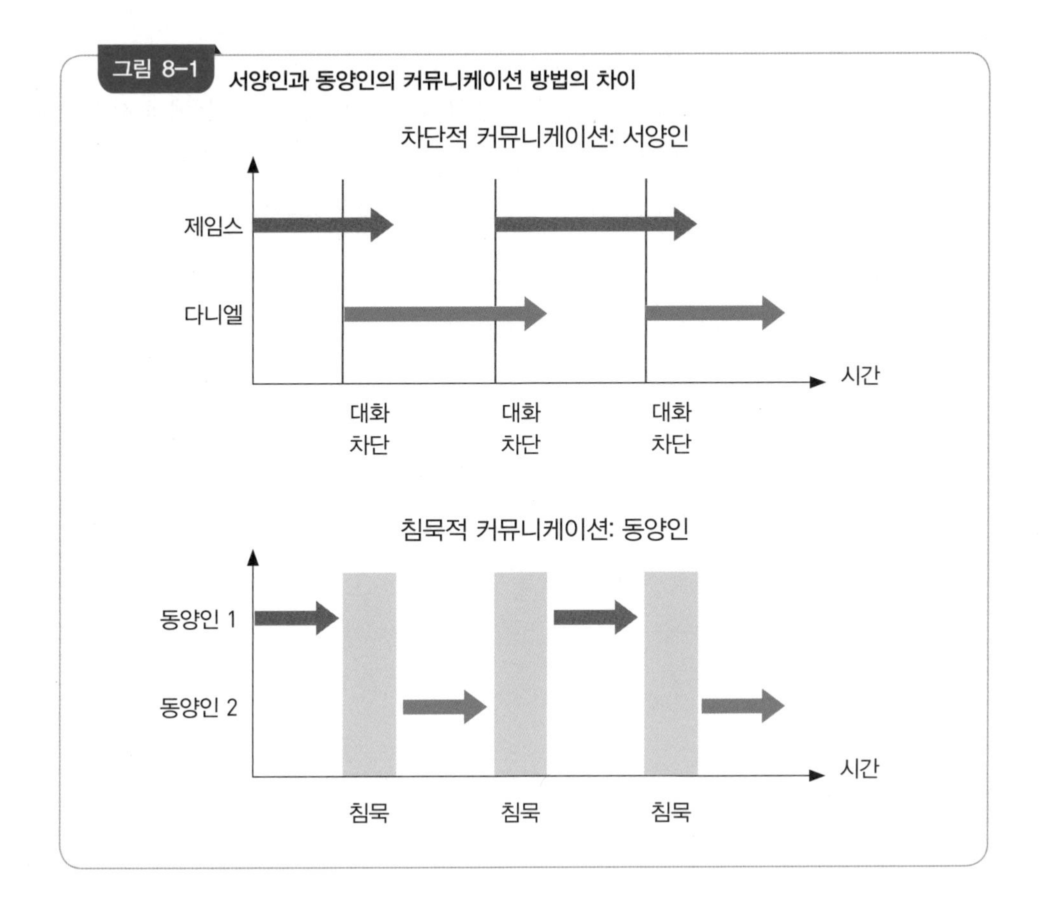

이는 차단적(interruptive) 의사소통을 하는 서양인과 침묵적 의사소통을 하는 동양인의 차이 때문이다. 〈그림 8-1〉에서 보듯이 제임스와 다니엘이 협상을 한다고 하자. 서양인에게는 제임스의 말이 끝나기 전에 다니엘이 대화차단(interruptive)을 한다. 당연히 다니엘의 대화 중에 다시 제임스도 차단을 한다. 이 같이 차단적 의사소통문화에 익숙한 서양인은 상대와 상호반응적(interactive)으로 협상을 한다. 따라서 대화차단을 불쾌하게 여기지 않고 협상에 대한 열의라 생각한다.

침묵적 의사소통문화에 속하는 동양인은 상대방의 말을 들은 다음 자신의 입장을 정리해서 말을 한다. 상대의 대화와 자신의 대화 사이에 서로 생각하는 시간, 즉 침묵(silent)이 존재하는 것이다. 이들은 한쪽의 대화가 끝난 후 서로 '생각할 시간'을 갖는 것이 예의라고 생각한다. 즉, 침묵을 대화의 일부라고 간주한다. 물론 서양식

으로 상대의 대화에 끼어 드는 것은 상당한 결례이다.

그러나 이 같은 동양식 '침묵'은 미국이나 독일 협상자의 눈에 의사소통의 실패 내지는 단절이다. 서양인의 침묵에 대한 이 같은 인식을 역이용해 종종 중국과 인도네시아 등의 협상자들은 전략적 침묵을 그들의 협상전술로 활용하기도 한다.

2. 주장하는 문화 vs 들어주는 문화

한국에 대한 투자유치를 위해 뉴욕과 동경에서 한국정부 대표로 투자유치설명회를 한 Kim은 재미있는 사실을 발견하였다. 뉴욕에서는 Kim의 설명 뒤에 미국인 참석자의 많은 질문과 토론이 있었다. 그러나 동경에서는 청중으로부터의 질문이 거의 없었다. 대신 투자설명회가 끝난 후 몇 명의 일본 기업인이 복도에서 Kim에게 질문을 하였다.

"왜 뉴욕과 동경에서 이런 차이가 생길까?"

이는 미국인의 의사소통은 주장하는 문화(Lecturing Culture)인 데 반해 일본은 들어주는 문화(Listening Culture)이기 때문이다. 이 같은 일본문화에서는 청중이 공개석상에서 질문하는 것을 꺼린다. 혹시 상대가 대답 못할 질문을 공개적으로 하는 것도 결례라고 생각하기 때문이다.

3. 변화가 많은 어조 vs 단일어조

나이지리아 지사에 파견된 영국인 지사장은 현지 고용자와 협상을 하며 재미있는 사실을 발견하였다. 중요한 이슈에 대해 목소리를 높이는 것이 아주 효과적이라는 점이다. 지사장이 큰소리를 내는 것은 그 일에 굉장히 관심이 많은 것이라고 현지인이 받아들이고 잘 움직이는 것이다.

말레이시아 지사로 발령을 받은 이 지사장은 그곳에서도 이 방법을 사용했다. 그러나 말레이시아인은 소리를 높이는 것은 절제를 못하는 품위 없는 행위로 간주하여 그다지 심각하지 않게 받아들인 것이다. 결국 그는 성미만 급하고 현지인을 잘

그림 8-2 변화가 많은 어조와 단일어조[4]

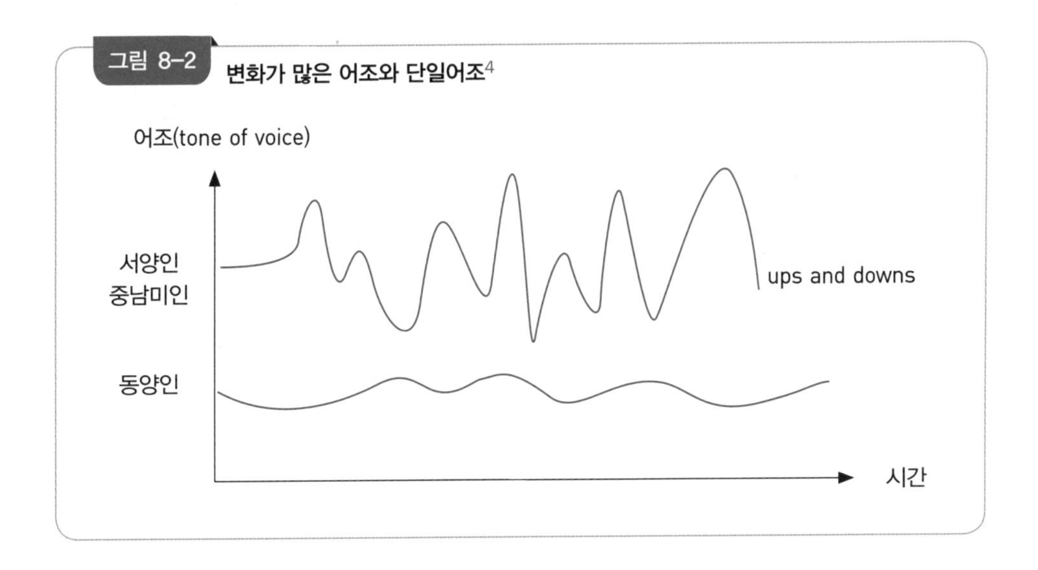

다루지 못하는 지사장으로 낙인 찍혀 다른 곳으로 전보(轉補)되었다.[5]

미국인, 유럽인, 아프리카인들은 협상을 할 때 어조의 변화가 많다. 목소리를 높인다거나 낮추고 손짓, 몸놀림 등 비언어적 행위를 많이 한다. 특히 이 같은 성향은 멕시코, 칠레 등 중남미 협상자에게 강하게 나타난다. 목소리를 높이는 것은 대화자의 열의와 열정으로 상대에게 비춰지는 것이다.

그러나 중국, 일본 등 동양문화권에서 목소리를 높이는 것은 자기자신에 대한 통제력을 상실한 것으로 받아들여진다. 따라서 〈그림 8-2〉에서 보듯이 동양협상자의 어조는 높낮이에 큰 변화가 없다.

제 2 절 언어(Language)

세계에는 3천여 개의 언어가 있다. 이 중 가장 많이 쓰이는 언어는 흔히 생각하는 영어가 아니다. 영어는 오늘날 세계 인구의 7% 정도만이 사용하고 있다. 중국어가

4 최윤희, 「문화 간 커뮤니케이션과 국제협상」, 커뮤니케이션 모노그래프 19, 대한민국, 서울, 커뮤니케이션북스, 1998, pp. 57-58에서 사례 인용.

5 *Ibid.*, p. 77.

표 8-2 가장 많이 사용되는 언어 (단위: 백만명)

순위	언어	인구	순위	언어	인구
1	중국어	1,050	7	독일어	229
2	힌두어계	793	8	포르투갈어	213
3	영어	510	9	프랑스어	130
4	스페인어	430	10	일본어	127
5	러시아어	255	11	베트남어	75
6	아랍어	230	12	한국어	74

〈자료〉 Ethnologue: 세계, 제15에디젼의 언어, 2005.

제일 많이 쓰이고 다음이 힌두어, 영어, 스페인어의 순서이다. 일본어는 10번째, 베트남어는 11번째, 다음이 12번째의 한국어이다.

대부분의 국민이 단일민족으로 단일언어를 사용하는 나라는 한국, 일본, 베트남, 몽고 네 나라 뿐이다.[6] 인도에만 150개 언어가 있다. 아프리카의 조그만 나라 카메룬에는 200여 개 부족이 있는데 각 부족마다 고유한 언어를 가지고 있어 무려 200여 개 언어가 있는 셈이다.

이 같은 이유 때문에 다문화협상에서 언어는 의사소통의 가장 큰 장애가 된다. 특정 언어(a particular language)는 특정 문화(a particular culture)의 특성이 반영된 사고의 형성틀[7]이기 때문이다.

1. 언어가 Cross-Cultural 커뮤니케이션에 미치는 영향

언어가 의사소통과 국제협상에 미치는 영향은 다음과 같이 세 가지로 요약할 수 있다.

6 곽노성, 「국제협상」, 경문사, 1999, p. 172.
7 장대환, 「국제기업협상」, 학연사: 서울, 1998, p. 5.

언어권과 국제협상

다문화협상이라도 같은 언어를 사용하면 의사소통을 훨씬 원활히 할 수 있기 때문에 문화적 마찰을 훨씬 줄일 수 있다. 앞에서 살펴보았듯이 인도와 미국은 아주 다른 협상문화를 가지고 있다. 그러나 인도의 공용어는 영어이기에 미국인과의 협상에서 같은 언어를 사용함으로써 의사소통을 훨씬 원활히 할 수 있다. 반대로 한국과 일본은 같은 동양협상문화권에 속하면서도 다른 언어를 사용하므로 의사소통이 미국-인도 간 협상만큼 원활하지 않다.

더욱이 여기서 언어의 개념을 같은 언어권(language family)이라고 확대해석해도 결과를 마찬가지이다. 프랑스인은 미국인이나 독일인과 협상하는 것보다 이탈리아인이나 스페인인과의 협상에서 더 편하게 의사소통을 한다. 왜냐하면 이탈리아어와 스페인어는 프랑스어와 같은 라틴언어권에 속하기 때문이다.

동일한 어휘의 부재와 관용어

각 언어마다 그 지역과 문화적 특성을 반영한 고유한 어휘가 있다. 따라서 서로 상이한 언어 간에는 아무리 유능한 통역사를 사용하더라도 협상자가 정확한 어휘로 의사소통을 하기가 힘든 경우가 많다.

더운 나라 인도의 대나무가 많은 지역에 사는 코카부족에게는 대나무를 표현하는데 7개의 단어가 있지만 눈을 표현하는 단어는 없다. 반면 북극 에스키모에게 눈을 표현하는 단어는 400여 개가 있는데 영어에는 'snow'라는 단어가 유일하다. 그리고 한국어의 정(情)의 의미를 정확히 표현할 수 있는 영어단어는 없다.

다문화 의사소통에서 겪는 또 다른 어려움은 관용어이다. 특히 미국식 영어에서는 관용어가 많다. 예를 들어 국제협상테이블에서 미국 협상자가 "We're not going to throw in the towel"이라는 말을 가끔 한다. 우리말로 직역하면 "수건을 던지지 않겠다"이지만 이는 권투경기의 표현을 빌린 것으로 "우리는 이 협상을 포기하지 않겠다"라는 뜻이다.

▌동일 단어에 대한 해석의 차이

통상산업부의 A과장은 2002년 한일 월드컵행사의 일환인 한일 슈퍼엑스포행사를 위해 일본 통상성의 이시하라 과장과 동경과 서울을 오가며 협상을 하고 있다. 바쁜 일이 생겨 동경에서 개최하기로 한 5차 협상에 K사무관을 대신 보냈다.

통상성 관리와 이틀간 협상한 후 귀국한 K사무관은 만면에 웃음을 띠며 A과장 앞에 나타났다. 엑스포 개최장소, 시기, 참가업체 등 그동안의 현안을 모두 해결하고 왔다는 것이다. 그리 쉽게 해결된 협상현안이 아님을 아는 A과장이 동경의 이시하라 과장에게 전화를 해보니 전혀 합의된 바가 없다고 한다.

- 왜 이런 일이 벌어졌을까?

K사무관은 미국에서 어렸을 때부터 교육을 받고 통상 전문가로 몇 년 전 특채된 미국문화에 젖은 공무원이다. K사무관은 일어를 못하기에 영어로 협상을 했다. 영어의 'Yes' 단어의 해석에서 일본측과 오해가 생긴 것이다. K사무관이 무슨 제안을 할 때마다 일본측 상대가 '하이'라고 대답한 것을 영어로 'Yes'로 받아들인 것이다.

일반적으로 미국인 협상자는 상대의 의견이나 제안에 동의(agree)할 때 'Yes'라 한다. 반면 일본 협상자는 상대의 이야기를 알아들었다(understand)는 의미로 '하이'라고 말을 한다.

제 3 절 비언어적 행위(Body-Language)

국제협상에서 협상자가 테이블을 내리치면 이는 강조한다거나 화가 났다는 메시지를 전달하는 것이다. 그러므로 유능한 협상자가 되기 위해서는 상대방의 말뿐만 아니라 눈동자의 움직임, 손짓, 발짓까지도 정확히 포착하여 상대방의 의중을 파악하는 것이 중요하다.

8 최윤희, 1998, p. 6.

남북 쌀 협상의 비언어적 행위

북경에서 열린 제3차 남북 쌀 협상의 최대 과제는 북측에 피랍된 한국 어선 동진호 선원의 귀환이었다. 월요일부터 토요일까지의 일정으로 북경의 호텔에서 열린 이 회담에서 남측 대표단은 초반부터 열세에 몰려 있었다. 북한에게 쌀을 주고도 우리 어선이 피랍당했으니 '당장 북경회담을 통하여 선원과 어선을 돌려 받으라'는 거센 국내여론의 압력을 받고 있었다.

동진호를 돌려달라는 남측의 요구에 대해 북측은 "먼저 쌀을 추가적으로 주겠다는 약속을 하면 동진호의 귀환을 검토할 수 있다"는 고자세였다. 물론 남측의 주장은 "우선 동진호를 돌려준다고 약속해야 쌀을 더 줄 수 있지 않느냐"는 것이었다.

이 같은 양측 입장의 팽팽한 대립으로 월요일부터 목요일까지 남측 대표단은 동진호 귀환을 요구하고 북측은 고자세로 버티는 양상을 띠었다. 그런데 이번 북경회담에서는 도저히 동진호를 되돌려 받을 수 없다고 판단한 남측이 '동진호 반납-쌀 추가지원'의 연결고리를 끊었다. 즉, 북측의 동진호 반납의사가 없으면 이번 회담에서 쌀 추가지원도 협상할 수 없다는 태도변화를 목요일 회담 개시와 함께 북측에 통보한 것이다. 이번 북경회담에서 동진호를 볼모로 쌀 추가지원 약속을 받아야 하는 북측 협상대표 J로서는 당혹스러운 협상상황에 빠진 것이다.

이때 북측 협상대표 J의 반응이 어떠하였는가?

이 같은 남측의 태도변화에 대해 J의 말이나 얼굴표정에는 아무런 당황하는 기색이 없었다. J는 1970년대부터 남북협상에 참여한 경험 많고 노련한 협상가였기 때문에 말투 하나 변하지 않고 전혀 당황하는 기색 또한 보이지 않았다.

그러나 애연가인 J는 필터 담배를 거꾸로 물고 세 번이나 필터에 라이터로 불을 당겼다. 보다 못한 옆의 북측 단원이 어깨를 툭 친 후에야 황급히 담배를 바로 물었다. 물론 남측 협상단은 J의 이 같은 '비언어적 행위'를 통해 북측 협상단이 무척 당황한 것을 알아차렸고 나머지 협상을 유리하게 전개할 수 있었다.

1. 비언어적 행위의 종류

▌눈맞춤(Eye Contact)

동양협상문화권의 사람들은 상대방과 눈맞춤을 그리 중요시하지 않는다. 연장자나 상급자와 눈맞춤을 하는 것을 예절이 바르지 못하다고 생각하는 경향이 있다. 2002년 월드컵 때 히딩크 감독에 의해 전격 발탁된 박지성은 처음에 히딩크의 눈을 똑바로 쳐다보지 못했다. 히딩크가 그에게 자신감을 심어주기 위해 처음 요구한 것은 대화할 때 자신의 눈을 똑바로 쳐다보라는 것이었다.

트럼프 대통령과 오바마 대통령의 어색한 악수

왼쪽 사진은 트럼프 대통령이 양손을 모아 허벅지 아래로 내리는 모습이다. 트럼프답지 않은 겸손함이 엿보인다. 이는 그가 미처 몰랐던 뭔가를 배웠다는 제스처다. 대선 승리 후 백악관을 찾아가 오바마 대통령을 만났을 때 이런 모습을 보였다. 지난 8년간 미국을 통치했으니 후임자로서 한 수 배우겠다는 모습이다.

그런데 문제는 헤어질 때 악수하는 오른쪽 사진이다. 보면 둘이 악수는 그럴듯하게 했는데 트럼프의 눈이 바닥을 보고 있다. 오바마 대통령을 쳐다보고 있지 않은 것이다. 이런 행동은 미국같이 자연스런 눈 맞춤(natural eye contact)을 중요시하는 사회에서는 대단한 결례다.

오바마 대통령에게 '당신한테 배울 건 있을지 몰라도 나는 결코 당신을 존경하지 않는다'라는 암묵의 메시지를 보낸 것이다.

"오바마 대통령, 당신에게 배울건 있어요"

"하지만 존경하지는 않아요"

동양협상가는 눈맞춤을 피하는(avoiding eye contact) 반면 서양협상문화권에서는 자연스런 눈맞춤(natural eye contact)이 국제협상테이블은 물론 일반생활에서 아주 중요시된다.

한국에 주거하는 외국인이 가장 불편을 느끼는 것 중의 하나가 한국인이 눈맞춤을 피한다는 것이다. 외국에서는 엘리베이터에서 모르는 사람을 만나도 '하이'하며 자연스런 눈맞춤을 한다. 이 같은 문화에 젖은 서양인에게 엘리베이터나 거리에서 상대방을 쳐다보지 않는 한국인은 이상하게 보이는 것이다.

카우보이 문화와 사무라이 문화

이 같은 차이는 여러 가지 요인에 의해 설명할 수 있겠지만 가장 설득력 있는 것은 '카우보이-사무라이 문화론'이다.

> 서부 개척시대 두 명의 카우보이가 카페에서 포커게임을 하고 있다 하자. 이때 한 명이 갑자기 상대와의 눈맞춤을 피하면 상대의 손은 옆구리에 찬 권총으로 간다. 카우보이 문화에서 갑자기 눈맞춤을 피한다는 것은 포커게임에서 뭔가를 속이고 이는 총격전으로 이어질 수 있다고 받아들여진다.

이 같이 서양협상문화권에서 눈맞춤을 피하는 것은

- 상대방을 속이거나
- 협상할 의사가 없거나
- 협상에 아주 불성실하게 대하거나 자신을 무시하는 것으로 받아들인다.

반면 봉건사회 평민이 사무라이나 영주의 눈을 빤히 쳐다보는 것은 반역과 도전 의사로 받아들여졌다. 심한 경우 죽음까지도 각오해야 했다. 한국도 양반사회에서 비슷한 문화를 가지고 있었다.

여러분이 실리콘 밸리에 가서 구글사와 중요한 전략적 제휴 협상을 하고 있다. '왜 두 회사가 손잡아야 하는지'에 대해 그럴듯한 자료를 만들어 가서 설명한다고 하자. 그런데 상대의 얼굴은 쳐다보지 않고 자료만 보며 설명한다면 어떤 결과가 나올까? 이 협상의 결과는 뻔하다. 자연스런 눈 맞춤을 하지 않았다는 것은 신뢰와 예의를 구글 협상 팀에 전달하지 못했다는 뜻이다.

▌악수: 힘 있는 악수와 힘 없는 악수

트럼프 대통령의 악수는 유명하다. 옆의 사진에서 보듯이 2016년 가을 멕시코 니엔토 대통령과 악수하며 상대의 팔목을 거의 비틀었다. 이것이 월스트리트 저널에 대문짝만하게 나고, 니엔토 대통령은 졸지

멕시코 대통령과 악수

에 힘없는 지도자의 이미지를 주어 체면을 단단히 구겼다.

사실 국제협상은 악수하는데서부터 시작한다고 말할 수 있다. 일반적으로 서양인과 악수할 때는 손을 세게 잡았다가 빨리 놓아야 한다. 이를 말하자면 'firm and short handshake'를 해야 한다. 일반적으로 우리나라 사람들은 weak handshake를 하는 경향이 아주 강하다. 특히 한국여성들이 그렇다. 우리나라 사람끼리는 여성이기 때문에 수줍어서 그런다고 대수롭지 않게 생각하지만, firm and short handshake에 익숙한 서양인들은 상대가 협상할 의사가 별로 없는 것으로 받아들인다. 이와 같이 국제협상에서는 악수하는 방법에서부터 문화적인 차이가 있는 것이다.

▌절(Bow)

절은 동양협상문화권에서 발달했다. 그런데 같은 동양 3국 가운데 일본인과 한국인은 절을 하는데 중국인은 하지 않는다. 일본인은 한국인보다 절을 깊고 오래하는 경향이 있다.

일본인의 절하는 모습

사진은 필자가 일본 미쓰비시를 방문해 선물교환을 한 후 인사를 하는 모습이다.

한국식으로 간단히 허리를 숙이고 일어났는데 상대는 아직도 고개를 깊게 숙이고 있어 당황하고 다시 고개를 숙였다.

▌껴안음(Hug)

러시아인, 남미인들은 협상시작 전 껴안는다. 이는 협상자 간의 우호와 신뢰의 상징으로 받아들여진다.

그런데 문제는 여러분이 사우디아라비아나 쿠웨이트에 가서 껴안으며 인사할 때이다. 종종 상대가 여러분의 등과 엉덩이를 손으로 툭툭 건드린다. '이거 좀 이상한 사람 아닌가'하고 오해할 수도 있다. 이런 행동은 그들의 문화에서 나온 것으로 옷 속에 숨겨진 무기를 찾은 것이다. 사막의 유목민들이 처음 만나서 껴안는 것은 그들의 헐렁한 옷 속에 감춘 무기가 없다는 것을 서로 확인하는 행위이다.

중동 아부다무인들의 껴앉는(Hug) 인사

웃음(Smile)

웃음이란 국제협상뿐만 아니라 일상생활에서도 많이 반복되는 행위이다. 일본인의 웃음(Japanese smile)이란 말이 있듯이, 흔히 생각하듯 웃음이란 상대에 대한 긍정적 비언어적 행위만은 아니라는 것을 유의해야 한다.

협상테이블에 앉은 일본인의 웃음은 세 가지 의미를 지닌다.

- 진짜 상대에게 호의를 갖는 웃음
- 당황(Embarrassment)했을 때 짓는 웃음
- 아무런 의미가 없는 웃음

접촉문화(Safety Zone)

한국에 유학온 독일 여학생에게 물었더니 한국생활에서 가장 불편하게 느끼는 점은 개인공간문화(safety zone)가 없다는 것이다. 즉, 독일에서는 지하철을 탈 때 서로 상대의 공간을 존중해 몸을 부딪치지(touch) 않는다. 그런데 한국 지하철이나 거리에서는 이 같은 공간에 대한 인식이 없이 상대와 자주 몸 접촉이 일어난다는 것이다.

사실 한국인만큼 자연스럽게 남을 만지고 남이 자기를 만지는 데 너그러운 사람들도 드물 것이다. 이 같이 너그러운 접촉문화가 같은 한국인 사이에는 별 문제가 안 되지만 문화가 다른 외국인에 대해서는 때론 심각한 문화적 마찰을 일으킬 수 있다는 점을 알아야 한다.

2. 에크먼(Ekman)의 몸짓이론

에크먼 등(Ekman etc., 1969)에 의하면 협상테이블에서 협상자가 상대를 속일 때는 〈그림 8-3〉에서 보듯이 거짓 웃음, 다리 떨기, 얼굴 빨개짐 등의 다양한 비언어적인 행위를 한다.[9] 그런데 에크먼의 몸짓이론에 의하면 이 같은 비언어적 행위가 인간의 신체부위별로 다르게 나타난다. 인간은 거짓말을 할 때 다리나 발 같은 몸의 아랫부분보다 몸의 윗부분을 잘 통제한다. 즉, 거짓말을 하면 뭔가 불안감을 느끼고 행위로 노출시키게 되어 있는데 얼굴표정(facial behaviors)을 가장 잘 통제한다는 것이다. 협상자의 입장에서는 상대의 아래쪽 신체부위를 유심히 관찰할 필요가 있다.

국제협상에서 거짓말을 할 때 자신도 모르게 가장 잘 노출시키는 행위가 발 떨기(jittering)이다. 협상 도중 갑자기 상대방이 발을 떤다는 것은 뭔가 안절부절 못하고 있다는 증거이다. 따라서 상대의 이 같은 비언어적 행위를 정확히 포착하면 그만큼 상대의 거짓에 속아넘어갈 확률이 적어진다.

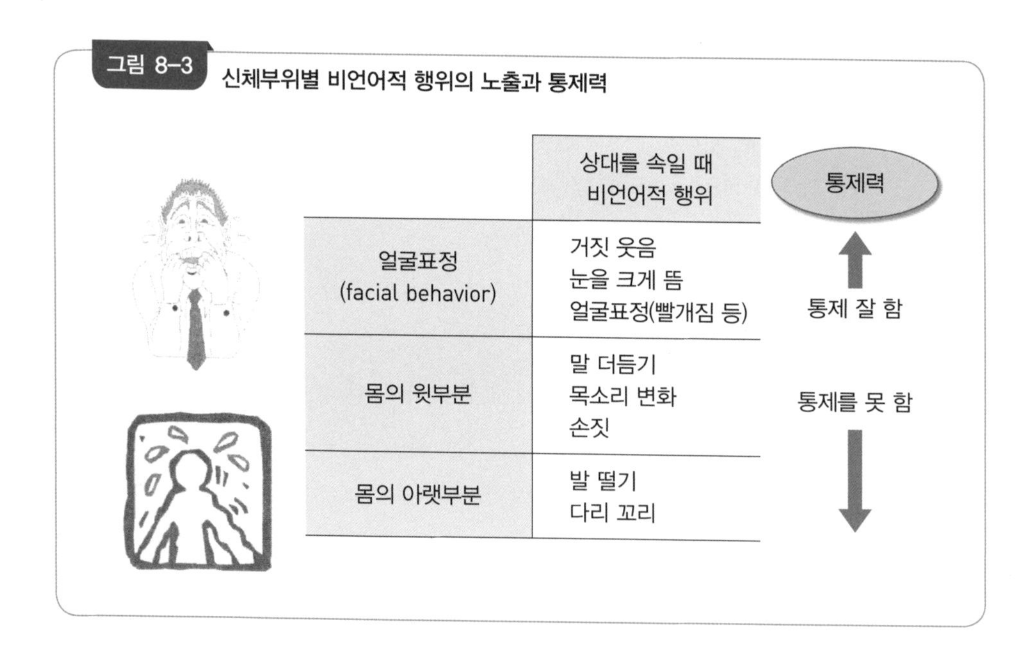

그림 8-3 신체부위별 비언어적 행위의 노출과 통제력

9 즉, 거짓말을 할 때 언어적 의사전달과 비언어적 행위 사이에 더 많은 불일치가 발생한다.

3. 협상문화별 비언어적 행위

▌어느 나라 협상가의 감정노출이 큰가?

협상문화권별로, 나라별로 비언어적 행위를 하는 유형과 정도가 다르다. 트롬피나스(Trompenaars, 1998)에 의하면 〈그림 8-4〉에서 보듯이 일본인이 가장 감정을 나타내지 않으며 그 다음이 중국인, 인도네시아인 순이다.

같은 서양인이라도 스웨덴인이 감정노출 정도가 적고 미국인, 프랑스인, 러시아인으로 이어지며 감정을 가장 많이 노출시키는 나라는 라틴문화권의 아르헨티나와 스페인의 협상가들이다.

그림 8-4 주요국의 감정노출 비교

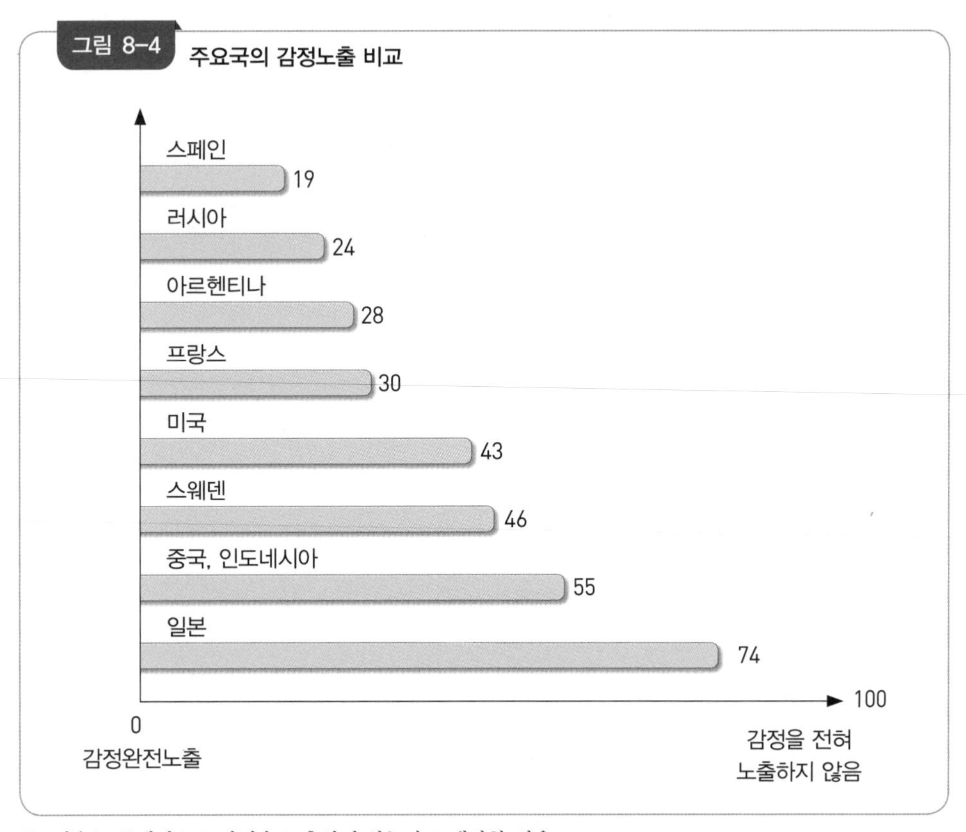

주: 지수는 공개적으로 감정을 노출하지 않는다고 대답한 비율.
〈자료〉 Trompenaars etc., 1998, p. 71.

▌국제협상에서 비언어적 행위 비교

국제협상에서 일본인, 미국인, 브라질인의 비언어적 행위를 비교해보면 재미있는 결과를 얻을 수 있다. 3분간 10초 이상 침묵한 횟수가 일본 협상가는 5.5번인데 반해 미국 협상가는 3.5번이다. 이는 일본협상문화가 침묵적 의사소통(silent communication)문화에 속하기 때문이다. 브라질 협상가의 경우 협상에서 거의 침묵을 하지 않고 계속적으로 이야기하는 것으로 나타났다.

브라질 협상자가 가장 적극적으로 상대의 얼굴(face gazing)을 쳐다보고 직접 눈을 쳐다보며(direct eye contact) 이야기 한다. 일본인이 가장 소극적인 비언어적 행위를 한다. 또한 30분당 상대를 만지는 빈도를 보니 일본이나 미국 협상자들은 악수를 제외하고는 상대를 전혀 만지지 않는다. 이에 반해 브라질 협상자는 상대의 몸을 자주 만지는(touch) 것으로 드러났다.

표 8-3 국제협상에서 미국인, 일본인과 브라질인의 비언어적 행위 비교[10]

구분	단위	일본인	미국인	브라질인
침묵횟수*	번	5.5	3.5	0
얼굴과 눈을 쳐다보는 시간**	분	1.3	3.3	5.3
만지는 횟수***	번	0	0	4.7

* 3분간 10초 이상 침묵한 횟수.
** 10분당 소요시간(minutes per 10-minute period).
*** 30분당 상대방 만지는 횟수(악수 제외).

▌몸짓(Gesture)의 문화적 차이

마지막으로 비언어적 행위와 관련해서 유의해야 할 점은 아래 사례에서와 같이 같은 몸짓(gesture)이라도 나라별로 다르게 인식될 수 있다는 것이다. 두 손가락으로 'V자'를 그리는 것이 미국에서는 승리를 의미하나 영국에서는 두 손바닥을 안쪽으로

10 Acuff, Frank L., *How to Negotiate Anything with Anyone Anywhere around the World*, AMACOM; American Management Association, 1997, p. 48.

향하여 V자를 그리면 상대에 대한 모욕이다. 또한 엄지손가락을 올리는 넘버원의 표시는 미국에서는 "일을 잘 했다"라는 뜻이나 호주에서는 모욕적인 동작이다.

나라마다 다른 몸짓 언어

우연히 강의를 하다가 'It makes money!'라고 하며 손가락으로 돈을 의미하는 동그라미(〈그림 8-5〉 참조)를 만들었더니 외국인 학생들이 깔깔대고 웃었다. 왜 그러냐고 물었더니 우리나라에서는 돈을 의미하는 동그라미 제스처가 자기 나라에서는 다른 의미를 가진다고 한다. 〈그림 8-5〉에서 보듯이 모로코에서는 '오케이'이고, 콩고에서는 '제로'라고 한다. 그런데 재밌는 것은 중국에서는 이것이 '셋'을 표시한다고 한다. 중국인들은 엄지와 검지를 제외한 펴져 있는 손가락 세 개를 보는 것이다. 중국에서 엄지와 검지를 비비는 모습이 돈을 표시한다고 한다.

그림 8-5 몸짓의 문화적 차이

"OK"(카자흐스탄)

"제로"(콩고)

"OK"(모로코)

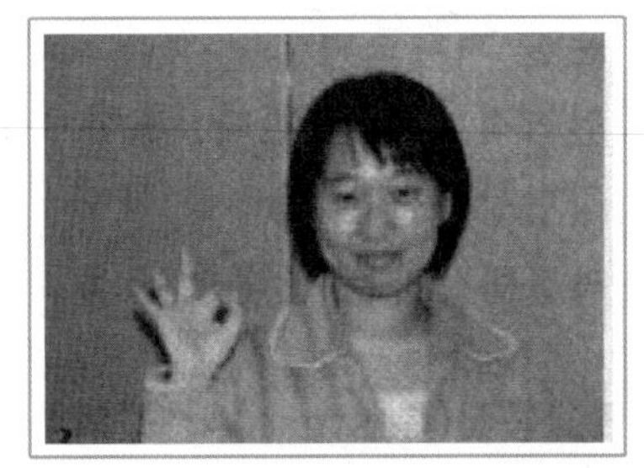
"셋"(중국)

협상퀴즈 5

SK가스 본부장의 동남아에서의 문화적 충돌

천연가스 도입협상을 위해 인도네시아를 방문한 SK가스의 장자원 본부장은 현지 국영가스공사의 스하르토 부사장을 만났다. 두 회사의 가스전 공동개발에 대해 열심히 설명하면 스하르토 부사장은 말은 하지 않고 그저 상대의 얼굴만 빤히 쳐다보았다. 무슨 말을 하면 스하르토 부사장이 입을 열지 않아 1~2분간의 묘한 침묵이 흐르기도 했다. 장본부장으로서는 당황하지 않을 수 없었다. 하여튼 스하르토 부사장의 묘한 침묵 때문에 당황한 그는 평소보다 많이 지껄여댔다.

힐튼호텔에서 스하르토 부사장과의 식사 중 테이블 위에 맛있어 보이는 파인애플이 있어 왼손으로 집어서 친절하게 상대에게 권하니 순간 얼굴색이 변한다. 뭔가 불쾌한 눈치이다. 어색한 분위기를 피하려고 세계적 갑부로 떠오른 인도네시아 화교 이야기를 꺼냈다.

"사실 1960년대만 해도 한국에도 화교가 많았는데 거의 자의반 타의반 다 떠나갔어요. 그래도 아직은 화교가 많은 인도네시아가 부럽네요."

이 이야기를 들은 그들의 얼굴이 갑자기 굳어졌다. 화교 이야기를 꺼낸 뒤부터 뭔가 분위기가 찜찜하게 돌아갔다.

동남아에 온 김에 말레이시아에 있는 현지공장을 둘러보기 위해 쿠알라룸푸르행 비행기를 탔다. 미국의 L가스개발사와 합작으로 가스터미널을 만들었는데 한 달째 노사분규 중이다. 공장 정문을 들어서니 'Korean Managers, OUT!'이란 현수막이 걸려있다. 한국인 관리자들 은 나가라는 뜻인 것 같다. 한미 합작회사라 미국인 관리자들도 있는데 왜 유독 한국인 관리자들만 문제 삼는지 궁금했다. 공장 사무실에 들어가 우선 현지 노동자 대표를 면담하였다.

"한국인 관리자들이 우리들을 자주 때리고(beat) 인간적으로 심하게 모욕을 준다."

서울에서 온 한국인 관리자들을 만나 물어보니 모두 펄쩍 뛰며 전혀 그런 일 없었다고 한다.

"저희가 한국에서 노사분규 때문에 얼마나 고생했는데 현지 노동자들을 함부로 다루겠어요."

듣고 보니 그럴 듯하다.

'도대체 왜 이런 일이 벌어졌을까?'

장본부장은 도대체 이해할 수가 없다.

토론 포인트

Q1. 협상에서 스하르토 부사장의 침묵(!)이 가지는 전략적 의미가 무엇인가?

Q2. 힐튼호텔에서 장자원 본부장이 저지른 두 가지 문화적 실수는?

Q3. 왜 말레이시아에서 현지 노동자들이 한국인 관리자들에게 반발하였는가?

도움 되는 정보

- 스하르토 부사장의 묘한 침묵은 중국인도 협상에서 즐겨 사용한다.
- 세계인은 포크, 젓가락 또는 손으로 밥을 먹는다.
- 동남아에서는 소수의 화교가 경제력을 장악하고 있다.
- 여러분이 뉴욕이나 파리에서 번잡한 거리를 걸을 때 현지인들이 여러분과 어깨를 부딪친 적이 있나요?

퀴즈풀이에 대한 Teaching Manual은 박영사 홈페이지 도서자료실에 업로드되어 있습니다.

협상퀴즈 6

글로벌 문화 리더십 테스트

여러분은 다른 문화를 가진 외국인과 얼마나 잘 협상할까요?

Q1. 미국 IBM 사장과 신라호텔 중식당에서 만찬을 하다가 재채기도 하고 싶고 코도 풀고 싶은데 둘 다 하면 너무 결례일 것 같아 한 가지만 하려한다.

1. 재채기만 한다.
2. 손수건을 꺼내 코를 푼다.

Q2. 미국 협상상대로부터 선물을 받으면

1. 그 자리에서 뜯어본다.
2. 뜯어보면 속 보이는 것 같아 그냥 '생큐'하고 받아서 다음에 열어본다.

Q3. 미국 비즈니스맨과 협상을 하는데 1시간 동안이나 일반적으로 자기주장만 하염없이 한다.

1. 경청이 최고의 미덕이니 계속 들어준다.
2. 적당히 상대의 말을 끊고 내가 하고 싶은 말을 한다.

Q4. 파리에서 열린 국제회의에서 칵테일파티를 할 때 유럽사람과는

1. 한 팔 길이 정도 떨어져서 이야기한다.
2. 좀 더 멀게 한팔 반 정도 떨어져서 이야기한다.

Q5. 유럽나라 중에서 우리나라와 비슷한 협상문화를 가진 나라는?

1. 스웨덴, 노르웨이
2. 프랑스

Q6. 인도네시아의 현지투자공장에 출장 가서 현지근로자들이 좀 더 친밀감을 느끼게 하기 위해 등을 두들기며 격려하였다.

1. 현지노동자가 인간미를 느낄 것이다.
2. 현지노동자가 당황할 것이다.

Q7. 나는 녹차를 아주 싫어한다. 냄새도 맡기 싫다. 그런데 중국 운남성에 중요한 협상을 하러 가니 상대가 그 지방의 특산물 보이차라 하며 손수 권한다.

1. 녹차를 안 마신다고 아주 정중히 거절한다.
2. 일단 생큐하며 받아놓고 슬쩍 테이블 위에 놓는다.

Q8. 중국 심양시 공무원에게 고급선물을 줄려고 하니 안 받으려 한다.
1. 본인이 사양하는데 억지로 줄 필요는 없다.
2. 사양해도 3번 정도는 권한다.

Q9. 중국사람은 협상상대를 정중히 대할 때 허리를 숙여 절을 할까요?
1. 동양인이라 당연히 우리처럼 한다.
2. 절을 안 한다.

Q10. 일본캐논과 기술이전 협상을 하는데 무슨 요구를 일본측에 할 때마다 '하이', '하이'(일본말로 yes라는 뜻)라고 대답한다.
1. 기술이전요구에 응한다는 뜻이다.
2. 기술이전요구를 알아들었다는 뜻이다.

Q11. 내 친구는 중국사람들과 일단 좋은 '꽌시(관계)'를 맺어 놓으면 중국 비즈니스는 그들만 믿고 하면 된다고 말한다.
1., 나는 내 친구 생각에 동의한다.
2. 나는 내 친구 생각에 동의하지 않는다.

Q12. 내 친구는 영어로 아주 말을 잘해 미국사람과 협상하는 데는 자신이 있다고 자랑한다.
1. 나는 내 친구 말이 맞다고 생각한다.
2. 나는 내 친구 말이 틀리다고 생각한다.

Q13. 내 친구는 한국문화가 우리보다 못사는 태국, 베트남 같은 동남아문화보다 우수하다고 생각한다.
1. 나는 내 친구 말이 맞다고 생각한다.
2. 나는 내 친구 말이 틀리다고 생각한다.

Q14. 내 친구는 협상을 할 때 독도문제, 식민지통치 등으로 일본인은 싫어하고 중국인이나 미국인은 좋아한다.
1. 나도 내 친구와 생각이 같다.
2. 내 친구 생각의 동의하지 않는다.

Q15. 외교부의 이미소 국장은 한국시장의 보이지 않는 비관세장벽에 대해 불평하는 미국 USTR 관리들에게 계속 미소를 지으며 협상한다.
1. 웃는 얼굴 싫어하는 사람 있겠는가?
2. 나 같으면 이 국장처럼 행동 안 하겠다.

Q16. 다음날 워싱턴에서 열리는 한미통상장관 회의에서 미국장관에게 줄 선물을 준비하라고 한다.

1. 미국 사람들이 좋아하는 국내 최고 도예가의 명품도자기 세트
2. 이태원에 가면 길거리에서 파는 자개보석함

Q17. 모레 금요일 오전 10시에 애플사의 피터슨 부사장이 인천공항에 도착한다. 인천에 있는 여러분 회사의 배터리공장인수를 위한 협상을 하기 위해서다. 어떻게 피터슨 부사장의 금요일 일정을 잡겠는가?

1. 피터슨 부사장은 골프 마니아라고 한다. 서울 인근의 최고급 골프장으로 가 같이 골프를 치고 하이얏트 호텔 최고급 일식집에서 저녁을 한다.
2. 인천공장을 잠시 들러서 배터리 공장에 대한 브리핑을 한다.

Q18. 호치민 KOTRA 무역관장으로 발령 받은 김순동 부장이 현지에 도착하니 마중 나온 전임무역관장이 점심식사를 한국식당에서 하자고 한다. 바로 옆에는 호치민에서 유명한 베트남 전통 쌀 국수집이 있다.

1. 전임자가 권하는 한국식당으로 그냥 따라 간다.
2. 베트남 쌀 국수 집에 가보자고 한다.

Q19. 7월 말 한창 더울 때 말레이시아에서 Petronas사와 가스개발지분문제로 발생한 밀고 당기는 협상을 하는데 회의실에 에어컨도 잘 안 나오고 걸상도 불편하다.

1. 주최 측에 성의로 마련한 협상장이니 참는다.
2. 다른 협상장소로 바꾸어 달라고 한다.

Q20. 일본와세다 대학에서 열린 국제세미나에서 만난 우라타교수가 대학구내식당에서 점심같이 하자고 한다.

1. 계산은 당연히 우라타교수가 할 것이다.
2. 각자가 먹는 것만 계산한다.

퀴즈풀이에 대한 Teaching Manual은 박영사 홈페이지 도서자료실에 업로드되어 있습니다.

PART 4

포스트차이나시대 지역별 협상전략

GLOBAL NEGOTIATION STRATEGY

GLOBAL NEGOTIATION STRATEGY

제 09 장 베트남과 협상전략

'제2의 중국'으로 부상하는 베트남

미·중패권전쟁으로 탈(脫)중국화하는 외국기업들이 베트남으로 몰려가고 있다. 동아시아에서 인프라, 노동력의 질, 물류비용 등을 고려할 때 중국을 대체하는 가장 유망한 투자대상국이 베트남이기 때문이다. 이 장에서는 베트남과 효율적으로 협상하기 위한 다음과 같은 가지를 살펴보자.

- 베트남 파트너와 마음의 문 열기위한 히스토리텔링
- 베트남 문화의 특징과 협상전략
- 베트남에서 스마트협상하기

제 1 절 베트남 히스토리텔링-베트남 파트너와 마음의 문 열기-

1. 동아시아에서 유일하게 탈중국화 한 두 나라

동아시아에서 중국의 영토에 편입되고 한자 문명권에 들어갔다가 빠져나온 나라는 두 나라뿐이다.

우리나라와 베트남!

우리가 한사군시대 중국의 일부가 되었다가 3국시대에 빠져나왔듯이, 베트남도 BC 111년부터 한나라의 지배를 받아 명나라시대까지 천여 년(BC 111-AD 983)간 중국의 그늘 아래 있다가 독립하였다. 하노이시내 중심에 있는 호타이 호수에 가면 한자가 쓰여진 낡은 비석들이 남아 있다. 옛날에는 그들도 우리처럼 한자를 썼다. 17세기 프랑스 선교사 알렉산드르 디 드로가 알파벳을 이용해 오늘날의 베트남 문자를 만들면서 한자와 유교 문명권에서 빠져나온 것이다.

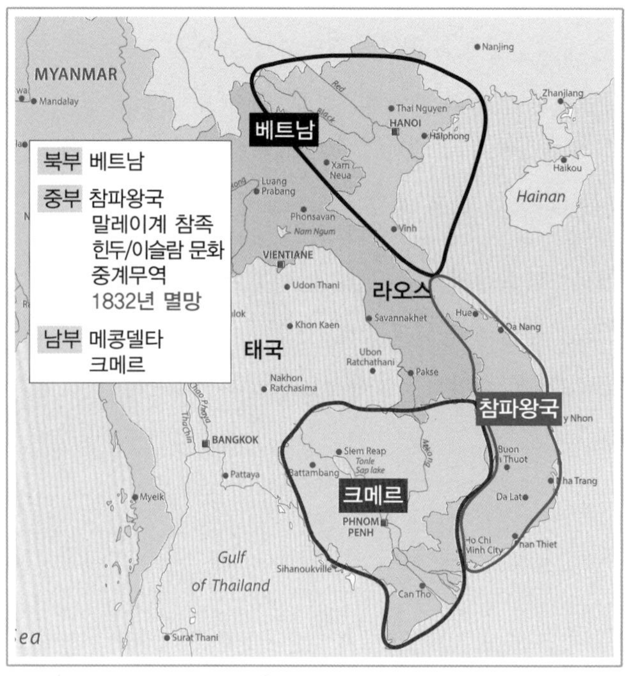

자료: '베트남, 인도와 협상하기', 안세영, 김형준, 박영사, 2021, p.13.

또한 베트남은 1857년부터 약 100여 년간 프랑스의 식민지배를 받았다. 역사적으로 인도차이나 반도의 강자는 앙코르와트를 만든 캄보디아, 버마(지금의 미얀마), 그리고 샴왕국(지금의 태국)이었다.

과거 베트남의 중심지는 북부지방인 지금의 하노이 인근이었다. 중부지방은 말레이계의 참족을 중심으로 하는 참파왕국이 있었고 힌두국가와 무슬림국가들과 교역을 하였다. 그리고 남부 메콩델타지역은 캄보디아인이 세운 참파(Champa)왕국이 지배하고 있었다.

그런데 베트남이 꾸준한 남진정책을 펼친 결과 앞의 지도에서 보는 바와 같이 1832년에 참파왕국을 정복하고 메콩델타까지 영토를 확장하여 오늘날의 베트남 국가를 건설하였다.

2. 세계 3대 강국을 물리친 나라

베트남과 협상할 때 "자존심이 아주 강한 민족이다"라는 점을 잊지 말아야 한다. 지난 세기 프랑스, 미국, 중국과 싸워서 지지 않은 민족이다.

우선 프랑스와의 전쟁에서 이겼다. 1945년 8월 15일 일본이 무조건 항복을 하자 17일 호찌민군이 하노이에 입성하고 9월 2일 일제가 항복문서에 서명하자 정식으로 베트남 민주공화국 수립을 선포하였다.

그런데 문제는 프랑스이다. 일본군에게 쫓겨나간 프랑스군이 1945년 10월 식민지를 되찾겠다고 호찌민을 점령한 후 하노이까지 밀고 올라왔다. 그래서 1946년 12월부터 프랑스군과 호찌민군 사이에 1차 인도차이나 전쟁이 벌어진다. 그런데 1954년 봄 디엔비엔푸라는 북부 산악지대에 치열한 전투가 벌어져 프랑스 최정예 부대원 1만 천여 명이 호찌민군에게 포로로 잡힌다.

당황한 프랑스는 베트남과 제네바에서 만나 협정을 맺는다. 베트남을 둘로 나누어 북위 17도선 이북은 즉시 호찌민군이 진주하고, 17도 이남에 대해서는 당분간 시간을 달라고 한다. 프랑스인 철수 등을 위해 시간이 필요하다는 핑계이다. 일정 기간 후 자유선거를 통해 베트남인들이 원하는 정부를 스스로 선택하게 하겠다고 약속한 것이다.

그런데 프랑스가 배신한다. 남베트남에 친(親) 프랑스 괴뢰정권을 세우고, 그 후 미국이 멋모르고 진흙탕에 들어가 2차 인도차이나 전쟁(1964-1975)이 벌어진다.

중국과의 전쟁에서도 승리하였다.

이어서 1979년 3차 인도차이나 전쟁을 중국 인민해방군과 벌인다. 당시 베트남 주력 정규군은 캄보디아에 나가 있었으므로 총을 들고 싸운 사람들은 민병대 같은 비정규군이 주력이었다. 그런데, 어처구니 없이 40만의 중국군 정규군이 참패를 하였다.

베트남 사람들에게 "누구를 가장 존경하느냐?"라고 물으면 거의 대부분 호찌민 주석과 디엔비예프 전투를 승리로 이끈 지압 장군이라 답한다.

이 같은 베트남 역사에 대한 이해는 베트남인들의 마음의 문을 열게 하고 원활한 소통을 통해 협상하는 데 많은 도움이 될 것이다.

3. 350년 전에 유명한 관광지 '호이 안(Hoi-An, 會安)'에 간 조선인 24명

1592년 축조된 호이 안의 내원교(일명 일본교)
인근에 일본인들이 살았다고 한다.

요즘 한국인들이 즐겨 찾는 베트남의 관광지 중의 하나는 아마 다낭일 것이다. 바로 그 다낭에서 한 30분쯤 가면 '호이 안'이란 역사적인 고도가 있다. 다낭에 가면 반드시 가봐야 한다. 우리나라 경주 같은 고대 도시로서 유네스코 문화유산으로 등재되어 있다.

그런데 이미 350년 전에 본의 아니게 이곳에 간 조선인들이 있었다. 숙종 때인 1688년 2월에 제주도민 24명이 육지로 가다 풍랑을 만나 바다에 표류한다. 35일 만에 도착한 곳이 바로 이곳 호이 안(당시 국명: 안남국)이다. 아마 조류가 그 방향으로 흐른 것 같다.

이들의 딱한 사정을 들은 중부 베트남 지도자 '응우옌 푹 떤' 왕은 청나라 상인에게 조선으로 데려다줄 것을 부탁한다.

그런데 '응우옌 푹 떤' 왕이 정말 세심한 배려를 했다. 중국 상인에게 선금 반만 주고 나머지는 조선 정부의 도착확인서를 가져오면 주겠다고 한 것이다.

우여곡절 끝에 표류된 조선인들은 응우옌 왕의 협조로 마련된 중국 배편으로 1688년 8월 7일 호이 안을 떠나 표류된 지 약 9개월 뒤인 1688년 12월 16일 제주도 대정현에 귀환하였다. 놀라운 일이다.

제 2 절 베트남문화의 특징과 협상전략

1. 전략 1. 베트남인들은 자긍심이 대단한 민족

▌베트남 파트너의 자긍심을 존중해 줘라!

앞에서 살펴보았듯이 베트남은 과거 역사에 대한 자부심이 대단하고, 확실한 국가관을 가지고 있다. 국제협상에서 가장 중요한 요소는 우리의 눈높이로 베트남을 보는 것이 아니라, 우리의 눈높이를 베트남으로 맞추어야 한다는 것이다.

우리가 베트남인에게 "과거 역사를 살펴보니 베트남은 대단한 나라네요!" 이렇게 칭찬을 해 주면 협상의 분위기가 아주 부드러워진다. 칭찬거리는 그동안 자신이 경험한 사례 또는 앞의 히스토리텔링에서 찾으면 된다. 일반적으로 협상자들은 자기 나라, 자기 가문 등에 대해 상대방 외국인이 인정해 주면 아주 좋아하고 협상상대방과의 거리감을 좁힌다.

2. 전략 2. 베트남인들은 개인적 신뢰/인간관계를 중요시한다

‘선(先) 신뢰 형성, 후(後) 협상’전략

여러분의 회사가 잘 알려진 글로벌 기업이고 여러분이 획기적인 신제품을 팔려고 베트남에 가서 협상을 한다고 하자. 베트남 파트너가 여러분 회사 제품의 품질에 엄청난 관심을 보이고 찬사를 보낼 것이라고 생각하면 오산이다.

베트남인은 어떤 물건을 구매할 때 그 물건의 성능, 가격, 품질보다는 판매자가 ‘과연 믿을 만한 사람인가?’를 먼저 확인하려 한다. 특히, 정부나 공공기관에서 표창, 산업훈장 등을 받은 것이 있으면 이를 강조할 필요가 있다. 공산당이 지배하는 베트남에서는 ‘정부로부터 뭔가 인정을 받았다’는 사실은 의미가 크다. 또한 너무 서둘러 협상하려 하지 말고 인내를 가지고 베트남 파트너와 개인적인 인간관계(interpersonal relationship)를 먼저 형성해야 한다. 그들은 여러분의 나이, 결혼, 연봉, 회사 근무연수같이 개인정보에 대해 질문할 수도 있다.

물론 이 같은 개인정보는 미국이나 유럽 같은 서구사회에서는 철저히 ‘프라이버시(privacy)’에 관한 것이다. 서구사회에서는 이에 대해 질문을 하면 엄청난 결례이다. 하지만 베트남에서는 이 같은 정보가 상대를 신뢰할 수 있는지 확인하는 중요한 판단기준이 된다.

베트남 파트너와 어떻게 인간관계를 형성할 것인가?

– 절대 겸손! 베트남인의 눈높이로 낮추어라 –

행동과 말을 통해 겸손하게 접근하고 베트남의 역사, 문화, 언어, 음식에 대한 관심과 존중심을 표현해 신뢰를 얻는 게 가장 중요하다.

‘한국이 베트남보다 잘사는 나라’, ‘한국문화가 베트남문화보다 우수하다’라는 식의 허황한 자만심을 가지고 뽐내서는 안 된다. 앞의 히스토리텔링에서 살펴보았듯이 베트남의 역사나 문화가 결코 우리나라보다 못하지 않다.

▌강한 복수 네트워크(Powerful plural networks) 형성

베트남인들은 개인적 신뢰, 인간관계 등을 중요시하므로 그들과 강한 네트워크를 형성하는 것이 필요하다. 그런데 이 네트워크는 개인 대 개인의 네트워크이다. 말하자면 여러분이 LG화학에 근무하며 베트남은행에 있는 키엔 부장과 네트워크를 형성했다고 하면 이는 LG화학과 베트남은행 사이가 아닌 여러분과 키엔 부장 사이의 개인적인 관계이다. 여러분이 다른 회사로 옮기면 LG화학으로는 베트남은행과의 네트워크가 끊기게 된다.

그러므로 베트남에서 장기간 사업을 하고자 한다면 꼭 복수 네트워크를 만들어야 한다. 베트남 회사와 협상을 할 때 여러분 회사에서 항상 여러 명이 함께 나가 개인적인 친분을 쌓는 것이 좋다. 물론 베트남 회사의 파트너와 술도 마시며 어울리면서 복수 네트워크를 만들도록 하는 것이다. 베트남인들은 같이 어울려 먹고 마시고 이야기하는 소위 단체 회식을 좋아하기 때문에 그다지 어렵지 않다.

3. 전략 3. 베트남인에게 '체면(Face-saving)'은 아주 중요하다

▌너무 상대방을 몰아붙여서는 안 된다

당장의 협상성과(immediate outcome)를 극대화하려는 서양인과는 달리 동양인 협상파트너는 장기적인 인간관계를 중시한다. 그러므로 협상력이 우월한 갑의 입장에서 베트남 파트너와 협상하더라도 절대 100% 다 가지려고 해서는 안 된다.

동양 협상문화권과 협상할 때 꼭 기억해야 할 불문율이다. 이는 한국과 같은 유교문화권인 베트남에서는 냉정한 비즈니스 세계에서도 인간관계를 아주 길게 본다. 이는 '인생사라는 것이 돌고 도는 것'이라는 도교 사상에서도 유래한다. 우리가 지금 상대방보다 우월한 갑이라도 언젠가 상대방이 갑이 되고 내가 을이 될 수 있다는 것이다.

그러므로 우리가 잘나갈 때 상대방을 궁지로 몰면 언젠가 우리가 어려울 때 상대방이 냉혹하게 대할 수 있다는 것이다. 동양의 생활 철학과 지혜에서 '관용'과 '덕'을 강조하는 것과 같다.

▌체면 세우기(Saving face) 전략

베트남은 공산당체제와 유교문화 때문에 상급자, 연장자의 체면과 권위가 아주 중요한 나라이다. 협상 도중에 이유 여하를 막론하고 부하들 앞에서 상급자나 연장자의 체면을 손상시키는 행동을 절대로 해서는 안 된다. 협상테이블 맞은편에 앉은 베트남의 상급자나 연장자의 체면을 손상시키면 비즈니스 협상은 끝이라고 생각하면 된다.

그리고 한 가지 명심해야 할 점이 있다. 베트남 측의 수석대표가 어떤 사실, 예를 들면 통계 수치라든가 연도 등을 잘못 알고 발언해도 절대 그 자리에서 바로 지적해서는 안 된다. 상대방의 체면을 손상시키는 것이다.

꼭 지적해야 할 필요가 있을 경우에는 (즉 실익이 있을 경우에는) 반드시 회의가 끝난 후 제3자를 통해 지적해 주어야 한다.

하지만 한 가지 유의해야 할 점은 상대방의 체면을 세워주겠다고 공개 석상에서 특정한 사람에 대해 너무 칭찬을 많이 하면 오히려 역효과가 난다. 공산국가문화는 협상그룹이 다 같이 보상받는 집단주의문화이기 때문이다.

예를 들어 티엔 부사장을 수석대표로 하는 베트남 협상팀에서 5명이 참석한다고 할 때 우리 측이 협상테이블에서 너무 티엔 부사장만 집중해서 칭찬하고 특별하게 생각한다는 표현을 자주하면 상대방은 당황한다.

4. 전략 4. 베트남 파트너의 의사결정은 느리다

▌발코니(Balcony) 협상전략

베트남인들은 지난 세기 수십 년간 외국과 투쟁을 한 민족이다. 따라서 인내심과 승부근성이 대단하다. 쉽게 말하면 협상을 빨리 진행시키지 않고 질질 끄는 경우가 많다.

이때 베트남 협상자에게 '신속한 결정을 해 달라'고 조급한 모습을 보이거나, 흥분하는 것은 금물이다. 인내심이 강한 그들과 협상을 하면서 절대 감정을 드러내면 안 된다.

정말 열받을 때 '발코니전략'을 써라. '잠시 휴식을 하자' 하고 발코니에 나가 냉각기를 가지는 것이다. 감정을 달래 냉정을 되찾고, 차분하게 '어떻게 상대방과 협상할 것인가'를 여유를 가지고 생각할 수 있다.

▌"문제가 있다"라고 말할 때의 대응전략

베트남인과 협상을 하다 보면 종종 다음과 같은 이야기를 많이 듣는다. "문제가 있다"라든가 "좀 복잡한 상황이다"와 같은 표현이다. 상대방의 말을 액면 그대로 받아들이는 서양인들은 이 경우 진짜 문제가 있는 줄 알고 문제해결 방안을 베트남 파트너와 진지하게 논의하려고 한다.

그러나 이는 잘못이다. 베트남인이 "문제가 있다"와 같은 말을 할 때는 핑계를 대는 경우일 때가 많다. 그러므로 다음과 같이 말하면서 신뢰를 보여주는 것이 효과적이다.

"당신은 이 문제를 충분히 해결할 능력이 있지 않느냐? 우리는 당신을 믿는다"라든가 "당신이 이 문제를 잘 해결하면 우리가 고마움을 잊지 않겠다" 등이다.

▌느린 의사결정에 대한 인내심

공산당 국가인 베트남의 모든 조직은 계층화(hierarchical)되어 있다. 그런데 이상하게도 의사결정은 상명하달식이 아니고 그룹 내 공감대 형성(group consensus making process)방식이다. 그래서 흔히 외국인들이 이 내부의사결정 과정에서 '핵심인물(key decision-maker)'을 찾으려 하다가 허탕 치는 경우가 많다.

조직에서 상급자나 연장자라 하더라도 자신들이 일방적으로 결정을 내리려 하지 않는다. 일단 여러 부서 그리고 관계자들의 의견을 수렴하는 내부절차를 거친다. 그리고 난 후에 상급자나 연장자가 최종결정을 내린다. 그러므로 모든 것을 빨리빨리 처리하는 우리 문화와 달리 의사결정이 느리다.

따라서 한국인이 베트남에 가서 협상을 마무리 짓고 상당 기간이 지났는데도 베트남 측으로부터 아무런 회신이 없다고 안달해선 안 된다. 한국보다 두 배나 세 배 정도로 의사결정에 시간이 더 걸린다고 마음 편하게 생각해야 한다.

5. 전략 5. 베트남 사람들은 마시면서 친구가 된다

▌베트남의 독특한 음주문화

일반적으로 더운 남쪽지방 사람들은 술을 잘 마시지 않는다. 중국이 좋은 예이다. 베이징이나 산둥성, 동북 3성 사람들은 술을 잘 마신다. 하지만 양자강 남쪽의 상하이나 광저우 사람들은 와인 잔이나 홀짝거리고 맥주 잔 기울이는 정도이다.

그래서 저자가 처음 하노이에 협상하러 갈 때 베트남 사람들도 그런 줄 알았다. 완전한 착각이었다. 엄청 마신다. 마시면서 웃고 떠들고 흥을 낸다.

베트남인들과 함께 술 마실 때의 몇 가지 원칙을 요약하면 다음과 같다.

원칙1) 베트남에서 만찬을 할 때 술에 자신이 있으면 마음껏 마시고 좋은 인간관계를 형성해라.

원칙2) 하지만 술에 자신이 없으면 처음부터 '술을 못 마신다'고 냉정히 끊어야 한다.

원칙3) 어설프게 '술 마시겠다'고 하고 나서 요리조리 요령 피우며, 예를 들어 술을 살짝 버린다든지 하면서 마시면 안 된다. 그러면 베트남인들은 여러분을 협상에서도 말과 행동이 다른, 믿지 못할 사람이라고 생각하게 된다.

원칙4) 그들은 술 마시는 과정도 협상의 중요한 과정이라고 생각한다. 마시면서 끊임없이 협상상대방의 인간성을 관찰한다.

6. 전략 6. 베트남인들은 암시적으로 의사소통(Communication)한다

▌베트남 파트너의 은유적 화법에 잘 대응해야 한다

베트남인들은 협상 도중 갑자기 엉뚱한 속담이나 명언 또는 역사적 사실 등을 이야기한다. 협상주제와 전혀 관계없는 말을 하므로 가끔 당황할 수가 있다. 그들은 협상상황을 과거의 역사적 사실이나 속담에 비유해 상대방을 설득하려는 것이다. 예를 들어 "시작이 좋으면 끝도 좋다"라는 속담이 베트남에도 있다.

상대가 이 속담을 들먹일 때는 '거래를 시작하는 데 처음부터 너무 많은 이익을 탐내 너무 야속하게 몰아붙이지 말라'는 메시지를 전달하는 것이다. 물론 여기에는 '일단 우리와 거래를 트면 결코 손해볼 것 없을 것이다'라는 뜻도 담겨져 있다.

그러므로 베트남 파트너가 이런 은유적 화법을 쓸 때 당황한 모습을 보여선 안 된다. 진지하게 그들의 문화와 역사를 이해하려 노력하고 존중하는 모습을 보여주어야 한다.

베트남 파트너로부터 협상결과 '피드백(Feedback)'받기

베트남인들은 "어제의 협상이 생산적이었다"라는 식으로 애매하게 얼버무리면서, 협상성과를 정확히 알려주지 않는 경우가 많다. 그러므로 상대로부터 피드백을 받으려면 그들과 친한 제3자를 통하는 방법이 있다. 하지만 이는 간접적이라 정확하지 않을 수 있으므로 직접 만나 피드백을 받는 것이 좋다. 피드백을 받으려고 직접 상대를 만날 때 두 가지 경우가 있다.

부정적 피드백

베트남인들은 협상결과가 좋지 않거나 체면이 깎이는 사실은 잘 알려주려고 하지 않는다. 그러므로 말 속에 숨겨진 의미(hidden interest)를 파악해야 한다. 만일 베트남인이 "확신이 가지 않는데요(I am not sure)"라든가 "이 점에 대해 생각해 보겠습니다(I will think about it)." 이런 식으로 말하면 이들이 'No'라고 말하고 있다는 것을 얼른 알아차려야 한다.

몸짓 언어(Body language) 피드백

베트남인의 표정이나 행동을 잘 살펴야 한다. 예를 들면 자주 말을 머뭇거리거나 여러분의 얼굴을 자신 있게 쳐다보지 않고 피하면 대개 부정적 피드백이다.

긍정적 피드백

협상성과가 좋을 경우 상대가 슬쩍 개인적으로 알려준다. 이 경우 다른 베트남인들 앞에서 이 사실을 공개하고 협상성과를 알려준 상대를 칭찬해서는 절대 안 된다. 상대의 호의에 대한 보상은 개인적으로 은밀하게 해야 한다.

▌복수시간(Poly-chronic time)문화

우리가 하노이에 투자를 해 화학공장을 세우려고 하노이 시 공무원들과 협상을 한다고 하자. 물론 보다 유리한 외국인투자 인센티브를 얻어내기 위해서이다. 제일 궁금한 것은 공장 부지이다. 무상이면 좋고 장기임대면 임대료를 협상하려 한다. 다음 관심은 세제지원이다. 그 다음이 금융지원이다. 말하자면 공장부지-세제지원-금융지원의 순서로 협상하고 싶다.

그런데 베트남 파트너가 공장부지 이야기를 했다가 갑자기 금융지원 이야기를 한다. 협상이슈를 순서대로 하나하나 풀어가는 것이 아니라, 첫 번째 이슈를 이야기했다가 세 번째 이슈, 그리고 다시 두 번째를 말한다. 이럴 때 당황해서는 안 된다.

그리고 상대가 일부러 협상에서 유리한 고지를 점령하려고 기만적 술책(dirty tricks)을 쓰는 게 아닌가 하고 오해해서도 안 된다. 베트남은 전형적인 복수시간(poly-chronic time)문화의 나라이다.

미국 같이 이슈 1→이슈 2→이슈 3처럼 순서대로 협상을 진행시키는 단수시간(mono-chronic time)문화의 나라가 아니다. 따라서 이 같은 베트남의 복수시간 협상문화를 잘 이해하고 준비해야 한다.

7. 전략 7. 베트남인의 다양한 기만적 술책(Dirty tricks)에 대한 협상전략

역사적으로 외적의 침입을 많이 받은 베트남인들은 외국인과 협상할 때 다양한 전략을 쓴다. 특히 '기만적 술책(dirty tricks)'을 주의해야 한다.

기만적 술책이란 쉽게 말해 상대방의 허를 찌르고 협상에서 유리한 고지를 점령하기 위한 협상전략이다.

▌전략적 침묵(Strategic silence)

협상 도중 갑자기 한동안 아무 말도 하지 않고 침묵을 지키는 것이다. 이럴 경우 외국인은 '내가 무슨 실수를 했나?' 하고 당황하게 된다. 이럴 때는 맞대응해야 한다. 상대가 이유 없이 침묵하면 '나도 침묵하겠다'는 식으로 "휴식 시간을 갖자"라고 제안하든지, 아니면 "세면실에 다녀오겠다"라고 하며 협상장을 빠져나오는 것이다.

또한 베트남 파트너가 침묵을 지키면 '여러분의 제안에 동의하지 않는다'라는 뜻일 때가 많다. 이럴 때 상대의 답을 들으려고 자꾸 다그치지 말아야 한다. 여유를 가지고 기다리면 베트남 파트너가 말문을 열게 된다.

▌언제든지 바꿀 수 있는최종 계약서

미국인들과 비즈니스 협상을 하고 양해각서(MOU: Memorandum of Understanding) 또는 최종 계약을 맺으면 쌍방은 여기에 구속되고 임의로 변경할 수 없다.

그런데 베트남인들에게 '최종(final)' 계약이란 개념이 없다. 최종 계약서에 서명하고 나서도 '새로운 상황이 발생하면 언제든지 계약 내용을 바꾸든지 달리 해석할 수 있다'라고 생각한다. 베트남인들은 계약서의 내용을 고치는 것이 새로운 상황에서 계약 내용을 명확히 하는 것이라고 여긴다.

따라서 베트남 파트너와 계약서에 서명을 하고 나서 '모든 것이 계약대로 진행되겠지' 하고 기대해서는 안 된다. 그들이 계약 내용을 고치자고 할 때 "계약대로 하자"고 버티는 것은 적절하지 못하다.

이럴 때 '니블링(nibbling)'전략으로 맞받아치면 효과적이다. 니블링전략이란 협상이 마무리된 후에 상대방이 A라는 요구를 해 오면 이를 받아주는 대신 A에 상응하는 가치가 있는 B를 상대방에게 요구하는 것이다.

예를 들어 굴삭기 100대를 팔기로 했는데, 구매자가 가격을 5% 깎아 달라고 한다고 하자. "OK! 대신 애프터 서비스할 때 굴삭기 부품가격을 30% 인상하자"라고 제안하는 것이다.

제 3 절 베트남에서 스마트 협상하기

1. 성공적 협상을 위한 다양한 스마트전략

▌식사 및 음주 문화(Business entertainment)

베트남 파트너가 식사에 초청하면 반드시 응해야 한다. 같이 식사하고 술을 마시는 것은 양자 간의 협상의 전제조건으로서 인간관계를 형성하는 중요한 과정이라고 생각한다. 따라서 그들의 초대를 거절하면 인간관계의 형성을 거절하는 것으로 오해받기 쉽다.

한번 초대받았으면 꼭 답례해야 한다. 조건이 허락한다면 오찬보다는 만찬을 제의하면 그들이 속으로 더 좋아한다. 일반적으로 오찬에는 비즈니스 이야기를 해도 된다. 하지만 만찬에서는 비즈니스 이야기를 하지 않는 것이 좋다. 그들에게 만찬은 한낮의 피로를 잊고 즐겁게 마시고 즐기는 시간이다.

항상 베트남 파트너가 먼저 건배 제의를 하도록 양보하는 게 좋다. 답례로 건배 제의를 할 때는 반드시 일어서서 상대의 좌장, 즉 최상급자를 쳐다보며 두 손으로 술잔을 잡고 해야 한다. 서양식으로 한 손으로 건배 제의하는 것은 결례이다.

주의해야 할 점은 술잔을 돌리지 않는다. 자기 잔을 스스로 채워서 마신다. 우리나라는 상급자와 마실 때 존경의 표시로 고개를 돌려 술잔을 비우는 것이 예절이라고 생각한다. 그러나 베트남은 그렇지 않다.

베트남은 술을 권하는 문화이다. 일단 만찬에 들어가면 즐겁게 술을 마셔야 한다. 베트남 파트너가 술을 권했는데 "No!"라고 거절하면 상당히 당황한다. '우리와 어울리기 싫어하는구나!', '무슨 기분 나쁜 일이 있나?' 등으로 오해하기 쉽다. 술을 못 마시면 미리 양해를 구해야 한다.

인사(Greetings)

악수는 약간 허리를 숙이고 해야 한다. 뻣뻣이 서서 악수하면 약간 거만하게 보일 수도 있다. 연장자나 상급자부터 악수해야 하며, 연장자에게 존경을 표시하는 간단한 말을 하면 좋아한다.

우리 측 협상팀 멤버를 베트남 협상팀에게 소개할 때는 연장자나 상급자에게 먼저 소개하는 것이 자연스럽다.

명함 교환

베트남에서는 한자로 쓴 명함을 사용 안 하는 것이 좋다. 중국의 천 년 지배를 받고, 1979년 중국의 침략, 남중국해 영토분쟁 등으로 중국 및 한자에 대한 반감이 심하다.

미국인과 베트남인에게 명함이 가지는 의미가 다르다. 미국인에게 명함은 단순한 이름, 전화번호, 이메일 같은 정보가 적혀 있는 종이 쪽지이다. 그래서 미국에 가서 명함을 교환할 때 자기 명함을 테이블에 슬쩍 밀어 던지는 사람도 있다. 그리고 미국인은 받은 상대의 명함에 간단한 메모를 하기도 한다.

그런데 베트남인에게 명함의 의미는 다르다. 반드시 두 손으로 명함을 받고 유심히 쳐다보며 경의를 표해야 한다. 힐끗 보고 바지 뒷주머니에 쑤셔 넣으면 상대는 모멸감을 느낄 것이다. 받은 상대의 명함들을 테이블 위에 가지런히 정렬해 놓고 협상하면 편리하다. 물론 명함 위에다 낙서를 해서는 안 된다.

호칭(Title)

베트남은 권위주의 사회이므로 상대방을 치켜세우는 호칭을 붙여주면 좋아한다. 예를 들어 키엔 장관을 면담하는데, 그가 박사학위와 교수 타이틀을 다 가지고 있으면 'Minister', 'Doctor', 'Professor' 중에서 어느 타이틀을 제일 앞에 부칠까?

"Professor! Doctor! Minister! 키엔"

유교문화의 잔재가 있어서 그런지 '교수'라는 칭호를 최고로 친다. 마치 서양의 '공작', '백작'과 같은 품격이다. 베트남대학 사람들을 보면 거의 대부분 'Lecturer', 즉 우리말로 '강사'란 타이틀을 가지고 있다. 교수 칭호를 가진 사람은 아주 드물다. 교수 숫자는 의회에서 정할 정도로 아주 제한적이다.

몸짓 언어(Body language)

사람을 부를 때 우리처럼 손바닥을 아래로 하고 상대를 불러야 한다. 손바닥을 위로 향하게 하고 손가락을 움직여 부르면 실례가 된다.

베트남인과 협상테이블에서 상대를 빤히 쳐다보는 것은 바람직하지 못하다. 베트남문화에서 하급자나 젊은이가 상급자나 연장자에게 말할 때 얼굴을 쳐다보지 않고 아래를 보며 말하는 것은 상대에 대한 존경을 표시한 것으로 받아들여진다. 그렇지만 외국인인 우리가 그렇게까지는 할 필요는 없다.

선물(Gift)과 뇌물(Bribery)의 차이

사실 다양한 나라와 비즈니스 협상을 하다 보면 선물과 뇌물의 경계선이 모호할 때가 많다. 미국 연방정부 공무원에게는 100달러가 기준이다. 예를 들어 워싱턴에 가서 상무성 관리에게 80달러짜리 선물을 주면 이것은 미국 기준으로 선물이다. 그래서 본인이 갖는다. 그런데 150달러짜리 물건을 주면 본인이 가지지 못한다. 정부에 신고하고 그 물건을 예치시켜야 한다.

이같이 선진국은 대개 명확한 기준이 있는데, 문제는 베트남 같은 동남아 국가의 경우이다. "남이 보는 데서 주면 선물이고, 남몰래 은근히 주면 뇌물이다." 이는 베트남문화를 잘 아는 사람들이 하는 말이다.

2. 베트남에서의 금기사항(Taboo)

▌절대 상대방의 몸에 손을 대면 안 된다.

특히 머리카락을 만지면 화약 냄새를 맡을 각오를 해야 한다. 다른 동남아 국가와 같이 베트남에서도 이유 여하를 막론하고 상대방의 몸에 손을 대면 안 된다. 물론 여기에 선의로 다정하게 살짝 만지는 것도 포함된다.

베트남에 진출한 우리 중소기업에서 한때 노사분규가 심한 적이 있었다. 알고 보니 우리 기업인들이 문화적 차이를 모르고 한국에서 우리 근로자를 대하던 방법 그대로 동남아 근로자를 다룬 것이다.

"이번 주말까지 생산목표를 달성해야 한다. 그러니 좀 더 빨리 일하자!" 우리나라 중소기업의 공장에서 사장이 생산라인에서 일하는 근로자에게 이렇게 말하면서 어깨를 툭툭 치는 것은 우리 문화에서는 아무런 문제가 안 된다. 사장이 열심히 일해 보자고 격려한 것이다.

그런데 베트남에서는 이렇게 하면 안 된다. 그들은 "한국인한테 맞았다!"라고 항의한다. 엄청난 문화적 차이이다. 우리 문화에서는 근로자의 어깨를 툭툭 치는 것은 격려이지만, 베트남문화에선 때리는 것이다.

특히, 동남아에서 머리카락을 만지면 기분 나쁜 정도가 아니라, 사생결단을 할 정도의 심한 모욕감을 느낀다.

▌화교 이야기

동남아의 거의 모든 나라에서 화교에 관련된 이야기는 금물이다. 특히 베트남에서는 통일 후 '보트-피플'이라는 쓰라린 역사가 있다. 공산 베트남 정부가 화교를 반강제적으로 추방하였는데 약 50만 명의 화교가 추방되었다.

통일 후 베트남에서 쏟아져 나온 보트 피플의 상당수가 화교였다. 우리와 같이 민족성이 강한 베트남인들은 현지 경제력을 장악한 화교에 대한 반감이 특히 강했다.

동남아는 차라리 '리틀 차이나'

세계 어디에 데려다 놓아도 뿌리를 내리는 한족(漢族)의 놀라운 생활력은 동남아에서도 찾아볼 수 있다. 인도네시아 자카르타에는 이미 1742년 화인공당(華人公堂)이 설립되어 화교 사회의 사무를 처리하였다. 화인공당은 1772년부터 1978년까지 화교 사회의 기록을 남겼다.

현재 태국, 필리핀, 인도네시아 등 동남아에 약 사천 만 명의 화교가 있다. 현지 인구의 약 10% 정도인 이들이 동남아 경제의 2/3 정도를 장악하고 있다. 인도네시아에선 겨우 4% 정도의 화교가 현지 경제의 80% 정도를, 필리핀에는 1.3%가 60%를 차지한다.

싱가포르 리콴유 수상, 필리핀 아로요 대통령의 가계(家系)도 따지고 보면 화교이다. 말레이시아 10대 부호 중 9명이 화교이다. 인도네시아, 태국 등의 부호도 거의 화교들이다. 싱가포르는 아예 '리틀 차이나'로 인구의 77%가 화교이다. 태국 CP그룹 같이 제조업을 하는 화교기업도 있지만 대부분은 부동산, 금융, 유통, 음식료 같은 서비스 업종에 종사한다.

유태인을 빰 칠 정도의 상술을 가진 이들은 국가기간 산업보다는 '금방 돈 냄새가 나는 곳'인 비(非)제조업에 대한 투자를 선호하는 것이다.

이를 거꾸로 해석하면 현지경제를 좌지우지하는 화교자본이 동남아 국가의 산업화에 필요한 철강, 자동차, 반도체 같은 제조업에 대한 장기 투자를 꺼리는 것이다.

▌월남전 참전 이야기

1960~1970년대에 벌어진 월남전에 한국군이 참전한 이야기를 할 필요가 없다. 베트남 젊은 세대는 60여 년 전에 벌어진 월남전 자체에 대해 잘 모르고 관심도 없다. 나이 많은 세대는 한국 사람과 그 역사적 이야기를 하는 것 자체를 꺼린다.

저자가 청와대에 근무할 때 대통령을 수행해 베트남에 간 적이 있다. 공식 오찬 테이블에 베트남 과학부 장관과 같이 앉았다. 당시 국제 감각이 다소 부족했던 저자가 약간의 실수를 했다. 과학부 장관에게 한국군의 참전에 대해 물은 것이다. 상대의 반응은 시큰둥했다. '왜 그런 오래전 이야기를 불필요하게 꺼내느냐'는 식으로 관심 없다는 듯이 받아넘겼다.

▌국제결혼 이야기

우리나라에 국제결혼으로 시집온 외국 여성들 중에서 중국인 다음으로 베트남인이 많다. 베트남에 가서 협상을 할 때 반가운 마음에서 이 같은 국제결혼관계로 맺어진 두 나라 사이의 인연을 강조할 필요가 없다.

상대방이 먼저 이야기를 꺼내지 않는 한, 구태여 화제에 올리지 않는 것이 좋다.

제10장 인도와 협상전략[1]

차이나의 드래곤 시대가 가고 인도의 코끼리 시대가 온다

중국에 결코 뒤지지 않는 약 14억 인구이 거대한 내수 시장, IT분야에서의 우수한 인력, 그리고 모디정부의 적극적인 개방·개방정책이 인도가 우리 기업의 새로운 협력 파트너로서 부상하고 있다.

이 장에서는 인도와 효율적으로 협상하기 위한 다음과 같은 두 가지를 살펴보자.

- 인도문화의 특징과 협상전략
- 인도에서 스마트협상하기

1 제10장은 '베트남, 인도와 협상하기'(안세영·김형준 공저, 박영사, 2021년) 책을 참조하여 작성하였으며, 도움을 주신 김형준 교수께 감사드린다.

제 1 절 인도 문화의 특징과 협상전략

1. 전략 1. 인도인은 가격협상의 달인 ⇒ 엄청나게 '하이-볼(high-ball)'로 후려쳐야 한다

인도인들은 모두 타고난 협상의 달인이다. 옷가게, 야채가게에 이르기까지 일상생활에서 흥정이 몸에 배어 있다. 하다못해 결혼지참금까지 협상한다. 중국인 상술, 유대인 상술 뺨치는 것이 인도인의 상술이다. 우선 인도인과 뛰어난 상술은 가격협상에서 돋보인다.

인도 샌들가게에서의 가격협상

인도 남부 첸나이에 있는 현대자동차 공장에 갓 부임한 송대리는 여름용 신발을 사려고 작은 샌들가게에 들어갔다. 마음에 드는 샌들 하나를 손에 들고 흥정을 시작하였다.

"이 샌들 가격이 얼마입니까?"

"1,000루피입니다."

인도에서는 가격을 후려쳐야 한다는 것을 안 송대리가 말한다.

"500루피로 해 주세요."

"500루피는 도저히 안 됩니다. 650루피면 팔겠습니다."

"오케이, 그러면 600루피로 하죠."

인도인 판매원은 개봉 안 한 박스에 들은 같은 규격의 샌들을 건네주었다. 송대리는 1,000루피짜리를 400루피나 깎아 600루피에 샀으니 가격협상을 잘했다고 생각했다. 그런데 집에 와 박스를 열어보니 350루피라고 가격표가 붙어 있었다. 350루피면 살 수 있는 것을 600루피에 산 셈이다.

인도인들은 가격흥정을 삶의 일부라고 생각하며 즐긴다. 흥정을 잘하면 돈을 절약했다고 느껴 행복감을 느낀다. 말하자면 흥정을 일종의 예술이라고 여기기에 흥정을 잘하는 것은 '뛰어난 예술가'와 같다고 생각한다.

따라서 인도에서는 무조건 '하이-볼(high-ball)'로 가격협상을 해야 한다. 즉 물건을 팔때는 높은 가격을 제시하고, 살 때는 상대가 제시한 가격을 무자비하게 깎는 것이다. 그리고, 인도인에겐 미국에서의 '주고 받기 식(give & take)' 협상이 잘 안통한다. 예를 들어 인도인은 200만원을 부르는데, 100만원을 고집하던 한국인 구매자가 "50만원 더 낼테니 당신도 50만원 양보해 150만원에 타결하자'라고 제안한다고 하자. 한국인은 50만원 양보했다고 생각하지만, 인도인은 '물건을 사고 싶으니까 50만원을 올려 가격제안을 하는구나'라고 생각하며 '반반씩 양보'하자는 제안을 거부할 가능성이 크다.

2. 전략 2. 인도의 독특한 커뮤니케이션 문화 ⇒ 대화를 즐기고 칭찬하며 암시적 의사표현에 주의해라

▌인도인은 대화하기를 좋아한다.

파리에서 협상파트너와 점심을 먹으면 최소 2-3시간 걸린다. 와인에 샴페인까지 곁들이며 역사, 문화, 정치에서 애견 이야기까지 한다. 뉴욕에서 미국인과 점심을 먹으면 대강 1시간이다. 스테이크 먹고 비즈니스에 대한 관심 사항 몇 마디 하고는 끝이다.

그렇다면 인도인은 어떨까? 프랑스인 못지 않게 대화하는 것을 좋아 한다. 그 이유는 두 가지 이다.

첫째, 인도인은 상상력이 풍부하고 정서적이기 때문이다. 그래서 인도인은 시, 문학, 예술, 역사, 정치 등에 대해 엄청난 대화거리를 가지고 협상 파트너와 이야기하고 싶어 한다.

둘째, 인도인들은 귀납적인 방식으로 협상상황을 이해하려 한다. 예를 들어 삼성전자가 중국에 있는 반도체 공장을 인도로 옮기기 위해 협상을 한다고 하자. 서양 협상문화에선 단도직입적으로 '왜 중국에서 인도로 공장을 이전하려 하나요?' 묻는다. 그런데 인도인은 이 질문에 대한 해답을 귀납법적으로 찾는다.

"삼성전자의 중국 공장에 임금이 많이 올랐나요?"

"요즘 중국 근로자들이 주말이나 야간 근무를 안 하려 한다면서요?'

이같이 중요한 협상테이블에 앉아서 본론에 들어가기 전에 상황을 정확하게 이해하려고 주제와 직접 관련 없는 좀 엉뚱한 것 같은 여러 가지 질문을 한다. 이럴 경우 '빨리 빨리 문화'에 익숙한 한국인은 마음이 조급할 수 있다.

이럴 때 협상전략은 다음과 같다.

첫째, 절대로 인도인의 대화에 찬물을 끼얹어서는 안 된다. 예를 들면 "다음 스케줄이 있으니 본론에 들어가 협상을 합시다"라고 재촉하는 것이다. 반대로 답답하더라도 인도인의 대화를 경청하고 깊은 관심을 보이며 적극적으로 호응해 주어야 한다.

둘째, 상상력이 풍부한 인도인이 비즈니스와 관계없다고 생각되는 엉뚱한 말을 할 때, '왜 그런 말을 하는 지'를 되새겨야 한다.

인도 파트너가 이런 말을 했다고 하자.

"시성 타고르가 한국을 동방의 등불이라고 했는데, 지금 한국은 등불보다 더 밝은 태양과 같은 빛을 인도대륙에 비추려 합니다"

이 말의 숨은 뜻은 '이제 한국이 잘 살게 되었으니, 협상에서 너무 야박하게 따지지 말고 통 크게 인도에 베풀라'는 뜻이다.

셋째, 인도인과 협상할 때는 반드시 인도의 역사, 문화, 예술 등에 대해 대화꺼리를 미리 준비해 가야 한다. 예를 들어 벵갈인과 협상할 때 "과거 벵갈의 면직공업이 영국보다 앞섰는데, 영국의 식민정책 때문에 피해를 입었다'라고 말하면 상대는 깜짝 놀라고 내심 존경심을 가질 것이다. 반대로, 인도인이 하는 말만 듣고만 있으면, 상대방은 여러분의 지적 수준을 높게 평가하지 않을 것이다.

▌인도식 영어에 대응하기

교육 받은 인도인은 영어에 대한 어휘력이 미국인에 뒤지지 않으며, 협상에서도 밀고 당기는 영어를 아주 잘한다. 중국이나 동남아에서 통할 어설픈 영어 가지고 중요한 협상을 인도에서 하다가는 영어 때문에 낭패보기 쉽다. 따라서,

이럴 때 협상전략은 다음과 같다.

첫째, 통역을 준비한다.

한국인이 영어 못하는 것이 부끄러울 것이 없다. 노련한 일본기업인은 일부러 통역을 쓴다. 인도인과 협상할 때 통역을 쓰면 두 가지 이점이 있다. 우선, 정확히 의사전달을 할 수 있다. 다음으로 통역하는 사이에 자신의 생각을 정리하고, 상대의

반응을 살필 수 있다

둘째, 인도식 영어라는 말이 있다.

발음이 미국 발음과 달라 잘 알아 듣기 힘들 때가 있다. 이럴 경우 명확하게 '좀 천천히 이야기 해 달라'라고 요구해야 한다. 인도인과 협상할 때 제일 나쁜 것이 영어를 잘 못 알아듣겠는데 체면 때문에 적당히 넘겨 짚다가 손해보는 것이다.

▌인도인들은 우리보다 더 암시적으로 의사소통(communication)한다

여러분이 어떤 제안을 할 때 인도인이 '예스'라고 대답하면 미국식 예스가 아니다.

'아마도(maybe)'정도의 반응이다. 인도인은 일본인과 같이 상대의 면전에서 직설적으로 '노(no)'라고 말하는 것을 꺼린다. 인도인의 침묵은 사실상 '노'라고 생각해도 된다. 또한 애매한 반응이나 완곡한 표현, 예를 들면 '차분히 생각해 보겠다' 등도 사실상의 거절이라고 보면 된다.

3. 전략 3. 영국식 계약문화+힌두식 실용문화가 합쳐진 인도협상문화 ⇒ 협상이 반드시 계약으로 이어지지는 않는다

마하트마 간디는 영국변호사이다. 그래서 영국에 맞서 무폭력·무저항운동을 한 것은 영국의 법치주의를 교묘히 역이용한 것이다. 법이 지배하는 영국문화에서 무폭력으로 법을 어기지 않은 간디의 독립운동을 직접적으로 통제할 수 없었다. 이와 같이 오랜 기간 식민지 지배를 받은 인도에서는 영국식 법치, 영국식 계약문화가 정착되어 있다. 인도에서 협상이 끝나고 계약서를 작성하면 책 한 권이다. 소송에 대비한 상세한 조항까지 있다. 이 정도로 철저하면 미국기업이나 서방기업과의 비즈니스에는 별 다른 문제가 없다. 계약대로 하면 된다.

그런데 인도에서는 다르다. 영국식 계약문화와 힌두식 실용문화가 합쳐진 다분히 이중적 사회이기 때문이다. 유교가 충성, 효도 같은 도덕과 윤리를 중시한다면, 힌두교는 생활 속에서 발전하였다. 따라서 명분을 중시하는 유교문화와 달리 실질적 이익을 중시한다. 따라서 인도에서는 상황이 바뀌면 계약내용도 얼마든지 바뀔 수 있다. 인도인이 불리하다고 판단하는 상황이 발생하면 얼마든지 계약내용을 변경하거나 안 지킬 수 있는 것이다. 그래서, 이에 대한 대응협상전략은 다음과 같다.

첫째, 절대 인도인의 계약의무 태만에 대해 직접적으로 분개하거나 화내면 안 된다.

둘째, 계약 전에 상대기업의 신용과 평판을 확인해야 한다. 전문신용평가기관을 이용할 수 있고 믿을 만한 제3자를 통해 중복 체크 하면 좋다.

셋째, 인도인은 협상과 계약을 분리하는 경향이 있다. 한국의 A기업이 정성을 들여 인도기업과 협상했는데, 막상 계약은 일본의 기업하고 하는 것이다. 인도인들은 중국인들과 같이 중요한 물건을 구매할 때 반드시 세 군데 이상과 협상한다.

그 중에 제일 조건이 좋은 상대를 선택하니, 인도인과 협상이 잘 진행된다고 자동으로 계약으로 이어진다고 생각하면 안 된다.

4. 전략 4 의도적 지연에 능숙란 인도인 ⇒ 서두르면 당한다

많은 외국기업들이 인도에 투자하려고 했다가 질질 끄는 협상에 손을 들고 포기하였다. 협상이 상당히 진전되었음에도 추가적인 정보를 요구하거나 내부 검토를 해야 한다는 등으로 지연시키는 것이다. 중국인의 만만디전략과 비슷하다.

헬스용품을 팔고자 하는 한국기업이 오랜 협상 끝에 인도인 실무자와 한 대당 천만원에 합의했다고 하자. 일본이나 미국 기업 같으면 가격협상은 대개 실무자에게 위임한다. 그런데 인도는 다르다. 부장, 전무, 부사장을 거치며 지연전략을 쓰며 계속 가격을 깎는다. 심지어는 최종 결재권자인 사장도 가격을 깍으려 한다.

이에 대한 대응협상전략은 다음과 같다. 서로의 협상력을 평가해서 한국기업이 우월하면 '최후 승부수'전략을 쓰는 것이다.

" 880만원이 우리가 팔 수 있는 최저 가격이다. 사고 싶으면 사고, 싫으면 말아라"

이럴 때 인도기업이 사고 싶으면 더 이상 지연 전략을 안 쓸 것이다.

반대로 한국기업의 협상력이 약한 경우 절대로 협상시한을 정한다거나 협상기간을 짧게 잡아선 안된다. 동남아 발전플랜트 수출협상에 보통 일 년이 걸린다면, 인도에서는 넉넉하게 이 년을 잡는 것이다.

5. 전략 5 법보다 우선하는 인간관계 ⇒ 개인적 신뢰에 투자하라

관계지향적 협상 문화에 속하는 인도에서 당연히 협상파트너와 개인적 친분이나 신뢰를 형성하는 것이 중요하다. 그런데 인도에서의 관계형성전략은 같은 동양권인 중국, 베트남과 아주 다르다.

첫째, 같이 술 한잔 하며 마음의 문을 여는 방법은 안 통한다. 얼큰하게 마시며 가까워지는 중국, 베트남과 달리 인도인은 술 자리 자체를 꺼린다.

둘째, 상상력이 풍부한 인도인이 좋아 하는 음악, 시, 축제, 영화 등에 즐거움을 같이 하는 것이다. 인도인과 같이 전통축제에 가서 즐기고, 인도영화와 한국의 K문화에 대해 공감하는 방법이 있다. 인도 명절이나 파트너의 생일 때 선물을 보내는 것도 좋은 방법이다.

셋째, 인도에서 사업하며 당면하는 문제점이 소송이다. 영국 문화의 영향을 받아 소송이 많다. 그런데 인도법정이 느리게 움직이고 다소 민족주의적 성향이 강해 외국인에겐 불리하다.

이런 문제를 피하는 가장 좋은 방법은 두 가지이다.

첫째, 좋은 인간관계이다. '법 보다는 서로 믿고 인간관계로 해결하자'고 하면 의외로 좋은 성과를 얻을 수 있다.

둘째, 법보다 더 좋은 미끼를 상대에게 던지는 것이다. 기술로얄티 문제로 소송을 제기하려고 하면, 인도기술자에게 기술지원서비스를 해주고 기술훈련을 해주겠다는 제안을 하는 것이다.

셈법이 빠른 인도인은 이득이 된다고 판단하면 소송보다는 화해와 협력을 선택할 것이다.

6. 전략 6 탑-다운식 협상문화 ⇒ 최종결정권자와 협상하라

카스트제도에서 보듯이 인도는 아주 계층적 사회이다. 조직에서도 상급자에게 권한이 집중되어있다. 이같이 비위임형 협상문화이기에 아무리 부장급 협상대표와 좋은 합의를 해도 최고경영자가 뒤집을 수가 있다. 따라서, 실무자와 성실하게 협상은 하되 그 합의사항이 위에서 뒤집힐 수 있다는 사실을 염두에 두어야 한다. 쉽게 말하면 인도와의 중요한 협상은 가능하면 상급자끼리 하는 게 효과적이다. 양측의 사장끼리 하는 것이다.

이때 주의할 것은 인도 국영기업의 사장이 수석대표인데, 우리 측 사장이 바쁘다고 부사장이나 전무를 수석대표로 하면 인도 측은 무시당했다고 생각한다. 중요한 사항을 합의할 때는 반드시 최종결정권에 영향을 미치는 사람들이 참여해야 한다. 예를 들어 산림파괴로 현지주민이 반대하는 공장을 건설하고자 할 때 환경단체, 현지주민대표, 그리고 주정부 환경담당자들의 의견을 듣고 찬성의사를 확인하는 것이다.

제 2 절 인도에서 스마트 협상하기

1. 성공적 협상을 위한 다양한 스마트 협상전략

▌스마트 비즈니스 접대의 3원칙

원칙1] 오른손 식사

인도도 동남아나 중동 같이 손으로 직접 음식을 집어 먹는 식사 문화이다. 그들에게 오른손과 왼손의 용도가 다르다. 오른손은 식사를 하는 '깨끗한 손', 왼손은 용변을 볼 때 사용하는 '더러운 손'이다. 일반적으로 외국인과 식사할 때는 포크나 나이프를 사용하지만, 이때도 반드시 오른손을 사용해야 한다. 인도와 협상하러 가는 왼손잡이 기업인이 있으면, 의도적으로라도 오른손으로 식사를 하는 것이 좋다.

"원래 저는 왼손잡이니 이해해 주십시오"라고 양해를 구해도 인도인들은 왼손잡이 식사에 대해 본능적으로 불쾌감을 느낀다.

원칙2] 기피하는 음식

인도인을 식사에 초대할 때 세 가지를 고려해야 한다.

- 기피하는 음식이 있는지
- 채식주의자 인지
- 술을 마시는 지

우선 지역마다 기피하는 음식이 다르다. 북부지방은 무슬림이 많아 돼지고기를 먹지 않는 인도인들이 많으며, 남부지방은 쌀이 주식이며 힌두교도들이 많아 소고기를 먹지 않는다.

채식주의자와 비채식주의자(Vegitarian and Non-vegitarian)

인도인들은 채식주의자와 채식주의자가 아닌 사람을 엄격하게 구분한다. 채식주의자만 받는 음식점이 많다. 따라서, 인도인을 초대할 때 채식주의자인지를 알아야 하고, 채식주의자도 진짜 채소만 먹는 엄격한 채식주의자와 생선 정도는 먹는 채식주의자로 나누어 진다. 일반적으로 상위 카스트일수록 엄격한 채식주의자가 많다. 이는 여러분이 협상하는 인도인이 고위직, 즉 사장이나 장관일수록 엄격한 채식주의자가 많다는 것을 의미한다.

원칙3] 금주 문화

인도인들은 술에 대해 엄격한 편이다. 무슬림은 당연히 금주이고, 힌두교도도 대체로 술을 꺼린다.

몸짓 언어(Body language)

인도인들은 무엇을 가리킬 때 턱을 많이 사용한다. 손가락으로 사람을 가리키는 것은 실례라고 생각하기 때문이다. 인도인이 편안함을 느끼는 거리는 힌두교인 기준으로 대략 1m 전후다. 친근함을 표시한다고 너무 미국식으로 너무 가까이 접근하면 불편해 한다. 인도인의 침묵은 부정을 의미하는 경우가 많다.

호칭(Title)

인도인들은 교수, 박사 같은 전문직 타이틀을 중시한다. 그래서 명함에 교수, 박사, 변호사 등의 타이틀을 붙인다. 인도인들은 협상을 하기 전에 상대방의 직위, 과거 경력, 배경을 알고자 한다. 따라서 인도인과 협상 할 때는 자신의 경력을 자세히 소개하는 것이 좋다. 예를 들면 하버드MBA, 장관 자문위원, 예비역 장군 등을 상대에게 알려주면 우호적 관계형성에 큰 도움이 된다. 재미있는 것은 인도인의 이름을 보면 카스트에서의 사회적 신분과 출신지역을 짐작할 수 있다. 예를 들어 인도인 파트너의 이름이 '수산타 쿠마르 마하파트라'면 브라만 계층이다. 마하파트라가 브라만에 속하는 커뮤니티이기 때문이다.

2. 인도에서의 금기사항(Taboo)

▌'차이나'이야기는 피하라

역사적으로 인도와 중국은 사이가 좋았다. 미국에 대적하는 비동맹국가의 양대 중심국가였으며, 중국의 개혁·개방 후에 무역이 급증하여 중국은 인도의 제1교역대상국이 될 정도였다. 그런데 2020년 히말라야에서 중국군이 무력도발을 하여 인도군 다수에서 희생자가 생기고 인도가 영토라고 주장하는 지역에 중국군이 진주하여 점령함으로써 양국관계는 급격히 악화되었다. 단순히 정부사이의 외교관계뿐만 아니라, 인도인 사이에 반중 감정이 폭발하고 '중국상품 불매'운동까지 벌어졌다. 따라서 인도인과 협상을 할 때 '차이나'에 대한 이야기를 안 하는 것이 좋다.

▌미묘한 종교 문제

인도는 다종교 국가이다. 힌두교가 인구의 80%를 차지한다. 하지만 무스림이 13%나 되며, 기독교 3% 그리고 불교와 자이나교가 1% 정도이다. 인도에서 협상하며 실수하지 않으려면 파트너의 종교적 특성을 잘 알아야 한다. 무슬림에게 힌두식으로 나마스떼라고 인사하면 반응이 신통치 않다. 소를 신성시 하는 힌두교인들은 스테이크에 혐오감을 느낀다.

첸나이에 주재하는 한국인이 인도인들을 집으로 초청해 만찬을 하는데 파리가 날아 다녔다. 한국식으로 파리채로 소탕했는데 왠지 만찬분위기가 썰렁해졌다. 미물도 살생하지 않는 인도인들은 파리, 모기도 손으로 쫓는다고 한다. 금연에다 수염을 기르는 시크교인에게 담배나 애프터쉐이브 로션 선물은 환대받지 못한다.

▌카스트 제도

인도인과 협상할 때 인도 특유의 민감한 카스트 제도에 대해 주의해야 한다. 일반적으로 알고 있는 카스트계급은 네 가지이다. 상위카스트인 브라만은 성직자, 학자 계급이다. 크샤트리아는 통치계급으로 왕, 귀족, 무사 계급이다. 바이샤는 상인계급으로 상공업, 자영농, 전문직 종사자 들이다. 하위카스트인 수드라는 천민계급으로 노동자, 하인 계급이다.

공식적으로 카스트에 근거한 차별은 불법이다. 하지만 현실적으로 카스트 사이에는 아직도 많은 장벽이 존재한다. 다른 카스트와의 결혼은 쉽지 않다. 자본주의를 표방하는 현대 인도사회에선 이 카스트 제도의 엄격함이 많이 약화되었다.

LG계열사 간부로 인도에서 오래 근무했던 지인에게 물었다.

"인도에서 비즈니스를 하면서 카스트의 미묘함을 피부로 느껴보셨습니까?"

"거의 느끼지 못했습니다."

"인도인들끼리는 카스트가 자기들 공동체로서 다른 카스트에 대해서 거리를 두는 것 같아요. 특히 시골에서요. 하지만 외국인들 앞에선 거의 내색을 안 합니다. 뉴델리 인근에 있는 우리 기업이 투자한 큰 가전공장의 인사담당자가 최하위 카스트인 수드라입니다. 그런데 그 아래 있는 상위 카스트의 직원들이 꼼짝못해요. 참고로 이름을 보면 대개 인도인의 카스트를 알 수 있습니다."

따라서 한국인의 입장에서는 "당신이 어느 카스트인가요?'라고 묻는 식으로 쓸데없이 카스트 이야기를 꺼내지 않으면 된다.

신체적 접촉 및 감정 표현

식사할 때처럼 명함 건넬 때도 왼손을 사용하면 안 된다. 한국인 관리자가 인도인 근로자를 격려한다고 우리 식으로 그들의 어깨나 등을 툭툭 치는 행위를 하면 불필요한 오해를 산다. 인도인 근로자는 격려가 아니라 폭력적 행위로 오해할 수 있다. 따라서, 상대방의 신체에 손을 대면 안된다. 특히, 머리에 손을 대면 심한 모욕감을 느낀다.

PART 5

글로벌경영협상

GLOBAL
NEGOTIATION
STRATEGY

GLOBAL NEGOTIATION STRATEGY

제 11 장 M&A 협상

4차 산업혁명, 디지털정보화 시대의 도래 등으로 기업의 경쟁우위가 급격히 변하는 글로벌 경영환경에서 살아남기 위해 기업들은 적극적인 M&A협상전략을 펼치고 있다. 이 같은 관점에서 볼 때 효율적인 M&A협상전략은 우리기업의 국제경영전략의 핵심역량이 될 것이다.

이 장에서는 국제 M&A협상전략과 관련하여 다음과 같은 점들을 분석해보자.

- 글로벌 경영의 핵심역량, M & A 협상전략
- M&A 종류와 동기
- M&A 협상의 5단계 전략
- M&A 협상에서의 주요 갈등과 대응전략
- Aiello와 Watkins의 M&A 5대 협상전략
- M&A 협상사례 연구: GM–대우자동차 매각협상

제 1 절 글로벌 경영의 핵심역량, M & A 협상전략

2008년 글로벌 금융위기, 미·중패권전쟁, 그리고 팬데믹에도 불구하고 글로벌기업의 M&A협상은 계속 늘어나고 있다. 1995년 전 세계 M&A협상은 약 2조 달러 규모에 건수는 2만 건 정도였다. 그런데 2020년에는 4조 달러에 건수는 5만 7천 정도로 늘어났다. 우리나라 기업의 국제적 M&A협상도 활발하여 2014년 해외투자 중 M&A투자 비중은 29.4%에 불과했는데, 2017년에는 55.9%로 늘어났다. 머저마켓(Mergermarket)에 따르면 2019년 국내 M&A 시장규모는 약 600억 달러(약 72조 원), 총 456건으로 사상 최대 수준을 기록했다.[1]

단순히 우리기업의 국제 M&A협상만 늘어난 것이 아니라 그 형태 면에서도 새로운 변화의 바람이 불고 있다. 바로 스타트업체, 빅테그기업으로까지 M&A협상이 확산되는 것이다. 과거의 전자, 기계 같은 전통산업에서의 M&A협상에서 글로벌 테크산업에서의 M&A협상으로까지 발전하고 있다.

1. 경쟁우위 확보를 위한 애플의 M&A 협상전략

오늘날과 같은 디지털혁명시대 기업의 경쟁우위는 단기간에 뒤집힐 수 있다. 소니가 아날로그 TV의 강자였지만 디지털TV의 출현에 발빠르게 대처하지 못해 삼성전자에게 추월 당했다. 이 같이 불확실한 경영환경의 변화 속에서 기업은 새로운 핵심역량을 개발해야 하는데 여기에는 크게 두 가지 전략이 있다.

- 자체 기술개발이나 기술라이센싱, 즉 기술을 돈주고 시장에서 사는 전략이다.
- 기업이 원하는 핵심역량을 가진 기업을 M&A협상해버리는 전략이다.

일반적으로 미국의 애플, 일본의 히타치, 독일의 지멘스 같은 글로벌 기업들은 앞의 두 가지 전략을 병행하고 있는데, 갈수록 M&A협상의 비중이 커지고 있다.

1 'M&A에센스 2020최신개정판' 중소벤처기업부, 삼일회계법인 M&A협상지원센터, 2020.8. p. 57.

사업구조개편을 위한 애플의 공격적 M&A협상전략

1990년대까지 애플의 핵심사업은 컴퓨터였다. 그런데 아이폰 출시를 계기로 핵심사업을 컴퓨터에서 스마트폰으로 개편하는데 여기서 애플의 공격적 M&A협상전략이 큰 역할을 한다.

"애플은 재능(talent)과 지식재산권을 가진 기업을 원한다."

애플의 팀 쿡이 한 말이다. 갈수록 다양해지고 혁신이 빠르게 일어나는 스마트폰 생태계에서 살아남기 위해 애플은 필요한 미래기술을 가진 기업과 과감히 M&A협상하겠다는 것이다.

애플의 주요한 M&A협상을 보면 다음과 같다.

2013년 이스라엘, 얼굴인식 기술을 가진 3D센서 기업 Prime Sense, 3.6억 달러에 매입

2014년 미국, 음악 스트리밍 기술기업 Beats Electronics, 30억 달러에 매입

2018년 영국, 모바일 반도체 기업 Dialogue Semiconductor, 6억 달러에 매입

2019년 미국, 인텔의 스마트폰 통신반도체 사업, 10억 달러에 매입

2020년 미국, AI기술을 가진 기업 엑스노아,2억 달러에 매입
미국, 날씨 정보 앱 Dark Sky 매입
아일랜드, 음성인식기술기업 Voysis 매입 등

그간 애플은 컴퓨터에서 스마트폰으로 사업구조를 개편하기 위해 총 73억 달러를 들어 반도체, AI, IT기업을 인수하였다.

애플 협상전략 분석

전략 1. M&A협상우선순위에서 뒤로 밀린 가격협상

M&A협상에서 애플의 협상전략은 '얼마나 싸게 인수대상기업을 매수하느냐?'가 아니라, '얼마나 애플이 필요로 하는 핵심역량을 가진 기업을 잘 찾아내어 매수하느냐?'였다. 사실 M&A협상시장에서 우수한 기술과 재능을 가진 기업이 있으면 애플뿐만이 아니라, 구글이나 마이크로 소프트 같은 다른 IT기업들도 노릴 것이다. 이럴

경우 너무 가격 깎는 M&A협상전략에 몰두하면 경쟁기업에게 인수대상기업을 빼앗길 수도 있다.

전략 2. 무한경쟁 시장에서 기업 생존을 위한 M&A협상전략

애플의 M&A협상은 단순히 매출확대나 해외시장진출을 위한 것이 아니다. 치열한 기술경쟁 속에서 변화하지 않으면 살아남을 수 없는 IT업계의 특성 때문이다. 특히 고도의 전문성과 다양성, 그리고 빠른 기술 혁신으로 특징지어지는 스마트폰 업계에서 애플의 자체기술 개발만으로 한계가 있다. 그래서 애플이 필요로 하는 핵심역량을 가진 스타트업 기업들과 과감히 M&A협상을 하여 경쟁력을 계속 강화시켜 나가는 것이다.

2. 스타트 업 기업의 M&A협상 사례

▌독일 딜리버리 히어로(DH)의 ㈜우아한 형제들 인수와 요기요 매각

2000년대 들어 국제 M&A협상이 기존의 전통산업과 기업 중심에서 스타트업 기업으로까지 확산되고 있다. 그 대표적인 예가 2019년 12월 독일계 글로벌 배달서비스 기업인 딜리버리히어로(DH)가 배달의 민족을 운영하는 우아한형제들(주)을 M&A한 것이다. 매각금액은 무려 4.8조원으로 국내 스타트업 기업 M&A협상 사상 최대이다. 우아한형제들(주)이 2010년 출시한 배달의 민족은 2018년 국내 배달 앱 시장점유율이 55.7%로, 2위 요기요(33.5%), 3위 배달통(10.8%)를 크게 앞지르고 있다.[2]

딜리버리히어로(DH)는 싱가포르, 대만 등 전 세계 40여 개 국에 28개 배달 앱을 운영하고 있으며, 우리나라에서는 요기요와 배달통을 운영하고 있다. 이 같은 M&A협상은 우리나라 스타트업 기업의 발전에 좋은 청신호이다.

미국에선 벤처투자 자금 회수의 약 44.5%가 M&A협상을 통해 이루어지고, 나머지 50.2%가 기업상장(IPO)이다. 그런데, 우리나라는 M&A협상을 통한 회수는 불과

2 2018년 기준

2.5%에 불과하고 32.5%가 기업상장 나머지 53.7%가 장외매각이다.

그런데 우리나라 공정거래위원회가 이 M&A협상에 제동을 걸었다. 딜리버리히어로(DH)가 우아한형제들(주)을 인수하면 실질적으로 국내 배달 앱 시장을 딜리버리히어로(DH)계 배달의 민족, 요기요, 배달통이 거의 독점하게 된다. 그래서 딜리버리히어로(DH)가 운영하는 요기요를 매각하는 조건부 승인을 하였다.

공정거래위원회의 이 같은 결정으로 독일 딜리버리히어로(DH)는 심각한 딜레마에 빠진다. 한국의 배달 앱 시장 55.7%(배달의 민족)을 얻기 위해 33.5%(요기요)를 포기해야 하는 것이다. 딜리버리히어로(DH)가 요기요를 매각하기로 하고 시장에 내놓았는데 매각협상이 쉽지 않았다. 우선 추정가치가 2조원에 이르는 요기요를 인수할 국내인수 희망기업을 찾기가 쉽지 않았다. 더욱이 공정거래위원회가 내건 시한인 2020년 8월 4일까지 매각을 못하면 6개월 연장을 할 수는 있지만, 만약 이 기간에도 매각을 못하면 초과일수 하루당 엄청난 이행강제금을 물어야 한다.

신세계그룹, MBK파트너스, 베인캐피탈, 퍼미라, 어피너티, GS리테일 등이 관심을 보이며 실사를 했지만 신세계그룹, MBK파트너스 등이 인수의사를 철회하였다. 이에 본입찰 일정이 계속 지연되고 요기요의 예상 매각가격은 딜리버리히어로(DH)가 희망한 2조원대에서 1조원대로 하락하였다.

인수경쟁을 하던 퍼미라, 어피너티, GS리테일 등 이 결국 힘을 합쳐 'GS리테일 컨소시엄'을 형성하고 밀고 당기는 M&A협상전략을 한 끝에 딜리버리히어로(DH) 지분 100%를 1조원 규모에 인수하기로 했다.

▌스타트업 M&A협상전략 분석

전략 1. 딜리버리히어로(DH) M&A협상전략의 결정적 실수
-독과점문제에 대한 허술한 법률적 검토-

M&A협상을 할 때 검토해야 할 가장 중요한 문제 중의 하나가 '해당 기업을 인수했을 때 현지시장 점유율의 변화이다'. 어느 나라 간 독과점 방지를 위한 공정거래제도가 있어 독과점을 가져올 우려가 있는 대형 M&A협상에 대해선 심사를 한다. 독일의 딜리버리히어로(DH)는 당연히 한국 배달 앱 시장의 독과점 문제를 고려했었어야 한다.

시장점유 1위인 배달의 민족을 인수하면 기존에 딜리버리히어로(DH)가 사지고 있던 2위 요기요와 3위 배달통을 합쳐 당연히 독과점 문제가 발생한다.

전략 2. 시한(dead line)에 쫓긴 요기요 매각협상

요기요 M&A협상전략을 함에 있어 딜리버리히어로(DH)는 공정거래위원회가 내건 매각시한에 쫓겨야 했다. 당연한 결과로 이렇게 협상시한에 쫓기면 협상력이 약화되고 인수기업들은 지연협상전략을 통해 인수가격을 더 깎으려 한다. 당초 2조원대 매각이 예상되던 요기요가 반 값인 1조원대에 매각된 것이 이 같은 이유 때문이다.

전략 3. 경쟁에서 win-win 협상전략으로 전환

많은 M&A협상에서 인수희망기업들이 초기에는 서로 경쟁을 하다가 중간에 손을 잡고 컨소시엄을 형성해 M&A협상을 하고자 한다. 일종의 윈-윈 게임을 위한 M&A 협상전략이다.

첫째, 컨소시엄을 형성함으로서 인수희망기업들 끼리 과열 경쟁을 피해 인수가격을 낮출 수 있다.

둘째, M&A협상에 드는 투자비용을 분담하는 것이다.

요기요 인수로 국내 배달 앱 시장 진출을 노린 GS리테일로서는 1조원에 이르는 투자는 부담스러운데 다른 두 인수 희망기업과 함께 함으로써 자금부담을 줄일 수 있었다.

제 2 절

M&A 종류와 동기

1. 우호적 M&A와 적대적 M&A

우호적 M&A(Friendly M&A)

인수기업과 피인수기업 간의 정상적 협상에 의해 인수조건을 결정하고 M&A가 이루어지는 경우이다. 대부분의 국제 M&A는 우호적인 형태로 이루어진다.

적대적 M&A(Hostile M&A)

피인수기업의 동의 없이 M&A를 강행하는 경우이다.

- 위임장 대결(Proxy Fight)

  인수대상회사의 경영진이 M&A에 반대할 때 직접 인수대상회사의 주주들에게 접근하는 전략이다. 인수대상회사의 주주들로부터 위임장을 받아 주주총회에서 M&A에 호의적인 임원진을 구성하여 추진하는 방법이다.

- 공개매수(Tender Offer)

  인수대상기업의 주식을 주주들로부터 직접 사들여 경영권을 확보하는 방법이다.

'바이-아웃(Buy-out)'거래와 소수지분인수

51% 이상의 지분을 매수함으로서 사실상 회사의 경영권을 거래하는 것을 바이-아웃거래라고 한다. 1997년 외환위기 이후 이루어진 국내 M&A의 거의 반 정도가 핵심사업을 매각하는 이러한 종류의 M&A이다. 반면 소수지분인수는 경영권장악보다는 기존 회사에 대한 투자수익을 목적으로 하기 때문에 경영이 건실하고 믿을만한 기업에 대해 이러한 종류의 M&A를 한다.

일반적으로 바이-아웃거래는 경영권을 장악하고 자기가 원하는 방향으로 인수기업을 경영할 수 있기 때문에 소수지분인수보다 비싼 가격을 지불해야 하는데 이 같은 인수 프리미엄을 '경영권 프리미엄(Control Premium)'이라고 부른다.[3]

---

3 조선일보 2010년 8월 28일.

2. 국제 M&A의 동기

▌선진기술과 핵심경영자원 획득: 구글(Google)의 캐나다 AI회사 인수

구글은 2013년 캐나다 머신러닝(machine learing)업체인 'DNN Research사'를 인수하였는데, 그 주된 목적이 우수한 인적자원의 확보이다.

DNN리서치의 설립자는 AI스승으로 불리는 제프리 힌튼 토론토대 교수인데 그를 영입하기 위해 아예 회사를 통째로 인수해버린 것이다[4]

세계 의약업계의 선두주자인 스미스 클라인 비참(Beecham)사는 무려 1,800억 달러 규모의 Glaxo사와 합병을 추진하였다. 이를 주도했던 Leschly 회장은 비참사가 얻은 것은 '상대회사(Glaxo)'가 아니라 상대회사의 '기술'과 '제품'이라고 말한다. 즉, 이 같은 R&D 시너지 효과를 통해 연간 약 1억 달러의 기술개발 투자절감 효과가 있다.

▌신규사업 진출: 삼성전자의 하만(Harman) 인수

2017년 삼성전자는 자동차 전자장비업체인 하만(Harman)을 80억 달러에 인수하였다. 하만은 세계 카오디오 시장점유율 41%를 차지하는 1위 기업이며, 차량 무선 인터넷 서비스인 '텔레매틱스' 시장점유율은 10%로 세계 2위이다. 벤츠, BMW, 도요타 등 고급차에 하만 제품이 탑재되어있고 한 발짝 더 나아가 하만은 인포테인먼트(내비게이션+오디오)시스템과 텔레매틱스까지 포함된 시스템을 주요 자동차메이커에 납품하고 있다. 특히 전기차와 자율주행차 비율이 높아지면 차량용 인포테인먼트 시스템의 중요성은 더욱 커진다.

이같이 삼성전자는 하만 인수를 통해 미래의 새로운 유망사업분야에 진출하고자 하는 것이다.

세계 최대 담배 생산업체인 필립 모리스사는 인수합병을 통해 식품, 음료, 맥주 등을 포함한 다양한 소비재를 판매하는 다국적기업으로 성장하였다. 동사는 1969년 밀러 맥주를 인수하고 맥주시장에 진출하였다. 이에 1985년과 1988년에 각각 제네랄 푸드와 Kraft 푸드를 인수하고 2000년에는 Nabisco사를 인수하여 세계 최대의 가

---

4 '구글은 어떻게 AI회사가 되었나', 조선비즈, 2019.12.6.

공식품회사로 성장하였다.

▌신속한 해외시장 진입

다국적기업이 해외투자를 통해 외국시장에 진입하는 데는 창업투자(green field)와 M&A 두 가지 방법이 있다. 새로 공장을 짓는 창업투자보다 M&A를 선호하는 가장 큰 이유는 신속한 해외시장 진입이다. 창업투자의 경우 부지에 새로운 공장을 짓고 종업원들을 새로 채용하고 훈련시키는데 많은 시간과 노력이 필요하다. 이러한 창업투자는 기업들이 자신이 필요로 하는 종업원들을 선택하여 자신이 원하는 규모로 공장을 세울 수 있다는 이점이 있으나, 모든 것을 처음부터 스스로 해야 한다는 점에서 상당히 해외투자의 리스크가 크다.

이에 반해서 인수합병의 형태로 해외시장에 진출할 경우 그 기업은 피인수기업이 갖고 있는 공장설비, 부동산, 종업원, 브랜드, 유통망 등을 한꺼번에 획득할 수 있다.

피인수기업이 갖고 있는 경영자원과 핵심역량을 일거에 습득하여 해외시장 진입에 소요되는 시간을 줄이는 장점이 있다. 따라서 기업들의 인수합병시 피인수기업에 지불하는 '인수 프리미엄'은 신속한 진입이 필요할 때 이러한 시간을 단축시키는 것에 대한 대가를 지불하는 '시간 프리미엄'으로 볼 수 있다. 특히 정보통신산업 등과 같이 기술이나 상품수명주기가 짧아 시장 진입의 속도가 중요한 산업에서의 인수합병으로 설사 많은 프리미엄을 지불한다 하더라도 그 효과는 클 것이다.

▌진입장벽 회피

다국적기업으로서는 진출하고 싶은 미국시장이 생산과잉 상태에 있을 경우 창업투자가 상당히 부담스럽고 많은 경우 미국정부가 과잉생산을 이유로 신규투자를 제한하려고 할 것이다. 또한 설사 생산과잉인 미국시장에 진입한다 하더라도 기대한 투자성과를 얻기도 쉽지 않다. 이 같이 높은 진입장벽이 존재할 때 기존 기업을 인수하는 것은 효과적인 해외시장 진출전략이 될 수 있다.

예를 들어 미국의 GM, 프랑스의 르노자동차 등은 아시아의 유망한 한국 자동차

시장에 진출을 희망해 왔었다. 그러나 현대, 대우, 쌍용, 기아, 삼성 등의 대기업이 생산을 하고 있는 1997년 외환위기 이전에는 실질적으로 한국시장 진출이 불가능하였다. 생산과잉을 이유로 한국정부가 쉽게 이들 외국회사의 신규투자를 허용할 것 같지 않았다. 설사 한국정부의 승인을 얻는다 하더라도 과잉생산 상태의 한국시장에서 영업전망이 밝지 않았다. 그러나 외환위기 이후 이들 회사는 경영난에 빠진 대우자동차와 삼성자동차를 인수하여 성공적으로 한국시장에 진출하였다.

제 3 절 M&A 협상의 5단계 전략

아이엘로(Aiello)와 왓킨스(Watkins)[5]에 의하면 대부분의 경영인들은 M&A를 마치 '충동적인 언덕 오르기(direct march-up the hill)'처럼 생각하는 경향이 있다. "나는 저 회사를 사고 싶다. 되도록 싸게 가격을 제시해 인수하자." 그리고는 실제적인 M&A 협상은 전문적인 투자은행이나 법률사무소에 맡겨버린다.

이는 잘못된 방법이다. 현실적으로 M&A 협상은 기업의 핵심역량과 관계된다. 그러므로 성공적인 협상을 위해서는 평소부터 치밀한 계획을 수립하고 경영진, 투자은행, 변호사들 간에 긴밀한 협조관계를 유지하며 전략적으로 접근해 나가야 한다.

성공적인 M&A 협상을 위해서는 5가지 단계를 거쳐야 한다.

- 1단계: M&A 전략수립
- 2단계: M&A 대상기업 선정
- 3단계: M&A 협상팀 구성
- 4단계: 실사
- 5단계: M&A 본 협상전략

5 *Ibid.*

1. 제1단계: M&A 전략수립

▌글로벌 전략계획 하에서의 M&A

다국적기업은 미리부터 글로벌 전략계획을 세워놓고 이의 하부계획으로서 M&A 전략계획을 세워 놓을 필요가 있다. 아이엘로와 왓킨 등에 의하면 세계시장에서 인수대상기업은 갑자기 예고 없이 나타나고 좋은 기업일수록 이를 인수하려는 경쟁기업들이 나타나기 마련이다. 이 같은 인수경쟁에서 이기는 가장 좋은 방법은 평소부터 글로벌 전략계획을 세워 피인수기업에 대한 평가를 빠르게 하고 경쟁자보다 한 발 앞서 의사결정을 내리는 것이다.

▌SWOT 분석기법

효율적인 M&A 협상을 위한 글로벌 전략계획 수립을 위해서는 SWOT 분석기법이 유용하다.

자사의 강점(Strength)과 약점(Weakness) 분석

글로벌 경쟁에서 살아남기 위한 자사의 기술력, 마케팅능력, 현금동원능력, 브랜드 경영 노하우 등에 대한 강점과 약점이 종합적으로 평가되어야 한다.

- 이때 이 같은 강점과 약점이 우리 회사만의 것인가 아니면 산업 전반의 것인가도 분석해야 한다.
- 또한 해당 강점과 약점이 자사에 미치는 영향을 단기(1~2년), 중기(2~5년), 장기(5~10년)로 나누어 분석해 보아야 한다.

외부적 기회(Opportunities)와 위협(Threats) 분석

날로 빨라지는 기술 및 상품개발주기, 디지털혁명, 지역주의 부상 등과 같은 급변하는 외부경영환경 속에서 자사가 가질 수 있는

- '현존하는 기회'와 '현존하는 위협'을 분석해야 한다.
- 아울러 시장에 새로운 경쟁기업의 출현 등과 같은 '예상되는 위협'과 '예상되는 기회'도 분석해야 한다.

디지털카메라 회사의 SWOT 분석

세계시장에서 주요 디지털카메라 회사로 부상한 알렉스(Alex)사를 예로 들어 SWOT 분석을 해보자. 알렉스사가 현재 가지고 있는 강점은

- 디지털카메라 생산에서의 강한 기술력과
- 브랜드 이미지이다.

이는 디지털카메라에 대한 수요증대와 기술발전이라는 기회(opportuity)와 맞물려 알렉스사의 미래 영업전망을 밝게 한다.

그러나, 디지털시대의 기술혁명은 스마트폰이라는 새로운 상품을 출현시켰다. 2000년대 중반부터 삼성전자, 애플 등 세계적 스마트폰 생산업체가 아이폰, 갤럭시같은 고기능제품을 시장에 내놓기 시작하였다.

이 같은 스마트폰의 등장은 알렉스사에 대한 위협(threat)요소이다. 현재로서는 스마트폰의 가격이 비싸고 화질이 선명하지 않아 디지털카메라 시장을 크게 위협하진 않는다. 그러나 〈표 11-1〉에서 보듯이 장기적으로 소비자들은 휴대폰에 디지털카메라 기능이 합쳐진 스마트폰을 갖길 원하게 될 것이다.

이 같은 미래의 중대한 위협요소에 대해 알렉스사는 결정적 약점을 가지고 있다. 디지털카메라만 전문적으로 생산하는 업체라는 점이다. 삼성전자와 같이 디지털카메라뿐만 아니라 스마트폰, 모니터 등을 생산하는 경쟁업체와 도저히 경쟁을 해갈 수 없을 것이다.

이 같은 SWOT 분석을 해보면 알렉스사의 앞날은 비관적이다. 이에 대응하기 위해 알렉스사가 글로벌 전략계획을 세운다면 자사의 약점을 보완해 줄 수 있는 회사를 찾아 인수 · 합병하는 것이다.

표 11-1 알렉스사의 SWOT분석

<table>
<tr><th></th><th colspan="2">현존</th><th colspan="3">미래</th></tr>
<tr><td>기회
(Opportunity)</td><td colspan="2">• 디지털카메라 수요증대
• 기술발전</td><td colspan="3">• 미래의 디지털카메라 수요에 대한 의문</td></tr>
<tr><td>위협
(Threat)</td><td colspan="2">• 스마트폰의 등장
• 스마트폰의 화소기술발전</td><td colspan="3">• 스마트폰이 궁극적으로 디지털카메라를 대체</td></tr>
<tr><td rowspan="2">강점
(Strength)</td><td>알렉스</td><td>디지털카메라 산업 전체</td><td>단기
(1~2년)</td><td>중기
(2~5년)</td><td>장기
(5~10년)</td></tr>
<tr><td>• 강한 기술력
• 브랜드 이미지</td><td>• 디지털카메라 산업의 수요 증가 및 기술발전</td><td colspan="3">➔
강점이 점차 약화됨</td></tr>
<tr><td>약점
(Weakness)</td><td>• 디지털카메라 생산전문업체
• 휴대폰 등 다른 전자제품을 생산 안 함</td><td>• 스마트폰 산업으로부터의 도전</td><td colspan="3">➔
약점이 점차 위협요소로 작용함</td></tr>
</table>

M&A 전략계획의 3대 유형

이 같이 SWOT 분석을 하면 다국적기업은 M&A에 대한 다음과 같은 세 가지 전략을 수립할 수 있다.

시장확대(Market Expansion)전략

다국적기업이 해당 산업에서 세계시장 확대를 위해 동일 업종에서 활동하는 외국의 경쟁기업을 인수하는 전략이다. 미국의 건전지 제조업체인 듀라셀은 한국시장에 진출하기 위해 1996년 국내 건전지 제조업체인 (주)서통으로부터 유통 부문인 서통상사를 인수하였다.

수직계열화(Vertical Integration)전략

다국적기업이 부품이나 원자재를 공급하는 외국기업을 인수하는 경우이다. 1991년 동양나이론은 원사의 안정적 공급원을 확보하기 위해 스리랑카 합성사 지분의 90%를 561만 달러에 인수한 것이 좋은 예이다.

다각화(Diversification)전략

다국적기업이 기존의 사업 영역과 전혀 다른 사업 분야에 진출하는 전략이다. 앞의 사례에서 철제 및 플라스틱 제조업체인 WWP가 M&A를 통해 광고업에 진출하는 것이 좋은 예이다.

조그만 M&A 거래의 학습 효과(Learning by doing)

베인&컴퍼니가 미국, 프랑스 등 선진 6개국의 700여 개 대규모 M&A 사례를 분석한 결과, 이 중 70%가 실패한 M&A였다. 평소 준비를 안 하고 있다가 갑자기 매력적인 인수대상기업이 있다고 자금동원능력 등을 고려 안하고 무리하게 M&A 협상을 시도하였다가는 성공할 확률이 거의 없다는 것이다.

그런데 M&A를 지속적으로 추진할 기업일수록, 그리고 매수자의 기업규모대비 M&A 거래규모가 작을수록 M&A의 성공확률이 급격히 높아진다는 것을 발견하였다. 즉, M&A의 성공확률은 30% 정도로 리스크가 큰 비즈니스이기 때문에 조그만 규모의 M&A 거래를 자주해 기업 내에 M&A 협상에 대한 학습능력을 축적하는 것이 중요하다. 특히 이를 위해서 기업 내에 숙련된 상설 M&A 전문팀을 구성하는 것이 중요하다.

2. 제2단계: M&A 대상기업 선정

자사의 강점과 약점 그리고 외부적 위협과 기회 속에서 M&A 전략계획을 수립해 놓았으면 그 다음 단계는 어떤 기업을 인수대상으로 하느냐 하는 것이다. 이에 대한 대답은 간단하다. 인수대상기업이 가진 강점과 약점이 자사의 강점 및 약점의 보완관계에 있어 시너지 효과를 기대할 수 있어야 한다. 이는 아래와 같이 간단히 표시할 수 있다.

$$V(a+b) > Va + Vb$$

- Va: 인수기업의 가치
- Vb: 인수대상기업의 가치

위의 식은 M&A 후의 기업가치 $V(a+b)$가 현재 인수기업 a와 인수대상기업 b 각각의 가치($Va+Vb$)보다 클 것으로 예상될 때 발생한다.

바람직한 인수대상기업의 9대 조건

기술개발능력이 뛰어난 기업

세계적으로 많은 신기술은 기술력을 지닌 벤처기업에 의해 개발된다. 하지만 이들 벤처기업은 이를 상품화시킬 수 있는 자금력이나 마케팅능력이 결여된 경우가 많다. 인수기업으로서는 이 같은 벤처기업을 M&A함으로써 자체 기술개발을 하는 것보다 시간과 비용을 절약할 수 있다.

브랜드 인지도

외국기업이 일본 같이 유통구조가 복잡하여 독자적인 판매망을 구축하기가 힘들고 소비자들의 브랜드에 대한 신뢰가 강한 나라에는 창업투자로 진출하기는 아주 힘들다. 그러므로 기존에 판매망을 가지고 있고 좋은 브랜드 이미지를 가진 현지

기업을 인수하면 이 같은 문제를 쉽게 해결할 수 있다. 실패는 했지만 대우가 프랑스 톰슨을 인수하려고 했던 것도 톰슨의 TV 브랜드인 RCA의 강력한 브랜드 인지도(Brand Power) 때문이었다.

클린(Clean) 기업

회계부정, 숨겨진 부채, 환경오염 등에서 문제가 없는 깨끗한 기업을 인수해야 한다. 2012년 당시 세계 1위 PC 제조사였던 휴렛팩커드HP는 소프트웨어 업체 '오토노미(Autonomy)'를 103억 달러(약 12조 원)에 인수했다. 이는 시장 가격 대비 79%의 프리미엄이 붙은 높은 금액이었다. 그런데 이듬해 회계부정 문제가 발생해 88억 달러를 감가상각 처리하게 된다.[6] 이러한 문제는 잘못된 대상 선정과 실사 실패 및 시너지의 과대평가에서 기인하였다고 볼 수 있다.

우수한 인적자본을 가진 기업

오늘날과 같은 지식기반경제에 뛰어난 능력을 지닌 인적자본은 국제경영 성공 여부를 결정하는 핵심요소이다. 여기서 말하는 인적자본은 연구개발인력뿐만 아니라 마케팅, 경영관리, 회계 등에서의 우수한 인력을 모두 포함한다. 이때 한 가지 주의할 점은 M&A 협상과정 또는 그 이후 우수한 인력의 이탈 가능성이다.

시장점유율이 높은 기업

프랑스의 르노자동차가 재정난에 빠진 일본 닛산자동차의 주식 37%를 인수한 것이 이의 좋은 예이다. 닛산자동차는 일본 내 시장점유율 2위였고, 르노자동차가 거의 진출하지 못한 미국시장에서도 상당한 시장을 점유하고 있었다. 닛산 인수를 통해 르노는 자사의 약점이었던 아시아와 미국에서의 시장점유율을 쉽게 높일 수 있었다.

M&A 후 투자수익률이 높아질 기업

첫째, 현재의 주가수익률이 낮은 기업이다. 동일한 업종의 다른 회사와 비교하여 주가수익률(Price Earning Ratio: PER)이 낮은 기업은 매매차익을 목적으로 한 인수대상기업이 될 가능성이 있다. 이런 기업은 주가가 오를 확률이 높을 것이며 특히 비상장기업일 경우 인수 후 상장이 된다면 다시 매각할 경우 엄청난 매매차익을 얻을

6 'M&A에센스 2020최신개정판' 중소벤처기업부, 삼일회계법인 M&A협상지원센터, 2020.8. p.80.

수 있게 된다.

둘째, 부동산 등 내재가치가 저평가되어 있는 기업이다. 고가의 부동산이 많은데도 불구하고 시장에서 저평가되어 있는 기업의 경우에는 인수 후 저평가되어 있는 부동산 등의 내재가치를 재평가하거나 분할매각을 하면 많은 수익을 올릴 수 있을 것이다.

주식을 쉽게 사 모을 수 있는 기업

주식을 쉽게 살 수 있다는 것은 기존 주주들의 방어가 약하다는 것을 의미한다. 주거래은행과의 관계가 취약하고 유동주식이 많은 기업은 지지층이 약하므로 소유주식을 처분하기 쉬워 시장에서 주식을 사모으기 쉽다. 또한 경영의 위기상황에서 도와줄 강력한 지지세력이 많지 않은 기업이 인수대상이 될 수 있다. 부도위기에 처해 있는 기업들이 여기에 속한다.

내분이 있는 기업

창업주와 경영자 간 또는 경영진과 노조 간 내분이 있는 기업은 쉽게 인수대상이 될 수 있다. 이러한 경우에는 대주주가 인수기업에 주식을 양도할 가능성이 높게 된다. 그러나 한 가지 주의해야 할 점은 때에 따라 이 같은 내분이 협상이나 M&A 후 경영의 걸림돌이 될 수 있다는 것이다. 노사분규가 심한 기업을 쉽게 인수해 노조문제를 해결하지 못하면 고질적인 노사분규에 시달리기 쉽다.

문화적 충돌이 크지 않은 기업

통계에 따르면 M&A협상 1년 후 주주가치가 하락한 경우가 50%나 된다고 한다.[7] 그런데 M&A협상실패 사유 중 65%가 인수 후 통합과정에 있다. 가장 흔한 경우가 두 회사의 조직문화 차이가 너무 커서 각종 갈등과 비효율이 발생하는 것이다. 1998년 370억 달러 규모의 주식교환을 통해 합병한 독일의 다임러 벤츠와 미국의 크라이슬러는 심각한 문화적 갈등을 겪었다. 게르만 민족 특유의 다소 딱딱하고 수직적인 조직문화와 자유분방한 분위기의 크라이슬러 조직문화가 잘 융화되지 못했다. 결국 2007년 다임러가 크라이슬러를 매각하며 양사는 갈라서게 된다.

---

7 'M&A에센스 2020최신개정판' 중소벤처기업부, 삼일회계법인 M&A협상지원센터, 2020.8. p.133.

M&A 대상기업 선정에서 주의할 점

가능한 한 많은 대상기업 검토 후 단계적 압축선정

아이엘로와 왓킨스[8]에 의하면 M&A 대상이 될 수 있는 모든 기업을 비교 검토한 후 최종적으로 대상기업을 선정해야 한다.

시프러스(Cypress)그룹은 1년에 2~3건의 M&A를 성사시킨다. 이는 500여 개 기업을 검토하고 난 후 25개로 다시 인수대상을 압축하고 나서 내리는 결정이다. Cisco 시스템도 사업다각화를 위해 진출 가능한 세 개 정도의 잠재시장을 놓고 각 시장별로 5~10개의 인수대상기업을 면밀히 검토해 가며 M&A를 추진한다.

정보의 덫

M&A에서 가장 흔한 실수는 인수기업이 정보의 덫(information trap)에 빠지는 것이다. 특정 기업에 직관적으로 매료되어 이 회사를 꼭 인수하여야 하겠다고 생각해 대상기업 가치에 대한 객관적 평가를 하지 못하는 것이다.

3. 제3단계: M&A 협상팀 구성

M&A 다기능 협상팀 구성(Multi-functional Team)

새로운 기술을 사기 위한 협상을 위해서는 단순한 기업가치평가 뿐만 아니라 환경오염, 우발채무, 노사관계 등 다양한 의제를 다루어야 한다. 그러므로 협상대표나 협상전문가뿐만 아니라 앞의 의제와 관련된 다음과 같은 다양한 전문가가 협상팀에 참여해야 한다.

예를 들어 POSCO가 캐나다의 특수강 철강회사를 인수하려고 하면 다음과 같은 다기능 M&A 협상팀을 구성해야 한다.

협상 단장

M&A의 큰 그림을 그리고 상대와 전략적으로 협상하며 내부적으로 리더십을 발휘할 수 있어야 한다.

---

8 Robert J. A. & Michael D. W., 2000.

관련사업 본부장

POSCO 내에서 특수강 분야 전문가

회계 및 세무 전문가

인수대상기업의 우발채무, 세금문제 등을 다룬다. 대우자동차 인수협상에서도 GM측에서 우발채무 문제를 들고 나와 인수가격을 많이 깎았다.

환경 분야 전문가

국내 모기업이 캐나다의 철강회사를 인수하며 환경평가를 제대로 하지 않아 엄청난 손해를 본 사례가 있다. 야적장에 방치한 철구조물에서 중금속이 나와 토지를 오염시킨 것을 몰랐던 것이다. 특히 환경보호에 민감한 선진국가의 기업을 인수할 때는 철저한 환경영향평가가 필수적이다.

법률 전문가

개도국가의 기업을 인수할 때는 법제도가 투명하지 않고 정부규제가 심하기에 이 문제를 챙길 법률 전문가가 필요하다. 예를 들면 인도네시아 휴대폰사업에 참여하기 위해 현지기업을 인수하였는데 현지정부가 자의적으로 관련법규를 해석하여 정보통신사업 진입을 규제할 수도 있다.

인사노무관리 전문가

악성노조가 있는 기업을 잘못 인수하였다가 손해를 본 사례가 많다. 인수대상기업의 노무상태를 반드시 전문가가 잘 살펴야 한다.

이상과 같은 전문가들뿐만 아니라 상대기업의 문화를 잘 이해하는 해당 해외자회사의 관리자도 참여해야 한다. 예를 들어 삼성전자가 프랑스기업과 전략적 제휴협상을 한다면 파리 지사나 현지법인에 오래 근무하여 프랑스문화를 잘 아는 관리자가 참여하는 것이다.

▌미래경영자의 협상참여 문제

M&A 협상이 성사된다면 실질적으로 이를 맡게 될 미래의 경영자(Alliance Manager)를 협상과정에 참여시키느냐 하는 문제이다.

협상참여론

르노, 웨스팅하우스, 후지쯔, 필립스 등은 전통적으로 미래경영자를 협상과정에 참여시키는데 그 이유는 다음과 같다.

- 미래경영자가 협상과정에 참여함으로써 상대기업의 강점과 약점을 잘 파악할 수 있다. 따라서 새로운 사업을 보다 잘 경영할 수 있을 것이다. 프랑스의 르노 자동차는 일본 닛산자동차를 인수할 때 닛산을 경영하게 될 카를로스 곤 부사장을 협상과정에 참여시켰다. 카를로스 곤의 협상참여 경험은 닛산의 빠른 경영정상화에 도움이 되었다.
- 자신이 새로운 사업을 맡게 되므로 미래경영자는 협상을 성사시키기 위해 더욱 열심히 노력할 것이다.
- 불리한 조건으로 협상을 성사시키면 결국 자신의 부담이 되므로 미래경영자는 신중한 태도로 협상조건을 다룰 것이다.

협상참여배제론

- 좋은 미래경영자가 꼭 숙련된 협상가가 아니다. 그러므로 섣부른 협상전략으로 회사에 불리한 결과를 만들 수 있다.
- 앞으로 같이 일하게 될 상대방을 너무 의식해 애매한 이중적 태도를 보일 수 있다. 심한 경우 상대와 좋은 관계를 유지하기 위해 회사의 이익을 적당히 양보할 수 있다.

절충론

가장 민감하고 분쟁소지가 많은 핵심의제가 타결되고 난 후에 미래경영자가 협상에 참여하는 방법이다. 이는 협상이 끝날 무렵 협상에 참여한다는 것을 의미한다.

■ CEO가 협상을 직접 챙기는 것이 좋을까?

바야흐로 세계기업들끼리 짝짓기를 하는 지구촌 경제시대에 단 한 번의 국제협상이 기업의 운명을 바꿀 수 있다. 그렇다면 중요한 M&A 협상을 CEO가 직접 챙겨야 하지 않을까?

Top-down 협상전략

기업이 경영위기에 직면해 과감한 사업구조개편을 하지 않으면 도산을 피할 수 없을 때는 톱다운협상을 해야 한다. 이의 전형적인 예가 도산위기에 직면한 히타치를 회생시킨 가와무라 다카시회장의 과감한 탑다운식 리더십 협상전략이다. 2008년 글로벌 금융위기로 일본의 히타치는 무려 8.4조원의 적자를 보았다.

다카시회장은 중화학공업 위주로 되어있는 기존의 사업구조를 정보화 시대에 맞는 IT, AI(인공지능)위주로 탈바꿈시켰다. 그래서 기존의 TV사업, 가스터빈사업, 조선, 금속 사업을 미련없이 매각해 히타치의 계열사를 22개에서 4개로 압축하여 기사회생하였다. 지금은 히타치가 일본 젊은이들이 가장 일하고 싶어하는 직장 중에 하나가 되었다. 종신고용제가 일반화되어 있는 일본기업문화에서 기존의 사업을 매각하는 M&A협상전략은 실무자 중심의 Bottom-up 협상으로 실행하기가 힘들다.

Top-down 협상전략의 문제점

일반적으로 이 같은 톱다운 방식은 CEO가 강한 리더십을 발휘함으로써 협상팀에 힘을 실어줄 뿐만 아니라 협상과정에서 부딪히는 난관을 돌파할 수 있다. 그러나 CEO가 너무 나서면 좋지 않은 점도 있다. CEO가 설쳐대면 두 회사가 손을 잡기만 하면 환상적 만남이 될 것이라는 장밋빛 청사진이 회사를 지배한다. 이렇게 되면 실무 협상팀이 악역을 하지 못한다. CEO가 제니스 인수를 기정사실화하고 강력히 추진하는 마당에 현실적으로 실무자가 다른 목소리를 내는 것은 어려운 법이다.

다른 기업과 합작이나 전략적 제휴를 하려면 공동기술개발, 마케팅, 회계, 환경오염 등 실로 다양한 것을 협상해야 한다. 이때 협상팀에는 반드시 선역팀과 악역팀이 있어야 한다. 선역팀은 CEO의 뜻에 따라 공동기술개발, 마케팅 등 윈윈게임을 협상한다. 말하자면 화기애애한 분위기에서 웃으며 협상하면 된다. 그러나 협상에서는 누군가가 꼭 찜찜하고 미심쩍은 것을 챙겨줘야 한다. 이를테면 장부에는 나와 있지 않은 숨겨진 우발채무는 없는가? 혹시 알려지지 않은 심각한 환경오염이 있어 잘못하면 오염처리비용을 몽땅 뒤집어쓰지는 않을까? 등등. 이 같은 협상의제는 악역팀이 챙겨야 한다. 그런데 어느 누가 CEO에 거슬리는 이런 악역을 하려 들겠는가. 심한 경우 아무리 CEO가 설쳐대며 벌여놓은 판이라도 실무자가 협상을 해보다가 도저히 안 되겠다는 판단이 서면 손을 털고 나와야 한다. 안타깝게도 이 같은 워크 어웨이(walk-away) 전략은 톱다운 방식에서는 거의 불가능하다.

사실 매출규모가 27조 원밖에 안 되는 한화그룹이 10조 원에 달하는 커다란 대우조선해양을 인수하고자 할 때 그룹 내 실무진들은 이미 한화그룹의 M&A 자금동원력에 문제가 있다는 것을 알고 있었다. 그러나 어느 누구도 그룹 회장에게 사실대로 보고를 못한 것이다.

Bottom-up 협상전략

실무자 중심으로 협상팀을 구성하는 방법이다. 이 경우 대상기업의 선정에서 협상에 이르기까지 아주 실무적인 분석과 접근이 이루어진다.

기업이 Bottom-up 전략을 채택할 경우 CEO는 '어느 기업을 협상상대로 선정할 것인지', '어떻게 협상을 할 것인지' 등에 대해 자신의 견해를 미리 밝히지 않고 실무자의 의견을 존중한다. 이 같은 협상전략은 아주 합리적이고 전문적인 접근을 한다는 이점이 있다. 그러나, 경영의 큰 그림을 보지 못하는 실무자들의 한계가 있고 협상과정에서 갈등과 마찰이 있을 경우 협상 자체가 교착상태에 빠지기 쉽다.

2원적(Two-track) 협상전략

최고경영자와 실무 전문가팀이 각자 역할을 분담하여 두 가지 차원에서 동시에 진행시키는 방법이다. 이의 좋은 예가 지멘스, IBM, 토시바의 256D램 공동개발을 위한 협상사례이다. 우선 세 회사의 최고경영자가 만나 전략적 제휴의 기본 목적과 커다란 제휴 틀에 합의를 하였다. 이 같은 합의 하에서 세 회사의 실무 전문가가 그 후 6개월 동안 미국, 일본, 독일에서 수차례의 협상을 하여 전략적 제휴에 따르는 구체적 사항을 정하였다.

4. 제4단계: 실사(Due Diligence)

인수대상기업을 정하면 다음 단계는 직접 해당 기업을 방문해 실사를 하는 것이다. 실사는 M&A의 성패에 중요한 역할을 한다. 특히 CEO가 너무 즉흥적으로 특정 기업에 매료되어 정보의 덫에 빠질 경우 더욱 그러하다. 실사의 방법에는 공장견학(site visit), 경영진의 설명회, 서면자료제공 등 다양한 방법이 있다. 이 실시팀에는 회사의 경영진이나 기술자뿐만 아니라 외부의 회계, 세무, 법률 전문가들이 참여해야 한다.

일반적으로 실사의 범위는

- 매도대상자산의 실제 존재여부 및 보존상태
- 장부외 부채(Off-balance Sheet Debt)
- 인수대상기업의 향후 수익창출 가능성
- 환경오염

등이다.

▌실사의 전략적 활용

그러나 아이엘로와 왓킨스에 의하면 실사는 이 같은 단순한 계량조사에 그쳐서는 안 된다. 한걸음 더 나아가 실사는 인수 후 경영에 참고되는 다음과 같은 사항을 파악하는 기회로 활용해야 한다.

- 인수대상기업 현 경영진의 능력을 관찰하는 기회로 삼아야 한다. 현 경영진 중 누구를 새로운 기업의 요직에 중용하고 어떤 일을 시킬 것인가를 실사기회를 통해 파악해야 한다.
- 노사관계 등도 실사과정에서 면밀히 파악해야 한다. 아무리 경제적 가치가 큰 기업을 인수하더라도 고질적 노사분규가 있는 기업이라면 M&A 자체를 실패로 만들 우려가 크다. GM은 대우자동차를 인수할 때 실사과정에서 군산, 부평, 창원공장별 노조의 강성여부를 미리 파악하여 이를 대우자동차의 협상시 카드로 잘 활용했다.

비밀보장계약서(Confidential Agreement)

실사는 당하는 인수대상기업의 입장에서는 자사의 정보를 인수기업에 노출시키는 위험부담이 있다. 인수기업이 실사 때 얻은 정보를 악용하여 인수대상기업에 불리한 행위를 할 수 있다. 실사 후 M&A 협상이 결렬될 경우 이러한 위험이 크다.

이의 좋은 예가 미국의 마이크론과 하이닉스전자 간의 M&A 협상이다. 하이닉스전자를 인수하겠다고 정밀한 실사를 통해 내부정보를 빼낸 후 마이크론은 이 자료를 바탕으로 하이닉스를 미국정부에 제소하였다. 하이닉스가 채권은행 등을 통해 부당한 정부 보조금을 받았다는 것이다. 마이크론이 미국정부에 제출한 제소내용을 보면 정보의 정확성에 놀라는데 이는 모두 하이닉스에 대한 실사과정에서 얻어낸 것들이다.

이에 인수대상기업은 실사(due diligence)를 받기 전에 반드시 비밀보장계약서를 받아내야 한다. 여기는 비밀유지뿐만 아니라 사전 동의 없이 인수대상기업의 경영진이나 직원과 접촉하는 것이 포함된다. 또한 비밀유지 위반시의 보상에 관한 내용도 들어 있어야 한다.

비밀보장계약서 기본 서식

__________ 에 소재한 __________ (이하 "A")와
__________ 에 소재한 __________ (이하 "B")는
________ 년 _____ 월 _____ 일 다음과 같이 비밀유지계약(이하 "본 계약")을 체결한다.

A와 B("협상 당사자")는 __________ 계약(프로젝트)을 진행할 의사를 갖고 있으며, 이를 위해 A와 B는 협상기간(이하 "협상기간")을 _____ 년 ___ 월 ___ 일까지 갖고자 한다.

이 기간 동안에 협상 관련한 정보(이하 "비밀정보"라고 함)를 양 사간에 공개함에 있어, 비밀정보의 보호를 위하여 A와 B는 아래와 같이 합의한다.

1. 본 계약에 의해 보호되는 비밀정보는 협상 당사자간에 공개되는 모든 정보를 의미하며, 해당 정보에는 문서상 또는 구두상 직접 또는 간접적으로 제공되는 정보, 제품이나 장비에 대한 그림 또는 열람되는 정보, 그 외에 '기밀사항'이란 표시 여부에 상관없이 협상기간 동안 획득한 정보(본 계약 체결 이전 또는 체결 시점에 획득되었는지에 상관없이) 등이 해당된다.
2. 협상 당사자는 모든 비밀정보를 엄격하게 비밀유지 해야 하며, 정보 제공인의 명시적 서면 승인 없이 비밀정보를 제3자에 공개할 수 없다. 아울러 협상 당사자는 상대방의 서면 승인 없이 비밀정보를 임의로 복제 또는 복사하거나 자신의 사업에 사용할 수 없다.
3. 본 계약에 따라 제공된 모든 비밀정보는 정보 제공인의 자산으로 남아있게 되며, 정보 제공인의 요청이 있을 시 정보 수취인은 비밀정보 및 그러한 정보의 사본을 정보 제공인이 지시하는 방법에 의해 정보 제공인에게 즉시 반환 또는 폐기해야 한다.
4. 협상 당사자는 본 계약에 명시된 의무를 위반할 경우, 이로 인하여 상대방에게 발생한 손해를 배상하기로 한다.
5. 본 계약은 본 계약이 서명 또는 기명 날인된 날로부터 3년간 유효하며, 본 계약은 양 당사자의 서면합의를 통해서만 변경될 수 있다.

본 계약의 체결을 증명하기 위해서 본 계약서 2부를 작성하여 각 당사자의 권한 있는 자가 서명 또는 기명 날인한 후, 각 당사자가 1부씩 보관하기로 한다.

갑	을
회사명 : __________	회사명 : __________
이 름 : __________	이 름 : __________
직 책 : __________	직 책 : __________

5. 제5단계: M&A의 본 협상전략

Hewlett-Packard(HP)와 Compaq의 합병협상[5]

2001년 9월 4일 세계 데스크탑 PC 시장의 3위 업체인 휴렛-패커드(이하 "HP")가 1위 업체인 Compaq을 인수하겠다는 합병합의안(Definitive Merger Agreement)을 공식발표했다. HP와 컴팩의 2000년 매출을 합치면 870억 달러(HP 470억 달러, 컴팩 400억 달러)로 이는 업계 1위인 매출 900억 달러의 IBM과 견줄 수 있게 된다.

합병회사는 5% 미만의 매출감소는 있지만 시너지로 인한 25억 달러의 원가절감 효과(cost synergies)가 있을 것이라 발표했다. 또한 세계 160개국에 진출해 있는 두 회사 직원 14만 5천 명의 10%에 해당하는 1만 5천 명을 향후 2년간 감원할 것이라고 발표하였다. 주식시장은 두 회사의 합병에 부정적으로 반응해 2001년 9월 4일 HP주가는 23.93달러에서 18.77달러로 18%나 폭락했다.

컴팩 역시 12.25달러에서 10.99달러로 10% 하락하였다. 합병발표 하루 만에 주가하락으로 컴팩 합병가격이 250억 달러에서 205억 달러로 무려 45억 달러나 하락한 것이다. 더욱이 무디스(Moody's)는 HP의 신용등급을 최고인 AA3에서 하향조정했다. 컴팩의 신용등급은 변함없이 BAA2를 유지했다.

이 같은 주가하락에 대해 HP의 피오리나(Fiorina) 회장은 "HP와 컴팩 이사회에서 제가 했던 말은 주식시장은 처음부터 이번 합병을 매우 싫어할 것이었다"라고 말했다. 미리부터 피오리나 회장은 주식시장이 HP와 컴팩 간의 합병발표에 냉담하게 반응할 것이라는 것을 예상했다는 말이다.

사실 2000년 여름 HP는 맥킨지(McKinsey)에 컴팩과의 합병효과에 대한 자문을 요구하였다. 또한 2001년 7월 합병협정안을 마무리하기 위해 골드만 삭스(Goldman Sachs)도 고용하였다. 이들 외부기관의 합병효과에 대한 평가는 부정적이었다. 특히 골드만 삭스는 다음과 같이 경고하였다. "400억 달러 규모의 두 거인의 합병은 수익이 낮은 PC사업의 비중이 커지는 결과를 초래하고, 이들 합병의 막대한 위험부담으로 인해 주가는 합병발표 즉시 10~15% 정도 떨어질 것이다." PC 분야는 갈수록 경쟁이 치열해지는 반면 수익률

---

9 문철우, 2002, pp. 151-160 참조.

은 떨어지는 사업인데, 왜 HP가 PC사업을 50% 더 키우는 결과를 낳게 되는 컴팩과 합병하려 하는가라는 비판이었다.

설상가상으로 2001년 10월 17일까지 HP 주가는 22%, 컴팩은 20% 하락하였다. 그러나 주가폭락으로 나타나는 HP-컴팩 합병에 대한 투자가들의 우려에 대해 피오리나는 단호한 입장을 취했다. "주가가 얼마나 떨어지든 컴팩 인수계획을 철회하지 않겠다"는 것이다. 이에 2001년 11월 6일 처음부터 반대해 오던 휴렛 가문의 Walter Hewlett이 주주총회에서 반대표를 던질 의사를 공식발표하였다. 아이러니하게도 이날 HP의 주가는 17% 급상승하고 컴팩의 주가는 5% 하락하였다. 다음날 11월 7일 팩커드 가문의 아들인 데이비드 팩커드도 합병반대에 합류하였다.

HP는 월터 휴렛을 제외한 모든 HP의 이사회 임원들이 합병에 전적으로 찬성하고 있음을 재확인하며 피오리나의 지도력에 강력한 지원을 보냈다. 하지만 M&A 전문가들은 휴렛과 팩커드 창업가문들의 비호의적인 태도만으로도 합병계획이 무산될 수 있다고 우려하였다. 2001년 12월 13일 월터 휴렛과 데이비드 패커드는 HP 이사진에 대항하여 합병반대 캠페인을 시작하였다. 합병회사의 비용절감을 위해 감원되는 1만 5천 명의 정리해고를 막고 HP의 독특한 기업문화를 보존하는 것이 필요하다고 강조하였다. 또한 컴팩과의 합병은 HP 주주의 이익을 침해할 것이라고 하며, 이 합병이 실패할 경우 사퇴해야 할 경영진이 누구인지를 밝히라고 요구하였다. 2002년 1월 15일 월터 휴렛은 75만 명 HP 개인 투자자 주주들에게 합병반대의 서한을 보냈다.

이에 맞서 피오리나는 HP 사원을 설득하고 신문에 합병 반대진영을 공격하는 광고를 내었다. 또한 HP 주주들에게도 합병지지를 부탁하는 서한을 보냈다. 한편 2002년 1월 25일 컴팩의 최대주주이자 HP의 6번째 대주주인 Putnam 투자운용사는 합병을 지지한다고 밝혔다. 이어 2002년 1월 31일 EU는 "양사가 합병된다 해도 HP가 가격을 인상할 가능성이 그리 크지 않을뿐더러 소비자들 역시 선택과 혁신의 기회를 계속 누릴 수 있을 것이다"라며 HP와 컴팩의 합병을 승인할 것임을 발표했다. 2002년 2월 7일 월터 휴렛은 월 스트리트 저널에 합병을 비판하는 전면광고를 내고, 또한 피오리나를 다음과 같이 비난했다. "HP의 이익을 위해서는 피오리나 대신 새로운 CEO를 뽑아야 할 것이다."

Forbes 지는 "휴렛과 패커드 일가가 모두 합병을 반대만 했지 대안을 제시하지 못하고 있다"라고 비판하며 피오리나를 지지하였다. CEO로서 개인적 이익을 위해 합병을 추진한다는 휴렛과 패커드 일가의 비난을 불식하기 위해 피오리나는 합병성사시 받을 수 있는 2,240만 달러의 보너스를 포기했다. 그러나 월터 휴렛은 합병성공시 피오리나와 마이클 카펠라스는 월급, 보너스, 스톡옵션 등 총 1억 1,740만 달러를 받을 것이라고 반박했다.

2002년 3월 19일 HP의 주주총회와 다음날 열린 컴팩의 주주총회에서 합병안은 승인되었다. 이에 2002년 3월 28일 월터 휴렛은 델러웨이 주재판소에 HP의 경영진이 부정한 방법으로 주주들을 현혹했다고 투표무효소송을 제기하였으나 정황증거(stronger facts) 부족으로 담당판사에 의해 기각 당했다.

표 11-2 세계 데스크탑 PC 판매순위(2001년)

순위	회사	시장점유율(%)
1	Compaq	13.0
2	Dell	11.0
3	Hewlett Packad	8.80
4	IBM	5.70
5	Fujitsu	4.6

〈자료〉 문철우, 2002, p. 154.

전략 1: 내부갈등 협상전략

▶ 국제협상에서의 내부협상갈등: 퍼트남 2단계 게임

퍼트남(Putnam, 1988)[10]이 지적했듯이 국제협상은 두 단계 게임(two-level game)이다. 외국기업과의 대외협상(1단계 게임)과 내부이해관계자와의 내부협상(2단계 게임)이다. 퍼트남에 의하면 일반의 예상과 달리 많은 경우 외국파트너와의 대외협상보다 반발하는 국내 이해관계자를 설득하는 내부협상이 더 어렵다. 이의 좋은 예가 한국과 칠레 간의 자유무역협정(FTA)에 대한 국내 과수재배업자, 농민단체 등의 거센 반발이다.

▶ HP-컴팩 합병의 내부협상갈등

그러나 이 같은 내부갈등은 앞의 HP－Compaq 합병협상 사례에서 보듯이 국제통상협상뿐만 아니라 국제경영협상에서도 종종 발생한다.

HP 피오리나 회장의 입장에서 컴팩과의 협상, 즉 국제협상의 1단계 게임은 쉽게 끝났다. HP와 컴팩 경영진 모두 양사의 합병에 따른 시너지 효과를 인정하고 순순히 협상에 응했다. 그러나 문제는 HP 공동창업자인 휴렛과 패커드 가문에서 컴팩과의 협상에 거세게 반발하고 나온 것이다. 컴팩과의 합병을 놓고 피오리나를 정점으로 하는 HP 경영진과 휴렛－패커드가를 대표하는 월터 휴렛 간에 찬반 시비가 붙었

10 Putnam, "*Diplomacy and Domestic Politics, the logic of two - level game*", 1988.

는데 그 논거는 다음과 같다.

합병찬성론(피오리나 회장과 경영진)

- HP와 컴팩 합병은 2003년에 당장 25억 달러, 2004년에는 30억 달러의 비용절감을 가져와 HP 주당 5~9달러의 가치를 상승시킬 것이다.
- HP와 컴팩이 서로의 강점을 보완함으로써 서버, PC, 프린터, 이미징, 저장장치 등 세계 1위가 될 수 있다.
- 정보화시대 고객들은 IT 관련 모든 서비스를 한꺼번에 제공하는 세계적 기업을 선호한다. 따라서 HP와 컴팩이 합병하는 것은 이 같은 정보화시대의 새로운 조류에 부응하는 것이다. 세계적 통신, 자동차(벤츠-크라이슬러), 석유화학회사(엑슨-모빌)들의 합병추세가 HP-컴팩 합병의 당위성을 말해 주고 있다.

합병반대론(월터 휴렛)

- HP가 필요로 하는 것은 핵심사업 특화이지 확장이 아니다.
- 낮은 성장을 보이는 PC 사업 비중이 높은 컴팩과의 합병은 HP의 수익성 높은 이미징과 프린터사업의 가치를 희석시킨다. 컴팩과 합병하면 HP 전체 매출의 43%를 차지하는 이미징과 프린터사업의 매출 비중은 27%로 낮아진다.
- 주가가 합병계획 발표 후 엄청나게 폭락하고, 합병반대의사 발표와 함께 급상승

표 11-3 HP-Compaq 합병 후 비용절감 효과 (단위: 백만 US$)

항목	2003년	2004년
합 계	2,500	2,400
제품원가	500	650
판매관리비	750	300
R&D	425	475
간접구매비	400	500
마케팅	250	250
기 타	175	225

〈자료〉 HP 발표자료, 2002년 6월 4일.

한 것은 투자자들이 합병을 원치 않는다는 것을 말한다. 1998년 Digital Equipment를 인수했다가 실패 후 컴팩의 주가가 81%나 추락하였다.

- 서로 다른 기업문화를 가진 두 회사를 통합하는 것은 어려울 것이다.

▶ 피오리나 회장의 내부협상전략

HP의 피오리나 회장으로서는 컴팩과의 합병을 성공적으로 마무리 짓기 위해서는 〈그림 11-1〉에서 보는 바와 같이 이사회와 주주총회의 승인을 얻어야 한다. 다행히 이사회에서는 월터 휴렛을 제외하고 임원들이 합병에 찬성하고 있지만 문제는 주주총회이다. 최대주주로서 각각 지분의 11.7%, 5.65%를 보유한 팩커드가와 휴렛가의 반대를 극복하려면, 총투표지분의 50% 이상 찬성을 얻어 내야 한다.

이를 위해서는 휴렛가와 패커드가를 제외한 기관투자자들 2/3 이상을 설득해야 한다. 다행히 지분 2.51%를 보유한 퍼트남투자운용, 도이치은행(1.3%), 캐피탈리서치(3.45%) 등이 합병을 지지하고 나서긴 했지만 주총의 찬성을 이끌어 내기에는 부족했다. 이에 피오리나가 주총에서 투자가의 찬성을 이끌어 내기 위해 펼친 협상전

그림 11-1 HP의 2단계 협상게임

(단위: ( )은 주총에서의 지분구성비)

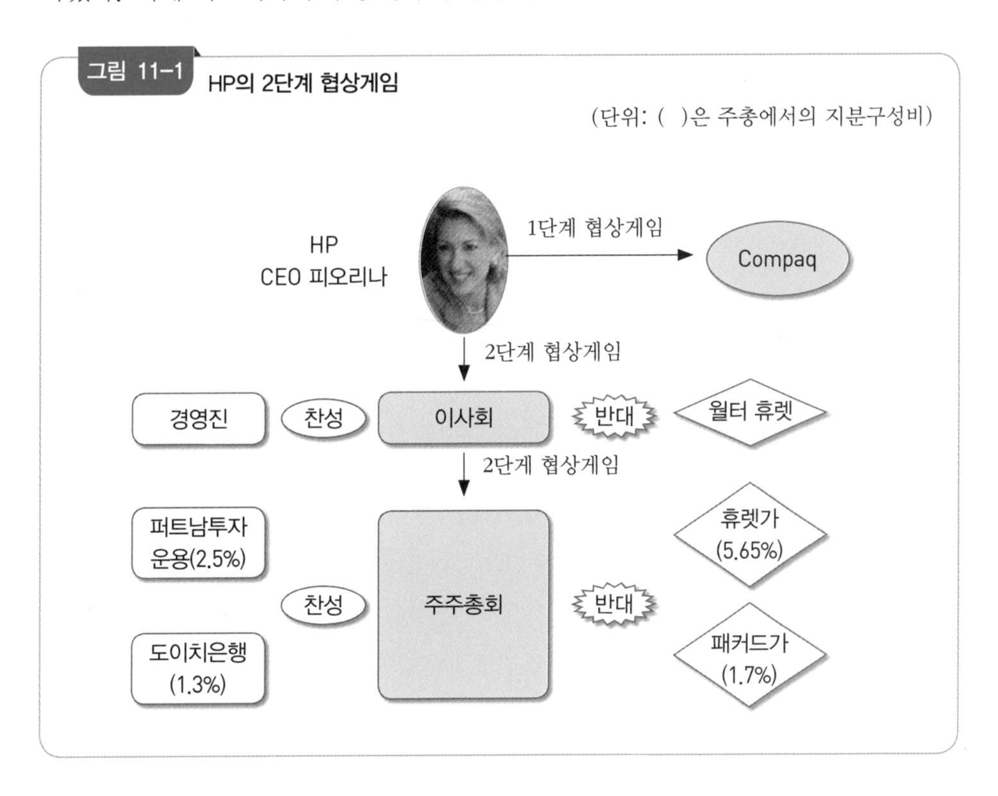

략은 앞의 사례에서 보듯이 다음과 같이 요약할 수 있다.

적극적 홍보전략

월터 휴렛의 합병반대 홍보에 적극적으로 대응해 피오리나 회장은 HP 사원과 퇴직자를 상대로 한 합병지지 홍보를 하며 컴팩과의 합병으로 인한 시너지 효과로 HP 사원은 큰 이익을 볼 것임을 강조하였다. 또한 Wall Street Journal 등 주요 신문에 합병 반대진영을 공격하는 대대적 광고를 하고 75만여 명의 HP 개인 투자자와 주주들에 대한 서신을 발송하였다.

피오리나의 합병추진이 개인적 이익을 위한 것이라는 공격에 대응해 합병성사시 자신이 받을 수 있는 2,240만 달러 상당의 보너스를 받지 않겠다고 선언하였다.

지지세력 확보

피오리나는 HP의 이사회와 경영진을 확고한 지지세력으로 확보하는 한편 2002년 1월 컴팩의 최대주주이자 HP의 6번째 주주인 퍼트남투자운용사의 합병지지 선언을 얻어 냈다. 또한 2002년 1월에는 EU로부터 2002년 1월 EU는 HP와 컴팩의 이어 2002년 3월 6일에는 미국 연방무역위원회(Free Trade Commission)로부터 합병승인을 얻어 내었다.

제3자 활용설득전략

HP와 컴팩의 협상의 시너지 효과를 세계적 컨설팅회사인 맥킨지가 직접 이사회에서 발표하도록 하였다. 이는 피오리나가 직접 발표하는 것보다 훨씬 더 객관적이고 신뢰할 수 있는 설득방법이다.

전략 2: 주가변동에 대응한 협상전략

HP-Compaq 합병에 대한 HP의 주가변동

〈그림 11-2〉에서 보듯이 HP-Compaq 합병에 대해 투자자들은 부정적으로 반응했다. 2001년 9월 3일 양사 간 합병발표가 있자 HP 주가는 다음날 23.93달러에서 18.77달러로 무려 18%나 하락했다. 이어 합병에 대한 찬반시비로 투자자들의 우려가 증폭됨에 따라 2001년 10월 17일까지 HP 주가는 22%나 하락하였다. 그런데 2001년

그림 11-2 HP의 주가변동

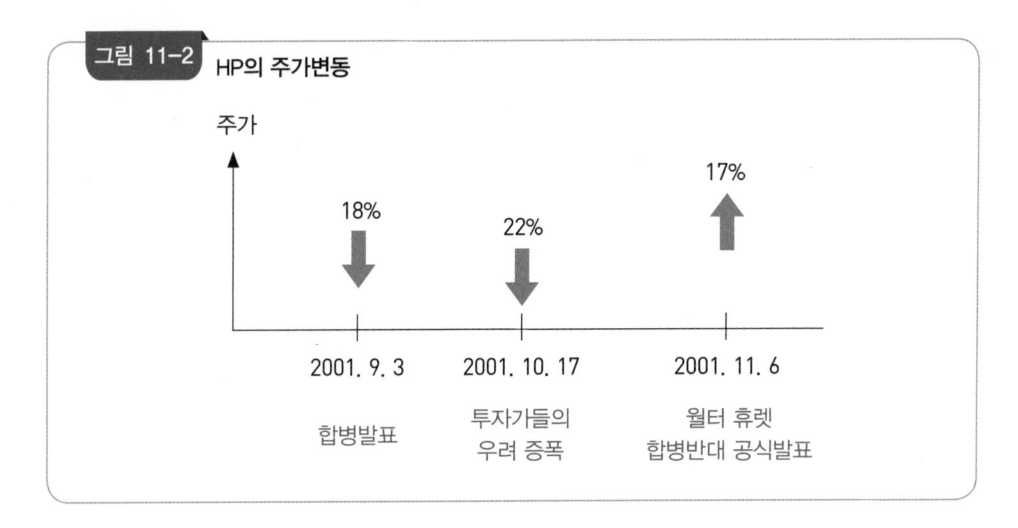

11월 6일 월터 휴렛이 합병반대를 공식발표하자 주가가 무려 17%나 급상승하였다.

주가변동에 대한 피오리나 회장의 협상전략

HP-Compaq 사례에서 보듯이 M&A를 추진하며 무시할 수 없는 것이 주식시장에서의 주가변동이다. 이는 투자자들의 반응을 말하는 것으로 주가가 하락하면 M&A를 추진하는 측에서는 상당히 부담스럽다. 심한 경우 이 같은 주가폭락 부담을 견디지 못해 M&A 자체를 포기하는 경우도 많다.

그러나 HP의 피오리나 회장은 "주가가 아무리 폭락하더라도 합병을 추진하겠다"는 강력한 리더십을 발휘하였다. 이는 M&A가 가져오는 시너지 효과에 대한 CEO의 강력한 확신이 없으면 불가능한 것이다.

국제적 M&A를 추진함에 있어서 CEO는 많은 경우 투자가의 부정적 반응에 의한 주가하락 부담을 안고 협상을 해야 된다는 점을 잊지 말아야 한다. 말하자면 초기 M&A 전략계획을 수립할 때부터 주가하락의 부담을 염두에 두고 강력한 리더십을 가지고 협상을 일관성 있게 추진해야 한다.

▌전략 3: 대안을 가진 협상전략(Multiple Approach)

M&A 협상이란 각기 다른 문화와 성장배경을 가진 두 기업 간의 합병이므로 그만큼 결렬 가능성이 크다. 그러므로 반드시 협상결렬에 대비한 대안을 가지고 있어

야 한다. 인수기업이나 피인수기업의 입장에서 복수기업을 협상상대로 한다는 대안의 존재는 확실히 협상력을 강화시킬 것이다.

M&A 대상기업을 선정할 때 반드시 2~3개 기업 정도로 협상상대를 압축하여 특정기업과 결렬시 다른 기업과 협상을 재개할 수 있도록 하여야 한다.

▌전략 4: 제3의 중개기관 활용전략

HP-Compaq 합병을 둘러싼 피오리나 회장과 휴렛가의 갈등이 최고조에 달한 2001년 11월 9일, 월터 휴렛은 합병을 막기 위해 대리회사(proxy firm)를 고용하였다. 이에 맞서 11월 12일 HP는 합병 강행을 위해 이니스프리 M&A(Innisfree M&A)를 고용하였다. 또한 HP와 컴팩의 주주들은 영향력 있는 투자자문회사인 ISS사를 고용해 그들의 투표권을 ISS에 맡겼다. 합병당사자 간의 갈등이 첨예해짐에 따라 참여자들이 모두 제3의 중개기관을 고용한 것이다.

GE는 그간 많은 M&A를 하면서 인수대상기업 발굴 등을 중개기관에 맡기지 않고 거의 독자적으로 진행한 것으로 유명하다. 원칙적으로는 인수기업과 인수대상기업 간에 직접 M&A 협상을 하는 것이 가장 이상적이다. 대외적 비밀이 보장되며 상호 간에 쌓여진 신뢰를 바탕으로 신속하게 M&A 협상을 마무리 지을 수 있다. 특히 전문기관에게 지불해야 하는 중개료를 절약할 수 있다는 큰 이점이 있다.

그러나 전 세계를 상대로 하는 M&A 협상에서는 최적의 상대기업을 찾기가 쉽지 않다. 또한 인수대상기업 가치평가는 상당히 주관적이어서 매도기업과 인수기업 간에 인수가격을 둘러싼 갈등을 해결하기도 쉽지 않다.

국제 M&A에 도움을 줄 수 있는 대표적 중개기관은 법률회사, 투자은행, 회계법인이다. 이들을 적절히 활용하면 다음과 같은 이점이 있다.

불필요한 갈등과 마찰 방지

M&A 협상과정에서는 내부이해관계자의 반발, 인수가격을 둘러싼 갈등, 실사과정에서의 정보 보호를 둘러싼 분쟁 등 다양한 갈등과 마찰이 생길 수 있다. 이를 위해서는 법률회사(law firms)를 활용하는 것이 좋다.

국제 M&A란 법률제도가 다른 두 기업, 즉 인수기업과 인수대상기업 간의 협상이므로 법률적 검토가 중요한 역할을 한다. 아무리 좋은 대상기업을 선정하여 M&A 협상을 진행시키더라도 기업 해당국의 독점금지법이나 공정거래법의 제재를 받으면 아무 의미가 없게 된다. 또한 미국기업과 M&A를 할 경우 각 주마다 회사법이 다르기 때문에 인수합병 관련법률조항을 사전에 면밀히 검토할 필요가 있다.

광범위한 인수대상기업의 발굴

앞의 글로벌 전략계획 중 시장확대전략과 수직계열화전략의 경우 다국적기업이 이미 활동 중인 사업 분야에서 다른 외국기업을 M&A하기에 인수대상기업의 발굴에 큰 문제는 없다. 그러나 다각화전략에 바탕을 둔 M&A 협상의 경우 인수대상기업에 대한 정보가 상당히 한정적이다. M&A 전문중개기관은 어느 정도 매각의사가 확실한 기업의 정보를 가지고 있고, 그 회사에 대한 접근도 용이하다. 그러므로 이들 중개기관을 활용하면 광범위한 후보 중에서 인수기업의 의향에 맞는 좋은 기업을 쉽게 찾을 수 있다.

인수대상기업에의 익명접근

어느 정도 가능성이 있는 인수대상기업에 대한 접근을 시도할 경우 중개자는 인수회사를 숨기면서 상대기업의 반응을 탐색할 수 있다. 즉, 인수대상회사에 대하여 불필요하게 인수기업의 의사를 알리지 않고 효율적인 선정협상을 할 수 있다. 삼미특수강이 1989년 캐나다의 애틀래스 철강(Atlas Steel)을 인수할 때, 미국 회계법인인 딜로이트(Deloitte Haskins & Sells)가 초기 접촉 단계부터 협상을 주도하였다.

객관적 인수가격의 산정

회계법인 같은 중개기관을 활용하면 보다 객관적이고 믿을 만한 자료에 의하여 인수대상기업의 가치를 산정할 수 있다. 이는 주관적 평가에 바탕을 둔 인수기업과 인수대상기업의 가치평가 차이에 따른 협상갈등을 상당히 완화시켜 줄 것이다.

회계법인은 인수대상기업의 실사(due diligence)나 기업가치평가를 하는데 큰 도움을 줄 수 있다. 그러나 앞의 삼미특수강의 예에서 보듯이 오늘날 회계법인은 이 같은 소극적 역할에 그치지 않고 전 세계적 네트워크를 통해 대상기업을 발굴하고 M&A 협상전략을 수립하는 것을 돕는다. 특히 인수대상기업의 장부와 자료를 분석하는 과정에서 상대방의 약점을 포착하여 고객기업의 협상력을 강화시키기도 한다.

이의 좋은 예가 GM－대우자동차 협상에서 딜로이트사의 역할이다. 동사는 대우자동차의 전 세계 해외지사의 회계조사를 통해 우발채무 가능성을 제기하여 대우자동차의 인수가격을 낮추는 데 큰 역할을 하였다.

전략 5: M&A 가격협상의 특징[11]

노키아 휴대폰사업 헐값 매각

세계 휴대폰 사업의 선두 주자로 노키아는 2011년까지 14년간 부동의 1위 자리를 차지했다. 2007년 노키아 시가총액은 무려 1,073억 달러에 이르렀다. 그런데 2007년 아이폰을 출시한 애플에 경쟁우위를 빼앗기면서 노키아가 아프리카 폰으로 전락해 버려, 결국 휴대폰 사업부는 2013년에 마이크로소프트에 단 돈 72억 달러로 헐값에 매각된다. 매각액 72억 달러는 노키아 시가총액이 최고점을 찍었을 당시 금액인 약 1,073억 달러의 15분의 1 수준이었다. 이 같이 M&A협상전략은 매각 시기에 따라 가격에서 엄청난 차이가 난다.

라이파(Raiffa, 1982)[12]는 126명의 협상자에 대해 M&A 모의연습을 해보았다. 가상적인 회사인 AIL사를 인수하고자 할 때 이 회사의 가치를 어떻게 평가하느냐는 질문을 해보았다. AIL사에 대한 가치평가는 최저 165만 달러, 최고 330만 달러로 평가되었다. 상대가 인수대상기업의 가치를 주관적으로 어떻게 평가하냐에 따라 인수가격에서 무려 두 배 가까이 차이가 나는 것이다.

이 사례에서 기업을 팔고자 하는 측의 저항가격이 인수희망기업의 저항가격 330만 달러보다 높은 450만 달러라면 ZOPA(합의가능지역)가 형성되지 않아 기업매매가격이 결정될 수 없다. 그러나 인수대상기업의 저항가격이 150만 달러라면 ZOPA가 형성되어 165만 달러와 330만 달러 사이에서 인수가격이 결정될 것이다.

이 사례에서 보았듯이 M&A 가격협상의 특징을 다음과 같이 요약할 수 있다.

---

11 'M&A에센스 2020최신개정판' 중소벤처기업부,삼일회계법인 M&A협상지원센터, 2020.8. p.114

12 Raiffa, Howard, *The Art And Science Of Negotiation; How To Resolve Conflicts And Get The Best Out Of Bargaining*, The Belknap Press Of Harvard University Press, 2000, p. 34.

기업가치의 주관적 평가

상품거래와 달리 기업거래에서는 기업의 '가치'를 결정해야 하기 때문에 가격협상이 쉽지 않다. '가치(value)'와 '가격(price)'은 서로 비슷해 보이지만 엄밀히 따지면 큰 차이가 있다. 가격은 수요와 공급의 법칙에 의해 '객관적'으로 결정된다. 이에 반해 가치는 다분히 '주관적'인 개념으로 M&A 대상기업의 가치는 인수기업이 이를 어떻게 평가하냐에 따라 크게 다르다. 예를 들어 인수대상기업이 가지고 있는 공장, 토지 같은 유형자산뿐만 아니라 앞으로의 영업전망, 기술개발능력 등 무형자산에 대한 가치평가는 아주 주관적일 수밖에 없다.

ZOPA(가격합의가능지대) 형성의 어려움

1997년 외환위기 이후 국내기업이나 빌딩 매각협상을 할 때 가장 힘들었던 것 중의 하나가 한국인 매도자와 외국인 매수자 간에 ZOPA 자체가 형성되지 않는 것이었다. 〈그림 11-3〉에서 보듯이 화학공장 매각시 한국인은 기업가치를 산정할 때 "땅을 사고 공장을 짓는 데 얼마를 투자했냐"에 의해 저항가격을 결정하려 한다. 만약 100억 원이 들었다고 생각하며 매각자의 저항가는 100억 원이 된다.

반면 외국인은 "이 화학공장을 인수해 장기적으로 얼마를 벌어들일 수 있느냐"에 의해 기업가치를 평가한다. 아무리 돈이 많이 들어간 공장이라도 앞으로 50억 원밖에 벌어들일 수 없다고 보면 매수자의 저항가격은 50억 원이 된다. 이 같이 M&A 당사자들이 각기 다른 기준에 의해 기업가치를 평가하면 ZOPA 형성이 쉽지 않다.

그림 11-3 국내화학공장 매각협상에서 ZOPA 형성의 어려움

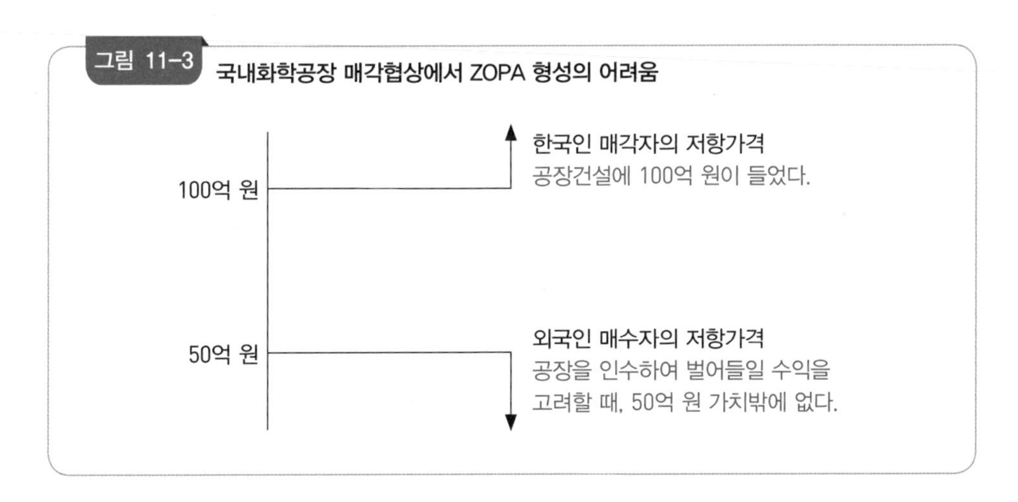

인수 프리미엄 지불

유망한 기업을 인수대상으로 하여 가격협상을 할 경우 프리미엄을 지불하여야 한다. 2011년 구글이 모토로라를 125억 달러에 인수하였다. 당시 모토로라의 시장가치가 약 78억 달러였으니, 무려 48억 달러의 인수 프리미엄을 지불한 셈이다. 삼성전자는 2017년 세계적 오토전장업체인 하만(Harman)을 9조원에 인수했는데 당시 시장가치를 고려할 때 30%의 인수 프리미엄을 지불한 것으로 알려졌다.

2016년 당초 6,500억원 규모로 예상되었던 현대증권이 KB금융지주사에 1조원 2,500억원에 매각되었다. 현대증권 인수에 한국투자증권이 가세하면서 경쟁에 뒤지지 않으려고 KB금융 필요 이상의 과도한 인수 프리미엄을 지불한 것이다. 일반적으로 국내기업의 경우 적게는 1.7%에서 많게는 34% 정도 인수 프리미엄을 지불하고 있다.

인수 프리미엄을 높게 지불하는 CEO는 다음과 같은 경영자들이다.

- 과거 성공적 M&A협상을 통해 영업실적을 올린 자신감이 있는 CEO
- 매출을 늘려 기업규모를 확대하겠다는 CEO
- 경쟁기업이 있을 경우 높은 인수 프리미엄을 지불하더라도 꼭 상대기업을 인수하겠다는 CEO
- 인수대상기업이 자사의 도약에 필요한 핵심역량을 가졌다고 판단한 CEO

하지만 경영 악화나 재정난에 빠진 기업을 인수하고자 할 경우 인수 프리미엄을 거의 지불하지 않는다. 이의 좋은 예가 1997년 외환위기 이후 헐값 매각(free-sale)이다. 자금난에 빠진 많은 국내기업이 프리미엄 없이 외국에 매각되었다.

제 4 절 M&A 협상에서의 주요 갈등과 대응전략

지금까지 살펴본 바와 같은 M&A 협상의 다양한 특징 때문에 협상과정에서 기업인수가격, 인수조건 등을 둘러싸고 인수기업과 인수대상기업 간에 다양한 갈등과 마찰이 존재한다.

1. 인수 · 합병회사의 경영자치권(Autonomy)

르노가 삼성자동차를 인수하고 파리 본사가 직접 임명하고 감독한 자리는 딱 세 자리였다.

- 최고 재무경영자(CFO: Chief Finance Officer)
- 최고 인사경영자(Chief Human Resources Officer)
- 최고 커뮤니케이션 경영자(CCO: Chief Communication Officer)

쉽게 말하면 르노가 익숙하지 않은 한국의 삼성 자동차를 인수했지만 인사+재무+정보·홍보만 장악하고 나머지는 전적으로 르노 삼성의 경영자치권을 인정하였다. 당연히 공장장은 한국인이고 마케팅, 생산관리, 유통 등도 한국인들에게 위임하였다.

르노 삼성의 경우 이 같이 경영자치권을 인정해 성공한 사례이다. 하지만 많은 경우 본사가 인수·합병한 회사의 경영에 직접 관여한다. 따라서 M&A에서 가장 큰 갈등은 '경영자치권은 누가 가지느냐?'하는 것이다.

2. 인수 · 합병 회사의 브랜드

GM이 대우자동차를 인수하고 처음에는 'GM·Daewoo'란 브랜드를 사용하였다. 그러나 얼마가 지난 후 '대우'란 브랜드를 없애고 'GM Korea', '쉐보레(Chevrot)'란 브랜드를 사용하였다.

르노 삼성의 경우 초기 M&A 협상에서 르노가 '삼성'브랜드를 사용하는 대가로 매년 매출의 일정부분을 로얄티로 지불하기로 했다.

당초 인수 후 흑자 전환에 3년 정도 걸릴 줄 기대했는데 다음 해부터 경영이 정상화 되었다. 르노 본사에서 삼성브랜드 사용의 로얄티를 지불하지 않기 위해 '르노 삼성' 브랜드를 그냥 '르노'로 바꾸려 한 적이 있다. 이를 안 한국의 르노 삼성 간부들이 강력해 반대하여 결국 르노 본사는 '르노 삼성' 브랜드를 그대로 사용하기로 했다.

그림 11-4 GM 대우와 르노 삼성의 브랜드 전략 차이

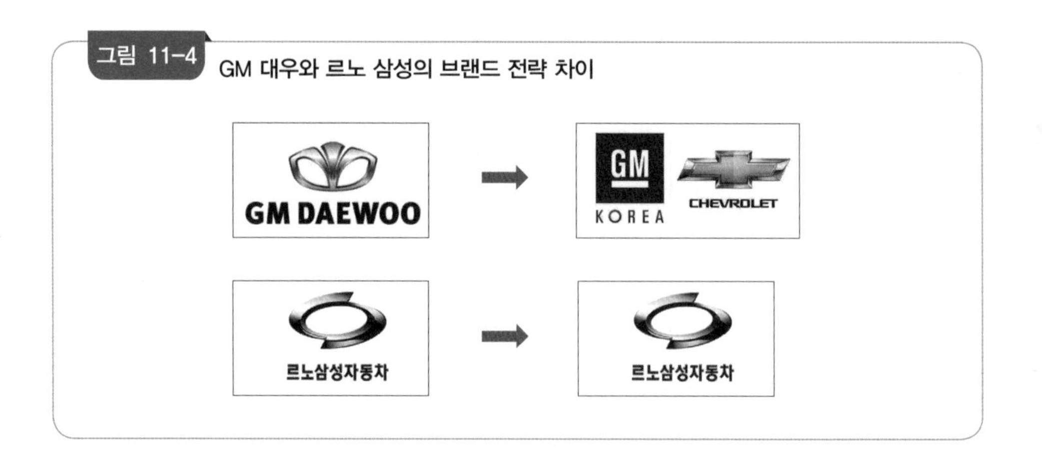

"왜 GM의 경우 대우 브랜드를 떼어내고, 르노는 삼성 브랜드를 못 떼어 냈을까?"

그 이유는 간단하다. 시장에서 삼성과 대우가 가지는 브랜드 이미지 때문이다. 도산한 대우 브랜드는 세계 최고 브랜드인 GM의 이미지를 깎아먹었다. 하지만 반도체, 갤럭시 등에서 이미 세계 최고의 자리에 오른 삼성의 이미지는 르노 삼성이 만든 자동차의 소비자 신뢰를 높이는 효과를 가져왔기 때문이다.

3. 핵심인력 이직방지 협상전략: 비경쟁조항(Non-competing Clause)

많은 경우 상대기업을 인수하는 목적이 우수한 연구인력이나 경영진을 확보하기 위한 것이다. 그러나 협상 도중에 인수대상기업의 핵심인력이 이직을 해버리면 인수기업으로서는 손해이다. 더욱이 이들 기업이 인수기업이나 인수대상기업과 경쟁관계에 있는 기업으로 이직을 하게 되면 문제가 커진다. 이 경우 단순한 핵심인력 유출 단계를 지나 인수대상기업의 영업비밀, 노하우 등이 경쟁기업으로 유출될 가능성이 크다. 그러므로 M&A 협상에서 많은 경우 인수기업은 상대에게 엄격한 비경쟁조항을 요구한다.

WWP－루비캄 사례에서도 WWP는 "루비캄 직원이 합병 후 WWP 고객의 경쟁사를 위해 일하는 광고계열사에 2년간 취업을 금지"하는 조항을 계약서에 명문화할 것을 요구하였다. 결국 두 회사 간의 합의 끝에 이직금지 기간을 1년으로 줄이고,

그림 11-5 M&A 협상시 비경쟁조항: WWP-루비캄 인수

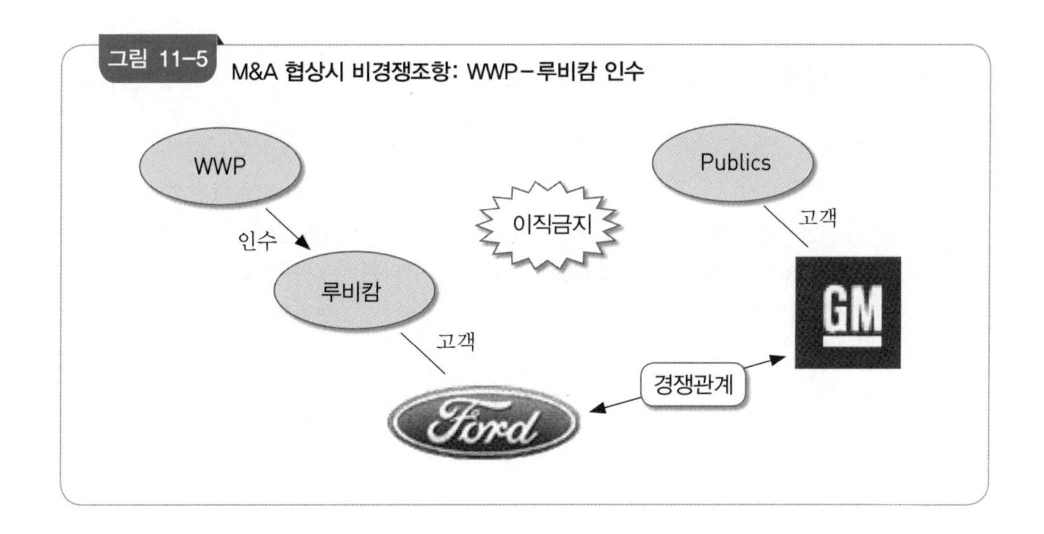

경쟁사의 범위를 루비캄 고객의 경쟁사로 제한하기로 하고 이를 임시계약(agreement in principle)에 명기하였다. 〈그림 11-5〉에서 보듯이 루비캄 직원이 Publics 광고사로 이직하는 것을 제한하는 것이다.

제 5 절 Aiello와 Watkins의 M&A 5대 협상전략

1. 전략 1: 초기의 Soft 협상전략에서 점차 Hard 협상전략으로 전환

M&A 협상의 초기 단계에는 상대와 신뢰를 형성하는 것이 중요하다. M&A란 어려운 기업매매협상이기 때문에 처음부터 너무 까다롭게 협상상대에게 접근하면 협상 자체가 결렬될 우려가 크다. 그러므로 초기에는 서로간에 신뢰를 형성하기 위한 우호적인 Soft 협상전략을 쓰다가 실사과정을 거쳐 가격협상에 들어가며 점차 Hard 협상전략으로 전환해 가는 것이 필요하다.

디즈니 이거(Iger) 회장과 루카스의 신뢰

2012년 디즈니는 스타워즈 시리즈로 유명한 루카스 필름을 40억 달러에 인수했다.

이 협상에서는 많은 인수희망 경쟁사들을 제치고 조지 루카스가 루카스 필름을 디즈니에 매각하기로 한 결정적 이유는 이거 회장(R. Iger)과 루카스 사이에 형성된 끈끈한 신뢰 덕분이다.

이거 회장은 루카스가 돈보다는 자신이 평생 이룩한 스타워즈 브랜드에 대한 자긍심이 크다는 것을 알고, 최대한 루카스에게 존경심을 표명하며 자존심을 살려주었다.

막강한 협상력을 가진 디즈니였지만 자금력으로 루카스 필름을 인수하려 시도하지 않고 상대와의 신뢰 형성에 주력한 이거 회장의 협상전략이 성공한 것이다.

2. 전략 2: 정보의 덫과 협상탈출실패 주의

국제전략적 제휴와 같이 M&A도 CEO 간의 신뢰에 의해 협상이 시작되는 수가 많다. 이의 좋은 예가 1995년 LG전자가 미국의 제니스를 인수한 협상이다. 1995년 5월 LG전자 사장이 GE에 출장을 갔다가 시카고에 들러 제니스의 모쉬너 사장을 만나 개인적인 면담을 하였다. 귀국 후 일주일 후 모쉬너 사장이 아시아의 한 업체가 제니스 지분참여에 관심을 가지고 있으니 LG도 참여하라고 해 인수교섭은 시작되었다. LG전자로서는 이미 1991년 5% 제니스 지분참여를 통해 제니스가 인수할 만한 가치가 있다는 평가를 내려놓은 상태였다.

협상과정에 투자은행 선정에 약간의 이견이 있었던 것을 제외하고는 인수가격이나 여타 조건에 큰 의견차가 없었다. 협상과정에 마쓰시다로 추정되는 경쟁자가 나타나 한때 긴장하기도 했지만 지난 20년간의 협력기간 동안 형성된 LG전자와 제니스 경영진 간에 형성된 신뢰가 큰 역할을 하였다.

이 같이 CEO 간의 만남과 신뢰에 의해 M&A 협상이 진행되면 긍정적인 측면도 많다. 그러나 이 경우 주의해야 할 점은 정보의 덫(information trap)에 빠지지 말고 협상탈출에 실패하지 말아야 한다는 것이다. CEO 자신이 인수대상기업에 너무 감정적으로 매료되어 M&A 협상을 추진할 경우 부정적 정보(disconfirming information)를 무시하여 정보의 덫에 빠질 우려가 크다.

일단 정보의 덫에 빠져 M&A 협상을 상당 부분 진행하다 보면 잘못된 협상인 줄 알면서도 무리하게 협상을 계속 강행하려는 경향이 있다. 실사 등을 통해 잘못 선택된 상대기업과의 잘못된 M&A 협상이라고 판단되면 과감하게 협상실패를 인정하고 여기서 탈출해야 한다.

3. 전략 3: 가격협상은 가능한 한 늦게 개시

M&A 추진에서 가능하면 가격협상은 늦게 하는 것이 좋다. 면밀한 실사(due diligence)를 통해 인수대상기업의 가치를 객관적으로 정확히 평가하고 협상당사자들 간에 어느 정도 신뢰가 형성되고 난 후에 가격 이야기를 꺼내는 것이 좋다. 협상자들 간에 M&A에 대해 구체적 정보 교환을 안한 협상 초기 단계에 불쑥 한쪽이 가격 제시를 하면 저항가격을 매도자는 '높게' 설정하고, 반대로 매수자는 '낮게' 설정하려는 경향이 강해 ZOPA가 형성되지 못할 우려가 크다. 이 경우 본격적인 협상을 해보지도 못하고 M&A 자체가 깨지게 된다.

4. 전략 4: Multi-Channel 협상전략: bad guy - good guy 전략

M&A 협상에서는 단일창구를 활용해야 한다는 주장도 있다. 그러나 아이엘리와 왓킨스은 여러 개의 협상채널을 열어 bad guy−good guy 전략을 쓰는 것이 더 효과적이라고 주장한다. 인수기업의 경영진이 중심이 된 협상채널은 상대와 우호적인 분위기에서 주로 경영전략, 인사관리, 마케팅 등 시너지 효과부분을 협상한다. 즉, good guy 역할을 하는 것이다. 동시에 다른 협상채널은 bad guy(악역) 역할을 한다. 이들은 세무문제, 우발채무, 대금지급, 환경문제 등 분쟁의 소지가 많은 분야에 대한 협상을 주로 한다.

5. 전략 5: 시간은 적(Time is your enemy)

M&A 협상에서 시간은 적이다. 특히 M&A 추진이 발표되어 임시계약(agreement in principle)을 맺는 시점과 본 계약(definitive contract)을 체결하는 시차가 짧아야 한다. 임시계약 후 본 계약 체결이 지연되면 투자가들이 동요한다. 당연히 투자가들의 동요는 주가하락을 가져와 M&A 협상추진에 큰 부담을 준다.

이 같은 관점에서 볼 때 M&A 협상에서 일단 임시계약이 맺어지면 빨리 본 계약 체결을 맺어 인수·합병을 종결해야 한다. 필요하다면 협상팀과 함께 투자자 홍보팀을 동시에 구성하는 게 좋다. 투자에는 외부의 홍보 전문가를 참여시키는 것이 좋다. 투자가의 강한 반발은 M&A 협상 자체를 결렬시킬 수 있다. 독일 도이치은행은 Dresdner은행과의 M&A를 두 은행 투자가들의 강한 반발 때문에 중도에 포기해야 했다.

M&A협상이 발표되면 인수대상기업에 근무하는 우수인력을 경쟁사에게 뺏길 수 있는 위험한 시기이다. 대기업 M&A협상거래 발생 연도의 평균 퇴직률은 등기임원 60%이고 거래 3년 후에는 93%까지 올라간다. 이같이 인수대상기업의 임직원이 경쟁기업으로 옮기면 지식재산권이 유출되고 M&A협상으로 기대했던 효과가 감소될 수 있다.[13]

제 6 절 M&A 협상사례 연구: GM - 대우자동차 매각협상

"이 땅에서 대우자동차 매각 같은 비굴한 협상이 두 번 다시 있어서는 안 된다."

"칼자루를 쥔 쪽이 저 쪽이라 억울해도 싫은 소리 제대로 못했다. 너무나 자존심이 상하고 분통이 터져 자다가도 벌떡 일어나 속앓이를 한 날이 하루 이틀이 아니다. 당장이라도 협상을 깨버리고 야인으로 돌아가고 싶은 적도 많았다."

"다른 어떤 대안도 없었고, GM 이외에는 뾰족한 대안도 없는 절박한 상황이어서

---

13 'M&A에센스 2020최신개정판' 중소벤처기업부, 삼일회계법인 M&A협상지원센터, 2020.8. p.137.

GM에 일방적으로 끌려 다닐 수밖에 없었다."

정건용 산업은행 총재, 한국일보, 2002년 5월 9일

대외협상의 성과를 국내적으로는 성공적이라고 자화자찬하는 것이 협상자의 일반적 태도이다. 1995년 6월 미일 자동차 협상이 타결된 후 미국과 일본은 서로 자신들이 이긴 협상이라고 국내적으로 말했다. 클린턴 대통령은 '폐쇄적인 일본 자동차 시장 개방에 획기적 계기를 마련하였다'라고 말하고, 하시모토 통상장관은 '미국에 대해 처음으로 일방적으로 굴복하지 않은 성공적 협상이었다'라고 자랑했다.

그런데 왜 GM-대우 협상에서는 협상대표를 맡았던 산업은행 총재가 이 같이 공개적으로 종속협상을 인정했을까?

이 장에서는 우리나라의 대표적 국제협상 사례인 GM-대우자동차 협상에 대해 다음과 같은 점들을 살펴보자.

- 대우자동차의 해외매각협상: 배경과 협상상황
- GM의 협상전략
- 한국의 협상전략

1. 대우자동차의 해외매각협상: 배경과 협상상황

IMF 외환위기 이후 부실기업의 해외매각협상은 성공적인 사례보다 악순환이 계속되는 실패사례가 많다. 세계경영의 슬로건 하에 폴란드, 우즈베키스탄, 인도 등 15개국에 해외공장과 33개 해외판매법인을 설립하던 대우자동차는 1988년 8월 대우그룹 해체와 함께 워크아웃에 들어갔다. 이 같은 배경에서 시작된 대우자동차 매각협상은 기본적으로 부실기업의 회생을 위한 매각이었으나 근로자와 부품업체를 포함한 지역경제 문제와 채권 및 공적자금의 회수라는 과제도 포함된 복잡한 형태의 협상이었다.

협상의 당사자로는 정부, 채권단, 투자자, 자본주, 경영자, 노조 및 근로자, 지역주민, 언론 등이 매우 복잡하게 얽혀 있었다. 협상구조에 있어서는 정부와 채권단의 갈등 속에서 협상의 일관성이 유지되지 못했으며, 협상전략에 있어서는 제한적 경쟁 입장을 통해 포드에게 독점적 지위를 제공함으로써 협상력의 상실을 가져왔다.

협상과정에서는 내부협상 이해관계자 간의 갈등을 적절히 관리하는 데 실패하고 정부의 조기매각을 추진하려는 의도로 인해 매도자의 협상력이 약화되었다. 따라서 결과적으로 헐값 매각(fire sale)이라는 비난을 피하기 어렵게 되었다.

▌주요 협상일정

▶ GM 인수의향서 제출(1999년 12월 13일)

1999년 12월 5일에는 미국의 GM사가 대우자동차 국내공장과 해외법인의 일괄인수를 추진한다고 밝히고 같은 해 12월 13일 GM은 금융감독위원회측에 인수의향서를 공식제출한다.

국제입찰로 전환(1999년 12월 말)

GM이 인수의향서를 제출한 며칠 후 포드가 대우자동차 인수의사를 밝힌다. 이에 정부와 채권단은 국제입찰로 매각방식을 전환한다.

5개사 입찰, 포드 선정(2000년 6월)

GM, 포드와 함께 현대자동차, 다임러 크라이슬러, 삼성을 중심으로 한 컨소시엄 등이 국제입찰에 참가한다. 2000년 6월 30일 대우차 입찰제안서를 검토한 입찰평가위원회는 포드를 우선협상대상자로 지정했다. 포드가 쌍용자동차를 합쳐 제일 높은 가격인 70억 달러를 제시했기 때문이다.

포드 인수포기 선언(2000년 9월 16일)

대우자동차 실사과정에서 드러난 부실채권 때문인 것으로 알려졌다.

GM피아트 인수의향서 제출(2000년 10월 7일)

GM 제시가격은 12억 달러로 같은 해 6월 국제입찰시 GM 제시가격의 1/3도 안되는 수준이다.

대우자동차 부도 및 법정관리(2000년 11월)

2000년 11월 8일 대우자동차가 최종부도처리되고 11월 30일 이종대 회장을 관리인으로 해 법정관리에 들어간다.

GM 인수제안서 제출(2001년 5월 30일)

GM은 대우자동차 매각사무국과 산업은행에 인수제안서를 제출한다.

GM-채권단 양해각서(MOU) 체결(2001년 9월 21일)

GM과 대우는 한국 협상팀의 매각에 관한 기본원칙(agreement in principle)에 합의한다.

GM-채권단 본 계약 체결(2002년 4월 30일)

양해각서를 체결한지 7개월간 대우 국내외공장에 대한 정밀실사를 한 후 다시 GM과 대우 간에 세부사항에 대해 협상을 하고 본 계약을 맺는다.

GM-대우 협상력의 장기 평가(1992~2002년)

GM-대우 매각협상을 정확히 평가하기 위해서는 1992년 GM과 대우 간의 합작 결렬까지 거슬러 올라가야 한다. 1992년 한국을 떠난 GM은 그 이후 몇 차례 한국시장 복귀를 위해 쌍용자동차, 한국정부, 대우자동차 등과 협상을 벌였다. 따라서 처음부터 GM이 한국에 대해 우월한 협상력을 행사했던 것은 아니다. 포드가 인수포기 선언을 하기 전까지는 한국이 유리한 협상력 고지를 점령하고 있었다.

GM의 한국과의 이 같은 협상력 변화는 장기적으로 〈그림 11-6〉에서 보는 바와 같이 두 가지 단계로 나눌 수 있다.

1단계(1992~2000년 9월): 한국의 유리한 협상력

이 기간 중 한국은 GM에 대해 유리한 협상력을 행사하였다. GM이 한국시장 복귀를 간절히 원해 협상에 적극적이었기 때문이다. GM이 한국 자동차시장 복귀를 원한 이유는 다음과 같다.

- GM은 2000년대 초 아태지역에 중국, 대만, 태국 등 6개의 현지법인을 가지고 있었다. 하지만 생산능력이 10만 대를 넘는 곳은 일본, 태국, 인도네시아뿐이었다. 따라서 2000년대 초 3.8%에 불과한 GM의 아태시장 점유율을 목표인 10%로 끌어올리기 위해서는 대우자동차 인수가 필요했다.
- GM의 아태지역 생산구조에 중소형 승용차 부문이 없었다. GM은 경차(스즈끼),

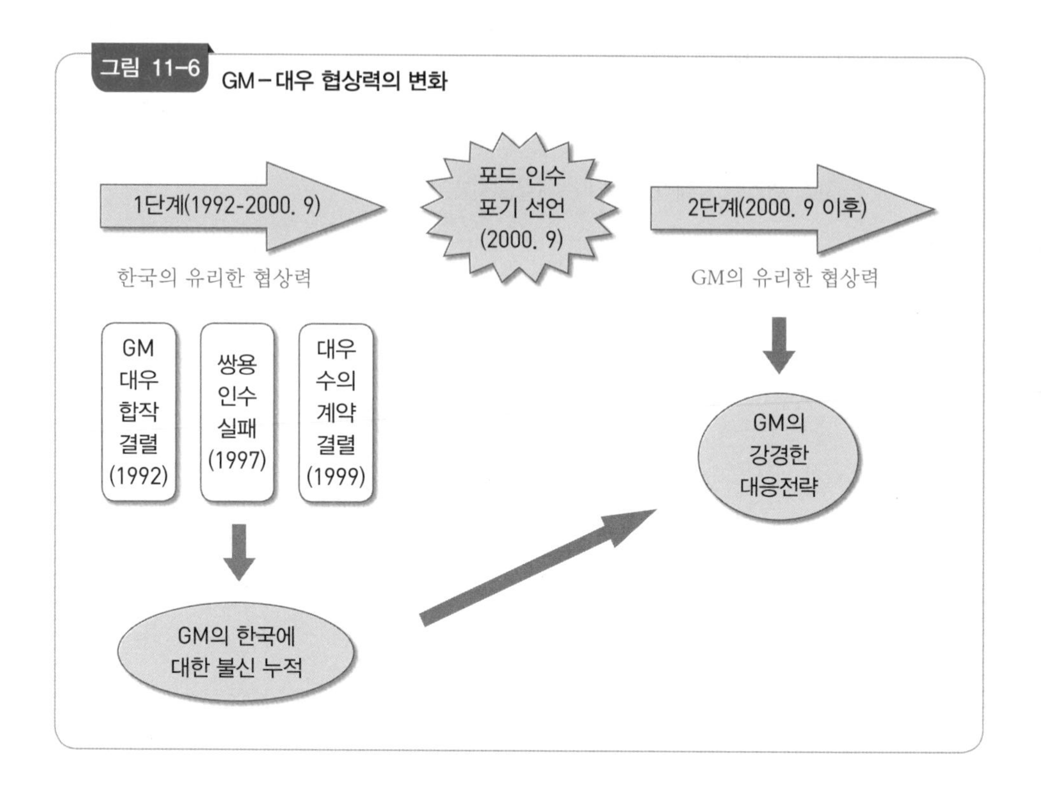

그림 11-6 GM-대우 협상력의 변화

중대형차(상하이공장), 미니밴(태국), 상용차(후지중공업) 등 경차와 대형차 생산 거점을 가지고 있었다. 따라서 중소형 승용차 위주의 대우자동차인수는 GM에게 상당히 매력적이었다.

2단계(2000년 9월 이후): GM의 유리한 협상력

열세에 몰려 한국측에 고전하던 GM은 2000년 9월 포드의 대우차 인수포기를 계기로 확고한 협상주도권을 잡는다. 더욱이 과거 일관성 없는 한국의 협상태도 때문에 불신을 쌓아온 GM은 2단계에서 유리한 협상력을 무기로 한국을 가차없이 몰아붙인다. 반면 GM에만 매달려야 했던 한국은 이 기간 중 일방적으로 GM에 밀리기만 한다.

2. GM의 협상전략

▌GM의 "인수합병 1백년사"

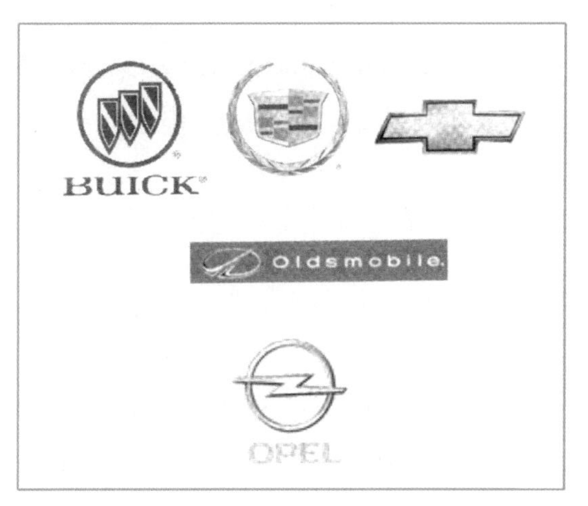

1,773억 달러(2001)의 매출로 전 세계 자동차시장 점유율 1위(15.1%)인 GM이 설립 초기부터 이 같이 거대한 기업은 아니었다. 1908년 설립된 GM의 백년성장사는 M&A 역사라 할 정도로 꾸준히 경쟁기업을 인수합병 해왔다. 캐딜락, 뷰익, 올즈모빌, 폰디악, 시보레 같은 미국기업에서 시작해 마쯔다, 피아트, 사브 등의 외국기업을 꾸준히 인수합병 해왔다.

이 과정을 통해 M&A에 대한 노하우를 꾸준히 쌓아온 GM의 협상전략은 헐값 매입과 지연으로 특징지어 진다. GM의 협상전략은 상대를 철저히 분석하여 가능한 지연전술을 써 헐값에 매입하는 것이다. GM의 폴란드 FSO 인수작업은 무려 5년이나 끌어 국제적으로 'GM의 FSO 자살게임'이라 불렸다.

또한 2000년 24억 달러에 피아트 지분 20%를 구입한 GM은 나머지 지분을 인수하는 데 지연협상전략을 썼다. 2001년 13억 달러, 2002년에 10억 달러씩 연속적자를 낸 피아트는 GM의 지연전술에 철저히 말려들지 않을 수 없었다.

▌GM 전략 1 : 지연협상전략

일방적으로 당하기만 하던 GM이 포드의 인수포기 선언으로 협상주도권을 잡자 철저한 지연(delay)전략을 쓴다. 2000년 10월 포드의 인수포기 선언 후 인수의향서(LOI)를 제출하고 대우자동차에 대한 실사를 마친 GM은 2001년 5월까지 별다른 협상의사를 보이지 않는다. 당시 대우자동차는 월 500억 원씩 적자를 내고 있었으며 채권단은 포드인수 포기 후 일시자금지원을 중단하였다.

더욱이 대우자동차의 시장점유율이 1998년의 33.2%에서 2001년에는 13.9%까지 떨어졌다. GM으로서는 시간을 끌면 끌수록 유리하다고 판단한 것이다. 이 기간 중 GM은 국내언론도 효과적으로 활용하였다. GM은 국내기자단과 1999년 인터뷰 중 "대우차의 가치는 시간이 지날수록 떨어질 것이다"라고 말하였으며, 포드입찰 포기 후 협상자리에서 "인수를 전제로 만난 것이 아니다. 그저 관심이 있는 정도이다"라고 무관심한 척 하였다.

GM 전략 2 : 헐값매입전략

〈그림 11-7〉에서 보듯이 GM-대우 협상에서 대우자동차는 한때 70억 달러까지 논의되다가 결국 4억 달러 수준에 매각되었다. 1999년 12월 GM은 수의계약 형태로 대우자동차를 55억 달러에 인수할 것을 한국정부에 제시하였다.

2000년 6월 국제공개입찰에서 포드가 무려 70억 달러를 제시해 최고낙찰자로 결정되었다. 여기까지는 한국측의 협상전략이 좋은 효과를 보인 듯 했다. 그러나 포드의 인수포기 발표 후 2000년 9월 GM은 12억 달러를 제시하였다. 2000년 6월 국제공개입찰시 GM이 40억 달러를 제시한 것을 고려하면 무려 28억 달러를 낮춘 가격이다.

그림 11-7 GM-대우 매각협상에서의 ZOPA

GM의 가격협상전략은 여기서 그치지 않았다. 2000년 9월 대우자동차의 8억 달러 상당 우발채무를 이유로 인수희망가격을 12억 달러에서 다시 8.5억 달러로 깎았다. 결국 2002년 4월 30일 GM은 자사의 순수한 자금인 4억 달러만 투자하여 대우자동차를 인수하였다.

GM 전략 3 : 선별적 매입전략

한국측은 일괄매각(package deal)을 희망했다. 대우자동차의 모든 지분, 자산, 부채, 영업권, 고용을 GM이 인수하는 것이다. 그러나 오랜 기간의 합작경험과 여러 차례의 실사를 통해 대우자동차의 강점과 약점을 잘 알고 있는 GM은 문제가 없고 좋은 자산(clean asset)만을 선별적으로 매입(cherry picking)하는 전략을 실시하였다.

해외생산시설의 선별적 인수

한국측은 창원, 군산, 부평의 국내 3개 공장은 물론 폴란드, 인도, 베트남, 이집트 등 15개 해외공장 그리고 33개 해외판매법인의 일괄매각을 주장했다. 그러나 GM의 선별적 인수전략에 양보하여 2001년 9월 양해록(MOU) 체결시 해외 22개 판매법인과 베트남, 이집트의 2개 공장만을 인수하기로 합의했다.

그림 11-8 GM의 생산시설 선별인수

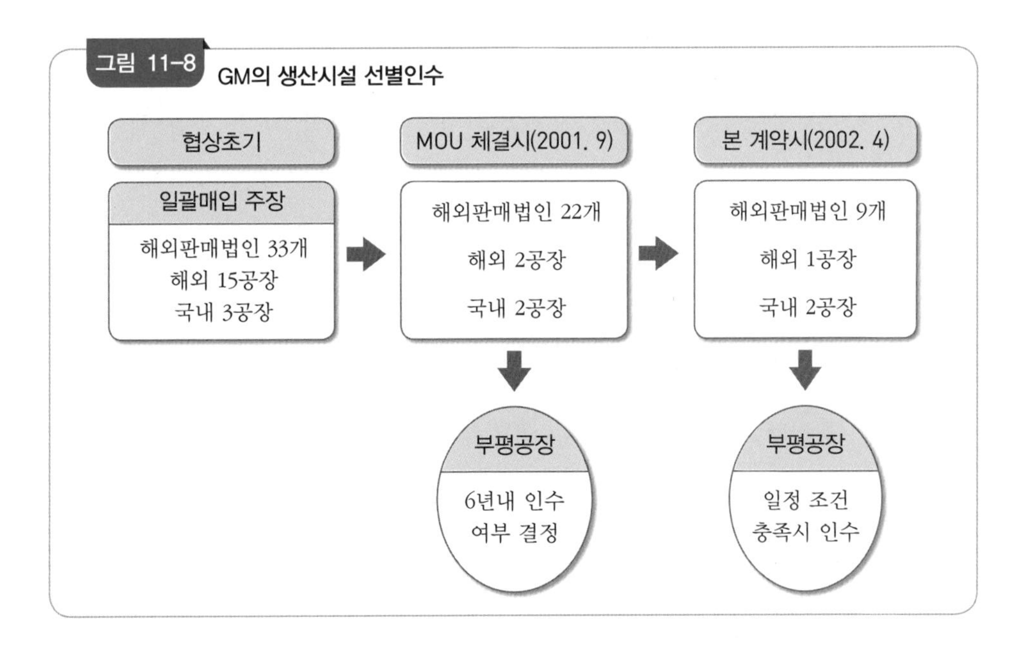

GM의 계속적 선별인수전략에 밀린 한국측은 2002년 4월 본 계약 체결시에는 해외공장은 베트남 한 곳으로 줄어들고 해외판매법인은 다시 9개로 축소되었다. GM으로서는 대우의 15개 해외공장 중 부실화하지 않고 영업전망이 좋은 베트남 한 곳만 인수하였다.

부평공장 인수

GM의 선별인수 협상전략과 한국측의 일괄인수 협상전략이 첨예하게 대립한 곳이 부평공장이었다. GM은 부평공장의 생산시설이 상대적으로 노후하고 노조활동이 강성하기 때문에 이의 인수를 처음부터 줄기차게 거부했다. 2001년 9월 양해록 체결시 GM은 '6년 내 GM이 부평공장 인수여부를 결정하겠다'라고 강경한 입장을 고수했다. 그러나 한국측도 '부평공장 인수 없는 대우매각은 곤란'하다는 강경입장이었다. 그러나 한국측의 강경한 인수요구에 본 계약시에는 GM이 부평공장을 6년간 장기공급 계약형태로 운영하고 앞으로 부평공장이 다음과 같은 조건을 충족하면 인수하겠다고 약속하였다.

- 연간 4% 이상의 노동생산성 향상
- 2교대 가동
- 노사분규로 인한 작업손실시간이 GM 전 세계 공장 평균보다 낮을 것
- GM 전 세계 기준의 품질수준 유지

GM으로서는 부평공장 노조와의 협상에서 백기항복을 받은 셈이다. GM이 궁극적으로 인수하지 않으면 독자생존할 수 없는 부평공장 노조로서는 GM이 내세운 생산성과 품질향상을 위해선 과거와 같은 강성노조행위를 할 수 없게 되었다.

3. 한국의 협상전략

▌GM의 지연전략에 대한 대응 부재

협상대안 부재

협상기간 중 한국정부의 고위관리와 채권단은 "대우는 꼭 GM에 매각되어야 한

다", "한 달 내에 인수자를 선정하겠다", "연내까지 대우자동차를 매각하겠다"라는 말을 공개적으로 하였다. 당시 한국정부는 세계적 글로벌 기업인 GM이 대우자동차를 인수하면 한국경제의 국제신인도 제고에 크게 기여한다고 믿었다.

외환위기 이후 적극적으로 외국인투자 유치정책을 쓰던 한국정부로서는 'GM, 대우 인수→한국 국가신인도 제고→외국인투자 증가→한국경제 회복'이라는 등식을 세운 것이다. 실제로 2000년 9월 포드 인수포기 후 주가가 급락하여 한국경제에 상당히 부담이었던 것이 사실이다.

이는 한국측이 대우의 GM 매각 이외에는 대안이 없다고 스스로 족쇄를 채운 것이다.

금융중심의 한국 협상팀

한국의 협상이 주로 채권은행, 금융감독원, 재정경제부 등에 의해 주도되었다. 매월 엄청난 구조조정자금을 퍼붓는 채권은행이나 금감원으로서는 대우자동차를 하루라도 빨리 매각하여 원금의 일부라도 회수하려 했다. 그러나 이 대우자동차 매각이 산업관련부처에 의해 주도되었다면 다른 협상결과가 나왔을지도 모른다. 세계자동차산업의 구도나 대우자동차의 전략적 가치를 평가했다면 GM의 지연전술에 그렇게 쉽게 말려들지 않았을지 모른다.

▌왜 GM은 2001년 5월 협상을 재개했는가?

대우자동차 흑자전환

GM의 지연전략에도 한계가 있다.

첫째, 2001년 3월부터 대우자동차가 흑자를 내기 시작하였다. 이는 대우자동차가 '좋은 기업(clean company)'으로 변해 다른 외국인수 희망자를 불러들일 가능성이 있었다. 그간 무관심한 척 하던 GM은 흑자전환 후 대우자동차에 흑자내역을 요구하였다.

한국측의 최후담판(Take it or Leave)전략

계속되는 GM의 지연전술에 참다 못한 한국정부는 2001년 3월 8일 '만약 GM이 4월까지 인수의사를 밝히지 않으면 자력갱생을 모색할 것'이라고 밝혔다. 이는 2001

년 3월 6일 GM이 미국 디트로이트 본사에서 이사회를 열어 대우차 인수문제를 논의하였으나 최종결론을 유보했다는 소식에 뒤따른 것이다.

한국정부의 자력갱생의지

마침 대우자동차 자력갱생에 대한 컨설팅 의뢰를 맡은 아더 앤서슨이 고무적인 보고서를 제출하였다. 연간생산능력(105만 대)을 절반수준(56만 대)으로 줄이고 부평공장을 폐쇄하면 자력갱생이 가능하다는 제안이었다. 이에 고무된 산업자원부 장관은 2001년 3월 15일 GM이 인수하지 않을 경우 해외 주요 생산법인인 폴란드공장과 인도공장 등 해외부문을 정리하고 생산시스템도 대폭 정비해 결손이 나지 않는 독자생존방안을 마련하겠다고 발표했다. 또한 한국정부는 GM 매각에 실패할 경우 대우자동차를 현대자동차에 위탁경영하는 비상대책을 강구하였다.

GM의 협상비용

GM도 지연에 따른 비용을 치러야 했다. 당시 GM 협상팀도 약 2천만 달러의 비용을 써 상당한 재정적 압박을 받고 있었다.

▌대우자동차 매각가치 향상노력 미흡: Clean Company

M&A 협상에서 GM과 협상 자체를 잘하는 것도 중요하지만 매각대상인 대우자동차의 경제적 가치를 높이는 것도 중요하다. 즉, 협상과정에서 경영부실화된 Bad Company를 Clean Company로 변신시키면 당연히 한국이 유리한 협상력을 가져 높은 가격을 받을 수 있다. 그러나 2000년 9월 포드의 인수포기 선언 후 같은 해 11월 법정관리에 들어가기까지 한국측은 대우자동차의 매각가치를 높이기 위한 노력을 기울이지 않았다.

오히려 그 기간 중 대우자동차를 더욱 bad company로 만들고 있었다. 1년간 거의 1조 원의 구조조정자금을 투입하면서도 노조의 해외매각 반대로 연중 31일간 40회나 파업을 하였다.

더욱이 2000년 총선을 앞두고 정부와 회사측은 노조와의 평화를 유지하기 위해 납득하기 어려운 약속을 하였다. 즉, 5.5% 임금인상과 향후 5년간 정리해고를 하지 않겠다는 것이다.

GE와 지멘스의 M&A협상

미국의 GE와 독일의 지멘스도 핵심사업구조 개편과 시장확대를 위해 아주 적극적인 M&A 협상전략을 펼쳤다. 우선 두 회사 모두 가전사업은 과감히 매각해버렸다. 2014년 지멘스가 Bosch와의 합작가전업체인 BSH의 지분을 전량매각하였고, 비슷한 시기 GE도 가전 사업을 스웨덴의 Electrolux에 매각하였다. 대신 GE와 지멘스 모두 소프트 웨어, 디지털 역량, AI, 에너지 쪽으로 사업구조를 개편하기 해당분야의 기업들을 적극적으로 M&A협상하였다.

지멘스는 디지털 전략을 펼치기 위해 2007년부터 2017년까지 무려 100억 달러를 투자해 미국 소프트 웨어 기업인 UGS, Camster, Polarion 등을 인수하였다. 이러한 M&A협상전략으로 디지털 역량을 확보한 지멘스는 미국 GM공장에 자사 소프트 웨어를 제공하였다. 2014년 GE가 프랑스 알스톰의 에너지 사업을 무려 135억 달러에 매입하였다. 이 인수전에는 지멘스도 참여하였으나 결국 GE가 승리하였다. GE 역사상 최고의 M&A협상기록이다.

GE의 유럽진출에 위기감을 가진 지멘스가 비슷한 시기 미국의 원유설비업체인 드레서 랜드를 전격적으로 매입하였다. 이 인수전에도 뛰어든 GE에 뒤지지 않기 위해 지멘스는 드레서 랜드의 평균주가의 40% 이상이나 되는 78억 달러를 들여 매수에 성공하였다.

협상전략

1. 핵심사업 구조를 개편하기 위한 M&A협상전략

GE와 지멘스 모두 기존의 전통사업에 매달려서는 디지털 혁명시대에 살아남을 수 없다는 것을 알고 4차 산업혁명시대에 알맞은 사업구조로 개편하기 위해 M&A협상전략을 하였다.

따라서 자사가 필요로 하는 핵심역량을 획득하기 위해선 과감하게 인수 프리미엄을 지불하였다. 앞에서 살펴본 애플의 M&A협상전략에서와 같이 가격인하 보다는 핵심역량의 획득에 M&A협상전략의 더 큰 우선순위를 두었다.

2. 과점적 반응 M&A협상전략

지멘스는 유럽시장에서, GE는 미국 시장에서 두각을 나타내고 있는 경쟁기업이다.

이럴 경우 GE가 알스톰을 인수해 유럽시장으로 진출하면, 지멘스는 뭔가 위기감을 느끼고 경쟁기업의 아성인 미국시장에 진출하려 한다. 그런 동기로 미국의 드레서 랜드를 고가에 인수한 것이다. 이를 과점적 반응에 의한 M&A협상라고 한다.

협상사례에서 배우는 교훈

오늘날 글로벌 기업들은 무한경쟁에서 살아남기 위하여 M&A협상을 한다. 따라서 '얼마나 경쟁기업 보다 빨리 핵심역량을 가진 기업을 찾아내어 효율적으로 M&A협상전략을 하느냐'가 글로벌 경영의 흥망을 좌우하는 중요한 경영전략이다.

제 12 장 전략적 제휴와 합작투자협상

오늘날 세계시장에서 글로벌 기업 간에 전략제휴나 합작투자가 활발하게 이루어지고 있다. 특히, 초기 투자규모가 막대하고 R&D 투자부담이 아주 큰 반면 투자리스크가 높은 항공, 자동차, 의약, 반도체, 정보통신산업 등에서의 기업 간 국제협력이 두드러진다.

이 같은 국제전략제휴의 대표적 예는 영국, 프랑스, 독일, 스페인이 손을 잡은 에어버스이다.

국제경영협상의 여러 유형 중 전략제휴와 합작은 서로 독립성을 유지해 가며 파트너를 선정해 협력해 간다는 데 공통점이 있다. 따라서 이 장에서는 국제전략적 제휴와 국제합작투자를 같이 묶어 다음과 같은 점들을 분석해 보자.

- 국제전략적 제휴와 합작투자의 협상전략
- 국제전략적 제휴와 합작투자의 관리전략

제 1 절 국제전략적 제휴와 국제합작투자의 협상전략

일반적으로 전략적 제휴와 국제합작투자를 위한 협상은 다음과 같은 3단계로 나눌 수 있다.

- 1단계 Pre Negotiation: 파트너 선정전략
  어떻게 하면 좋은 파트너를 선정하느냐.
- 2단계 Negotiation in Action: 본 협상전략
  파트너를 선정 후 어떻게 효율적으로 상대기업과 협상을 하느냐.
- 3단계 Post Negotiation: 제휴·합작기업 관리전략
  전략적 제휴와 합작투자로 생긴 사업이나 기업을 어떻게 효율적으로 관리해 나가느냐.

1. 1단계 사전협상전략: 파트너 선정전략

▌좋은 파트너의 3대 여건: 시에라의 3C 요소

세계 자동차 산업의 지각 변동을 가져올 것 같았던 독일의 다이믈러 벤츠와 크라이슬러 사이의 전략적 제휴는 10년(1998~2007)만에 깨지고 말았다. 이는 두 회사가 시에라가 말하는 좋은 파트너가 되기 위한 3C를 충족시키지 못했기 때문이다.

시에라에 의하면 좋은 파트너가 되기 위한 요소를 3가지로 요약할 수 있다.

공존공영 가능성(Compatibility)

세계적으로 유명한 기업 간의 화려한 전략적 제휴가 실패로 끝난 예를 많이 본다. 이는 협상을 할 당시에는 전략적 제휴가 당사자들에게 경제적 이익이 된다고 생각했지만, 막상 같이 일을 해보니 서로의 생각이 다르고 경영방식에 차이가 있음을 발견하고는 결별해 버리는 것이다. 더욱이 전략적 제휴 당시 예상하지 않았던 새로운 시장이나 경영여건이 발생하면 파트너들은 쉽게 갈라설 수 있다.

그러므로 전략적 제휴를 한 후 아무리 어려운 시장이나 경영환경에 놓이더라도 파트너가 같이 일을 지속할 수 있는 공존공영 가능성이 있어야 한다. 두 회사 간부 간의 개인적 신뢰, 과거의 공동사업경험, 유사한 기업문화 등이다.

보완적 능력(Complementary Capability)

상대기업의 약점을 보완해 줄 수 있는 능력이나 자원을 서로 가지고 있어야 한다. 이 같은 보완적 능력은 원가절감, 기술, 현지시장 접근능력, 신제품 개발 등 다양하다.

몰입(Commitment)

몰입이란 "당사자들이 전략적 제휴에 대한 동등한 헌신(equal sense of commitment)을 하고 서로 주고받는(give and take) 것"을 말한다.

첫째, 파트너 간에 아무리 공존공영(compatible) 가능성이 크고, 보완적 능력(complementary)이 크더라도 전략적 제휴를 위해 서로 시간과 자원을 투입하지 않으면 아무 소용이 없다. 따라서 아래 CFM 사례에서 보듯이 초기 단계에 다소 실망스럽더라도 전략적 제휴의 성공을 위해 장기적 안목을 가지고 노력할 수 있어야 한다.

둘째, 전략적 제휴를 통해 자사의 것은 상대에게 주지 않고, 상대기업의 기술과 노하우만을 얻으려고 해서는 안 된다. 과거 소니, 도시바 등 일본기업이 서구기업과 전략적 제휴를 할 때 이 같은 행동을 하여 좋지 못한 평판을 받은 적이 있다. 시에라에 의하면 핵심사업일수록 몰입 가능성이 크다.

GE와 SNECMA의 전략적 제휴: CFM[1]

민간항공기 엔진시장에서 경쟁하던 GE와 프랑스의 SNECMA는 합작으로 CFM사를 설립하였다. CFM사의 설립목적은 민간항공기 엔진을 공동개발하기 위한 것인데 회사설립 후 8년이 지나도록 한 건의 수주도 받지 못했다. 그러나 GE와 SNECMA사의 꾸준한 노력과 인내에 힘입어 CFM의 연매상은 30억 달러로 뛰어올랐고 성공적 전략적 제휴의 대표적 사례로 꼽히고 있다.

1 Dussage Pierre & Garrette Bernard, *Cooperative Strategy: Competing Successfully Through Strategic Alliances*, John Wiley & Sons, Ltd., 1999, pp. 23-24.

좋은 파트너인 GE과 SNECMA

이 같은 성공의 가장 큰 요인은 GE와 SNECMA가 다음과 같은 면에서 '서로 좋은 파트너'를 잘 선정하였다는 점이다.

공존공영 가능성: 두 회사는 서로를 이해하고 공존공영하는 요인을 가지고 있었다

첫째, 전략적 제휴협상을 담당했던 두 회사 중역의 개인적 친분이다. SNECMA사의 라보는 2차 대전 중 외팔의 레지스탕스 영웅이었으며, GE의 노이만은 전설적 미공군 파일럿이었다.

둘째, 두 회사는 CFM 협상 이전에도 많은 하청 프로젝트를 공동수행한 경험이 있었다. 이를 통해 두 회사의 간부, 엔지니어들은 개인적으로 친분뿐만 아니라, 상대회사의 경영철학, 노사정책, 관리기법 등을 잘 알고 있었다.

셋째, 자녀들을 상대국에 교환학생으로 보내는 등의 다양한 프로그램을 통해 양사 종사자 간의 개인적 관계를 강화시켜 왔다.

넷째, CFM사는 사람을 신규채용할 때도 서로의 의견을 존중했다. SNECMA의 기업문화에 맞지 않는 후보자는 GE가 아무리 능력이 있다고 판단하더라도 뽑지 않은 것이다. 이는 반드시 양자 간에 마찰이나 갈등이 없다는 것을 의미하진 않는다. 설사 일을 해나가는 과정에서 어려운 문제가 발생하더라도 서로를 이해하고 이를 극복해 나갈 수 있는 능력이 있다는 것을 말한다.

보완적 능력: 두 회사는 서로가 필요한 능력을 가지고 있었다

GE는 항공기엔진의 '고압'터빈에, SNECMA는 '저압'터빈에 각각 뛰어난 기술을 가지고 있었다. 또한 마케팅 측면에서도 GE는 미국시장에서, SNECMA는 유럽시장에서 강세였다.

몰입: 두 회사는 초기의 부진에 흔들리지 않고 꾸준히 노력을 하였다

8년 동안이나 엔진 한 대도 팔지 못했음에도 불구하고 이에 실망하지 않고 꾸준히 연구개발을 계속했다. 두 회사는 신형항공기 엔진개발을 위해서는 많은 시간이 필요하다는 것을 알고 전략적 제휴에 대한 자신의 역할과 책임을 다한 것이다.

▌시에라의 3C자격을 갖춘 파트너 선정기준

시에라가 제시한 성공적 파트너의 3대 요인인 3C, 즉 공존공영 가능성, 보완적 능력, 몰입 측면에서 본 파트너의 선정전략은 다음과 같다.

[기준 1] 공존공영할 수 있는 파트너 선별기준

단순한 외형적인 회사규모, 영업실적 같은 '보이는 유형자산(visible tangible assets)' 뿐만 아니라 기업문화 같은 '보이지 않는 무형자산(invisible intangible assets)'까지 고려해야 한다.

비슷한 규모와 역량을 가진 기업

"자기보다 강한 기업과 전략적 제휴를 맺는 것은 마치 곰과 춤을 추는 것과 같다"라는 말이 있다. 자사와 매출규모나 기술개발, 마케팅능력 등에서 비슷한 기업을 찾는 것이 좋다. 연매출 670억 달러의 거대한 AT&T와 이탈리아의 올리베티(Olivietti), 네덜란드의 필립스전자 간의 전략적 제휴는 실패로 끝났다. 이는 유럽의 기업들이

그림 12-1 시에라의 3C 요소별 파트너 선정전략

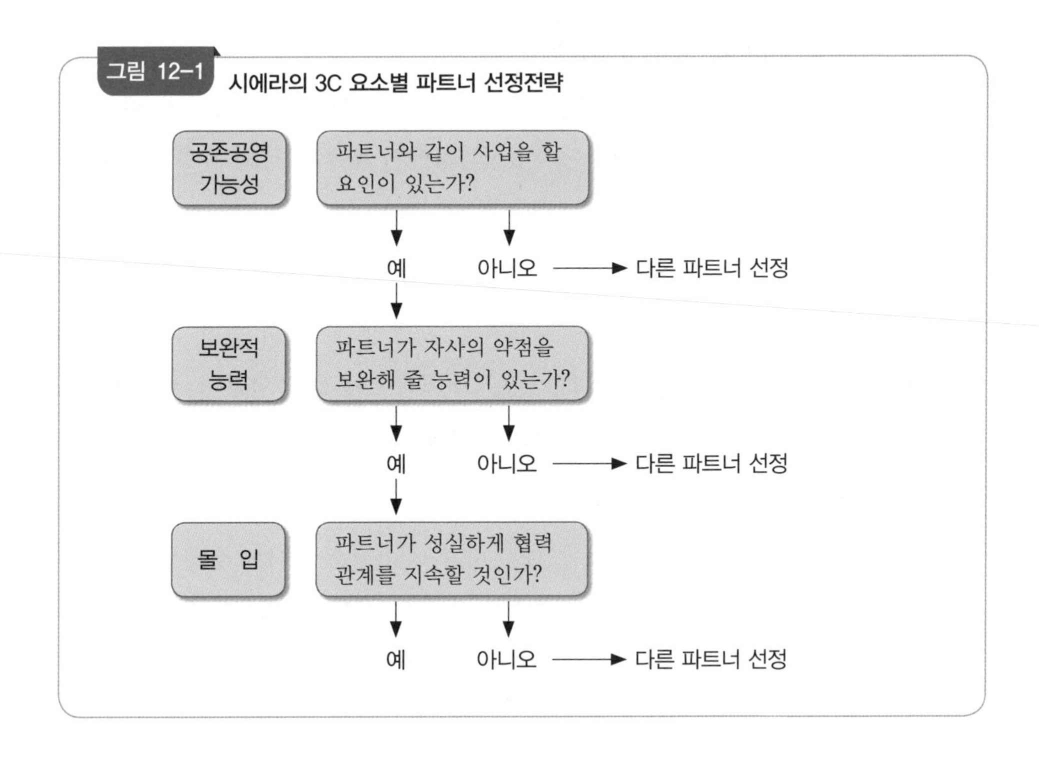

거대한 AT&T와 잘못 제휴하면 자사의 생존능력을 상실할지도 모른다고 두려워했기 때문이다.

상대회사의 과거 전략적 제휴 기록(Alliance Track Record)

일부 기업은 전략적 제휴를 상대기업의 영업비밀을 얻는 수단으로 상습적으로 악용한다. 따라서 과거의 전략적 제휴가 실패로 끝났는가를 조사할 필요가 있다.

비슷한 기업문화와 개인적 친분

비슷한 기업문화를 가지고 경영자 간에 개인적 친분을 가진 파트너가 좋다. 특히 관계지향적 협상을 하는 일본, 한국, 중국 같은 동양협상문화권의 기업에게 이 요소는 특히 중요하다.

기업조직과 의사결정체제

기업조직이나 의사결정방식에 마찰요인이 없어야 한다. 예를 들어 한 회사는 현장실무자가 의사결정을 하는데 상대회사는 일일이 CEO에게 보고해야 한다면 상당한 마찰요인이 될 것이다.

상대기업의 기존 전략적 제휴 네트워크

상대기업이 자사의 경쟁상대와 이미 제휴를 맺고 있는지 등을 확인해야 한다. 만약 이렇게 된다면 전략적 제휴협상과정에서 누출된 정보가 경쟁기업에게 흘러들어갈 수 있다.

생산관련전략

부품조달전략, 노사관계, 품질관리, 공동생산부품의 선정 등에서 마찰요인이 없어야 한다. 예를 들어 한 회사는 국내에서 부품을 조달하려 하는데 상대회사는 전세계적 차원의 부품조달을 고집하면 갈등이 생긴다.

[기준 2] 보완적 능력 있는 파트너 선별기준

상대회사와 전략적 제휴를 맺고자 하는 기업은 자사의 능력을 과대포장하는 수가 많다. 그러므로 파트너 선정시에는 전문가로 구성된 다기능팀을 만들어 상대기업의 능력을 다각도로 면밀히 검토해야 한다. 이 팀에서는 협상전문가뿐만이 아니라 금융, 법률, 조세, 기술 등 다양한 분야의 전문가가 참여해야 한다.

TRW-후지쯔, 지멘스-RCA 실패사례

- 미국 TRW는 일본 컴퓨터업체인 후지쯔의 현금자동인출기를 미국에 판매하는 회사로서 후지쯔 제품의 미국시장 확대를 위해 두 회사가 제휴를 하였다. 이는 3년 만에 결렬되고 말았는데 현금자동인출기가 핵심사업이 아닌 후지쯔가 이 전략적 제휴에 별로 관심을 안 기울였기 때문이다.
- 독일의 지멘스는 미국의 RCA와 컴퓨터 공동개발을 시작한 적이 있다. 지멘스는 신규 컴퓨터사업에 상당한 비중을 두고 노력을 하였으나 RCA가 갑자기 제휴를 파기하였다. 지멘스와 공동으로 대형컴퓨터를 개발해 봤자 도저히 IBM과 경쟁할 수 없다고 판단한 RCA가 컴퓨터사업을 포기한 것이다.

[기준 3] 성실하게 몰입할 파트너 선정기준: 핵심사업 여부

앞의 두 가지 실패사례에서 보듯이 파트너가 성실하게 전략적 제휴나 합작에 몰입(commitment)할 가장 중요한 조건은 해당 사업이 파트너의 핵심사업이냐 여부이다. 핵심사업이면 파트너의 발전에 중요한 영향을 미칠 것이기에 많은 관심을 가지고 투자를 할 것이다. 그러나,

해당 분야가 파트너의 비핵심사업이면

- 전략적 제휴나 국제합작투자의 성공을 위해 노력을 게을리 할 뿐만 아니라
- 예고 없이 이를 파기할 우려가 크다.

파트너 선정의 순서: 기존 거래회사냐 새로운 파트너냐

앞의 3가지 요소를 갖춘 파트너를 기존의 거래관계가 있는 기업들에서부터 먼저 찾느냐? 아니면 전혀 새로운 기업들 중에서 찾는 게 나을까?

기존 파트너에서 선정

시에라는 다음과 같은 이유에서 기존 거래회사 중에서 파트너를 물색할 것을 권고한다.[2]

2 Sierra, 1995, p. 14.

- 공동생산, 하청 등 그간의 협력관계는 두 회사 간에 공존공영 가능성(Compatibility)이 있다는 것을 의미한다.
- 그간의 거래로 맺어진 두 회사 관계자 간 인간관계의 형성이다.
- 그간의 협력을 통해 상대기업의 경영문화, 기술, 핵심능력 등을 서로 잘 알고 있다.

새로운 파트너 선정

- 기존 거래관계에 얽매이지 않고 전 세계기업을 상대로 최고의 기술과 능력을 가진 기업을 선택한다는 이점이 있다.
- 그러나 이 전략은 파트너의 공존공영 가능성, 보완적 능력과 몰입 등을 확인하기가 쉽지 않다.

그러므로 가장 바람직한 파트너 선정전략은 우선, 3대 요소에 의해 기존 거래기업 중에서 파트너를 선정하고 이 방법으로 좋은 상대를 찾을 수 없으면 새로운 기업을 상대로 파트너를 선정하는 전략이다. 좋은 파트너를 선정하기 위한 시에라의 3C 요소 측면에서 볼 때 LG전자와 IBM은 모두 잠재적 협상파트너로서의 좋은 요건을 서로 갖추고 있었다.

2. 2단계 협상전략: 본 협상전략

성공적인 제휴와 합작을 위해 협상자가 꼭 다뤄야 할 필수협상의제는 다음과 같은 5가지가 있다. 이를 중심으로 살펴보자.

- 지분율
- 전략적 의사결정권
- 제휴·합작기업의 기본경영방침
- 무임승차배제
- 자금 및 회계관리

지분율(Distribution of Equity): 경영권 확보를 위한 다수지분 선호

일반적으로 경영권 확보를 위해 다수지분(51% 이상)을 확보하려 한다. 그러나 슈안과 비미쉬(Schaan & Beamish)[3]에 의하면 지분율과 합작투자의 성과(performance) 간에는 관계가 별로 없다.

〈그림 12-2〉에서 보듯이 글로벌 기업이 개도국에 투자한 경우 현지 파트너와의 지분율 배분과 합작투자성과를 보면 현지 파트너가 다수지분을 소유한 경우 가장 좋은 성과가 있었고 다음으로 50:50 합작투자의 경우에는 마지막으로 글로벌 기업이 다수지분을 가진 경우가 제일 나쁜 성과를 보였다.

글로벌 기업이 합작투자에서 다수지분을 확보해 경영권을 확보하고자 하는 이유는 좋은 경영성과를 얻기 위해서이다. 그러나 앞의 연구에서 보듯이 글로벌 기업의 다수지분 확보가 반드시 좋은 경영성과로 연결되지는 않는다.

그림 12-2 지분율, 합작성과 간의 낮은 상관관계: Schaan & Beamish 모델

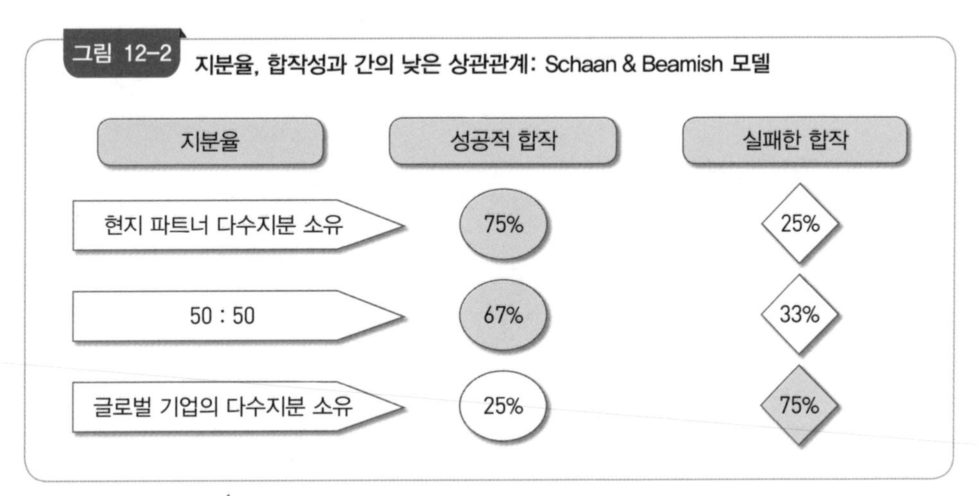

주: 개도국투자의 경우.[4]

3 Schaan J. L., & Beamish P. W., "Joint Venture General Managers in LDCs", in Contractor, F. J. & Lorange, P.(eds), *Cooperative Strategies in International Business*, Lexington, MA: Lexignton Books, 1988, pp. 279-300; Dussauge etc., 1999, p. 83에서 재인용.

4 *Ibid*. Dussauge etc., 1999, p. 83에서 재인용.

전략적 의사결정권: 다수지분보다는 전략적 의사결정권

킬링(Killing)[5]에 의하면 국제합작투자의 좋은 경영성과는 '전략적 의사결정권'의 배분에 따라 좌우된다. 여기서 말하는 전략적 의사결정이란 R&D 투자, 신제품 개발, 장기자금 운영계획, 경영자 인사권 등을 말한다. 이 같은 전략적 의사결정권은 합작투자의 경영에 큰 영향을 미친다는 측면에서 현지 근로자관리, 재고관리 등의 '일상적 업무(day to day operation)'와 대조된다.

제휴 · 합작기업의 기본경영방침

새로운 제휴기업이나 합작기업의 경영에 관계되는 모든 기본사항이 협상과정에서 명확히 정해져야 한다.

최고경영진

두 모기업은 서로 CEO를 포함해 재무, 판매, 생산담당 등 핵심경영자를 자사출신으로 임명하기를 원한다.

합작기업의 명칭

일반적으로 자기회사의 명칭을 사용하고자 한다. 절충안으로 '르노삼성'처럼 두 모기업의 이름을 모두 사용할 수 있다. 자사의 기업 이미지는 보잘 것 없는 반면 상대기업이 세계적으로 명성을 가졌다면 상대기업의 명칭만을 사용할 수도 있다.

공용어

일상업무나 회의시 어느 언어를 사용하느냐도 중요하다. 프랑스의 르노자동차와 삼성 간의 합작법인인 르노삼성에서는 한국어나 불어가 아닌 제3국어인 영어를 공용어로 쓰고 있다.

무임승차(Free-Riding)배제: Give and Take원칙

협상과정에서 두 기업이 똑같이 기여하고 똑같은 이익을 얻는다는 "상호기여·수

---

5 Killing, J. P., *Strategies for Joint venture Success*, London: Croom Helm, 1983, Dussauge etc., 1999, p. 84에서 재인용

혜(mutual contribution & benefit)원칙"을 분명히 해야 한다. 시에라에 의하면 일본기업과 미국기업 간의 전략적 제휴가 실패로 끝난 가장 큰 이유가 자사의 기술, 노하우는 제공하지 않으면서 상대의 것만 얻으려하는 무임승차 욕심 때문이다.

▌자금 및 회계관리

두 모기업 간에 어떻게 투자자금조달을 배분하고, 회계관리를 누가 하느냐도 상당히 중요하다. 특히 전략적 제휴나 합작투자에서는 두 개의 모기업과 합작기업 간에 원자재, 부품, 기술, 자금 등이 거래되는데 이 같은 기업 간 거래에 대한 명확한 회계관리기준이 필요하다.

이전가격조작(Transfer Pricing)

모기업과 합작회사 간의 거래에서는 이전가격조작(transfer pricing)이 상대적으로 용이하다. 만약 어느 한 기업이 이전가격을 조작한다면 이는 상대기업의 이윤기회를 그만큼 침해하여 전략적 제휴의 중요한 갈등요인이 될 것이다.

과다비용청구(Overbilling)

참여기업들은 전략적 제휴에 제공하는 기술, 원자재, 서비스의 가격을 높게 책정하려는 경향이 있다. 이를 방지할 명확한 회계기준을 마련하지 못하면 모기업들만 부당이익을 취하고 제휴기업이나 합작기업은 부실화될 우려가 크다.

3. 3단계 협상전략: 제휴 · 합작기업 관리전략

쿠퍼 등(Cooper & Lybrand/Yankelovich)[6]과 Dussauge와 Garrette[7]에 의하면 완벽한 성공이라고 간주할 수 있는 세계적 전략적 제휴나 합작투자는 1/3 수준에 못 미친다. 반 이상의 제휴나 합작이 만족할 만한 성과를 얻지 못하는 것이다.

• 49개 전략적 제휴 중 2/3가 2년 내 심각한 경영과 재무상 어려움에 직면한다.

---

6 Coopers & Lybrand/Yankelovich, Skelly and White, Inc., *Collaborative Ventures: A Pragmatic Approach to Business Expansion in the Eighties*, 1985, p. 10. Siera, 1995, p. 75에서 재인용.

7 Dussauge, P. & Garrette, B., *Cooperative Strategy: Competing Successfully through Strategic Alliances*, John Wiley & Sons, Ltd, 1999, p. 86.

결과적으로 33%는 실패로 끝난다.

• 880개 전략적 제휴 중 40%만이 4년간 지속된다. 10년 이상 지속되는 제휴는 15%에도 못 미친다.

• 38개 전략적 제휴 중 성공적인 것은 12건에 불과하다. 7건은 기대에 못 미치지만 그런대로 성공적이라 말할 수 있으나 나머지 9건은 사실상 결렬되었다.

제 2 절 르노-닛산 전략적 제휴(Strategic Alliance) 협상

1999년 3월 27일 르노(Renault) 자동차의 루이 슈웨쩨르(L. Schweitzer) 회장[8]과 닛산(Nissan) 자동차의 하나와 요시히토 회장은 두 회사 간의 자본제휴를 통한 전략적 제휴(Strategic Alliance)를 발표하였다.

100년 전통을 가진 르노는 당시 프랑스 2위, 세계 10위 기업으로 제조업체로 연산 219만 대 생산규모에 14만 명을 고용하고 매출실적은 350억 달러였다. 닛산은 일본 2위 자동차 제조업체로 연산 245만 대 생산, 13만 명 고용, 매출실적은 560억 달러였다.

이 전략적 제휴는 상호 지분 소유(Cross-Sharing) 형태로 르노가 닛산의 지분 36.8%를 소유하고, 닛산은 르노의 지분 15%를 보유하는 것이다.[9] 물론 르노와 닛산이라는 고유 브랜드와 두 회사의 독립성은 유지하며 공동 R&D, 판매 및 영업망 공유, 르노-닛산 구매 조직신설 등을 통해 규모의 경제를 구현하고 시너지 효과를 내는 것이다. 세계 자동차 업계는 '등치가 작은 르노가 거대한 자동차 공룡 닛산을 먹었다'라고 표현했다.

닛산은 1980년대만 해도 잘 나갔다. 일본 자동차 기업 중에서 발 빠르게 국제화하여 세계 22여 개국에 공장을 짓고 180국에서 닛산 자동차를 판매하였다. 한때 일본기업으로선 미국시장에서 최고의 시장점유율을 기록하기도 했다.

그러나 토요타의 고급승용차 '렉서스'에 맞서기 위해 막대한 자금을 투자해 개발한 '인피니티'의 판매부진, 방만한 경영, 거기다 1990년대 들어 일본이 20년 장기 불황의 터널에 들어가자 심각한 경영 위기에 직면하였다. 1993년부터 2000년까지 1997년만 빼고 적자행

8 유명한 아프리카 슈바이처 박사의 자손인데 불어로는 슈웨쩨르라고 발음된다.
9 2001년 르노의 닛산지분이 44.4%로 증가됨, 적대적 매수를 방지하기 위함이다.

진을 하며 세계시장 점유율이 1991년의 6.6%에서 4%대로 급락하였다. 당연히 막대한 부채를 안고 부채 상환을 위해 은행으로부터 추가 대출을 받으려해도 낮은 신용등급 때문에 엄청난 금융비용을 지불해야 했다. 또한, 신주 발행을 통한 자금조달로 힘들었다. 닛산의 주가가 전년대비 무려 50%나 하락하였기 때문이다.

1996년 여름 닛산을 맡은 하나와 회장이 볼 때 닛산의 앞날은 풍전등화였다. '회사가 도산해 13만 명의 닛산 가족이 직장을 잃느냐, 아니면 다른 기업과 손을 잡아 자금을 융통하여 회사를 살리느냐'하는 절박한 위기상황이었다.

르노도 1980년대 초 재정위기를 겪었으나 과감한 공장 폐쇄, 감원 등 6년간의 혹독한 구조조정 과정을 거쳐 1997년에는 정상화 되었다. 그런데 새로 취임한 슈웨쩨르 회장이 보기에 갈수록 경쟁이 치열해지는 세계 자동차 시장에서 르노의 앞날은 불투명하였다. 르노의 가장 큰 약점은 거의 모든 판매가 유럽시장에서 이루어져 사실상 글로벌 기업으로 도약하지 못하고 있는 것이다.

더욱이 1990년대 중반 세계 자동차 시장이 침체하고 토요타, GM, 포드 같은 공룡기업들은 경쟁력을 강화하기 위해 서로 손을 잡고 전략적 제휴를 하였다. 토요타가 다이하추(Daihatsu)를 매수하고 GM이 토요타와, 포드가 마즈다와 제휴를 하였다.

더욱 슈웨쩨르 회장을 불안하게 한 것은 1998년 5월 독일의 다이믈러 벤츠(Daimler Benz)가 미국의 크라이슬러와 합병한 것이다.

이 같이 불안한 경영 환경을 탈피하기 위해 고심하던 닛산의 하나와 회장과 르노의 슈웨쩨르 회장이 1998년 7월 첫 대면을 한 후, 두 회사 사이의 협력을 위한 협상팀을 구성하여 본격적인 협상을 시작하였다.

르노와 닛산의 협상일정

CEO의 전략적 제휴 협상개시에 대한 원칙합의 및 발표(1998년 7월)

르노의 슈웨쩨르 회장과 닛산의 하나와 회장이 두 회사 간에 전략적 제휴를 할 것을 원칙적으로 합의(Agreement in principle)하고 이를 발표하였다.

협상팀 구성

르노에서는 죠르지 드왕(G. Douin) 국제사업본부장을 팀장으로 하여 4명의 협상 단원이 참가하여, 총 5명으로 협상 팀을 구성하였다.

닛산에서는 유타카 스즈키 기획본부장을 단장으로 하여 3명의 협상 단원을 포함하여 총 4명의 협상 팀을 구성하였다.

사전타당성조사(Preliminary Feasibility Study, 1998년 7~9월)

3개월에 걸쳐 르노–닛산의 공동조사팀이 엔진, 기어박스, 플랫폼, 구매, 유통 등에 대해 조사 분석을 하였다. 이 조사의 결론은 르노와 닛산의 제휴(alliance)가 시에라가 말하는 3C를 충족한다는 것이었다. 즉, 두 회사가 제휴를 하며 충분한 시너지 효과를 낼 수 있다는 것을 의미한다.

르노와 닛산의 양해각서(MOU) 체결 및 발표(1998년 9월)

사전타당성 조사 결과에 따라 양해 각서를 체결하고 12월 23일까지 협상에 대해 '배타적 합의(Exclusive Agreement)'를 하기로 선언하였다. 이는 두 회사가 다른 제3사와 협상을 하지 않겠다고 약속을 하는 것이다.

실사(Due Diligence)

9월 MOU를 바탕으로 21개 분야의 정밀공동조사팀이 르노–닛산의 모든 경영, 기술, 유통, 구매 등에 대해 정밀하게 실사를 하였다.

우선 협상 대상자 지정(1998년 12월 23일)

닛산은 르노를 제휴의 우선 협상자로 지정하고 그간에 추진해오던 '다이치'사와의 협상을 중단하였다. 이에 대해 르노는 1999년 3월 말 이전에 닛산에 자본제휴에 관한 '제안서(offer)'를 낼 것을 약속하였다.

최종계약 체결(1999년 3월 27일)

두 회사의 CEO가 '르노 · 닛산 글로벌 파트너십'에 정식 서명을 하고 이를 발표하였다.

르노와 닛산의 이사회 승인(1999년 4월)

르노와 닛산의 이사회와 노조가 정식 승인을 하였다.

1. 전략 1: 시에라의 '3C'를 확보하기 위한 협상전략

앞(제9장 1절)에서 살펴보았듯이 르노와 협상 사이의 전략적 제휴가 성공하기 위해서는 '시에라의 3C'를 충족해야 한다.

▌보완적 능력(Complementary Capability)

우선 르노와 닛산은 서로 윈–윈(win-win) 할 수 있는 훌륭한 보완적 능력을 가졌다. 르노는 유럽시장에서는 강했다. 그러나 당시 세계 자동차 시장의 23%를 차지하는 미국시장에는 발도 들여놓지 못했다.

하지만 닛산은 세계 22개국에 생산 거점을 가지고 미국 내 최고 일본차 판매 기업이었다. 도산 위기에 몰린 닛산은 르노의 자금을 절실히 필요로 하고 있었다. 당시 르노는 20억 달러의 현금 자산을 가지고 닛산에 투자할 여력이 충분히 있었다.

▌몰입(Commitment)

치열한 세계 자동차 시장의 경쟁에서 르노가 살아남기 위해서는 생산과 시장에서 일정 규모(critical mass)를 확보하여야만 했다. 이를 위해서는 르노보다 더 국제화되어 있고 생산능력과 매출 규모가 큰 닛산과 적극적으로 협력할 필요가 충분히 있었다.

닛산도 르노와 제휴함으로써 당장 급한 재정위기를 극복하고 중장기적으로 유럽시장 진출 기반을 공고히 할 수 있었다.

▌공존공영가능성(Compatibility)

만약 르노와 닛산이 같은 시장에서 경쟁하고 있다면 공존공영가능성이 낮다. 판매, 모델 개발 등을 놓고 이해의 충돌(Clash of interest)이 생길 가능성이 크기 때문이다. 제휴 협상 당시 닛산이 제일 두려워 한 것은 르노가 닛산을 자회사 취급을 하고 경영의 독립성을 인정 안 해주는 것이었다. 이렇게 되면 르노와 닛산이 절대 공존공영 할 수 없다.

이 같은 우려를 고려하여 2002년 '르노-닛산 글로벌 제휴(Global Alliance)'라는 새로운 법인을 만들어 본사를 네덜란드의 암스테르담에 두었다. 그리고 모든 중요한 경영 전략은 르노와 닛산의 두 CEO, 르노와 닛산에서 각각 5명씩 총 12명으로 구성된 '글로벌 제휴 위원회(Global Alliance Committee)'에서 결정하기로 했다.

또한, 카를로스 곤이 닛산의 최고운영경영자(Chief Operation Officer)가 되는 대신 닛산의 CEO인 하나와 회장이 르노 이사회의 멤버가 되기로 했다.

2. 전략 2: 투-트랙(Two-track) 협상전략

일반적으로 전략적 제휴 협상은 CEO가 강한 리더십을 가지고 밀어붙이는 '톱-다운(Top-down)' 협상전략과 실무자 중심으로 추진하는 '버텀-업(Bottom-up)' 협상전략이 있다.

르노-닛산 협상에서는 이 두 전략을 혼합한 Two-track 협상전략을 썼다. 즉, 두 회사의 전문가들로 구성된 협상 팀이 사전타당성조사, 실사 등을 통해 협상을 하는(Bottom-up) 동시에 슈웨쩨르 회장과 닛산의 하나와 회장은 수시로 전화하고 서신을 교환하는 등 협상 기간 중 무려 12회나 만났다(Top-down).

특히 두 CEO는 공동조사팀이 사전타당성조사나 실사(due-diligence)를 하는 과정에서 정보의 흐름이 원활히 되도록 각별한 관심을 가졌다. 르노는 메릴 린치(Merril Lynch), 닛산은 솔로몬 스미스 바니(Soloman S. Barney) 같은 외부 전문기관의 자문을 받았다.

3. 전략 3: 신뢰(Trust)형성 협상전략

국적이 다른 두 회사와의 전략적 제휴나 합작 투자 협상은 상당히 불확실한 경영의 미래에 대한 협상을 하는 것이다. 두 회사의 임직원은 물론 전문 협상팀, 근로자들이 이 같은 불확실성에 대한 우려나 불안을 극복하지 못하면 협상은 깨지기 쉽다.

'르노가 부채에 시달리는 우리 닛산을 자회사로 합병해 버리는 것이 아닐까?'

'르노의 슈웨쩨르 회장이 말만 그럴듯하게 하고 마지막에 닛산이 필요한 자금을 충분히 주지 않을까?'

'닛산이 르노와 협상을 하면서 제3의 외국회사(다이블러-크라이슬러 등)와 비밀 협상을 하여 마지막에 르노의 뒷통수를 치는 것이 아닐까?'

이 같은 불신과 불확실성을 극복하기 위해서는 두 회사 CEO간의 신뢰형성(Trust building)이 절대적으로 중요하다.

난파선의 선장과 같이 닛산을 구하기 위해 르노와 협상하는 하나와 회장은 '혹시

갑인 르노가 닛산에 불리한 협상을 강요하지 않을까?'를 크게 우려하였다. 이를 안 슈웨쩨르 회장은 협상 초기부터 하나와 회장의 그러한 불안감을 해소하기 위한 신뢰형성에 각별한 노력을 하였다.

"르노는 닛산과 좋은 관계를 맺기를 원한다. 앞으로 르노와 닛산은 같이 손을 잡고 공동번영을 위해 나갈 것이다."

슈웨쩨르 회장은 협상 과정에서 이러한 메시지를 여러 차례 공개적으로 닛산에 보냈다.

1999년 초 협상의 마지막 단계인 가격 협상, 즉 '르노가 닛산에 얼마를 투자할 것인가'를 협상할 때 이견이 생겼다. 닛산은 르노가 60억 달러를 투자해 줄 것을 요구했다. 그런데 르노 협상팀은 닛산 지분의 20%, 즉 22억 유로(약 30억 달러) 밖에 투자 못하겠다고 버틴 것이다. 잘못하면 협상이 마지막 판에 깨질 위기였다.

이때 슈웨쩨르 회장은 하나와 회장에게 다음과 같은 서신을 보냈다.

"르노는 협상이 원하는 것보다 많은 돈을 투자할 것이다."

그리곤 곧바로 행동에 들어가 르노의 지분을 20%에서 35%로 파격적으로 늘리기로 했다. 이 모든 것이 닛산과의 신뢰 형성을 위한 슈웨쩨르 회장의 협상전략이었다.

4. 전략 4: 내부갈등 협상전략

제11장(M&A 협상)에서 살펴보았듯이 휴렛 패커드와 컴팩 사이의 M&A 협상에서 창업주인 패커드 가문의 반대 때문에 협상이 난항을 겪었다.

이 같이 다른 외국 기업과 전략적 제휴를 할 때 가장 중요한 협상 과제는 국내 및 회사 내부 이해관계자를 설득하는 것이다. 즉, 제2장의 퍼트남(putnam)이론에서 말하듯이 르노와 닛산간의 1단계 국제 협상도 중요하지만 르노와 닛산의 이해관계자와의 2단계 협상도 이에 못지 않게 중요하다.

르노의 이해관계자와의 협상전략

강성노조와의 협상

프랑스 노동법과 EU 노동법에 의하면 회사가 전략적 제휴나 M&A 협상을 할 때는 노동조합에게 협상의 진행사항을 알리고 수시로 협의하도록 되어 있다.

당시 르노 근로자의 약 60%가 CGT 등 6개 노조에 가입하고 있었다. 따라서 닛산과의 협상에서 노조 대표들로 구성된 '근로자 협의회(Work Council)'를 만들어 협상의 전과정에 참여하였다. 사실 역사적으로 르노는 프랑스에서 처음으로 복수노조를 허용할 정도로 노조가 강성이었고 협상 15개월 전에는 르노의 벨기에 공장 폐쇄에 항의해 노조가 파업을 하였다. 따라서 이 같은 노조를 설득하고 참여시키는 것이 협상의 성패를 가름하는 중요한 일이었다.

그러나 닛산과의 전략적 제휴 협상에서는 노조를 설득시키는 것이 비교적 용이하였다. 닛산과 손을 잡음으로서 아시아 시장 진출기반을 마련하고 르노의 시장이 확대되면 노조에게도 유리하기 때문이다. 닛산과의 전략적 제휴는 르노의 경영진뿐만 아니라 노동자도 혜택을 보는 윈-윈(win-win) 협상게임인 셈이다.

프랑스 정부와의 협상

르노는 2차 세계대전 때 프랑스 국민에게 지은 죄가 있는 기업이다. 나치 점령 하에 독일에 적극 협력한 부역기업으로 낙인 찍혀 전후에 국영화 되었다. 따라서 르노의 주요 주주인 당시 사회주의 정부의 수상과 재무성의 승인을 얻는 것도 중요한 절차였다.

자국 자동차 기업의 글로벌 경쟁력 강화의 발판이 될 수 있는 닛산과의 전략적 제휴에 프랑스 정부는 기본적으로 호의적인 입장이었다.

닛산의 이해관계자와의 협상전략

최대지분소유 · 채권은행과의 협상

막대한 부채에 시달리는 닛산은 최대지분을 소유한 후요 케이레추(Fuyo Keiretsu)는 물론 채권은행인 일본 산업은행, 투자은행 등과도 협상에 관련하여 긴밀한 협의를 하여야 했다.

르노와의 alliance가 기업 매각이 아닌 자본 제휴 형태로 르노의 자금이 닛산에 긴급 투입된다. 따라서 채권은행이나 후요 케이레추로선 반대할 이유가 없었다.

노조와의 협상

일반적으로 기업이 을의 입장에서 외국 기업과 전략적 제휴나 합작을 하면 노조는 강력하게 반발한다. 갑인 외국기업이 점령군처럼 들어와 인원감축, 공장폐쇄 등을 하기 때문이다. 이에 따라 협상 당시 닛산의 최대 노조인 '닛산-로렌(Roren)'은 르노와의 전략적 제휴에 대해 우려하였다.

당연히 강력히 반발해야 할 입장이지만 그 당시 닛산-로렌으로선 대안(BATNA)이 없었다. 르노의 자금이 긴급 투입되지 않으면 닛산이 파산할 위기에 몰려 있었기 때문이다. 닛산-로렌으로선 르노와의 제휴가 달갑지는 않았지만 그렇다고 강력히 반대할 입장도 아니었다.

일본 정부 부처와의 협상

일본은 전통적으로 산업에 대한 정부개입이 강한 나라이다. 특히 고도 성장기에 통상산업성(MITI)은 산업발전의 견인차 역할을 하였다. 만약 국가기간산업체인 닛산이 르노의 영향력 아래 들어가는 것을 르노-닛산 협상은 언제라도 깨어질 수 있었다. 자동차 산업을 담당하는 통상산업성(MITI), 재무성, 공정거래위원회가 협상에 관여하였다.

5. 전략 5: 대안(BATNA) 만들기 협상전략

협상 초기부터 하나와 회장은 협상력이 약한 을의 입장이었다.

르노의 자금지원을 절실히 필요로 하고 있었지만 협상의 3가지 전제조건을 내세웠다.

- 닛산의 브랜드 유지
- 닛산의 고용보장
- 닛산에서 CEO 임명

하나와 회장의 입장에서 이 같은 전제조건을 관철시키기 위해선 무슨 수를 쓰던 협상력을 높일 필요가 있었다. 이를 관철시키기 위해 그가 쓴 협상전략이 '대안 만들기'이다.

르노와 협상을 하면서도 하나와 회장은 다이믈러-크리슬러사의 공동 CEO인 슈렘프(Schrempp) 회장에게 협력 가능성을 타진하였다.

"닛산에 투자할 의사가 있다."

슈렘프 회장의 언질을 받자마자 막바로 파리로 날라가 슈웨쩨르 회장을 만났다.

"다이믈러-크라이슬러의 슈렘프 회장이 닛산에 투자하고 싶어 한다. 닛산 CEO인 제 개인적 입장은 다이믈러-크라이슬러와 협상하고 싶다."

일종의 블러핑(bluffing)인 셈이다.

또한 협상의 막바지인 1999년 2월 닛산 대변인이 "닛산은 아직 다이믈러-크라이슬러와 협상을 원하고 있다"라고 발표하였다.

이에 당황한 슈웨쩨르 회장은 3월 13일 하나와 회장에게 서신을 보내 "르노도 다른 제3기업과 협상을 하지 않을 테니 닛산도 르노하고만 협상하자"고 제안하였다. 물론 이때 닛산의 투자 지분을 늘리겠다는 당근(incentive)도 제공하였다.

하나와 회장의 대안 만들기 협상전략이 어느 정도 효과를 본 것이다. 이에 화답하여 "닛산은 다이믈러-크라이슬러와의 협상을 철회한다"라고 발표하였다.

6. 전략 6: 닛산의 '대안 만들기'에 대응한 르노의 협상전략

사실 슈웨쩨르 회장은 볼보를 인수하는 협상을 4년이나 하다가 아무런 성과 없이 끝냈다. 볼보와의 협상 실패에 이어 닛산과의 협상이 또다시 무산된다면 리더십에 타격을 받게 된다. 따라서 하나와 회장의 '대안 만들기 협상전략'은 슈웨쩨르 회장에게는 상당한 '암시적 위협' 효과가 있었다.

이에 대응한 슈웨쩨르 회장의 협상전략은 다음과 같다.

첫째, 모든 협상의 단계마다 닛산과의 합의 사항을 언론에 발표하도록 하였다. 시장에 공개함으로써 닛산 스스로 르노와의 협상에 발목이 묶이도록 하는 것이다.

둘째, 독점적 협상 조합(Exclusive Agreement), 9월 MOU 발표, 우선협상과 지정

등과 같이 닛산과의 협상 절차를 제도적 장치 속에 묶으려 하였다.

7. 전략 7: 르노 · 닛산 협상에서 CEO 리더십의 역할

기업의 명운을 건 중요한 협상에선 CEO의 경영철학과 리더십의 유형이 큰 역할을 한다.

슈웨쩨르 회장이 취임하기 전 르노의 CEO들은 한결 같이 이윤극대화를 경영철학으로 삼았다. 하지만 슈웨쩨르 회장은 르노의 품질을 향상시키고 세계시장에서 강한 경쟁력을 가진 명실상부한 글로벌 기업이 되기를 원했다. 쉽게 말하면 슈웨쩨르 회장은 '확대 지향적 CEO'였다.

반면 하나와 회장은 닛산에서만 40년을 근무한 '닛산맨'으로 강한 리더십을 가진 CEO가 아니었다. 우선 당장 급한 부채 상환을 하여 근로자의 일자리를 보장하고 닛산 브랜드를 유지하고 싶어 했다. 말하자면 '방어형 CEO'였다. 두 CEO의 경영 철학과 리더십 유형이 서로 다르지만 르노와 닛산이 시에라의 3C 요건을 충족시켰기에 협상을 성공적으로 타결시킬 수 있었다.

8. 전략 8: 다문화 협상전략

제6장에서 보듯이 프랑스는 저상황문화(Low-Context culture)인데 반해 일본은 전형적인 고상황문화(High-Context culture) 국가이다. 그리고 종신고용, 인간관계를 중시하는 닛산과 성과위주의 르노 간에는 상당한 기업 문화의 차이가 있다.

협상에서 이 같은 문화적 충동을 최소화시키기 위해 1998년 10월부터 카를로스곤(Carlos Ghosn)과 50명의 르노 협상팀은 매일 일본어 강습을 받었다. 일반적으로 협상력이 약한 을이 갑의 언어를 배우는데 이는 좀 예의적이다.

이는 닛산에 대한 문화적 지능(Cultural Intelligence)을 높이기 위한 르노의 노력이 대단하다는 것을 보여준다.

9. 전략 9: 제3국 협상장소

슈웨쩨르 회장과 하나와 회장이 12차례 미팅을 하였는데 파리나 도쿄뿐만 아니라 방콕, 싱가포르, 멕시코시티에서도 만나 협상을 하였다. '어디서 협상 하느냐?'가 국제 협상에서 첨예한 갈등요인이 될 때가 많다. 르노로선 파리에서, 닛산은 도쿄에서 협상하는게 당연히 유리하다. 이 같은 갈등을 피하기 위해 아예 제3국에서 협상을 한 것이다.

제 3 절 국제전략적 제휴 · 합작기업의 관리전략

1. 르노 · 닛산 전략적 제휴의 갈등

▌자동차 황제 카를로스 곤(Carlos Ghosn) 회장의 몰락

2018 11월 19일 오후, 일본 하네다 공항의 활주로에 도쿄지검 특수부 요원들이 모여 있다. 얼마 후 레바논에서 출발한 전용기 한 대가 착륙하자마자 기내로 들어간다. 카를로스 곤 르노·닛산 얼라이언스 회장이 전용기 속에서 전격 체포되었다.

죄목은 2011년부터 2015년까지 5년 간 실제보수보다 약 500억 원을 적게 기재한 유가증권 보고서를 제출하였다는 것이다.

도쿄지검은 이미 요코하마에 있는 닛산 본사와 도쿄의 곤 회장 자택도 압수수색하였다. 이 모든 것이 곤 회장이 전용기를 타고 하늘에 떠 있을 때 전광석화 같이 이루어졌다.

곤 회장이 체포된 후 몇 시간도 지나지 않아 닛산 CEO 사이카와 히로토는 심야에 기자회견을 열었다. “닛산 내부 고발자의 정보 제공에 따라 은밀히 곤 회장에 대한 조사를 진행했다”며 신랄하게 곤 회장의 범죄 행위를 비난했다. 물론 곤 회장은 자기 조직 내부에서 자기를 조사하는 것을 전혀 모르고 있다.

월 스트리트 저널 등 서구 언론은 희한한 현대판 ‘종교재판’이라고 의구심을 표명했다. 분명 유가·증권 보고서를 허위로 작성했다면 관련 부서의 일본인 임직원도 있었을 텐데 ‘왜 외국인인 곤 회장만 체포했냐?’는 것이다.

이에 대해 닛산과 일본 검찰이 ‘플리 바게닝(Plea Bargaining)’을 했다는 말이 나온다. 이 제도는 검찰 수사에 협조하면 형사처벌을 감면해주는 사법거래제도이다.

기다렸다는 듯이 닛산은 11월 22일, 미쓰비시는 26일 이사회를 열어 만장일치로 곤 회장을 해임하였다.

닛산, 미쓰비시와 일본검찰이 삼위일체가 되어 한때 ‘미스터 해결사’로 일본에서 칭송받던 곤 회장을 몰락시켰다.

카를로스 곤 회장의 ‘닛산 신화’

1999년 3월 르노와 닛산 사이의 전략적 제휴가 체결된 후 여름에 최고 운영경영자(Chief Operation Officer)로 일본에 파견된 곤 회장은 ‘닛산 재건 계획’을 세워 거의 기적적으로 닛산을 정상화 시켰다. 그 해 가을 닛산의 5개 공장을 과감히 폐쇄하고 2만 여명을 감원하였다. 그 당시 닛산 근로자가 13만 명 정도인 것을 감안하면 무자비하게 6명 중에 1명을 해고한 것이다.

이 같은 과감한 개혁으로 200억 달러의 비용을 절감하고 당초 예상보다 빠른 2000년 말 닛산은 흑자로 전환시켰다. 취임 후 1년 반 만에 놀라운 닛산 신화를 만든 곤은 2001년 닛산 CEO로 승진하였다.

이 같은 곤 회장의 경영정상화에 힘입어 르노와 닛산은 모두 윈-윈(win-win) 게임을 하였다.

닛산은 세계에서 부채가 가장 많은 기업에서 수익성이 높은 기업으로 변신했다.

2010년에는 르노 본사의 시장가치보다 르노가 닛산에 가지고 있는 지분의 시장가치가 더 컸다.

그때까지만 해도 르노와 닛산 모두에서 곤 회장은 존경받는 최고 경영자였다.

"그런데 왜 2018년 11월 곤 회장이 닛산과 일본 검찰에 의해 그렇게 갑자기 몰락하였을까?"

협력에서 갈등으로 : 르노 · 닛산 · 미쓰비시 제휴

2017년 9월 곤 회장은 기존의 르노-닛산 제휴에 미쓰비시 자동차를 추가하는 르노·닛산·미쓰비시 제휴(Alliance)를 추진하며 'Alliance 2022 계획'을 발표한다.

이 6개년 계획에 의하면 3사 간의 제휴로 2022년에 1,400만 대 생산, 2,400억 달러 매출을 올려 토요타, GM을 제치고 세계 1위 기업으로 도약한다.

또한, 3사 통합으로 2022년까지 연간 약 14조원의 비용을 절감하겠다고 발표하였다.

이를 위해 르노, 닛산, 미쓰비시 3사가 지분상호공유(Cross-Sharing Agreement)를 맺어 〈그림 12−3〉에서 보듯이 르노가 닛산의 지분 43.4%, 닛산이 르노의 지분 15%를 소유하고 닛산은 미쓰비시 지분 34%를 가지는 것이다.

또한 경영, 생산 등에서의 통합도 더욱 강화하여 3사가 공동 플랫폼(Platform), 파워 트레인, 차세대 전기차·자율주행차를 개발하는 것이다.

이에 한 술 더 떠서 3사 '얼라이언스'를 상징하는 새로운 '로고'(logo)도 만들겠다고 했다.

그림 12−3 르노 · 닛산 · 미쓰비시 Alliance의 지배구조

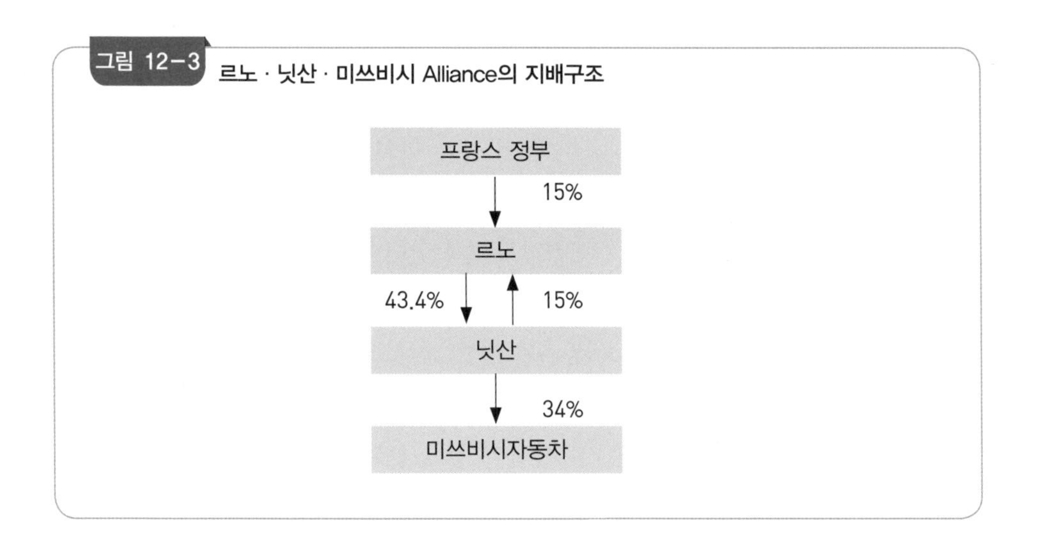

2. 전략적 제휴와 합작의 취약성

▌에어버스의 복수의사결정센터(Multiple Decision Making Center)

영국, 프랑스, 스페인, 독일 등 유럽 4개국이 제휴한 Airbus는 복수의사결정센터에 따른 문제가 빈발했다. 150인승 A320개발에 성공한 에어버스사는 200인승 A321을 개발하기로 합의했다. 그런데 프랑스가 120인승 규모의 A319를 개발하는 것이 더 시장성이 있으리라는 주장을 하였다. 영국의 British Aerospace는 이에 반대했다. A319가 개발되면 자사의 100인승 BAe146이 경쟁관계에 놓이게 되기 때문이다. A319개발에 대해 유럽 네 개 파트너가 의사결정을 못하고 몇 년을 끄는 사이 경쟁사인 보잉사가 수익성 있는 120인승 비행기를 먼저 개발해 버렸다.

▌이해의 격돌(Clash of Interest)

전략적 제휴라는 것이 A와 B 두 모기업이 각자 고유한 경영목적을 가지면서 제한된 공동목적을 위해 협조하는 것이다. 따라서 제휴사업과 A, B 모기업의 고유한 이해 간의 격돌(clash of interest)이 생길 수 있다.

3. 전략적 제휴와 합작기업의 운영을 용이하게 하기 위한 협상의제

복수의사결정센터, 이해의 격돌과 같이 지금까지 살펴본 제휴와 합작의 구조적 취약성을 고려할 때 2단계 본 협상단계에서부터 이 같은 취약점을 사전에 배려한 협상전략을 수립할 필요가 있다.

▌심각한 상황변화조항(Substantial Changes Clause)

제휴에 심각한 영향을 미치는 계약 당시 예상하지 못했던 상황이 발생(substantial changes)하면 재협상을 할 수 있도록 해야 한다. 이 같은 조항이 없이 당초의 계약내용만 쌍방이 주장하면 전략적 제휴를 결렬로 몰아가기 쉽다.

크라이슬러와 미쯔비시의 심각한 상황변화

크라이슬러와 미쯔비시가 50:50으로 미국에 다이아몬드 스타모터(DSM)를 설립하였다. 당초에는 모든 엔진은 일본에서 생산해 미국으로 가져가 조립하기로 했는데 두 회사가 예상하지 못했던 '심각한 상황변화'가 발생하였다. 엔/달러 환율이 250:1에서 130:1로 엔화가치가 급등한 것이다. 이 같은 엔화강세에서는 도저히 일본에서 생산된 엔진을 수입해서는 DSM사가 채산을 맞출 수 없었다. 따라서 크라이슬러와 미쯔비시는 재협상을 하여 엔진을 미국에서 생산하기로 하였다.

결렬대비조항

고통스런 결렬조항(Deadly Divorce Clause)

시에라에 의하면 두 회사가 제휴를 결렬할 때 치러야 하는 비용이나 희생은 크면 클수록 좋다. 이 같이 결렬의 리스크가 커야만 어지간한 갈등이 있더라도 참고 제휴관계를 지속하기 위해 노력할 것이다.

자산매각조항

실증연구에 의하면 제휴와 합작이 결렬될 때 거의 대부분(3/4)의 경우 남아 있는 기업이 철수하는 기업의 자산을 인수한다. 따라서 2단계 협상에서 미리 자산매각에 관한 명확한 기준과 조건을 만들어 놓아야 한다.

또한 공장, 기계설비, 유통망 등 기존의 자산을 다른 기업에 매각하고자 할 때는 당사자 기업이 직접 이를 담당해야 한다. 변호사나 자산매각공사 같은 제3자에게 맡기면 헐값에 매각(fire-sale)할 우려가 크다. 왜냐하면 매각위임을 받은 제3자 입장에서는 가격에 관계없이 빨리 매각처분을 하는 것이 유리하기 때문이다.

결렬 후 의무조항

설사 한 기업이 합작이나 전략적 제휴로부터 철수하더라도 나머지 기업이 단독으로 기존 사업을 계속할 수 있다. 이 같은 경우를 대비해 철수 후에도 잔존사업에 대한 부품조달 등의 의무조항을 명시할 필요가 있다. 이의 좋은 예가 중전기 분야에서 웨스팅하우스와 미쯔비시 간의 50:50 합작결렬 사례이다. 웨스팅하우스는 미쯔비시와의 합작을 포기한 후에도 계속 미쯔비시의 미국 내 영업활동을 지원하였다. 관련 부품을 제공하였을 뿐만 아니라 웨스팅하우스의 미국 내 판매망을 이용할 수 있게 한 것이다.

협상사례연구 5

협상전략 관점에서 본 카를로스 곤 회장의 3대 오류

르노와 닛산의 전략적 제휴를 성공적으로 이끌었던 곤회장에게 닛산과 일본정부가 등을 돌리고 압박한 이유가 무엇인가?

[오류 1] 시에라의 3C 파괴: 닛산의 독립성 위협으로 '공존공영가능성' 훼손

앞에서 살펴보았듯이 전략적 제휴가 성공적으로 지속되기 위해선 르노와 닛산 사이의 보완적 능력(Complementary Capability)과 몰입(Commitment) 그리고 공존공영가능성(Compatibility)이 계속 잘 작동되어야 한다.

'르노 · 닛산 · 미쓰비시 Alliance 2022 계획'에 의하면 르노와 닛산의 '보완적 능력'과 '몰입'은 강화된다. 대규모 R&D와 구매 · 물류를 공동으로 하고 르노가 닛산의 상용차의 유럽 진출을 돕고 빠른 R&D 효과의 혜택을 르노가 누리는 것 등이다.

그런데 문제는 르노와 닛산의 '공존공영가능성'이다.

곤 회장의 모든 야심과 경영 비전은 두 회사 간의 관계를 기존의 '전략적 제휴(Strategic Alliance)'에서 '통합(Integration)'으로 몰고 가는 것이다. 이는 닛산 경영진의 입장에서 보면 닛산이 독립성을 상실하고 사실상 르노의 자회사로 전락할 우려가 크다.

3사 제휴의 지분구조를 보면 르노가 닛산의 의결권이 있는 지분 43.4% 보유해 얼마든지 영향력을 발휘할 수 있다. 닛산이 르노의 지분 15%를 보유하고 있으나 이는 의결권이 없다. 이러한 지분구조에서 생산, R&D 판매 등에서 곤 회장이 추구하는 두 회사의 '통합'쪽으로 가면 닛산의 우려가 현실화 될 가능성이 크다.

2017년 닛산의 매출이 르노의 2배에 이른다는 점을 고려할 때 닛산으로선 도저히 받아들일 수 없는 '공존공영가능성'의 파괴이다.

[오류 2] 프랑스 정부와 곤 회장의 담합

마크롱 대통령이 경제산업부 장관으로 재직하던 시절 새로 제정된 플로랑주 법을 적용해 르노에서 프랑스 정부의 의결권을 2배로 늘리기 위해 2015년 르노의 지분을 5% 추가 매입하였다.[10]

닛산이 이 같은 마크롱 장관의 정책에 강하게 반발하자 한 발 물러서기는 했지만, 닛산으로서는 프랑스 정부까지 개입해 닛산을 장악하려 한다는 우려를 버릴 수 없었다.

다음으로 프랑스 정부와 곤 회장 간의 미묘한 담합이다.

2018년 2월 당초 곤 회장의 연임을 반대하던 프랑스 정부는 재신임하면서 '르노와 닛산의 통합

---

10 플로랑주 법은 장기 개인 투자자들의 기업경영에 대한 영향력을 늘리기 위해 2배의 의결권을 보장하는 법이다.

을 심화 시킨다'는 조건을 달았다. 이에 호응하듯 2018년 11월 8일 프랑스 북부의 르노 공장을 방문한 곤 회장은 "닛산의 밴(VAN) 모델을 르노 공장에서 생산하도록 하겠다"고 발표하였다. 이 뿐만 아니라, 닛산의 소형차 '미크라'와 디젤 엔진을 르노의 프랑스 공장에서 생산하도록 하였다.

이 같은 곤 회장의 경영 방침을 막지 못하면 닛산의 일자리를 프랑스에 점점 더 빼앗기는 셈이 된다. 이는 일본 정부 입장에게도 바람직한 일이 아니다.

일본 정부, 특히 도쿄 지검이 닛산과 손을 잡고 곤 회장을 전격으로 체포한 이면에는 곤 회장의 닛산 합병에 대한 일본 정부의 불만이 깔려있는 지도 모른다.

[오류 3] 닛산과의 협상에서 곤 회장의 '과신(Over-Confidence)'

제3장 글로벌 협상가의 7대 오류에서 살펴보았듯이 성공한 CEO일수록 '과신'의 함정에 빠지기 쉽다. 과신의 함정에 빠진 CEO는 자기중심적 환상을 가지고 자신이 협상상대보다 훨씬 능력이 있다고 자만한다(우월감 환상).

그래서 과거에 성공한 협상전략을 그대로 쓰면 미래에도 협상 상황을 자신이 원하는 대로 통제할 수 있다고 낙관한다(통제의 환상).

곤 회장은 닛산 취임 초 무자비하게 구조조정을 했다. 관계 중심형 협상 문화를 가진 닛산은 관례로 판매 대리점, 하청업체 등을 퇴임한 임직원에게 주었다. 또한, 종신고용사회인 일본에서 닛산은 아무리 회사가 어려워도 근로자를 해고하려 하지 않았다. 곤 회장은 취임하자마자 이 같은 일본기업문화를 철저히 파괴하였다. 인간관계 보다 효율성, 화합보다는 원가절감이 우선이었다.

이 같이 무자비한 외국인 '코스트-킬러(Cost-Killer)'를 초기 닛산의 임직원은 참고 받아들였다. 그렇지 않으면 닛산이 파산해 모든 사람이 일자리를 잃는 위기상황이었기 때문이다. 그러나 곤 회장이 르노 · 닛산 · 미쓰비시의 제휴를 추진하던 2018년의 상황은 달랐다. 닛산은 이미 정상화 되었다. 더 이상 위기상황이 아니다. 오히려 르노가 진 닛산 지분을 10%만 인수해버리면 르노의 영향력에서 벗어날 수 있다.

말하자면 20여 년 전 회사가 위기상황일 때 르노의 그늘 아래 들어갔지만 이제는 벗어날 때라고 닛산은 생각하고 있었다. 그런데 과신의 함정에 빠진 곤 회장이 과거 위기상황일 때처럼 다시 비용절감, 구조조정을 내세우며 르노와의 통합을 추진하였다. 닛산은 일본 정부와 손잡고 곤 회장을 쫓아낼 이유가 있은 셈이다.

[오류 4] 협상 초기에 맺어진 신뢰의 동요

1998년과 1999년 하나와 회장이 당시 르노 CEO 슈웨쩨르 회장과 협상을 할 때 가장 중점을 두었던 이슈가 '닛산의 독립성' 유지였다.

당시 르노 협상팀에서 '닛산 인수'라는 표현을 언론에 발표하려고 할 때 닛산이 반대하였다. 슈웨쩨르 회장은 닛산 편을 들어 단순한 '자본 제휴', '얼라이언스(Alliance)'라는 표현을 쓰도록 해서 하나와 회장의 불안감을 해소하였다. 말하자면 르노와 닛산이 손을 잡을 당시 '닛산의 독립성을 보장하며 앞으로도 통합(integration) 쪽으로 가지 않겠다'라는 암묵적 약속이 있었다.

그런데 르노와 닛산 회장직을 물려받은 곤 회장이 이 같은 초기의 신뢰 관계를 '이윤극대화 · 글로벌 Top기업으로의 성장' 같은 서구식 경영 철학으로 동요시킨 것이다.

제 13 장 국제기술이전 협상

2018년 봄부터 시작된 미국과 중국 사이의 무역분쟁은 9월 트럼프 대통령이 2천억 달러가 넘은 중국의 미국 수출상품에 대해 10% 관세를 부과함으로써 전면적인 무역전쟁으로 확산되었다.

두 나라 간의 갈등의 핵심은 관세전쟁이지만 이와 못지 않게 중국정부가 자국에 투자한 미국기업에 대해 강제적으로 기술이전을 강요하는 '불공정무역행위'도 큰 쟁점이 되고 있다.

중국의 외국인 투자정책의 기본원칙은 아주 간단하다.

한국이나 미국기업이 자국에 투자하여 10억 인구의 방대한 시장과 값싼 노동력을 이용하는 대신 기술을 이전하라는 것이다.

이 같은 기술이전을 촉진시키기 위해 중국정부는 합작투자를 강요하는 등 다양한 규제나 압력을 외국인 투자기업에 하고 있다.

이 같은 배경에서 이 장에서는 글로벌경영에서의 기술이전협상을 다음과 같은 세 가지 점에서 분석해 보자.

- 현지국으로부터 오는 기술이전 압력과 기술보호 압력 사이에서
  "글로벌 기업이 어떠한 국제기술이전 협상전략을 실시해야 하는가?"

- 기술을 상품과 같이 팔아 버리는 라이센싱 협상전략
- 글로벌 기업과 현지국과의 기술이전협상

제 1 절 기업의 글로벌 경영과 기술이전

American Motor(AMC)의 중국 투자실패: 기술이전협상의 실패

미국의 아메리칸 모터사는 1980년대 초 중국 베이징오토사와 합작으로 베이징 Jeep사를 설립하였다. 합작투자계약시 중국과 AMC사는 서로 win-win게임을 하는 것 같았다. 중국으로서는 미국 자동차 생산업체 투자유치를 개방정책의 좋은 성공사례로 선전할 수 있었다. AMC도 다른 서방기업보다 먼저 중국시장에 진출하는 기회를 가졌다. 그러나 이 합작투자는 불과 3년 후 실패로 끝났다.

기술이전을 둘러싸고 서로 동상이몽을 했던 것이다. 중국이 AMC를 유치한 목적은 선진 자동차기술을 배우기 위해서였다. 반면 AMC의 투자 목적은 인구 12억의 방대한 중국시장에 접근하기 위한 것이었다. 당초부터 기술이전에 별 관심이 없었던 AMC사는 스크류 드라이버형 공장을 운영하였다. 거의 모든 부품을 미국에서 가져다 중국 현지공장에서 단순조립만 하는 것이다.

이에 실망한 중국정부는 AMC사가 생산한 체로키 지프의 현지시장 접근에 적극 협력하지 않았다. AMC가 국영기업인 베이징오토사를 합작파트너로 한 이유는 중국정부와의 좋은 관계를 통해 현지시장에 접근하기 위한 것이었다. 결과적으로 AMC와 중국정부가 서로 원하는 것을 얻을 수 없다고 판단하자 이 합작투자는 존속할 이유가 없게 된다.

협상전문가들은 이 합작투자의 가장 큰 실패원인은 협상 초기 단계에 기술이전을 둘러싼 양 당사자 간의 이해관계를 분명히 하지 않았기 때문이라고 지적한다.

1. 글로벌 기업의 외국비용과 독점우위

기술이란 "새로운 제품, 생산공정, 기계설비 그리고 서비스의 도입이나 개량을 가능하게 하는 지식요소의 집합"이라고 정의할 수 있다. 그런데 글로벌 기업은 국제경영활동을 하면서 기술이전에 관한 두 가지의 압력에 직면한다. 첫째가 기술이전 압력으로 주로 현지국 정부 또는 현지 파트너로부터의 요구이다. 오늘날 개발도상국이 글로벌 기업의 투자를 유치하고자 하는 가장 큰 이유는 선진기술의 습득이기 때문이다.

다른 한편으로 글로벌 기업이 직면하는 것은 기술보호 압력이다. 글로벌 기업의 입장에서 막대한 투자를 해서 개발한 기술을 현지국에 무조건 이전해 줄 수 없다. 더욱이 기술이란 글로벌 기업이 '외국비용'의 불리함을 극복하고 다른 기업과 경쟁하는데 중요한 '독점우위'의 원천이다.

외국비용(Cost of Foreignness)

글로벌 기업이 해외투자를 하여 현지국에서 재화를 생산하여 판매하기 위해서는 현지기업과 이미 진출한 외국기업에 비해 불리한 '외국비용' 부담을 안고 경쟁을 해야 한다. 외국비용이란 글로벌 기업이 "외국인이기 때문에 치뤄야 하는 모든 비용"을 말한다. 즉, 현지국 정치, 사회, 시장여건을 잘 모르고 해외투자 리스크가 크기 때문에 치뤄야 하는 다음과 같은 비용을 말한다.

- 현지 소비자의 기호·선호를 잘 모르기 때문에 치뤄야 하는 시행착오와 마케팅 비용

  미원이 인도네시아에 투자했을 때 현지인 기호에 맞는 조미료를 개발하기 위해 많은 비용을 치뤄야 했다.
- 현지 상관행을 잘 모르기 때문에 치뤄야 하는 비용
- 현지유통시장, 판매망 확보와 부품조달기업을 찾기 위한 비용

  일본 같이 유통구조가 까다롭고 부품업체가 계열화되어 있는 나라에서 외국기업은 막대한 비용을 치뤄야 한다.
- 환리스크, 정치적 위험부담, 급격한 환율변동이나 정치적 혼란 때문에 부담하는 비용
- 거리 효과, 즉 물류비용과 관세부담 등을 말한다.
- 현지국 관료, 금융기관 등과의 관계
- 관계지향적인 고상황문화인 개도국일수록 현지국 관료와의 인간관계와 은행인

사와의 거래관계가 특혜적 사업에 접근하는 데 도움이 된다.

▌독점우위(Monopolistic Advantages)

글로벌 기업이 현지기업과 경쟁하기 위해서는 외국비용 부담을 극복하고도 남는 어떠한 '독점우위'를 가져야 한다. 케이브스(Caves, 1971)에 의하면 이 같은 독점우위에는 마케팅능력, 경영 노하우, 우수한 인적자원, 브랜드 이미지 등이 있으나 가장 중요한 것은 현지국에 비해 월등한 기술력이다.

외국비용과 독점우위가 해외투자와 국제경영의 성패에 미치는 영향은 다음과 같다.

- 외국비용이 글로벌 기업이 가진 독점우위보다 크면 해외투자는 성공할 수 없다.
- 글로벌 기업이 가진 독점우위가 외국비용의 불리함을 극복하고도 남을 정도로 클 때에 한해 해외투자에 성공할 수 있다.

이 같은 관점에서 볼 때 글로벌 기업은 기술을 현지국에 쉽게 이전해 줄 수 없다. 기술이전은 곧 독점우위의 상실로 이어지고 이는 현지기업과의 경쟁수단을 잃는 것을 의미하기 때문이다.

2. 기술이전을 둘러싼 글로벌 기업과 현지국 간의 마찰

▌치외기술권(Technology Enclave) 논쟁

글로벌 기업이 현지국에 최신식 공장을 짓고 제품을 생산해 내면 자연히 선진기술이 현지국 경제에 이전되는 것으로 기대하였다. 그러나 많은 실증연구를 통해 개도국들은 글로벌 기업의 선진기술은 〈그림 13-1〉에서 보듯이 1단계와 2단계를 모두 거쳐야 비로소 현지국에 이전된다는 사실을 알았다. 즉, 본사에서 해외자회사에 이전된 기술이 2단계 기술확산(spill-over)과정을 거쳐 현지기업에 이전되어야 완전한 기술이전이라 말할 수 있다. 그러나 현실적으로 대부분의 경우의 기술이전은 본사와 해외자회사 간의 '기업 내 기술이전'에 그쳐서 일종의 '치외기술권'을 형성한다는 것이다. 이의 좋은 예가 코카콜라이다. 아무리 코카콜라사가 한국에 공장을 세워

그림 13-1 글로벌 기업의 기업 내 기술이전 모형

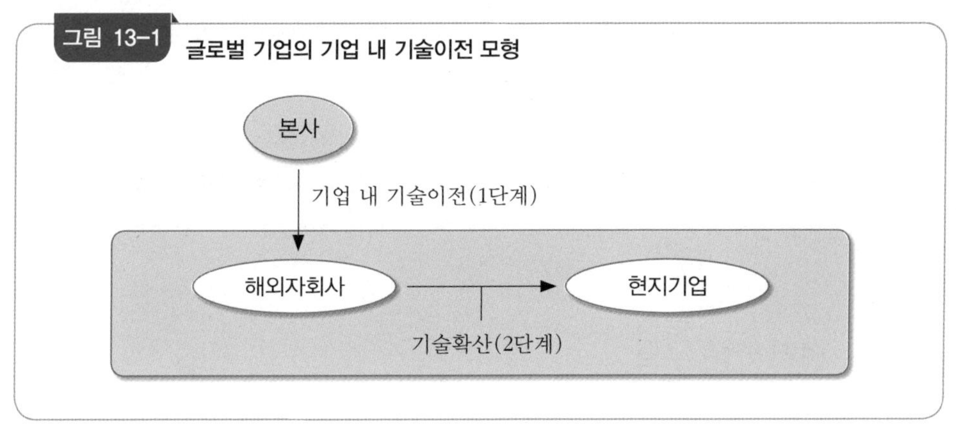

〈자료〉 안세영, 1998, p. 180.

콜라를 생산하더라도 코카콜라를 만드는 핵심공정(즉, 원액혼합 과정)에는 절대 한국인 근로자가 접근 못한다. 따라서 원액혼합기술이 코카콜라 본사에서 코카콜라코리아로는 이전되었지만 그 핵심기술이 한국인에게 까지 알려지진 않고 있다.

제 2 절 글로벌 기업의 기술이전에 영향을 미치는 5대 요소

1. 기술수명주기(Technology Life Cycle)

철강산업에서는 세계적으로 신기술이 약 10년마다 개발된다. 하지만 스마트폰에서는 신형 모델이 6개월마다 나온다. 기술수명주기 이론에 의하면 새로 개발된 '신기술(new technology)'은 시간이 흐름에 따라 '성숙기술(matured technology)' 되고 마지막에는 '표준화기술(standardized technology)'이 된다.

이 같은 기술수명주기 이론 측면에서 볼 때 중국에 제철소를 세운 POSCO와 스마트폰 공장을 만든 삼성전자 사이에 어느 기업이 중국에 기술이전을 잘 해줄까?

당연히 삼성전자이다. 매 6개월마다 신기술이 개발되기에 금년 1월에 출시된 갤럭시SⅡ 기술을 중국이 달라고 조르면 봄에 이 기술을 이전해 주어도 된다. 왜냐하면 여름이면 또 다른 신기술 갤럭시SⅢ가 개발되고 기존의 갤럭시SⅡ의 기술은 성숙기로 변하기 때문이다.

하지만 POSCO는 기술을 쉽게 이전해 줄 수 없다. 신기술 출현에 10년이 걸리기 때문에 잘못 기술을 이전해 주었다가는 중국기업에 캐취-업(catch-up) 당할 수도 있기 때문이다.

2. 현지시장 구조

애플이 우리나라와 필리핀 두 나라에 투자해 애플코리아와 애플필리핀을 만들었다면 아이폰에 관계된 기술을 어느 자회사에 잘 이전해 줄까?

당연히 애플코리아이다.

한국시장은 애플과 어깨를 겨누는 삼성전자의 근거지이다. 거기다가 LG전자, 모토로라 등 쟁쟁한 기업들이 치열하게 경쟁을 하고 있다. 이 같이 경쟁적 시장구조를 가진 한국에서 애플코리아가 스마트폰을 만들어 팔려면 세계 최고의 기술력을 가져야만 된다. 따라서 애플 본사는 애플코리아와 아이폰 관련부품을 만드는 한국 부품업체들에게 기술을 이전해주지 않을 수 없다.

반면 경쟁이 그리 심하지 않은 필리핀시장에서는 성숙기술 정도로 만든 스마트폰가지고도 충분히 경쟁할 수 있을 것이다.

3. 해외투자의 형태

삼성전자는 100% 단독투자로 중국에 스마트폰 공장을 세웠고 LG전자는 베이징텔레콤과 50대 50 합작으로 공장을 만들었다고 가정해보자. 이때 삼성전자와 LG전자 중에 누가 중국에 기술이전을 많이 해줄까?

LG전자이다. 첫째, LG전자는 중국측 파트너인 베이징텔레콤으로부터 끊임없이 기술을 이전해달라는 요구를 받을 것이다. 어쩌면 베이징텔레콤이 LG전자와 손잡은 목적이 기술이전일지도 모른다. 둘째, 앞의 AMC 사례에서 보았듯이 LG전자와 베이징텔레콤 사이의 합작투자를 허용한 중국정부 또한 집요하게 기술을 이전해주라고

LG전자에 압력을 넣을 것이다. 셋째, 합작이란 말 그대로 두 파트너가 모든 정보와 기술을 공유하는 것이기 때문에 현지경영과정에서 원하던 원하지 않던 LG전자의 기술이 베이징텔레콤에 흘러들어가지 않을 수 없다.

4. 현지부품 사용의무(Local Content Requirement)

중국정부가 LG전자의 합작투자를 승인하는 과정에서 현지부품 사용의무를 부과했다면 상당한 기술을 중국에 이전해 주지 않을 수 없다. 예를 들어 "중국산 부품을 80% 이상 사용하라"하면 LG전자의 중국공장에서 만드는 스마트폰에 들어가는 부품의 80%를 중국에 있는 업체가 만든 것을 사용해야 한다. 이렇게 되면 많은 LG전자의 기술이 중국의 현지부품업체에 이전될 것이다.

5. 현지국의 기술흡수능력(Technology Absorption Capacity)

애플이 아이폰공장을 한국과 미얀마에 만들었다고 한다면 어느 곳에서 더 많은 기술이전이 이루어질까?

당연히 한국이다.

예를 들어 애플이 새로 개발한 스크린 터치기술을 보호하려 해도 한국기업과 기술자들은 손쉽게 이 기술의 의미를 알아내어 특허분쟁에 휘말리지 않게 한국형 스크린 터치를 개발해 낼 것이다. 따라서 현지의 기술흡수능력이 크면 클수록 글로벌 기업으로부터 기술이전이 활발한데 일반적으로 기술이전능력은 현지국의 전반적 교육수준, R&D 능력, 기술인력 등에 의해 결정된다.

제 3 절 2원적 기술이전 협상전략

지금까지 살펴본 바와 같이 글로벌 기업도 다양한 기술이전 압력에 직면할 뿐만

아니라 때로는 외국시장에서 경쟁하기 위해서 어느 정도의 기술을 이전해 줄 수밖에 없다.

그렇다면 '어떤 기술은 이전해주고, 어떤 기술은 이전해 주어도 괜찮나?'는 것이다. 여기에 대한 답은 2원적 기술이전 협상전략이다.

- 앞에서 말한 독점우위의 원천이 되는 신기술과 핵심기술은 이전해 주어서는 안 된다.
- 하지만 독점우위의 원천이 되지 않는 성숙기술, 표준화기술 그리고 비핵심기술에 대해서는 현지국과 기술이전협상을 할 필요가 있다.

1. 성숙기술과 표준화기술은 적극 이전

동태적인 기술수명주기 측면에서 볼 때 기술의 가치사슬은 고정불변이 아니고 시간과 함께 끊임없이 변한다. 어떤 상품을 만들어 내는 기술은 신제품－성숙제품－표준화제품의 제품수명주기(product life cycle)와 같이 신기술－성숙기술－표준화기술의 세 가지 단계를 거치며 기술선진국에서 다른 나라로 확산·보급되어 나간다.

예를 들어 삼성전자가 중국에 이전한 기술은 백색가전, 모니터 등 세계적으로 기술이 표준화 단계에 들어간 제품들이다. 휴대폰, 노트북 PC, TFT－LCD 등도 상품수명주기 측면에서 구형 모델에 속하는 제품들이다.

한국에 진출한 일본기업이 과거에는 이전을 꺼리던 자동카메라기술을 국내기업

그림 13-2 글로벌 기업의 한국에 대한 기술이전

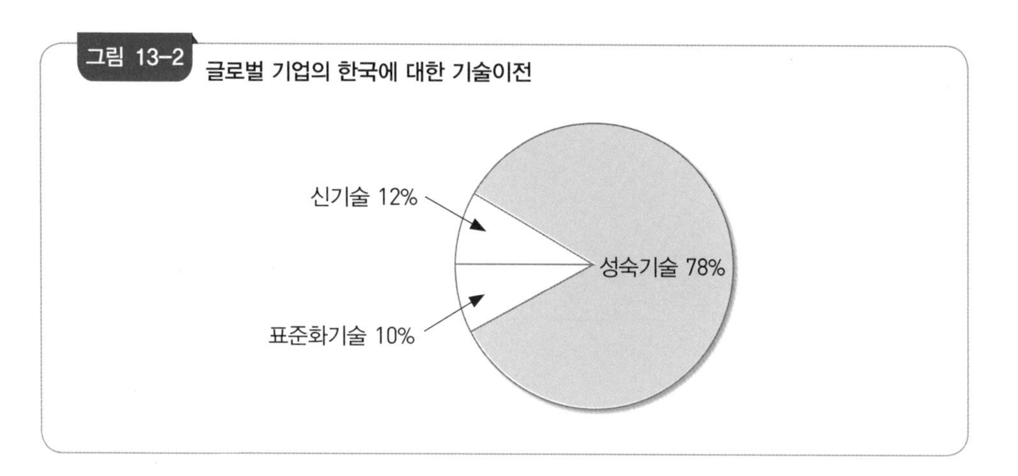

에 이전해 주었다. 이는 카메라 제품수명주기에서 과거에는 자동카메라가 신제품이었으나 디지털카메라의 출현으로 성숙제품으로 전락했기 때문이다. 〈그림 13-2〉에서 보듯이 글로벌 기업이 우리나라에 이전해 주는 기술의 거의 대부분(78%)은 성숙기술이고 신기술이전은 전체의 12%로서 아주 예외적이다.

2. 비핵심기술은 적극 이전

하나의 재화를 만들어 내는 데 필요한 기술은 일종의 시스템으로 마치 쇠사슬처럼 가치사슬을 형성하고 있다. 이 기술의 가치사슬(value chain of technology) 속에서 각각의 기술은 서로 지배관계를 형성하고 여기에는 반드시 지배고리역할을 하는 핵심기술이 있기 마련이다.

예를 들면 하나의 볼펜을 생산하는 데도 세 가지의 기술시스템이 필요하다. 몸체에 해당하는 플라스틱과 잉크제조기술(소재기술), 볼펜심 속에 있는 작은 베어링을 만드는 기술(중간재기술), 그리고 마지막으로 조립기술이다. 소재기술, 중간재기술, 조립기술로 특징지어지는 이 세 가지 기술은 하나의 시스템으로 서로 가치사슬을 형성하는 데 여기서 지배고리역할을 하는 핵심기술은 볼펜심을 만드는 중간재기술이다. 플라스틱이나 잉크를 만드는 소재기술은 누구나 쉽게 모방할 수 있지만 볼펜심을 만드는 기술은 그렇게 안 된다. 그러므로 볼펜심을 만드는 핵심기술을 장악하고 있는 기업이 나머지 기술도 실질적으로 지배할 수 있다.

그러므로 적극적 기술이전협상으로 어떤 재화의 생산에 필요한 핵심기술만 장악하고 나머지 비핵심기술은 현지국에 이전해 주는 전략이 필요하다. 좋은 예가 삼성전자의 중국 기술이전전략이다. 반도체, TFT-LCD 생산에서 비핵심기술인 후방공정, 즉 단순조립공정만 중국으로 이전시키고 핵심인 전방공정, 즉 반도체설계, 웨이퍼가공 등은 한국에 위치하여 철저한 기술유출 방지전략을 실시하고 있다.

제 4 절 글로벌 기업의 협상력을 결정하는 7대 요소

WTO로 인해 글로벌 기업의 국제경영활동에 대한 규제나 제한은 많이 줄어들었다. 하지만 기술의 중요성을 인식하는 현지국 정부가 점점 많아져 글로벌 기업에 대해 보다 많은 기술이전을 요구하고 있다. 따라서 글로벌 기업으로서는 이 분야의 협상력을 미리부터 강화시킬 필요가 있다. 일반적으로 기술이전을 둘러싼 현지국과의 협상에서 협상력은 〈그림 13-3〉에서와 같은 7가지 요인에 의해 결정된다.

그림 13-3 현지국과의 기술이전협상에서 글로벌 기업의 협상력

협상력 7대 결정요인		글로벌 기업의 협상력: 강함	글로벌 기업의 협상력: 약함
현지국의 입지우위	시장규모, 인건비 등에서 현지국이 투자대상국으로 매력적인가?	아니오	예
현지국 정부의 투자유인	현지국 정부가 세제감면, R&D 보조 등 특혜를 제시하는가?	아니오	예
현지국 정부의 규제	현지국 정부가 현지부품 사용 등을 강요하는가?	아니오	예
지분율	100% 단독투자인가?	예	아니오
기술수명주기	기술혁신의 속도가 아주 빠른가?	예	아니오
현지국의 catch-up 능력	현지국이 상당한 자체기술 개발능력을 가지고 있는가?	아니오	예
세계기술공급 시장의 구조	현지국에 비슷한 기술을 제공할 경쟁기업이 있는가?	아니오	예
지재권 보호	현지국에서 지적재산권이 잘 보호되는가?	예	아니오

▌현지국의 입지우위

입지우위(location advantages)가 좋다는 것은 투자대상국으로 그만큼 매력적이라는 것을 의미한다. 중국과 같이 시장규모가 방대하고 값싼 노동력을 많이 가지면 현지국이 글로벌 기업에 대해 강한 협상력을 행사한다.

▌현지국 정부의 투자유인

글로벌 기업이 세제나 기술개발에 대한 특혜적 지원을 받을 경우, 이에 대한 대가로서 무언가를 현지국에 제공해야 한다. 가장 일반적인 경우가 기술이전의무이다.

▌현지국 정부의 규제

현지부품 사용의무를 강하게 요구하면 글로벌 기업의 협상력은 약해질 수밖에 없다.

▌지분율: 100% 단독투자 대 합작투자

100% 단독투자일 때 글로벌 기업이 현지국에 대해 우월한 협상력을 행사한다. IBM이 100% 투자를 고집하는 이유가 이 때문이다. 합작투자의 경우 다음과 같은 이유에서 글로벌 기업의 협상력이 약하다.

- 현지 합작파트너의 역할: 기술이전에 관한 현지 파트너는 현지국 정부와 같은 입장에서 보다 많은 기술이전을 요구할 것이다.
- 기술유출 가능성: 합작기업은 단독투자기업보다 기술유출 가능성이 높다. 일반적으로 보다 많은 현지부품을 쓰고 현지인을 채용하기 때문이다. 더욱이 공동경영을 하는 현지 합작파트너를 통해 기술이 유출될 수도 있다.

▌현지국의 Catch-Up 능력

현지국이 자체적인 기술개발능력을 보유할 경우 글로벌 기업의 협상력은 약해진다. 이의 좋은 예가 VCR 헤드드럼과 전자교환기의 기술이전협상이다. VCR의 핵심기술인 헤드드럼은 기술가치사슬의 지배고리로서 일본이 3천만 달러라는 높은 기술이전료를 요구하다가 한국 내에서 자체기술개발에 착수하여 어느 정도의 성과를 보이자 1천만 달러로 낮춰 판매하였으며, 유럽으로부터의 전자교환기의 기술도입료도 비슷한 이유로 30만 달러에서 10만 달러로 낮춘 바가 있다.

▌세계 기술공급시장 구조

비슷한 기술을 가진 글로벌 기업이 많이 있고 이들 기업의 상당수가 현지국에 진출해 있거나 진출하고자 할 경우 글로벌 기업의 협상력은 약할 수밖에 없다. 반면 글로벌 기업이 해당 기업에 대한 특허를 가지고 있다면 강한 협상력을 가질 수 있다.

▌지적재산권 보호

역설적이게도 현지국에서 지적재산권 보호가 허술하면 글로벌 기업의 협상력이 약하다. 그만큼 기술유출의 가능성이 높기 때문이다. 이것이 바로 선진국이 개도국의 지적재산권 보호에 대해 통상압력을 넣는 배경이다.

제 5 절 라이센싱 협상전략

라이센싱이란 "A사가 로얄티 지불을 조건으로 자사의 무형자산(intangible property)을 B사가 일정기간 동안 사용하는 것을 허락하는 계약"을 말한다. 여기서 말하는 무형자산이란 기술뿐만 아니라 특허, 디자인, 상표권, 저작권 등을 모두 포함한다.

글로벌 기업이 독점우위의 원천이라는 기술을 가지고 해외투자를 하기보다는 기술을 상품과 같이 현지기업에 팔아버리는 라이센싱을 선호하는 경우가 있는데 이 경우 기술이라는 가격을 산정하기 아주 힘든 무형재를 가지고 협상을 해야 한다.

1. 라이센싱 협상에서 기술가격의 결정

글로벌 기업과 라이센싱을 받는 현지기업 간에 기술가격협상을 한다고 하자. 이

때 양자는 각기 기술을 판매하고 구입하여 얻을 예상수익과 비용을 계산하여 최대가격과 최소가격을 제시하고 가격협상을 시작한다.

▌글로벌 기업의 최대가격과 최저가격 제시

〈그림 13-4〉에서 보듯이 기술판매 대가로 받고자 하는 최대가격(P1)은 글로벌 기업이 예상하는

- 현지기업이 이전받은 기술을 사용해서 얻을 수 있는 추가이익과
- 현지기업이 같은 또는 유사한 기술을 다른 기업에게서 얻는 데 소요되는 비용

중 하나에 의해 결정된다.

그림 13-4 라이센싱에서 기술가격협상

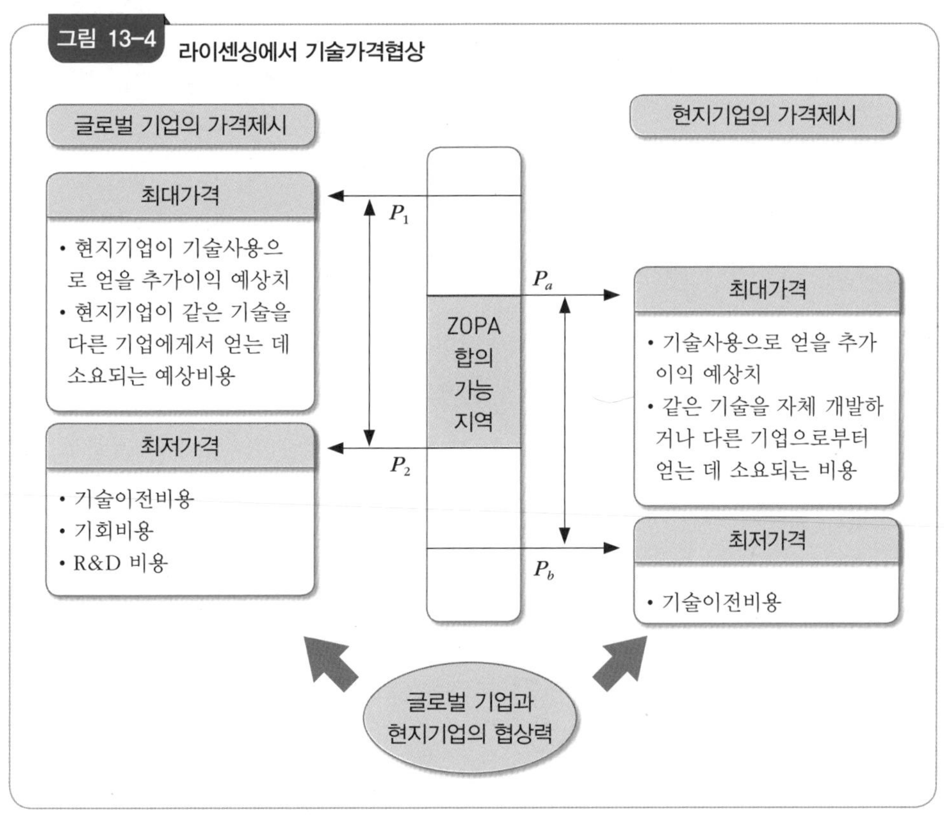

〈자료〉 Daniels, John D. & Radebaugh, Lee H., International Bussniss: Environments and Operations, Pertice Hall, New Jersey, 9th edition, 2001, p. 491.

한편, 최저가격(P2)은 글로벌 기업이 예상하는

- 기술이전비용: 기술이전계약에 따르는 엔지니어링, 변호사비용 등
- 기회비용: 다른 기업에 기술을 판매하고자 할 때의 비용
- 판매대상 기술을 개발하는 데 소요된 R&D 비용

등에 의하여 결정된다.

▌현지기업의 최대가격과 최저가격 제시

기술구매 대가로 지불하고자 하는 최대가격(Pa)은 현지기업이 예상하는

- 기술사용으로 얻을 추가이익 또는
- 같은 기술을 자체개발하거나 다른 기업으로부터 얻는 데 소요되는 비용

중의 하나에 의해 결정된다.

최저가격(Pb)은 기술을 이전받는데 따르는 변호사비용 등의 거래비용에 의해 결정된다.

▌ZOPA(합의가능지대)의 형성

한 가지 주목할 사실은 글로벌 기업과 현지기업이 제시하는 최대가격은 '기술사용으로부터 얻을 수 있는 예상이익'에 의해 크게 좌우된다는 것이다. 그런데 〈그림 13-4〉에서 보듯 두 기업이 생각하는 이 예상이익의 크기가 다르다. 글로벌 기업은 현지기업에 기술을 사용하여 P1의 이익을 얻으리라 생각하는 반면 현지기업은 P1보다 작은 Pa 정도의 이익밖에 못 얻으리라고 기대한다.

이 같은 배경에서 글로벌 기업의 최대가격과 최저가격 P1-P2와 현지기업의 Pa-Pb가 겹쳐지는 Pa-P2에서 ZOPA, 즉 양자 간의 가격합의가능지대가 형성된다.

2. 라이센싱에서 협상력 결정요인: 기술가치

앞에서 살펴본 ZOPA 속에서 구체적으로 어느 수준에서 기술가격이 결정되느냐는 기본적으로 양 당사자 간의 협상력에 의해 좌우된다. 그런데 이 같은 협상력은 다시

'기술가치'에 의해 결정된다. 일반적으로 라이센싱 대상인 기술의 가치와 협상력 간에는 다음과 같은 관계가 존재한다.

- 라이센싱의 기술가치가 높으면 현지기업은 라이센싱을 받아 큰 이익을 볼 수 있다고 생각하여 다소 가격이 비싸더라도 기술을 사려 할 것이다. 따라서 글로벌 기업은 강한 협상력을 가진다.
- 기술가치가 적으면 글로벌 기업의 협상력이 약하다. 현지기업이 기술을 구입한다 하더라도 큰 이득을 볼 수 없다고 생각하면 쉽게 협상테이블을 떠날 수 있다.

3. 라이센싱 기술가치 결정 6대 요인

라이센싱 기술가치는 다음과 같은 6가지 요인에 의해 크게 영향을 받는다(〈그림 13-5〉).

그림 13-5 라이센싱 기술가치 결정 6대 요인

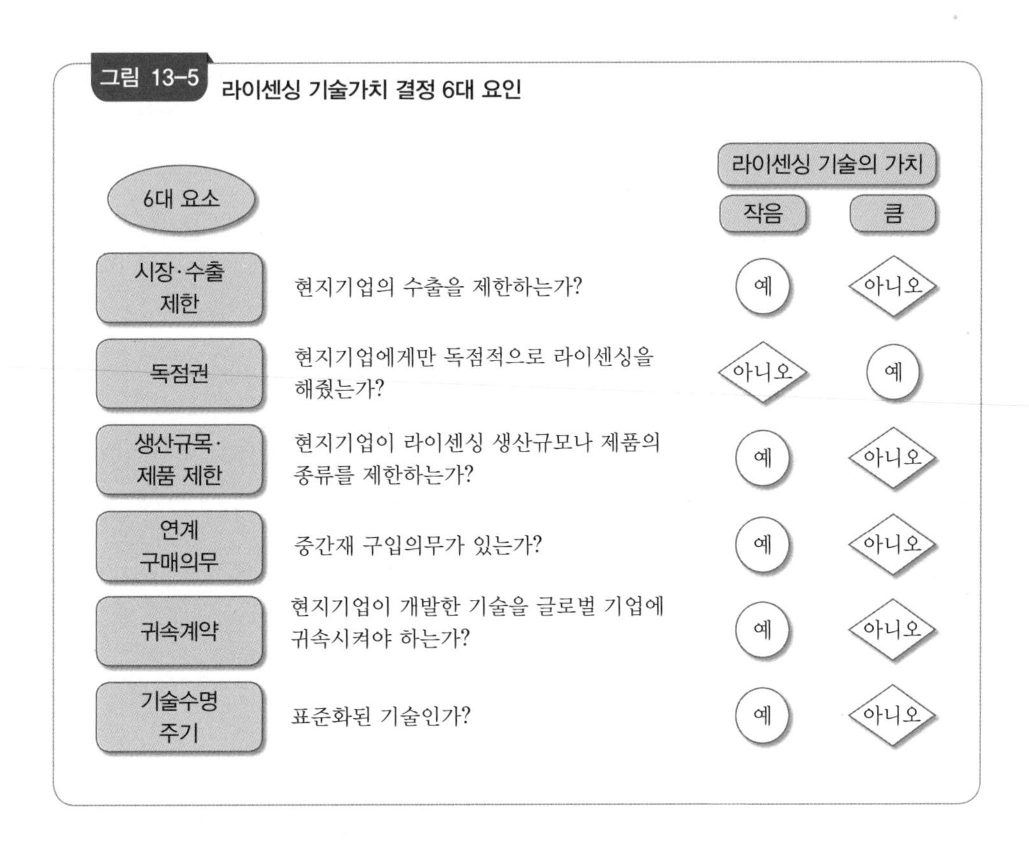

시장제한(수출제한)

라이센싱 받은 기술로 현지기업이 생산한 제품의 수출을 제한하는 경우이다. GM이 대우자동차로 하여금 동구권에 수출하지 못하게 한 것이 좋은 예이다.

라이센싱 독점

현지기업에게만 배타적으로 라이센싱 해주지 않고 현지의 다른 경쟁기업에게도 해 주었으면 기술의 가치는 급격히 하락한다.

생산규모나 제품의 제한

현지기업의 생산량을 일정 규모로 제한하거나 제품의 종류를 제한하는 경우이다. 라이센싱 생산을 하는 현지기업으로서 생산시설을 확장하고 제품을 고급화시키려 할 것이다. 이 같은 가능성을 미리 제한하면 기술의 가치는 하락한다. GM은 1990년대 초 대우자동차의 생산규모 확장과 중형승용차의 대미수출을 제한하였다.

연계구매의무(Tie-in Provisions)

글로벌 기업의 부품을 사용하도록 하면 현지국 입장에서는 보다 효율적인 다른 부품업체를 선택할 수 없다.

귀속계약(Grantback Provisions)

라이센싱 받은 기업이 그간에 축적한 노하우를 바탕으로 개량된 기술을 개발할 때 이를 글로벌 기업에 귀속시키는 것이다.

기술수명주기

개발한 지 얼마 되지 않은 신기술이면 당연히 기술가치는 높을 것이다.

협상퀴즈 7

폭스바겐의 중국 기술이전협상

1984년 폭스바겐은 중국과 50대 50으로 합작기업을 설립하였다. 중국측 지분은 상하이오토(25%), 중국은행(15%), Chinese Auto(10%)가 나누어 가졌다. 합작기간은 25년으로 하고 폭스바겐은 브라질 공장시설을 중국에 옮겨 산타나 모델을 생산하기로 하였다.

협상 초기 단계에 중국은 엄격한 기술이전조건을 제시하였다. 2000년까지 현지조달 부담비용을 95%로 올려야 한다는 것이다. 이 같은 조건달성을 위해서는 품질이 열악한 중국 현지부품을 많이 써야했다. 폭스바겐으로서는 이 같은 현지부품업체의 품질이나 생산성을 높이기 위해서는 막대한 추가적 투자가 필요하다. 잘못하면 합작투자의 채산성 자체를 위협할 수 있는 협상조건이다.

그러나 폭스바겐 협상대표는 이 같은 중국측의 요구를 거부하고는 합작투자를 성공시킬 수 없다는 사실을 잘 알고 있었다. 이에 폭스바겐이 제시한 협상전략은 win-win 협상(collaborative strategy)이다. 즉, 상대방의 엄격한 기술요구조건을 들어주는 조건으로 중국에 폭스바겐의 요구도 들어줄 것을 요구한다. 물론 폭스바겐의 최대목적은 '중국시장에 대한 배타적 접근'이다. 이를 위해 폭스바겐은 다음과 같은 협상조건을 제시한다.

- 중국정부와 국영기업이 합작기업이 생산하는 승용차를 우선 구입할 것
- 당분간 외국자동차 생산업체의 중국 투자를 제한할 것
- 완성차수입에 대한 높은 관세율을 유지할 것. 단, 자동차부품에 대해선 낮은 관세를 유지

합작기업의 현지부품 사용비율은 1985년의 26%에서 1991년에는 83%로 1995년에는 당초 목표대로 95%를 달성하였다. 중국정부로서는 원하는 것을 얻은 셈이다. 폭스바겐도 1990년대 말 현지 승용차시장의 반 이상(54%)을 점유하였다. 중국정부가 약속대로 완성차의 투자를 금지하고 높은 수입관세를 부과했기 때문이다.

토론 포인트

Q1. 폭스바겐과 협상하는 중국정부의 속내(bottom-line)은 무엇이었나? 즉, 중국정부가 폭스바겐과의 협상에서 가장 중요시 했던 것은 무엇이었나?

Q2. 폭스바겐이 중국이 원하는 것을 주는 대가로 얻고자 하는 것은 무엇이었나?

Q3. 폭스바겐이 중국과의 협상에서 가장 잘한 점이 무엇이라고 생각하는가?

Q4. 오늘날 여러분이 폭스바겐을 대표하여 중국정부와 기술이전협상을 한다면 이 사례와 같은 협상이 가능할까?

도움 되는 정보

- 폭스바겐이 중국에서 생산하기로 한 산타나 모델은 유럽시장에서 인기가 없는 차종이다.
- 폭스바겐은 중국에 신규투자 한 것이 아니라 브라질의 공장을 해체하여 이전하였다.
- 폭스바겐이 중국시장의 54%를 점유할 수 있었던 이유는 그 당시 중국에서 승용차를 사는 수요자는 개인이 아닌 국가나 공공기관이었기 때문이다.
- 중국은 2001년에 WTO에 가입하였다.

퀴즈풀이에 대한 Teaching Manual은 박영사 홈페이지 도서자료실에 업로드되어 있습니다.

제 14 장 글로벌 기업의 갈등관리협상

문화적·사회적 환경이 다른 세계 여러 곳에 생산·판매거점을 마련하여 활동하는 글로벌 기업의 국제경영활동은 그 자체가 다양한 협상 행위의 연속이다. 글로벌 기업은 우선 현지국 정부는 물론 본국 정부와도 협상을 해야 하며 현지노조나 NGO와도 좋은 관계유지를 위한 협상을 해야 한다. 또한 본국 기업문화와 현지국 문화 간의 차이에 따른 갈등, 기술이전 마찰 등에 따른 다양한 갈등관리협상(conflict resolution negotiation)을 해야 한다. 이 같은 측면에서 국제경영관리는 일종의 다문화경영(cross-cultural management)에 따라 발생하는 갈등관리협상이라고 정의할 수 있다.

이 장에서는 글로벌 기업이 직면하는 다양한 국제경영협상을 갈등관리협상을 중심으로 다음과 같은 점들을 살펴보자.

- 글로벌 기업의 다양한 국제경영협상
- 글로벌 기업의 다양한 갈등유형과 대응협상전략
- 현지국 정부의 개입에 대한 글로벌 기업의 대응협상전략

제 1 절 글로벌 경영의 다양한 협상

해외에 많은 공장을 가지고 전 세계를 상대로 활동하는 글로벌 기업은 비즈니스 파트너뿐만 아니라 현지국 정부, 현지노조, NGO 등과 투자지원 조건, 노동력 확보, 부품가격 등의 다양한 이슈를 가지고 협상을 한다.

그림 14-1 국제경영협상의 다양한 형태

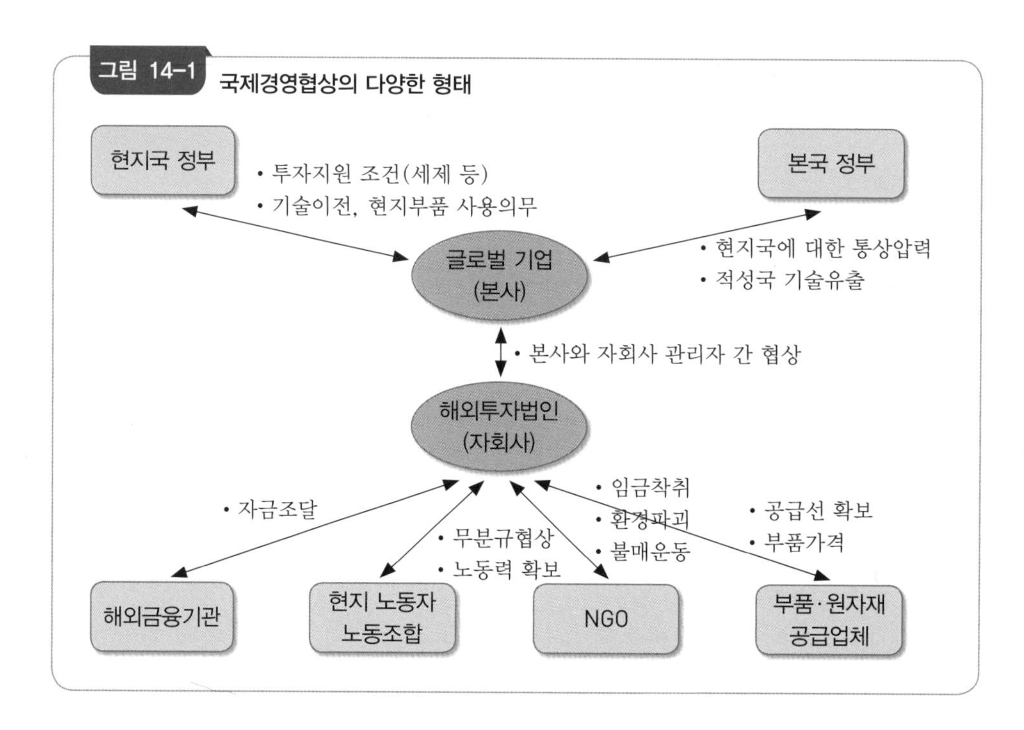

1. 현지국 정부와의 협상

현대자동차의 미국 앨라배마 투자

미국 앨라배마주 몽고메리시는 어디를 가든 '현대'에 대한 관심으로 가득 차 있다. 슈퍼마켓들은 점포 외벽마다 'Welcome Hyundai'라는 플래카드를 내걸었다. 현대에 대한 지원 현황을 브리핑 해준 현지 공무원들은 모두 가슴에 태극기와 앨라배마주기로 만든 배지나 현대차 로고 배지를 달고 있었다.

이 같은 높은 관심은 지역사회에 현대차의 11억 4천만 달러(약 1조 4천억 원)의 투자가 가져다 주는 '특수' 때문이다. 핵심은 고용창출이다. 현대차 공장은 2천여 명의 고용을 창출했다. 생산직 근로자들은 주정부에서 직접 교육시켜 현대에 '공급'해 주기로 되어 있는데 최근 지원자를 모집한 결과 무려 2만 5천 명이 응모하기도 했다.

때문에 현지당국의 지원은 '파격'이란 단어를 넘어선다. 여의도의 두 배가 넘는 2백 17만 평에 이르는 공장 부지를 소유주들로부터 '수용'해 무상으로 소유권을 넘겨주었다. 무상증여가 주법에 어긋나자 아예 주법을 고쳐 해결했다. 약 5천만 달러 상당의 부지제공을 포함해 주와 시당국이 제공한 혜택을 현금으로 환산하면 약 2억 5천만 달러이다. 소득세 및 판매세 면제, 전기 · 가스 무상지원, 현지 채용인 직업훈련비 제공은 물론 향후 2년간 주정부 예산으로 지역신문에 광고까지 해주기로 했다.

주정부는 고속도로에서 공장으로 들어가는 진입로를 새로 만들어 주고 새 도로 이름을 '현대대로(Hyundai Boulevard)'로 붙여주었다. 주소도 현대자동차 울산공장의 번지수와 같은 700으로 변경해 주기도 했다. 공장 안에는 철도역까지 신설해 주기로 했다. 주민들은 연간 30만 대의 자동차를 쏟아낼 공장을 짓는 초대형 공사로 인한 소음이나 먼지 공해도 감내하겠다고 말했다.

현대자동차 앨라배마공장 개요

지역	앨라배마州 몽고매리市
부지	210만 평
투자규모	10억 달러
생산규모	연간 30만 대
생산개시	2005년
생산차종	중형차(EF쏘나타 후속 모델) SUV(싼타페 후속 모델)
직원수	2,000여 명 (생산직 1,650명+일반직 350명)

앞의 사례는 글로벌 기업이 현지국에 대해 엄청나게 유리한 협상력을 가지고 있다는 것을 보여준다. 과거와 달리 오늘날 세계 각국의 모든 정부는 글로벌 기업을 자국 정부에 유치하기 위해 적극 나서고 있다. 서로 앞다투어 유리한 공장 입지를 제공하고 세제·금융상의 지원을 약속한다.

이 같은 외국인투자 유치경쟁은 같은 국가 내의 지방정부 간에도 치열하다.

▌현지국 정부와의 협상전략

따라서 해외투자지를 결정하기에 앞서 글로벌 기업은 현지국 정부와 협상하여 최대한 유리한 투자조건을 약속받아야 한다. 이 같은 현지국 정부와의 협상은 다음과 같은 세 단계로 나뉜다.

1. 외국인투자 지원조건에 관한 협상

〈그림 14-2〉에서 보듯이 현지국 중앙정부와 '경쟁국에 비해 유리한 세제·금융·입지상의 지원을 해줄 것인가'를 협상한다. 이때 주의할 점은

그림 14-2 글로벌 기업과 현지국 정부 간의 3단계 협상

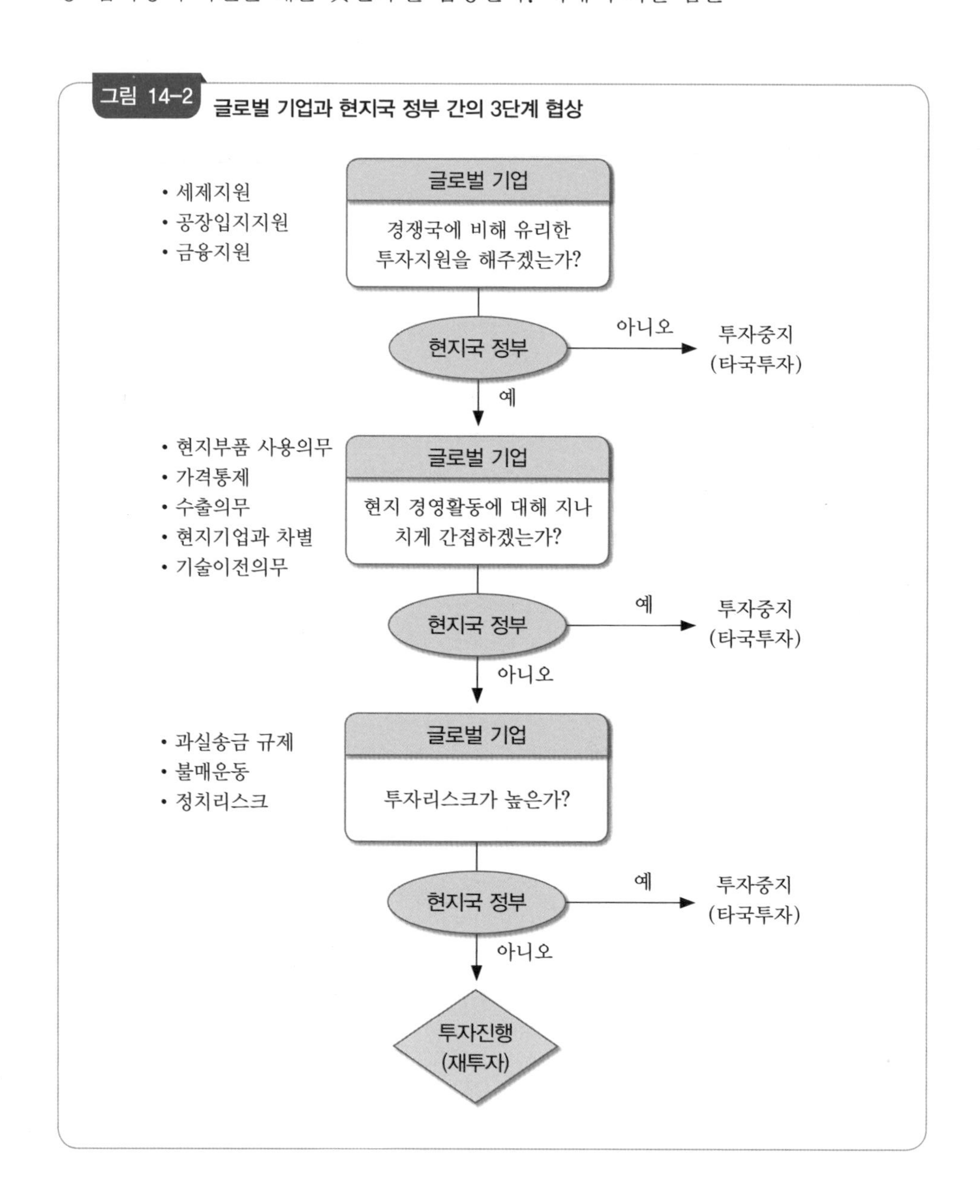

- 투자대상국으로써 해당 국가뿐만 아니라 다른 경쟁국들도 포함하여 검토하고 있으며
- 다른 경쟁상대국은 더 유리한 조건을 제시하고 있다고 간접적으로 암시하며 협상력(bargaining power)을 증가시키는 것이다.

유연한 외국인투자 유치정책을 펼치고 있는 싱가포르는 정부가 큰 재량권을 가지고 투자 프로젝트별로 세제나 금융지원을 결정한다. 영국이나 미국같이 산업공동화로 특정 지역의 경기침체를 경험하는 선진국은 특정 불황지역에 대한 우선지원제도를 가지고 있다. 따라서 현지정부와 협상시 이들 국가의 외국인투자 유치정책, 특정 지역의 경기침체 문제 등을 면밀히 분석할 필요가 있다. 이때 경쟁국에 비해 불리한 지원조건을 제시하면 해당국에 대한 투자를 중지하고 다른 나라에 대한 투자를 진행한다.

2. 해외투자기업의 경영자유에 대한 협상

현지국 정부와의 2단계 협상은 "현지 경영활동에 지나치게 개입하겠는가?"이다. 아직도 많은 나라는 자국에 진출한 글로벌 기업에 대한 현지부품 사용의무(local content requirement), 수출의무 등을 부과하고 있다. 또한 직·간접적인 다양한 규제를 통해 기술이전의무를 부과한다거나 가격을 통제하려 한다. 따라서 아무리 좋은 투자유인을 약속하더라도 일단 투자진출 후 현지 경영활동의 자유에 지나친 개입을 할 것 같으면 투자를 하지 말아야 한다. 이런 나라에 투자했다가는 인질 효과 때문에 쉽게 철수하지 못하고 어려운 경우에 처할 수도 있다.

3. 투자리스크에 대한 협상

각종 투자리스크에 대한 협상이다. 해외투자기업의 과실을 국내에 송금하지 못하게 하거나 현지국 정부가 국내 NGO 등을 조종해 불매운동을 벌이게 하는 수가 있다. 우즈베키스탄 같은 나라는 외화송금에 대해 엄격한 통제를 한다.이 같이 다양한 투자리스크도 협상에 포함할 수 있다. 본국 정부와 현지정부가 가까운 시일 내에 이중과세 방지협정을 맺을 것을 조건으로 투자진출하는 것도 좋은 예이다. 아무리 앞의 두 협상에서 좋은 결과가 나와도 투자리스크가 높은 경우 투자하면 안 된다.

4. 지방정부와의 협상

나라마다 중앙정부와 지방정부 사이의 권력구조가 다르다. 특히 인도, 인도네시아 같은 나라는 중앙정부와 지방정부 사이에 권력이 많이 분산되어 있다. 이런 권력 분산형 나라에 투자할 때 아무리 중앙정부와 협상을 잘 하여도 지방정부가 협력하지 않으면 아무런 소용이 없다. 이의 좋은 예가 포스코의 인도 투자 협상 실패 사례이다. 따라서 인도 같은 권력 분산형 국가와 협상할 때는 반드시 중앙정부는 물론 지방정부와도 동시에 협상을 해야 한다.

2. 본국 정부와의 협상

오늘날 거의 대부분의 나라는 자국 기업의 글로벌화를 지원하고 있다. 따라서 글로벌 기업이 본국 정부와 협상을 할 경우는 다음의 두 가지이다.

▌본국 정부와의 내부협상

이는 현지시장 접근에 있어 국내의 다른 글로벌 기업과 경합관계에 있을 경우이다. 중국기업의 S/W 불법복제를 규제하기 위해 마이크로소프트사는 미국정부에 압력을 넣었다. 지적재산권 위반을 이유로 중국정부에 대해 스페셜 301조를 발동하여 무역보복위협을 하면 S/W 불법복제를 줄일 수 있으리라는 계산이었다. 그러나 〈그림 14-3〉에서 보듯이 중국정부는 미국으로부터의 민간항공기 구매계획을 취소하

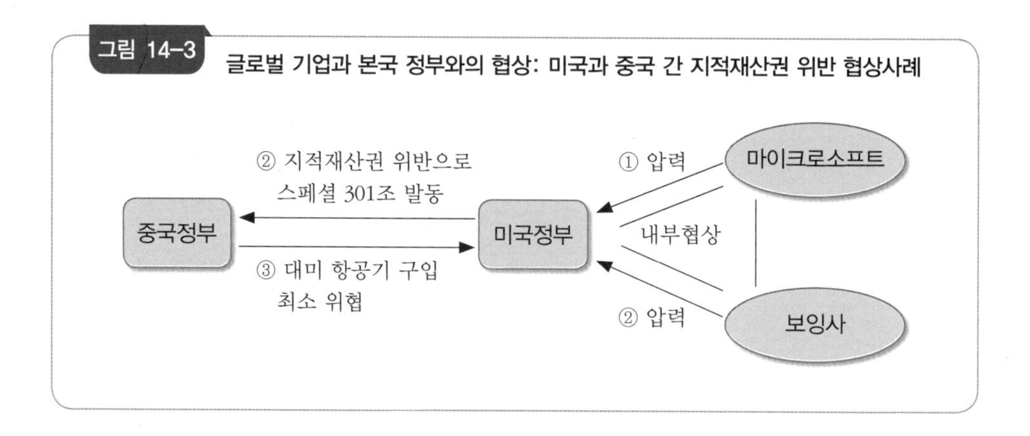

그림 14-3 글로벌 기업과 본국 정부와의 협상: 미국과 중국 간 지적재산권 위반 협상사례

고 유럽의 에어버스를 수입하겠다고 맞대응을 하였다.

이에 놀란 미국의 보잉사는 미국정부에 대해 중국에 대한 스페셜 301조를 철회해 줄 것을 요청하였다. 스페셜 301조 강행을 요구하는 마이크로소프트사와 이에 반대하는 보잉사, 그리고 미국정부 간에 3자협상이 시작된 것이다. 팽팽한 줄다리기 끝에 결국 미국정부는 스페셜 301조를 철회하였는데, 이는 보잉사가 본국 정부와의 협상에서 승리한 결과라고 말할 수 있겠다.

▌현지국의 무역장벽제거

글로벌 기업 혼자의 힘으로 해결하기 힘든 무역장벽, 현지국 정부의 지나친 규제 등이 있을 때 본국 정부에 요청하는 경우이다. 본국 정부가 현지국 정부와의 협상을 통해 의외로 쉽게 문제를 해결할 수 있다.

3. 현지 근로자 및 노동조합과의 협상

현지에서 우수한 노동인력을 활용하기 위해서는 노동자와 개별 또는 단체협상을 해야 한다. 평화적 노사관리가 국제경영의 성패를 좌우하므로 현지노조와의 협상도 매우 중요하다. LG전자, 삼성전자 등은 영국에 대한 투자협상을 할 때 투자조건의 하나로서 현지노조로부터 '무노조' 또는 '무노동분쟁'의 약속을 받아냈다.

4. NGO와의 협상

2000년, NGO '글로벌 익스체인지'가 스타벅스를 고발하였다. 원두커피를 너무 헐값에 매입하는 등 제3세계 가난한 커피 농부를 착취하였다는 것이다. 나이키도 '아동 노동'으로 전 세계 NGO들로부터 공격을 당했다. 나이키는 신발 생산을 파키스탄, 인도네시아 같은 나라에 외주를 주는데 현지 생산공장의 근무여건이 인권, 환경오염 측면에서 아주 열악했던 것이다.

스타벅스의 경우, CEO 오린 스미스가 소규모 커피 농가 보호 등을 통해 민첩하게 대응하여 큰 타격은 안 입었지만 나이키는 구차한 변명을 늘어놓다가 기업 이미지가 추락하여 한때 매출이 절반 가까이 떨어졌다.

앞의 사례에서 보듯이 NGO는 국제경영에 무시하지 못할 영향을 미친다. 현지 노동자에 대한 낮은 임금, 아동 노동, 가혹한 노동조건에서 시작해 환경파괴 문제, 불매운동에 이르기까지 다양한 사회적 이슈에 대해 현지국에서 NGO들이 높은 목소리를 낸다. 그러므로 이들 NGO와 어떻게 협상을 하느냐가 현지국 사회와 불필요한 마찰을 줄이는 중요한 관건이 된다.

제 2 절 글로벌 기업의 다양한 갈등유형과 대응협상전략

1. 글로벌 기업 갈등의 5대 유형

글로벌 기업은 다양한 갈등을 겪는데 이는 다음과 같은 5가지로 요약할 수 있다.

갈등 1: 글로벌 기업문화와 국민문화 간의 마찰: 트롬프나르 모델

모든 기업은 고유한 기업문화를 가진다. 이는 넓은 차원에서 한국기업문화, 일본기업문화, 미국기업문화 등으로 분류할 수도 있고, 좁은 의미로는 삼성기업문화, 현대기업문화, IBM기업문화, 소니기업문화 등으로 나눌 수도 있다. IBM과 소니는 전 세계에 흩어져 있는 직원들에게 'IBM 가족', 'Sony Man'이라는 강한 기업문화를 주입하고 있다. 또한 현지국도 고유한 국민문화(national culture)를 가진다. 미국, 한국은 모두 고유한 미국국민문화, 한국국민문화를 갖는 것이다. 글로벌 기업이 현지국에서 경영활동을 하는 이상 현지국 국민문화와의 마찰이 불가피하다.

트롬프나르 등(Trompenaars etc.)[1]에 의하면 기업문화와 현지국 국민문화 간의 마찰은 두 문화의 유형에 의해 영향을 받는다.

1 Trompenaars, F. & Hampden-Turner, C., *Riding the Wave of Culture: Understanding the Diversity in Global Business*, McGraw Hill, 1988, pp. 162-185.

▶ 기업문화의 4대 유형

트롬프나르는 조직과 조직원 간의 일반적 관계와 상사와 부하 간의 계층관계에 중점을 두고 기업문화를 네 가지로 분류하였다.

가부장형 기업문화

인간관계와 계층형 조직을 중시하는 인간지향(person-oriented) 기업문화이다. CEO는 가부장적 권위를 가지고 직원을 가족처럼 대하며, 조직 내의 동기부여나 보상체계는 존경과 사랑이다. 즉, 상사는 부하로부터 존경받고 거꾸로 부하는 상사로부터 사랑받는 것을 최고의 보람으로 여긴다. 일본, 한국, 동남아기업문화가 대표적이며 유럽에서는 프랑스와 스페인기업문화이다.

에펠탑형 기업문화

기업 내에서의 맡은 바 역할이 중시되는 역할지향(role-oriented) 기업문화이다. 조직 내 높은 지위는 권위나 힘보다는 더 큰 역할을 맡았다는 것을 의미한다. 조직원은 주어진 역할을 수행하는 인적자원으로 다루어지며 중요한 역할을 맡는 것을 조직 내

표 14-1 4대 기업문화 유형

구분	가부장형 기업문화	에펠탑형 기업문화	탄도미사일형 기업문화	인큐베이터형 기업문화
가치사슬	인간관계 중시	역할(role) 중시	프로젝트 중시	창조적 자기성취 중시
지위(status)	계층형 조직 높은 지위는 권위를 의미	높은 지위는 더 큰 역할을 의미	목적을 달성하는 프로젝트 멤버에 의해 높은 지위 보장	높은 지위는 개인의 창조성에 의해 달성
직원에 대한 시각	가족	인적자원	전문가	공동창조자
동기부여 및 보상체계	존경과 사랑을 받음	더 큰 역할로의 승진	성과에 대한 금전 보상	새로운 창조적 활동에 참여
대표국	한국, 일본, 프랑스, 스페인	독일	미국, 영국	스웨덴, 덴마크

〈자료〉 Trompenaars etc., 1998, pp. 162-185.

에서 자신이 인정받는 것이라 생각한다. 독일, 호주 등의 기업문화가 그 예이다.

탄도미사일형 기업문화

기업에서 추진 중인 프로젝트를 중시하는 미국과 영국형 기업문화이다. 조직원의 능력과 지위는 맡은 프로젝트를 얼마나 잘 수행하느냐에 의해 결정되며, 동기부여와 보상은 성과에 대한 금전적 보상에 의해 이루어진다. 직원을 가족이나 인적자원으로 보는 가부장형이나 에펠탑형 기업문화와 달리 프로젝트를 수행하는 '전문가'로 본다.

인큐베이터형 기업문화

조직원 각자를 새로운 비즈니스를 창업하는 인큐베이터로 보는 기업문화이다. 창조적 자기성취를 중요시하고 조직원은 회사의 가치를 공동으로 창조하는 지식자산으로 본다. 디지털 경쟁시대 IT 분야의 벤처기업문화와 아주 유사하다. 스웨덴, 덴마크기업문화가 이 유형에 속한다.

▶ 국민문화의 4대 유형

평등, 인간, 계층, 업무의 4대 요인에 의해 기업문화를 앞의 4가지 유형으로 나누듯 트롬프나르는 세계 42개국의 국민문화를 같은 4대 분류기준에 의해 다음과 같은 네 가지로 나누었다(〈그림 14-4〉 참조).

- 탄도미사일형 기업문화와 비슷한 국민문화를 가진 나라는 미국이다.
- 이와 가장 대조적인 가부장형 기업문화와 비슷한 국민문화를 가진 나라는 한국, 인도와 유럽의 스페인, 그리스이다.
- 에펠탑형 기업문화와 비슷한 국민문화는 호주, 프랑스이며,
- 인큐베이터형 기업문화의 경우는 덴마크, 스웨덴, 캐나다의 국민문화이다.

▶ 글로벌 기업문화와 국민문화의 갈등

이 같은 기업문화와 국민문화의 분류체계 속에서 글로벌 기업과 현지국 간의 갈등과 마찰에 대해 다음과 같이 정리할 수 있다.

- 기업문화와 국민문화가 유사한 유형에 속하면 속할수록 글로벌 기업과 현지국 간의 마찰과 갈등은 최소화된다.
- 반대로 양 문화 간의 차이가 크면 클수록 양자 간의 마찰과 갈등은 커진다.

그림 14-4 기업문화와 국민문화의 갈등

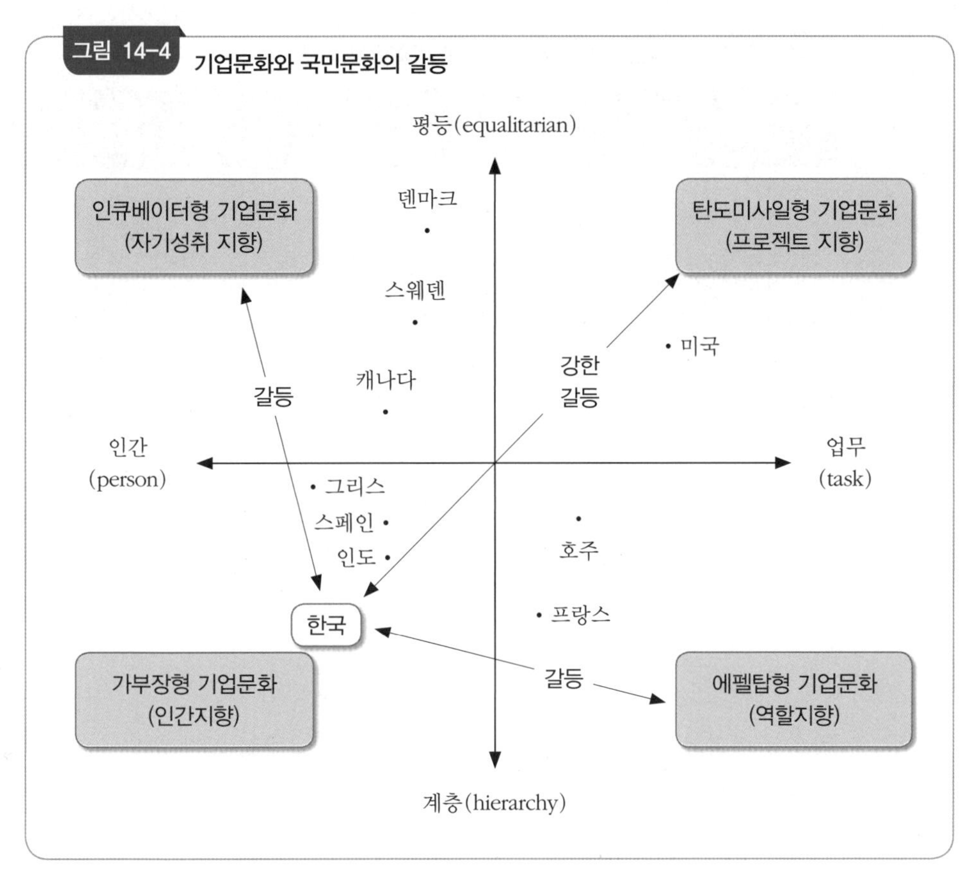

〈자료〉 Trompenaars etc., 1998, p. 184.

이를 쉽게 설명하면 가부장형 기업문화를 가진 한국기업이 비슷한 국민문화적 특성을 가진 스페인에 투자할 때는 별 문제가 없다. 그러나 문화적 성격이 상이한 미국에 투자할 때는 한국기업문화와 미국의 국민문화 간에 상당한 마찰과 갈등이 생긴다. 덴마크, 캐나다, 호주, 프랑스에 투자할 때는 앞의 두 경우의 중간 정도의 문화적 마찰과 갈등을 겪을 것이다.

갈등 2: 글로벌 기업문화와 현지 기업문화 간의 갈등

본사 중심적 사고방식으로 본사의 기업문화를 해외자회사에 그대로 적용할 경우 현지 기업문화와 갈등이 발생한다. 〈표 14-2〉에서 보듯이 한국이나 인도네시아에

표 14-2 미국기업의 아시아 투자시 기업문화갈등

글로벌 기업문화 (미국기업문화)	현지 기업문화 (동양기업문화)	국제경영에 미치는 영향
• 적재적소의 인사관리	• 인사에서 출신배경, 지연 등을 고려	• 인사관리, 승급, 채용 및 보상제도
• 회사정보는 필요한 사람이 얻을 수 있게 조직 내에서 자유롭게 유통되어야 함	• 권위를 높이기 위해 회사정보를 개인적으로 소유	• 조직관리, 의사소통스타일
• 열심히 일하는 것이 성공의 지름길(지위보다는 일이 중요)	• 성공에는 지혜, 운과 시간이 따라줘야 함(높은 지위는 성공과 높은 보수를 보장)	• 근로동기 부여와 성과급 제도
• 약속은 꼭 지켜야 함(시간이 금이다)	• 약속과 스케줄은 사정 변화에 따라 바뀔 수 있음	• 협상스타일, 기업의 중장기 발전계획

〈자료〉 Harris P. R. & Moran, R. T., *Managing Cultural Differences: Leadership Strategies for a New World of Business*, Houston, Gulf Publishing Company, 1999, pp. 66-67.

투자한 미국기업이 그들의 글로벌 기업문화를 그대로 국제경영에 적용시키려 하면 현지 기업문화와 다음과 같은 갈등이 생길 수 있다.

미국기업문화는 가장 능력 있는 사람을 가장 중요한 자리에 앉히고 지위나 출신배경보다는 열심히 일한 성과에 의해 보상을 하려 한다. 그러나 현지 기업문화에 젖은 고용인들은 채용이나 인사에서 능력뿐만 아니라 학벌, 지연, 대인관계 등 다양한 요인을 고려한다. 또한 성공에는 운과 시간이 따라줘야 한다고 생각하기에 개인의 성과에 따른 미국식 보상체계에 익숙하지 않다.

이러한 글로벌 기업문화와 현지 기업문화의 충돌은 국제경영의 인사관리, 채용, 성과보상제도, 경영전략의 수립 등에서 광범위한 갈등을 유발할 수 있다.

▌갈등 3: 범세계적 가치사슬과 국민주의적 가치사슬 간의 마찰

글로벌 기업은 범세계적 가치사슬(global value chain)을 가지고 범세계적 이윤의 극대화를 추구한다. 이와는 반대로 현지국은 국민주의적 가치사슬을 가지고 국민경제의 후생극대화를 추구한다.

그림 14-5 글로벌 기업과 현지국 간의 가치사슬의 차이

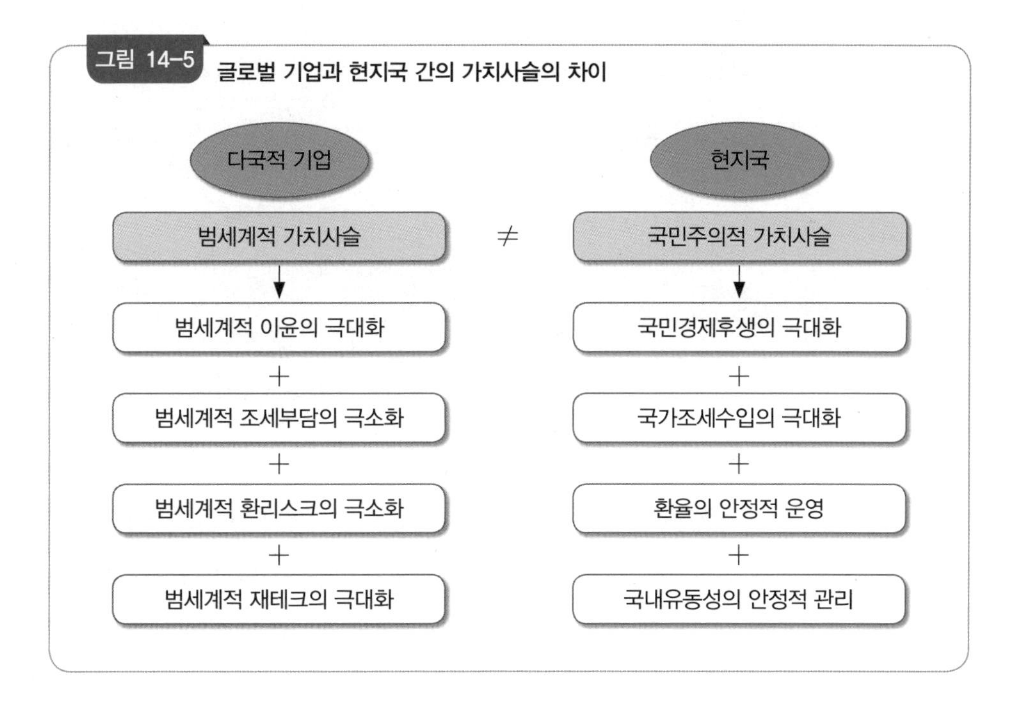

이를 보다 구체적으로 살펴보면 〈그림 14-5〉에서 보듯이 글로벌 기업은 범세계적으로 조세부담의 극소화를 추구하여 가능하면 세율이 낮은 곳으로 소득을 이전시키려 하는 데 반해 국가 조세수입의 극대화를 추구하는 현지국은 가능한 한 자회사로부터 많은 세금을 거두어들이길 원한다. 여기에서 이전가격 조작을 둘러싼 마찰이 발생하기 쉽다.

다음으로 글로벌 기업은 범세계적 환리스크의 극소화를 위해 환율변동에 민감하게 대응하여 자금을 이동시키는데, 환율의 안정적 운영을 추구하는 현지국은 환율정책의 착란요인으로 작용하는 이 같은 행위를 규제하고자 한다. 또한 글로벌 기업은 현지국의 이자율변화에 민감하게 반응하여 보다 높은 이자소득을 얻을 수 있는 곳으로 자금을 이전시키고자 하는데, 이는 국내유동성을 안정적으로 관리하고자 하는 현지국의 금융·통화정책과 정면으로 마찰을 빚게 된다.

▌갈등 4: 글로벌 관리자와 현지 관리자 간의 갈등

같은 글로벌 기업에서 일하는 관리자 경우에도 본사의 글로벌 관리자(global manag-

그림 14-6 글로벌 관리자와 현지 관리자의 갈등

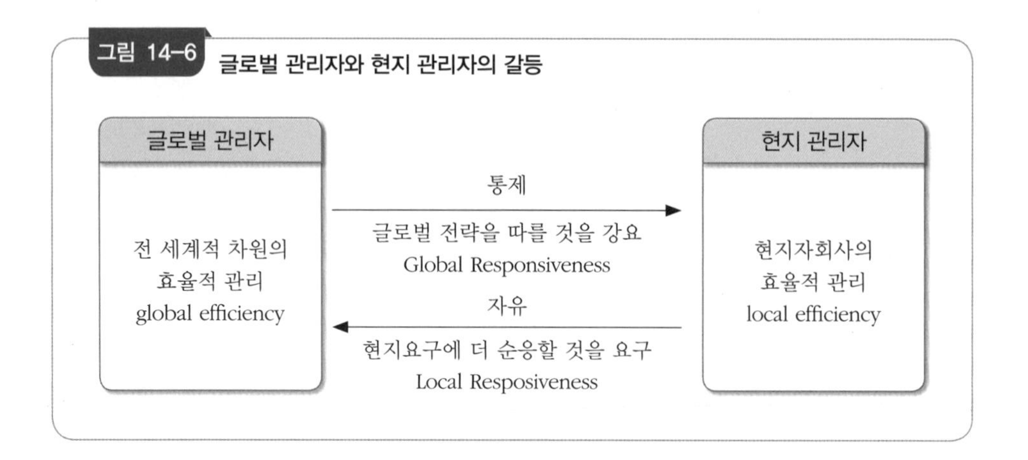

er)와 해외자회사의 현지 관리자(country manager) 간에 갈등이 존재한다. 〈그림 14-6〉에서 보듯이 본사에 앉아 전 세계에 흩어진 자산과 자원을 효율적으로 관리해야 하는 글로벌 기업은 해외자회사가 이 같은 글로벌 전략에 전적으로 따를 것을 요구한다.

따라서 이들은 해외자회사의 현지 관리자에 대한 통제를 강화해야만 전 세계적인 글로벌 경영의 효율성을 극대화시킬 수 있다고 믿는다. 반면 현지 관리자는 자기가 맡은 현지자회사가 가장 효율적으로 운영되길 바란다. 따라서 이를 위해서는 본사가 현지시장 여건, 현지 소비자와 근로자의 요구, 현지국 정부의 정책 등 현지국의 요구에 보다 많은 관심을 가지고 배려를 해야 된다고 믿는다. 또한 수시로 변하는 현지시장 여건에 효율적으로 신속히 대응해 나가기 위해서는 현지자회사에 보다 많은 자유와 재량이 주어져야 한다고 주장한다.

유럽-소련 송유관 건설

1980년대 초에 유럽은 거대한 송유관을 건설하여 소련으로부터 에너지를 공급받고자 하였다. 그런데 유럽이 적대국인 소련의 에너지에 의존하게 되는 것을 두려워한 레이건 행정부가 유럽 내에 위치한 미국계 자회사들에게 이 송유관 공사계획에 참여하는 것을 금지시키고자 했고, 이에 대해 유럽의 모든 정부가 심하게 반발하고 나섰다.

이런 와중에 미국 드레서사의 100% 투자 프랑스 자회사인 드레서 인더스트리사(Dresser Industries)가 소련에 컴프레서를 수출하겠다고 나선 것이다. 미국정부는 적성국 교역제한법을 근거로 당연히 이를 저지하고자 하였다.

이미 프랑스정부는 대공산권 수출을 승인한 상태였기에 프랑스 드레서 인더스트리사가 본사를 통해 내려오는 미국정부의 압력에 굴복하여 대소 수출계약을 취소하려 하자 프랑스정부가 강력히 반발하고 나섰다. 귀속의 이중성을 가지는 자회사는 본사를 통해 내려온 미국정부의 압력과 프랑스정부의 압력 사이에서 갈등하다가 결국은 영토적 귀속성을 우선하여 후자의 지시에 따랐다. 미국정부는 동사에 대해 제재를 가했고 프랑스정부는 또다시 반발을 하여 적대국 교역제한법의 초영토적 적용을 둘러싸고 양국 간에 심각한 법치마찰을 빚었다.

▌갈등 5: 현지국 정부와 본국 정부 간의 마찰: 법치마찰

미국은 적대세력제재 대응법(CAATSA, 2017), 적성국 교역제한법(Trading with the Enemy Act, 1917), 수출통제법(Export Control, 1949), 수출관리법(Export Administration Act, 1969) 등과 같이 미국에 대해 적대행위를 하는 북한, 쿠바 같은 사회주의 국가와의 재화나 기술의 거래를 통제하기 위한 법률을 다수 가지고 있다. 이 법률들은 미국 내의 기업이 적대국과 거래하는 것뿐만이 아니라 그들의 해외자회사가 거래하는 것까지도 제한하고 있다. 동법률의 초영토적 적용과 관련하여 미국법원은 미국 내 모기업이 해외자회사의 행위에 대해서까지 형사책임을 져야 한다는 강경한 입장을 고수하고 있다. 말하자면 모기업에 대한 압력을 통해 해외자회사의 행위를 규제하고자 하는 것인데 이는 종종 현지국 정부와 심한 마찰을 야기한다.

2. 글로벌경영의 갈등비용

국제경영에서 앞에서 살펴본 갈등과 마찰이 증폭될 경우 현지국 정부, 노조, NGO 등은 다양한 형태로 글로벌 기업에 압력과 제재를 가하려 할 것이다. 현지 노동조합은 시위와 농성을 할 것이고 현지언론은 해외자회사에 대한 비판적 여론을 고조시키며 현지국 정부도 직·간접적인 제재를 하려 할 것이다. 현지국에서의 갈등을 잘 해결하지 못해 발생하는 행위들은 모두 국제경영에 상당한 갈등비용을 유발한다. 이 같은 갈등비용은 크게 세 가지로 요약될 수 있다.

경제적 손실

첫째, 가장 큰 경제적 손실은 노동자들의 파업과 시위에 따르는 손해이다. 현지 노동자의 사기저하 등에 따르는 생산성 저하비용까지 고려하면 그 손해의 폭은 상당히 커질 것이다.

둘째, 현지국 정부와의 갈등에서 오는 손해이다. 현지국 정부가 해외자회사에 대해 불이익을 주려할 경우 실로 다양한 방법을 동원할 수 있다. 가장 손쉽고 직접적인 것이 특별세무조사, 이전가격조사를 하는 것이다. 또한 정부나 국영기업이 발주하는 주요 공사나 공개입찰에 대한 참여제한도 할 수 있다.

셋째, 현지언론은 해외자회사에 대한 이미지 조작을 통해 상당한 경제적 손실을 줄 수 있다. 언론에 계속적으로 부정적인 기사가 나면 일반 여론뿐만 아니라 일반 소비자의 구매행동에까지 부정적 영향을 미칠 수 있다. 나쁜 이미지를 갖는 물품에 대한 수요가 감소할 뿐만 아니라 심한 경우 불매운동까지 벌일 수 있다.

넷째, NGO는 노동자와 같이 시위나 집단행위를 통해 해외자회사에 압력을 가할 뿐만 아니라, 민·형사소송, 집단소송제 등을 통해 법률적 쟁송까지 할 수 있다. 맥도널드 햄버거에 대한 NGO들의 반세계화 시위가 맥도널드 매출에 영향을 미친 것이 그 좋은 예이다.

그림 14-7 국제경영의 갈등비용

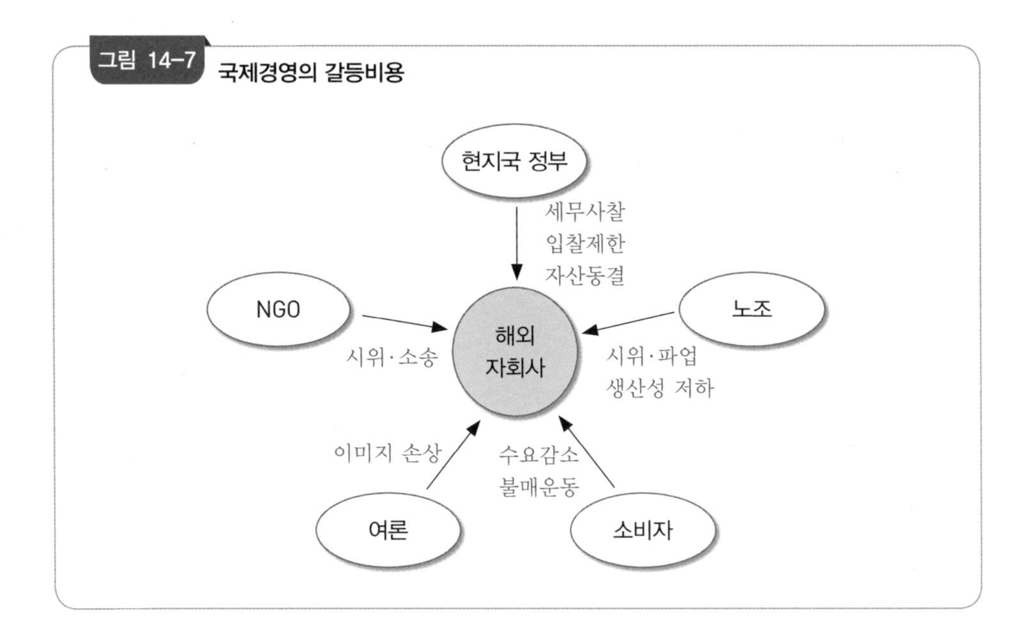

▌기업 이미지 손상

좋은 기업 이미지는 좋은 브랜드 이미지로 연결되어 소비자의 구매행위뿐만 아니라 기업의 사회적 윤리에까지 영향을 미친다. 이 같은 이유로 오늘날 글로벌 기업은 기업 이미지 향상을 위해 홍보, 현지 교육기관에 대한 기부 등 다양한 노력을 기울이고 있다. 국제경영의 갈등은 이 같은 기업 이미지를 손상시킬 뿐만 아니라 본국의 국가 이미지까지 훼손시킬 수 있다. 과거 인도네시아와 베트남에 진출한 한국 투자기업에서 있었던 노사분규가 현지 언론보도를 통해 한국에 대한 부정적 이미지로까지 확산된 것이 한 예이다.

▌글로벌 조직의 사기 및 효율성 저하

현지국에서 자신이 근무하는 회사에 대한 시위, 여론 비판이 거세지면 당연히 종업원의 사기가 저하된다. 또한 경영자들은 생산중단, 신규사업 확장계획의 보류 등을 하게 되는데 이 또한 조직의 사기를 크게 훼손할 것이다. 더욱이 조직 내부적으로 글로벌 관리자와 현지 관리자(country manager) 간의 갈등은 효율적인 국제경영을 방해할 것이다.

제 3 절 현지국 정부의 개입에 대한 글로벌 기업의 대응협상전략

현지국 정부가 글로벌 기업의 현지 경영활동에 대해 개입하거나 간섭할 때 대응해 나가는 국제경영 협상전략에는 다음과 같은 것들이 있다.

▌입지변경 대항력 향상

현지국 정부가 지나치게 불리한 조치를 취하고자 할 때 생산입지를 커다란 비용부담 없이 다른 나라로 옮겨 버릴 수 있다면 이는 글로벌 기업에 상당한 대항력(countervailing power)을 가져다 준다. 정치적 위험이 큰 현지국에 진출할 때 글로벌 기업은 미리부터 입지변경 대항력을 향상시키기 위한 다음과 같은 전략을 구사할 수 있다.

첫째, 가능하면 고정투자규모를 줄이는 방법이다. 대규모 고정투자사업에서 시설투자가 완료되면 일종의 '인질 효과'가 발생하여 현지국의 압력에 굴복하기 쉽다. 예를 들어 생산라인이 완전조립인 신발이나 봉제 같은 경우 입지변경 대항력이 아주 강한 반면 석유화학공업은 약하다.

둘째, 현지국 경제와 수직적 통합을 피하는 방법이다. 현지부품이나 중간재를 적게 쓰면 그만큼 쉽게 생산거점을 옮기기가 쉽다. 그러나 이는 보다 많은 현지부품사용을 바라는 현지국 정부와 마찰을 유발하기 쉽다.

▌이중적 시계추 협상전략

해외자회사의 현지 관리자(country manager)로서 현지국 정부와 협상을 하는데 가장 어려운 경우는 투자국 정부와 현지국 정부 간에 통상갈등이 생길 때이다. 예를 들어 1997년 미국정부와 한국정부 간에 통상관계가 긴박했던 GM코리아의 페리튼 사장은 본사에 대해서는 소유적 귀속, 현지국 정부에 대해서는 영토적 귀속이라는 귀속의 이중성에 직면하였다. 따라서 현지 관리자로서는 둘 중 누구의 요구에 따르느냐가 협상의 최대관건이다.

만약 본사의 지시에만 충실하여 현지국 정부를 무시한다면 세무사찰 등 다양한 불이익을 받을 것이다. 반대로 현지국 정부의 요구를 너무 따르면 본사로부터 인사제재를 받는다. 사실 현지 관리자의 충성심을 의심해 소환조치한 사례가 많이 있다.

이 같이 본사와 현지국 정부 간의 미묘한 협상상황에는 이중적 시계추 협상전략이 가장 효율적이다. 한국정부의 정책에 동조하는 듯한 태도를 취했으나 페리튼 사장은 같은 시간에 한국시장에서 벌어지는 각종 불공정사례를 수집하여 디트로이트 본사에 보내고 있었다. 어찌 보면 위기가 될 수 있었던 상황에서 협상을 잘함으로써 페리튼은 그 후 GM의 아태지역 사장으로 승진하여 GM-대우 협상을 주관하였다.

▌회피전략

글로벌 기업 경영인이 비협조적이고 우유부단한 성격을 지녔고 현지국과의 친근관계나 이해관계도 좋지 못할 때 취하는 대응전략이다. 현지시장에서의 기대이익도 크지 않을뿐더러 협상력도 약해 구태여 현지국 정부와 다툴 필요성을 못 느끼는데 자꾸 귀찮게 개입해 올 경우 미련 없이 피해 버리는 것이다. 일반적으로 회피는 다음과 같은 상황에서 글로벌 기업이 선호한다.[2]

시간이 상황을 호전시킬 수 있다고 기대할 때

코카콜라가 1960년대 초 포르투갈에 진출하려 했는데 포르투갈정부는 코카콜라가 습관성 음료이며 타락한 미국의 상징이라는 이미지를 가지고 있었다. 현지국 정부의 이 같은 부정적 협상태도에 직접 대응하기보다는 회피전략으로 15년을 기다려 상황이 호전된 1977년에 현지공장 설립허가를 받았다.

협상을 진행해서 얻는 이득보다 이미지 손상이나 비용부담이 클 때

미국의 파이어스톤사가 루마니아와 현지 고무공장 건설에 관한 협상을 하던 중 미국 내 자유미국청년회의 강한 반발에 부딪혔다. 독재국가인 루마니아에 대한 투자에 반대한 것이다. 이에 동사는 협상강행에 따르는 기업 이미지 훼손을 우려해 동 협상을 종식해버렸다.

상대와 협상을 해보았자 기대되는 경제적 이득이 크지 않을 때

막상 진출해 보니 처음에 기대했던 것만큼 입지특유의 우위가 없던가 그간의 임금상승으로 입지특유의 우위가 감소되어 가는데도 불구하고 현지국 정부가 규제와 간섭을 강화시켜 나갈 때 주로 발생한다. 이의 좋은 예가 GM과 IBM의 페루, 인도에서의 철수이다.

페루에 진출한 GM으로서는 현지 시장규모 등에서 별다른 입지특유의 우위를 발견할 수 없던 차에 이 나라 정부가 1960년대 말 이후의 국민주의 풍조에 편승하여 51% 지분양도, 70%의 현지부품 사용의무 등을 요구해 오자 GM은 이 같은 무리한 요구를 받아들이기 보다는 차라리 철수하고 말았다.

1951년 인도에 100% 투자로 진출한 IBM도 1970년대 들어 인도정부가 60% 지분을 현지인에게 양도하고 수출의무, 기술이전의무 등을 부과하자 1977년에 철수하여 버렸다.

---

2 장대환, 「국제기업협상」, 학현사, 1998, p. 209.

대체시장, 대체투자국을 쉽게 이용할 수 있을 때

한국에 하청생산을 하던 나이키는 1980년대 들어 한국계 하청회사에서 노사분규도 심하고 무리한 임금인상을 요구하자 값싼 노동력을 제공하는 인도네시아, 베트남 등으로 철수해 버렸다.

▌기업 이미지 관리

기업 이미지 광고(Corporate Social Responsibility: CSR)

2000년 들어 단순한 상품광고 이외에 기업 이미지를 관리하는 광고활동이 급격히 증가하고 있다. 예를 들어 '지멘스사, 미국에 본부를 둔 글로벌 기업(Siemens, a global company at home in America)', '한국경제에 기여하는 IBM' 같은 것이다. 이 같은 기업 이미지 관리광고를 통해 글로벌 기업이 전달하고자 하는 메시지는 그들도 현지기업 못지않게 '선량한 기업시민(good corporate citizen)'으로서 현지국 국민경제에 기여하므로 현지기업과 전혀 다를 바가 없다는 것이다.

기부 및 봉사

학교, 종교단체, 병원, 구호기관 등 지역사회에 대한 헌금이나 기부활동을 하고 이를 대내적으로 각종 대중매체를 통해 선전함으로써 '좋은 기업시민'으로서의 이미지를 심도록 노력한다. 미국에서 1989년에 태풍 휴고(Hugo)와 샌프란시스코 지진이 발생했을 때 미국 내 일본계 글로벌 기업은 재해복구비를 헌납하고 이를 미 주요 일간지를 통해 대내적으로 선전하여 미국 내에 일고 있는 반일경제감정을 완화시키고자 한 적이 있다. 베트남에 진출한 한국기업은 초기에 현지문화에 대한 이해부족과 해외투자 경험의 부족 등으로 베트남정부, 언론, 노동자들과 마찰을 빚은 적이 있다. 이에 베트남 진출 한국기업들은 과거 월남전 격전지에 병원을 세우고 직업훈련학교를 설립하여 현지교육·문화단체에 활발한 지원활동을 하여 기업 이미지를 회복하였다.

Low-Profile 유지전략

마지막으로 현지국 국민의 관심을 유발하지 않고 조용히 경영활동을 하는 low-profile 전략이다. 한국에 진출한 일부 글로벌 기업은 한국정부가 주는 '우수외국인투자기업상' 등을 거부하며 가능하면 조용히 활동하는 전략을 쓰고 있다.

▌동맹세력군 형성

글로벌 기업은 현지국 정부의 정책에 영향을 미칠 수 있는 다양한 동맹세력군을 만들 수 있다.

현지 채용인

현지국 사회 내에서 학벌, 가문, 지연 등으로 엘리트집단과 개인적 관계를 갖고 있는 현지인을 관리자로 채용하는 방법이다. 한국에 진출한 외국기업은 이 같은 전략의 일원으로 일류고등학교, 일류대학, 경기, 호남, 충청지역출신 등을 적절히 배분하여 채용한다.

현지 유통업체나 부품 제조업자

1997년 한미 자동차협상이 한창 진행 중일 때 한국차를 수입해서 판매하는 미국의 외제차수입상협회와 현대차딜러협회는 미국정부에 탄원서를 낸 적이 있다.

글로벌 기업의 제품을 사용하는 현지 기업

마이크론사가 한국 반도체에 대한 덤핑제소를 할 때 컴팩(Compaq), 애플(Apple) 등 한국산 반도체를 사용하는 미국 컴퓨터업체들이 미국정부에 영향력을 행사한 적이 있다. 또한 1980년대 토시바의 소련에 대한 군사기술 유출로 미국 내에서 토시바 제재압력이 고조된 적이 있다. 이때 토시바 제품을 사용하는 미국전자·컴퓨터업체들이 토시바를 위해 적극적으로 움직였다.

현지 정치가

이들과 좋은 관계를 맺기 위해서는 다양한 방법이 있다. 가장 일반적인 방법이 해외자회사가 위치한 지역출신의 국회위원을 동원하는 방법이다. 1997년 미국정부가 멕시코 내 한국가전 3사 제품에 대해 우회덤핑조사를 하려한 적이 있다. 이때 가전 3사는 해당 지역의 멕시코 국회의원을 동원해 멕시코정부로 하여금 미국정부에 강력히 항의하도록 한 적이 있다. 한 가지 유의할 점은 현지 정치인에 대한 정치자금 또는 뇌물제공이다. 이것을 잘못하면 기업윤리 문제를 유발할 수 있다는 점을 조심해야 한다.

합작투자

좋은 현지파트너와 손을 잡은 합작투자는 여러 가지 면에서 글로벌 기업의 협상력을 강화시킨다. 첫째, 합작파트너가 전면에 나섬으로써 현지국 국민이나 정부 관리에게 외국인투자기업이 아닌 현지기업이라는 이미지를 줄 수 있다. 둘째, 현지국 정부가 개입하려 할 경우 합작파트너의 영향력을 통해 효율적으로 협상을 할 수 있을 것이다.

본국 정부와 공동대응전략

현지국에 대해 본국 정부와 공동으로 대응하는 전략은 과거부터 글로벌 기업이 많이 사용하는 방법이다.

1996년 프랑스정부가 여론과 정치권의 비난에 밀려 한국 글로벌 기업에 대한 국영기업인 톰슨사(TMM)의 매각결정을 보류하자 이 한국 글로벌 기업은 한국정부를 움직여 프랑스정부에 강한 항의를 하도록 하였다. 한국정부의 항의를 받은 프랑스정부는 1997년 1월 대통령특사를 파견하여 자국의 입장을 설명하였는데, 이 같은 일련의 과정을 통해 한국의 글로벌 기업이 프랑스정부와의 대응에서 상당히 유리한 위치를 차지하였다.

본국 정부의 협상력

글로벌 기업과 본국(투자국)의 공동대응전략이 큰 성과를 거두기 위해서는 투자국 정부가 현지국 정부에 대해 상당한 협상력을 가지고 필요시 '확실한 위협(credible threat)'을 가할 수 있어야 하는데 일반적으로 이는 다음과 같은 경우에 가능하다.

- 투자국이 강한 '경제력'을 가져야 한다.
  미국이 슈퍼 301조, 헬름스－버튼 법 등을 가지고 현지국 정부에 대항하여 미국계 글로벌 기업의 이익을 옹호할 수 있는 것은 세계경제를 주도하는 미국경제의 절대적인 힘에서 나온다 해도 과언이 아니다.
- 투자국이 강한 경제력을 가지지 않더라도 현지국과 '특별한 경제관계'를 가질 경우도 가능하다.

톰슨분쟁 때 프랑스 대통령이 한국에 특사를 보낸 것은 프랑스의 경제력이 한국에 비해 못해서가 아니라 한국이 프랑스 고속전철(TGV), 원전, 에어버스의 중요한 구매자라는 '특별경제관계' 때문이다.

- 투자국과 현지국이 경제 외적인 특별한 '안보관계'를 가지고 있을 때도 가능하다. 미국정부가 한국정부와의 협상에서 한국에 진출한 미국계 글로벌 기업의 이익을 많이 옹호할 수 있는 것은 한미 간의 안보관계라는 특별한 요인이 많이 작용하고 있다.

WTO 제소

무역자유화를 위한 단순한 국제협정에 불과했던 GATT와 달리 WTO는 분쟁해결기구(DSB)를 가진 국제기구로 글로벌 기업과 국가 간의 분쟁에 중재나 법률적 판단을 할 수 있다.

WTO 규정에 의해 회원국이 WTO에 제소하면 30일간 양국은 양자협의를 하고 여기서 합의가 이루어지지 않을 경우 패널을 설치하여 중재하도록 되어 있다. WTO의 중재에 따르지 않을 경우 승소국은 상대국에 보복을 할 수 있는데 대부분의 경우 WTO 협의과정에서 당사자 간 합의에 도달한다.

이 같은 관점에서 볼 때 WTO 제소는 글로벌 기업이 현지국의 개입이나 차별적 조치에 대응하는 좋은 수단으로 활용되고 있다. 한 가지 유의할 점은 WTO 제소는 글로벌 기업이 할 수 없고 본국 정부만이 할 수 있다는 점이다.

법률적 제소

현지국 정부의 행위에 대해 사법적으로 대응하는 적극적인 전략이다.

첫째, 현지국 법원에 제소하면 장기간이 소요되고 국민주의 경향 때문에 승소 자체도 불분명하기는 하나, 어느 정도의 부수적 효과는 기대할 수 있다. 즉, 승소하지 못하더라도 현지국 정부 관료의 자의적·편파적인 정책을 견제하고 앞으로 보다 신중한 정책결정을 하도록 하는 간접적인 효과를 기대할 수 있기 때문이다. 그러나 이는 미국같이 민주적 사법제도가 발달한 나라에서나 가능한 것이다. 그렇지 않은 국가에서는 공연히 현지국 정부의 감정적 반발만을 불러일으켜 오히려 큰 부작용을 초래할 수 있다.

둘째, 제3국법원에 제소하는 방법이다. 이는 주로 현지국 정부가 글로벌 기업의 자회사를 수용하였을 때 현지국의 해외자산이 많은 나라의 법원에 그것의 동결을 요구하는 소송을 제기하는 것이다. 1970년대 칠레정부가 미국계 구리 글로벌 기업을 수용했을 때 이들은 뉴욕 연방법원에 미국 내 칠레재산의 동결을 요구하는 소송을 제기한 적이 있다. 결국 이 소송은 도중에 자진 취하되기는 하였으나 미국계 글로벌 기업은 이 법원제소로 칠레정부와의 보상금 책정교섭에서 상당히 유리한 고지를 확보할 수 있었다.

텍사코와 캘리포니아 스탠다드 오일은 1973년 리비아정부가 석유시설을 국유화하자 국제사법재판소에 제소하였다. 1977년 국제사법재판소는 리비아정부에 패소판결을 내려 후자로 하여금 협상테이블에 앉게 하였다. 결국 양사는 7천 6백만 달러에 해당하는 원유로 보상을 받았다.[3]

투자자 – 국가소송제 (Investor-State Dispute: ISD)

투자자 국가소송제란 투자유치국이 협정상의 의무나 투자계약을 어겨 외국인 투자자가 손해를 입었을 경우 상대국 정부를 국제중재기관에 제소하는 제도를 말한다. 즉, WTO 제소와 달리 투자기업이 자국의 정부를 통하지 않고 상대국 정부를 직접 제소할 수 있는 것이다. 이는 투자유치국의 정책변화에 대한 예측 가능성을 확보하고 불합리한 차별대우로부터 부당하게 피해를 받지 않도록 보호하기 위해서이다. 대표적인 국제중재기관으로는 세계은행 산하의 국제투자분쟁중재센터(ISCSID)와 유엔 국제상거래법위원회 등이 있다. 한·미 자유무역협정(FTA) 등 우리나라가 여러 국가와 맺은 협정들에 ISD 조항이 포함되어 있다.

대표적인 사례가 2000년에 미국 폐기물 관리업체인 메탈클래드(Metalclad)사의 소송이다. 이 회사는 멕시코 중앙정부와 지방정부 간의 불합리한 엇박자로 손해를 보자 ISD 소송을 하였다. 메탈클래드사가 폐기물매립지 건설허가를 중앙정부로부터 허가를 받아 막대한 시설투자를 하였다. 그런데, 지방정부인 과달카나르군에서 폐

3 장대환, 1998, p. 217.

기물처리장 부지일대를 희귀선인장 보호를 위한 생태구역으로 지정하여 쓰레기폐기장 설치허가를 취소한 것이다. 이 소송에서 국제투자분쟁해결센터(ISCSID)는 메탈클래드의 손을 들어줘 멕시코 연방정부가 1,668만 달러를 배상하도록 결정하였다. 이 사례에서 알 수 있듯이 투자유치국 정부의 정책이 투명하고 일관성이 있어야만 ISD 제소를 당하지 않는다.

▌기업 내 거래

중간재 수입, 최종재의 수출 등을 모기업과 자회사 간의 기업 내 거래(intra-firm transaction)로 하면 글로벌 기업은 현지국에 대하여 절대적인 협상력을 확보할 수 있다. 설사 현지국이 자국 내 자회사에 대한 통제를 강화하더라도 글로벌 기업이 의도적으로 모기업으로부터 수입되는 중간재 공급을 중단시키면 생산활동을 할 수 없다. 또한 제품을 생산하더라도 해외판로도 개척할 수 없다.

▌글로벌 기업 간 공동대응전략

현지국에서 같은 이해관계를 가지고 있는 글로벌 기업이 담합하여 현지국 정부의 개입에 공동행동을 취하던가 아예 그들의 이익을 보호할 수 있는 행동단체를 만드는 전략이다. 1980년대 미국이 자국 진출 유럽계 글로벌 기업에 대해 불리한 과세조치를 하고자 했을 때 유럽계 글로벌 기업이 '국제적으로 안정적인 투자제도를 구축하기 위한 위원회(Committee to Restore an Internationally Stable Investment System: CRISIS)'를 조직하여 미국의 의도를 저지시킨 것이 좋은 예이다.

우리나라에도 국내진출 미국이나 유럽 기업인이 그들의 공동이익을 보호하기 위해 주한 미 상공회의소와 EU 지상사협의회를 구성하고 있다. 이들은 그들이 지닌 스스로의 협상력이나 공동행위를 통해 자신들의 이익을 현지국 정부의 입법이나 정책결정에 반영하고자 하나, 보다 큰 힘은 주한 미 상공회의소나 EU 지상사협의회 뒤에 있는 미국과 유럽정부의 존재이다.

특히, 주한 미 상공회의소(AMCHAM)는 막강한 미국정부의 존재를 배경으로 한국정부의 정책결정이나 외국인투자에 대한 규제완화에 큰 영향력을 발휘하고 있다. 주한 미 상공회의소는 매년 봄에 한국의 기업활동환경에 대한 정례보고서를 발표하는데, 이는 매년 3월 말 공포하는 미 무역대표부(USTR)의 '국별무역장벽보고서'의 한국 부문에 대한 기초자료가 되고 있다.

한국정부가 주한 미 상공회의소의 이러한 동향을 무시하지 못하는 이유는 미국 무역대표부가 국별무역장벽보고서에 나타난 한국의 불공정무역관행에 대해 6개월간 한국정부와 협의를 하고 그 결과에 따라 같은 해 9월 말에 슈퍼 301조 발동여부를 결정하기 때문이다. 이의 좋은 예가 1997년 10월 1일 한국 자동차시장 접근에 대한 슈퍼 301조상의 우선협상대상국 관행(Priority Foreign Country Practice) 지정이다.

공동소유 · 공동진출 전략

투자리스크나 정치적 위험성이 큰 국가에 진출할 때 다른 나라의 글로벌 기업과 함께 컨소시엄(consortium)을 형성하여 진출하는 것이다. 이는 투자리스크를 분담할 수 있을 뿐만 아니라 상대 글로벌 기업의 국적이 미국같이 막강한 국제적 영향력을 행사할 수 있는 국가일 경우 현지국 정부의 압력을 상당히 완화시킬 수 있다. 시베리아 자원개발 진출에 미국, 일본, 한국기업이 공동진출을 모색하는 것이 그 좋은 예이다. 또한 글로벌 기업이 이중국적(multiple foreign ownership)을 갖는 방법도 생각할 수 있다. 네덜란드와 영국의 이중국적을 가지고 있는 로열-더치쉘(Royal-Dutch Shell)사의 경우 인도네시아의 수카르노가 과거 종주국이었던 네덜란드에 대해 적대적이었을 때 영국국적을 강조하여 마찰을 모면한 적이 있다.

판로봉쇄

이는 1970년대 현지국 정부가 많이 행한 석유나 구리 같은 자원의 국유화나 수용에 대한 대응전략이다. 1971년 리비아가 서방석유회사를 국유화했을 때 브리티시 페트롤리엄(BP), 텍사코, 스탠다드 오일 등은 세계 100여 개 이상의 신문에 "리비아산 석유에 대한 권한을 자신들이 보유하고 있다"고 선전하여 판로봉쇄를 시도한 적이 있다. 또한 1971년 칠레정부가 구리산업을 국유화했을 때 구리 글로벌 기업인 케네코트(Kennecott)는 칠레산 구리의 주요 수입국인 이탈리아, 프랑스, 독일에 대해 영향력을 행사하여 이의 판로를 봉쇄하였다.

인도네시아 진출 한국계 나이키(Nike) 하청업체의 갈등

한국계 나이키 하청업체는 1980년대부터 인도네시아에 진출하여 현지인을 고용, 운동화를 생산하여 전량 나이키에 납품하고 있다. 이들은 과거 부산에서 나이키 하청생산을 하였던 기업으로 국내인건비 상승으로 채산성을 맞추지 못해 설비를 인도네시아로 옮긴 기업들이다. 과거 부산공장에서 일하던 한국인 종업원을 조장으로 임명하여 현지 근로자를 교육시키고 생산감독 업무를 수행하고 있다.

그런데 이들 한국계 업체는 1990년대 들어 인도네시아정부, 현지 노동자, NGO 등과 많은 마찰과 갈등을 빚고 있다. 1997년에는 인도네시아 나이키 하청공장에서 1만여 명이 참여한 노동자 데모가 있었다. 또한 2000년에는 가혹한 노사관리에 분개한 현지 노동자들이 인도네시아 주재 한국대사관을 습격한 사건이 발생하였다. 현지언론과 NGO는 이 같은 사실을 대서특필하여 한국계 투자가뿐만 아니라 한국에 대한 국가 이미지가 심각히 훼손될 지경이었다.

이에 한국정부가 민관 조사단을 파견하여 실상을 조사해보니 이 같은 마찰의 유형과 원인은 다음과 같았다.

첫째, 한국계 나이키 하청업체가 인도네시아정부의 최저임금(하루 2.5달러)에 미달하는 2.23달러의 임금을 지급하고 있다는 비난이다. 이는 당연히 현지 노동자의 착취로 현지언론에 보도되고 노사갈등이 큰 원인이 되었다.

둘째, 한국식 기업문화를 그대로 현지에서 적용하려한데 따른 마찰이다. 납품기한이 가까워지면 잔업(overtime)을 하는 것을 당연히 여기는 한국계 투자기업은 현지 근로자의 동의 없이 이를 강요하였다. 또한 한국인 조장이나 생산감독관은 일을 열심히 하라고 고함을 지르고 등을 떠밀었다. 한국의 생산현장에서는 상사의 이 같은 행위가 받아들여지지만, 인도네시아 근로자에게는 인격모독, 가혹행위로 받아들여진 것이다.

이 같은 한국계 나이키 하청업체의 잘못된 행동의 원인은 나이키 본사와의 관계에서도 찾아볼 수 있다. 나이키가 이들 하청업체에게 계속적인 비용절감과 생산물량의 납기일을 준수할 것을 요구해 왔기 때문이다. 말하자면 인도네시아의 한국계 나이키 하청업체는 본사가 요구하는 비용절감이라는 글로벌 전략에 순응해야 하고 한편으로는 현지 노동자 보호라는 현지국의 요구에도 따라야 하는 이중적 제약을 안고 있는 것이다.

만약 이들 한국업체가 현지국의 요구에 따라 임금을 인상하면 원가상승을 이유로 나이키는 하청업체를 다른 기업으로 바꿀 것이다. 이에 현지국의 요구보다 나이키의 원가절감 압력을 우선하니 앞에서와 같은 마찰이 발생한 것이다. 이 같은 비난에 대해 나이키측은 처음에는 자신들이 마케팅과 디자인만 담당할 뿐 생산과는 전혀 무관하다고 발뺌을 하였다. 한국계 나이키 하청업체의 인도네시아 근로자들이 어떤 노동조건에서 일하는가는 본사와는 관계없다는 변명을 한 것이다. 그러나 빗발치는 언론과 NGO의 압력에 굴복하여 나이키는 최저임금 준수 등을 내용으로 하는 자신의 하청업체에 대한 행동강령을 만들었다.[5]

토론 포인트

Q1. 나이키가 직접 인도네시아에 투자하여 제품을 생산하지 않고, 왜 한국계 나이키 하청업체가 투자하여 생산하도록 할까? 그 이유는?

Q2. 무슨 문화적 차이 때문에 한국인 관리자와 현지 근로자 사이에 갈등이 발생했는가?

Q3. 동남아에 있는 나이키 하청생산업체에서 생기는 각종 갈등에 대해 나이키가 소극적으로 책임을 회피함으로 생긴 손실은?

도움 되는 정보

- 인터넷에 들어가 나이키 관련 각종 갈등과 마찰을 살펴보세요.(가능하면 영어로 검색)
- 한국기업이 동남아에서 투자하여 유발하는 각종 문화적 마찰을 검색해 보세요.

퀴즈풀이에 대한 Teaching Manual은 박영사 홈페이지 도서자료실에 업로드되어 있습니다.

5 본 사례는 장세진, 「글로벌 경영」, 경문사, 2000, pp. 203-209. 안세영, 1998, pp. 339-340. www.nikebiz.com을 종합하여 만들었음.

PART 6

국제통상협상

GLOBAL
NEGOTIATION
STRATEGY

GLOBAL NEGOTIATION STRATEGY

제15장 국제통상협상 개론

국제협상이라 하면 국제통상협상을 생각할 정도로 미·중패권 전쟁 시대 미국과 중국의 1단계 무역합의 등이 언론에 자주 오르내리며 일반인의 관심을 끌고 있다.

그런데 한 가지 아쉬운 것은 학문적 연구나 협상교육에서 '국제통상'과 '국제통상협상'을 명확히 구별하지 못하고 있다는 점이다. 막상 국제통상협상에 관한 강의나 교재라 해놓고 협상전략, 협상상황, 다문화협상 등을 다루기 보다는 단순한 통상이슈, 통상정책 등을 다루는 경우가 많다.

이 같은 일반적 오류를 보완하기 위해 이 장에서는 협상전략에 초점을 두고 국제통상에 관한 다음과 같은 점들을 분석하고자 한다.

- 통상협상의 목적
- 통상협상의 5대 특징
- 윈셋이론
- 통상협상에서 내부협상의 5대 결정요소

제 1 절 통상협상의 목적

비즈니스 협상의 목적은 아주 간단하다. 협상으로 얻을 수 있는 '경제적 이익'을 극대화하는 것이다. 물론 통상협상의 가장 큰 목적도 그 나라가 얻을 수 있는 '통상 이익'을 극대화하는 것이다. 하지만 국가(Nation-State)는 이윤추구만을 목적으로 하는 기업과 달리 정치, 외교, 국방, 안보, 문화, 복지 등 다양한 것을 다룬다. 따라서 이 같은 국가와 국가 사이의 협상인 통상협상의 목적은 다양하다.

1. 통상이익(Trade Interest)의 극대화

국제통상협상의 첫 번째 목적은 자국의 통상이익을 극대화하는 것이다. 통상이익이란 상대국과의 협상에서 얻을 수 있는 다양한 경제적 성과를 말한다. 한국과 미국이 FTA 협상을 할 때 두 나라 정부대표는 제조업, 농업, 서비스 분야에서 자기 나라에 돌아오는 경제적 이익이 극대화 되도록 노력을 하였다. 이 같은 통상협상결과 한국정부는 미국과의 FTA로 15년간 27.7억 달러의 경제적 이익을 얻고 35만 개의 일자리를 새로 만들 수 있다고 국민들에게 홍보한다. 이 같은 측면에도 통상협상의 기본적 목적은 비즈니스 협상과 같다.

2. 통상갈등 해소

국가 간의 무역장벽이 무너지고 지구촌경제가 되면 모든 국가들이 자유무역의 혜택을 누리며 화목하게 지내리라 기대했다. 그러나 미국, 멕시코, 캐나다 간의 NAFTA 사례를 분석해보면 NAFTA를 하고 나서의 삼국 간 통상분쟁이 과거보다 더 많아졌다. 이는 FTA로 무역장벽을 허무니 상대의 제품이 국내시장에 자유롭게 들어와 국내산업에 피해를 주게 되니까 자국 산업을 보호하고자 반덤핑, 세이프가드, WTO 제소 등을 하게 되는 것이다. 특히 한국의 경우 한강의 기적을 바탕으로 세계

10위권의 경제 중진국으로 부상해 반도체, 휴대폰, 철강, 조선 등에서 세계적 기업과 경쟁을 하니 미국, 유럽, 일본, 중국 등 경쟁국들과의 통상갈등이 고조되고 있다.

3. 정치 · 외교적 목적

국가는 때로는 정치·외교적 목적을 가지고 통상협상을 한다. 이의 가장 좋은 예가 중국과 파키스탄 사이의 FTA이다.

"우리 중국정부는 인도를 견제하기 위한 '정치적' 목적으로 파키스탄과 FTA를 하였습니다."

저자가 베이징에 가서 중국 상무부의 간부를 만나 중국의 FTA 정책에 대해 이야기를 나눌 때 나온 말이다. 동남아에서 미국과 주도권 경쟁을 하고 있는 중국이 ASEAN과 체결한 FTA도 거의 정치적 목적이라고 말한다. 이 같은 정치·외교적 목적의 FTA는 중국뿐만이 아니라 미국도 마찬가지다. 1985년 미국이 이스라엘과 맺은 FTA와 2000년 친미성향의 요르단과 맺은 FTA도 모두 중동에서 미국의 영향력을 확대하기 위한 정치·외교적 목적이 강하다.

4. 우리 기업의 해외진출 지원

오늘날 세계의 거의 모든 정부는 대통령은 물론 고위관리, 해외주재대사들로 하여금 자국 기업의 해외진출을 지원하기 위해 상대국 정부와 적극적으로 통상협상을 하도록 한다. 우리나라의 대통령이나 장관들도 중국, 인도네시아정부와의 통상협상 시 한국기업의 현지진출 지원에 큰 비중을 둔다. 이의 가장 대표적인 예가 2009년 우리나라의 아랍에미레이트 200억 달러 원전 수주이다. 우리 기업이 원전수주를 따내기 위해 유럽의 경쟁업체와 치열한 경쟁을 하고 있을 때 중동을 방문한 우리나라 대통령의 '파격적인 협상'이 쾌거를 이룬 것이다. 여기서 파격적이란 말은 대통령을 수행한 외교관리들은 세계 10위의 한국과 GDP가 183억 달러 밖에 안되는 아랍소국 아부다비 왕국 사이의 국력 차이를 고려해 당시 우리 대통령이 머물던 두바이의 적절한 장소에서 양국 정상의 만남을 주선하려 하였다. 그런데, '수십억 달러의 통상이익이 걸려 있는데 무슨 외교적 의전이 그리 중요하냐'며 우리 대통령이 손수 아부다비로 찾아가 왕과 협상을 하였다. 이 같은 파격적 행보에 깊은 인상을 받은 아부다비정부가 한국기업의 손을 들어준 것이다.

특히 중진국인 우리나라는 선진국에 대해서는 휴대폰, 자동차, 철강 등 최종재와 부품, 소재를 주로 수출한다. 반면 중진국에 대해서는 발전소 건설, 시멘트 플랜트, 담수화 시설, 통신교환시스템 등을 수출한다. 이 같은 대형플랜트나 기계류의 발주처는 주로 개도국 정부나 공공기관이기에 한국정부는 효율적인 통상협상을 통해 우리 기업의 해외진출을 지원할 수 있다.

미국 대사의 세일즈 협상

J 울프(Wolf) 말레이시아 주재 미국 대사는 1993년 미국정부로부터 최우수대사로 지정되어 5천 달러의 상금을 받았다. 울프 대사의 적극적인 통상협상으로 미국의 맥도널 더글러스사가 말레이시아로부터 17억 달러의 전투기 구매계약을 따낼 수 있었기 때문이다.

제 2 절 통상협상의 5대 특징

1. 국력과 통상협상

국제통상협상이 비즈니스 협상과 다른 가장 큰 특징은 국가의 힘이 협상에 큰 영향을 미친다는 것이다. 국력과 협상력 간의 관계에 대해선 2가지 견해가 있다.

▌국력 우월주의

국가의 힘이 협상력에 상당한 영향을 미친다는 주장이다. 강대국과 약소국가의 통상협상에서 항상 약소국은 강대국의 힘에 밀려 불리한 협상을 할 수밖에 없다는 주장이다. 특히 약소국이 강대국에 대하여 안보적으로 의존할 경우 양국 간 통상협상에서의 협상력이 문제가 된다.

이는 한국 같이 미국에 대한 안보 의존도가 높은 국가의 경우 흥미로운 질문이다. 오델(Odel)[1]은 안보가 통상협상에 영향을 미칠 수 있다고 한다. 즉, 약소국은 강대국과의 통상협상테이블에서 자국의 통상이익보다는 안보이익을 더 중요시하는 경향이 있다는 것이다. 거꾸로 말하면 강대국은 안보에 대해 부담 없이 약소국에 대한 통상압력을 넣을 수 있다는 말이 된다. 이 같은 관점에서 한미통상협상은 안보통상협상의 성격이 짙다.

▌개별협상력 우월주의

이는 통상협상에서 국력이 절대적인 영향을 미치지 못한다는 견해이다. 아무리 강대국과 약소국 간의 통상협상이라도 개별협상력이 중요한데 이는

- 특정 이슈(specific issue)에서의 협상력과
- 두 나라 간의 관계

에 기인한다는 것이다.

첫째, 쿠웨이트는 산유국으로서 석유협상이라는 특정 이슈에서는 아무리 소국이라도 미국에 대해 상당한 협상력을 발휘할 수 있다.

둘째, 두 나라 간에 긴밀한 관계가 없으면 강대국은 상대국에 대해 우월한 협상력을 발휘할 수 없다. 예를 들어 인도는 미국과 그리 긴밀한 경제관계나 정치관계를 가지고 있지 않다. 따라서 1990년대 미국이 인도에 대해 301조 발동위협을 할 때 인도정부는 거의 무반응이었다. 아무리 미국이 통상보복을 위협해도 미국과 긴밀한 경제관계가 없는 인도로서는 그리 잃을 것이 없었기 때문이다.

이와 대조적인 것이 일본이다. 일본은 세계 2위 경제대국으로 미국과 어깨를 나란히 하고 있음에도 불구하고 미국과의 '관계' 때문에 항상 통상협상에서 수세에 몰린다. 여기서 말하는 '관계'란 안보를 미국에 의존하고, 막대한 대미흑자를 내고 있는 무역관계이다.

---

1 Odell, J. S., Negotiating the World Economy, Cornell University Press, 2000, p. 195.

2. 장기적 · 반복적 협상

기업 간의 국제협상은 심한 경우 단 한번의 만남으로 마무리될 수도 있다. 예를 들어 일본업체로부터 기계를 구매하고자 할 경우 가격이나 품질이 마음에 맞으면 단 한번에 협상으로 성사될 수 있다. 그러나 통상협상의 경우 협상사안의 성격, 내부협상의 어려움 등 때문에 일반적으로 장기간에 걸쳐 반복적으로 협상을 한다.

〈그림 15-1〉에서 보듯이 우루과이라운드협상은 약 6년이 소요되었으며 한·칠레 FTA 협상은 4년이 소요되었고 그간 양국 정부는 7차례의 협상을 가졌다. 한중일, ASEAN 10개국, 호주, 뉴질랜드, 인도 등이 참석하는 역내포괄적 경제동반자협정(Regional Comprehensive Economic Partnership: RCEP)은 2013년에 협상을 시작해 2017년 7월 17차 협상을 했는데도 아직 종료하지 못하고 있다.

그림 15-1 주요 국제협상의 소요 연수

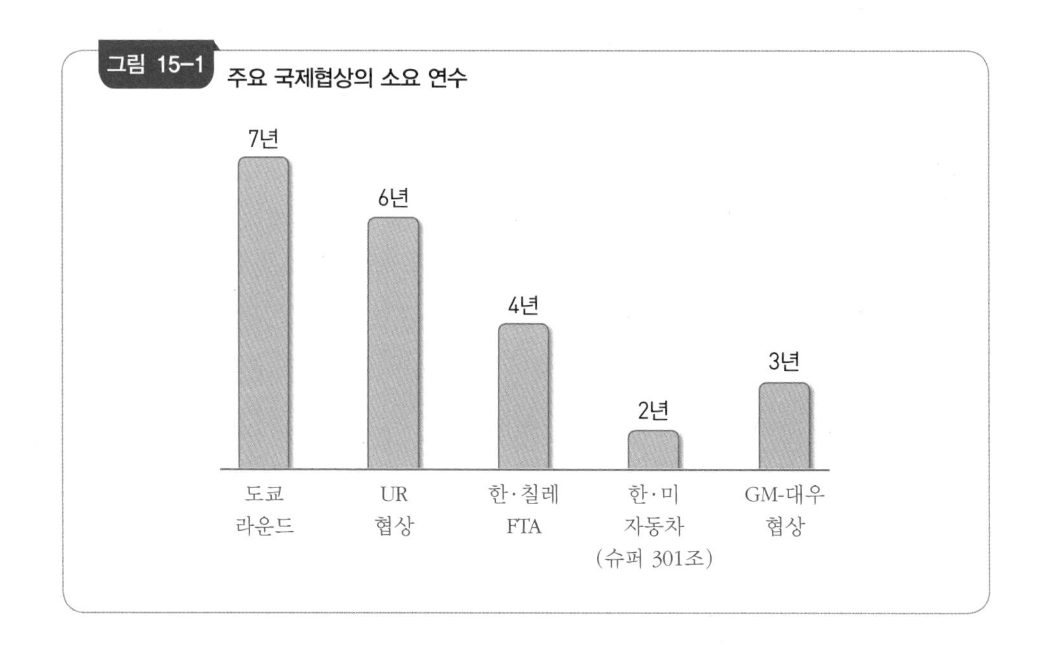

3. 다의제(Multi-issues) 협상

한미 FTA의 경우 공산품시장 개방에서 농산물, 서비스, 지재권, 기술무역장벽, 정부조달 등 무려 200여 개의 의제(issues)를 협상하였다. 이를 위해 통상교섭본부를 중심으로 지식경제부, 기획재정부, 농림식품부 등 관계부처 뿐만 아니라 KDI, KIEP(대외경제정책연구원) 등 국책연구소 그리고 민간법률 전문가, 교수 등 연인원 2천여 명이 참여하였다. 통상협상의 이 같은 다의제(multi-issues) 특징은 협상전략면에서 다음과 같은 세 가지 전략적 아이디어를 제공한다.

일괄타결(Package Deal) 협상전략

때에 따라서는 모든 또는 일부 협상의제를 한데 묶어서 일괄타결을 추진하는 협상전략을 쓸 수도 있다. 한미 FTA 협상의 경우 마지막까지 타결이 안 되었던 쌀시장 개방, 신약 최저가보장, 오렌지시장 개방, 저작권보호, 자동차시장 개방 등의 핫이슈들을 모두 협상테이블 위에 올려놓는다. 그리고는 서로 Give and Take식으로 주고받으며 일괄타결을 하는 것이다. 예를 들어 한국이 저작권보호, 오렌지시장 개방 등을 양보할 테니, 대신 미국도 쌀시장 개방, 신약 최저가보장 등을 양보하라고. 앞에서 분석했듯이 그 어려운 한미 FTA가 1년 만에 극적으로 타결될 수 있었던 가장 큰 요인은 시한(deadline)을 앞두고 두 나라 대표단이 서로 일괄타결을 했기 때문이다.

협상 아젠다

다의제 통상협상에서는 어느 협상이슈를 먼저 다룰 것인가 하는 아젠다를 정하는 것이 중요하다. 서로 자국에 유리한 협상의제부터 먼저 다루고자 한다. 그래야만 초기에 유리한 고지를 점령하여 다른 의제에서도 강한 협상력을 발휘할 수 있기 때문이다. 앞의 한미 통상협상에서 한국정부는 미국을 공격하는 철강이슈를 먼저 다루고 싶어 한 반면 미국은 한국 자동차세제나 국산품 애용운동 등을 먼저 협상하길 원했다.

교환의 법칙(Rule of Exchange)

다의제를 가지고 장기간 협상을 하는 두 나라 협상팀은 때에 따라서는 교환의 법칙을 적용하기도 한다. 이는 이번에 어느 특정 협상이슈에 대해 상대가 양보하면, 다음 번에는 다른 이슈에 대해 협상자가 양보하겠다는 것이다. 이 같은 협상전략은 장기적 관계를 중요시하는 한일, 한중 간 통상협상에서 가능하다. 그러나 한 가지

주의해야 할 점은 협상문화가 다른 한미 통상협상에서는 이 같은 협상전략이 별 의미가 없다는 것이다.

4. 관련부처 간의 갈등

외국산 쇠고기 구분판매제도

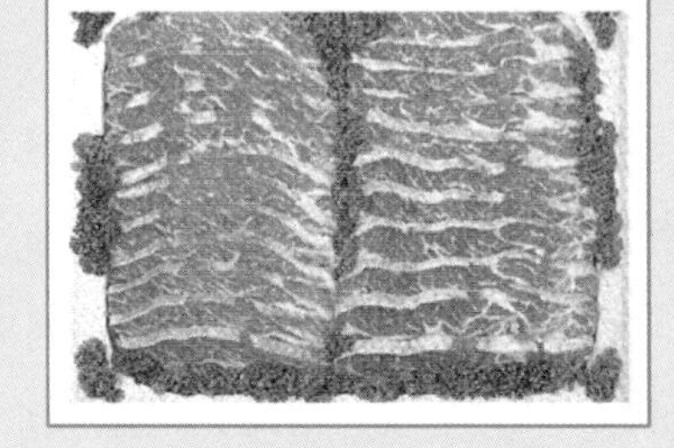

이 제도는 일반음식점에서 쇠고기를 판매할 때 메뉴표에 수입산 및 국산 여부를 명기하도록 의무화하는 것이다. 이 제도는 농림부가 소비자의 '알 권리'를 충족시키고 업자들이 값싼 수입 쇠고기를 한우로 둔갑시켜 팔지 못하도록 하자는 취지로 복지부와 협의를 거쳐 식품위생법 시행규칙을 개정, 2000년 3월 11일 입법예고했다.

그러나 입법예고에 앞서 거쳐야 할 관계부처 협의과정에서 역시 통상교섭본부는 제외된 것으로 알려졌다. 통상교섭본부는 입법예고 이후 뒤늦게 이 사실을 알고 2000년 3월 말 복지부와 농림부에 반대의견을 냈으며 4월 10일에 열린 관계부처 차관간담회에서 정식으로 이의를 제기했다. 통상부처의 반대에도 불구하고 강행된 이 제도는 쇠고기 수입을 제한하기 위한 것이라는 이유로 쇠고기 수출국(미국 등)에 의해 세계무역기구(WTO)에 제소당했고 결국 2000년 12월 11일 WTO에서 패소판정을 받았다.

■ 통상부처의 자유주의 vs 산업부처의 보호주의

국내 관련부처 간의 갈등 때문에 많은 통상협상이 정부의 단일한 입장을 정립하지 못하고 외국정부와 협상테이블에 앉는 경우가 많다. 특히 우리나라 부처의 경우 부처 이기주의, 부처 할거주의와 함께 주관산업 보호주의가 강하다. 즉, 농림수산식품부는 농업을, 문화체육관광부는 문화산업을, 기획재정부는 금융산업을 보호해야 한다는 생각이다. 이 같은 이유 때문에 역사적으로 대미 통상협상의 많은 실책이 국내 관련부처 간의 갈등이나 업무조정 미흡에 기인한다.

일반적으로 산업통상자원부 등의 통상관련 조직은 대미통상에 대해 협조하며 개방적이고 적극적인 협상태도를 보이는 반면 국내산업에 업무가 밀착된 농림수산식품부, 문화체육관광부, 국토해양부 등은 수동적이며 배타적인 경향이 강하다. 앞에서 분석한 국제협상이론 틀 속에서 분석하면 전자가 연성협상 내지 협조·수용협상전략을 펼치려 하는 데 비해 후자는 강성협상 내지 경쟁·회피협상전략의 경향이 강한 것이다.

5. 국내 이해집단의 반발

많은 통상협상은 국내시장 개방을 내용으로 하고 있다. 이의 좋은 예가 한·미FTA 협상과 쇠고기 협상이다. 한·미 FTA의 경우 상대적으로 패자산업의 농민들이 크게 반발했고, 한·미 쇠고기 협상의 경우에도 각종 시민단체들이 연일 집회를 갖고 격렬하게 반발해 국내에서 큰 정치적 이슈가 되었었다. 이처럼 국내시장 개방으로 손해를 보는 사양산업, 즉 패자(loser)산업은 정치적으로 강하게 반발한다. 대개 사양산업이란 노동집약적 산업이어서 정치적 영향력이 크고, 생존권을 위협받는다고 생각하기에 반발의 정도가 아주 크다. 또한 이들의 반발은 선거를 의식한 정치권에 의해 상당히 힘을 받는다. 이러한 면에서 볼 때 통상협상은 외국과의 협상뿐만 아니라 국내 이해집단의 반발까지도 조정해야 한다.

제 3 절 윈셋이론(Win-Set)

퍼트남은 대외협상과 내부협상 간의 상호작용을 윈셋(win-set)이란 개념을 통해 설명한다. 윈셋이란 "앞으로 국내비준을 쉽게 받을 수 있는 1단계 대외협상에서의 모든 가능한 합의안들(the set of all possible Level Ⅰ agreement that would win at Level Ⅱ game)"이다. 윈셋의 크기와 대외협상의 용이성 간에는 두 가지 원칙이 있다.

▌원칙 1: 정부대표의 윈셋이 작으면 대외협상의 결렬 가능성이 높다

〈그림 15-2〉에서 보듯이 한미 통상협상에서 미국의 윈셋은 Umin과 Umax 사

그림 15-2 한국과 미국의 작은 윈셋

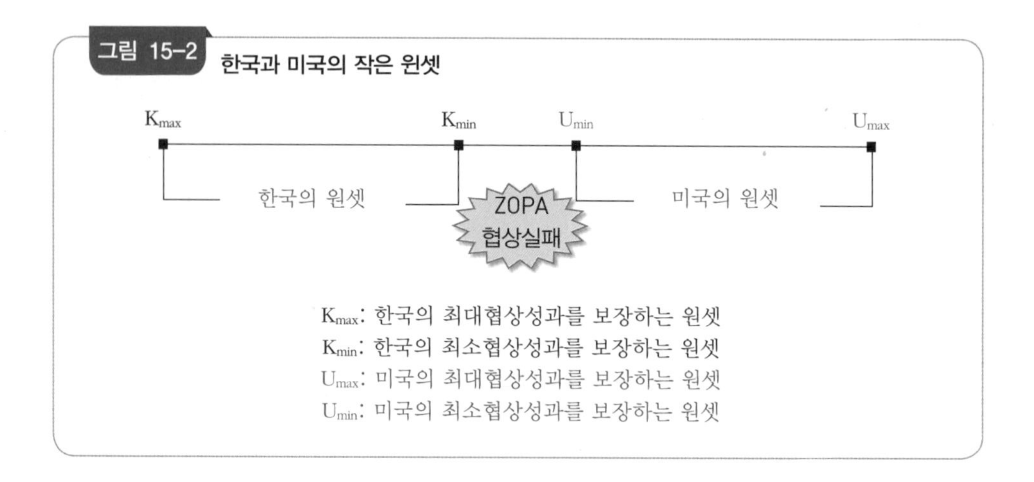

이이다. 즉, Umax는 미국에게 최대의 협상성과를 가져다주는 윈셋이다. 따라서 Umax는 당연히 미국 내부참여자의 승인이나 비준을 받을 수 있다. Umin은 미국에게 최소의 협상성과를 가져다주는 윈셋이다. 따라서 Umin은 미국정부가 가까스로 국내비준이나 승인을 받을 수 있는 윈셋이다. 대외협상에서 Umin 이상으로 양보하면 국내비준을 받을 수 없다는 의미에서 최대양보점, 즉 저항점이다.

이 같은 상황에서 한국정부가 작은 윈셋 즉, Kmax−Kmin의 윈셋을 가지고 미국정부와 협상을 한다면 합의가능지대(ZOPA)를 만들 수 없다. 이는 대외협상의 결렬 가능성이 그만큼 크다는 것을 의미한다.

한 · 미 포도주 관세인하 협상

예를 들어 포도주에 대한 한국의 관세율이 8%라고 하자.[2] 한미 통상협상에서 미국정부가 포도주 관세율을 미국수준인 2%로 내려줄 것을 요구하였다. 이때 2%는 미국에서 최대협상성과를 주는 윈셋 Umax이다. 캘리포니아 포도주 생산자로부터 한국시장을 개방시켜 달라는 내부적 압력을 받고 있는 미국정부로서는 이들 내부집단이 받아들일 윈셋이 있다. 한국의 포도주 관세율을 미국수준인 2%로 내리는 정부간 합의안을 도출하면 캘리포니아 포도 재배업자로부터 대환영을 받을 것이다. 당연히 이 Umax는 미국에서 내부승인을 받는다.

2 가상적인 관세율임.

그림 15-3 한 · 미 포도주 관세협상에서의 윈셋

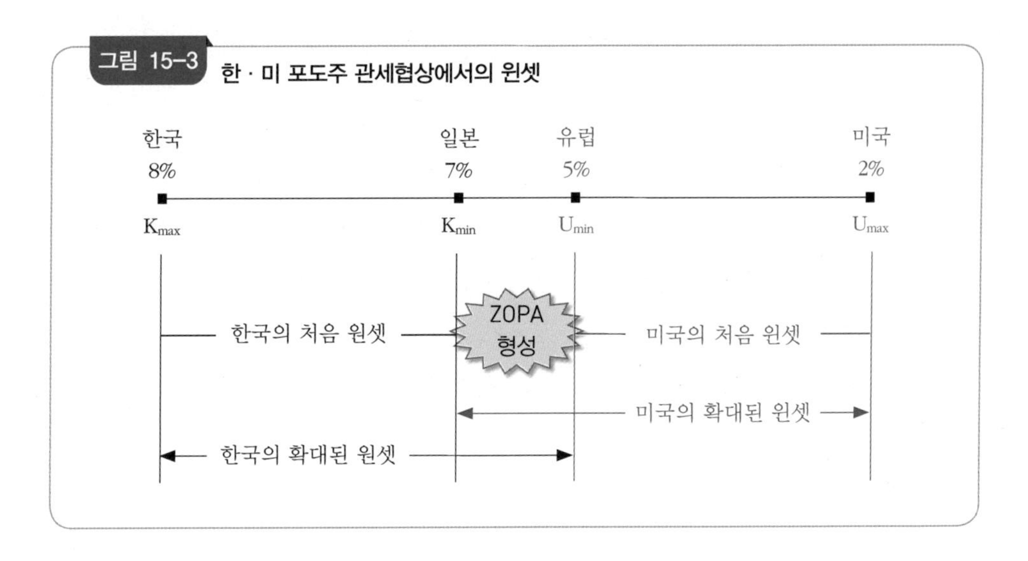

그러나 미국정부가 캘리포니아 포도 재배업자로부터 간신히 내부승인을 받을 수 있는 윈셋, 즉 Umin은 5%이다. 5%는 유럽의 포도주 관세율 수준으로 캘리포니아 포도 재배업자는 한미 통상협상에서 적어도 한국의 포도관세율을 유럽수준으로 내려야 된다고 강력히 주장하고 있다.

이때 한국정부는 자국의 포도주 관세율을 일본수준인 7%까지 내릴 수 있다고 하자. 7% 이상 인하하면 국내 포도주 생산업자의 거센 압력 때문에 도저히 국내비준을 받을 수 없기 때문이다. 이때 한국의 윈셋(Kmax－Kmin)이 7～8%가 되면 두 나라 정부는 합의가능지대(ZOPA)를 만들 수 없다.

▌원칙 2: 정부대표의 윈셋이 커지면 대외협상의 타결 가능성이 커진다

미국 포도 재배업자가 한국의 포도주 수입관세율 8%를 일본수준인 7%까지만 내려도 좋다고 양보한다면 미국정부의 윈셋은 Umax－Umin에서 Umax－Kmin로 커진다.

똑같이 한국의 포도 재배업자가 수입 포도주 관세율을 유럽수준인 5%까지 내려도 좋다고 하면 한국정부의 윈셋은 Kmax－Kmin에서 Kmax－Umin로 확대된다.

한국정부와 미국정부가 각기 커진 윈셋 Kmax－Umin, Umax－Kmin을 가지고 1단계 협상게임을 하면 Umin－Kmin에서 합의가능지대가 형성된다. 이 경우 잠정합의안은 Umin과 Kmin 사이에서 결정된다. 즉, 포도주 수입관세율이 7%와 5% 사이로 인하되는 것이다.

한 · 칠레 FTA 협상에서의 윈셋 변화

포도, 사과 등 국내 과수농가와 농민단체들의 강한 정치적 반발로 5차 협상시까지 한국정부는 Kmax–Kmin의 윈셋을 제시하였다. Kmax는 한국에 최대의 협상성과를 가져다주는 윈셋으로 공산품은 FTA 관세 면제대상에 모두 포함하고 농산물 개방은 모두 미루는 것이다. Kmin은 한국정부가 농민반대를 국내적으로 조정하지 못하고 2000년 사과, 배, 포도 등 19개 농산품을 관세 면제대상에서 제외시킬 것을 주장한 윈셋이다.

한국과의 FTA로 자국산 포도 등 과실류 수출증대 효과를 기대한 칠레가 한국정부의 이 같은 제안을 받아들일리 없다. 한국이 자국산 과실류를 제외시키면 칠레 수출유망품목인 냉장고, 세탁기, 타이어 등 257개 공산품을 제외시키겠다는 것(Cmin)이다. 당연히 두 나라 간 윈셋이 겹치지 않아 협상이 난관에 빠졌다.

두 나라는 내부협상을 통해 서로의 윈셋을 확대한 Kmin,* Cmin*를 내놓아 2002

그림 15-4 한 · 칠레 FTA 협상에서의 윈셋 변화

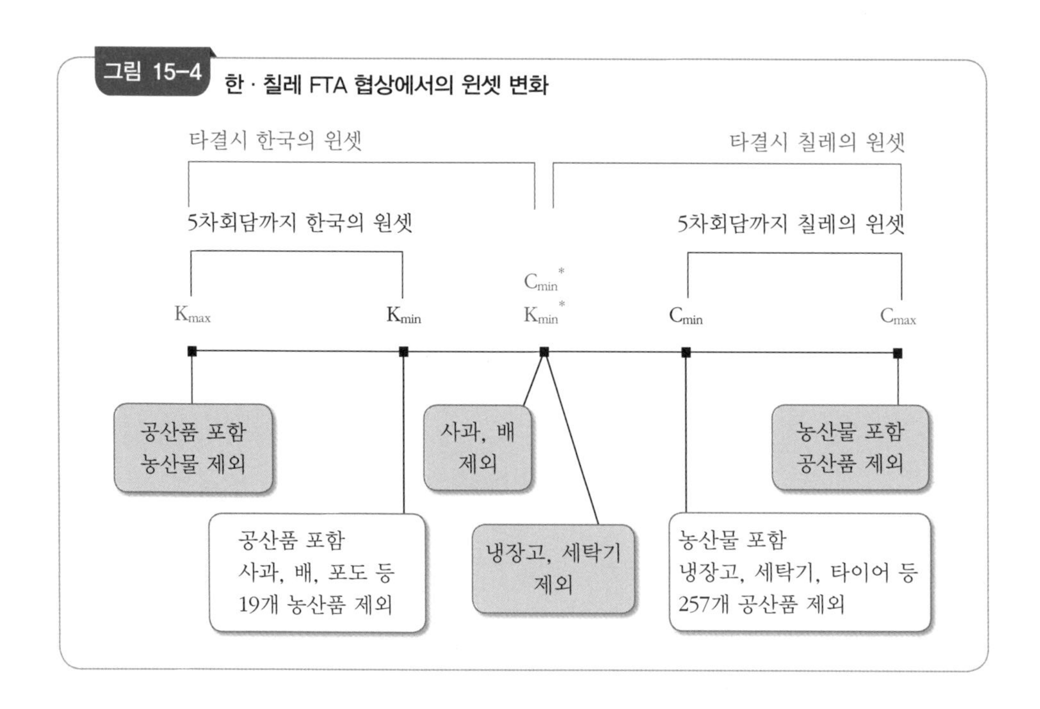

년 10월 합의에 도달할 수 있었다. 즉, 한국이 냉장고, 세탁기를 민감품목으로 인정하는 대신 칠레도 사과, 배를 민감품목으로 하는 것을 인정한 것이다. 2002년 한국 정부로서는 냉장고와 세탁기를 양보하는 대신 사과와 배의 개방을 막음으로써 거센 농민의 반발을 어느 정도 완화시키고 외부비준을 받을 수 있는 Kmin*의 윈셋을 만들어 낸 것이다.

제 4 절 통상협상에서 내부협상의 5대 결정요소

칠레, 미국과의 FTA 협상과정에서 농민단체, 노조, 시민단체 등의 엄청난 정치적 반발을 경험한 우리나라 통상협상의 최대과제는 "어떻게 하면 내부협상을 원활히 하느냐?"는 것이다. 따라서 이 같은 통상협상은 시작 단계에서부터 내부참여자의 반발을 예상하고 미리부터 준비하는 전략이 필요하다.

퍼트남에 의하면 내부참여자의 반발은 〈그림 15-5〉에서 보듯이 5가지 결정요소에 의해 영향을 받는다.

1. 협상사안의 성격: 이질적 vs 동질적

통상협상으로 승자(winner)와 패자(loser)가 확연히 구별되면 내부협상이 어려워진다.

2. 내부집단의 반응: 비대칭적 vs 대칭적

개방으로 손해를 보는 패자집단은 정치적으로 반발하는데 승자집단이 침묵하면 내부협상이 어려워진다.

3. 정치 이슈화

협상사안이 정치 이슈화하면 내부협상이 어려워진다.

4. 정치적 동기

정치가들이 선거승리 등을 의식해 2단계 게임에 개입하면 내부협상이 어려워진다.

그림 15-5 내부협상의 5대 결정요소와 내부협상의 난이도

	어려움 ← 내부협상의 난이도	→ 쉬움
협상사안의 성격	이질적	동질적
내부집단의 반응	비대칭적	대칭적
정치 이슈화	정치 이슈화	정치 이슈화 안됨
정치적 동기	강함	약함
정치적 리더십	약함	강함

5. 정치적 리더십

대통령이 강력한 리더십을 발휘하지 않으면 내부협상이 어려워진다.

이 같은 퍼트남의 분석틀 속에서 한·칠레 FTA 협상에서의 내부협상을 분석해 보자.

1. 제 1 요소: 협상사안의 성격

▌이질적 vs 동질적

한국정부와 칠레정부가 합의한 협상사안은 이질적(heterogeneous)이다. 칠레와의 FTA로 인해 생산, 수출증가의 이익을 보는 승자산업과 손해를 보는 패자산업이 확연히 나누어진다. 정인교·이경희[3]의 분석에 의하면 칠레에 대한 수출이 늘어날 한국의 승자산업은 자동차, 전자 등 제조업이다.

3 정인교·이경희, 한·칠레 자유무역협정 추진배경, 경제적 효과 및 정책적 시사점, 대외경제정책연구원, 2000. 12.

반면, 칠레로부터 수입이 증가하여 손해를 보게 될 패자산업은 과수농가를 중심으로 한 농업 부문이다. 포도에서 시작해 포도주, 키위 등에 이르기까지 상당한 수입증가가 있을 것으로 농민단체는 우려하였다.

2. 제 2 요소: 내부집단의 반응

▌패자산업의 강한 반발

한·칠레 FTA 협상에 대한 패자산업과 승자산업의 반응은 아주 비대칭적이다. 정부의 한·칠레 FTA 협상추진이 언론에 보도된 후 2000년 봄부터 2002년 여름까지 전국농민회총연맹회, 전국농민단체협의회, 포도전국협의회 등 농민단체가 주관하는 반대집회에 무려 2만 2천여 명의 농민이 참여해 다섯 차례 여의도, 정부 2청사 등에서 시위를 하였다.[4] 이들의 참여형태도 단순집회와 시위에서 시작해서 화형식, 정부청사 진입시도 등 적극적인 것이었다.

이 같은 반응은 안세영(2002)의 연구결과에서도 잘 나타난다. 11개 조사대상집단 중 FTA에 대해 가장 부정적 반응을 보이는 집단은 농민단체, 노동자, NGO, 소비자, 노조 지도자 순이며, 가장 긍정적 반응을 보이는 집단은 공무원, 언론, 학생, 경영인이다.

▌승자산업의 무임승차(Free-riding)

패자산업인 농민의 강한 정치적 반발에 비해 승자산업인 자동차, 전자산업 등은 한·칠레 FTA에 대해 적극적으로 정치적 의사표시를 하지 않았다. 승자산업의 이익을 대변하는 전경련이 2001년 9월 53개 회원사를 대상으로 조사한 바에 의하면 응답기업의 94.3%가 "우리나라도 FTA를 적극 추진해야 한다"고 대답하였는데도 불구

4 농민단체는 2003년 5월 2일 개최된 "한·칠레 FTA 중단과 WTO 수입개방 반대를 위한 농민 대표자 회의"에서 전국농민회총연맹회 소속 농민 150여 명이 정부청사 앞에서 시위한 것을 시작으로, 2000년 5월 2일에는 전국농민회총연맹회 소속의 농민 150여 명이 정부청사 앞에서 7월 25일에는 서울 대학로에서, 7월 12월에는 경북 농민 5,000여 명이 경북 의성역에서 시위를 하였다. 2001년에 들어서도 3월 6일 전국 21개 농민단체로 구성된 전국농민대표자대회를 개최한 것을 시작으로 해 11월 14일에는 여의도 등 시내에 1만 2천여 명의 농민들이 모여 반대시위를 하였다. 2002년 7월에도 서울에 전국농민단체협의회 소속 4천여 명이 모여 집회를 가졌다.

하고, 승자산업인 재계가 큰 정치적 영향력을 발휘하지 않는 이유는 다음과 같다.

- FTA 추진 주체가 정부이므로 기업차원에서 별다른 행동을 취하지 않더라도 FTA에 따른 반사적 이익을 누려 무임승차(free-riding)할 수 있으리라고 기대했기 때문
- 농민단체와의 불필요한 마찰 회피

내부집단 반응의 결정요인: 협상결렬 · 응락비용

내부집단의 정치적 반응은 협상결렬비용과 협상응락비용에 의해 영향을 받는다.

협상결렬비용

이는 말 그대로 대외협상이 결렬될 때 내부집단이 치뤄야 할 사회적 비용을 말한다.

앞에서 살펴본 바와 같이 패자산업인 농민단체가 FTA 저지에 많은 인력과 시간을 투입해 시위 등을 통해 상당한 정치적 영향력을 발휘하는 반면, 승자집단은 상대적으로 적은 관심과 자원을 할애하는 이유는 양자 간의 협상결렬·응락비용의 크기가 다르기 때문이다.

패자산업의 높은 협상응락비용

한·칠레 FTA 협상에서 패자산업인 포도재배 농가의 협상응락비용은 생존권을

그림 15-6 재계의 FTA에 대한 반응

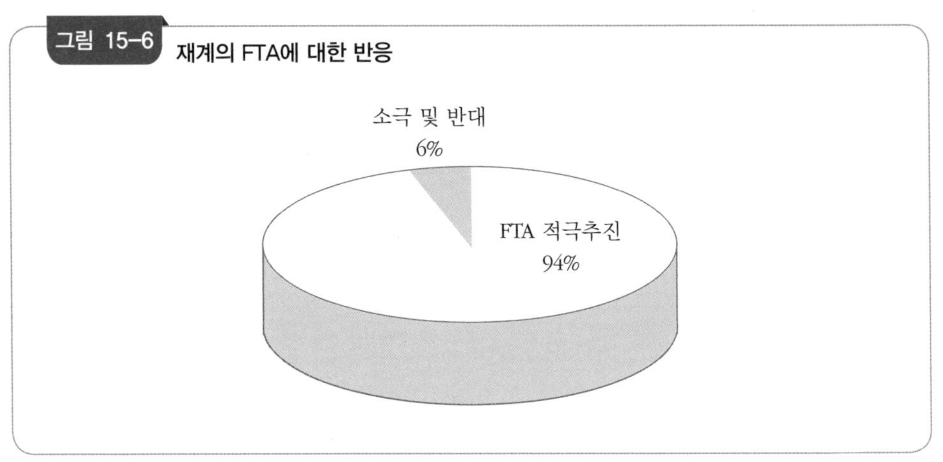

〈자료〉 전경련, 2001. 9.

위협받을 정도로 크다. 이는 농민단체의 입장에서는 협상을 결렬시키는 것이 낫다는 것을 의미한다. 따라서 농민단체들은 대외협상안의 비준에 강하게 반대하고 나섰다.

승자산업의 낮은 협상결렬비용

이때 승자산업의 협상결렬비용(cost of 'no-agreement')이 크다면 국내비준에 적극적으로 나설 것이다. 예를 들면 가장 대표적 승자산업인 자동차산업 입장에서 볼 때 협상결렬비용, 즉 동 협정이 체결되지 않아 상실하게 될 경제적 기대이익이 그리 크지 않아 국내비준에 적극 나설 필요성을 별로 찾지 못했다. 한국 자동차산업의 연 수출규모는 133억 달러(2001)인 데 비해 칠레와의 FTA로 얻을 수출증가 규모는 4억 달러 수준에 불과하기 때문이다.

설은혜(2001)의 실증연구에서도 비슷한 결과가 나왔다.[5] 〈그림 15-7〉에서 보듯

그림 15-7 FTA에서 협상응락 · 결렬비용과 협상참여율

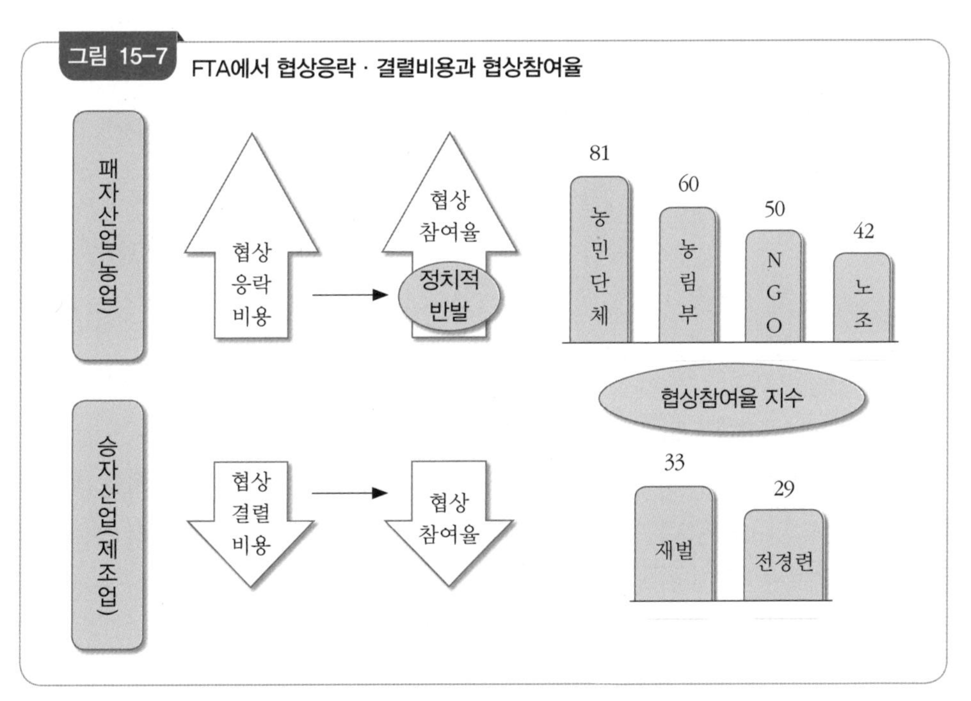

주: 협상참여율지수란 각 이익집단이 가지고 있는 시간과 노력의 합을 100이라 할 때, 그 집단이 FTA 문제에 실제 투자할 수 있는 시간과 노력의 양을 설문조사한 것이다.

5 설은혜 외 3인, "양면 게임으로 본 한국의 FTA 전략", 2001 대학원 논문 수상, 무역협회.

이 FTA에 반대하는 농민단체(81), 농림부(60), NGO(50), 노조(42)는 높은 협상참여율로 정치적으로 강하게 반발하였다. 반면 FTA를 지지하는 재벌과 전경련의 협상참여율은 각각 33, 29로 아주 낮다.

3. 제 3 요소: 협상사안의 정치 이슈화

"한·칠레 FTA=농민희생+재벌혜택"이라는 간단한 논리를 정치 이슈화(politicalization)다. 전국농민총연맹, 한국농업경영인중앙회 등이 대중집회, 성명서, 홈페이지 등을 통해 주장하는 구호는 "농민기반붕괴", "농업희생을 통한 무역확대", "450만 농민의 생존권 박탈", "재벌이익을 위한 농민희생"이라는 정치적 슬로건이다. 엄격히 말하면 한·칠레 FTA는 피해를 보는 포도, 배, 사과농가 등의 경제적 문제로 한정돼야 한다. 그런데 일부 과수농가 피해가 전 농민 피해로 확산되고 이것이 한국사회의 민감한 재벌문제로 연결되어 정치 이슈화한 것이다.

정치 이슈화의 3단계 과정

한·칠레 FTA 사례를 중심으로 내부협상게임이 정치 이슈화하는 단계를 살펴보면 재미있는 사실을 발견한다. 처음에는 사과·포도재배 농민에서 시작한 반대가 2단계에는 농민단체, NGO와 노조로 확산되고, 마지막 단계에서는 단순피해보상에서 FTA 반대, WTO 반대 등 정치이슈로 격상하였다.

1. 과수재배 농가: 사과, 포도 예외품목 인정

2000년 2월부터 4월 사이 포도전국협의회와 사과전국협의회는 전국에서 10여만 명의 서명운동을 벌였다. 이때 정치적 이슈는 한·칠레 FTA에서 포도, 사과 등을 예외품목으로 인정해 협상대상에서 제외하는 것이었다.

2. 농민단체 FTA 중단

2001년에 들어서자 전국농민총연맹, 한국농업경영인 중앙연합회 등 농민단체가 전국적인 시위를 벌였다. 2001년 들어 전국농민총연맹 소속 농민은 대학로, 여의도 등에서 1만여 명 이상이 모인 집회를 수차례 갖고, 격렬시위를 벌였다. 이 단계에서

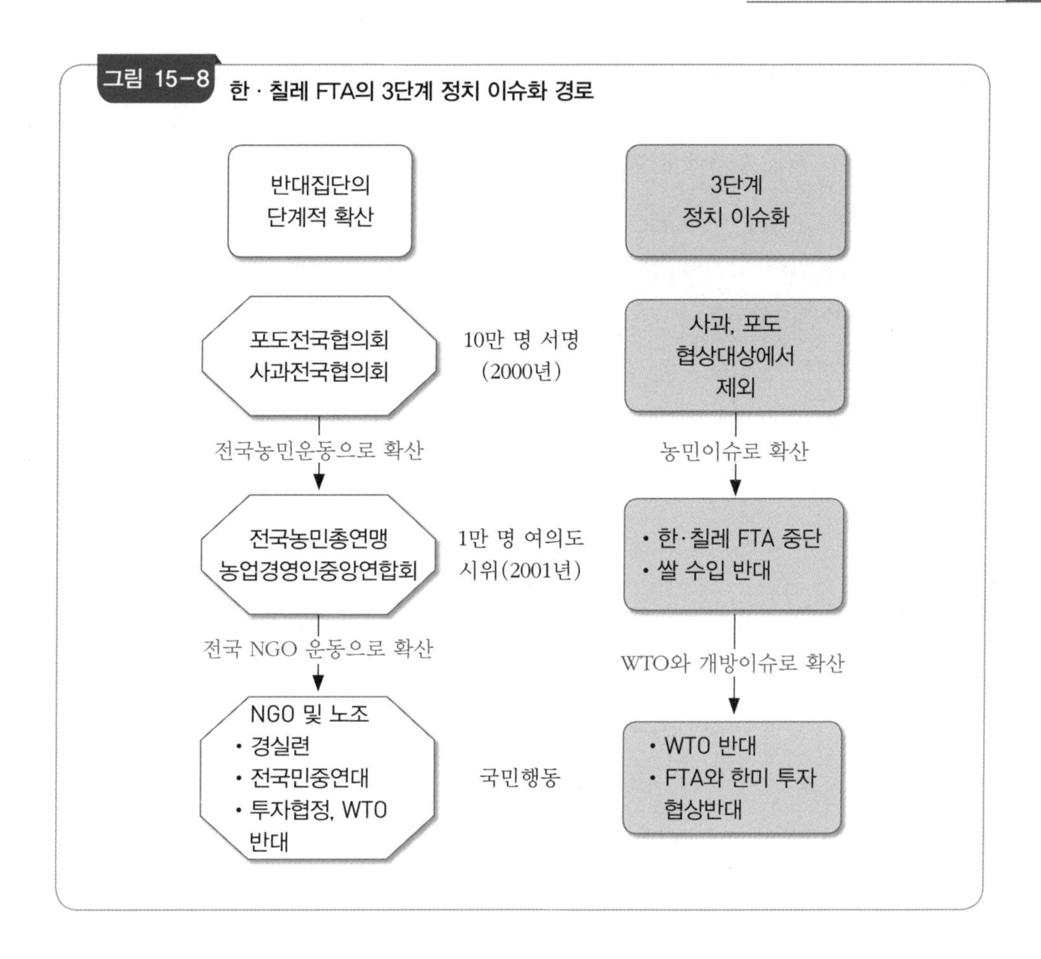

정치적 이슈는 한·칠레 FTA 협상 자체의 중단과 쌀수입 반대로 증폭된다.

3. NGO · 노조 WTO 반대

경제정의실천연합회, 전국민중연대, 투자협정·WTO 반대 국민행동 등 각종 시위, 세미나, 외교통상부 방문 등을 통하여 한·칠레 FTA를 크게 정치 이슈화한다.

이 단계에 이르면 단순한 한·칠레 FTA 반대를 넘어서 WTO 반대와 외국인투자 자유화 반대로 이슈가 훨씬 광범위해진다. 예를 들어 이들 NGO들은 한·미 투자협정－한·칠레 FTA 반대토론(2001년 4월 17일) 등을 개최하여 투자협정에 따른 외국인 투자 자유화는 한국경제의 대외적 종속을 심화시킬 것이라고 경고한다.

4. 제 4 요소: 정치적 동기

한·칠레 FTA에 관한 한 여당과 야당은 모두 당차원에서 정치적 동기를 가지고 농민에 대한 지지의사를 발표하였다. 2001년 1월 16일 한나라당 정책위원회는 FTA 체결로 인해 타격을 받을 수 있는 분야에 대한 철저한 대책수립을 요구하였다. 이어 2001년 3월 6일 민주당 수석부 대변인은 "한·칠레 FTA에서 포도, 사과, 배 등 과일을 비롯한 농산물을 제외할 것을 요구하며, 요구가 관철되지 않을 경우 협정 비준안 처리에 반대할 것임"을 발표하였다. 국회에서 포도, 배, 사과 등이 주산지인 경북, 호남지역 출신 국회의원들은 강도 높게 한·칠레 FTA에 대해 정부를 비판하였다.

5. 제 5 요소: 정치적 리더십

한·칠레 FTA 협상에 대한 국내적 관심이 높았던 시기에 이 문제에 대해 우리나라의 대통령은 정치적 리더십을 거의 발휘하지 않았다. 민주국가에서 국가 지도자의 정치적 의지는 언론이라는 매체를 통해 국민을 포함하는 다양한 내부집단에 전달될 때에 정치적 리더십으로 그 효과를 발한다.

이 같은 관점에서 〈표 15-1〉은 1998년부터 2002년 7월까지 ① 대통령, ② 장·차관급, ③ 정부 부처 내 실무 공무원이 조사대상언론을 통해 한·칠레 FTA를 국민에게 홍보·언급한 내용을 분석한 것이다.[6] 〈표 15-1〉에서 보듯이 동기간 중 대통령, 장·차관 등이 한·칠레 FTA에 대해 언론을 통해 총 62건의 언급을 하였는데, 이 중 강한 추진의지를 표명한 경우는 한 건도 없었다. 단순추진의지의 표현이 33건, 객관적 사실의 발언이 23건 그리고 부정적 의지, 반대의사의 직·간접 표현이 6건이다.

6 안세영 외 2인, "FTA에 대한 국내집단의 반응 분석", 2002년 12월.

표 15-1 한 · 칠레 FTA에 대한 대통령과 정부 관계자의 대국민 홍보 · 언급

구분	강한 추진 의지 표현	단순 추진 의지 표현	객관적 사실의 발언	부정적 의지, 반대의사의 직 · 간접적 표현	계
대통령	0	4	0	0	4
장 · 차관	0	8	4	2	14
(외교)	0	8	1	0	9
(농림)	0	0	3	2	5
실무 공무원	0	21	19	4	44
(외교)	0	16	16	0	32
(농림)	0	3	1	4	8
(기타부처)*	0	2	2	0	4
계	0	33	23	6	62

*는 산업자원부와 재경부임.

한 · 미 FTA와 한 · EU FTA의 내부협상 비교

우리나라가 미국과 FTA 협상을 할 때 엄청난 정치적 반발이 있었다. 200여 개가 넘는 NGO들이 한 · 미 FTA 반대 국민전선을 결성하고 농민단체, 노조 등의 반발까지 합쳐져 반대시위를 하였다.

2007년 4월 한국과 미국 두 나라 정부 간에 합의안이 마련되었으나 정치적 반발 때문에 2011년 11월 겨우 국회비준을 받고 2012년 3월 발효되었다.

반면 EU와의 FTA는 2007년 5월 정부 간 협상이 시작되고 2010년 10월에 합의안이 마련된 후 곧바로 2011년 5월 우리 국회에서 비준되었다. 경제적 효과로 말하면 세계적인 벤츠, BMW 생산국가이며 서비스가 강한 EU와의 FTA가 한 · 미 FTA 보다 더 큰 영향을 우리 경제에 줄지도 모른다. 그런데 한 · EU FTA에는 딱 18명이 반대시위를 했다고 한다.

토론 포인트

Q1. 두 가지 FTA에 대한 국내정치적 반발이 왜 이 같이 대조적일까? 이 장에서 살펴본 내부협상의 5대 결정요인 측면에서 분석해보자.

도움 되는 정보

- 한 · 미 FTA에 대해 반대한 사람들이나 이해집단의 실체를 자세히 분석해보자. 진짜 FTA로 피해를 입는 패자산업(losers)의 사람들만이 반대했는지, 아니면 다른 목적을 가진 집단이 반대했는지.
- 한 · 미 FTA 반대와 '반미'와의 관계
- 우리 사회에 '반EU' 움직임이 있는지.
- 2012년 2월 24일 있었던 한 · 중 FTA 공청회에서 농민단체가 반대했는데, 이때 한 · 미 FTA에 격렬히 반대하던 이념단체 사람들이 그 자리에 나타났는지, 인터넷에서 신문기사를 검색해 보세요. (www.kinds.or.kr)

퀴즈풀이에 대한 Teaching Manual은 박영사 홈페이지 도서자료실에 업로드되어 있습니다.

제 16 장 미국의 통상협상전략

오늘날 미·중패권전쟁을 주도하고 우리나라의 중요한 무역 및 투자협력국이자 안보동맹국인 미국의 통상협상전략을 살피는 것은 통상협상에 대한 전반적 이해를 높이는 데 상당한 도움이 된다.

이 같은 배경에서 이 장에서는 다음과 같은 점들을 분석해보자.

- 미국 통상협상의 특징
- 미국 통상협상의 정책 결정 메커니즘
- 미·중패권전쟁시대 미국의 신통상협상전략
- 우리나라의 대미통상협상전략

제 1 절 미국 통상협상의 특징

1. 2원적 통상협상제도: 대통령과 의회의 줄다리기

미국은 2원적 통상협상제도를 가지고 있다. 통상협상은 의회로부터 협상권을 위임받은 대통령이 하며 의회는 정부의 대외협정안에 대한 국내비준권과 통상예산권을 가지고 있다. 이 같은 2원적 통상협상제도 때문에 대통령과 의회는 '끊임없는 줄다리기(check and balance)'를 한다. 의회는 협상권을 대통령에게 위임해 놓고 가능하면 행정부에 대한 영향력을 높이고자 한다. 반면 대통령은 가능한 한 의회의 영향력에서 벗어나 독자적인 통상협상을 하고자 한다. 따라서 의회는 다음과 같은 다양한 방법에 의해 대통령의 통상협상을 견제하고자 한다.

▌USTR: 대통령과 의회 사이의 중간조직

실질적으로 통상협상을 총괄하는 USTR은 조직 특성상 미묘한 위치에 있다. USTR은 국무성과 달리 행정부에 소속되지 않은 백악관에 소속된 대통령 직속기구이다. 따라서 통상협상에 관한 한 대통령에게 긴밀히 보고하고 직접적 지시를 받는다. 또한 USTR은 통상협상이나 통상정책에 관한 한미 의회에 대해 책임을 지고 긴밀한 보고를 하여야 한다. 이 같이 USTR이 대통령과 의회 사이 중간조직의 성격을 띠는 것은 미 의회의 대통령 견제노력의 산물이다. 즉, 1960년대 케네디 대통령 시절 통상협상권을 국무성에서 떼어놓는 과정에서 보다 의회가 영향력을 발휘할 수 있는 독특한 USTR을 창설한 것이다.

▌제한적인 통상협상권 위임

미의회는 무역촉진권한(TPA: Trade Promotion Authority)에 의해 제한적으로 통상협상권한을 대통령에게 위임한다. TPA의 전신인 신속협상권(Fast Track Authority)이 1974년 대통령에게 주어진후 그 간 6차례 연장되었다. 그러나 2007년부터 2015년까지 단절되었다가, 2015년 초당적 '무역우선순위 및 책임법(Bipartisan Congressional Trade Priorities & Accountability Act)에 의해 다시 대통령에게 무역협상권한이 주어졌다.[1]

대통령이 의회에 제출한 외국정부와의 통상협상안에 대해 의회는 수정요구를 할 수 없고 단지 가부 표결만 할 수 있다. 대통령의 대외협상권한이 강화되었지만, 한편 통상협상권을 위임받았더라도 대통령은 매 5년마다 무역촉진권한을 갱신해야 하는 부담이 있다. 이는 무역촉진권한의 갱신을 위해 대통령으로서는 항상 의회의 압력을 뿌리 칠 수 없다는 것을 의미한다.

▌무표시(Non-Markup) 사전협의제도

이는 행정부로 하여금 대외협정의 국내이행법을 제출하기 전에 비공식적으로 의회와 사전 협의를 하도록 하는 제도이다. 대통령이 제출한 국내이행법에 대해 수정없이 가부(up-or-down)투표만 해야 하는 의회로서는 이 제도에 의해 사전에 자신들의 의견을 반영할 수 있다.

▌대통령의 연례통상정책보고서

1974년 통상법 제163조에 의거 대통령은 USTR을 통해 매년 3월 지난해 통상정책의 성과에 대한 평가와 해당 연도 통상정책방향을 의회에 제출해야 한다. 또한 동 연례보고서는 USTR이 매년 3월 31일까지 작성하여 의회에 보고하는 국별무역장벽보고서(National Trade Estimate: NTE) 작성에 활용한다.

2. 대통령의 자유주의와 의회의 보호주의

미국의 통상협상에서 대통령은 전통적으로 자유주의적 입장인 반면 의회는 보호주의적 경향이 강한데, 그 이유는 다음과 같다.

1 KITA.net, 2021.3.19

대통령의 자유주의(Presidential Liberalism)

대외관계의 종합적 고려

지역구의원은 해당 선거구의 이익만 반영하면 된다. 그러나 세계자유무역선도국으로서 미국의 대통령은 미국의 통상이익뿐만 아니라 외교, 안보, 문화 등 다양한 대외관계를 종합적으로 고려해야 한다.

미국 국민 전체의 이익 고려

철강 주산지인 펜실베이니아주 의원은 수입철강에 대한 세이프가드나 반덤핑 조치를 해주길 원한다. 이는 미 철강산업을 보호하기 위해서이다. 그러나 수입철강에 대해 관세가 부과되면 수입철강의 국내가격이 오르고 결국은 자동차·기계산업과 같은 미 철강수요산업의 경쟁력이 떨어진다. 따라서 이해관계가 엇갈리는 산업 간 희비와 소비자의 후생을 종합적으로 고려해야 하는 대통령은 의회의 보호주의 압력에 가능하면 저항하려 한다.

의회의 보호주의

지역구의원의 이익 반영

의원의 정치력은 지역구 선거민의 투표에 의해 결정된다. 따라서 지역구 산업이 수입에 대해 피해를 보면 당연히 이에 대한 보호조치를 정부에 요구한다.

미국인의 여론

미국인들은 예상과 달리 보호주의적 성향을 가지고 있다. 〈그림 16-1〉에서 보듯이 "무역에 대해 자신이 어떤 성향을 가졌느냐?"는 질문에 자유무역주의자라고 대답한 사람은 10%에 불과하고 무려 37%가 보호주의자라고 대답하였다. 약 절반이 공정무역주의자라고 대답했는데 이는 필요시 상대국 시장 개방을 위해 미국이 무역조치를 할 수 있다고 대답한 미국인이다.

이 조사결과에 의할 때 미국인의 약 88%가 미국의 통상이익을 위해서라면 공격적

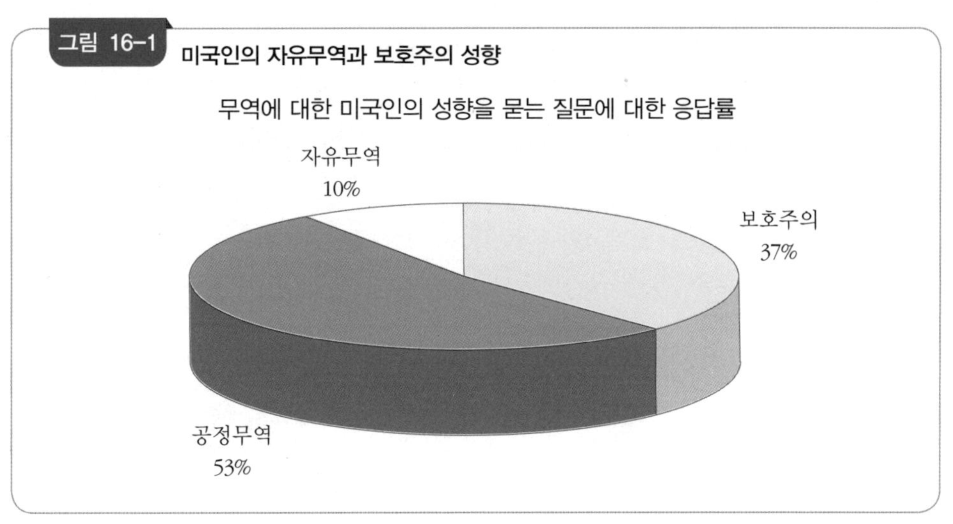

〈자료〉 Business Week, 2002.

통상협상전략을 구사해야 한다고 생각하는 것이다. 이 같은 미국여론을 아는 의원들은 공격적인 통상입법을 지지하고 대상국에 대해 보다 공격적으로 외국정부와 협상하라고 압력을 넣는다. 재미있는 것은 미 의원이 공격적·보호주의적 무역협상을 주장할수록 미국인의 관심을 많이 끌고 정치적 인기가 높아진다는 점이다.

3. 공화당의 자유무역과 민주당의 보호무역

〈그림 16-2〉에서 보듯이 오늘날 공화당의 정치적 기반은

- 대기업과 중산층이며
- 지역적으로는 신흥산업지역인 남부와 서부의 Sunbelt에서 강세이다.

반면 민주당은

- 노조, 중소기업, 농민, 서민층을 지지기반으로 하며
- 지역적으로는 동북부와 중서부의 전통산업지역에서 강세이다.

▌민주당의 자유무역 – 공화당의 보호무역: 1960년대까지

그러나 전통적으로 미국의 공화당은 보호무역을, 민주당은 자유무역을 신봉해 왔

그림 16-2 공화당과 민주당의 역사적 변화

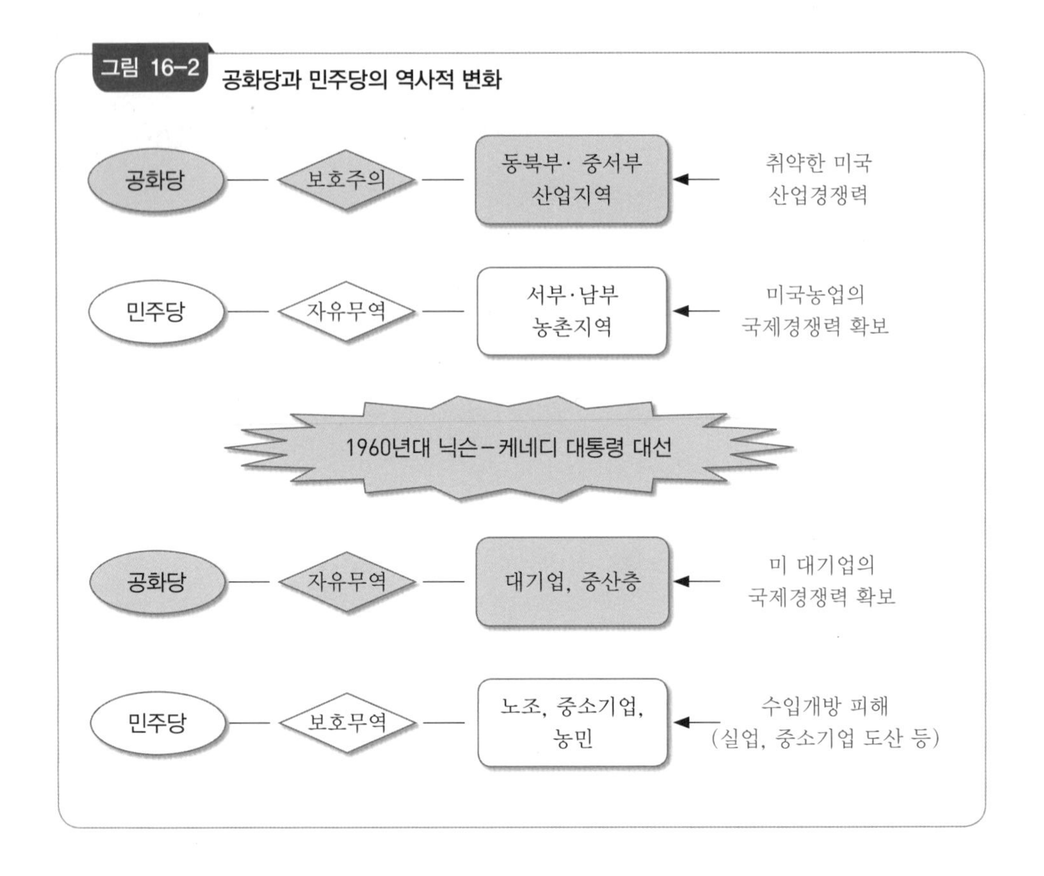

다. 공화당의 정치적 기반이 미국 동북부와 중서부의 산업지역인데 반해, 민주당은 남부와 서부의 농촌지역이기 때문이다. 19세기에서 20세기 중반까지 미국산업의 국제경쟁력은 영국에 비해 취약했다. 따라서 북동부와 중서부의 미국 기업인들은 자국 산업 보호를 위해 높은 관세장벽을 설치하여 유럽 공산품의 수입을 막기 원했다.

이에 반해 국제경쟁력을 확보하고 있던 남부 농촌지역은 면화와 담배를 유럽에 수출하고 품질이 조악한 미 북부의 공산품보다는 품질 좋은 유럽 공산품을 관세부담 없이 수입하길 원했다. 남북전쟁이 발발하기 전에 1850년대 면화와 담배가 미국 전체 수출의 60%를 차지하고 있었다. 이 같은 배경에서 남북전쟁은 노예제도 때문이 아니라 '남부의 자유무역과 북부의 보호무역' 간의 경제적 충돌 때문에 일어났다고 볼 수 있다.

역사적으로 민주당이 권력을 장악했을 때는 관세인하를, 공화당은 관세인상을 시도했다. 민주당의 윌슨 대통령시절인 1916년 민주당은 관세율을 19%에서 9.1%로 대폭 인하했다. 그러나 뒤이어 정권을 잡은 공화당은 1922년 관세율을 9.1%에서 14%로 재인상했다. 이어 1930년대 들어 그 유명한 스무트-홀리(Smoot-Hawley) 관세법을 통해 1932년에는 관세율을 무려 59%로 올려놓았다.

공화당의 자유무역 - 민주당의 보호무역: 1960년대 이후

1960년대 닉슨-케네디 대선을 계기로 공화당과 민주당의 정책기조가 뒤집힌다. 케네디 후보가 민주당의 전통적 아성인 서부에서 패배하고 오히려 공화당 아성인 미시간, 펜실베이니아, 뉴욕, 뉴저지 등 동북부에서 승리했다. 반대로 공화당의 닉슨은 민주당 아성인 서부와 남부의 소위 'Sunbelt'에서 강세를 보였다.

이 같은 변화는 다음과 같은 4가지 요인에 기인한다.

- 공화당은 지지기반을 중산층, 대기업에 두고 있다. 그런데 1960년대 펜실베이니아, 미시건 등 북동부(rust belt)의 많은 산업이 텍사스 등 남부의 'sun-belt' 지역으로 이전하였다.
- 2차 세계 대전 후 미국기업이 국제경쟁력을 확보함에 따라 대기업이 보호무역보다는 외국시장을 공략하기 위한 자유무역을 선호하게 되었다.
- 노조와 중소기업, 서민층에 지지기반을 둔 민주당은 개방에 따른 대량실업, 중소기업 도산 등으로 보호무역으로 선회한다. 1960년대 들어 섬유 및 의류산업이 무역피해를 입자 전통적으로 자유무역을 지지하던 남부의 민주당 의원들이 보호주의 성향을 띠기 시작한다.
- 노조가 강경한 동북부 및 중서부 산업지역이 민주당의 지역적 기반이 된다.

4. 미 정부의 삼각 통상협상 체계

USTR, 상무성과 국무성의 통상협상전략 차이

USTR - 공격적 통상협상전략

전통적으로 대외협상에서 가장 강경한 입장을 취한 부처는 USTR이다. USTR의 주된 기능은 상대국 시장의 개방을 통한 미국의 통상이익의 보호이기 때문에 통상협상에서 가장 공격적인 자세를 견지하고 있다.

국무성 – 자유주의 통상협상전략

일본, 한국 등을 동맹국으로 보는 미 국무성은 이들 국가에 대한 무역보복조치 등을 꺼린다. 대외 외교업무를 맡고 있는 국무성은 상대국과의 통상분쟁과 갈등보다는 원만한 우호관계를 유지하고자 한다.

상무성 – 중립적 통상협상전략

상무성은 통상협상에 관한 한 USTR과 국무성 사이에 늘 중도적 입장을 취한다. 이는 상무성이 가진 두 가지 기능 때문이다. 즉, 국내산업을 보호하는 무역구제제도와 미국의 수출증대 간의 미묘한 관계이다. 국내산업을 보호한다는 측면에서 볼 때 상무성은 USTR과 같이 강력한 통상공세를 상대국에 펼쳐야 한다.

그런데, 미·중 반도체 전쟁에서 한국 반도체 산업의 대미 투자를 절실히 필요로 하는 상무성 입장에서는 우리나라와의 원만한 산업협력관계를 구축하는 것이 협상의 최우선 순위이다.

5. 미국식 다원주의: 국내 이익집단과 노조의 역할

미국식 다원주의란 워싱턴의 대외협상전략이 연방정부나 의회에 의해 일방적으로 결정되는 것이 아니라, 미국의 글로벌 기업, 노조, 농민단체, 철강협회 등 다양한 이익집단의 영향력이나 로비에 의해 결정된다는 것이다. 예를 들어 미국의 한국에 대한 돼지고기 시장개방 압력이 있으면 그 뒤에는 미국 양돈협회의 정치적 압박이 있는 것이다.

미국 내 이익집단의 역사적 변화

역사적으로 볼 때 미국의회와 정부의 통상협상에 영향을 미치는 이익집단은 전통산업군과 하이테크산업군의 두 가지로 나눌 수 있다.

---

2 안세영, "한·미 자동차 협상에 관한 연구", 국제통상연구, 1998.

전통산업군 – 방어적 통상협상 압력

이들은 섬유, 의류, 철강 등 외국으로부터의 수입에 의해 피해를 보는 소위 사양 산업에 해당한다. 따라서 이들 업계의 이익을 대표하는 미국 의류·신발산업협회, 철강협회 등은 강력한 로비능력을 가지고 있다. 또한 이들 전통산업군에 근무하는 미 철강노조, 미 섬유의류노조 등과 미 의회와 행정부에 대해 강력한 국내시장 보호를 요구한다. 따라서 이들은 주로 미국의 방어적 통상협상전략에 관한 압박을 가한다.

하이테크산업군 – 공격적 통상협상 압력

1980년대부터 경제의 범세계화(globalization)가 가속함에 따라 새로운 미국 내 이익집단이 목소리를 높인다. 전 세계적인 강력한 경쟁력을 확보한 정보통신, 항공, 자동차산업 등이다. 이들의 관심은 국내시장 보호가 아니라 폐쇄적인 외국시장을 개방하는 것이다. 이들은 미 의회와 정부에 대하여 보다 공격적인 통상협상을 하도록 각종 로비와 압력을 가한다.

▌워싱턴의 로비산업

앞에서 살펴본 다양한 이익집단은 막강한 자금력을 배경으로 워싱턴에 로비스트를 고용하고 있다. 미국에는 약 3만 5천여 명의 등록된 로비스트가 있고 연매출 100만 달러가 넘는 로비업체도 120여 개나 있다. 이를 워싱턴의 로비산업이라 하는데 1998년과 2004년 사이 무려 120억 달러에 달한다.

▌이익집단과 의회: 코커스(Caucus)

미국 내 이익집단이 미 의회에 대해 영향력을 발휘하는 방법 중의 하나가 미 의회 내 코커스이다. 코커스란 특정 통상현안에 대해 논의하기 위한 미 의회 내 비공식 모임이다.

현재 상원에서 활동 중인 코커스 중에서 통상관련 코커스는 자동차 코커스, 쇠고기 코커스, 철강 코커스, 설탕 코커스, 섬유류 코커스 등이 있고, 하원에는 자동차산업 코커스, 쇠고기 코커스, 경쟁력 코커스, 고용·공정무역 코커스, 철강 코커스, 기계공구 코커스 등이 있다. 이들 코커스 소속의원들은 거의 대부분 자신들 지역구나 지역구 관련 이익집단의 경제적 이익을 대변한다.

▌이해집단 간의 갈등

미국이 한국의 철강수출에 대해 반덤핑관세를 부과하면 미국내 관련 산업에서 이해관계가 엇갈린다. 미국 철강업계는 환영하지만, 수입철강을 쓰는 기계산업계나 자동차 산업계는 반대한다. 그러므로 미국이 한국이나 일본에 대해 미국의 특정산업 보호를 위해 무역제재를 가하면 미국 내에서 다른 산업이 반사적 피해를 보게 된다. 당연히 피해산업은 워싱턴에 대해 무역제재 해제를 위한 로비를 할 것이다. 이럴 경우 미국의 대외 협상은 이해가 엇갈리는 산업들 사이의 로비능력과 정치적 영향력에 의해 결정된다.

6. 공격적 통상협상전략

2차대전 후 IMF-GATT 체제의 주창자로서 세계자유무역을 주도해 오던 미국의 통상협상전략은 1970년대 들어 신흥공업국의 출현 등으로 형성된 신국제분업체제 속에서 미국경제의 절대적 우위가 흔들리자 보호주의로 후퇴한다. 일반적으로 이 같은 미국의 보호주의적 통상협상전략은 1980년대 중반까지의 '방어적 통상협상전략'과 1980년대 중반 이후의 '공격적 통상협상전략'으로 2분할 수 있다.

▌방어적 통상협상전략: 1980년대 중반까지

이는 1970년대 일본과 아시아 신흥공업국의 급성장으로 경쟁력을 잃어 가는 미국의 사양산업을 보호하기 위한 것이다. 따라서 방어적 통상협상전략은 주로 반덤핑, 상계관세, 세이프가드, 쿼터 등의 수단을 가지고 상대국과 협상을 하였다.

1980년대 초에는 수출자율규제(Voluntary Export Restraints: VER)를 고안해냈다. 이는 GATT의 규제를 받지 않고 양자적인 압력이나 협상으로 미국의 특정 산업을 보호하는 장점이 있다. 이 같은 방어적 통상협상전략의 내부참여자, 즉 미국정부로 하여금 각종 수입규제조치를 하도록 압력을 행사하는 산업은 섬유, 철강 등이었다.

표 16-1 방어적 통상협상전략과 공격적 통상협상전략

구분	방어적 통상협상전력	공격적 통상협상전략
목적	수입제한	상대국 시장 개방
수단	• 반덤핑, 상계관세 • 수출자율규제(VER) • 쿼터 • Buy American 캠패인	• 301조 • 슈퍼 301조 • FTA
내부협상참여자	사양산업	하이테크산업
예	• 1981 미일 자동차수출 자율규제 • C-TV, 철강 반덤핑 등	• 1955 미일 자동차 협상 • 1997 한미 자동차 협상 • 1986 미일 반도체 협상 등

미일 자동차 수출자율규제(VER)

1970년대 석유파동 이후 일본 소형자동차의 대미수출이 급증하여 미국 자동차산업이 심각한 도전을 받았다. 미국 자동차산업의 압력을 받은 미국정부는 1981년 일본과 자동차 수출자율규제협정을 맺었다. 미국 자동차산업을 보호하기 위해 일본 자동차수출을 연간 168만대로 제한하였다. 그러나 이 같은 방어적 통상협상전략의 효과는 당초 미국이 기대했던 바와 다른 결과를 초래하였다.

미국 소비자 후생의 희생

1980년대 미국 내 일본차 가격이 30%에서 크게는 60%까지 상승하였다. 미국 소비자가 일본차를 선호하는데 이의 수입을 제한하였으니 당연히 가격이 상승한 것이다. 미일 수출자율규제로 미국 소비자가 일본차를 살 때 평균 1천 달러 정도를 추가부담하였다.

일본 자동차산업의 고급화

1년에 미국에 수출할 수 있는 자동차 대수가 묶여 있으므로 일본 자동차 메이커 입장에서는 고급차를 수출하는 것이 유리하다. 따라서 이때 토요타는 렉서스, 닛산은 인피니티 등 고급차를 개발하였다.

일본 자동차산업의 대미투자 확대

무역장벽을 피하기 위해 토요타는 미국 켄터키주에, 혼다는 오하이오주에 조립공장을 설치하였다.

일본 자동차 부품산업의 동반투자

토요타와 혼다가 미국 내에서 스크류 드라이버형(screw driver) 공장을 운영하는 것을 보고 미국정부는 실망하였다. 미국 내 공장에서는 단순 조립만 하는 것이다. 당연히 미국 내로 떨어지는 부가가치는 적을 수밖에 없었다. 이에 미국정부는 토요타 켄터키공장과 혼다 오하이오공장에 강력한 현지부품 사용의무를 부과하였다. 일정량은 꼭 미국산 부품을 사용해야 한다는 것이다. 그러나 이 같은 미국정부의 규제는 뜻밖의 결과를 초래하였다. 이번에는 토요타와 혼다에 부품을 공급하던 일본 부품업체들이 아예 미국에 투자 진출한 것이다. 더욱이 이들은 경쟁력을 바탕으로 미국 내 일본 투자기업뿐만 아니라 GM, 포드 등에게도 부품을 공급하였다.

미국 자동차산업의 도덕적 해이

미국정부가 일본과 수출자율규제를 맺은 이유는 미국 자동차산업이 경쟁력을 회복할 시간적 여유를 주기 위해서였다. 그러나 미국 자동차산업은 보장된 국내시장(captured market)에 안주하여 경쟁력 회복을 하기 위한 노력을 게을리 하였다.

방어적 통상협상전략의 한계

이 같은 방어적 통상협상전략의 한계를 잘 보여주는 전형적 사례가 1981년 미국과 일본 간의 자동차수출 자율규제협상이다.

이 같이 방어적 통상협상전략은 자국 소비자후생의 희생만 초래하고 자국 산업의 경쟁력 회복에도 기여하지 못한다. 더욱이 상대국 기업의 글로벌화와 제품고급화를 유도하여 결과적으로 자국 산업을 더욱 어렵게 만들 수 있다.

▌공격적 통상협상전략으로 전환: 1980년대 중반 이후

1980년대 중반 이후 미국은 상대국 시장의 개방을 위한 통상협상에 주력한다. 일본, 한국 등 대미수출이 많은 국가가 자국의 시장을 굳게 닫고 있으니 이들 시장을 개방하여 미국기업에게 수출 및 투자기회를 주는 것이다. 이 당시 미국의 이 같은 공격적 통상협상전략을 적극 지지한 내부참여자는 자동차, 반도체, 정보통신 등 경쟁력을 가진 하이테크산업들이었다.

1995년 미일 자동차 협상, 1997년 한미 자동차 협상, 1986년 미일 반도체 협상 등이 대표적 예이다. 이 같은 공격적 통상협상전략의 주요 수단은 301조 발동위협, 양국 간 자유무역협정(FTA) 등이다.

7. 상호주의 통상협상전략: 자유무역에서 공정무역으로

앞에서 살펴본 공격적 통상협상전략의 철학적 배경은 상호주의(reciprocity)와 공정무역(fair trade)이다. 그러나 1970년대까지만 해도 미국의 통상협상전략의 근간에는 비상호주의와 자유무역(free trade) 정신이 자리잡고 있었다.

▌비상호주의(Unreciprocal) 통상협상전략: 자유무역

1970년대까지 미국의 통상협상은 항상 동서냉전이라는 외교정책의 뒷전에 밀렸다. 소련에 대적하는 자본주의 우방을 돕는 가장 확실한 방법은 자유무역(free trade)이라고 생각했다. 즉, 미국시장을 폭넓게 개방하여 우방국을 경제적으로 돕는 것이 최선의 공산주의 대응전략이라고 믿었다. 따라서 케네디라운드(1964~1967)에서 미국은 일방적으로 공산품 관세율을 36%~39% 삭감하였다. 이때 싱가포르, 말레이시아 등의 GATT 회원국은 관세인하 자체를 거부하고, 한국, 인도, 인도네시아 등은 소폭의 관세인하만 하였다.

1973년과 1979년의 도쿄라운드에서도 미국은 공산품 관세율을 평균 8.1%에서 5.6%로 대폭 인하하였다. 이 같은 미국의 비상호주의 원칙에 의해 불균형 관세인하(unbalanced tariff reduction)를 한 이유는 관세인하는 우방국에 대한 경제원조와 같은 효과가 있다고 여겼기 때문이다.

▌상호주의-공정무역 통상협상전략으로 전환: 1980년대 중반 이후

1980년대 들어 미국은 지금까지 자유무역-비상호주의 통상협상전략의 효과에 대해 실망한다. 첫째, 미국의 대폭적 관세인하가 상대국의 무역자유화를 수반하지 않아 미국 무역수지 악화와 산업경쟁력의 약화만 초래했다. 둘째, 더욱이 일본, 한국 같은 경쟁상대국은 관세 이외의 교묘한 비관세장벽을 설치해 불공정무역관행(unfair trade practice)을 일삼는 것이다.

이 같은 배경에서 1980년대 들어 미국은 자유무역에서 공정무역으로, 비상호주의에서 상호주의로 통상협상전략 기조를 바꾼다. 쉽게 말하면 상호주의 원칙에 의해 "미국시장이 개방한 것 같이 상대국 시장도 개방해야" 공정무역이 구현될 수 있다는 논리이다. 사실 1980년대 이후 통상협상에서 미국이 가장 즐겨 사용하는 용어는 자유무역이 아닌 공정무역이다.

2017년 1월 20일에 있었던 취임식에서도 트럼프 대통령은 공정무역의 중요성을 여러 차례 강조하였다.

8. 일방주의 통상협상전략: Unilateralism

바그와티와 베이야드(Bayard, 1994)[3]는 1980년대 후반 이후 미국 통상협상전략의 중요한 특징으로 공격적 일방주의(aggressive unilateralism)를 꼽는다. 미국정부가 상대국과 양자테이블에 앉아 협상은 하지만 그 뒤에는 301조의 보복위협과 미국의 막강한 경제력이 있기에 진정한 의미에서 평등한 상호협상이 될 수 없다는 것이다. 바그와티에 의하면 이 같은 공격적 일방주의는 다음과 같은 세 가지로 특징지워진다.

불공정무역개념의 일방적 정의

WTO 체제 하에서 모든 무역분쟁은 WTO 분쟁해결기구(DSB)에서 조정되어야 한다. 양자협상에서 상대국 무역관행의 공정성에 대해 시비가 붙을 경우 이는 WTO 다자체제 속에서 해결되어야 한다. 그러나 미국은 자국 통상법에 의해 상대국 무역관행의 공정성 여부를 일방적으로 판정하려 한다.

상대국 무역관행의 일방적인 수정요구

미국이 상대국 무역관행(trade practice)을 불공정하다고 판정하며 이의 수정을 일방적으로 요구한다. 바그와티에 의하면 이때 문제는 상대국의 불공정무역관행이 WTO 규정에 어긋나지 않더라도 미국이 일방적으로 이의 수정을 요구하는 데 있다.

301조의 보복위협 효과

미국의 이 같은 불공정무역관행 판정과 수정요구는 301조의 보복위협 효과에 바

3 Bayard, T. & Eliott, K., "Reciprocity and Retaliation i U.S. Trade Policy", Institute for International Economics, Washington DC, 1994, p. 19.

탕을 두고 있다. 1974년 통상법 제정 이후 「1998년 종합무역법」(Omnibus Trade & Competitiveness Act) 등에 근거를 두고 301조, 스페셜 301조, 슈퍼 301조 등을 상대국 시장 개방을 유도하기 위한 보복수단으로 활용한다.

9. 보복위협전략

무역 상대국의 시장개방이나 불공정무역관행 시정을 위해 미국이 즐겨 사용하는 통상협상전략이 보복위협(threat of retaliation)이다. 2021년 4월 미국무역대표부(USTR)은 스페셜 301조 보고서를 발표하였다. 중국, 인도 등 9개국이 우선감시대상국(Priority Watch List), 캐나다, 태국 등 23개국이 감시대상국(Watch List)으로 지정되었다. '중국은 위조품, 불법 복제품의 최대 공급원으로 미국기업에 커다란 피해를 주고 있다'

USTR은 이같이 중국의 지재권 침해 사례가 심각하다고 지적하면서 중국정부가 미국기업의 지재권 보호를 위한 보다 강력한 조치를 취해줄 것을 요구하였다.

스페셜 301조에 의하면 미국은 지재권 위반 국가에 대해 무역보복을 할 수 있다.

다른 한편으로 미국정부가 한때 즐겨사용하던 슈퍼 301조나 301조에 의한 보복위협전략이 있다. 그런데 이들이 실질적 보복 그 자체보다는 상대국을 압박하는 심리적 위협 효과를 통해 시장개방효과를 보려는 미국의 협상전략이다.

사실 그간 일본(2건), 인도, 브라질 각 1건 등 모두 4건의 슈퍼 301조가 발동되었으나, 실제로 보복조치가 이루어진 것은 하나도 없다. 또한 1994년 이후 15건의 301조 조사가 있었으나 대부분 양자합의, WTO 제소, 미국의 일방적 철회 등으로 해결되었다. 실제 보복조치를 결정한 것은 일본 자동차(1995)와 중국 지재권분쟁(1995)뿐이었다. 그나마 이 두 건도 실제 보복조치가 이루어지기 전에 극적으로 합의가 이루어져 미국이 보복조치를 철회하였다.

이같이 슈퍼 301조는 협상상대국에게 미국이 보복할 수 있다는 '상당히 근거 있는 위협'(credible threat)을 줌으로써 '상대국이 겁을 먹어(scared) 스스로 시장을 개방'하도록 만드는 효과를 노리는 것이다.

제 2 절 미국 통상협상의 정책결정 메커니즘

1. 대통령

미 헌법 1조 2항에 의하면 통상협상권은 미 의회에 있다. 따라서 미 대통령이나 정부는 실무적으로 외국정부와 협상할 권한은 있지만 관세인하 등에 관한 협정을 맺을 권한은 없다. 원칙적으로 하면 앞의 퍼트남의 2단계 게임이론에서 살펴보았듯이 미국정부가 외국정부와 맺은 모든 잠정합의안(tentative agreement)은 미 의회의 비준을 받아야 한다.

1934년 상호통상확대법

이 같은 미국의 통상제도를 원칙대로 적용하면 급변하는 국제경제환경 속에서 무역상대국과 효율적인 통상협상을 할 수 없다. 외국정부 입장에서는 미국정부와 아무리 좋은 합의안을 마련해도 미 의회가 반대하면 합의안 자체가 무산되던지 또는 재협상을 해야 한다. 따라서 외국정부는 미국정부와 협상하기를 꺼릴 것이다.

이 같은 문제를 해결하기 위해 1934년 통상확대법(The Reciprocal Trade Act)을 제정하고 미 의회는 대통령에게 관세인하에 관한 협상을 할 권한을 위임하였다. 물론 이 같은 통상협상권 위임은 ① 3년마다 갱신하고, ② 1930년 미 관세수준의 50% 범위 내에서 인상하거나 인하할 수 있다는 제한적 범위 내에서였다.

이 같은 통상협상권 위임에 힘입어 미국정부는 1934년과 1947년 사이 관세인하를 내용으로 하는 32개 지역무역협정을 맺을 수 있었다. 이 통상확대법에 의해 미 역사상 처음으로 미 행정부가 의회의 비준 없이 외국정부와 관세인하 협상을 할 수 있게 된 것이다.

신속처리권한(Fast Track Authority)

1934년 통상확대법에 의한 미 대통령과 의회의 역할분담은 1960년대까지 잘 운영되었다. 그러나 1970년대 들어 문제가 발생하기 시작하였다. 통상확대법은 미 대통령에게 관세인하 협상권만을 부여하였다. 그런데 1970년대 들어 시작된 다자무역협상, 즉 도쿄라운드에서는 비관세장벽의 인하가 통상협상의 핵심의제가 된 것이다. 이에 닉슨 대통령과 의회는 1974년 통상법에 의해 신속처리권한(Fast Track Authority) 제도를 만들었다.

비관세장벽에 관한 통상협상을 위해 행정부는 협정체결 90일 전에 의회에 통보하고, 정부 간 협정안의 국내이행법안이 의회에 제출된 후 60일 이내에 의회는 단순가부표결만을 하도록 하였다.

그림 16-3 미국 대통령의 신속처리권한

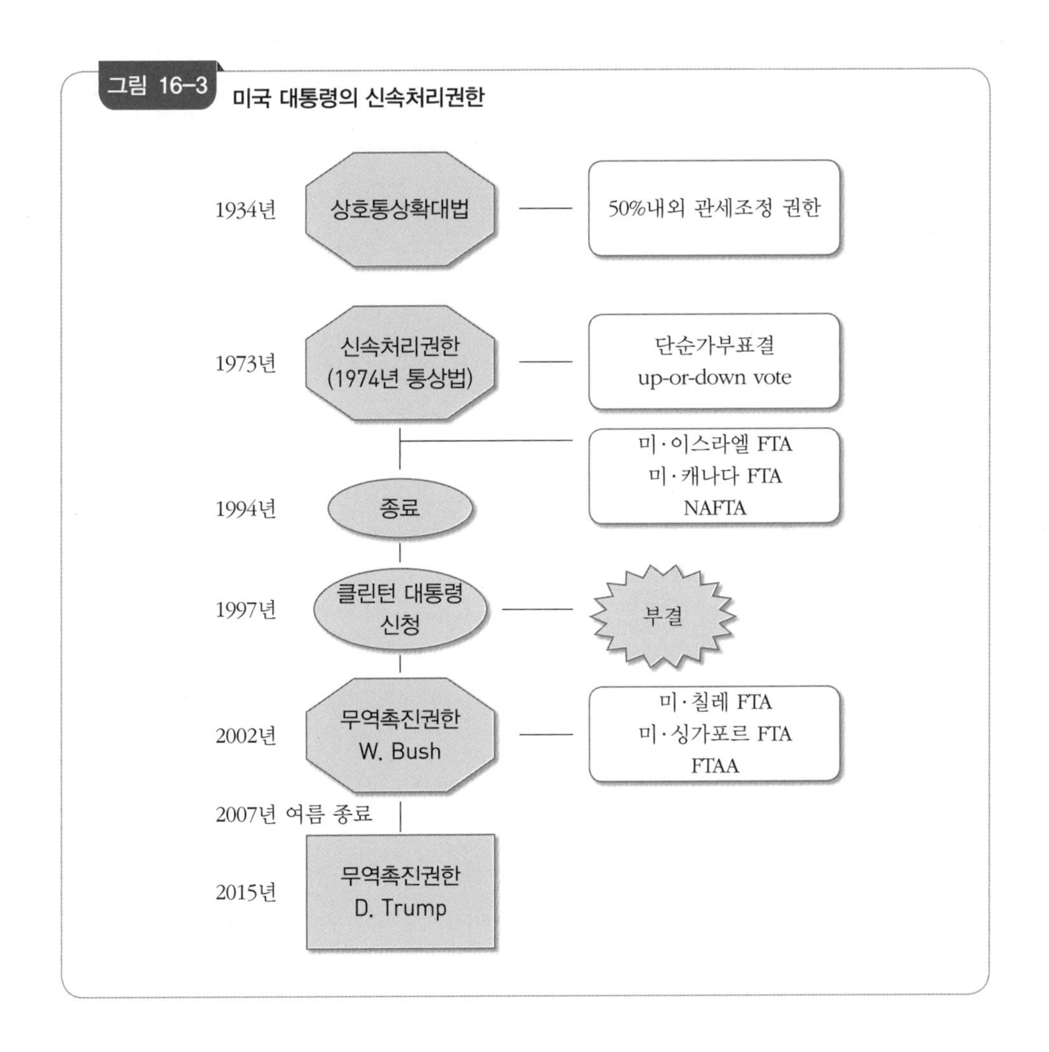

이 신속처리절차 덕분에 미 행정부는 이스라엘(1984), 캐나다(1988)와 자유무역협정(FTA)을 맺었다. 1988년과 1991년 다시 신속승인권한이 연장되어 우루과이 협상을 마무리하고 1994년에는 NAFTA를 출범시켰다. 그러나 1994년 만료된 신속처리권한을 클린턴 대통령이 1997년에 신청하였으나 미 의회(특히 하원 민주당)의 반대로 무산되고 말았다. 그 결과 클린턴 대통령은 NAFTA 이후 통상협상을 제대로 하지 못하였다.

▌무역촉진권한(Trade Promotion Authority)

무역촉진권한에 의해 의회는 대통령이 제출한 국내이행법안을 단순가부(up or down vote) 방식에 의해 60일 이내에 처리해야 한다. 이 권한은 5년마다 갱신되는데, 이 같은 무역촉진권한을 바탕으로 W. 부시 행정부는 칠레, 싱가포르, 페루 등과의 FTA 협상을 성공적으로 마무리 지었다.

무역촉진권한 덕분에 미 의회가 정부 간 합의문의 일부 수정을 요구해 재협상을 해야 할 일이 없어졌다. 따라서 상대국 정부는 보다 큰 신뢰를 가지고 미국정부와 협상할 수 있게 되었다. 무역촉진권한을 얻기 위해 W. 부시 대통령은 의회의 호감을 사는 다수의 통상협상전략을 강행하였다.

- 동부 철강산지 의원을 만족시키기 위해 철강수입에 관세 부과
- 캘리포니아 의원의 표를 얻기 위해 캐나다산 목재수입에 관세 부과
- 중부 농촌지역출신 의원의 환심을 사기 위해 농업보조금 지급
- 무역으로 인해 일자리를 잃은 근로자를 위한 무역조정지원 프로그램 확대
- WTO에서 논의되고 있는 미국의 반덤핑법 조정에 대한 강경입장 고수 등

2. 의 회

통상에 관한 모든 권한은 미 의회가 가지고 있다. 미 행정부는 의회가 위임한 범위 내에서 통상정책을 결정하고 대외협상을 할 뿐이다. 이 같이 막강한 권한을 가진 미 의회에서 무역협상은 재무위원회와 하원의 세입위원회(Ways & Means Committee)가 관장한다.

▌상원 재무위원회와 하원 세입위원회

상원의 재무위원회는 상원의 17개 위원회 중 가장 막강한 영향력을 가지고 있는데 그 아래 5개의 소위원회가 있다. 이 중 국제무역(International Trade) 소위원회가 통상문제를 담당한다. 하원 세입위원회도 6개의 소위원회를 두고 있는데 이 중 무역(Trade) 소위원회가 USTR, 국제무역위원회(ITC), 관세청 등의 예산을 심의하며 통상문제를 다룬다.

▌의회 입법보좌관

상원 재무위원회와 하원 세입위원회 소속의원들은 각기 입법보좌관을 가지고 있다. 사실 엄청난 양의 입법업무를 다루는 미 의원은 보통 5~7개의 소위원회에서 활동한다.[4] 따라서 의원들이 통상관련 업무를 소상히 파악하고 있지 못하다. 오히려 입법보좌관들이 통상협상이나 전문지식을 가지고 통상관련 입법과정에 참여한다. 또한 이들은 USTR 관리들과 협의하고 로비스트와 의원 간의 중재역할도 한다.

3. 행정부

미 행정부에서 무역협상을 총괄하는 부처는 통상대표부(USTR)이며, 국무성, 상무성이 주관 업무별로 관여한다. 그러나 역사적으로 볼 때, 1960년대 초까지 통상협상 업무는 국무성이 관장했다.

▌국무성(State Department)

미 국무성은 우리나라 외교부에 해당한다. 대외 외교업무를 총괄하며 1961년까지 통상협상을 담당해 왔다. 그러나 본질적으로 외교관인 국무성 관리는 미국기업의 통상이익보다는 냉전시대 미국의 안보를 늘 우선적으로 다뤄왔다. 따라서 해외에서 미국기업의 이익을 대변하기 위해 외국정부와 다투며 협상하기보다는 원만한 우호

---

4 Bayard, T. & Eliott, K., "*Reciprocity and Retaliation i U.S. Trade Policy*", Institute for International Economics, Washington DC, 1994, p. 92.

관계가 유지되길 바랬다. 따라서 국무성은 통상협상에서 외국에 대해 많은 일방적인 양보(unbalanced concession)를 하였다는 비난을 많이 받았다.

▌통상대표부(US Trade Representative: USTR)

1960년대 외교정책을 우선하는 국무성의 통상협상에 대한 미 경제계의 불만이 고조되자, 미 의회는 국무성의 통상협상권을 제한하고자 하였다. 즉, 미국의 무역협상에서 미국기업의 이익을 좀 더 반영하고 미 의회의 통제를 받는 조직에 통상협상권을 맡기고자 하였다. 미 의회와 경제계의 이 같은 요구에 대한 타협안으로 만들어진 것이 1962년 무역확대에 의한 특별대표부(Special Trade Representative)이다. 당초 20명 정도의 소수로 출발해 1980년 카터 대통령 때 조직과 인원을 대폭 보강해 통상대표부(USTR)로 승격되었다.

▌상무성(Department of Commerce)

미국 상무성은 우리나라의 산업자원부, 정보통신부, 특허청, 통계청 등을 합쳐놓은 것 같은 거대한 조직이다. 이 중 통상협상관련 업무를 다루는 조직은 국제무역청(International Trade Administration)이다. 이 국제무역청은 무역구제제도와 수출지원 업무를 맡고 있다. 우리나라의 C-TV, 반도체, 철강수출 등에 관한 미국의 각종 반덤핑관세, 상계관세 부과 등이 상무성에서 시작된다. 또한 상무성은 미국 내에 100여 개의 수출지원센터와 해외 78개국에 140개의 상무관실을 운영하고 있다. 무역구제제도(Trade Remedy Measures)란 외국의 수입으로부터 미국산업을 보호하기 위한 반덤핑관세, 상계관세, 세이프가드 등을 말한다.

제 3 절

미 · 중패권전쟁 시대 미국의 新통상협상전략

1. 패권형 협상전략

2017년 미·중패권전쟁전쟁이 시작된 이후 미국의 통상협상전략의 주목적은 '차이나 후려치기(China-bashing)'이다. 중국을 압박하기 위해 글로벌 공급사슬의 재편, 반도체전쟁, 기술유출 방지, 화웨이 제재 등을 미국의 주요 통상협상의 아젠다로 삼고 있다. 화웨이를 제재하기 위해 미국은 대만과 통상협상을 하여 TSMC가 화웨이를 위해 파운드리 반도체를 제조하지 못하게 하였다. 중국의 반도체 굴기를 꺾기 위해 폼페이오 국무장관이 화란으로 직접 가서 화란정부와 통상협상을 하여 ASML사가 극자외선 노광장비를 중국에 수출 못하도록 하였다. ASLM사는 세계에서 유일하게 극자외선 노광장비를 독점 생산하는 기업으로 이 회사 장비가 없으면 중국은 차세대 반도체를 생산할 수 없다.

중국의 군·산복합그룹이나 신장위구르 인권 탄압에 관련된 중국기업에 대한 제재 블랙리스트(Entity list)를 발표한 미국상무성의 통상협상은 일본, 유럽, 한국, 대만 등의 기업이 미국의 제재에 협조하도록 만드는 데 많은 노력을 기울이고 있다. 한가지 특기할 사실이 과거 미국 통상협상의 주역은 USTR이었다. 그런데 패권형 통상협상에는 국무성, 상무성은 물론 법무성과 FBI까지 나서 해킹, 불법기술 유출, 사이버보안에 관련된 다양한 협상을 하고 있다.

또한 의회가 과거와 달리 초당적으로 정부의 패권협상을 지지하고 있다. 정치적으로는 민주당과 공화당이 사사건건 다투지만 '차이나 후려치기'만큼은 의견을 같이하고 있다.

과거 반도체를 놓고 미국이 한국, 대만 등과 통상협상을 할 때 그 내용은 반도체의 덤핑 이슈였다. 즉 마이크론 같은 미국의 반도체 기업을 보호하기 위한 것이다. 그런데 미·중반도체전쟁이 시작되고 난 후 미국의 반도체 협상전략은 '대만과 한국 반도체가 중국편이 아닌 미국편을 들도록 하기 위한 것'이라 해도 과언이 아니다.

즉 대만의 TSMC, 한국의 삼성전자 등이 미국의 대중(對中)반도체 제재에 잘 협조하고, 중국이 아닌 한국에 투자하도록 하는 것이다.

2. 통상+안보+인권 복합형 협상전략

과거에는 미국이 한국, 일본, 중국 등과 통상협상을 할 때 주로 무역불균형 해소, 불공정 무역관행 제거 같은 경제적 이슈가 주된 것이었다. 그런데 미·중패권전쟁으로 미국의 통상협상전략이 통상, 안보, 인권이 어울린 복합형으로 변하고 있다. 트럼프 대통령은 2018년 3월 미국무역확장법 232조 안보조항에 의거 수입 철강과 알루미늄에 각각 25%, 10%의 관세를 부과하였다. 외국산 철강과 알루미늄이 미국의 국가안보를 위협할 수 있다는 상무성의 보고에 근거를 두고 있다.

과거 미국이 철강수입에 세이프 가드나 상계관세를 부과하기는 했지만, 모두 미국의 철강산업과 미국인의 일자리를 보호하기 위한 경제적 목적이었다. 그런데 미·중패권전쟁으로 미국의 통상협상전략이 국가안보형으로 바뀌는 것이다. 물론 중국의 견제하기 위한 것이다.

또한 2021년 12월 신장위구르지역에서 생산된 면화, 태양광부품등이 미국으로 수입되는 것을 '신장위구르족 강제노동금지법'으로 제한하였다. 과거 같으면 신장위구르산 수입면화가 미국의 관련산업에 피해를 준다는 경제적 사유 때문에 이런 조치가 내려졌을 것이다. 그런데 인권을 중요한 당의 강령으로 정하고 있는 미국의 민주당 정부는 '중국정부가 신장위구르 지역에서 강제노동으로 면화 등을 생산해 인권을 유린했기 때문에 제재 조치를 취한다는 것이다.

3. 양자주의 통상협상전략: WTO체제와 지역주의 불신

미국이 환태평양동반자협정(TPP: Trans Pacific Partnership), FTA 같은 지역주의와 WTO체제를 불신하는 이유는 두 가지이다.

첫째, '세계 교역량 증대' 같은 그럴 듯한 효과는 있지만, 결과적으로 미국의 이익에 부합되지 않았다는 것이다. 그 좋은 예가 한미FTA이다. 2011년 발효 후 2015년까지 두 나라 무역이 667억 달러에서 1,138억 달러로 늘어났다. 그런데 같은 기간 미국의 우리나라에 대한 무역적자가 132억 달러에서 283억 달러로 2배 가까이 증가하였다. 지역주의로 두 나라 사이에 무역불균형이 더 심각해진 것이다.

둘째, 이 같은 무역불균형에 대한 워싱턴의 인식 변화이다. 자유무역으로 인한 소비자 잉여를 중시하던 과거에는 미국의 소비자가 얻는 후생효과가 가장 중요하다고 생각했다. 그런데 이 같은 인식을 바꾼 것은 트럼프 대통령의 미국 우선(America First)'의 경제 내셔널리즘이다.

"지금부터 미국의 모든 통상정책, 무역정책, 그리고 외교정책의 목적은 단순하다. 미국인 노동자와 미국 기업을 위한 것이다."

트럼프 대통령의 주장은 지역주의가 무역불균형만 유발하고 결과적으로 미국인의 일자리를 빼앗아 간다는 것이다.

셋째, 깨어진 미국의 '차이나 드림'이다. 지난 20년간 WTO 체제와 지역주의로 자유무역을 하다 보니 결과적으로 중국 좋은 일만 시켰다는 것이다. WTO가입 당시만 해도 가난한 나라였던 중국이 불과 20년 만에 고도성장을 하여 미국 경제력의 2/3 수준까지 따라와 세계 2위의 경제대국이 되었다. 이렇게 거대해진 중국이 '팍스 아메리카 체제'에 안주하는 것이 아니라 중국몽을 내세워 미국의 패권에 도전하는 것이다. 그래서 트럼프 대통령은 취임 후 환태평양동반자협정(TPP)을 파기하였고, 더 이상 자유무역협정(FTA)에 관심을 보이지 않는다.

더욱이, 미국이 WTO는 거의 무시하는 수준에 왔다. 2017년 트럼프 대통령이 중국의 미국기업 지재권을 침해여부에 대한 조사를 하라는 행정명령을 내렸다. 필요하면 당연히 스페셜 301조에 의해 보복하겠다는 것이다. 중국은 이에 반발해 WTO 분쟁해결기구에 제소했다. 그런데 WTO분쟁해결기구의 판정은 '미국의 중국에 대한 무역보복이 WTO규정에 어긋난다'는 것이다.

로버트 라이트하이저 USTR대표는 '말도 안되는 불합리한 판정'이라고 반박하였다. 그런데 더 큰 문제는 WTO분쟁해결기구가 제 기능을 발휘하지 못하고 있다는 것이다. 2심제로서 상소에서 최종판정을 하는데 미국의 거부로 2심 상소기구의 필요한 정족수를 못 채워 개정 휴업상태이다.

이 같은 이유 때문에 미국은 필요에 따라 상대국과 통상현안을 협상하는 양자주의를 선호하고 있다.

제 4 절 우리나라의 대미통상협상전략

1. 산업통상 협상전략

역사적으로 한미통상협상을 되돌아 보면 다음과 같은 세 단계로 발전하였다.

[1단계] 갈등형 양자 통상협상시대

1995년대 미일 자동차 301조 협상에서 보듯이 미국은 1990년대 일본에 대한 통상압박을 가하고 ,이어서 '제 2의 일본'으로 간주된 한국에 대해 통상압력을 가했다. 이의 대표적 결과가 1997년 한국 자동차 시장접근에 대한 미국의 슈퍼 301조 발동이었다.

[2 단계] 지역주의 통상협상시대

WTO체제가 정착되고 지역주의가 힘을 받은 2000년대 들어 미국과 한국 사이의 양자 통상갈등은 상당히 약화되었다. 대신 두 나라는 한미FTA를 위한 통상협상에 주력하였고, 뒤를 이어 2017년부터 한미FTA 재협상을 추진하였다. 기본적으로 이 지역주의 시대에는 두 나라가 통상협상으로 윈-윈 게임(win-win game)을 한다고 생각했기에 비교적 원만한 관계를 유지하였다.

[3 단계] 산업통상협상시대

미·중패권전쟁으로 한미 통상협상의 '게임 체인지' 현상이 일어났다. 과거와 같이 협상테이블에서 미국이 우월한 협상력 행사하던 시대가 끝나고, '미국이 한국에 뭔가 협력을 구해야 할 통상협상시대'로 변환 것이다. 미·중패권전쟁의 승패를 가르는 반도체, 전기차 배터리 등에서 한국과의 산업협력이 절실해졌기 때문이다.

미국 통상협상의 최대관심은 두 가지이다.

첫째, 우선 세계반도체 시장에서 최선두에 선 한국반도체가 중국보다는 미국에 더 많이 투자하도록 만드는 것이었다.

둘째, 미국의 가솔린차를 전기차로 교체하겠다는 공약을 내건 민주당 행정부로서는 한국 자동차 배터리 산업의 대미투자를 유도하는 것이다.

이 같은 미국의 통상협상이 결실을 맺어 2021년 5월 한미정상 회담시 백악관에서 '생큐 파티'가 벌어졌다. 한국기업들이 미국에 반도체, 전기차 배터리 투자를 하겠다고 발표한 것이다. 그 투자규모도 20~30억 달러가 아니라, 삼성전자의 투자는 무려 170억 달러이다.

2. '미들-파워(middle power)' 통상협상전략

저자가 워싱턴과 베이징에 가서 통상관료나 통상전문가를 만나며 재미있는 현상을 발견하였다.

"요즘 한국과 중국과의 관계는 어떤가요?"

워싱턴에 가서 받은 질문이다.

"요즘 한국과 미국과의 관계는 어떤가요?"

베이징에 가서 받은 질문이다.

두 나라는 모두 한국과 경쟁상대인 미국, 중국과의 관계에 관심이 많다.

이는 달리 이야기하면 미·중패권전쟁 시대 우리가 통상협상을 잘하면 상당히 국익을 증진시킬 수 있지만, 잘못하면 난처한 입장에 빠질 수도 있다는 것을 의미한다. 사실 우리나라가 2006년 미국과 FTA 협상을 시작할 때, 일본. 이탈리아 등 20여 개국이 미국과 FTA를 하고 싶어 기다리고 있었다. 그런데 W. 부시 행정부가 이들 국가들을 제치고 한국을 선택한 이유는 '차이나' 때문이다. 전통적으로 미국이 한국의 최대 교역대상국이었는데, 2000년대 들어 중국으로 바뀐 것이다.

군사동맹국가인 한국이 경제적으로 너무 중국 쪽으로 기울어가는 것을 막기 위해 한국과 FTA를 통상협상을 시작한 것이다.

과거 중국은 사드배치를 이유로 한국에 경제적 제재를 가했지만, 최근에는 베이징이 그러한 통상보복의 칼을 함부로 못빼는 가장 큰 이유는 미·중패권전쟁에서 미들 파워 국가로서의 한국의 역할 때문이다. 특히 반도체 굴기를 내세운 중국의 입장에서는 한국 반도체산업의 협력이 절실히 필요하기에 이를 통상협상을 잘 활용할 필요가 있다.

3. 적진에서 친구 찾기(Find Friends from Enemy)

미국은 민주사회이기 때문에 한국과의 통상 문제가 발생할 때 미국 내 이해관계자들의 협상 이익이 모두 일치하지 않는다. 예를 들어, 만약 우리나라 자동차의 미국 내 점유율이 너무 높아 미국 정부가 이를 규제하려 든다면 어떤 일이 벌어질까? 당연히 GM, 포드 같은 제조업체들은 좋아하겠지만 소비자들은 반발할 것이다. 또한 삼성전자, 현대기아자동차 공장이 있는 텍사스, 애틀랜타, 조지아주의 주정부, 상원의원, 노동자 등도 반발할 것이다.

미국 연방 정부 차원도 마찬가지다. 한국 시장을 개방하기 위해 항상 공격적 협상을 펼치는 미국무역대표부(USTR)와 달리, 한국반도체의 대미투자를 담당하는 상무성과 한미 동맹을 중시하는 국무성은 한국과의 심각한 통상 갈등을 가능하면 피하려 든다. 이 같은 미국 사회의 다원주의를 잘 활용해 '적진에서 친구 찾기' 협상전략을 펼칠 필요가 있다.

트럼프 대통령의 측근으로 법무장관을 지낸 제프 세션스(Jeff Sessions) 상원 의원은 기아자동차의 공장이 있는 조지아 출신이다. 653개 우리 기업이 조지아 주, 애틀랜타 주 등 미국의 18개 주에 투자하고 있다. 예를 들어, 삼성전자는 텍사스 주에 공장을 세워 무려 1만 5,000명을, 현대자동차는 3,500명, 기아자동차는 3,100명을 고용하고 있다.

이와 같은 것들을 배경으로 미 의회 내에 지한(知韓) 인맥을 구축해 나가야 한다. 미 의회 내 가장 중요한 인맥은 통상 문제를 다루는 상원 재무위원장과 하원 세입세출위원장이다. 일반적으로 미 의회 내 지한 인맥을 구축하는 방법에는 한국의 대미투자 공장이 위치한 주의 상하원 의원, 한국에 대한 수출 의존도가 높은 주의 의원, 의원 보좌관, 한국과 특별한 인연이 있는 의원, 그리고 의외로 한국인과 결혼한 미 의원들의 가족이 꽤 있다.

미국의 헤게모니형 통상협상전략

협상 상황

[1라운드 관세전쟁]

트럼프 대통령은 취임한지 불과 3달이 지난 후 2018년 3월 23일, 1962년 무역확대법232조의 '국가안보'(national security)'를 이유로 중국산 철강(25%), 알미늄(10%)에 대해 관세를 부과하였다. 이에 대응해 중국은 4월 2일 미국산 돼지고기, 과일류 등 무려 106개 품목에 대해 25%의 보복관세를 부과하였다. 미국의 보복에 즉각 맞받아친다는 중국의 협상전략을 그대로 실천한 것이다.

[2 라운드 관세전쟁]

트럼프 대통령도 이에 지지 않고, 중국이 보복조치를 발표한 바로 다음날인 4월 3일 기계, 전자제품, 산업용 로봇 등 무려 1,333개 품목에 대해 25% 관세 부과 계획을 발표하며, 중국을 위협하였다. 중국도 당차게 바로 다음날인 4월 4일, 미국산 대두, 항공기, 자동차 등 128개 품목에 대해 보복관세 부과계획을 발표하였다.

[3라운드 관세전쟁]

7월 6일 미국이 중국산 전기차, 항공장비 등 818개 품목에 대해 25%, 약 340억 달러 어치의 관세를 실제로 부과하였다. 중국도 바로 맞받아쳐 미국산 농수산물 등 545개 품목에 대해 25%, 약 340억 달러 어치의 보복관세를 부과하였다.

[4라운드 관세전쟁]

미국은 또다시 8월 23일 2,484개 품목, 160억 달러 상당의 관세를 부과하였다. 중국도 물러서지 않고 같은 날 11개 품목, 160억 달러의 보복관세를 부과하였다.

[5라운드 관세전쟁]

9월 24일 트럼프 대통령이 단순하 관세폭탄이 아닌 융단폭격식 관세부과를 하였다. 중국산 의류, 가방등 무려 6천개 품목에 대해 무려 2천억 달러 어치의 25% 관세를 부과하겠다는 것이다. 중국이 계속 대응보복을 하면 전면적 무역전쟁도 불사하겠다는 '확실한 위협'을 한 것이다.

지금까지 5차례 관세전쟁으로 중국이 미국에 수출하는 상품의 반 정도가 관세폭탄을 맞는 셈이다. 그런데, 트럼프 대통령은 한 술 더 떠서 중국이 다시 대들면 중국의 대미 수출품 모두에 대해 관세폭탄을 맛보게 하겠다고 위협하였다. 평소 상대가 대들면 강하게 후려친다는 '파이트-백(fight back)' 트럼프 대통령의 승부근성을 볼 때 이것은 단순한 허풍이 아닌 '확실한 위협(credible threat)

이다. 이쯤 되면 중국으로선 더 이상 미국과 관세전쟁을 할 수 없다. 그래서 한 발 물러서 미국과 함께 협상 테이블에 앉아 통상협상을 하여 2020년 1월 미 · 중 1단계 무역합의를 한다.

미국과 중국의 통상협상전략 분석

치킨 게임형 통상협상[5]

미국과 중국의 이 같은 거친 관세전쟁은 일종의 치킨게임(Chicken Game)이다. 두 나라가 서로 관세폭탄을 부과하며 극으로 치닫으며 상대를 위협하는 일종의 벼랑끝 협상전략인 셈이다. 이런 유형의 통상협상에선 지도자의 승부근성이 승패를 좌우한다. 어차피 치킨게임에선 두 나라가 서로 피해를 보는 것인데 이의 정치적 부담을 지도자의 강력한 리더십으로 극복하느냐가 중요하다. 통상협상에 대한 국내정치적 압력이 없는 시진핑주석이 강한 승부근성을 가졌지만, 자칭 협상의 달인이라는 트럼프 대통령도 만만치 않았다. 베이징이 당황한 것은 트럼프 대통령이 전임 W. 부시나 오바마대통령과는 전혀 다른 미국의 지도자라는 점이다.

중국의 대응보복 통상협상전략

과거 중국은 미국의 관세부과에 대해 강하게 맞받아 치는 대응보복 관세를 부과하여 미국을 굴복시켰다. 그 이유는 다음과 같다.

첫째, 중국이 미국의 아킬레스건을 정확히 찔렀기 때문이다. 중국이 정치적 입김이 센 대두, 닭고기 같은 농축산물에 보복관세를 부과하면 미국의 농축산 농가가 거세게 정치적으로 반발했다.

둘째, 중국산 제품에 대한 고율의 관세를 부과하면 미국내 관련 산업이 반발하고 나서기 때문이다.

셋째, 소비자 잉여를 중시하는 자유무역주의자들의 반발이다. 중국산 수입품에 대한 관세는 미국내 소비자물가를 인상시키고 궁극적으로 소비자 잉여를 희생한다는 주장이다.

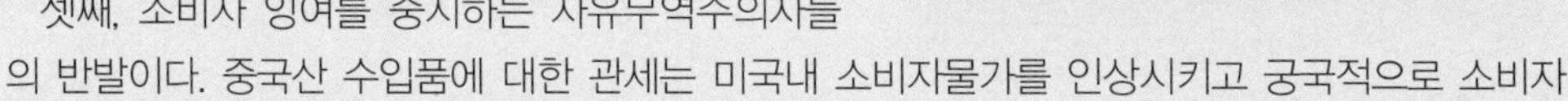

이렇게 중국이 대응보복을 하면 미국에서 피해산업의 정치적 반발이 거세지고 워싱턴이 결국 뒤로 물러섰다. 2018년 관세전쟁에서도 미국의 아킬레스건인 대두, 과일, 닭고기 등에 대해 보복관세를 부과했는데 트럼프 대통령이 끄떡도 안 한 것이다.

5 제3장 주요 협상이론 참조

중국의 통상협상의 한계

미국이 달라졌다는 것을 느낀 중국은 결국 대응보복 통상협상을 포기한다.

첫째, 우선, 미국으로 부터의 연간 2천억 달러 정도 수입하는 중국으로선 더 이상 무역보복을 할 실탄, 즉 대미 수입품이 없었다.

둘째, 미국의 약점인 대두, 닭고기, 과일류 등을 정확히 찍어서 보복관세를 부과했지만, 트럼프 행정부는 피해농가에 대해 보조금을 주며 한 치도 물러서지 않았다.

셋째, 중국이 미국에 대해 막대한 무역흑자를 보기 때문에 상호파괴적 관세전쟁을 하면 궁국적으로 중국이 손해를 본다.

넷째, 미국과 장기간 치킨게임형 무역전쟁을 하자, 중국의 주식시장, 환율이 불안정해지기 시작한 것이다.

제17장 중국의 통상협상전략

역사적으로 중국을 지배하고 있는 것은 중화사상이다. 이는 세계의 중심은 중국이며 그 이외의 나라들은 주변부 국가로 보는 중국 중심 또는 중국 제일주의 사상이다. 물론 이 같은 중화사상은 국제통상 협상측면에서 볼 때 다양한 의미를 지닌다.

역사적으로 청나라는 조선, 신강 같은 주변 속국의 조공 사절 횟수를 연 2회로 제한한 적이 있다. 동지사니 하는 각종 명분으로 조선의 조공사절단이 인삼, 모피 등 조공물을 잔뜩 가지고 북경에 가면 중국은 2~3배 많은 서적, 비단 등 하사품을 주었다 한다. 변방에서 온 속국이 100이란 조공물을 가지고 오면 천자는 2~3배 많은 하사품을 주어야 한다는 대국주의 사상이다. 이 같은 역사적 전통이 있어 중국정부는 아직도 국제통상에서 가끔 통 큰 대국주의적 협상전략을 쓴다.

또한 중국몽을 내세우며 미국과 패권전쟁을 벌이고 있는 중국의 통상협상에는 과거와 다른 몇 가지 특징이 있는데 그 대표적인 것이 늑대외교형 보복위협 전략이다.

이 장에서는 다음과 같은 점들을 살펴보자.

- 중국의 통상협상전략의 5대 특징
- 중국의 통상협상 정책결정 메카니즘
- 중국과의 통상협상전략
- 중국인의 협상문화: 분석과 대응

제 1 절 중국의 통상협상전략의 5대 특징

1. 미·중패권전쟁 시대 늑대외교형 보복위협 협상전략

중국 통상협상전략의 가장 큰 특징은 상대국에 대한 강력한 대응보복 위협을 하는 것이다. 미·중패권전쟁으로 세계가 반중동맹국가군과 친중국가군으로 갈라서자, 중국은 호주, 캐나다, 영국 같은 반중국가들에 대해 강력한 보복위협을 하였고 실제로 무역보복을 하였다. 미국의 화웨이 압박정책, 홍콩인권 탄압반대 정책 등에 따른 영국, 호주 같은 국가들어 대해 무역보복을 하겠는 위협을 하는 것이다. 한 가지 주목할 사실은 미·중패권전쟁 이후 나타난 중국 늑대외교의 보복위협형 통상협상이다.

예를 들어 2020년 11월 호주 주재 중국대사는 호주가 5G통신사업에서 화웨이를 배제시킨 것 등을 이유로 '호주의 반중정책 14가지'를 언론에 발표하며, '호주 정부는 이런 행동하지 말라!'라고 협박을 하였다.

어느 나라건 대사의 기본임무는 본국정부와 현지국 정부 사이에 갈등과 알력이 있을 때 이를 중재하여 완화시키는 것이다. 그런데 중국의 늑대외교관들은 전통적 외교관과 정반대로 통상협상을 한다.

2010년 일본과 중국 사이의 센카꾸 열도를 둘러싼 영토분쟁에서 보인 중국의 강력한 보복위협에서 보듯이, 그간 중국의 대외협상을 분석해 보면 가장 큰 특징은 상대국에 대한 강력한 보복위협 협상전략이다. 일본정부가 자국 순시선을 의도적으로 들이 받은 중국 어선의 선장을 체포하였을 때 중국정부는 희토류 수출금지라는 강력한 보복위협 카드를 내밀어 일본정부가 법적 기소 없이 중국인 선장을 풀어주는 전례 없는 성과를 얻었다.

보복위협협상의 문제점

▶ 중국의 WTO 가입에 따른 발동요건의 자의성 문제

중국 「대외무역법」 제7조는 "어떠한 국가나 지역이 중국에 대하여 차별적인 무역금지나 제한 그리고 이와 유사한 조치를 취할 경우 중국도 실제적 상황에 근거하여 상응의 조치를 취할 수 있다"라고 규정하여 수입국의 중국상품에 대한 차별적인 행위에 대하여 보복조치를 취할 수 있는 근거를 두고 있다.

이 규정은 일방적 보복위협을 할 수 있는 미국의 301조에 대한 대항입법의 성격을 가지고 있다. 즉, 1991년 USTR은 지재권 침해를 이유로 중국에 대해 슈퍼 301조 발동을 위협하였다. 결국 두 나라는 1992년 「중·미 지적재산권보호에 관한 양해각서」를 교환하여 분쟁을 타결하긴 했지만 중국은 이 과정에서 미국의 일방적 무역조치에 대한 대응의 필요성을 절감했다. 이 같은 배경에서 1994년 「대외무역법」을 제정하면서 이 규정을 설립하였다. 1995년과 1996년에 재발된 미국과의 지적재산권 통상분쟁시 미국의 슈퍼 301조의 보복위협에 대해 이 규정에 근거를 둔 대응보복위협으로 상당한 효과를 보았다.

중국 반덤핑 조례 제40조

중국은 미국 등 수입국의 반덤핑 규제가 중국제품에 대하여 특별히 차별적으로 이루어지고 있다는 인식을 가지고 있다. 따라서 「반덤핑 조례」는 제40조에서 "어떤 국가 혹은 기구가 중국상품에 대하여 차별적인 반덤핑 조치를 취하면 중국 역시 이러한 상황에 근거하여 그 국가나 기구에 대하여 상응하는 조치를 취할 수 있다"라는 규정을 두어 일방적 보복조치를 가능하게 하는 길을 열어두고 있다.

그런데 중국의 WTO 가입에 따라 「대외무역법」 제7조인 발동요건의 자의성이 문제가 된다. 「대외무역법」 제7조에 의한 발동요건이나 이와 관련된 중국정부의 어떠한 지침이 공개된 적이 없다.[1] 즉, 중국이 동법 7조에 근거를 둔 보복조치의 절

1 앞의 김여진, 2000, p. 49.

차요건, 실체요건 등에 관한 객관적이고 투명한 규정을 두고 있지 않다. 이는 동법 7조가 정치적·사회적 목적에 의해 자의적으로 발동되고 악용될 소지가 있다는 것을 말한다.

WTO 규정과의 문제

중국의 「대외무역법」 제7조는 미국 「통상법」 301조나 EU의 신통상정책 수단과 같이 무역상대국의 불공정관행에 대한 일방적 무역보복조치 규정과 유사하다. 그러나 동법 7조는 '무제한적 보복조치'를 가능하게 함으로써 WTO의 최소규제원칙에 위배된다. 또한 중국 반덤핑 조례 제40조는 WTO 규정에 정면 상치된다. WTO 체제 하에서 상대국의 반덤핑 조치에 대해 이의가 있을 때는 이를 WTO 분쟁해결기구에 제소해야지, 회원국은 일방적 보복조치 등을 할 수 없다.

▶ 상대국의 대응조치

WTO 시대 국제통상협상에서 WTO 규범을 위배한 극단적 보복조치는 항상 상대국의 대응보복을 초래한다. 앞에서 말한 센가꾸 열도분쟁에서 희토류 금수라는 극단적 조치까지 보복카드로 내밀어 일단 일본을 굴복시키긴 했지만, 이 같은 극단적 보복조치는 세계 각국에 중국 희토류 의존에 대한 경각심을 일깨워 자체적으로 희토류 개발을 추진하거나 수입원을 중국 이외의 다른 국가로 바꾸는 역효과를 가져왔다.

2. 톱-다운 & 버텀-업 협상전략

국가 간의 통상협상이건 기업 사이의 비즈니스 협상 이건 간에 일반적으로 CEO 또는 국가지도자의 역할에 따라 협상을 진행하는 방식에는 다음과 같은 두 가지가 있다.

- 톱-다운 협상전략
- 버텀-업 협상전략

우선 톱-다운 협상전략이란 국가지도자(대통령, 수상 등)이 통상협상과정을 직접 챙기며 강한 정치적 리더십을 발휘하는 것이다. 이는 정부 내 각 부처사이의 이견과 갈등을 국가지도자가 직접 나서서, 조정할 뿐만 아니라 ('행정적 리더십') 국회, 농민단체, 노조 등 FTA 협상에서 소위 '패자산업군(losers)'이 정치적으로 반발을 할 때에도 이들을 설득하며 강력한 정치적 리더십을 발휘하는 것이다.

'바텀－업(bottom-up)' 협상전략이란 앞의 톱－다운 협상전략과는 정반대로 실무자 중심으로 정부협상팀을 구성하여 통상 협상을 진행하는 것이다. 이때 국가지도자의 역할은 아래에서 열거하는 바와 같이 통상협상의 큰 틀만 정해주고 나머지 사항은 정부 실무협상팀에게 일임하는 것이다.

중국의 경우 통상협상에서 시진핑 주석, 리커창 총리 등 중국의 지도자가 강력한 리더십을 발휘한다. 이의 대표적인 예가 중국과 ASEAN, 파키스탄 사이의 FTA 협상이다. 동아시아에서 미국과의 주도권 싸움에서 ASEAN을 중국 편으로 끌어들이겠다는 정치적 목적을 가지고 중국의 지도자는 강한 리더십을 발휘하여 어려운 이들 FTA 협상을 성사시켰다.

3. 국내정치적 제약이 없는 협상전략

앞에서 살펴보았듯이 어느 나라든 대외협상을 할 때는 퍼트남이 말하는 2단계(Two-Level) 협상을 해야 한다. 그런데 중국은 정치체제의 특성상 2단계 내부협상을 아주 용이하게 진행하는데, 이는 정부의 통상협상으로 피해를 보는 패자집단이 시위와 같은 정치적 반발을 하지 못한다는 것을 의미한다. 이는 미국, 일본, 한국 등과 달리 통상협상을 하는데 있어서 '국내적 제약요인'이 없다는 것을 의미한다. 사실 이같이 국내 정치적 제약요인이 없기 때문에 중국의 지도자들이 통상협상에서 강력한 리더십을 발휘할 수 있는 것이다.

4. 비위임형 협상전략

일반적으로 국제통상 협상테이블에 앉은 중국정부 대표는 자국의 요구사항은 끈질기게 제기하는 반면, 상대방의 요구사항에 대해서는 상부의 권한위임이 필요하다는 등의 이유로 쉽게 인정하지 않는 협상스타일을 고집하고 있다. 이는 기본적으로 중국이 탑-다운 협상전략을 채택하고 있기 때문에 협상대표가 스스로 판단하여 양보할 수 있는 권한이 위임되어 있지 않기 때문이다.

이에 반해 미국정부의 협상방식은 일반적으로 '위임형'이다. 즉, 정부대표에게 협상에 관한 모든 권한과 책임이 같이 위임되어 있어 협상대표가 협상상황에 맞게 양보하거나 상대에게 요구 할 수 있다.

따라서 이 같이 '비위임형' 협상문화를 가진 중국협상팀과의 협상은 협상팀이 가진 권한이 적기에 아주 장기간을 요하고 쉽게 타결하기가 쉽지 않다. 이는 한·중 FTA 같이 다양한 이슈를 다루고 양국경제에 주는 영향이 매우 큰 협상에서 앞서 말한 탑-다운 방식을 채택하지 아니하면 협상이 타결되기가 쉽지 않음을 의미한다.

5. 비대칭 협상전략

이는 앞의 ASEAN이나 파키스탄과의 FTA 협상에서 보듯이 중국은 때론 정치적 목적을 가지고 경제문제를 다루는 통상협상을 한다. 세계 2위의 경제대국으로 부상해 동아시아에서 주도권을 장악하고, 장기적으로 세계의 패권국가로 부상하고자 하는 중국의 통상협상에서는 '지정학적 요인(geopolitical factors)'이 크게 작용한다. 여기서 말하는 '지정학적 요인'들은 중국과 상대국 사이의 우호관계, 역사적 유대감, 지역 헤게모니 게임 등에서의 영향력 등을 말한다.

이 같은 이유 때문에 중국은 대외통상에서 비대칭 협상전략을 하는 색채가 아주 짙다. 즉, 중국의 패권장악에 도움이 된다면 상당히 너그러운 조건으로 양보하여 비대칭적 FTA 협상을 타결한다. 예를 들어 화교가 70%의 지역경제력을 이미 장악하고 있는 ASEAN과의 협상에서 중국정부의 가장 큰 협상목표는 '경제적 이익의 극대화'가 아닌 ASEAN 국가들을 중화경제권에 포함시키고자 하는 '패권주의'였다. 따라서 중·ASEAN FTA나 중·파키스칸 FTA의 개방수준을 보면 아주 '비대칭적(asymmetric)'이다. 중국이 대폭 양보하여 ASEAN이나 파키스탄보다 더 많이 중국시장을 개방하고, 상대국이 개방을 꺼리는 파인애플, 바나나 등 민감품목을 거의 예외품목으로 인정해 주었다.

제 2 절 중국의 통상협상 정책결정 메커니즘

앞에서 살펴보았듯이 중국정부의 통상협상전략을 결정하는데 의회나 농민단체, 노조, 소비자단체 등 이해집단이 거의 참여하지 않는다. 따라서 중국의 통상협상 정책결정에 영향을 미치는 그룹은 크게 국가·전문가·산업그룹으로 구분할 수 있다.

1. 제1그룹 국가(공산당, 공무원, 정부부처 등)

'어느 나라와 무슨 통상협상을 할 것인가?'하는 큰 그림은 공산당 정치국에서 결정한다. 시진핑 주석을 포함하여 7명의 정치국 상무위원들이 있는데 이들이 모여 원탁회의 형식으로 의견을 수렴하여 정책을 결정한다. 일단 한국과 통상협상을 하라고 공산당에서 결정하면 그 구체적 추진방향에 대해 국무원이 계획을 세우고 실제적 협상은 우리나라 통상교섭본부와 같은 상무부가 한다. 물론 상무부는 농업부, 재무부, 공업정보부 등 관계부처와 협상팀을 만들고 서로 협상을 한다. 물론 협상과정에서 제조업을 다루는 상무부와 농업을 다루는 농업부 사이에 갈등이 생길 수 있다. 이 경우 국무원이 개입하여 해결한다. 따라서 미국, 일본, 한국과 달리 정부부처 간의 갈등으로 통상협상이 난항을 겪는 경우는 거의 없다.

2. 제2그룹 전문가(국책연구소, 학계 등)

중국은 사회과학연구원, 국무원발전연구소, 상해 WTO 중심연구소 같은 정부부처 산하연구소가 많다. 우리나라의 KDI, 대외경제정책연구원(KIEP), 산업연구원(KIET) 같은 국책연구소와 유사하다. 그런데 이들 중국의 연구소 등은 중국정부의 통상협상 정책수립이나 협상과정에 아주 깊게 관여하고 있다. 학계 또한 북경대, 칭화대, 푸단대 등 소위 중국 명문대를 중심으로 통상 전문가들이 포진하고 있어 언론, 세미나 등을 통해 중국의 통상정책 결정에 상당한 영향을 미친다.

그러나 이들 전문가그룹은 모두 직간접적으로 공산당의 통제를 받고 있기 때문에 그 영향력은 아주 제한적이다. 중앙정부의 기존 입장을 옹호하는 발언은 할 수 있지만 협상전략 등을 비판하는 행위는 거의 하지 못한다.

3. 제3그룹 산업계

한·중 FTA 협상의 경우 중국에서 석유화학협회, 철강협회, 자동차공업협회가 막강한 영향력을 행사하고 있다. 석유화학협회는 중국의 3대 석유화학회사 중 페트로차이나(전 세계 4위)가 회원사로 있으며 한·중 FTA로 SK, 효성 등 앞선 석유화학기술로 무장한 한국기업이 중국시장을 잠식할 것을 우려해 협상과정에 영향력을 행사하려 한다.

철강협회에는 중국 내 10개가 넘는 회사가 주요 멤버이지만 중국 최대철강회사인 바오강기업이 절대적인 영향력을 행사하고 있다. 자동차공업협회의 주요 멤버로는 둥펑자동차그룹, 상하이자동차그룹 등이 핵심멤버이며, 한·중 FTA로 한국자동차회사의 직수입이 늘어나는 것에 대해 경계하고 있는데 자동차공업협회는 중국내 타 산업보다 산업 파급 효과가 크기 때문에 대정부 영향력이 다른 산업에 비해 크다.

하지만 공산체제의 특성상 거의 모든 기업차원에서 공산당 조직이 결성하여 있기 때문에 이들 산업계도 결국 공산당의 영향력 아래 있다고 봐야 한다.

제 3 절 중국과의 통상협상전략

1. 미 · 중반도체 전쟁시대 강력한 맞대응 협상전략

우리나라는 중국정부가 즐겨 사용하는 보복위협전략에 아주 취약하다. 우리나라의 사드 배치에 대해 중국이 통상보복을 하여 롯데 등이 피해를 입고 중국에서 철수했는데도 우리정부는 강력한 맞대응 협상전략을 펼치지 못했다.

앞의 보복위협전략에서 살펴보았듯이 보복위협의 효과는 ① 상대의 대응보복능력과 대응의지가 없거나 약할 때 ② 상대의 협상결렬비용이 크고 응락비용이 적을 때 ③ 협상자의 보복능력이 클 때 등 3가지 요인에 의해 결정된다.

그런데 한국의 취약한 대응보복능력과 의지는 결과적으로 중국의 보복위협 효과를 극대화시켜 중국정부로 하여금 유리한 협상력을 확보하도록 하였는데 그 요인은 다음과 같은 4가지로 요약될 수 있다.

- 중국은 무역과 투자 모두에서 우리의 최대교역상대국으로 중국이 갖는 실제적 보복능력
- 협상결렬시 한국의 주요 수출품목들이 중국시장에서 치러야 할 커다란 협상결렬비용
- 그리고 중국시장의 중요성
- 북핵 그리고 동북아에서 갖는 중국의 정치·외교적 위치

국제협상전략 이론에서 볼 때 본 사례분석 결과가 주는 정책적 시사점은 다음과 같다. 중국은 유리한 보복위협 효과를 바탕으로 자국의 협상이익을 극대화시키기 위해, 휘셔-유리(Fisher and Ury, 1991년),[2] Lewicki(1977년)[3] 등의 협상이론 모델에서 볼 때 강성입장(hard positional) 협상전략, 경쟁협상전략, 투쟁적(distributive) 협상전략을 실시하였다.

미·중반도체 전쟁으로 강해진 우리나라의 맞대응 협상력

미·중패권전쟁으로 중국과의 통상협상에서 새로운 변수가 생겼다. 반도체이다. 제1장에서 살펴보았듯이 중국은 한국반도체산업의 도움을 절실히 필요로 하고 있다. 그래서 과거와 같이 섣불리 한국에 대해 통상보복 협상을 못할 것이다. 설사 중국이 통상보복위협을 하더라도 한국이 반도체 카드로 맞대응하면 중국은 상당히 당황할 것이다.

중국정부의 보복위협에 우리 정부가 강력한 맞대응의지를 보인다면 이는 일종의 벼랑끝협상 형태의 치킨게임을 하게 된다. 물론 합의에 이르지 못하면 한국도 커다란 협상결렬비용을 치루지만 중국도 상당한 협상결렬비용을 치러야 한다.

---

2 Fisher, R., and W. Ury, 'Getting to Yes: Negotiating Agreement Without Giving In', N.Y: Penguin Books, 1991.

3 Lewicki, Roy J., Saunders David M. & Milton John W., Essential of Negotiation, Irwin, 1977.

2. 연미화중(連美和中) 협상전략

저자가 한·중 FTA에 대해 연구하기 위해 중국을 여러 차례 방문하였다. 그런데 인상적인 것은 정부 관리든 교수든 또는 국책연구원이든 면담자마다 연평도 도발 이후 미국 항공모함 조지워싱턴호가 서해안 평택항에 들어오려 했던 사실에 대해 언급하는 것이다. '아니 한국과 중국이 경제적으로 손을 잡는 FTA 협상과 조지워싱턴호 사이에 무슨 관계가 있단 말인가?' 저자는 처음엔 잘 이해가 안 되었다. 그런데 알고 보니 중국은 한국과 협상할 때 늘 미국이라는 존재를 염두에 두고 있다는 사실을 알았다. 동아시아의 주도권을 장악해 패권국가로 도약하는데는 미국과의 헤게모니 게임이 중요한데 한국이 군사동맹과 FTA로 미국과 굳은 관계를 맺고 있는 것이다. 이는 어떻게 보면 한국과의 협상테이블에 앉은 중국의 아킬레스건이다. 따라서 우리로서는 중국의 이러한 약점을 최대한 지렛대(leverage)로 활용해 연미화중 협상전략으로 펼칠 필요가 있다. 중국과의 협상이 결렬되면 한국으로서는 항상 미국이라는 대안이 있다. 중국은 여러가지 이유로 한국과 미국이 가까워지는걸 좋아하지 않는다. 대중 협상에서 이를 역이용하는 것이다.

3. 탑-다운(Top-down) 협상전략

앞에서 살펴본 바와 같이 중국에서 대외협상전략의 최종적 결정은 공산당 정치국 상무위에서 한다. 따라서 한·중 FTA 같이 중대한 영향을 미치는 협상은 두 나라 국가지도자가 만나 경제적 요인 뿐만 아니라 정치, 국제관계, 한반도 통일 등 비경제적 요인도 종합적으로 고려해 FTA의 개방폭에 대해 큰 그림을 그리고 난 후, 두 나라 정부대표가 구체적 개방내용에 대해 실무적으로 협상하도록 하는 탑-다운 협상전략을 써야 한다.

FTA 등과 같이 양국의 통상이익에 중요한 영향을 미치는 통상현안에 대해 탑-다운 협상전략을 써야하는 이유는 다음과 같다.

첫째, 비위임형 협상문화에서는 한국과 중국의 정부대표가 농업 개방 등 초민감 이슈에 대해 스스로 판단하여 양보여부를 결정할 수 없기 때문이다. 그간에 중국과 한국의 학자, 전문가, 실무자들 사이에 오랜 기간 동안 공동연구를 해놨는데 민감한 농수산물시장, 제조업 개방과 지재권, 서비스교역 등을 놓고 팽팽히 의견을 맞서고 있다. 한국이건 중국이건 농업 분야를 대표하는 학자나 공무원은 자신들이 맡은 농업 분야에 조금이라도 손해가 되는 협상안을 받아들이려 하지 않을 것이다. 지재권, 서비스교역 분야도 마찬가지다.

이 같은 상황에서 두 나라 정부대표단이 실무적으로 협상을 해보았자 합의안을 도출하기가 아주 힘들다. 우리나라 대표단이 중국정부에 농업을 양보하여 산동성에서 재배하는 마늘, 고추, 양파가 수입된다면 경상도의 마늘, 호남의 양파, 충청도의 고추재배 농가들이 막대한 피해를 입을 것이다. 특히 미국이나 EU와의 FTA와 달리 중국의 농산물 수출기지인 산동성은 비행기로 한 시간 거리에 있기 때문에 신선채소, 화훼, 수산물 등이 그대로 국내시장에 들어올 수가 있다.

광우병 파동이나 한·칠레 FTA에서 보듯이 농민단체나 NGO들의 엄청난 정치적 반발이 따르고 심한 경우 협상에 참가한 관료들에 대한 책임문제까지 제기될 수 있다.

일본정부도 호주와 FTA 협상을 하면서 오키나와의 사탕수수재배 농가, 홋카이도의 낙농가들이 반발하여 국내정치적 부담을 가지고 있다. 저자가 일본 경제산업성을 방문하여 호주와의 FTA 협상에서 일본측 정부대표를 맡고 있는 국장을 만나 '호주와의 FTA는 자원전쟁시대 일본경제에 꼭 필요하니 관료로서 소신을 가지고 밀어붙여봐라'라고 이야기 한 적 있다. 이에 대한 반응은 의외였다. '제가 일본정부 대표로서 제 독자적 판단으로 농업 부분에 조금이라도 양보하면 정치권과 농업계의 압력 때문에 제자리를 보존하기가 힘듭니다.' 우리나라도 마찬가지다. 한·미 FTA 협상에서 농업 개방을 담당했던 공무원이 여론의 압박에 밀려 불이익을 받은 적이 있다.

둘째, 중앙정부와 탑-다운 협상전략을 써야 하는 이유는 앞에서 살펴보았듯이 중국은 때로 '정치적 FTA'를 하기 때문이다. 경제적 득실을 철저히 계산하는 미국이나 일본과 달리 중국의 국가 지도자가 한국과의 FTA가 필요하다고 정치적 판단을 하면 의외의 양보를 하여 협상타결의 실마리를 잡을 수 있다.

4. 투-트랙(Two-track) 협상전략

중국은 베이징 중앙정부와 22개의 성의 지방정부로 구성되어 있다. 캘리포니아, 펜실베이니아 같은 각 주가 독자적인 정부와 행정·입법체제를 갖춘 미국과 같은 연방정부와 비슷한 국가이다. 중앙정부에 '정책'이 있다면 지방정부에는 '대책'이 있다는 말이 있을 정도로 항상 중앙정부와 지방정부 사이에 보이지 않는 경쟁과 갈등이 존재한다. 따라서 우리나라가 정부차원이나 기업차원에서 중국과 협상할 때는 이 점을 잘 활용할 필요가 있다.

이 같은 갈등의 가장 대표적인 예가 외국기업 유치를 둘러싼 중국정부와 지방정부 간의 갈등이다. 일반적으로 중국정부는 원리원칙대로하는 경향이 강하며 때로는 이유를 명시하지 않고 투자계획서를 반려하거나 시간을 끌기도 한다.[4] 이에 반해 지역경제발전에 관심이 큰 지방정부는 아주 적극적이고 융통성 있게 투자를 유치하려는 기회주의적 성향을 보인다. 또한 베이징 중앙정부가 과잉투자를 우려해 자동차 산업이나 철강산업 등에 대한 신규투자를 제한한다는 국가적 지침을 지방정부에 내려도 종종 지방정부는 이를 받아들이지 않는다. 이는 중국정부의 법(상위법)을 지방정부의 법(하위법)이 무효화 할 수 있는 중국의 독특한 법체제에 기인한다. 기업투자를 유치해서 자기지역을 발전시키려 서로 경쟁하는 지방정부로서는 자동차나 철강같이 유망산업을 유치하고 싶어 하기 때문이다. 예를 들어 우리 기업이 상하이에 투자를 하려는데 베이징정부가 과잉투자 이유로 부정적 반응을 보이더라도 상하이 지방정부와 잘 협상을 하면 투자프로젝트를 성사시킬 수 있다. 단순히 투자허가 뿐만 아니라 세제, 입지 등에서 상당히 유리한 지원을 받을 수 있다.

하지만 여기서 조심할 점은 너무 중앙정부를 무시하고 지방정부만 믿고 협상하면 나중에 문제가 될 소지가 크다. 예를 들면 상하이정부가 투자승인을 했더라도 중앙정부가 이를 추인 안 해주면 심각한 문제가 발생할 것이다.

이 같은 이중협상전략의 좋은 예가 리우용싱이 Chinalco라는 국영독점업체가 장악하고 있는 알루미늄산업에 진입한 것이다. Chinalco社는 막강한 로비력으로 베이

4 앞의 김형준, p. 44.

징정부를 설득해 중국 내 보크사이트 광산채굴권의 대부분을 독점하고 자원보존을 명분으로 신규업체가 알루미늄산업에 진출하지 못하도록 하였다. Chinalco는 알미늄 고가정책을 유지하기 위해 보크사이트 채굴을 엄격히 제한하고자 했다. 하지만 현금이 궁한 지방정부는 가능한 매장자원을 파내고 싶어 했다. 리우용싱은 중앙정부와 지방정부 간의 이 같은 갈등을 이용해 중국 보크사이트 매장량의 60%를 보유한 허난성정부를 설득해 중국정부와 Chinalco사의 반대에도 불구하고 알루미늄사업에 신규진출 하였다.

두 나라 정부차원에서의 협상에서도 마찬가지다. 중국과의 FTA에서 농업 부분에 대한 협상은 한국 대 중국이 아니라 '한국정부 대 산동성 지방정부' 사이의 협상이라 해도 과언이 아니다. 왜냐하면 한국으로 수출하는 중국의 마늘, 양파, 사과 등 농산물과 수산물의 거의 대부분이 한국에 인접한 산동성에서 생산되기 때문이다. 따라서 우리 정부대표단이 FTA 협상을 함에 있어서는 베이징의 중앙정부 뿐만 아니라 농수산물－산동성, 하훼산업－운남성 등과 같이 해당 산업이 많이 위치한 중국 지방정부의 입장도 잘 고려해 협상을 해야 한다.

제 4 절 중국인의 협상문화: 분석과 대응

중국인이 보는 한국인

중국은 우리나라와 수천 년의 역사와 문화를 같이 한 이웃이지만 막상 협상테이블에 앉으면 서로에 대해 느끼는 인상이 다르다.[5] 우선 중국인은 한국 기업인에 대해 다음과 같이 생각하는 경향이 강하다.

- 한국인은 유교적 가치관 특히 충효사상, 민족과 국가의식이 매우 강하다. 중국에서는 공산주의와 문화대혁명을 통해 이 같은 가치관이 많이 사라졌다.

5 김형준, 2012, pp. 17-18.

- 한국인 앞에서 한국을 일본과 비교하거나 일본을 칭찬하면 일을 그르치기 쉽다.
  한일관계의 미묘함을 알고 있다.
- 한국인의 협상스타일은 직선적이기에 숨기고 질질 끄는 협상보다는 서로 마음을 터놓고 이야기하는 오픈협상을 선호한다.
  이 같은 한국인의 성급한 기질 때문에 고도의 책략·술책을 구사하는 중국인에게 많이 당한다.
- 협상목표 추구에 집요하며 협상테이블에서 열세를 우세로 반전시키는데 능하다.
  한국인이 중국인 보다 협상에서 적극적이다.
- 협상을 빨리 종결시키려하며 속도를 강조한다.
  중국인의 '만만디'와 대조적이다.
- 폭탄주, 카라오케 등 음주가무를 즐기며 다혈질이다.
  세계에서 중국인과 마오따이 같은 독주를 마시며 협상할 수 있는 민족은 한국사람 밖에 없다.
- 수직적 서열, 위계질서가 엄격하다.
  저자가 강소성의 재경대학에 방문해 대학간부와 식사를 하는데 운전기사가 같이 합석했다. 공산주의 영향이다.

한국인이 보는 중국인

이에 반해 한국인은 중국 기업인에 대해 아래와 같이 생각하는 경향이 있다.

- 중국인은 '꽌시'를 중시한다.
  중국인과 협상할 때 한국인은 '꽌시'부터 형성하려 한다.
- 체면을 중시한다.
  한국의 체면문화보다 그 정도가 심하다.
- 한국인보다 국가관이 약하고 개인주의적 성향이 강하다.
  국가보다는 공산당을 최우선으로 하는 공산주의 체제 영향이 크다.
- 어떤 사안을 길고 넓게 본다.
  대국주의적 특성에 기인한다.

- 협상전술이 다양하고 능숙하며 융통성, 임기응변이 능하다.
  오랜 역사와 전쟁을 겪은 경험에서 나온다.
- 협상스타일은 만만디로 느긋한 편이다.[6]
  중국인의 '만만디' 협상전략을 우습게 봐선 안 된다.

1. 협상시 고려해야 할 중국인의 세계관

▌만만디(慢慢地)

우리가 '중국인의 기질'하면 제일 먼저 떠오르는 것이 만만디이다. 만만디를 중국인들이 매사에 느리고 게으르다고 부정적으로 인식하는 경향이 있는데 이는 잘못이다. 만만디는 조금 느리더라도 모든 일을 순리에 맞게 잘 진행시키라는 것이다. 우선 일을 빨리 진행시키고 잘못된 점을 고치거나 보완하는 한국인의 기질과는 대조적이다.

저자 일행이 심양에서 열린 국제세미나를 마치고 백두산에 간적이 있다. 버스로 10시간이 걸리고 늦어도 오후 4시까지는 백두산 입구에 도착해야 한다기에 새벽 6시에 출발한 일행이 중국인 운전기사에게 부탁을 하였다. '좀 스피드를 내어 한 8시간 만에 가서 여유 있게 도착하게 해달라'고. 이에 대한 중국인 운전기사의 대답은 '노오'였다. 그 넓은 만주평야를 천천히 만만디의 스피드로 달렸다. 저자 일행은 처음엔 답답했지만 길을 가며 놀라운 사실을 발견했다. 한국인과 달리 중간에 잠깐 낮잠을 자거나 쉬지 않고 10시간을 꾸준히 같은 속도로 달려 정확히 예정된 시간에 목적지에 도착하였다. 이렇게 오랜 시간 동안 기다릴 수 있는 여유가 있었기에 '만리장성' 같은 거대한 성벽을 쌓는 것이다. 따라서 중국과의 협상시 효율에 근거한 서구문화의 잣대로만 접근하면 좋은 결과를 기대할 수 없기에 항상 여유를 가지고 중국인 협상상대를 대하는 것이 중요하다.

---

6 천관런, 세계각국상인, 당대 중국출판사, 2004.

▌메이파즈(沒法子)

중국인은 협상을 하다가 막히면 방법이 없다. 할 수 없다. '메이파즈'라며 쉽게 단념해 버리는 경우가 많다. 협상자 사이의 입장차이나 갈등이 생기면 어떻게든 해결하려고 하는 자세보다는 포기해버리고 다음 기회를 기다리며 참는 것이다. 중국인들은 이 같이 그냥 참는데 익숙해져 있어 협상테이블에서 여간해서는 불편의 감정을 잘 나타내지 않는다. 매사에 빨리빨리를 강조하며 협상의제를 주어진 시간 내에 끝내려는 경향이 강한 한국인의 기질과 중국인의 '메이파즈'는 가끔 심한 갈등을 유발하기도 한다.

▌체면중시문화

중국인은 체면을 아주 중시한다. 중국인과 협상할 때 가장 조심해야 할 점은 절대로 상대의 자존심을 상하게 하거나 약점을 들추어 중국인의 面子(체면)를 상하게 해서는 안 된다. 중국인의 이 같은 체면중시는 세계의 중심이 중국이라는 중화사상에 기인한다. 우리도 비교적 체면은 중시하기에 중국인과의 협상에서 이 문제로 큰 실수는 안하지만, '체면문화'를 이해 못하는 미국이나 유럽 협상가들이 가끔 큰 실수를 한다.

'이번 협상에서 얻는 눈앞의 이익극대화'를 추구하는 서양인은 중국인 협상파트너가 약점을 보이면 이를 파고드는 경향이 있다. 이는 당연히 중국인의 체면을 건드리고 잘 나가던 협상 자체를 깰 수가 있다. 예를 들어 중국인에게 값비싼 선물을 주면 처음에는 체면 때문에 사양한다. 이를 진짜로 받아들여서는 안 되고 두 번, 세 번 권해야 한다. 그제서야 마지못해 받는체하며 선물을 받는다.

▌모략과 책략

중국의 삼국지, 수호전, 손자병법 등을 보면 수많은 모략, 책략, 간계, 술책이 나온다. 이들 중국어를 우리말로 쉽게 풀어쓰면 다양한 협상전략이다. 따라서 중국인은 정부 간의 협상이던 비즈니스 협상이건 간에 다양한 지저분한 협상전략(dirty tricks)에 능하다. 더욱이 이 같은 협상전략이 앞에서 알아본 '만만디', '메이파즈' 같은 중국인 고유의 세계관과 결합하면 상대가 협상에서 상당한 어려움을 겪을 수 있다. 이 같은 이유 때문에 중국에 진출한 수많은 우리나라 기업, 특히 정보력이 약한 중소기업이 중국인과의 협상에서 어려움 겪는다.

▌배금주의

중국인이 가장 좋아하는 숫자가 8이다. 8이라는 '빠' 발음이 돈을 번다를 의미하는 '파'와 비슷하기 때문이다. 중국의 역사를 보면 몽골, 만주족, 거란 등 이민족의 지배를 오랫동안 받아오며 오랜 전쟁에 시달렸다. 따라서 믿을 것은 돈 밖에 없다는 현금중시사상이 아주 강하다. 물론 중국인의 이 같은 배금사상은 뛰어난 상술, 즉 비즈니스 감각으로 승화하여 오늘날 전 세계에 퍼진 화상들이 중요한 상권을 장악하고 있다. 따라서 중국인과 협상할 때는 애국심, 의리 등 보다는 경제적 이익을 강조하며 접근할 필요가 있다.

2. 중국인과의 협상전략

▌체면존중

중국인과 협상을 할 때 이유를 막론하고 상대의 체면을 손상해서는 안 된다. 설사 우월한 협상력을 가지고 갑의 입장에서 협상할지라도 상대로부터 100% 다 빼앗으려 해서는 안 된다. 한 70～80% 정도만 가져 상대가 체면을 세우도록 해야 한다.

- 상대가 발표를 하거나 말을 할 때 끼어들면 안 된다. 차단적 커뮤니케이션 문화를 가진 서양인과 협상할 때 상대의 말을 끊어도 아무 문제가 없는 것과 대조적이다.
- 단도직입적으로 '노오(no)'라고 말해선 안 된다. 상대의 체면을 손상하지 않도록 간접적으로 돌려 말해야 한다.

▌'꽌시'만들기와 '꽌시의 함정'주의

중국인들은 오래 동안 신뢰를 쌓아 꽌시를 형성하고 이를 기준으로 하여 이중적 태도로 협상을 한다. 즉, 꽌시가 형성이 안 되어 있어 서로를 신뢰하지 않을 때는 다양한 책략, 모략 등 하버드 대학의 휘셔 교수가 말하는 '지저분한 술책(dirty tricks)'을 구사한다. 하지만 일단 상호신뢰를 바탕으로 '꽌시'를 형성하면 그러한 전략을 쓸 가능성이 낮아진다. 한걸음 더 나아가 일단 믿은 상대에게는 손해가 있더라고 우정을 갖고 계속 거래를 하는 대국적인 기질도 갖고 있다.

하지만 한 가지 주의할 점은 '꽌시의 함정'에 빠져선 안 된다. 꽌시가 맺어졌다고 상대를 무조건 신뢰하고 경계하지 않으면 당할 수 있다. 저자의 제자가 상하이에서 유학을 할 때 동네단골가게 주인과 좋은 꽌시를 맺었다. 처음에 이웃가게에 비해 물건을 싸게 팔았는데 몇 년이 지나 우연히 이웃가게에 가보니 다른 곳보다 비싸게 팔고 있더라는 것이다. 이 같이 너무 꽌시만 믿고 중국에서 비즈니스를 하다가 손해를 보는 한국 중소기업이 많다.

• 꽌시의 첫걸음은 신뢰구축이다.
  따라서 자주 만나 얼굴을 봐야 한다. 예컨대 모건스탠리 차이나 CEO인 E. King은 매년 4회 이상 중국을 방문했고, 골드만삭스 출신 미 재무장관 헨리 폴슨은 중국을 70번 이상 방문했으며, 모토로라의 CEO는 매년 5회 이상 중국을 방문했다고 한다. E. King의 다음과 같은 말을 들어 보면 중국정부와 사전 신뢰관계 구축이 얼마나 중요한지 짐작할 수 있다.
• 상대방 협상대표자의 전공, 취미, 출신, 관심사 등을 파악하여 공통점을 확인하고 이를 화제로 우호적 분위기를 고취시킨다.
• 중국문화와 관련 있는 경극, 한시, 언어, 역사, 음식, 술 등의 풍부한 이해와 지식습득으로 상대방과 친밀도를 높여야 한다.
• 일단 꽌시가 맺어졌더라도 정기적으로 상대의 신뢰도를 다각적으로 체크해야 한다.

이데올로기 우선의 집단주의 협상문화

중국이 비록 개방을 통해 시장경제로 전환을 하였지만 이념과 사상은 여전히 사회주의 관념의 특성을 따르고 있다. 정치 이데올로기의 강조와 집단주의적 협상 메커니즘으로 인해 의사결정이 지연되는 경우가 빈번하고 외부적인 요인에 의해 종종 결과가 바뀌는 경우도 있다.

집단주의 협상을 고집하는 것은 협상에 있어서 누구 한사람이 책임을 지는 형태가 아닌 공동책임을 져야 하는 공산주의 사회 시스템 문제라고도 할 수 있는데 이는 다분히 책임회피적 속성으로 보일 수 있으므로 협상시 유의해야 한다.

자기자랑보다는 칭찬

서양인과 협상할 때는 자신의 경력이나 회사의 전문성을 자랑하는 일종의 자기과시를 해도 문제가 없다. 하지만 중국인에게 자기자랑을 해서는 안 된다. 중국인은 자기자신을 잘 드러내지 않고 감추고 낮추는 겸손이 미덕이라고 생각하기 때문이다. 대신 예를 들어 '새 사무실이 아주 좋다'던지 하며 상대에 대한 칭찬을 아끼지 말아야 한다.

만찬문화

중국인과 꽌시를 형성하는 가장 좋은 방법은 같이 술을 먹는 것이다. "우리가 박사장을 좋아하는 것은 술을 잘 먹어서 입니다." 오랫동안 베이징에서 근무하다가 귀국하는 우리 기업인에게 중국인 친구들이 한 말이다. 일반적으로 상하이 같은 남쪽 지방 사람들은 술을 즐기지 않는데 베이징 같은 북쪽 지방, 특히 우리 기업이 많이 진출한 산동성 사람들이 유난히 술이 세다. 몇 년 전 저자가 산동성에 가서 현지 투자기업의 사장이었던 친구를 만난 적이 있다. 산동성에서 사업을 하려면 중국파트너와 술을 먹어야 하는데 어찌 술이 센지 도저히 못 견디겠어서 한번은 '폭탄주'를 먹어보자고 제의했다. 술을 섞어 먹지 않는 중국인에게 폭탄주를 한 두 세잔 돌리니 모두 나가 떨어졌다는 것이다. 물론 그 친구는 그 다음부터는 술을 예전처럼 많이 먹지 않고도 사업을 할 수 있었다 한다.

중국인과 잔을 나눌 때 알아두어야 할 점은 다음과 같다.

- 중국인은 손님이 즐겁게 많이 마시면 자신이 접대를 잘했다고 생각한다. 당연히 즐거운 술자리는 '꽌시'로 이어진다.
- 하지만 술을 마시기 싫으면 처음부터 '못 마신다'고 분명히 해야 한다. 그러면 중국인은 강요하지 않는다.

- 중국인은 건배를 좋아하는데 보통 '깐베이' 또는 '슈이'라고 묻는다. 깐베이라고 대답하면 한 잔을 들이키고 꼭 잔을 들어 바닥을 상대에게 보여줘야 한다. 조금만 마시고 싶으면 '슈이'라고 하면 된다.
- 접시의 음식은 조금 남겨야 한다. 만두를 먹을 때 마지막까지 먹으면 주인은 부족해서 그런 줄 알고 계속 가져다준다.

'만만디' 대응전략

중국인은 종종 상대를 만찬, 공장견학, 관광일정 등으로 마감시간에 쫓기게 하는 만만디 전략으로 우위를 확보하고 상대의 양보를 받아내려 한다. 중국인과 협상할 때는 빨리 성사시키려는 조급한 모습을 보일수록 더욱 만만디 지연전술을 쓴다. 국내 모 그룹이 중국 국영기업과 합작을 하려고 실무자들 간에 협상을 하는데 자꾸 지연이 되어 서울에서 그룹 회장이 직접 중국에 가서 독려를 한 적이 있다. 이 같은 상대의 조급함을 본 중국인들은 더욱 지연전술을 쓰며 더 큰 양보를 요구하는 바람에 애를 먹었다. 또한 중국인들은 종종 협상을 결렬시켜 소강상태를 만드는데 이때 절대로 초조함을 보여서는 안 된다.

금기사항

중국인과 협상할 때 정치, 종교, 빈부격차, 티베트, 소수민족, 천안문사태, 노벨평화상, 지역분쟁, 인권문제 등이며 대만관련 화제는 극히 유의해야 하며 가급적 거론하지 않는 것이 좋다.

3. 중국의 역사에서 나오는 다양한 협상전략

성동격서(聲東擊西)

동쪽에서 소리를 내고 서쪽을 공략, 즉 중요하지 않은 문제를 여러 가지로 제기해 관심을 분산시키고 중요한 문제에 대해 양보를 얻어낸다.[7]

---

7 이 책 제5장 p. 160의 미끼협상전략과 유사하다.

병불염사(兵不厭詐)

병력을 배치할 때의 속임수, 즉 가짜 정보를 고의로 흘리거나 협상일자, 장소를 임의로 변경하고 협상시간을 지연시키며, 상대방 약점을 과도하게 지적하는 등 다양한 술책으로 상대를 기만함으로써 혼란에 빠뜨리는 전략이다. 하버드 대학의 휘셔-유리 교수가 말하는 지저분한 술책에 해당된다.

화비삼가(貨比三家)

가격은 반드시 3개사 이상 비교한다. 한국기업과 협상할 때 한국 또는 해외경쟁사에게 연락하여 경쟁 또는 견제하도록 하여 협상을 유리하게 끌어가는 전략이다. 협상이론의 BATNA 확보전략에 해당한다.

창홍백검(唱紅白瞼)

붉은 얼굴과 흰 얼굴, 즉 중국측 자신의 협상담당자를 강경파와 온건파로 구분, 역할을 분담하여 상대방을 공략하는 전략이다. 통상 하급자는 강경, 상급자는 온건파의 역할을 맡는데 이는 협상이론에서 선역, 악역 전략과 같다.

우정위중(友情爲重)

우정을 앞세움, 즉 언쟁, 대립, 의견 불일치 등을 피하기 위해 사전에 상대방에게 휴식, 오락, 숙식 등을 제공하고 유머, 재치 등 재미있는 언변으로 우호적인 분위기를 연출하여 상대방의 우정에 호소하는 전략이다. 이 책 제4장(p. 115)에서 말하는 '의도적 관계형성' 전략에 해당한다.

피로전술(疲勞戰術)

상대를 피로하게 만드는 활동(관광, 음주, 오락 등)을 장시간 배정하거나 협상장소를 불편하게 만들어(예: 더운 날 회의실의 에어컨 미가동 등) 상대방을 지치게 하고 단시간 내 협상을 강하게 밀어 붙여 상대로 하여금 조속한 양보를 하도록 유도하는 전략이다. 이 책에서 말하는 '의도적 스트레스 상황 조성'전략이다.

▌허장성세(虛張聲勢)

한국인이 중국의 실력자와 꽌시를 맺고 싶어 한다는 것을 역이용하여 자신의 폭넓은 인간관계를 부풀리는 전략이다. 주로 합작투자협상에 나타나며, 정부 고위직(예: 성장, 당서기, 시장 등)을 동원, 중앙정부 또는 지방정부 차원의 지원이 있음을 암시하지만 협상타결 후에는 정부 고위직을 만날 수 없는 경우가 많다. 이 책 제5장에서는 상대방의 이 같은 기만전술에 대한 다양한 대응방안을 제시하고 있다.

▌장외교역(場外交易)

비공식적 자리에서의 협상, 즉 협상 중간의 휴식시간을 이용, 상대방에 유흥을 제공하여 긴장을 풀게 하고 이러한 틈을 타 협상을 유리하게 이끄는 전략이다. 여기에 잘못 말려들면 나중에 입장이 난처해지는 경우도 있다. 관계지향의 협상을 하는 한국인이나 일본인들이 여기 말려들기 쉽다.

▌지피지기(知彼知己)

상대방 전략을 상세하게 파악한 뒤, 대책을 준비해서 협상에 임하는 전략이다. 협상이론에서 철저한 준비가 무엇보다 중요함을 강조한다. 중국인과 협상할 때는 상대에 대한 정보를 수집하고 철저히 분석해야 한다. 특히 상대의 강점과 약점을 잘 살펴야 한다.

▌간접각색(間接角色)

대리인을 지칭함, 즉 자신이 협상당사자이면서도 대리인이라고 하여 중국측의 이익을 철저히 주장하고, 상대방이 양보를 요청할 경우에는 대리인이므로 권리가 없다고 뒤로 빠지는 전략이다. 이 책의 제5장(p. 162)에서 말하는 '허위권한(fake authority)'전략이다.

▌선고후락(先告后樂)

선 강경, 후 양보, 즉 협상 초기에 강경한 조건을 제시하고 요구조건을 조금씩 더 강화시켜 상대방을 압박한 후, 약간 양보해서 최종적으로는 최초보다 더 유리한 성과를 노리는 전략이다. 이 책 제4장에서 리차드 쉘이 말하는 일종의 '하이－볼'(high-ball)전략이다.[8]

8 민진기, 2004; 안세영, 2009.

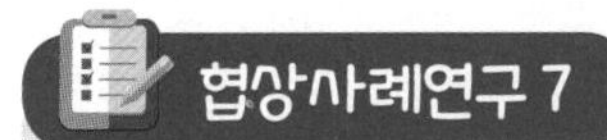

미 · 중패권전쟁 시대 중국과 호주의 보복형 통상협상

[협상상황]

전통적으로 호주는 친중국가였다. 미국이 수교(1979년)하기 전인 1972년에 중국과 수교한 후 긴밀한 무역, 교육, 문화 협력을 하였다. 그런데, 호주가 미 · 중패권전쟁이 가열되자 친중에서 반중 · 친미로 돌아서 미국이 주도하는 쿼드(Quad)[9]에 가입하고, 화웨이 5G통신장비의 호주 사업 참여도 배제하였다. 그런데 중국과 호주 사이의 관계가 결정적으로 틀어진 것은 2020년 4월 호주의 스콧 모리슨(Scott Morrison) 총리의 발언이다. '코로나 발원국을 조사하여야 한다'라고 말해 베이징의 심기를 건드린 것이다.

[중국과 호중의 통상협상 전략]

중국의 보복위협 통상협상전략

발끈한 중국은 늑대외교로 호주에 대해 강력한 무역보복 위협을 하였다. 호주산 농축산물과 광산물에 대한 수입을 규제하겠다는 것이다. 그리고 2020년 5월 진짜 무역보복의 칼을 뺐다. 호주산 쇠고기 수입을 금지하고, 보리와 와인에 대한 고율의 관세를 부과하였다.

중국은 계속 보복위협 협상의 강도를 높여서, 2020년 10월에는 석탄수입금지, 11월에는 바다가재 등 과일, 수산물 수입까지 금지하였다. 중국이 무역보복으로 위협을 하면 당연히 호주가 굴복하여 협상테이블에 앉을 것이라고 기대했다. 수출의 중국의존도가 40%를 넘어 호주 경제가 심각한 타격을 입기 때문이다.

호주의 대응보복 통상협상전략

그런데 호주가 굴복하기는커녕, 오히려 중국에 대해 대응보복을 하였다. 2021년 4월 빅토리아 주가 중국과 맺은 일대일로 사업을 중앙정부가 무효화시킨 것이다. 중국 농가가 절실히 필요로 하는 호주산 건초의 수출을 금지하고, 영국, 미국과 함께 준(準)군사동맹의 성격을 가진 오커스(Aukus)를 창설하였다.

[협상사례에서 배우는 교훈]

늑대외교형 통상협상전략의 효과

중국의 호주산 석탄금지가 뜻하지 않은 자충수가 된다. 중국에서 심각한 전력난을 유발한 것이

9 미국, 호주, 일본, 인도의 군사협력협의체

다. 석탄부족으로 2021년 가을부터 중국의 31개 성과 직할시 중에 광둥성 등 무려 20개 성에서 극심한 전력난으로 공장가동이 중단되는 사태가 발생하였다. 중구과 호주 무역전쟁에서 또 다른 중요한 역할을 한 것은 철광석이다. 호주는 세계 제1의 철광석 수출국으로 중국 철강산업이 호주 철광석에 의존하고 있다고 해도 과언이 아니다.

그래서 중국은 철광석만은 무역보복에서 제외시켰다. 그런데 철광석 가격이 급등하여 호주의 수출이 증가하여 결과적으로 중국의 무역제재 대상이었던, 와인, 보리, 수산물 산업이 입힌 피해를 상쇄하였다. 그래서 호주의 2018년 수출이 1,232억 달러였는데, 2021년에는 1,676달러로 늘어났고, 무역흑자도 같은 기간 519억 달러에서 842억 달러로 확대되었다. 중국의 호주에 대한 통상 위협전략은 경제적으로도 효과가 없었을 뿐만 아니라, 또 다른 심각한 사회적 현상을 유발하였다.

호주에서의 심각한 반중정서이다. PEW Research Center에 의하면 2002년 호주에서 중국에 대한 우호도는 52%로 반중정서 40%보다 높았다. 그런데 2020년 완전히 역전되어 반중정서가 81%이고 우호도는 15%로 떨어졌다. 또한 2020년 호주의 로위(Lowy)연구소 조사에 의하면 호주인의 94%가 '중국과의 무역의존도를 낮추어야 한다'라고 대답하였다.

협상퀴즈 10

한국의 SG가스와 중국의 상하이가스 사이의 합작투자협상

한국의 거대 SG그룹의 계열사인 SG가스는 2006년 1월 상하이가스사와 MOU를 체결하고 합작투자를 위한 협상을 시작하였다. 처음에는 SG사나 상하이가스나 모두 환상적 만남이라고 생각하고 합작협상이 단기간에 끝나리라고 기대하였다.

- SG그룹이 시베리아로부터 중국-한국에 이르는 파이프라인을 건설하는 대규모 PNG(Pipe Lined Gas) 프로젝트를 추진하고 있었다. 따라서 상하이가스로서는 이 시베리아가스를 구입하면 LNG선을 통해 중동으로 구입하는 것 보다 20%나 싸게 살 수 있었다. 물론 SG그룹도 시베리아가스를 중국에서 구매해 줄 중요한 바이어를 확보하는 셈이다.
- SG가스로서는 상하이가스가 상하이지역의 가스공급망을 독점하고 있어서 좋았고, 상하이가스로서는 SG가스와 합작을 통해 PNG 사업기술을 배우고자 했다.
- 합작만 성공하면 SG그룹이 시베리아로부터 들여오는 가스의 약 30%를 상하이가스가 사줄 것이다. 상하이가스로서는 가스도입선의 60%를 지금까지의 중동산으로부터 시베리아산으로 바꿀 계획이다.

2006년 봄에 상하이가스에 대한 실사(due diligence)를 하고 여름에 전문평가기관을 통해 기업가치를 평가하였다. 2006년 10월부터 지분인수가격, 계약조건 등에 대해 본격적 협상을 시작하였다. 그런데 SG사는 전문평가기관이 평가한 370억 원을 제시하였으니 상하이가스는 향후 상하이지역에서 가스 수요는 급증할 것이므로 최소한 430억 원 이상은 받아야겠다고 주장하였다.

처음부터 모두 협상이 상하이에서 이루어졌으며 지분인수가격에서 난항을 하자 상하이가스 협상팀에게 '한번 한국에 와 SG사의 거대한 가스저장시설 등을 보라'라고 권유하였으나, 상하이가스사는 계속 중국에서의 협상을 고집하였다. 2006년 11월 초에는 협상이 쉽게 성사되지 않는데 초조함을 느낀 SG그룹의 회장이 직접 상하이를 방문하였다. 물론 SG사의 강한 협상타결의지를 보여줌으로서 교착에 빠진 협상을 진행시키기 위해서이다. 그럼에도 불구하고 상하이가스는 기존의 430억 달러를 계속 고집하였다.

그러던 어느날 중국 내 정계, 재계에 인맥이 두터운 타오젠이 중국에서는 가스산업은 국가안보에 관계있다고 생각하기에 상하이가스의 매각에는 상하이공산당위원회가 관여한다고 말했다. 그러면서 '타오젠은 상하이공산당위원장을 잘 알고 있으니 소개시켜 줄 수 있다'고 말했다. 물론 SG측은 타오젠에게 간곡히 부탁을 하였으나 11월이 가도록 기다리라는 말만 되풀이하였다.

12월 초에 불쑥 SG협상팀을 다시 찾아온 타오젠은 상하이공산당위원장 소개 건에 대해서는 아무 말도 없이 또다른 특급 정보라고 하며 알려준다.

- 일본의 미쯔비시가 상하이가스 지분 구입에 관심을 가지고 비밀리에 상하이가스측과 접촉하고 있다는 것이다.
- 중국정부가 타림분지에서 새로 발견된 가스전으로부터 베이징-상하이에 이르는 가스 파이프라인(PNG) 건설계획을 세웠다.
- 상하이 시정부가 가스산업에 경쟁체제를 도입하기 위해 지금까지 상하이가스가 독점하고 있던 지역가스 공급망에 다른 업체(외국업체도 가능) 참여를 허용시킬 계획을 세우고 있다.

SG그룹의 회장은 '왜 이리 상하이가스와의 합작협상이 빨리 타결되지 않냐'고 질책을 한다. SG그룹의 경영기획실에 알아보니 시베리아 PNG 프로젝트에 일본이 관심을 보인다는 희소식이 있다는 것이다. 기존의 시베리아-중국-우리나라로 이어지는 PNG 건설계획에 일본이 추가되는 것이다. 만일 이 계획이 성사되면 일본이 SG그룹이 시베리아로부터 들여오는 PNG가스의 50% 가까이를 살 것이다.

SG그룹의 전문경영인인 이행운 사장과 상의를 하니, 그룹 회장이 얼마 전까지만 해도 거의 매일 상하이 합작협상에 대해 물어보더니 최근에는 가끔 생각나면 묻는다는 것이다. 빨리 성사시키라고만 했지 '얼마까지 주고 사라'는 구체적인 가격 가이드라인을 제시 안 한다는 것이다. 따라서 전문경영인인 이행운 사장도 상하이가스의 구입가격에 대해서는 아무 말도 할 수 없으니 협상대표가 알아서 모든 것을 처리하라는 것이다.

토론 포인트

Q1. '시에라의 3C요소' 측면에서 SG가스와 상하이가스 사이의 합작을 분석해라.

Q2. 여러분이 만약 이러한 협상상황에 처한 SG가스의 협상대표라면 어떻게 상하이가스와의 협상을 이끌어가겠는가?

Q3. 타오젠의 행동에 대해 협상전략측면에서 논해라.

Q4. SG 협상팀이 상하이가스와의 협상과정에서 저지른 몇가지 바람직하지 못한 실책들이 무엇인가?

Q5. 여러분은 협상대표로서 SG그룹 내에서도 상사와 협상을 하여야 한다. 상사와 어떻게 협상을 할것인가?

도움 되는 정보

- 중국에서 큰 기업의 매각에는 지방, 공산당 조직이 관여한다.
- 중국의 국가청렴도 지수를 인터넷에 들어가 알아보세요.
- SG그룹은 도쿄에 지사를 가지고 있다.
- 톱-다운 협상방식과 버텀-업 협상방식

부록 주요협상사례

부록 1 한·미 통상협상 사례연구: 1997년 한·미 자동차 협상

1997년 10월 1일 미국은 통상법 슈퍼 301조에 의거 한국 자동차시장을「우선협상대상국관행」(Priority Foreign Country Practice: PFCP)으로 지정하였다. 밀너[1]가 지적했듯이, 가능한 한 슈퍼 301조 발동은 자제하려는 것이 역대 미국 대통령의 대외통상정책의 기본 입장이었는데, 미국의 7대 교역상대국이면서 당시 막대한 대미적자를 기록하는 한국에 대해 자동차 분야에서 슈퍼 301조를 발동했다는 점은 국제통상협상에서 상당히 특이한 사례이다.

1 Milner, H., "*The Political Economy of U.S. Trade Policy: A Study of the Super 301 Provision*", in *Aggressive Unilateralism: America's 301 Trade Policy and the world Trade System, Bhagwati*, J. & Patrick, H. ed., The University of Michigan Press, Ann Arbor, 1990, pp. 163-180.

1. 1997년 한·미 자동차 협상의 배경

1997년 한·미 자동차 협상의 배경은 단순하지 않다. 미국이 한국과 일본을 보는 시각, 미일 자동차 협상, 한미 자동차 무역불균형, 한미 자동차산업의 세계화라는 4가지 요인에서 그 배경을 찾아야 한다.

▌불공정무역국으로서의 한국과 일본

미국이 1980년대 들어 상대국 시장 개방을 위한 공격적 통상협상전략으로 전환한 후 타깃으로 삼은 것이 일본과 한국의 자동차시장 접근이다. 이들 두 나라는 자동차 교역에서 미국에 대해 엄청난 흑자를 기록하고 있었는데, 미국은 이들 두 나라가 외제차의 자국 자동차시장 접근에 '보이지 않은 교묘한 무역장벽'을 설치하였기 때문이라고 믿었다.

말하자면, 일본과 한국 자동차는 자유무역의 혜택을 마음껏 누리며 미국시장에 수출하는 데 반해 미국 자동차는 일본과 한국시장에 대한 접근을 불공정무역행위(unfair trade practices)에 의해 방해받고 있다고 미국이 생각한 것이다.

▌성공적 1995년 미일 자동차 협상: 기대 이상의 301조 위협 효과

이 같은 배경에서 1992년 6월 미국 자동차업계 대표를 이끌고 일본을 방문한 조지 부시 대통령은 예상외의 성과를 얻어낸다. 1994년까지 일본 자동차업계가 외국제 자동차부품을 190억 달러 구입하겠다는 약속을 얻어낸 것이다. 이의 이행을 둘러싸고 클린턴 행정부 들어와 1994년 10월 301조 발동, 대일 보복리스트 발표, 일본의 WTO 제소 등으로 이어지는 갈등이 있었지만 1995년 6월 극적으로 두 나라 간 협상이 타결되었다.

클린턴 대통령과 미국의 언론은 폐쇄적인 일본 자동차시장에 대한 개방의 빗장을 풀었다는 점에서 미일 자동차 협상을 '성공적'이었다고 평가했다. 특히, 미국은 301조 발동, 대일 보복리스트의 발동 등 공격적인 통상협상전략에 대해 일본이 쉽게 굴복한 데 스스로 놀란다. 소위 슈퍼 301조의 대단한 보복위협(threat of retaliation) 효과를 검증한 것이다. 일본과의 협상에서 301조를 동원해 기대 이상의 협상성과를 거둔 미국은 제2의 일본으로 부상하는 한국으로 화살을 돌린다.

▌심각한 한 · 미 간 자동차 무역불균형

세계 5위 자동차 생산국, 세계 3위 자동차 수출국으로 부상해 미국에 20만 대(1996)의 자동차를 수출하는 한국의 미제 자동차수입은 8,522대에 불과하다. 심각한 무역불균형인 것이다.

한국차의 미국시장 점유율은 1995년 1.43%에서 1996년 1.58%, 1997년 1.8%로 꾸준히 상승되고 있다. 반면 미국차의 한국시장 점유율은 0.2~0.3%에 불과하였다.

이는 미국의 수입차점유율 27.2%는 물론이고 일본의 6%와 비교할 수 없을 정도

그림 I-1 세계시장에서 한국과 미국 자동차산업의 격돌

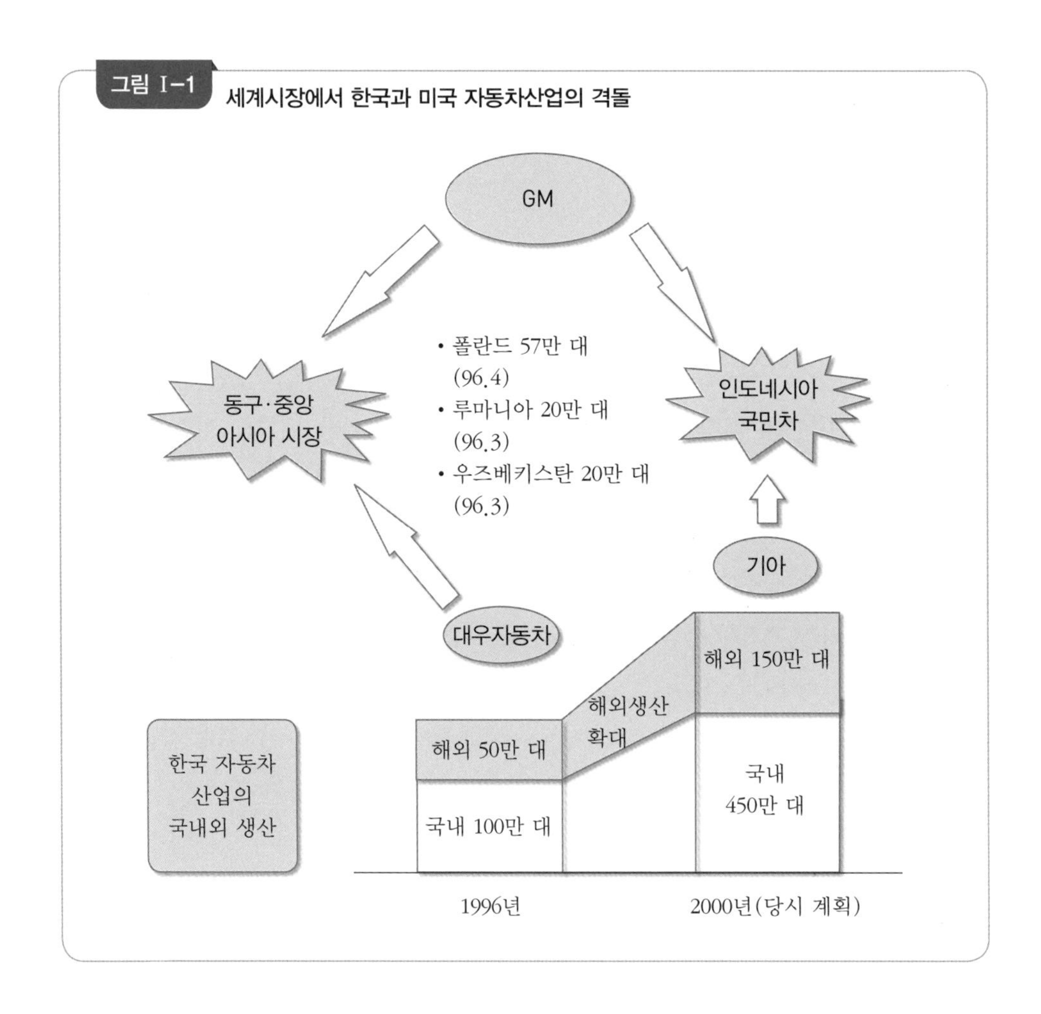

로 낮은 수준이다. 한국은 세계에서 유일하게 수입차 시장점유율이 1% 미만인 자동차생산국이다.

공격적 한국 자동차산업의 세계화 제동

1997년 미국이 한국에 대한 통상압력을 가할 때 GM, 포드, 크라이슬러 등 Big Three가 명분상 내세운 것은 폐쇄된 한국시장의 개방이지만, 보다 큰 이유는 1990년대 들어 공격적으로 세계화하는 한국 자동차산업에 대해 제동을 거는 것이었다. 1997년 당시 해외에 50만 대의 생산능력을 갖춘 한국 자동차산업은 2,000년까지 이를 150만 대로 늘릴 계획을 갖고 있었다. 이는 동구, 중앙아시아, 중남미 등 미국의 주요 신흥시장(emerging market)에서 한국기업과의 한판 승부가 불가피하다는 것을 의미한다.

GM이 강경한 입장을 보인 이유

특히 한국시장 개방압력에서 Big Three 중 GM이 가장 강경한 태도를 보였는데 그 이유는 다음과 같다.

- GM은 우즈베키스탄, 폴란드 진출에서 대우자동차에게 쓰라린 패배를 맛보았다. 특히 폴란드 최대 자동차 생산업체인 FSO 인수에서는 GM이 상당한 기득권을 갖고 있음에도 불구하고 뒤늦게 뛰어든 대우자동차에 밀려 쓴잔을 마셨다.
- GM이 눈독을 들인 인도네시아의 국민차 지정에서도 기아자동차에 밀렸다. 결국 GM은 토요타 등 외국기업과 국민차제도 자체를 WTO에 제소하여 승소하긴 했지만, 늘 한국 자동차산업의 놀라운 세계 신흥시장 진출에 상당한 부담을 가지고 있었다.

소비자편견과 세무사찰

형식상 자동차 수입관세율을 8%로 내리고 자유화하기는 했지만 소비자의 외국차 구매를 제한하는 교묘한 보이지 않는 무역장벽이 존재한다. 이의 가장 대표적인 것이 외제차에 대한 소비자편견이다. 일반 국민들이 외제차 소유가 비애국적이라는 잘못된 편견을 가지고 있다. 또한 한국 국세청은 교묘하게 외제차 소유자에 대한 세무사찰을 강화하여 일반 국민들이 외제차 구입을 꺼리도록 만든다.

미국정부는 한국에서는 경제가 어려울 때 종종 소비절약, 음식물 찌꺼기 버리지 않기 등 다양한 근검절약운동(frugality campaign)이 벌어지는데 결국 이는 수입품에 대한 차별(anti-import bias)로 연결된다고 본다. 더욱이 겉으로는 이 같은 운동을 YMCA 같은 시민단체나 협회가 벌이는 것 같아도 뒤에서 교묘하게 한국정부가 조종하고 있다고 믿는다.

2. 미국의 슈퍼 301조 발동

USTR의 우선협상대상국관행(PFCP) 지정

한미 양측은 워싱턴의 2차협상(1997. 9. 10~12)과 3차협상(1997. 9. 25~30)을 거치면서 여타 부문에서는 상당한 의견접근을 보았다. 그러나 자동차세제개편, 승용차 저당권제도 재도입 등 미국의 주요 관심사항에서 의견접근을 보지 못하고, 10월 1일 미 무역대표부는 한국 자동차시장을 슈퍼 301조에 의한 '우선협상대상국관행(PFCP)'으로 지정하였다.

이어 10월 17일 USTR은 한국 자동차시장에 대한 조사를 개시한다고 발표하고, 10월 28일까지 각계의 의견을 제출해 줄 것을 공고하였다. 이에 따라 미 자동차제조업협회(AAMA), 미 노총(AFL-CIO) 등이 우선협상대상국관행(PFCP) 지정을 지지하는 의견을 제출하였으며, 미 자동차딜러협회(AIADA) 등이 반대의견을 제출하였다.

보복위협의 대상과 보복의 범위

미 통상법에 의할 때 조사개시 후 1년이 되는 1998년 10월 17일까지 양국 간 합의에 도달하지 못하면 미 무역대표부(USTR)는 한국에 대한 보복조치를 발동할 수 있다. 미 통상법 301조 C항은 미 무역대표부에게 다음과 같은 광범위한 보복조치권한을 부여하고 있다.

- USTR은 해당국과 맺은 무역협정을 연기 혹은 철회시키거나 그 적용을 중지할 수 있다.

• USTR이 적절하다고 판단하는 기간 동안 해당국의 상품에 대해 관세를 비롯한 수입제한조치를 취할 수 있으며, 서비스에 대해서는 벌과금이나 제한조치 실시가 가능하다.

여기서 한 가지 유의할 것은 보복조치가 꼭 해당 분야에 한정되는 것이 아니라는 점이다.

• 상대국의 대미수출에 대해 어느 분야든지 선택할 수 있고
• 보복의 정도는 "상대국의 불공정관행으로 미국이 피해를 보았다고 추산하는 정도"에 한한다.

슈퍼 301조 발동배경: 왜 강력한 슈퍼 301조를 발동했는가?

1997년 9월 한미 정부 간 협상에서 합의에 이루지 못했을 때 USTR이 취할 수 있는 선택은 세 가지였다. 첫째, WTO 제소이다. 둘째, 재협상이다. 당시 한국정권이 다음해 대통령 선거를 앞두고 있었으므로 신정부 출범 후 협상을 다시 시작하는 것이다. 마지막이 슈퍼 301조 지정이다.

왜 미국은 슈퍼 301조라는 강경한 통상협상을 채택하였을까? 여기에 대한 대답은 세 가지다. 한국의 슈퍼 301조 보복위협 효과에 대한 취약성, 미 관련집단과 미 의회의 압력이다.

▶ 슈퍼 301조 보복위협에 취약한 한국

미국은 슈퍼 301조 발동을 아무 나라에나 하지 않는다. 대상국가와 분야를 선정함에 있어서 슈퍼 301조의 위협 효과, 협상력, 상대국의 보복능력과 보복의지, 해당 산업에서 미국의 잠재적 이득 등을 종합적으로 고려하는데, 한국의 자동차산업은 이 모든 고려요소에서 가장 취약하게 슈퍼 301조에 노출되어 있다. 제5장에서 살펴본 보복위협 효과의 3대 결정요인인

• 한국의 대응보복능력과 대응보복의지
• 한국의 협상결렬비용과 응락비용
• 미국의 보복능력

순서로 1997년 협상시 한국의 취약성을 살펴보자.

한국의 대응보복능력과 대응보복의지: 아주 낮음

한국의 경우 미국에 대한 대응보복능력이나 대응보복의지가 다른 나라에 비해 상당히 제한되어 있다. 이는 무엇보다도 한국경제가 미국시장에 크게 의존하고 있기 때문이다. 한국수출 중 대미수출 비중이 1980년대의 40% 대에서 1996년에 20% 수준으로 낮아지기는 했지만 미국은 아직도 한국의 제일 큰 수출시장이다.

또한, 한국의 대응보복능력과 의지와 관련해서 고려해야 할 점은 '안보통상'이다. 한반도의 안보를 위해 미국과 공조체제를 취해야 하는 한국으로서는 대미협상에 있어 대일이나 대EU협상과 달리 슈퍼 301조 위협과 한미 안보관계를 동시에 고려하지 않을 수 없다.

당시 한국은 대응보복능력을 가지고 있지 않았나?

중국이나 유럽과 달리 한국의 대미 대응보복의지가 아주 약한 것은 사실이다. 그렇다면 "진짜 1997년 한국은 전혀 대응보복능력을 가지고 있지 않았을까?" 여기에 대한 대답은 '상당한 대응보복능력'을 가졌다는 것이다.

첫째, 원전건설 참여를 위한 미국형 경수로와 캐나다형 중수로의 경쟁이다. 그 당시 미국과 캐나다는 한국원전 건설사업에 참여하기 위해 치열한 경쟁을 하고 있었다. 원전 1기 수주규모는 대략 18억 달러로 3기 건설비용은 50억 달러를 넘는다. 이때 한국이 "캐나다 원전도입을 검토하겠다"는 정보만 흘렸어도 어떤 일이 생겼을까? 미국의 원전업체인 ABB, GE 등이 들고 일어나 미 정부에 압력을 가했을 것이다.

둘째, 한국은 미국의 중요한 농산물 수입국가이다. 과거 중국이 그랬던 것처럼 "수입원을 미국에서 아르헨티나 등으로 옮기겠다고 하였으면 무슨 일이 벌어졌을까?" 강력한 로비력을 지닌 미국 농산물수출조합이 들고 일어나 USTR에 항의했을 것이다.

한국의 협상결렬비용과 응락비용

당시 한국의 협상결렬비용은 상대적으로 작은 반면 협상응락비용(compliance cost)은 컸다. 1997년 한국의 언론과 국회 등 정치권이 대미 자동차협상에서 슈퍼 301조를 앞세운 미국의 통상공세를 일종의 '힘의 우위를 바탕으로 한 미국의 일방주의'로 받아들이는 분위기였기에 협상결렬이 가져올 정치적 부담이나 사회적 비용이 과거의 한

미 협상에 비해 상대적으로 작았다. 사실 1997년 10월 1일 미국의 슈퍼 301조 지정 발표 직후 한국정부는 미국이 국제규범에 어긋나는 보복조치를 할 경우 WTO에 제소할 것임을 밝혔고 국내언론도 이 같은 정부 입장을 지지하는 분위기였다.

반대로 이 같은 분위기 속에서 만약 한국정부가 자동차 세제개편 같은 미국의 요구를 받아들여 협상을 타결했다고 하더라도 같은 해 12월 총선을 앞둔 정부로서는 과거와 달리 큰 응락비용을 지불해야 했을 것이다.

미국의 보복능력

한국은 미국의 보복에 가장 취약한 국가 중의 하나이다. 미국의 경제제재나 수입제한 등의 보복조치가 있더라도 충분한 내수나 자원수출로 외환을 조달할 수 있는 중국, 브라질 같은 나라들과 달리, 한국은 주요 원자재와 에너지를 전적으로 해외에 의존하고 있다. 그러므로 사소한 미국의 보복조치도 한국의 대외교역과 외환조달에 상당한 파급 효과를 미칠 수 있다. 특히, 자동차는 한국의 수출 주력상품으로 비중이 클 뿐만 아니라, 대미시장의 비중이 크기에 만약 미국이 한국 자동차 수출에 대해 보복조치를 하면 심각한 타격을 입을 것이다.

▶ 미국 이해집단의 압력

클린턴 대통령의 슈퍼 301조 지정에 결정적 역할을 한 것은 미국 내 이해집단과 의회의 압력이다. 물론 수입자동차협회와 일부 상원의원, 즉 현대자동차의 하역항이 있는 오레곤주 의원 등이 반대하긴 했지만 그 영향력은 아주 미미하였다. 또한 재미있는 것은 같은 행정부 내에서도 국무성이 슈퍼 301조 발동에 반대했다는 점이다.

미 자동차제조자협회(AAMA)

미국에서 철강·섬유산업계와 함께 가장 강력한 로비능력을 가진 자동차업계는 이들의 이익을 대변하는 AAMA를 중심으로 1995년부터 지속적으로 한국 자동차 시장 개방을 위한 압력을 지속해 왔다. 그러나 1996년 “Big Three”가 한국에 대해 직판체제를 갖추었음에도 불구하고 기대한 대로 판매량이 증가하지 않자, 이들은 1997년 들어 한국에 대한 통상공세를 강화한다.

미 자동차업계는 1997년 9월 9일 클린턴 대통령에 대한 서한발송, 22일의 기자회견과 미 의회를 통해 한국 자동차시장에 대한 슈퍼 301조 발동을 꺼리는 미 행정부에 대한 집요한 압력을 가중시켰다.

부록 2 한 · 중 통상협상 사례연구: 한 · 중 마늘협상

1. 한 · 중 마늘협상 배경

우루과이라운드 이후 농산물시장 개방에 따라 중국으로부터의 수입이 급증하였다. 시장접근물량 형식으로 수입되는 양파, 고추, 마늘 등 양념 채소류는 물론 참깨, 쌀, 한약재, 고사리, 더덕 등 다수의 농수산물이 중국으로부터 수입되었다. 특히 우리나라 농가의 1/3 수준인 40여 만 가구가 재배하며 쌀 다음의 주요 작물인 마늘에서의 피해가 심각했다.

이는 중국산 마늘의 약 70%가 생산되는 산동성이 한국시장의 수요를 겨냥하고 환금작물 또는 시장성 작물로서 마늘재배를 적극 육성하였고, 냉동설비 등을 설치하면서까지 수출을 적극 권장하였기 때문이다.

이러한 중국산 마늘의 수입급증으로 수입마늘의 국내시장 점유율은 1996년 3.3%에서 1999년(1~9월) 12.2%로 크게 증가하였고, 특히 1999년 1~5월 중 시장점유율은 35.1%로서 전년동기 대비 3배나 증가하였다. 수입급증으로 국내의 농가판매가격과 도매시장가격은 1999년 1~9월 사이에 전년동기 대비 42.4%와 37.9%씩 하락하였다.

2. 주요 협상일정

산업피해조사신청(1999년 9월)

중국산 마늘의 수입급증에 따라 우리나라 마늘재배 농가의 피해가 확산되자 농협중앙회는 1999년 9월 30일 마늘농가를 대표하여 대외무역법 제26조상의 산업피해

조사를 산업자원부 산하 무역위원회에 신청하였으며, 무역위원회는 1999년 10월 11일 대외무역법 제27조에 따라 산업피해조사를 개시하기로 결정하였다.

조사결과 무역위원회는 마늘수입의 급증으로 관련 국내산업이 심각한 피해를 받고 있으며 최종판정 이전에 긴급히 구제조치를 취하지 않으면 관련 국내산업의 피해가 회복되기 어려울 것으로 판단하여 1999년 10월 27일 냉동마늘과 초산조제마늘에 한해 200일 동안 285%의 잠정긴급관세(30%에서 315%로 인상)를 기본관세에 추가하여 부과해 줄 것을 재정경제부 장관에 건의하였다. 재경부장관은 이 건의를 받아들여 11월 18일 잠정긴급관세를 부과하였다.

1차 한중 마늘협상(2000년 4~5월)

2000년 무역위원회의 세이프가드 발동 건의 후 2000년 4월 24일과 5월 18일 중국정부와 실무협상을 하였으나 합의점을 찾지 못한다.

한국정부는 중국정부에 대해

- 옥수수, 참깨 수입을 늘리고
- 조정관세가 부과되는 다른 농수산물의 관세를 인하시켜 주는 타협안을 제시했다.

WTO 통보(2000년 5월 26일)

이에 한국정부는 5월 26일 세이프가드 조치를 WTO에 정식 통보한다.

긴급관세부과 발표(2000년 6월 1일)

재정경제부 장관은 2000년 6월 1일 중국산 마늘에 대해, WTO 협정과 대외무역법 및 관세법에 근거하여 긴급관세를 부과하였다.

예컨대 냉동마늘 및 초산조제마늘의 경우 30% 기본관세에 추가하여 285% 또는 1,707월/kg 중 고액(율)의 긴급관세를 부과하였는데, 결과적으로 총관세는 315% 또는 1,887/kg 중 고액(율)이 적용된다.

깐마늘의 경우 부과된 긴급관세는 MMA 초과물량에 대한 추가조치를 의미하는데, MMA 물량 범위 내에서는 50% 기본관세가 부과되며, MMA 초과물량에 대해서는 376% 또는 1,880월/kg 중 고액(율)의 긴급관세를 부과하였는데 결과적으로 총 426% 또는 2,180월/kg 중 고액(율)이 적용된다.

표 I-1 한중 마늘협상에 의한 최소시장접근(MMA) 물량과 관세쿼터량

(단위: 톤)

구분	대상품목	2000년 (1차년도)	2001년 (2차년도)	2002년 (3차년도)	쿼터 내 관세
최소시장접근 (MMA)	신선 · 냉장 · 건조마늘	11,895	12,538	13,181	50%
관세쿼터 (TRQ)	냉동 · 초산조제마늘	20,105	21,190	22,267	30%
계		32,000	33,728	35,448	

중국의 보복조치(2000년 6월 7일)

중국정부는 2000년 6월 7일부터 우리나라산 휴대용 무선전화기와 폴리에틸렌에 대해 잠정수입 금지조치를 취하였다. 한중교역에서 우리나라의 중국산 마늘 수입 총액은 898만 달러를 차지하는 데 비해, 중국의 한국산 휴대용 무선전화기 및 폴리에틸렌에 대한 수입총액은 약 5억 달러에 이른다.

2차 한중 마늘협상(2000년 7월 15일)

2000년 6월 29일부터 7월 15일까지 양국은 통상협상을 통해 다음과 같은 합의에 도달하였다.

- 세이프가드 기간은 당초보다 6개월 줄여 2002년 말에 종료한다.
- 중국은 한국산 휴대용 무선전화기와 폴리에틸렌에 대한 수입금지조치를 해제한다.
- 한국은 중국에 수입되는 냉동마늘과 초산조제마늘을 매년 2만여 톤씩 수입하는 관세율쿼터(TRQ)를 실시한다. 즉, 수입쿼터 2만 톤에 대해서는 30%의 기본관세만을 적용하기로 하였다. 2만 톤의 수입쿼터를 초과하는 초과물량에 대해서는 315%의 관세를 적용한다.
- 신선, 냉장, 건조마늘 등은 최소시장접근(MMA)물량 연간 12천 톤 정도를 중국에서 도입(관세율 50%)하기로 했다. 이 MMA[2] 물량은 농수산물유통공사가 입찰

2 MMA(Minimum Market Access: 최소시장접근): UR협상시 관세화의 유예가 인정되지 않는 관세화 품

방식으로 수입하며 기타 물량(관세쿼터 물량들)은 민간업체가 수입하기로 했다.

중국 보복조치 재개경고(2001년 4월 6일)

2001년 4월 6일 한중 실무협상에서 중국측은 2000년 중국산 마늘수입 예정물량(32,000톤) 중 미소진된 약 1만톤을 한국이 약속대로 수입하지 않으면 보복조치를 재개하겠다고 경고하였다. 이에 대해 한국측은 2000년도 예정된 수입물량이 미소진된 이유는 도입기간이 4개월 정도(2000년 8월 2일부터 발효)였기 때문이라고 설명했다.

한국, 쿼터물량 수입보장 합의(2000년 4월 21일)

북경에서 한중 통상장관회담에서 미소진물량(약 1만톤)을 2001년 8월 31일까지 전량 수입하고 2001년, 2002년 쿼터물량 수입도 보장하겠다고 약속하였다.

마늘 세이프가드 연장 신청(2002년 6월 28일)

농협중앙회는 마늘 세이프가드를 2006년 말까지 4년 연장해 줄 것을 무역위원회에 요청하였다.

한중 마늘부속서 공개 파문(2002년 7월 16일)

2000년 7월 한중 마늘협상 타결시 "2003년부터 마늘 세이프가드를 해제하고, 마늘수입을 민간에 맡긴다"라는 내용의 부속서가 공개되어 국내적 파문이 일었다.

농민, 정치권 마늘 재협상 요구(2002년 4월)

정치권과 농민단체는 "정부가 책임을 지고 중국과 재협상을 해 세이프가드를 4년 더 연장해야 한다"고 주장하였다.

중국 마늘 세이프가드 해제(2003년 1월)

2000년 7월 한중 마늘합의부속서에 따라 2003년부터 중국산 마늘이 수입자유화되었다.

목 중 기준연도(1986~1988)의 수입량이 국내소비량의 3% 미만인 농산물에 대하여 이행기간 동안 낮은 관세율로 최소시장접근이 인정되었음.

3. 한·중 마늘협상의 특징

▌제로섬 게임 협상

중국경제에서 마늘산업이 차지하는 비중, 중국의 마늘 수출시장으로서 한국의 중요성 그리고 한국에서 마늘농가의 비중 등을 고려할 때 마늘협상은 구조적으로 심각한 갈등이 불가피한 제로섬 게임 협상이었다.

▶ 중국의 협상포지션

중국, 최대 마늘수출국–한국, 중국마늘 99% 수입

중국은 세계 최대의 마늘생산국으로 2000년 전 세계 마늘의 64.6%를 생산하였다. 세계적으로 마늘을 많이 먹는 나라는 중국, 한국, 프랑스 등으로 아주 제한되어 있다. 한국이 수출되는 중국마늘의 99.9%를 수입한다. 산동성이 한국에 수출되는 중국마늘의 70% 이상을 생산하는데, 중국정부는 수출장려를 위해 각종 지원을 해주고 있다. 따라서 유일한 수입국인 한국시장 상실은 중국마늘 수출의 실질적 중단을 의미한다.

그림 I–2 국별 마늘 생산 비중(2000년)

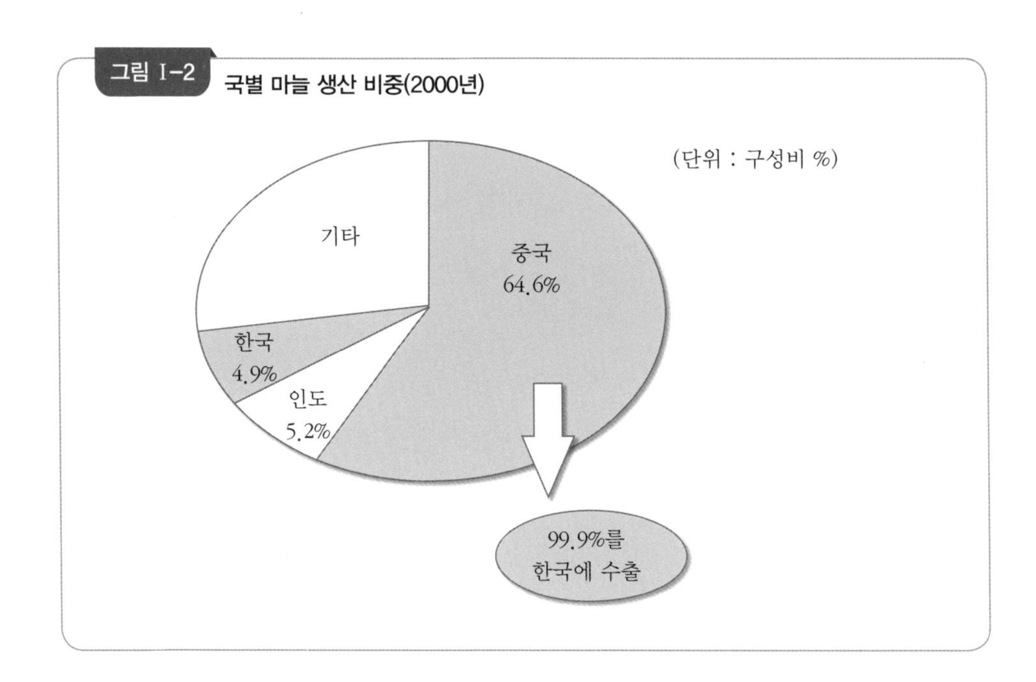

막대한 한중 무역적자

중국은 한국과의 무역에서 구조적으로 무역적자를 보고 있다. 더욱이 이 무역적자가 갈수록 확대되고 있다. 1995년 15억 달러, 1997년 35억 달러, 1999년 48억 달러, 2000년 58억 달러로 적자폭이 늘어나고 있는 것이다.

중국의 입장에서는 무역적자폭을 그나마 줄이는 것이 농축산물 수출이다. 〈그림 I-3〉에서 보듯 중국은 한국에 대해 5~13억 달러의 농축산물 흑자를 보고 있는데 주력수출품인 마늘에 대한 규제는 중국으로서는 받아들이기 힘들다.

그림 I-3 한중무역 및 농축산물 교육수지

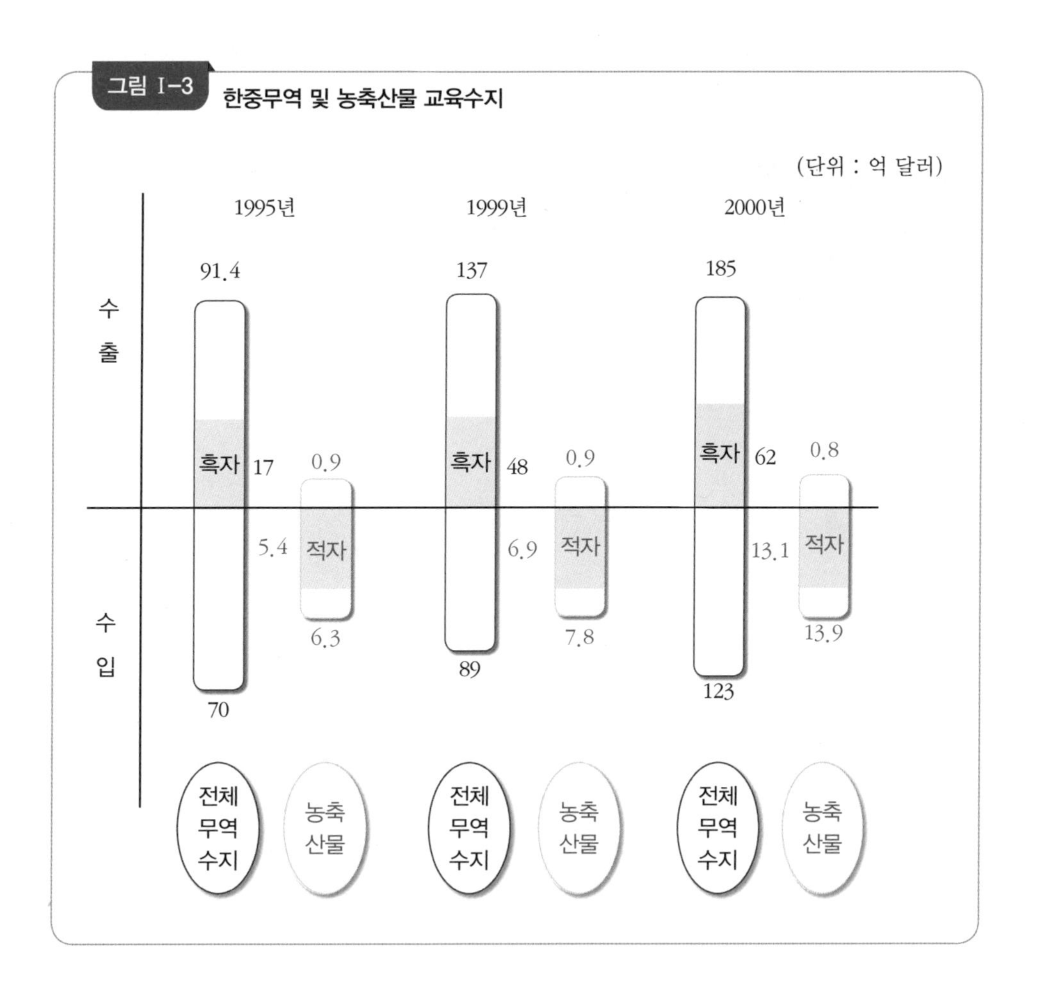

▶ 한국의 협상포지션

4대 주요 작목

마늘산업은 연간 7,300억원의 생산규모로[3] 우리나라 4대 주요 작목이다. 즉 마늘은 전체 농업생산의 31.8%를 차지하는 쌀, 고추(3.5%), 감귤(2.4%)에 이어 생산비중이 2.3%에 이른다.

40만 마늘재배 농가의 정치적 영향력

한중 마늘협상시인 1999년 마늘재배 농가는 약 42만 호로 우리나라 전체 농가 138만 호의 약 31%를 차지하고 있었다. 특히, 이들 마늘재배 농가는 영호남지역에 편중되어 있어 이들 지역구 국회의원들에 대한 정치적 영향력은 아주 강했다.

표 I-2 우리나라 마늘재배 농가 현황 (단위 : 천호, %)

구분		1998	1999	2000	2001
농가수	마늘(A)	452	424	392	353
	전체(B)	1,413	1,382	1,382	1,382
비중(A/B)		32.0	30.7	28.4	25.5

〈자료〉 농림부, 「농림통계연보」.

▌강성 · 경쟁 · 투쟁적 협상전략

지금까지 살펴본 바와 같이 중국과 한국은 마늘산업이 가지는 경제적, 정치적 비중 때문에 마늘협상에서 한치도 양보할 수 없는 입장이다. 세계 최대 마늘생산국으로서 한국과의 무역적자에 시달리는 중국으로서 한국 마늘시장에의 접근은 '단순한 농업수출' 이상의 통상정책적 의미를 지닌다. 한국 입장에서도 한중 마늘분쟁 당시 전체 농가의 1/3이 마늘농사를 짓고 있어 상당한 정치적 압력을 받고 있었다.

이 같은 측면에서 볼 때 한중 마늘협상은 '피자 갈라먹기(Pizza-cutting)' 또는 제로섬 게임의 성격을 띠고 있었다. 따라서 중국과 한국은 〈그림 I-4〉에서 보는 바와 같이 강성입장(hard positional) 협상전략, 경쟁협상전략, 투쟁적(distributive) 협상전략을 실시하였다.

---

3 1999년 기준.

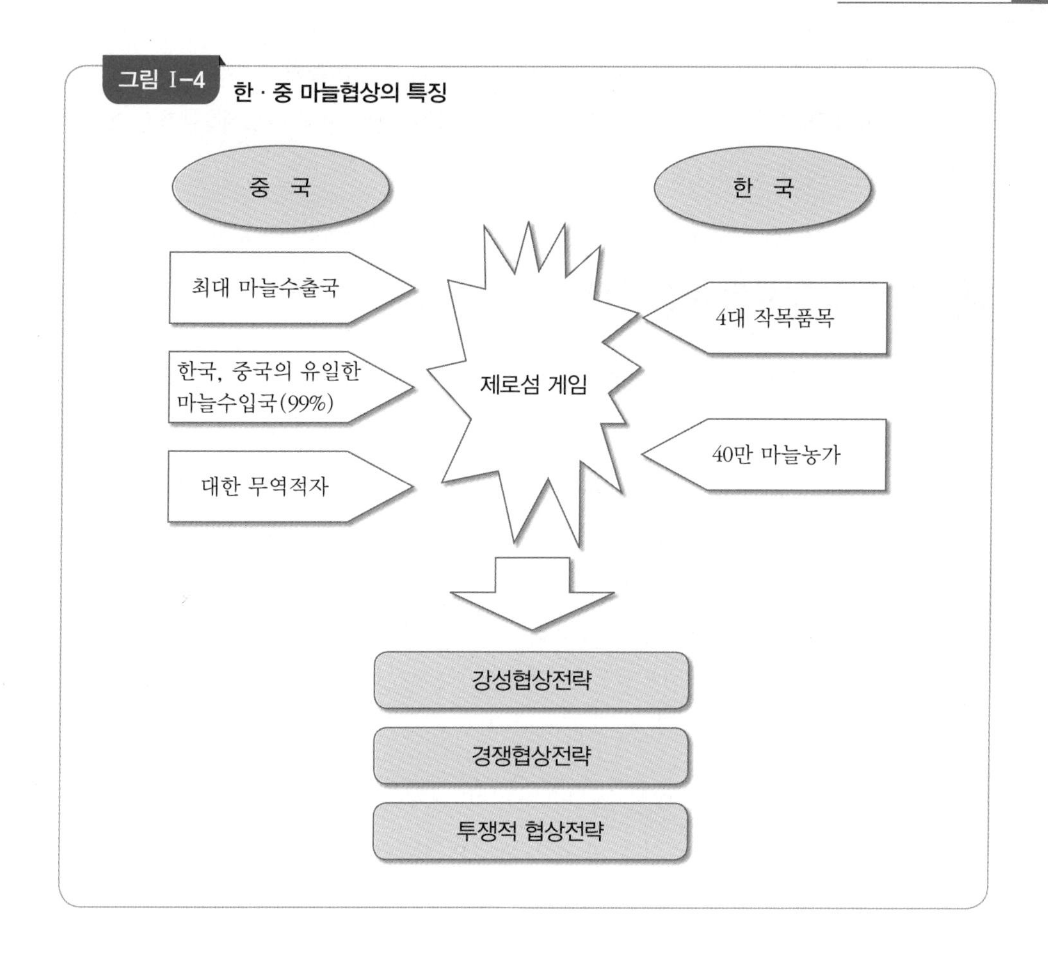

4. 중국의 보복위협전략의 배경과 문제점

▌휴대폰과 폴리에틸렌의 보복조치

2000년 6월 7일 중국 대외무역경제합작부는 한국산 휴대폰과 폴리에틸렌에 대한 보복조치를 할 것임을 발표하였다. 이는 중국 대외무역법 7조에 의거 한국의 마늘 세이프가드가 중국 수출에 대한 '차별적 조치'라는데 근거를 두고 있다.

실제 중국은 2001년 4월 한국산 폴리에틸렌의 통관을 지연시키고, 수입관련서류 발급을 지연하면서 한국을 압박했다. 이에 당황한 국내 8대 폴리에틸렌 수출업계가 긴급대책회의를 열고, 국내언론은 '9백만 달러 마늘수입 때문에 수천만 달러의 수출차질로 소탐대실'했다고 보도했다. 폴리에틸렌업계가 적극 나선 이유는 우리나라 휴대폰의 중국시장 비중은 1.2%에 불과한 반면 폴리에틸렌의 경우 40.7%에 이르기 때문이다.

5. 마늘협상의 5대 실책

정부는 나름대로 한중 마늘협상의 긍정적 효과가 있었다고 주장한다. 세이프가드 발동으로 수입단가가 상승한 중국산 마늘의 수입량은 1999년에 4만 5천 톤에서 2001년 2만 6천 톤으로 크게 감소하였고, 국내 마늘 소비량 중 수입산 마늘의 점유율도 1998년 12%에서 2001년에는 6%로 낮아지는 효과를 가져왔다고 말한다.

그러나 중국의 보복위협에 일방적으로 밀리기만 한 한중 마늘협상의 전략적 실책은 다음과 같은 5가지로 요약될 수 있다.

▌실책 1: 정치적 동기에서 시작

중국산 마늘에 대한 세이프가드가 경제적 동기가 아닌 정치적 동기에 의해 발동되었다. 2001년 총선을 앞두고 농민표 반발을 의식한 정치권의 압력에 밀려 정부가 마늘에 대한 세이프가드를 발동했다. 특히 이 과정에 통상관련부처가 배제됨으로써 마늘 세이프가드가 가져올 중국정부의 반응과 이에 대한 협상전략을 미리 준비하지 않았다.

4월 13일 총선을 불과 열흘 앞둔 당정협의는 당과 농림부 간에 이루어지고 통상교섭본부는 제외되었다. 중국은 국제사회에서 미국의 301조 위협에 대해서까지 강력한 대응보복의사를 표명하는 강성 통상협상 국가라는 것을 당연히 계산했어야 했다. 한국이 마늘 세이프가드가 당연히 중국의 대응보복을 불러일으킬 것을 예상했으면 단순한 정치적 동기가 아닌 국가통상전략 차원에서 이 문제를 다뤘어야 했었다.

▌실책 2: 마늘 의무수입

정부가 의도한 것은 아니지만 한중 마늘협상은 결과적으로 그간 민간이 자율적으로 수입하던 중국마늘을 한국정부가 '의무적'으로 수입해야 하는 어처구니없는 결과를 가져왔다. 2001년 합의문에서 "최소시장접근(MMA) 물량을 포함해 한국은 2002년까지 3만 2천~3만 5천 톤의 중국산 마늘을 매년 '관세할당' 방식으로 수입한다"고 돼 있다. 그러나

- 중국은 관세할당의 의미를 '정부가 수입을 보장하는 의무수입물량'으로 해석했고
- 한국은 국제관례상 'Tariff Quota로써 낮은 관세로 수입하는 최대한도'라는 뜻으로 풀이했다.

'2만 톤 관세쿼터 수입'이 의무수입이냐 여부를 놓고 양국 정부간에 의견이 엇갈린 것이다. 공교롭게도 이 합의문은 영어가 아닌 한글과 중국어로만 작성되어 국제기구에 해석을 의뢰할 수도 없었다. 결과적으로 힘에 눌린 한국정부는 민간 부문의 쿼터 미소진분 1만 톤까지 정부가 사주기로 했다.

실책 3: 수출업계의 의무수입 비용부담

한국같이 무역으로 경제를 꾸려나가면 개방으로 피해를 보는 패자산업과 수출로 이익을 보는 승자산업이 생긴다. 자본주의 체제에서 이 두 산업 간의 보상은 조세와 재정정책을 통해 이루어져야 한다. 쉽게 말하면 수출산업이 수입으로 손해를 보는 산업의 피해를 직접 보전해 주면 자유무역을 할 수 없다.

그런데 정부는 2001년 8월까지 도입되는 중국산 마늘 1만 톤의 의무비용 630만 달러(약 81억원)의 약 2/3를 국내 폴리에틸렌과 휴대폰 수출업계가 부담하도록 하였다. 이는 자유무역의 기본골격을 뒤흔드는 것으로 앞으로 우리나라 통상협상에 아주 나쁜 전례가 될 것이다.

실책 4: 내부협상갈등

한중 마늘협상은 앞에서 살펴본 한·칠레 FTA 협상과 같이 내부협상갈등이 심각한 통상협상이다.

마늘농가의 반발과 정치 이슈화

'우리 마늘지키기 전국운동본부', '농협마늘전국협의회' 등과 마늘농가는 시위를 하며 거세게 반발했다. 경북 의성의 1만 농민집회에 국회의원이 참석해 부상을 입기도 했다.

정부부처 간의 갈등

마늘산업을 보호하고자 하는 농림부와 달리 재경부와 통상교섭본부는 세이프가드 발동 자체에 부정적이었다. 또한 마늘 의무수입 비용분담을 놓고 농림부, 산업자원부, 정통부 간에 의견대립이 있었다. 농림부는 의무도입비용을 휴대폰, 폴리에틸렌 수출업계가 부담해 줄 것을 주장한 반면 산업자원부 등은 농안기금을 사용해야 한다며 반대하였다.

▌실책 5: 협상대표 교체

2000년 4월부터 2001년 4월까지 5차례 협상에서 한국 협상대표는 거의 매번 바뀌었다. 2000년 7월 15일까지 협상을 담담했던 한국정부 협상대표는 7월 31일 서명을 앞둔 7월 11일 요르단대사 발령을 받았다. 이 같은 협상대표의 잦은 교체는 GM-대우 자동차 협상, 하이닉스-마이크론 협상에서도 마찬가지이다.

찾아보기

ㅇ

ㅈ

전면개정 제8판
글로벌 협상전략

초판발행 2003년 9월 20일
전면개정 제8판발행 2022년 2월 28일

지은이 안세영
펴낸이 안종만 · 안상준

편 집 전채린
기획/마케팅 정연환
표지디자인 김희연
제 작 고철민 · 조영환

펴낸곳 (주) 박영사
서울특별시 금천구 가산디지털2로 53, 210호(가산동, 한라시그마밸리)
등록 1959.3.11. 제300-1959-1호(倫)
전 화 02)733-6771
f a x 02)736-4818
e-mail pys@pybook.co.kr
homepage www.pybook.co.kr
ISBN 979-11-303-1505-8 93320

정 가 35,000원